日本の朝鮮統治と國際關係

NIHON NO CHOUSEN TOUCHI TO KOKUSAI KANKEI
by Akifumi NAGATA

Originally published in Japan by HEIBONSHA LIMITED, PUBLISHERS, Tokyo.
Korean translation rights arranged with HEIBONSHA LIMITED, PUBLISHERS, Japan
through Bom Agency Co., Korea.

이 책은 재단법인 산토리 문화재단Suntory Foundation의 출판지원을 받았습니다.

일본의 조선통치와 국제관계

일본의 조선통치와 국제관계

조선독립운동과 미국 1910~1922

나가타 아키후미 지음 | 박환무 옮김

일조각

일러두기

1. 조선은 1897년 10월 12일 국호를 '대한제국'으로 개칭했는데, 일본은 1910년 8월 29일 한국병합 후 '조선'으로 바꿨다. 이에 따라 이 책에서는 1897년 10월 12일부터 일본이 병합할 때까지는 한국, 1897년 10월 12일 이전 및 병합 후의 명칭은 조선으로 사용해서 이를 구분했다. 다만 지역과 민족을 지칭할 때에는 한반도와 한민족으로 썼고, 1919년 4월에 성립한 대한민국임시정부를 비롯한 대한, 한국 등의 명칭은 고유명사일 때에는 그대로 썼다.
2. 일본어의 우리말 표기는 고유명사일 때에는 국립국어원의 외래어 표기법을 따랐고 국내에서 일반적으로 통용되는 발음일 때에는 우리나라 한자음대로 썼다. 중국어는 모두 우리나라 한자음대로 표기했다.
3. 외래 인명에서 일본과 중국 인명은 성과 이름을 모두 밝혀주는 것을, 서양 인명은 성만 밝혀주는 것을 원칙으로 했다.
4. 지은이가 본문에서 인용한 한국 측 사료는 원문을 찾아 실었고 미국 측 사료는 원문과 저자의 일본어 번역을 대조하여 중역을 피하기 위해 노력했다.
5. 원서에는 우리 정서와 맞지 않는 표현이 군데군데 있는데, 되도록 원서의 느낌을 살리기 위해 한국어판에서도 이를 고치지 않고 그대로 두었다.

한국의 독자들에게

저는 1989년에 석사논문을 제출하고 난 뒤에 박사과정에 진학했는데, 이 책의 주된 내용을 이룬 박사논문은 실은 한창 석사논문을 쓰고 있을 때 구상한 것입니다. 그 동기에 대해서는 두 가지를 이야기할 수 있는데, 우선 1910년 한국병합 전까지의 연구는 이 무렵부터 조금씩 나오기 시작했지만(제 석사논문도 그중 하나였습니다) 조선통치에 대한 국제정치사적 연구는 1940년대 이후 시기에 관한 것이 대부분이었습니다. 게다가 한국병합 후부터 일본의 조선통치기 최대 사건인 3·1운동을 전후한 시기를 다룬 연구성과는 매우 적었고, 특히 일본에는 거의 없었습니다. 이 시기야말로 한·일관계나 국제정치사에서 가장 중요한데도, 어느 누구도 손대지 않은 수많은 사료가 남아 있다는 사실에 고무되어 저는 연구자 '나부랭이'로서 좀이 쑤셨습니다. 또 1980년대 후반부터 한국사회에서 일어난 반미주의가 일본에도 보도되었는데, 이러한 사정이 제 눈에 띄었습니다. 미숙하나마 여러 2차 문헌을 접하면서 한국과 미국의 관계는 단순한 현상 분석만으로는 납득할 수 없고, 현재 상황에 이르기까지의 역사적 경위가 있다고 생각했습니다. 거슬러 올라가면 양국의 입장과 인식 차이는 이미 19세기 무렵부터 나타나는데, 거기에는 일본도 크게 관계되어 있습니다. 이런 맥락에서 19세기 후반부터 20세기 전반까지의 한국·미국·일본 관계사를 1차 사료에 입각해 가능한 한 객관적으로 연구하는 것은 제가 일본인이라는 점 때문에 어려움이 따르겠지만, 그렇기에 더욱 의의 있는 작업이 될 거라고 생각했습니다.

이리하여 저는 한국과 일본에서 사료 수집을 계속하면서 박사논문을 쓰기 위한 준비를 해나갔습니다. 미국 측 입장을 살펴볼 수 있는 사료 가운데 반드시 필요한 간행된 외교문서, 마이크로필름으로 된 외교문서, 여러 신문과 잡지, 영문으로 된 2차 자료 등은 일본에서도 볼 수 있었지만, 개인문서를 비롯한 사료는 구할 수 없었습니다. 그래서 1990년 여름, 미국 서해안의 샌프란시스코에서 시작하여 동해안의 워싱턴, 필라델피아, 뉴욕, 뉴헤이번, 보스턴 등지를 약 두 달 동안 돌아다니며 개인문서를 중심으로 미국에서만 열람할 수 있는 사료를 수집했습니다. 그런데 일본에 돌아와서 연구를 계속하다 보니 미처 구하지 못한 사료가 있다는 것을 깨달아, 이듬해인 1991년 1월부터 2월에 걸쳐 다시 미국에 가서 워싱턴, 뉴욕, 보스턴 등지에서 사료를 수집해 사료 면에서 완전을 기하려고 노력했습니다.

이후 3·1운동 시기를 중심으로 쓴 박사논문을 책으로 출판할 결심을 하면서 3·1운동을 전후한 시기를 더 확대하고 싶다는 연구자로서의 욕심이 생겼습니다(한국병합 후부터 워싱턴회의와 극동노동자대회 시기까지). 하지만 필요한 사료는 갖고 있었으나 사료를 아무리 읽어봐도 전체상을 파악할 수 없었던 저는 이대로는 도저히 원고를 집필할 수 없다는 결론에 도달했습니다. 뒤늦게 이 책이 가진 '무게'에 깔려 죽을 듯한 엄청난 부담감을 느꼈던 것입니다. 서둘러 책을 출판하는 것을 단념하고 당분간 기다리기로 결심한 뒤에는, 각 장에 관한 사료를 모두 다시 읽어보며 개별 논문이 될 수 있거나 이해 정도가 깊은 부분부터 차례차례 논문으로 발표하는 작업을 거듭했습니다. 2001년에는 1년 동안 연구휴가를 얻어 서울대학교 국제지역원(지금의 국제대학원)에서 연구에만 전념했는데 이때의 경험이 책을 완성하는 데 큰 도움이 됐습니다. 서울에서 연구휴가를 마치고 일본에 돌아온 후, 원고 작성은 한층 탄력이 붙었습니다. 때마침 일본의 한국독립운동 연구의 일인자로 제 은사이신 강덕상姜德相 선생님께서 첫 번째 책에 이어 이번에도 추천을 해주셔서 헤이본샤平凡社의 세키 마사노리關正則 씨와 만날 수 있었습니다. 세키 씨는 한국·조선 문제에 관한 많은 책을 편집했고 게다가 제가 처음 졸업한 대학의 학부 선배이기도 해서 제 연구를 이해하고 헤이본샤에서 원고를 출판할 수 있도록 힘써주셨습니다.

이처럼 여러 가지 우여곡절을 겪고 출간된 이 책을 한국의 독자들이 읽을 때 저는 특히 다음과 같은 점에 주목해주기를 희망합니다. 당시 일본은 한국병합 후의 조선문제를 일본의 국내문제로서 처리하려 했지만, 실제로 조선문제는 일본의 병합 후에도 국제문제로서의 측면을 계속 가지고 있었습니다. 또한 미국이 일본의 조선통치를 계속 인정하고 있었는데도 불구하고 한국인들, 그중에서도 특히 독립운동가들은 미국에 대해 커다란 기대를 갖고 있었습니다. 이러한 미국에 대한 태도 차이로 인해 독립운동가들이 분화하기 시작해 민족주의적 입장을 유지하면서도 사회주의로 기우는 사람들이 나왔습니다. 여기서부터 '분단'은 이미 시작되었다는 것입니다.

일본어판과 마찬가지로 이 책이 한국어판으로 나오기까지 많은 분들께서

도움을 주셨습니다. 먼저 이 책을 한국 독자들이 읽을 필요가 있다고 생각해 일조각에 소개해주신 이보형 선생님(서강대학교 명예교수)께 감사를 드립니다. 20년이나 지속된 선생님과의 만남 속에서 제가 입은 은혜는 매우 컸고, 선생님의 가르침이 없었더라면 이 책의 일본어판도 세상에 나오지 못했을 것입니다. 지면을 빌려 선생님의 건강을 진심으로 빌어 마지않습니다. 또한 분량이 꽤 많은 이 책의 한국어판 출판을 흔쾌히 맡아주신 일조각의 김시연 대표와 조성진 편집장에게도 감사를 드립니다. 일본 근현대 정치사 전공자로서 번역을 맡아주신 박환무 선생님께도 진심으로 감사를 드립니다. 박 선생님은 제가 이용한 한국·미국·일본 사료를 점검해주셨고 독자들이 이해하기 어려운 저의 문장을 일일이 지적해주셨을 뿐만 아니라 한국어판을 한층 읽기 쉬운 문체로 번역해주셨습니다. 또한 이 책이 한국에서 번역되는 의의를 인정해 출판지원금을 허락해준 일본의 산토리 문화재단에도 감사를 드립니다. 출판지원금이 없었더라면 학술서인 이 책의 한국어판은 세상에 나오지 못했을 것입니다.

마지막으로 이 책이 한국과 일본의 상호 이해와 아직도 분단상태가 지속되고 있는 한반도문제의 근원적 이해에 도움이 되기를 진심으로 바라는 바입니다.

2008년 7월 도쿄에서

나가타 아키후미長田彰文

차례

국제정치사에서 본 삼일운동

서론

문제 제기

1910년 8월 22일 한국병합에 관한 조약이 한국과 일본 간에 조인되고 8월 29일에 시행된 후부터 1945년 8월 15일 일본이 제2차 세계대전에서 패배할 때까지, 한국은 어쩔 수 없이 일본의 통치 아래 놓여 있었기 때문에 국제정치 무대에서는 거의 잊혀진 존재였다. 그러나 국제사회가 식민지 시기의 한국에 (결코 그 정도가 강하지는 않았지만) 관심을 가진 적이 한 번 있었다. 1919년 3월 1일 서울(당시는 경성부)에서 일어나 곧 한반도 전역으로 확대된 3·1운동을 중심으로, 한국독립운동이 일본·중국·러시아·미국 등지에서 최고조에 이른 수년간이 바로 그 시기다. 이때 미국 대통령 윌슨Woodrow Wilson이 제1차 세계대전에 미국이 참전하기 전부터 거듭 제창했고 1918년 1월 전쟁 종결과 전후의 새로운 국제질서 확립을 위해 제창한 '14개조Fourteen Points' 에도 포함한 원칙 중에 '민족자결주의' 가 있었다. 민족자결주의는 유럽 여러 나라가 펴온 구래의 식민지체제를 뒤흔들고 아울러 그러한 체제의 타파를 목표로 삼고 있던 피지배민족들에게 희망을 주었다. 이것은 미국 · 중국 · 일본 등지에 사는 조선인들뿐만 아니라 여러 경로를 통해 조선 땅에 살고 있는 사람들에게도 알려졌다.

조선은 1882년 서양 여러 나라 중에서는 처음으로 미국과 조미수호통상조약朝美修好通商條約을 체결했다. 그 후 조선(한국)은 일본, 청, 러시아 같은 주변 각국으로 인해 위기를 겪을 때마다 조미수호통상조약 제1조의 거중조정居中調停, Good Offices 조항에 의거하여 미국에 도움을 요청했다. 그러나 미국은 지리적으로 멀리 떨어져 있고 주변 여러 나라와 비교해서 이해관계가 적은 조선(한국)문제에 깊이 관여하는 것을 피했다. 1901년 대통령에 취임한 루스벨트Theodore Roosevelt는 러시아세력을 억제하고 일본과 관계를 증진하기 위해 한국에서 일본의 입장을 인정했고, 나아가 러일전쟁 후 1905년 11월에 일본이 단행한 한국 보호국화도 앞장서서 지지하고 승인했다. 이러한 점들이 작용하여 미 · 일관계는 러일전쟁 당시에는 매우 좋았지만, 1906년 이후 여러 가지 문제(예컨대 캘리포니아주의 일본인 이민 배척문제, 일본의 만주 군정문제 등)가 쏟아져 나오면서 점점 마찰이 잦아졌다. 윌슨이 대통령에 취임한 뒤에도 이러한 미 · 일관계의 흐름에는 변함이 없었다. 이런 상황 아래 파리에서는 베르사유강화회의가 열렸고 조선에서는 3 · 1운동이 발발했다.

이 책에서는 먼저 일본의 한국 보호국화를 루스벨트가 앞장서서 지지하는 경험을 겪은 조선인들이 앞서 설명한 국제정세 속에서, 최종목표인 독립을 회복하기 위해 윌슨 정권에 어떠한 공작을 했는지 그리고 윌슨 정권의 사람들과 조선 · 일본 등지에 주재하고 있던 미국 외교관들은 이에 대해 어떻게 대응했는지를 중점적으로 살펴보았다.

러일전쟁 시기에는 미국과 일본의 우호적 관계가 정점에 이르렀고, 국제

사회는 한국정부의 무능력함이 극에 달했다고 생각했기 때문에 미국정부 당국자뿐만 아니라 미국인들 사이에서도 일본의 한국지배를 당연시하는 분위기가 강했다. 하지만 미·일관계가 악화되고 3·1운동에 대한 일본의 잔혹한 진압태도가 문제시되면서 미국의 의회, 언론계, 종교계가 취한 조선문제에 대한 대응은 한국이 보호국화될 때와는 달랐다. 여기에서는 이 시기 미국이 구체적으로 어떠한 대응을 취했는지에 대해서도 자세히 다루었다.

3·1운동이 일어나기 전까지 일본은 한국병합 이후 약 8년 동안에 걸쳐 조선에서 무단통치를 실시했다. 이 책에서는 무단통치의 구체적 실태와 이 시기 국제정세 변동과 윌슨의 민족자결주의에 대해 조선인들은 어떻게 인식했으며, 중국·러시아령·미국·유럽(특히 파리)·일본·조선에서 어떻게 독립운동을 전개했는지를 중요하게 다루었다.

3·1운동의 발발과 진전은 조선총독부를 비롯한 일본 당국자들에게는 예기치 못한 사건이었다. 조선인들이 요구하는 독립을 부여할 생각이 전혀 없었던 당시의 하라 다카시原敬 정권과 조선총독부는 철저한 진압을 기도했지만, 일본 국내의 비판이 고조되자 결국 하라 정권은 적극적으로 조선통치 개혁에 나서 조선총독에 하세가와 요시미치長谷川好道 대신 사이토 마코토齋藤實를 앉히는 결정을 내렸다. 이 책에서는 이러한 과정과 운동이 일본에서 어떻게 보도됐는지를 살펴봄으로써 3·1운동이 일본에서 어떤 의미를 가졌는지를 살펴보았다.

1919년 9월 조선에 부임한 사이토 마코토는 그때까지 시행해온 무단통치 대신 문화정치를 실시했다. 그는 또한 조선에 살고 있는 미국인들(특히 선교사들)이 갖고 있는 일본에 대한 부정적인 생각을 바꿔 앞으로의 조선통치를 유리하게 전개시키려 했다. 이 책에서는 이에 관해서도 자세히 논하면서 3·1운동을 수습하는 데 그러한 노력이 어떻게 관련됐는지를 관찰했다. 이어서 3·1운동 후에 전개된 한국독립운동의 양상, 그중에서도 특히 거의 같은 시기에 개최된 워싱턴회의와 극동노동자대회에서 한국의 독립운동가들이 어떤 공작을 했는지, 나아가 미국과 일본(특히 당국자), 볼셰비키와 코민테른은 어떻게 반응했는지를 살펴보았다.

이 책이 다루는 시기에는 제1차 세계대전 발발, 미국의 세계대전 참전, 러시아혁명 발발과 시베리아 출병, 제1차 세계대전 종결, 파리강화회의 개최와 베르사유조약 체결, 국제연맹 가맹과 베르사유조약 비준을 둘러싼 윌슨과 미국 의회의 대립, 제1차 세계대전 후에 나타난 미국의 국제적 지위 상승과 유럽 각국의 상대적 지위 하락, 일본의 해군을 중심으로 한 '3대국' 대열 가담과 다른 한편에서의 국제적 고립, 중국에서의 내셔널리즘 발아發芽, 소비에트체제의 존속, 일본 견제를 노린 워싱턴회의 개최와 워싱턴조약 체결, 이에 대한 코민테른의 대응 등 국제정치사에서 매우 중요한 여러 가지 문제가 포함되어 있다. 하지만 여기에서는 이러한 문제가 한국독립운동과 관련이 있을 때에만 간략히 언급했다.

20세기 한국사에서 3·1운동은 1950년에 발발한 한국전쟁에 비견되는 커다란 사건이며, 3월 1일은 현재 대한민국에서 '삼일절'이라는 국경일로 지정되어 있다. 그래서 3·1운동을 중심으로 한 한국독립운동을 국제정치사적으로 분석하는 것은 현재의 한·일관계와 미·일관계 등을 보는 데도 시사하는 바가 많다고 생각한다.

국제정치사에서 본 삼일운동

3·1운동을 중심으로 한 한국독립운동 연구는 한국사에서 차지하는 중요성 때문에 많이 축적되어 있으며, 3·1운동을 중심으로 이루어진 개별분야 연구도 매우 많다. 그러나 그중 국제정치사적 관점에서 이루어진 연구는 의외로 많지 않으며, 특히 일본에서는 전혀 없는 형편이다. 당시 조선이 일본의 통치 아래 있었기 때문에 조·일관계나 조·미관계도 독립국끼리의 국제관계가 아니었고, 그 결과 통상적인 외교관계가 존재하지 못했던 것이 국제정

치사를 전공하는 연구자들의 관심에서 멀어진 원인으로 생각된다.

그럼에도 불구하고 미국, 대한민국, 조선민주주의인민공화국에서는 국제정치사적 관점에서 이루어진 연구가 나오고 있다. 그 가운데 가장 고전적인 연구가 한국사를 전공한 미국인 볼드윈Frank P. Baldwin Jr.이 1969년에 컬럼비아대학Columbia University에 제출한 박사학위 논문이다(Baldwin, "The March First Movement—Korean Challenge and Japanese Response," Ph. D. Dissertation, Columbia University, 1969). 볼드윈은 논문에서 윌슨의 민족자결주의 제창과 조선인들의 수용, 3·1운동이 계획에서 발발을 거쳐 진전에 이르는 과정, 조선인들의 외교공작, 일본의 진압, 사이토 마코토의 총독 취임과 문화정치 착수까지를 자세하게 다루었다. 주일 미국대사관과 주서울 미국총영사관, 국무성 간의 정보 교환이나 미국 등지에서 전개된 재외 조선인들의 외교활동 등에 대해서는 불만스러운 점도 있지만 한국사와 국제정치사를 융합시킨 시도는 매우 훌륭하다고 말할 수 있다. 이 시기 일본·조선·미국 간의 관계에 관심을 가진 사람이라면 반드시 읽어봐야 하는 논문이다.

대한민국에서 나온 중요한 연구로는 먼저 이화여자대학교 교수 구태열具汰列이 1979년 런던대학University of London에 발표한 자신의 박사학위 논문을 정리·발전시켜 1985년에 저술한 3·1운동과 영·일관계에 관한 영어책을 들 수 있다(Dae-Yeol Ku, *Korea under Colonialism—The March First Movement and Anglo-Japanese Relations*, Royal Asiatic Society Korea Branch, Seoul, 1985). 일본·조선·영국 간의 관계에 관심을 가진 구태열은 3·1운동의 발발과 진전, 이에 대한 영국과 일본의 대응에 관해 특히 영국 공문서관에 보관된 영국 외무성 기록을 풍부하게 이용하여 논지를 전개했다. 영국은 처음에는 3·1운동에 무관심했지만 운동을 진압할 때 일본이 보인 잔악성과 주일 대사관과 주서울 총영사관의 공작으로 인해 점차 적극적인 자세로 바뀌어 미국 이상으로 '인권외교'를 실시하여 일본의 지나친 행위에 제재를 가했다. 그러나 영국의 조선문제에 대한 적극적 자세는 이 시점에 이미 논의되고 있던 영일동맹의 갱신에는 영향을 미치지 않았다. 이 책은 일본·조선·미국 간의 관계를 살펴보는 데 시사하는 바가 많지만, 전체적으로 조선 문제에서 취할 수 있는 행동의 여지가 미국 이상으로 적었던 영국의 역할을 중시하는 경향이 있다는 문제가 있다.

1969년에 3·1운동 50주년을 기념해서 한국에서 출판된 논문집에 실린 미국사 전공자인 전 서강대학교 교수 이보형李普珩이 쓴 논문은(이보형, 「3·1운동에 있어서의 민족자결주의의 도입과 이해」, 동아일보사 편, 『3·1운동50주년기념논집』, 동아일보사, 1969) 사용한 자료와 전개한 논지에는 특별히 새로운 점이 없지만, 민족자결주의와 조선과의 관련성을 살펴보는 입문서로 가장 적당하다. 이 밖에 한국사를 전공한 전 연세대학교 교수 손보기孫寶基가 쓴 논문도 읽어볼 만하다(손보기, 「3·1운동에 대한 미국의 반향」, 동아일보사 편, 『3·1운동50주년기념논집』, 동아일보사, 1969). 손보기는 미국 의회 의사록Congressional Record(Government Printing Office, Washington)을 이용하여 미국 의회에서 1919년에서 1923년에 걸쳐 조선문제가 어떻게 논의되었는지를 살펴보았기 때문에 미국 의회의 동향을 아는 데 매우 유용하다. 하지만 신문 논조와 조선에 동정적인 의원들 말고 일반 미국인들에 관해서는 아주 조금밖에 언급하지 않았기 때문에 3·1운동을 중심으로 한 조선문제에 대한 전체 미국인들의 반응을 파악하는 데는 부족하다.

이러한 점을 보완하는 연구로서 유병용兪炳勇의 「3·1운동과 한국독립문제에 관한 미국 언론의 반향」(『김철준박사화갑기념사학논총』, 지식산업사, 1983)을 들 수 있다. 이 논문은 미국의 여러 신문이 3·1운동을 어떻게 보도하고 어떤 논설을 실었는지를 간결하게 정리했다. 한국사를 전공한 전 서울대학교 교수 신용하愼鏞廈의 논문 「3·1운동의 주체성과 민족자결주의」(『한국사상』 제15집, 한국사상연구회, 1977)와 『한국민족독립운동사연구』(을유문화사, 1985) 중 제4장 「3·1독립운동의 사회사—2. 3·1운동과 민족자결주의」도 읽어볼 만하다. 이들 연구에 따르면 3·1운동은 1880년 이래 전개된 여러 가지 국권회복운동의 맥락 속에서 파악해야 한다. 또한 민족자결주의는 민족주의적 독립사상과 독립을 향한 열의가 축적되는 가운데 한민족이 국제정세의 변동을 기민하게 포착하여 국권회복운동을 집중적으로 전개하여 성과를 얻었다는 기회론에 입각하여 자립적 · 능동적으로 수용한 것이다. 따라서 신용하는 민족자결주의가 3·1운동의 직접적 원인이라는 의견은 틀렸다고 주장한다. 그의 연구는 3·1운동과 민족자결주의의 관계에 관한 전형적인 해석에 근본적 재검토를 촉구한 점에서는 커다란 공헌을 했지만, 3·1독립선언서에 서명한 33인 대부분이 민족자결주의의 영향을 받았고 민족자결주의가 여러 가지 형태로 조선 민중에게 전파되었다는 점에서 보면 3·1운동과 민족자결주의의 관계에서 무시할 수 없는 수동적 측면을 언급하지 않은 것은 역으로 재검토할 필요가 있다.

재미 조선인과 3·1운동의 관계에 관해서는 방선주方善柱가 쓴 『재미한인의 독립운동』(한림대학교출판부, 1989)을 들 수 있다. 특히 이승만이 1919년 2월 25일 윌슨에게 국제연맹의 조선 위임통치를 청원하기까지의 경위를 자세하게 논한 「이승만과 위임통치」 장이 주목된다.

조선민주주의인민공화국에서 나온 연구 중에는 김희일金熙一의 『아메리카 조선침략사』(재일조선인과학자협회역사부회 역, 유산카쿠雄山閣, 1972) 중 제3장 제1절 「1919년 3·1 인민봉기에 대한 아메리카의 적대적 행동」과 제2절 「일본제국주의 지배기에 있어서의 아메리카의 경제침략과 문화 · 종교적 침략」이 눈에 띈다. 이 책은 제2차 세계대전부터 한국전쟁, 그 후 미국과 조선민주주의인민공화국의 관계를 반영하여 '미국의 침략적 활동과 이에 대한 조선 인민의 영웅적 투쟁'이라는 생각이 글 전체에 흐르고 있다. 3·1운동과 미국과의 관계에서도 민족자결주의는 세계의 피억압인민들에게 숭미崇美 사대주의사상을 주입하고 민족해방투쟁을 말살하기 위해 제시되었고, 미국은 민족자결주의를 이용하여 조선의 부르주아 민족주의자들을 조종했다. 또한 3·1운동이 독립이라는 최종목적을 달성할 수 없었던 원인 중 하나로 미국의 일본에 대한 지지가 있었다고 주장한다. 그러나 이러한 주장은 객관적 사실에 의거하여 실증적 분석을 한 결과라기보다는 어떤 일정한 주관적 인식이 매우 강조되어 나타난 것이다. 이러한 한계에도 불구하고 이 책은 3·1운동뿐만 아니라 조선민주주의인민공화국이 19세기 이래 미국과의 관계를 어떻게 인식하고 있는지를 아는 데 매우 유용하다.

『일본의 조선통치와 국제관계』는 3·1운동을 중심으로 한 시기의 한국독립운동을 국제정치사적으로 분석한 연구가 일본에 없다는 공백을 메우고, 앞서 열거한 여러 선행연구를 계승하면서 나아가 새로운 견해를 제공하려는 생각에서 쓰여졌다.

제 1 장

한국병합과 무단통치

한국병합과 무단통치

1868년에 메이지유신明治維新을 향해 발을 내디딘 일본은 부국강병을 구호로 내걸고 근대화의 길을 걷기 시작했다. 하지만 일본은 대외적으로 구미 열강에 대해서는 도쿠가와 바쿠후德川幕府 시대에 체결한 불평등조약(일본의 일방적인 관세자주권 상실, 영사재판권을 인정하여 일본 내에서 범죄를 지은 외국인을 일본 측에서 재판할 수 없는 것 등)을 개정하는 네 노력하는 한편, 주변 아시아 여러 나라에 대해서는 불평등조약을 강요했다. 그 첫 대상이 된 것이 바로 조선(한국)이었다.

일본은 1875년 9월 20일 운양호雲揚號사건(강화도사건)을 계기로 조선과 이듬해 2월 26일에 조일수호조규를 체결했다.[1] 이 조규 제1관에서 "조선은 자주의 나라"라는 표면상의 원칙을 취한 일본과 조선의 종주국임을 자인하는 청 사이에 분규가 끊이지 않다가 결국 1894년 7월에 청일전쟁이 발발했다. 일본은 군사적으로 청을 압도했고, 결국 청은 이듬해 4월 17일에 조인된 시모노세키강화조약 제1조에서 조선이 자주 독립국가임을 인정할 수밖에 없었다.[2]

청을 대신하여 러시아가 한반도에서 세력을 확장하려는 의도를 보이면서 러시아와 일본 간의 이해 충돌이 점차 격렬해졌고 결국 1904년 2월에 러일전쟁이 발발했다. 이번에도 일본은 전쟁을 유리하게 전개했고 그 결과 1905년 9월 5일에 조인된 포츠머스강화조약 제2조에서 러시아는 일본이 한국에서 우월한 지위를 차지하고 지도·보호·감리 조치를 취하는 것을 인정했다.[3] 일본은 여세를 몰아 같은 해 11월 17일 제2차 한일협약을 체결하여 한국의 외교권을 일본 외무성으로 이행시킴으로써 한국을 보호국화하는 데 성공했다.[4]

제2차 한일협약 3조에 의해 한국통감부가 설치되었고, 한국통감에는 한국 측에 협약 체결을 강요한 이토 히로부미伊藤博文가 취임했다. 그러나 보호국화에 불만을 갖고 있던 고종은 만회할 기회를 엿보다가 1907년 6월 네덜란드 헤이그에서 제2회 만국평화회의가 개최되자 세 명의 사절을 보내 보호국화의 부당성을 호소하려 했다. 그러나 외교권이 없다는 이유로 한국의 주장은 무시되어 이른바 '헤이그밀사사건'은 완전한 실패로 끝났다. 이 기회를 틈타 이토는 고종에게 양위를 강요했고 결국 고종은 7월 19일 양위를 선언했다. 다음 날 고종과 1895년 10월 일본 낭인浪人들의 손에 살해된 민비(명성황후)와의 사이에서 태어난 이척李拓이 순종으로 즉위했다. 일본은 지체 없이 7월 24일 제3차 한일협약을 체결함으로써 한국의 내정권을 장악하고 한국군을 해산시켰다.[5]

한국에서는 1905년 보호국화 이후 애국계몽운동과 의병투쟁이 본격화되었고, 1907년에는 안창호安昌浩, 양기탁梁起鐸, 이동녕李東寧, 이동휘李東輝 등의 주도로 비밀결사인 '신민회'가 결성되어 애국계몽운동의 중심적 역할을 담당했다.[6] 한국 국민이 이처럼 여러 방면에서 저항하는 가운데, 이토 히로부미는 1909년 6월 14일에 한국통감을 사직하고 추밀원 의장으로 자리를 옮겼다. 후임 한국통감으로 1898년에 성립한 제3차 이토 내각의 법무대신과 1901년에 성립한 제1차 가쓰라 다로桂太郎 내각의 대장대신 등을 지내고, 1907년에는 부통감이 되었던 소네 아라스케曾禰荒助가 취임했다. 한편 러·일 관계를 조정하기 위해 이해 10월 만주와 시베리아 여행에 나섰던 이토는 10월 26일 하얼빈역哈爾濱驛에서 안중근安重根에게 사살되고 말았다.[7] 이 사건은 이미 1909년 7월 6일에 각의閣議에서 결정된 한국병합 방침을 가속화시켰다.[8] 결국 1910년 8월 22일에 조인되고 29일에 시행된 한국병합에 관한 조약으로 한국은 어쩔 수 없이 일본의 통치 아래 놓이게 되었다.[9]

지금까지 일본이 단행한 한국병합까지의 과정을 살펴보았다. 이제부터는 일본이 한국을 병합한 후인 1910년대의 조선통치에 관해 알아보자.

일본은 한국을 병합한 당일인 1910년 8월 29일 '한국'을 (단순한 지명인) '조선'으로 개칭하고, 보호기관으로 한국통감부 대신 조선총독부를 설치했는데 당분간은 한국통감부가 조선총독부의 직무를 대행할 것을 명시했다.[10] 조선총독부의 최고책임자인 조선총독은 위임범위 내에서 육·해군을 통솔하며 일체의 정무를 통할統轄한다고 명기되었다.[11] 일본의 한국병합 후 한 달이 지난 9월 30일 칙령勅令 제354호에 의해 '조선총독부관제'가 공포되었고 10월 1일부터 시행되었다. 주요 조문을 살펴보자.[12]

제 1 조　조선총독부에 조선총독을 둔다. 총독은 조선을 관할한다.

제 2 조　총독은 친임親任으로 한다. 육·해군 대장으로서 이를 맡긴다.

제 3 조　총독은 천황에 직례直隷하여 위임범위 내에서 육·해군을 통솔하며 조선 방비의 일을 관장한다. 총독은 제반 정무를 통할하며 내각 총리대신을 거쳐 상주하며 또 재가를 받는다.

제 4 조　총독은 그 직권 또는 특별한 위임에 의하여 조선총독부령을 발하며 이

에 1년 이하의 징역 혹은 금고, 구류, 200원 이하의 벌금 또는 과료의 벌칙을 가할 수 있다.

제 5 조 총독은 관할 관청의 명령 또는 처분이 제규制規에 어긋나고 공익을 해치거나 또는 권한을 어긴 것이 있다고 인정할 때에는 그 명령 또는 처분을 취소 혹은 정지할 수 있다.

제 6 조 총독은 관할 부서의 관리를 통독統督하여, 주임奏任문관의 진퇴는 내각 총리대신을 거쳐 이를 상주하고, 판임判任문관 이하의 진퇴는 이를 전행專行한다.

제 7 조 총독은 내각 총리대신을 거쳐 관할 부서 문관의 서위敍位와 서훈敍勳을 상주한다.

제 8 조 총독부에 정무총감을 둔다. 정무총감은 친임으로 한다. 정무총감은 총독을 보좌하여 부무府務를 통리統理하며 각 부국의 사무를 감독한다.

제 9 조 총독부에 관방과 다음의 5부를 둔다.
총무부 · 내무부 · 탁지부 · 농상공부 · 사법부

이에 따라 초대 조선총독에 취임한 사람이 1910년 5월 30일 제3대(그리고 마지막) 한국통감이었던 데라우치 마사타케寺內正毅다. 이토 히로부미 사후 명실 공히 필두 원로가 된 야마가타 아리토모山縣有朋 계열에 속하는 조슈長州 출신의 데라우치는, 역시 야마가타 파벌이었던 제2차 가쓰라 다로 내각(1908년 7월 14일~1911년 8월 25일)에서 육군대신을 겸임했다(데라우치는 제1차 가쓰라 내각기인 1902년 3월 27일 이래 육군대신 자리에 있었다). 이는 앞으로 일본의 조선통치가 어떠한 방향으로 나아갈지를 암시했다(그 후 데라우치는 제2차 가쓰라 내각의 퇴진으로 육군대신에서 물러나 조선총독만을 맡게 되었다). 그리고 조선총독부의 2인자라고도 할 수 있는 정무총감에는 대표적 문관이었던 이토와 대조적으로 대표적 무관이었던 야마가타 아리토모의 양사자養嗣子 야마가타 이사부로山縣伊三郎가 취임했다(그러나 야마가타 이사부로는 외무성에서 근무한 후 도쿠시마현德島縣과 미에현三重縣 지사, 내무차관 등을 거쳐 1906년 1월에 성립한 제1차 사이온지 긴모치西園寺公望 내각에서 체신대신에 취임했고, 1908년 7

월에는 귀족원貴族院 의원이 되기도 한 문관이었다). 그는 데라우치의 한국통감 취임과 때를 같이하여 부통감에 취임했다.

데라우치 마사타케 조선총독이 어떠한 정책을 전개했는지 살펴보자. 우선 일본의 한국병합이 일부 친일인사들을 제외한 대부분의 조선인들의 의사가 아니었음을 충분히 알고 있던 조선총독부는 무엇보다도 치안유지에 신경을 썼다. 그래서 실시한 것이 헌병경찰제도다. 헌병경찰제도의 기원은 러일전쟁 발발 후인 1904년 3월 10일 보병 6대대 반의 병참감부와 그 관할 병참사령부, 주차駐箚헌병대 등으로 편제된 한국주차군이었다.[13] 한국주차군은 한국통감부가 설치된 후 1906년 8월의 칙령 제205호 '한국주차군사령부조례'에 따라 한국에 상주했는데, 그 규모는 1개 사단 혹은 1개 사단 반으로 구성되었다. 주된 주차지는 서울 남쪽의 용산, 평양, 나남이었으나 지방에서의 치안유지를 위해 소부대가 지방의 주요 지역에 주둔했다.[14] 주차헌병대는 러일전쟁 때에는 한국인들이 러시아와 내통하고 일본의 군용 전신선을 절단한다고 하여 그 보호임무를 맡았고, 이후에는 보통행정경찰과 사법경찰에 관여했고 의병투쟁이 격화됨에 따라 그 진압도 담당했다.[15]

물론 한국에는 독자적인 경찰이 존재했지만 보호국화 이후 점차 유명무실해졌다. 한국정부의 경찰권을 완전히 박탈하고 헌병경찰제도를 확립하는 법적 근거가 된 것이 일본이 한국을 병합하기 직전인 1910년 6월 29일에 공포한 칙령 제296호 '한국경찰 사무위탁에 따른 경찰서관제'다. 그 주요 부분을 살펴보자.[16]

제 1 조 통감부 경찰관서는 통감의 관리에 속하고 한국에서의 사무를 관장한다.
제 4 조 경무부는 이를 각 도에 둔다. 도내의 경찰사무와 관내 경찰서의 감독을 관장한다.
경찰서는 필요한 지역에 둔다. 관내의 경찰사무를 관장한다.
경무부와 경찰서의 위치와 관할구역은 통감이 정한다.
제 6 조 경무총장은 한국주차헌병의 장長인 육군장교로서 이를 맡긴다. 경무총

장은 경무총감부의 장이 되고 통감의 명령을 받아 부무部務를 총리總理하며 경찰서의 직원을 지휘·감독한다.

제 8 조 경무부장은 각 도 헌병의 장인 헌병좌관憲兵佐官으로서 이를 맡긴다. 경무총장의 명령을 받아 부무部務를 장리掌理하며 부하 직원과 관할 경찰서 직원을 지휘·감독한다.

헌병경찰제도를 실제로 담당하는 헌병의 직무를 구체적으로 정한 것이 1910년 9월 10일에 공포한 칙령 제343호 '조선주차헌병조례'다. 앞서와 마찬가지로 그 주요 부분을 살펴보자.[17]

제 1 조 조선주차헌병은 치안유지에 관한 경찰 및 군사경찰을 관장한다.

제 2 조 조선주차헌병은 육군대신의 관할에 속하며, 그 직무 집행에 대해서는 조선총독의 지휘·감독을 받고 군사경찰에 대해서는 육군대신과 해군대신의 지시를 받는다.

제 3 조 헌병 장교·준사관·하사·상등병에게는 조선총독이 정한 바에 의하여 재직하면서 경찰관의 직무를 집행하게 할 수 있다.

제17조 헌병대에 헌병보조원을 부속한다. 헌병보조원의 취급은 그 직무에 따라 헌병 상등병 또는 육군 일·이등병에 준한다.

이리하여 조선에서 헌병경찰체제가 확립되었다. 일상 직무는 ① 첩보 수집, ② 폭도 토벌, ③ 장교·하사(경시·경부)의 검사사무 대리, ④ 범죄 즉결, ⑤ 민사소송 조정, ⑥ 집달리업무, ⑦ 국경·세관 업무, ⑧ 산림 감시, ⑨ 민적사무, ⑩ 외국 여권, ⑪ 우편 호위, ⑫ 여행자 보호, ⑬ 종두, ⑭ 도살검사, ⑮ 수출 소(牛) 검역, ⑯ 강우량 관측, ⑰ 수위 측량, ⑱ 해적 및 밀어선·밀수입 경계·단속 같은 경비선에 관한 업무, ⑲ 위험한 짐승 구제驅除, ⑳ 묘지 단속, ㉑ 노동자 단속, ㉒ 재류 금지자 단속, ㉓ 일본어 보급, ㉔ 도로 개수, ㉕ 국고금 및 공금 경호, ㉖ 식림·농사 개량, ㉗ 부업 장려, ㉘ 법령 보급, ㉙ 납세의무 훈시 등으로 모든 영역에 미쳤다.[18] 따라서 1910년대 일본의 조선통치는 '헌병정치'라고도 말할 수 있다.

이러한 일본의 조선통치를 위반한 자에 대해서는 당연히 엄한 처벌이 내려졌는데, 그 법적 근거가 1910년 12월 15일에 제령制令 제10호로 공포된 '범죄즉결형'이다. 이는 11조로 이루어져 있는데, ① 구류, 태형笞刑 또는 과료의 형에 해당하는 죄, ② 3개월 이하의 징역이나 100원 이하의 벌금 또는 과료의 형에 처해야 하는 형법상의 죄, ③ 3개월 이하의 징역, 금고 또는 구류, 100원 이하의 벌금 혹은 과료의 형에 처하는 행정법규 위반죄 가운데 어느 것에나 해당하면, 경찰서장이나 직무 담당자는 정식재판이 없어도 피고인의 진술을 듣고 증거를 조사하여 바로 즉결선고를 내렸다.[19]

조선인에 대한 처벌 가운데 가장 특징적인 것이 태형이었다. 1912년 3월 18일 제령 제13호로 공포된 '조선태형령'이 태형 집행의 법적 근거가 되었는데, 주요 부분을 알아보자.[20]

제 1 조 3개월 이하의 징역 또는 구류에 처해야 하는 자는 정상情狀에 의하여 태형에 처할 수 있다.

제 2 조 100원 이하의 벌금 또는 과료에 처해야 하는 자가 다음 각 호의 1에 해당할 때에는 정상에 의하여 태형에 처할 수 있다.
1. 조선 안에 일정한 주소가 없는 경우
2. 무자산이 인정된 경우

제 5 조 태형은 16세 이상 60세 이하의 남자에게 부과한다.

제 6 조 태형은 태로 볼기를 때려 집행한다.

제 7 조 태형은 30대 이하일 때는 1회에 집행하고 30대를 더할 때마다 1회를 추가한다. 태형의 집행은 1일 1회를 넘을 수 없다.

제11조 태형은 감옥 또는 즉결관서에서 비밀리에 집행한다.

제13조 이 명령은 조선인에 한하여 적용한다.

구한국시대의 『형법대전刑法大典』(1906년 제정)에서 태형은 장형杖刑으로 규정되었다. 그러나 『형법대전』에서는 파렴치한 범죄인 부녀간통죄에 한해 태형이 집행되었지만, 조선태형령 이후 태형의 대상은 '언어 수상, 거동 수상, 일본인에 대한 모욕, 일본인 순사에 대한 무례, 일본인과의 언쟁' 같은 반일적 언동이었다. 그리하여 그 적용도 가혹할 수밖에 없었다.[21]

집회·결사에 관해서는 이미 1907년 7월에 발포한 '보안법'으로 결사 해산과 집회 금지가 가능했다. 경무총감부는 일본이 한국병합을 단행하기 직전인 1910년 8월 25일 '집회 단속에 관한 건'을 발포하여 정치적 집회와 옥외에서의 다중多衆의 집합을 금지시켰다. 종래부터 있었던 결사에 대해서도 엄격한 규제를 가해 친일단체인 '일진회一進會'를 포함한 정치적 결사 12개를 일주일간의 유예기간 내에 해산시켰다.[22]

간행물에 관해서는 1907년 7월에 발포한 '신문지법'에 의해 신문이 공공의 안녕과 풍속을 해칠 때에는 발매와 반포 금지, 압수, 발행 정지 또는 금지 조치를 취할 수 있었다. 규제는 1908년 4월에 발포한 '신문지규칙'에서 한층 강화되었다. 일반 출판물도 1909년 2월에 발포한 '출판법'과 1910년 5월에 발포한 '출판규칙' 등에 근거를 두고 단속을 실시했다.[23] 그 결과 일본의 한국병합 후 신문은 조선어 신문인 『매일신보每日申報』(1904년 7월 영국인 베델Ernest T. Bethell이 창간한 『대한매일신보大韓每日申報』는 반일과 국민계몽이라는 방침에 따라 논진을 구성했다. 그러나 1908년 일본 당국의 요청으로 이루어진 영국 영사재판에서 베델의 국외추방이 선고되었고 이듬해 베델이 사망하면서 이 신문은 기세가 꺾였다. 한국병합 후에는 『매일신보』로 모습을 바꿨다),[24] 일본어 신문인 『경성일보京城日報』, 영자 신문인 『서울 프레스*Seoul Press*』 등이 남았는데, 이들은 조선총독부의 기관지 역할을 담당했다.[25]

지금까지 1910년대 일본이 조선통치를 위해 시행한 치안유지와 관련해서 취한 여러 조치에 대해 살펴보았다. 이러한 헌병경찰체제를 확립하고 유지하는 데 중요한 역할을 담당한 사람이 아카시 겐지로明石元二郎였다. 그는 1908년에 한국주차군 참모장 겸 헌병대장, 1910년에 조선주차군 헌병대 사령관, 1914년에 참모차장을 지냈고 이듬해에는 제6사단장이 되었다.[26]

일본은 조선의 경제 부문에서도 여러 조치를 취했는데, 먼저 동양척식주식회사東洋拓植株式會社(이하 동척)에 관해 살펴보자. 동척은 일본의 한국병합 이전인 1908년 12월에 설립되었는데, 일본인 자작농의 한국 이민을 촉진하는 것이 목적이었다. 이민은 한국병합 후에 본격화되었고 일본군이 배치되면서 조선 전역에 분산되었다. 그러나 그들에게 할당된 토지 대부분이 기간지旣墾地였기 때문에 이민은 조선인 농민의 배제로 이어져서 이들의 반일감정은 점점 커져갔고 이민의 양적 확대와 정착률도 결과적으로는 만족할 만한 수준이 되지 못했다.[27]

이리하여 동척은 이민사업의 부진으로 소작농 14만 명을 지배하는 7만 정보의 거대지주로 변했지만, 한해와 수해, 쌀값 하락 등으로 인해 사업 전체가 부진에 빠졌다. 그러나 1914년에 발발한 제1차 세계대전과 대전 경기, 1915년의 대중국21개조요구와 이에 수반된 선만일체화鮮滿一體化정책의 전개는 동척에 유리하게 작용했다. 1908년에 공포한 동양척식회사법을 1917년에 개정했는데 이때 '한국에서 척식사업을 경영한다'는 동척의 목적이 '조선 및 외국에서의 척식자금 공급과 기타 척식사업 경영'으로 변했다. 이에 따라 만주지역 투자 촉진, 조선인의 만주 이민과 긴밀한 관계를 맺고 있는 일본인 조선 이민 촉진 등의 내용이 담긴 '북진' 구상, 여기에 북미지역에서의 일본인 이민 배척과 일본군의 독일령 남양군도南洋群島 점령을 계기로 남양과 남미 지역 이민과 투자 촉진이라는 '남진' 구상까지 등장했다. 이러한 구상은 그 후 동척에게 유리했던 여러 조건이 사라짐과 동시에 좌절되었다. 하지만 이 시기에 이르러서 동척은 말 그대로 동양척식주식회사가 되었다.[28]

조선총독부는 조선에는 근대적인 의미의 토지제도가 존재하지 않았다며 토지조사사업에 착수했는데, 이 사업은 1910년 3월 14일 공포·시행된 칙령 제23호 '토지조사국관제'에 근거한 토지조사국 설치로 시작되었다. 토지조사국을 위한 기본법규인 '토지조사법'이 공포·시행된 것이 1910년 8월 3일이기 때문에 실제 조사는 이때부터라고 할 수 있다.[29] 조선총독부가 한국병합 직후인 9월에 사업을 계승하여 이달 30일에는 '임시토지조사국관제'

를,[30] 1913년 8월 13일에는 '토지조사령'을 공포함으로써(이에 따라 토지조사법은 폐기되었다) 본격적인 조사사업이 실시되었다. 토지조사령의 주요 부분을 알아보자.[31]

제 4 조 토지소유자는 조선총독이 정한 기간 내에 주소, 씨명 또는 명칭, 소유지의 소재·지목地目·자字 번호(말단 행정구역의 하나, 리里보다 하위 개념)·사표四標·등급·지적·결수를 임시 토지조사국장에게 신고할 것. (이하 생략)

제 5 조 토지소유자 또는 임차인, 기타 관리인은 조선총독이 정한 기간 내에 그 토지의 사방 둘레 경계에 표항標杭을 세우고 지목과 자 번호, 민유지에서는 소유자의 씨명 또는 명칭, 국유지에서는 보관 관청명을 기재할 것.

제15조 토지소유자의 권리는 사정査定 또는 재결裁決에 의하여 확정한다.

제4조에서 토지소유자의 신고의무를 명시했지만 당시 조선인들 특히 농민들은 근대법을 잘 몰랐기 때문에 신고를 하지 않은 이들이 많았다. 이들의 토지는 주인이 없는 토지라 하여 몰수했다. 토지조사사업은 1918년 11월 4일에 토지조사국이 문을 닫음으로써 완료되었는데, 이 과정에서 조선인들이 직원으로 채용·양성되었고 일부 구관료들에게는 회유하는 의미에서 편의가 제공되었다. 그러나 경작자들은 세습적인 토지소유권이 부정되어 소작자로 전락하는 예가 많았다. 몰수된 토지는 국유지 또는 일본인 소유지가 되었는데 일본인 지주 중에서 가장 많은 토지를 소유한 지주가 바로 동척이었다.[32]

조선총독부는 농업 외에도 산업을 대상으로 여러 조치를 취했는데, 그중 대표적인 것이 '회사령'이다. 회사령은 제령 제13호로 1910년 12월 29일에 공포되었고 이듬해 1월 1일부터 시행되었다. 주요 부분을 살펴보자.[33]

제 1 조 회사 설립은 조선총독의 허가를 받을 것.

제 2 조 조선 밖에서 설립한 회사가 조선 내에 본점 또는 지점을 설립하려 할 때는 조선총독의 허가를 받을 것.

제 5 조 회사가 본령 혹은 본령에 의거하여 발하는 명령이나 허가 조건을 위반하거나 공공질서와 선량한 풍속에 반하는 행위를 할 때는 조선총독은

사업의 정지, 금지, 지점 폐쇄 또는 회사의 해산을 명할 수 있다.

회사령은 특히 조선인의 회사 설립에 대해 엄격히 적용함으로써 조선에서의 민족자본 성장과 공업화에 커다란 제약을 가했다.[34]

1910년대 일본의 조선통치를 살펴보는 데 빠뜨릴 수 없는 것이 교육제도다. 조선총독부는 1911년 11월 1일 '조선교육령'을 시행했는데, 제2조에 "교육은 교육에 관한 칙령의 취지에 의거하여 국민을 육성함을 본의本義로 삼는다"고 명시했다. 일본에서 1890년에 발포된 「교육칙어教育勅語」에 의거하여 조선인의 신민화를 목표로 삼았음을 엿볼 수 있다.[35] 조선교육령을 기초로 1911년 10월 20일에 '보통학교규칙'이 제정되었다. 이는 일본의 소학교에 해당하는 초등교육기관으로 수업 연한이 3~4년이었던 보통학교의 법적 근거가 되었는데, 일본어를 필수로 배울 것과 수업시간에도 일본어만 사용할 것을 지정했고, '충량하면서도 근면한 국민' 육성, 조선어와 한문의 통합(이렇게 함으로써 한 과목을 구성했다), 조선어의 외국어 취급 등을 명시했다. 이 시기에 보통학교 교사가 긴 칼(사벨sabel)을 찬 모습은 일상적인 광경이었다.[36]

조선에서는 초학자를 위한 사설 글방으로(기원은 고려시대까지 거슬러 올라가며 조선 중기에 전국적으로 보급되었다) 서당이 있었다. 서당은 민족주의적 색채가 짙었지만, 처음에 조선총독부는 공립학교가 부족하고 서당의 수구성守舊性을 이용하려는 의도에서 아무런 규제도 가하지 않고 방치했다. 그리하여 일본식 교육을 바라지 않는 조선인들과 빈곤가정의 자제들이 서당으로 모여들었다. 그 결과 1911년에는 서당 수 1만 6,540개, 교원 수 2만 6,771명, 학생 수 14만 1,604명이었던 것이, 1918년에는 서당 수 2만 3,369개, 교원 수 2만 3,590명, 학생 수 26만 975명으로 늘어났다. 게다가 서당에서는 조선어를 사용하는 등 민족주의적 교육이 이루어졌기 때문에 조선총독부는 1918년 2월에 '서당규칙'을 공포하고 단속을 강화했다. 그러나 서당 수가

1921년에는 2만 5,492개로 더 증가한 데서 알 수 있듯이 조선총독부의 의도대로 되지는 않았다.[37]

조선교육령 제3조에는 "교육은 시세 및 민도에 적합케 함을 기할 것" 이라고 명시되어 있다. 이는 구체적으로 교육 연한이 보통학교 4년, 고등보통학교 4년, 실업학교 2~3년, 전문학교 3~4년으로 모두 합쳐 10~12년이라는 단축교육체계(일본 국내에서는 15~17년)와 대학교육에 대한 무관심으로 나타났다.[38]

이 밖에 임업 분야에서 조선총독부는 1911년 6월에 구한국정부가 1908년 1월에 공포한 '삼림법'을 임야 소유를 명확히 하는 데 불충분하다며 폐지하고, 대신 '삼림령'을 공포하여 삼림의 대부분을 국유화하고 화전민이 생존을 위해 하는 삼림 벌채를 단속했다.[39]

지금까지 데라우치 마사타케 총독 아래 시행된 일본의 조선통치에 대해 살펴보았다. 이 밖에도 조선총독부는 여러 가지 조치를 취하여 자신들의 업적을 강조했다. 예컨대 금융 부문에서는 1905년에 설립된 제일은행 경성(서울)지점(1909년에는 한국은행이 그 업무를 이어받았다)에 기원을 둔 중앙은행인 조선은행을 설치했고(1911년), 질이 나쁘고 격심한 인플레이션을 초래한 재래 통화인 백동화 엽전 회수로 대표되는 화폐 정리 등을 실시했다.[40] 교통 부문에서는 한국병합 후 조선총독부 철도관리국을 설치했고 1911년 압록강에 다리를 놓아 만주와 연락하기 쉽게 했고 도로를 개수했다.[41] 위생 부문에서는 페스트 같은 전염병을 예방하고 주요 도시에 상수도를 도입하고 각 도에 자혜병원慈惠病院과 조선총독부 제생원濟生院을 설치했다.[42] 그러나 이것은 어디까지나 (조선통치에 직접 관여한 사람들을 중심으로 한) 일본 당국자의 견해며 친일자세를 취한 사람들을 제외한 대다수 조선인들의 견해는 달랐다. 그리고 이 차이가 1919년 3·1운동의 근본 원인이 되었다.

데라우치 마사타케는 1916년 10월 9일 제2차 오쿠마 시게노부大隈重信 내각을 이어받아 수상이 되었다. 후임 조선총독으로 〔데라우치와 마찬가지로 조슈 출신으로 육군대장을 지냈으며, 1905년 11월 제2차 한일협약을 체결할 때에는 한국주차군 사령관으로 이토 히로부미, 주한 공사 하야시 곤스케林權助와 함께 고종과 참정(총리)대신인 한규설韓圭卨 등에게 한국이 일본의 보호국이 될 것을 강요했던] 하세가와 요시미치長谷川好道가 10월 16일에 취임했다. 하세가와 총독하에서 실시된 일본의 조선통치는 토지조사사업이 완료되었지만(1918년 11월 4일), 기본적으로는 데라우치의 노선을 그대로 계승한 것이었다.[43]

이처럼 데라우치 마사타케와 하세가와 요시미치 두 명의 총독에 걸쳐 시행된 일본의 조선통치는 일반적으로 '무단통치'라고 불린다. 조선주차군과 헌병경찰이라는 물리적인 힘을 전면에 내세우고 각종 법령 아래 '합법적'으로 통치되었지만, 많은 조선인들에게는 무척 가혹한 것이었다. 조선인들이 무단통치와 일본(인)에 대한 불만을 한동안은 표출하지 않았기(표출할 수 없었기) 때문에 국내외에서는 일본의 조선통치가 순조롭게 이루어지고 있다고 생각했다.

무단통치와 미국

미국은 1882년 5월 22일 서양 여러 나라 중에서는 처음으로 조선과 수호통상조약을 체결했다. 이 조약 제1조는 이른바 거중조정 조항으로 "타국이 (체약국 중의) 한쪽 정부를 부당하게 또는 억압적으로 취급할 때에는, 다른 한쪽 정부가 사태에 관한 통지를 받는 즉시 원만하게 해결될 수 있도록 거중조정을 다하여 우의를 나타낸다"라는 내용을 담고 있었다.[44] 물론 조미수호통상조약은 불평등조약이기는 했지만, 불평등성은 비교적 희박했다. 또한 조미조약을 계기로 조선과 유럽 각국 사이에 잇달아 수호통상조약이 체결되었고 역시 거중조정 조항이 포함되었지만, 그 표현은 조미조약과 비교하면 약했다.[45] 때문에 조선(한국)정부, 특히 고종은 위기가 닥칠 때마다 거중조정 조항에 의거하여 미국에 도움을 요청했다(그 배경에는 미국이 지리적으로 멀리 떨어져 있을 뿐만 아니라 영국과 프랑스처럼 아시아에 식민지를 갖고 있지 않아 불안감이 적다는 점과 조선에 외교관이나 사업가로서 머무르고 있던 미국인들의 동정적 태도를 미국정부의 생각과 혼동한 점 등이 작용했다. 또한 종주국이었던 청의 국력 저하로 인해 새로 의지할 수 있는 대상을 찾으려는 의도도 포함되어 있었다). 그러나 미국은 조미조약 제3조의 최대 주안점이었던 조난 등이 발생했을 때 선박의 안전을 확보했고, 일본·청·러시아 같은 주변 여러 나라와 이해관계가 얽힌 조선(한국)문제에 대해서는 먼로 독트린Monroe Doctrine 이래의 전통적인 대외 불개입정책을 취했다. 또한 미국 입장에서 조선(한국)은 차지하는 경제적 비중이 작고 장래성도 없다고 비쳐져서 관심이 점차 사라졌고, 그래서 조선(한국)의 거중조정 조항 발동 요청에 응하지 않았다. 국제법상에서도 거중조정은 권고에 지나지 않으며 구속력이 없다고 규정되어 있어[46] 미국이 거중조정을 행사하지 않은 것은 국제법상 아무런 문제가 없었다.

미국은 1898년의 미국-에스파냐전쟁 후에 필리핀과 괌을 획득했고 하와이왕국을 병합했다. 또한 국무장관 헤이John Hay는 1899년 중국의 문호개방을 열강에 요구했다. 이처럼 태평양과 극동 지역에 대한 미국의 관심은 높았고 이러한 상황하에서 1901년 루스벨트Theodore Roosevelt가 대통령에 취임했다. 루스벨트는 1900년에 이미 극동에서 미국의 지위가 러시아의 남하정책으로 위협받고 있다고 인식하고, 러시아를 견제해야 하는 일본이 러시아와 대등하게 전쟁을 수행하기 위해서는 반드시 한국을 손에 넣어야 한다는 생각을 가졌다.[47]

한국문제와 만주문제를 둘러싸고 1903년부터 지속된 러시아와 일본 간의 교섭이 공들인 보람 없이 끝나고 결국 1904년 2월에 러일전쟁이 발발했다. 루스벨트는 개전 초부터 일본에 대한 기대를 숨기지 않았으며,[48] 일본이 전쟁을 수행하기 위해서는 자신의 눈에 무력하게 비친 한국이 일본에 종속되는 것이 당연하다는 이야기를 여기저기에 흘렸다.[49] 그러나 러일전쟁이 진전됨에 따라 일본이 러시아를 압도하여 극동지역을 석권하는 데 대한 불안감이 루스벨트의 마음속에 커져갔다.[50] 루스벨트가 일본과 우호를 유지하면서 러시아와 일본 양국 중 어느 한쪽이 극동지역을 석권하는 일 없이 서로 대치하게 만들기 위해서라도 일본이 한국을 보호국으로 삼아야 한다고 판단한 시점은 1904년 말부터 1905년 초 무렵이었다.[51]

루스벨트가 특히 우려한 것은 필리핀에 대한 일본의 태도였다. 이런 상황 속에서 필리핀을 방문하기 전에 일본에 들른 육군장관 태프트William H. Taft는 1905년 7월 27일 수상 가쓰라 다로와 회견하여 다음과 같은 합의에 도달했다. 첫째, 일본은 우호국인 미국의 필리핀 영유를 바라며 아무런 공격 의도를 가지고 있지 않다. 둘째, 미국은 극동에서의 평화유지에 관해 일본·영국 등과 협력하여 조약상의 의무를 준수한다. 셋째, 미국은 일본이 한국에서 종주권을 수립하는 것을 인정한다. 태프트는 7월 29일 이러한 내용을 각서 형식의 전보문으로 본국에 알렸고[52] 루스벨트도 양해했다.[53] 1924년에 처음 공포한[54] 이 전보문을 일반적으로 '가쓰라·태프트협정'이라 부르지만, 이는 국제법적인 의미에서 말하는 협정이 아니며 또 한국과 필리핀을 둘러싸고 거래가 이루어진 것도 아니었다. 그러나 이 협정으로 미국이 한국문제에 개입할 가능성을 배제한 일본은 1905년 8월에 체결한 제2차 영일동맹과 같은 해 9월에 체결한 포츠머스강화조약과 함께 국제정치 속에서 한국에 대한 재량권을 확보했다.[55] 11월 17일 제2차 한일협약 체결로 일본이 한국을 보호국화하자 서울 주재 각국 공사관들은 잇달아 철수했는데, 제일 먼저 공사관 철수 훈령을 내린 국가가 바로 미국이었다.[56] 이러한 상황 속에서 고종의 뜻을 받들어 나중에 대한민국 초대 대통령이 된 이승만李承晩이 1905년 8월에, 1886년 이래 조선(한국)에서 교육사업에 종사하며 고종의 고문 역할을 맡았던 헐버트Homer B. Hulbert가 1905년 11월과 12월에 걸쳐 미국정부에 거중조정 조항을 발동해달라고 요청했다. 하지만 루스벨트 정권은 그들의 호소가 공식 채널을 통한 것이 아니며 신임장을 갖고 있지 않고 한국이 자발적으로 제2차 한일협약을 체결했기 때문에, 조미조약의 거중조정 조항 발동은 불가

능하다고 거절했다.[57]

일본이 한국을 보호국화한 후에 미 · 일관계는 가쓰라 · 태프트협정에서 합의한 문제 이외의 문제, 즉 캘리포니아주에서의 일본인 이민 배척문제, 만주에서의 일본군 군정문제, 남만주철도의 공동경영문제, 해군력 증강문제 등이 나타남에 따라 점차 악화되었다. 미 · 일관계의 악화에 따라 제2차 한일협약 체결로 결말지어진 한국문제와는 달리, 시간적으로 상당 기간 계속될 필요가 있었던 (가쓰라 · 태프트협정에서의) 극동에서의 평화유지문제와 필리핀문제에 관한 합의는 점차 그 의미를 잃어갔다. 그러나 충돌을 바라지 않았던 미국과 일본은 관계 개선을 모색했고 다시 일본을 방문한 태프트는 1907년 10월 1일에 수상 사이온지 긴모치와 만나 2년 전의 가쓰라 · 태프트 회담에서 필리핀문제를 둘러싼 합의에 관해 재확인했다(그러나 이 회담에서 한국문제가 논의된 흔적은 없다[58]). 1908년 11월 30일에는 다카히라 고고로高平小五郎(주미 일본대사) · 루트Elihu Root(미국 국무장관)협정이 교환공문 형식으로 체결되어 태평양지역에서의 현상유지, 청의 독립과 영토보전 존중, 청에서의 기회균등 등이 약속되었다.[59] 이 협정과 1907년 11월부터 이듬해 2월까지 7차례에 걸쳐 교환한 일본인 이민에 관한 미일신사협정,[60] 1908년 10월 미국 함대의 일본 기항으로 미 · 일관계에서의 위기는 일단 피할 수 있었다. 이러한 상황 아래 일본은 1907년 7월에 체결한 제3차 한일협약으로 한국의 내정권을 확보했고 한국군을 해산시켰으며, 결국 1910년 8월 한국을 병합했다. 일본이 한국을 보호국화한 데 대해 루스벨트 정권과(1909년 3월에 발족한) 태프트 정권은 전혀 문제 삼지 않았다〔미국은 영사재판권(치외법권) 철폐문제, 관세문제, 광산이권문제, 미국인 선교사들의 한국(조선)에서의 교육사업문제 등을 제기하는 데 그쳤다〕.[61]

지금까지 1882년 조미수호통상조약 체결부터 1910년 일본의 한국병합 시기까지 전개된 미국과 조선(한국)의 관계 그리고 이에 대한 일본의 관계에 관해 살펴보았다.[62] 이제부터는 한국병합 후 무단통치 초기의 조선과 미국과의 관계를 알아보자.

미국은 일본의 한국병합은 기정사실로 받아들였지만 조선에서 갖고 있던 각종 권익을 일본에게 조건 없이 넘겨줄 생각은 없었다. 그래서 완전히 결말이 나지 않은 영사재판권 철폐문제, 관세문제, 외국인 거류지문제, 선교사 교육사업문제 등을 둘러싸고 미국과 일본 간에 협의가 계속되었다.

일본의 합국병합 전인 1910년 6월 23일 각서에서 국무성 극동부장을 맡은 밀러Ransford S. Miller는 한국에서 갖고 있는 미국의 권익을 치외법권, 관세, 광산이권, (선교사) 교육사업의 네 가지로 분류했는데, 이 중 광산이권과 (선교사) 교육사업 두 가지는 일본이 한국을 병합하더라도 영향을 받지 않을 것이라고 예상했다. 그리고 관세에 변화가 생기면 통상에 유리하도록 치외법권 포기를 거래 조건으로 사용하는 것이 좋다고 시사했다.[63] 외상 고무라 주타로小村壽太郎는 1910년 8월 22일 한국과 일본 간에 조인되고 29일에 공포·시행된 한국병합에 관한 조약과 이에 관한 선언을 미국정부에 통고하라고 8월 23일에 주미 일본대사 우치다 야스야內田康哉에게 훈령했고,[64] 주일 미국대사 오브라이언Thomas J. O'Brien에게도 같은 내용을 통고했다.[65] 본국의 훈령을 받은 우치다는 8월 24일 조약과 선언의 영역문을 미국정부에 전달했고[66] 이것을 접수한 국무장관 대리 헌팅턴 윌슨Huntington Wilson은 일본의 호의에 감사를 표했다.[67] 한국병합에 관한 선언은 8월 29일 관보에 게재되는 형식으로 공포되었는데, 현행 관세율을 향후 10년간 유지할 것과 치외법권 철폐 등이 명시되어 있었다.[68] 헌팅턴 윌슨은 9월 17일 다시 우치다에게 회답해, 미국정부는 자국민의 권리와 특권을 위해 필요한 모든 유보留保는 할 생각이지만, 일본정부가 약속한 보증에는 감사한다고 밝혔다.[69]

헌팅턴 윌슨은 다음 날인 9월 18일 영사재판권 철폐와 관련해 조선에 머물고 있는 미국인의 입장, 외국인 거류지와 외국인 소유 부동산의 처분, 미국인 선교사들의 교육활동 등과 관련한 정책에 대해 일본정부에 설명을 요구하라고 오브라이언에게 훈령했다.[70] 훈령을 받은 오브라이언은 9월 20일 고무라 주타로에게 설명을 요청했고[71] 이에 대해 고무라는 10월 6일 다음과 같은 내용의 회답을 보냈다. 첫째, 조선에 머물고 있는 미국인의 법적 지위는 일본에 머물고 있는 미국인의 그것과 같다. 둘째, 외국인 거류지에 관해서는 당분간은 현상유지정책을 취하며 이 밖에 외국인들이 소유한 재산에 대해서도 충분한 보호를 약속한다. 셋째, 선교사들의 교육활동에 관해서도 이미 정한 보호와 육성이라는 정책을 변경할 생각은 없다.[72]

그러나 헌팅턴 윌슨은 1910년 9월 15일 주미 독일대사 베델Count von Wedel을 통해 독일정부에,[73] 직업외교관이자 국무차관인 애디Alvey A. Adee는 11월 4일 주영 미국대사 리드Whitelaw Reid를 통해 영국정부에,[74] 영사재판권을 철폐한 뒤에 조선에 머무는 외국인의 신분보호 조치에 관해 일본에게 공동으로 제기하자고 타진했다. 하지만 영국정부는 영사재판권 철폐 조건에 관해 이미 성명을 냈기 때문에 공동으로 제기할 수 없다고 응답했고,[75] 독일 외무성은 이해관계가 있는 각국, 특히 영국과 프랑스 간에 합의가 있다면 그러한 행동에 참가할 생각이 있다고 회답했다.[76] 이러한 답변을 받은 미국은 어쩔 수 없이 단독으로 행동할 수밖에 없었다.

고무라 주타로는 이듬해인 1911년 1월 25일에 이루어진 오브라이언과의 회견에서 조선에서 외국인들의 토지소유권과 영사재판권을 확실하게 보장하겠다고 약속했다.[77] 그러나 고무라는 2월이 되자 오브라이언에게 미국 시민이 조선에서 일으킨 범죄로 고발되면 피고인의 요청을 받아서 조선총독이 재판절차를 서울에서 적당한 법정에 이관하겠다고 전달했다.[78] 영사재판권 철폐에 관해서는 한동안 워싱턴의 명확한 언질이 없는 상태가 지속되다가, 결국 미국 국무성이 1915년 11월 조선에 머무는 미국인의 법적 지위는 1911년 2월 21일에 체결된 미일통상항해조약에 정의되어 있다고 선언했다.[79]

한국병합 후 일본의 무단통치 아래 각국, 특히 영국과 미국이 문제 삼은 것은 외국인의 토지소유권 및 외국인 거류지와 조선총독부가 추진하고 있던 토지조사사업과의 관계였다. 조선총독부가 토지조사사업을 수행하는 데 장애가 될 수 있는 외국인의 토지소유권과 외국인 거류지문제를 해결하려고 노력했던 데 반해, 영국과 미국을 포함한 각국은 이러한 일본의 노력이 기득권 침해로 이어지는 것은 아닌지 의심했다.[80]

영국과 미국은 1911년 1월에 잇달아 토지조사법이 자국민의 소유지에 영향을 미칠지도 모른다는 의심을 표명했고, 이를 접한 외무성이 해명을 요구하자 조선총독부는 사업 목적은 토지소유자의 권리 보호라고 변명하며 당사국 영사관의 토지등록부 등본 제출을 신고서 제출로 간주하겠다는 양보를 했다. 그러나 영국이 인도와 이집트에서 시행한 토지조사 사례를 들어 토지소유권 확정을 행정처분에 위탁하는 것과 사법권의 개입 거부라는 원칙은 양보하지 않았다. 일본의 이러한 자세에 대해 영국과 미국은 더 이상 이의를 제기하지 않았다.[81]

한편 1912년이 되자 조선총독부는 외국인 거류지를 정리하겠다는 방침을 명확히 내세웠고[82] 외무성이 이를 받아들여 8월 28일 각국에 이러한 방침을 전달했다.[83] 이어서 조선총독부와 외무성 간에 정리안 수정에 관해 의견 교환을 한 후,[84] 10월 29일 외무성은 정리안의 가안假案을 각국에 통보했다.[85] 주일 미국 대리 대사인 브랜차드A. Bailly Blanchard는 11월 1일 가안을 검토한 미국 국무성이 조선총독부와 협의하라는 훈령을 내렸다고 일본 측에 전달했다.[86] 1913년 2월 17일에는 구한국정부와 거류지협정을 체결한 영국·미국·독일·프랑스·러시아·벨기에 등 6개국의 주서울 총영사관과 조선총독부 간에 제1회 하협의회下協議會가 개최되었는데,[87] 이것은 3월 31일까지 7차례에 걸쳐 열렸다.[88] 4월 21일에는 영국·미국·독일·프랑스·러시아·벨기에의 주서울 총영사들과 조선총독부 외사국장 고마쓰 미도리小松綠 사이에 각국 거류지 정리에 관한 하협의회 의정서가 조인되었고,[89] 미국도 결국 이들 국가와 함께 외국인 거류지 철폐에 동의했다. 조선총독부는 이듬해인 1914년 4월 1일 '재조선 각국 거류지제도 폐지에 관한 건(조선총독부 고시 제103호)'을 고시하여 거류지제도를 완전히 철폐했다.[90] 이리하여 일본의 조선통치는 국제적으로 완전한 승인을 얻었다.

재미 조선인사회의 형성과 독립운동

조선이 미국과 수교한 시기가 중국과 일본과 비해 늦었기 때문에 조선인의 미국 이민과 조선인사회 형성도 더뎠다. 그럼에도 불구하고 다양한 조선인들이 미국으로 건너가 각종 단체를 설립하고 여러 가지 활동을 전개해서 조선인사회를 형성했고, 특히 일본의 한국병합 뒤에는 독립운동에서 무시할 수 없는 세력을 이루었다. 여기에서는 이러한 과정을 살펴보도록 하자.

앞에서 설명한 것처럼 1882년 5월 조미수호통상조약이 체결되었다. 이듬해 5월 미국 초대 공사로 푸트Lucius H. Foote가 임명되었고, 5월 18일에 외아문독판外衙門督辦 민영목閔泳穆과 비준문서를 교환함으로써 조선과 미국 간의 외교관계가 공식적으로 성립했다. 조선정부는 전권대사 민영익閔泳翊, 전권부대사 홍영식洪英植, 종사관 서광범徐光範, 수행원 유길준兪吉濬·고영철高永喆·변수邊燧·현흥택玄興澤·최경석崔景錫 등 8명으로 구성된 보빙사報聘使를 미국에 파견했다. 1882년 9월 2일 샌프란시스코에 도착한 일행은 9월 18일 뉴욕에서 대통령 아서Chester A. Arthur를 접견하고, 미국 각지를 방문해서 근대적 설비를 견학한 뒤에 1884년 6월 2일 귀국했다.[91] 그러나 보빙사 가운데 유길준은 일행과 함께 귀국하지 않고 매사추세츠주에 있는 더머학원Dammer Academy에서 공부했고 1885년에 귀국 후에는 『서유견문西遊見聞』을 저술하여 조선의 개화에 기여했다.[92]

1884년 12월 4일 친청수구파親淸守舊派인 사대당에 반발해서 김옥균金玉均을 중심으로 한 친일혁신파親日革新波인 개화당이 쿠데타를 일으켰는데, 이것이 바로 갑신정변이다. 당시 개화당 중에는 전년에 보빙사로 미국을 방문한 홍영식과 서광범도 포함되어 있었다. 결국 쿠데타는 실패로 끝나 홍영식은 처형되고 김옥균은 일본으로 망명했고, 서광범·박영효朴泳孝·서재필徐載弼 세 사람은 일본을 거쳐 미국으로 망명했다.[93] 박영효와 서광범은 다시 일본으로 건너갔지만, 서재필은 미국에 남아 의사 자격증을 취득했고 이후 의사로 일하며 미국 여성과 결혼했다. 미국 시민권을 취득하고 필립 제이슨Philip Jaisohn이라는 영어 이름을 지은 서재필은 필라델피아를 근거지로 삼았다.[94] 1895년에 귀국한 서재필은 이듬해인 1896년 4월 『독립신문獨立新聞』을 발간하고, 7월에 개화당 관료들을 중심으로 결성한 독립협회의 중심 인물이 되었다. 그러나 수구파의 반격으로 1899년 5월에 어쩔 수 없이 다시 미국으로 건너갔다.[95]

독립협회는 결국 1898년 12월에 해산되었고 많은 회원들이 체포되었다. 그중에는 나중에 재미 조선인들의 독립운동을 이끄는 인물이 된 이승만과 박용만朴容萬도 포함되었는데, 이들은 1904년까지 가혹한 옥중생활을 견뎠다.[96] 이승만은 1904년 11월에 미국으로 건너갔고,[97] 나중에 민족주의 독립운동의 선도자가 된 안창호는 1902년,[98] 박용만과 정한경鄭翰景도 1904년에 각각 미국으로 건너갔다.[99] 이들과는 따로 1897년에 미국으로 건너가 버지니아주의 로어노크대학Roanoke College에 입학한 김규식金奎植은 1903년에 졸업하고 1904년에 귀국했다. 그는 1905년에 미국 뉴햄프셔주 포츠머스에서 열린 러일강화회의에 참가하기 위해 다시 출국했으나 상해까지 갔을 때 회의가 끝나 귀국할 수밖에 없었다.[100]

1900년대 초 한국은 국내정세와 국제환경 모두 어려운 처지에 놓여 있었다. 그래서 주한 미국공사 알렌Horace N. Allen은 1902년 3월에 일시 귀국하는 도중에 샌프란시스코에서 하와이 농장주들을 만나 한국인을 고용해달라고 요청했고 아울러 고종에게도 하와이 이민을 권유했다. 11월에 한국정부는 여권 발행과 이민사무를 담당하는 수민원綏民院을 설립했고,[101] 같은 시기에 하와이사탕재배자협회Hawaiian Sugar Planter's Association의 비숍Charles R. Bishop이 방한하여 한국정부와 이민조약을 체결했다. 하와이 측에는 수적으로 많을 뿐 아니라 단결력이 있는 일본인 노동자들을 견제하려는 목적이 있었다.[102]

이리하여 1903년 1월 13일 처음으로 93명의 이민자를 보낸 것을 시작으로 65회에 걸쳐 7,226명이 호놀룰루에 도착했다(총 입국자 수는 6,747명). 그러나 일본의 보호국이라는 처지로 전락하면서 점차 가해지는 일본의 압력 때문에 1905년 11월을 마지막으로 하와이 이민은 중단되었다.[103]

농장 노동력으로 하와이로 건너간 한국인 이민자들은 노동시간과 임금 등 여러 가지 면에서 생활은 고생스러웠지만[104] 부지런히 일했다. 이민자 대부분이 독신이었기 때문에 결혼하라는 사회적 압력을 받았지만, 하와이에는 한국인 여성이 전혀 없었고 서양인 여성과의 결혼은 바라지 않아 여의치 않았다. 그래서 하와이(나중에는 미국 본토)에 있는 한국인 이민자가 자기 사진을 조선에 보내면 그중에서 마음에 드는 사진을 선택한 여성이 미국으로 가는 '사진결혼' 방식이 취해졌다. 일본의 한국병합 후인 1910년 11월에 최초의 사진신부가 하와이에 건너간 이래 1914년에 (특히 일본인을 첫 대상으로 한) 동양인배척법이 미국에서 제정되어 사진결혼이 금지되기 전까지 하와이에는 951명, 미국 본토에는 115명의 사진신부가 건너갔다.[105]

노동력이 필요했던 철도회사가 하와이의 농장보다 좀더 높은 임금을 제시하고 취업 기회가 하와이보다 많다는 점 때문에 하와이 한국인 이민자들 중에서 미국 본토, 특히 서해안으로 건너가는 사람들이 생겨났다. 동양인의 공식적인 미국 본토 이민이 대통령의 행정명령으로 금지되기 직전인 1904년부터 1907년까지, 약 1,000명의 한국인들이 샌프란시스코로 건너갔는데, 이 때문인지 샌프란시스코에 정착한 한국인 이민자의 수가 가장 많았다. 그러나 일본인에 대한 황화黃禍의식이 미국인들 사이에서 높아지는 가운데 외견상으로 일본인과 구별이 안 되는 한국인 이민자들에게 공격의 화살이 향하는 일이 적지 않았다.[106]

이처럼 하와이와 미국 본토로 건너간 한국(조선)인들은 서서히 기반을 쌓아갔다. 그래서 고국이 1905년 일본의 보호국이 되고 1910년 결국 병합되는 현실을 눈앞에서 본 재미 한국(조선)인들은 상대적으로 자유로운 미국에 살고 있는 점을 이용하여 조국의 독립을 목표로 각종 활동을 전개했다. 그중 주요한 것들을 살펴보자.

1904년 12월 미국으로 건너간 이승만은 조지워싱턴대학George Washington University에 입학하고 루스벨트에게 한국의 독립을 청원하기 위한 준비를 해 나갔다. 1905년 8월 포츠머스에서 러일강화회의의 개최가 예정되자 하와이의 한국인회는 7월 12일 호놀룰루에서 특별대회를 개최하여 한국의 독립 보전을 위한 청원서를 채택했고 이것을 이승만과 하와이 재주 목사 윤병구尹炳求에게 맡겼다.[107] 당시 윤병구는 감리교회 감독監督인 워드먼J. W. Wadman의 조언으로 (호놀룰루에 들른) 태프트가 루스벨트 앞으로 쓴 소개장과 청원서를 손에 넣은 상태였다.[108] 이승만과 윤병구는 8월 4일 루스벨트와 회견하고 청원서를 제출했으나 루스벨트는 주미 한국공사관이라는 공식 채널을 통해 제출하라고 요구했다.[109] 그러나 이때 주미 한국공사관의 최고 책임자였던 대리 공사 김윤정金潤晶이 일본과 내통하고 있었기 때문에 주미 한국공사관을 통해 청원서를 제출할 수 없어 두 사람의 시도는 실패로 끝났다.[110]

다음으로 살펴보려는 것은 스티븐스Durham W. Stevens 사살사건이다. 1873년 주일 미국공사관의 서기관으로 일본에 온 이래 일본과 친밀한 관계를 유지한 스티븐스는 1882년 11월 1일 주미 일본공사관에서 일하며 고문에 취임하여 일본 외무성의 수족으로 활동했다.[111] 1904년 8월 22일 체결된 제1차 한일협약 제2항에 따라 한국정부 내에 일본정부가 추천하는 외교고문을 설치할 때[112] 여러 후보 중에서 특별히 뽑힌 스티븐스는, 1904년 12월 27일 한국정부와 계약하여 정식으로 한국정부의 외교고문으로 취임했다. 하지만 그는 한국정부로부터 봉급을 받음에도 불구하고 한국정부가 아니라 일본정부를 위해 활동하여 한국인들의 커다란 분노를 샀다.[113]

앞에서 설명한 것처럼 1906년 이후 미·일관계가 점차 악화되자, 일본정부는 스티븐스에게 미국으로 가서 미국정부의 요인이나 의원 들과 미국과 일본 간의 여러 문제에 관해 협의하라고 지시했다. 1908년 3월 20일 샌프란시스코에 도착한[114] 스티븐스는 다음 날 『샌프란시스코 크로니클*San Francisco Chronicle*』과의 회견에서 한국인들은 일본의 보호국이 되어 커다란 이익을 얻고 있고, 일본의 통치에 반대하는 한국인들은 특권을 상실한 관료계급뿐이라고 말했다. 이 내용을 안 재미 한국인 몇 명이 3월 2일에 항의했지만, 스티븐스는 발언 취소를 거부하고 일본의 한국통치를 정당화했다.[115] 결국 격분한 재미 한국인 전명운田明雲과 장인환張仁煥이 3월 23일에 각자 따로 스티븐스에게 발포했다. 처음에 발포한 전명운은 실패했으나 장인환은 부상당한 스티븐스를 저격하는 데 성공했다.[116] 스티븐스는 3월 25일 수술한 보람도 없이 사망했다.[117] 일본정부는 스티븐스 유족에게 조의를 전달하고,[118] 치료비와 장례비 제공, 욱일훈일등旭日勳一等 서훈, 유족에 대한 특별하사금 실시 등을 결정했다.[119] 스티븐스의 장례식은 4월 8일 워싱턴에서 국무장관 루트 등이 참석한 가운데 치러졌다.[120]

전명운과 장인환에 대한 재판이 시작되자 미국 본토와 하와이에 살고 있던 한국인들은 두 사람이 받을 형벌을 최소화하기 위해 변호사를 고용하고 증거 수집과 통역 확보 등에 힘썼다.[121] 반면에 통감부는 두 사람을 유죄로 만들기 위해 재판상 필요한 자료를 주샌프란시스코 총영사관에 보냈다.[122] 전명운은 1908년 8월에 증거 불충분으로 석방되어 블라디보스토크로 갔고,[123] 장인환은 1909년 1월 2일에 금고 25년 형을 선고받았다(이후 장인환은 1919년 1월 17일에 모범수로 가석방되었다[124]).

이러한 재미 조선인들의 활동에도 불구하고 1910년이 되자 일본의 한국병합은 어쩔 수 없는 대세가 되었다. 그런데도 재미 한국인들은 각국, 특히 미국에 적극적인 공작을 계속했다. 8월 4일에 (뒤에 언급할) 대한인국민회를 대표하여 윤병구 등이 얼마 안 있어 단행될 것으로 예상되는 일본의 한국병합의 부당성을 태프트에게 호소했고,[125] 한국병합에 관한 한일조약이 조인된 다음 날인 8월 23일에 대한인국민회는 데라우치 마사타케에게 다음과 같은 전보를 보냈다.[126]

당신은 무자비한 힘으로 한국을 일본에 병합시켰지만 그것은 일본이 괴멸하는 시작이다. 우리 한국인은 어떠한 희생이 따르더라도 결코 당신에게 굴복하지 않을 것이며 총칼로 맞설 것이다.

게다가 대한인국민회 하와이지역본부는 8월 24일 태프트에게 일본의 한국병합 저지와 조미조약의 고려를 요구하는 편지를 보냈다.[127] 또 대한인국민회는 일본의 한국병합 직후인 9월 1일 호놀룰루에서 회의를 개최하여 일본의 한국병합은 불법이라고 선언하고 병합 반대 결의서를 (일본을 포함한) 한국과 수호조약을 맺었던 모든 국가들에게 보냈다.[128]

재미 한국(조선)인들은 독립운동을 전개해가는 가운데 여러 가지 정치단체를 결성했는데, 그중 중요한 것들을 살펴보자.

1903년 8월 7일 최초의 재미 한국(조선)인 정치단체로 신민회New People's Association가 윤병구 등의 주도로 결성되었다. 주된 목표는 외국의 간섭 없이 조국의 독립을 주장하기 위해 하와이에 살고 있는 조선인들을 결속시키는 것이었다. 신민회는 1904년 12월에 해산했으나 오아후섬Oahu Island 에와Ewa에서 1905년 5월 5일 '친목회'가 결성된 것을 시작으로 1907년까지 하와이 각지에서 총 24개의 단체가 결성되었다. 그러나 통일의 필요성을 통감한 이들 24개 단체의 대표 30명이 1907년 8월 24일 호놀룰루에서 회의를 열어 하와이 전체 조선인단체의 통합을 결의한 결과, 9월 2일 '합성협회The Korean Consolidated Association'가 결성되었다. 합성협회는 10월 22일에 호놀룰루시 릴리하Liliha 거리에 사무소를 개설하고 기관지 『합성신보合成新報』를 발행했는데 총 회원 수가 1,650명, 지부는 47개였다.[129]

한편 미국 본토에서도 단체 결성 움직임이 있었다. 안창호는 1903년 9월 22일 최초의 사회단체인 친목회를 샌프란시스코에서 결성했고, 친목회를 계승하는 형태로 1905년 4월 5일 '공립협회The Korean Mutual Assistance Association'가 미국 본토 최초의 재미 한국인단체로 결성되었다. 공립협회는 본부를 샌프란시스코에 두고 1905년 11월 10일 기관지 『공립신보共立新報』를 발간하여 재미 한국인들에게 배포했다. 그 후 공립협회는 1906년 4월 18일 샌프란시스코지진 때문에 본부를 이웃지역인 오클랜드로 옮겼으나 1908년 6월에 다시 샌프란시스코로 돌아왔다.[130]

이리하여 하와이에서 합성협회, 샌프란시스코에서 공립협회가 각각 결성되었다. 처음에는 하와이와 샌프란시스코 간의 거리 때문에 두 단체의 접촉이 거의 없었으나, 1905년 11월 17일에 체결된 제2차 한일협약에 대한 반대운동과 스티븐스 사살사건을 일으킨 전명운·장인환에 대한 지원활동 등을 통해 두 단체의 접촉이 긴밀해졌다. 합성협회 대표 7명과 공립협회 대표 6명이 1908년 10월 23일 샌프란시스코에서 회의를 개최하고 11월 10일 두 단체의 통합 결의를 채택한 결과, 1909년 2월 1일 '대한인국민회The Korean National Association'가 결성되었다. 본부를 샌프란시스코에 둔 대한인국민회는 2월 10일 기관지 『신한민보新韓民報』를 창간했고, 지역본부를 샌프란시스코, 하와이, 시베리아, 만주 등 네 곳에 두고 지부 130개와 회원 3,200명을 거느렸다.[131]

대한인국민회의 목적은 한국의 자주독립 지지, 종교·교육 및 문화 활동 촉진, 재외 한국인들의 통합이었다. 일본의 한국병합은 1910년 8월에 현실화되었는데 대한인국민회는 일본의 한국병합 전후 시기에 미국을 비롯한 각국에 대해 청원이라는 정치활동을 전개했다.이러한 상황하에서 대한인국민회에게 획기적인 사건이 1913년 6월 26일 캘리포니아주 헤밋Hemet에서 일어났다. 이날 수확을 위해 헤밋지역으로 간 조선인 농부 30명이 그들을 일본인으로 착각한 지역 주민들에게 내쫓겼다. 주미 일본공사관은 유감의 뜻을 국무성에 통지했고 주샌프란시스코 일본총영사관은 손해배상을 위한 원조 제공을 시도했지만, 조선인들은 일본의 개입을 거절했다. 대한인국민회 북미지역본부는 헤밋지역 주민들과 문제를 해결하고 워싱턴의 국무성에 전보를 보냈다. 전보에 "조선인은 태양이 하늘에 떠 있는 한 일본의 원조는 필요로 하지 않는다"고 하여 일본의 한국병합을 인정하지 않음을 알리고, 조선인과 일본인을 구별할 것과 재미 조선인에 관한 사항은 대한인국민회와 교섭할 것을 미국정부에 요청했다. 국무장관 브라이언William J. Bryan은 7월 2일 대한인국민회가 보낸 통고를 받아들인다고 발표했다. 이리하여 미국 국무성은 재미 조선인에 관한 모든 사항을 대한인국민회와 교섭했고 이 밖의 정부기관도 조선인과 일본인을 구별했다.[132]

1907년 한국에 돌아와 애국계몽운동 담당 조직인 신민회 결성 계획에 참여한 안창호는 1910년 4월 다시 망명길을 택해 1911년 9월 미국으로 되돌아갔고 1912년 5월 13일 샌프란시스코에서 '흥사단興士團'을 결성했다. 흥사단은 대한인국민회와 대립하는 단체가 아니라, 남녀 청년층을 대상으로 무실역행務實力行·충의정의忠義正義 같은 구호 아래 덕·체·지德·體·知의 삼육三育을 높임으로써 건전한 인격의 완성을 목표로 하는 일종의 교육기관적 성격을 갖고 있었다.[133]

한편 1904년에 미국으로 건너간 박용만은 1909년에 네브래스카주 헤이스팅Hasting의 군관학교를 졸업함과 동시에 한인청년군관학교The Korean Youth Military Academy를 미국에서 만들었다. 독립을 위해서는 무력으로 일본에 승리하는 길밖에 없다고 생각한 그는 청년들에게 군사훈련을 실시하는 데 노력했다. 그 후 박용만은 하와이로 건너가 대한인국민회 하와이지역본부 책임자가 되었고, 1914년 8월 29일 오아후섬 카일루아Kailua에 있는 아후마누농장The Ahumanu Plantation에서 311명으로 구성된 한인군단The Korean National Brigade을 창설했다.[134]

이러한 박용만이 하와이에 초청한 사람이 이승만이었다. 1905년 8월 루스벨트를 만나 한국을 위해 힘써달라고 요청했으나 실패한 이승만은 이해 가을 워싱턴에 있는 조지워싱턴대학에 들어가 2년 후에 학사학위를 땄다. 이후 하버드대학 석사과정에 들어갔다가 다시 프린스턴대학Princeton University으로 옮겨 1910년 7월 「미국의 영향을 받은 것으로서의 중립Neutrality as Influenced by the United States」이라는 논문으로 박사학위를 취득했다. 이승만은 프린스턴대학 시절에 당시 총장이었던 윌슨Woodrow Wilson과 친분을 쌓기도 했다.[135] 박용만의 초청을 받은 이승만은 1913년 2월 7일에 하와이로 갔다. 하지만 얼마 안 있어 미국을 중심으로 한 여러 외국의 지지를 배경으로 독립을 실현하려는 이승만과 확고한 군사력을 배경으로 독립을 쟁취하려는 박용만 사이에 깊은 균열이 생겼다. 하와이에서 이승만은 서양문화와 조선문화를 함께 가르치는 인종혼학人種混學 학교인 호놀룰루의 한국감리교회 부속학교 교장으로 있었지만, 인종혼학에 반대한 그는 1916년 가을 한국감리교와 결별하고 한국인 기독교학원을 만들어 독자적인 교육을 전개했다. 또한 『태평양잡지太平洋雜誌』를 발간하여 자기 지지세력의 확보와 확대를 꾀했다.[136]

이 무렵 일등서기관으로 주미 일본대사관에 근무하고 있던 마쓰오카 요스케松岡洋右(나중에 1940년부터 이듬해까지 외상을 지냄)가 외무성의 훈령을 받아 국무성 극동부를 방문하여 재미 조선인의 활동에 관해 정보 제공을 요구했다.[137] 마쓰오카는 주지사 핀캄Lucius E. Pinkham이 하와이에 살고 있는 조선인들의 교육과 종교 활동을 담당하고 있는 것은 워드먼, 프라이William H. Fry 등 감리교회 감독이며 이들은 모두 자신들의 활동상을 알려왔고, 박용만도 자신의 활동 목적은 사회적·비정치적인 것이라고 하는 카드를 보내왔다고 내무성에 보고했다. 이 보고는 국무성에 회부되었는데 거기에는 조선인들 간에 알력이 생기고 있다는 내용도 기록되어 있었다.[138] 재미 조선인 지도자들 간의 균열의 발생과 확대는 이승만과 박용만 사이에서만 볼 수 있는 것이 아니라, 독립 실현을 위한 방법론의 차이(외교제일주의와 무력탈취주의), 출신지의 차이(이승만은 황해도 출신, 안창호는 평안남도 출신, 박용만은 강원도 출신), 개성이 강한 성격 등으로 인해 이승만과 박용만 간의 대립 정도는 아니라 해도 이승만과 안창호, 안창호와 박용만 사이에도 존재했다. 1915년 9월에는 안창호파의 청년이 박용만이 머물고 있던 샌프란시스코의 호텔에서 암살을 기도했으나 실패하고 부상을 입히는 데 그쳤다. 청년은 즉시 하와이로 되돌아가 이승만도 암살하려 했지만 결국 호놀룰루로 향하는 선상에서 자살했다.[139] 이러한 재미 조선인 지도자와 그 지지세력 간에 균열이 발생하고 확대된 것은 (어느 정도 여러 가지 불일치점이 있더라도) 무엇보다 먼저 일본으로 돌려야 할 그들의 에너지를 한데 모으지 못하고 분산시키는 악영향을 끼쳤고, 그것이 일본에는 일종의 안심을, 미국에는 좋지 않은 인상을 준 것은 부정할 수 없다.

제 2 장

백오인사건과 독립운동

백오인사건

조선총독부의 헌병경찰체제를 실질적으로 주도한 한국(병합 후에는 조선)주차헌병대 사령관 아카시 겐지로明石元二郎는 마침내 한국병합 전인 1910년 7월 11일 통감부 경무총장까지 겸임하여 경찰과 헌병의 통일을 꾀했다. 아카시는 이때 행한 훈시에서 폭도 봉기(의병투쟁)의 시기는 지났지만 위험한 비밀결사의 발생은 제어하기 어렵다는 이야기를 했다.[1] 그는 이러한 인식 아래 남아 있는 반일 독립세력을 완전히 없애기 위해 노력했는데, 특히 근절 대상으로 삼았던 것이 1장에서 설명한 신민회였다. 한국병합 후 일본 당국은 신민회는 무장암살단체라는 인식을 굳혔다.[2]

데라우치 마사타케寺內正毅는 한국병합 후 몇 개월이 지난 1910년 12월 28

일부터 29일에 걸쳐 평안남북도를 시찰했다. 이때 한국병합 직전인 7월부터 모의를 거듭하고 있던 (1904년 8월에 외부대신 서리로서 제1차 한일협약에 조인한) 신민회 회장 윤치호尹致昊, 간부 (『대한매일신보』의 창간과 편집에도 종사한) 양기탁梁起鐸 · 이승훈李昇薰(寅煥) · 안태국安泰國 등이 평안북도 선천 등지의 정거장에서 네 차례에 걸쳐 데라우치 암살을 꾀했지만 실행하지 못했다. 이를 이어받아 데라우치가 압록강 철교 준공식에 참석한다는 소식을 들은 신민회 간부 유동열柳東說 등이 1911년 8월 신의주에서 암살하려 했지만 역시 실패했다. 나중에 사건을 담당한 조선총독부 경시 구니토모 쇼켄國友尙謙에 따르면 이러한 이야기들은 1911년 9월에 체포된 평안북도 선천군 납청정納淸亭에 살던 이재윤李載允이 자백한 것이다.[3] 그 경위는 다음과 같다.[4]

> 그렇지만 이 밖의 사실에 이르러서는 더 얻을 바가 없기 때문에 단호히 신문訊問을 시작하기로 결정하고 9월 4일에 사람을 파견하여 이李를 곽산郭山으로 불러서 이름이 널리 알려진 불평분자와 만나게 했다. 이李가 쉽게 그를 믿고 암살을 돕게 해달라고 간청하자, 이런 계획은 지방에서는 목적을 달성할 수 없다고 설득하는 한편, 오랫동안 불만을 품고 독립전쟁 자금을 축적하기 위해 금광을 채굴하며 지금 동지를 규합하는 사람이 있다는 말을 꺼냈다. 서로 마음을 터놓고 사귀면 쾌히 동지가 될 거라며 경성京城으로 함께 가자고 수십 일 동안 설득하여 결국 9월 15일 경성으로 출발했다. 경성까지 가는 도중에 이재윤의 언동은 철저하게 내지인(일본인)의 횡포를 비난하고 조국의 독립을 꾀하는 일이 우선이라는 모습을 보였다.

여기서 전향자로 생각되는 "이름이 널리 알려진 불평분자"를 이용해 이재윤과 만나, 데라우치 암살에 그를 끌어들여 서울까지 함께 가자고 꾀어내 체포한 것 등을 엿볼 수 있다.[5] 이재윤 체포를 계기로 '언무사들 삼아늘여 중대한 사실을 발견할 수 있었다'라는 상황에 이르렀다.[6] 이재윤은 먼저 사촌동생인 나승규羅昇奎로부터 『잔 다르크 전기』를 빌려 읽고서 여자도 천하를 바꾸는 일을 했는데 남자인 자신이 나라를 바로잡을 수 없다면 부끄럽다고 생각했다고 진술했다. 또한 고향 선배이자 신성중학 일본어 교사였던 임경엽林冏燁이 귀향했을 때 데라우치 총독 암살계획이 있다고 말한 것을 들었다고 자백했다. 그래서 나승규와 임경엽이 구속되었는데, 나승규는 소지품 중에 '대표적 친일파 이완용李完用'이라는 제목을 붙인 그림엽서가 있었던 데 대해 애매한 진술을 하는 등 의심스러운 점이 몇 가지 있었고, 임경엽은 암살계획 대부분을 자백했다. 임경엽에 따르면 선천에 머물던 미국인 선교사 로버트S. L. Roberts가 교장으로 있던 가명학교에서 총독 암살이 공모되었다. 여기에는 평안북도 가산군 원산리와 정주군 청정리 두 곳을 합쳐 납청정이라 부르는 지역 일대의 기독교도(특히 교사, 목사, 장로 등) 약 50명이 가담했고 평양 등지의 사람들도 참여했으며 배후에는 신민회가 있었다.[7]

이러한 경위에 근거해 조선총독부는 1911년 9월부터 사건과 관련이 있다고 생각되는 사람들 특히 기독교도와 신민회 회원에 대한 일제 검거에 나섰다. 그 결과 연루자 약 14만 6,000명 중에서 700명가량이 체포되었고[8] 그중 증거 불충분으로 석방된 자들을 제외한 122명은[9] 이듬해인 1912년 3월에 기소되었다.[10] 122인에 대한 경성지방법원에서의 제1차 공판이 이해 6월 28일 시작되어,

제 1 차 공판 외국인에 대한 간접적인 비난(6월 28일)
제 2 차 공판 윤(치호) 남작에 대한 심문(6월 30일)
제 3 차 공판 고문에 대한 불평(7월 2일)
제 4 차 공판 거듭되는 고문에 대한 불평(7월 3일)
제 5 차 공판 자포자기에 빠진 피고의 자살기도에 관한 이야기(7월 4일)
제 6 차 공판 구타와 고문(7월 6일)
제 7 차 공판 목사와 총독 간의 회견(7월 7일)
제 8 차 공판 외국인 선교사에 대한 협의(7월 9일)
제 9 차 공판 외국인 선교사에 대한 더 커다란 협의(7월 10일)
제10차 공판 주모자에 대한 심문(7월 11일)
제11차 공판 증인 신청과 변호사 변론(7월 12일)
제12차 공판 증인 신청에 대한 법정 기각(7월 15일)

제13차 공판 한 관리의 증언(7월 17일)
제14차 공판 피고 측의 증인 신청 기각(8월 23일)
제15차 공판 차석 검사의 유고諭告(8월 24일)
제16차 공판 변호인단의 반대변론(8월 26일)
제17차 공판 반대변론(8월 27일)
제18차 공판 다카하시 쇼노스케高橋章之助의 변론(8월 20일)
제19차 공판 재판 종결(8월 29일)
최종공판 우자와 후사아키鵜澤總明 박사의 변론

을 끝으로 총 20회의 공판을 거쳐[11] 9월 28일에 판결선고가 내려졌다. 그 결과 윤치호, 양기탁, 임치정林蚩正, 이승훈, 안태국, 유동열 등 6인은 징역 10년, 왕관빈王觀彬 등 18인은 징역 7년, 이덕환李德煥 등 39인은 징역 6년, 오대영吳大泳 등 42인은 징역 5년, 이창식李昌植 등 17인은 무죄가 언도되었다.[12] 형량의 차이는 있지만 유죄판결을 받은 105인(그래서 이 사건을 105인사건이라고 부른다)은 즉시 상고했다. 경성복심법원에서의 제이심第二審은 같은 해 11월 20일에 시작되어 50회에 걸친 공판과 22회에 걸친 피고 신문을 거쳐서[13] 이듬해인 1913년 3월 20일에 판결이 내려졌다. 그 결과 105인 중에서 윤치호, 양기탁, 이승훈, 안태국, 임치정 등 5인은 징역 6년, 왕관빈은 징역 5년, 이 밖의 99인은 무죄가 언도되었다.[14]

유죄선고를 받은 6인은 바로 그날 상고했고,[15] 고등법원에서의 제삼심第三審은 1913년 4월 25일에 시작되어 3회의 공판을 거쳐[16] 5월 24일 6인의 유죄 부분을 파기하여 사건을 대구복심법원으로 이송하는 것이 결정되었다.[17] 대구복심법원에서의 재심은 이해 7월 1일 시작되어 5회의 공판을 거쳐[18] 7월 15일에 판결이 내려져 상고 기각, 6인 모두 징역 6년에 처하는 것이 결정되다.[19] 6인은 다시 상고했고[20] 고등법원에서 다시 심의되어 이해 10월 9일 6인의 상고를 기각하고 대구복심법원의 판결과 마찬가지로 6인 모두 징역 6년이 확정되었다.[21]

그 후 1914년 4월 11일에 메이지천황明治天皇의 미망인 쇼켄황태후昭憲皇太后의 장례식을 치름에 따라 6인의 형기는 사분의 일(즉 1년 반)로 감형되었다. 더욱이 이듬해인 1915년에는 다이쇼천황大正天皇의 즉위식이 예정되어(즉위식은 1915년 11월 10일에 치러졌다) 데라우치 마사타케는 1915년 2월 13일 6인에게 은사恩赦를 내리기로 결정했다.[22] 은사는 당일 집행되었는데 6인은 "천황의 은혜가 넓고 두터운 데 감격하고 황공하여 몸둘 바를 몰라 결국 눈물을 흘리지 않을 수 없었다. 자청해서 앞으로는 각자 생업에 종사하고 맹세코 천황의 뜻을 거스르지 않겠다고 기약" 한 다음에 석방되었다.[23]

사건은 이렇게 결말이 났지만 물적 증거 없이 체포된 자들의 자백만으로 기소·입건되었고, 특히 주요 인물로 여겨진 6인은 최후까지 유죄가 취소되지 않았다. 그러나 이 사건으로 인해 조선총독부(더 말하면 데라우치)는 일본의 조선통치의 강력함을 조선인들에게 과시할 수 있었고, 비밀결사인 신민회에 결정적인 타격을 가하는 데에도 성공했다.[24] 게다가 최후까지 유죄가 인정된 6인 중에서 중심 인물이었던 윤치호는 이후 힘에 의한 강자의 약자에 대한 지배는 쉽게 뒤엎을 수 없고, 식민지 권력은 계모와 같은 존재며, 기독교 신앙도 식민지 지배의 합법적 틀 안에서 '자신의 몸을 보신保身하는' 것이라고 인식함으로써 점차 강자인 일본에 복종했다.[25] 그러나 사건의 연루자로 간주된 사람들 중에는 예컨대 최후까지 유죄판결을 받았던 이승훈이 3·1운동 때 민족대표의 한 사람이 되는 등 훗날 만주나 상해 등지를 중심으로 독립운동을 한 사람들도 적잖이 있었다.[26]

미국과 일본의 대응

105인사건의 재판이 진행되면서 일본 당국이 자백을 끌어내기 위해 체포자들에게 각종 고문을 한 것이 여러 번 지적되었다.[27] 앞에서 말한 것처럼 1912년 6월부터 시작된 경성지방법원에서의 재판이 122인 중 105인에게 징역형을 내린 데 반해, 이해 11월부터 경성복심법원에서 시작된 재판에서는 99인이 무죄가 되고 6인에게만 계속해서 징역형을 선고했다. 이러한 사정을 일본의 영자 신문 『재팬 크로니클*Japan Chronicle*』의 기자인 아리마 요시타카有馬義隆는 다음과 같이 적었다.[28]

> 이상이 본 사건의 주요 내용인데 그간 아무런 이상함도 인식되지 않았지만, 메이지 45년(1912) 6월 28일 본 사건의 제일심第一審 공판이 개정되자마자 122명 피고 전부가 이구동성으로 경무총감부 내의 고문 운운을 절규했기 때문에 갑자기 세계의 주목을 끌게 되었다. 뿐만 아니라 경무총감부에서 강요된 피고의 자백에 따라 평양, 선천 등지에서 포교에 종사하는 미국인 선교사들 거의 전부가 이 사건과 밀접한 관계를 갖는다고 의심을 받았기 때문에 특히 미국 언론계에 대단한 자극을 주었다. 그래서 『인디펜던트 아웃 룩*Independent Outlook*』, 『리터러리 다이제스트*Literary Digest*』, 『뉴욕 헤럴드*New York Herald*』 같은 유명한 신문과 잡지들이 사건의 추이를 주목해 이 사건은 일본이 사법권의 독립이라는 점에서도 과연 세계 문명국에 낄 수 있는지 여부를 시험할 만한 시금석이 될 거라고 말했다. 그러나 제일심 법정의 심판방법은 불행히도 몹시 난폭하여 피고 등이 신청한 수십 명의 증인 환문喚問은 정주 정거장 역장을 제외하면 모두 거절되었다. 때문에 피고는 물론 이 사건에 주목한 내외인들은 법정과 경무총감부 사이에 어떤 밀약이 있는 것은 아닌지 의심했다. 변호사가 요구한 판사 기피 신청이 일고의 여지도 없이 채택되지 않은 것과 최후에 122인 중 105인이라는 다수가 10년, 7년, 6년, 5년 등의 중형에 처해진 것은 이러한 의심을 더욱더 심화시켰다…….

이 글에는 조선에 머물고 있던 미국인 선교사들이 사건과 관련이 있다고 항간에 소문이 났고 그리하여 미국도 사건의 경과를 주목했으며, 이러한 사정 때문에 경성복심법원의 판결이 경성지방법원의 판결보다 105인에게 가벼워진 듯하다는 내용이 기록되어 있다. 그렇다면 미국인 선교사들은(특히 조선에 머물고 있던) 사건에 어떻게 연루되었고 이에 대해 어떻게 대응했는지와 조선총독부를 비롯한 일본 당국은 미·일관계의 틀 속에서 사건과 미국인 선교사들에 대해 어떤 자세를 취했는가에 대해 알아보자. 그리고 미국(정부,

본국의 선교단체, 언론기관 등)은 어떻게 대응했는지에 대해서도 살펴보자.

앞에서 설명한 것처럼 사건을 기도한 혐의로 다수의 조선인들이 구속되어 재판에 회부되는 것을 기다리고 있던 1912년 1월 8일, 조선총독부 외사국장 고마쓰 미도리小松綠는 개신교인 장로교 교회 계통의 세브란스병원 원장 에이비슨Oliver R. Avison으로부터 편지 한 통을 받았다.[29] 편지에는 장로교 교회는 조선에서의 법률 위반이나 범죄는 용서하지 않는다. 물론 교회에는 현재의 지위(일본의 조선통치)에 불만을 품은 사람들도 일부 있지만 자신들이 조선인들 중에서도 가장 신뢰하는 사람들이 음모와 관계가 있다는 이유로 수감과 심문을 기다리는 처지에 있는 것은 이해가 안 된다. 또 그들에게 자백을 받아내기 위해 고문이 행해지고 있다는 소문도 돌고 있다는 등의 내용이 적혀 있었다. 즉 교회는 반란을 선동하는 자들의 소굴이 아니라는 이야기를 전한 것이다.

이후 에이비슨과 평양의 장로교 교회 선교사 모펫Samuel A. Moffet, 선천의 장로교 선교사인 휘트모어Norman C. Whittemore 등 세 사람이 1월 23일 오후 조선총독 관저에서 고마쓰 미도리가 동석한 가운데 데라우치 마사타케와 한 시간 반에 걸쳐 회담을 가졌다. 세 사람은 우선 데라우치에게 교회는 조선인 신자들에게 일본의 조선통치에 복종할 것을 권해왔지 반란을 선동하는 행동을 취하지 않았으며 교회와 정치운동을 분리하는 데 노력해왔다고 말했다. 이어서 그런데도 조선인 중에서 가장 신뢰하고 또 조선사회에서 가장 존경받는 사람들이 혐의를 받고 있는 것을 믿을 수 없고, 이들이 고문을 받고 있다는 소문이 있는데 데라우치가 허락했다고는 믿지 않으므로 심문방법에 관해 조사해서 주의를 주라고 요청했다. 이에 대해 데라우치는 "정부가 교회를 음모자들의 소굴로 믿고 있다"는 소문은 해명할 필요도 없을 정도로 근거가 없고, 심문 중에 행해졌다는 고문에 대한 소문 역시 반박할 필요조차 느끼지 않는다. 심문은 모든 법률 규정을 엄수하며 이루어지고 있고 적법한 방법에 위배되는 행위는 절대 허용되지 않음을 보증한다. 그러나 사건에 이처럼 많은 기독교도들이 관계되었다는 사실에는 놀라지 않을 수 없는데, 교회가 알맞은 시기에 그들을 회오悔悟시킬 때 일본의 세력을 적절히 이용했으면 한다고 회답했다. 결국 양자의 의견은 엇갈리고 말았다.[30]

미국에서 이 사건에 대해 가장 활발한 움직임을 보인 인물은 당시 뉴욕에 본부를 두고 있던 개신교 장로교 교회의 해외전도위원회 서기였던 브라운 Arthur J. Brown이었다. 브라운은 원래 일본이 병합하기 전 한국에서 벌어지고 있는 혼란을 수습할 만한 능력을 한국(인)은 갖추고 있지 않다는 생각을 갖고 있었다. 따라서 그는 일본의 한국 보호국화와 병합에는 호의적인 태도를 취해[31] 일본의 조선통치에 이의를 제기할 생각은 없었다. 하지만 브라운은 조선에 있는 미국계 교회와 관련 있는 조선인 신자들이 대규모로 체포·구속되어 고문당하고 있는 상황과 일본 당국이 미국인 선교사들이 선동하여 사건이 발생했다고 의심하는 상황의 틈바구니에서, 조선문제로 미·일관계가 악화되는 것을 피하면서 상황 수습을 위해 어떤 대응을 취하지 않으면 안 되는 어려운 처지에 놓이게 되었다.

1912년 2월 14일 브라운은 워싱턴으로 가서 주미 일본 임시 대리 대사 하니하라 마사나오埴原正直를 만나 다음과 같은 이야기를 했다.

선천에 머물고 있는 미국인 선교사 샤록스Alfred M. Sharrocks의 보고에도 나와 있듯이 체포된 조선인들은 법률을 잘 준수하는 사람들이다. 샤록스가 그들의 체포와 구속 그리고 소문으로 떠돌고 있는 고문에 관해 선처해달라고 서울의 고마쓰 미도리에게 면회와 서신을 통해 요청했으나 회답이 없다. 자신과 마찬가지로 샤록스도 일본의 조선통치를 지지하는 인물이므로 그의 보고를 접한 일본정부가 신속하게 시정 조치를 취할 것을 믿기 때문에 자신이 직접 워싱턴에 와서 미국정부가 아닌 하니하라에게 도움을 요청하는 것이다. 자신이 가지고 있는 조선 내의 미국인 선교사들이 보낸 편지를 발표하라고 권하는 자도 있지만, 일본정부가 반드시 신속하게 공정한 방법을 내놓을 거라고 믿고 있기 때문에 경솔한 행동을 취할 생각은 없다. 하지만 조선에는 수백 명의 외국인들이 있고 조만간에 그 사정이 전 세계에 퍼지는 것은 피할 수 없으므로 일본의 친구로서 체포된 조선인들이 재판 후에 유죄가 될지 아니면 방면될지 여부를 알려주기 바란다.

브라운은 또한 조선문제를 둘러싸고 반일활동을 전개하고 있는 헐버트Homer B. Hulbert와는 개인적 친분이 있기는 하나 그의 행동은 지지하지 않는다고 덧붙였다. 이에 대해 하니하라는 샤록스가 보고한 내용을 자신은 아직 모르고 있다고 회답했다.[32] 브라운은 이 시기에 언론에 상황이 곤란함을 토로하기도 하고,[33] 선천에서 미국인 선교사 에르크만George Erckmann이 체포·구속되었다는 『뉴욕 헤럴드』의 보도를[34] 접하고 동요하기도 했다.[35]

그러나 앞서 말한 것처럼 1912년 6월부터 경성지방법원에서 122인에 대한 공판이 시작될 무렵에 미국이 새롭게 움직이기 시작했다. 우선 사건의 중심 인물로 간주된, 일찍이 1884년의 갑신정변에 개화파로 가담했으나 실패한 뒤 상해를 거쳐 미국으로 망명해 1895년에 귀국하기까지 조지아주 벤더빌트대학Vandervilt University과 에모리대학Emory University에서 공부하고 남감리교 교회 교도가 된 윤치호의 선처를 요청하려는 움직임이 있었다. 윤치호와 안면은 없으나 그가 교육받고 지역 학계와 종교계에도 지인이 다수 있던 조지아주의 상원의원 베이컨Augustus O. Bacon과 스미스Hoke Smith 그리고 윤치호와 동급생이었던 플로리다주 상원의원 브라이언Nathan P. Bryan 등 세 사람이 1912년 5월 24일 주미 일본대사인 진다 스테미珍田捨己와 회견을 가졌다. 세 사람은 진다에게 윤치호의 인물 됨됨이를 보아도 그가 사건에 관여했다고는 생각할 수 없으므로 선처를 요구한다는 뜻을 전했다(이에 대해 진다는 자신도 안면이 있는 윤치호가 절도나 방화 같은 범죄를 저지를 인물은 아니라고 확신하나, '사건'과 같은 정치적인 범죄는 인격이나 평소의 언행으로는 판단할 수 없다고 회답했다. 또한 범죄 유무는 공판 결과를 기다리는 수밖에 방법이 없고 재판은 적법하게 진행될 거라고 보증할 수 있지만, 사법권의 독립은 바깥에서 간섭할 수 있는 문제가 아니라고 말했다). 29일에는 남감리교 교회 감독인 윌슨Bishop A. W. Wilson(메릴

랜드주), 머라Bishop W. B. Murrah(미주리주), 캔들러Bishop W. A. Candler(조지아주), 호스Bishop E. E. Hoss(테네시주) 등 네 사람이 앞서 말한 상원의원 세 사람과 거의 같은 요청을 진다에게 했고, 진다 역시 상원의원에게 한 대답과 같은 내용의 회답을 했다.[36]

더욱이 장로교 교회는 5월 27일 회의에서 사건과 관련해서 8개의 결의를 채택해서 그 취지를 주미 일본대사관에 통고했고,[37] 『뉴욕 헤럴드』 등 미국의 각 신문과 장로교 교회 기관지인 『콘티넨트*Continent*』는 끊임없이 사건에 관한 보도와 논설을 실었다.[38] 이러한 상황을 앞에 두고 주미 일본대사관은 사태를 정확하게 파악해 이에 대한 대응을 준비할 수밖에 없었다.

진다 스테미는 『뉴욕 헤럴드』와 『콘티넨트』의 보도와 논설에 대해 다음과 같은 내용의 반박서를 미국의 각 언론기관에 보냈다. ① 사건의 옳고 그름은 재판 결과에 따라 명백하게 밝혀질 것이므로 그에 앞서 피고들의 무죄를 단언할 수는 없다. ② 체포된 사람 수는 100명이며 이야기되고 있는 6,000명이라는 숫자는 말도 안 된다. ③ 고문이 행해지고 있다는 소문은 믿을 수 없다. 일본이 병합하기 전 한국에서는 고문이 실시되었으나 지금은 완전히 폐지되었다. ④ 기독교를 적대시한다는 소문은 정말로 사실무근이며 종교의 자유는 조선에서 완전히 보장되고 있다. 그러나 진다의 이러한 설명은 앞서 얘기한 것처럼 모두 사실과 어긋나서 그다지 설득력을 갖지 못한 탓인지 미국 언론들은 진다의 반박서에 쓰여 있는 주장을 의심스러운 눈초리로 쳐다봤다.[39] 또한 진다는 장로교 교회에 속한 머리글자가 'W·B·H'인 '벨'이라고 하는 가명·속칭을 가진 선교사를 밀정으로 보내(W·B·H가 머리글자인 선교사로는 황해도 재령군 좌리면에 머물던 헌트William Brewster Hunt가 있지만, 그가 벨인지는 각종 자료를 살펴보아도 확신할 수 없다) 사건과 관련해서 장로교 교회의 동향과 결의 내용 등에 관해 하나하나 자세히 보고를 받았다.[40]

사태가 이렇게 전개되자 브라운은 9월 28일 감리교 감독교회 회장인 윌슨Bishop Luther B. Wilson, 감리교회 서기인 노스Frank M. North, 앞서 언급한 캔들러,

남감리교 교회 해외전도위원회 서기인 쿡Ed. F. Cook 등과 함께 워싱턴으로 가 주미 일본대사관, 백악관, 국무성, 연방의회를 차례로 방문하여 공작을 시도했다. 사건 특히 미국인(선교사)에 대한 일본 당국의 대응을 가장 절실한 문제로 여긴 이들은 그동안은 이 문제의 해결을 위해서는 주미 일본대사관과 직접 교섭하는 것이 현명하다고 생각하여 미국정부에 대한 접촉을 삼갔지만, 여러 가지 형편을 고려한 결과 이제는 미국정부에 공작을 해야 한다고 생각했다. 우선 주미 일본대사관으로 가서 진다 스테미와 만난 브라운 일행은 중태에 빠진 메이지천황에 대한 위문의 뜻을 표한 후, 조선문제를 둘러싸고 곰곰이 생각해본 결과 미국정부를 방문하기로 결정했다고 이야기했다. 이어서 백악관으로 간 일행은 진다와 마찬가지로 자신들을 따뜻하게 맞아준 태프트William H. Taft 대통령과 짧은 회담을 가진 뒤 다시 국무성으로 향했다. 이곳에서 브라운 일행은 사건을 둘러싼 경위에 관해 처음부터 잘 알고 있는 국무성 극동부장 밀러Ransford S. Miller와 국무장관 녹스Philander C. Knox와 함께 오랫동안 회담을 가졌다. 다시 연방의회 의사당으로 간 일행은 하원외교문제위원회 위원장 술저William Sulzer와 회담을 갖고 만족할 만한 결과를 얻어냈다.[41]

술저는 이미 7월 22일 국무성을 방문해 녹스에게, 조선에서 온 보고를 접하고 대단히 감동했고 고문에 관한 조사에 착수했으며 예상되는 일본의 반발은 두려울 것이 없다고 이야기했다. 그러나 이러한 술저의 반일 강경자세에 제동을 걸기 위해 진다 스테미와 녹스가 며칠 후(아마도 7월 25일)에 다시 그와 회견을 가졌다. 그 결과 술저는 미국인 선교사들이 의혹에서 벗어났다는 것이 보장되었다며 강경자세를 뒤바꾸려는 태도를 보였는데 이러한 사태의 추이를 일본도 파악하고 있었다.[42]

그 후 브라운 일행이 술저와 회견할 때 함께했던 캔들러가 회견 다음 날인 7월 29일 특히 윤치호에 대한 선처에 최선을 다해 힘써줄 것을 부탁하는 편지를 술저에게 보냈다. 다음 날 술저는 이 편지를 다시 진다 스테미에게 보냈다. 이때 술저는 『뉴욕 타임즈*The New York Times*』가 8월 5일자로 뉴욕에 머물고 있던 조선인 김헌식金憲植이 일본의 조선인 학대에 관해 주장한 내용을 보도한 기사에 "이러한 주장에는 실제 어떠한 근거도 없다고 믿는다"는 글을 한 줄 첨부해 진다에게 보냈다. 이것을 받은 진다는 슐저에 대한 감사와 함께 김헌식의 주장은 슐저가 말한 것처럼 모두 근거가 없다는 내용의 편지를 다시 슐저에게 보냈다.[43]

이 밖에 역시 조선(서울)에 머물고 있던 미국인 선교사 해리스Bishop M. C. Harris가 브라운과 같은 시기에 워싱턴으로 가서 두 번에 걸쳐 진다 스테미와 회견했다. 해리스는 사건과 윤치호에 관해 진다와 견해를 같이한다고 밝히고,[44] 조선에서도 윤치호가 사건과 관련해 의심스러운 부분이 없는 것은 아니지만 교사教唆한 점에 관해서는 근거가 없다고 논의되고 있으며, 한편 선천에 머물고 있는 선교사 맥큔George S. McCune이 사건에 깊이 관여되어 있다며 체포를 논하기도 했다.[45] 이 무렵에 이미 조선총독부에는 데라우치 마사타케와 사건이 특히 미국인에게 어떻게 비쳐지고 있는지를 신경 써야 한다는 견해가 제출되어 있었다.[46]

일본에서도 고베神戸에 머물던 미국인 영Robert Young이 발간한(사건 발생 시점에도 편집에 관여하고 있던) 영자 신문 『재팬 크로니클』과 미국계 영자 신문 『재팬 애드버타이저*The Japan Advertiser*』가 일본에 대해 비판적인 입장을 취하며 사건에 관한 자세한 보도를 계속하고 있었다(한편 일본계 영자 신문 『재팬 타임즈*The Japan Times*』는 일본 당국의 입장을 대변하는 보도를 했다).[47] 일본은 배일排日 영자 신문의 단속을 검토했지만, 이들 매체로부터 필요 이상의 적대감을 사는 것은 좋은 방법이 아니었기 때문에 이 점에도 신경을 쓰지 않을 수 없었다.[48] 일본은 해리스의 영향이 작용했는지 사건에 관한 『뉴욕 헤럴드』의 보도태도가 어느 정도 완화되고 있다고 인식하는 한편,[49] 이 시기 경성지방법원에서 진행되고 있던 공판을 취재하기 위해 서울에 들어온 이 신문의 북경北京 특파원이 보도하는 기사가 '현저하게 선동적'이라며[50] 우왕좌왕했다.

사건에 관한 미국의 반응이 이러한 가운데 브라운은 어떻게 대응했는지 살펴보자. 브라운은 자신이 수집한 사건에 관한 여러 가지 정보를 기초로 체포·구속된 사람들은 데라우치 마사타케 암살에 관여할 사람들이 아니라는 자신의 개인적인 견해를 전제로 한 본문 27쪽으로 구성된 사건 전말에 관한 소책자를 1912년 11월에 출판했다.[51] 일본 당국은 브라운이 경성지방법원에서 유죄판결이 내려진 105인 중 윤치호 등 6인을 제외하고는 경성복심법원의 이심에서 무죄가 된 데 안도하면서도 사태 수습을 위해 한층 활발히 움직이는 것에[52] 대해, 평소 친일파였던 브라운답지 않다며 불만을 품었고 이것은 간접적으로 브라운에게도 전달되었다.[53] 때문에 사태 수습과 미·일관계 악화 저지라는 두 가지 목표를 동시에 실현하려 한 브라운의 의도는 완전히 달성되었다고는 말할 수 없다.

한편 이 시기 미국인(선교사)들 중에서 일본에 대해 긍정적인 견해를 주장한 이들도 있었다. 서울에 머물던 미국인 선교사로 평소 대표적 친일파 중 한 사람이었던 게일James G. Gale은 122인이 기소된 시기였던 1912년 2월에서 3월에 걸쳐 한국병합 후 조선통치라는 "어려운 대사업에 임하고 있는" 데라우치 마사타케를 동정했다. 또한 "성격과 인품도 좋은" 데라우치 총독 통치하에서 조선은 개선·번영하고 있으며 앞으로도 계속 그럴 것이지만, 다만 현재 조선은 군정하에 있고 사건은 말하자면 이행기 가운데 일어난 것이라고 주장했다.[54]

또한 러일전쟁기부터 일본에 대해 호의적인 사설을 잡지 『아웃 룩*The Outlook*』에 여러 차례 기고해온 저널리스트 케넌George Kennan은 1912년 11월 용의자를 체포한 이후의 과정에 대해 일본은 매우 부당하게 취급되고 있으며, 선교사 전체를 대표하지 않는 극히 일부의 미국인 선교사들이 분규를 일으키고 있다는 기사를 썼다.[55] 그리고 다음 달에는 이 사건에 관한 자신의 견해를 『아웃 룩』에 게재했다. 이 글에서 케넌은 재판은 일본 형법에 따라 실시되고 있으며,[56] 재판과정에서 ① 피고들은 고문을 당했는지, ② 피고들은 공정한 재판을 받고 있는지, ③ 일본정부는 한반도에서 기독교 선교사와 그들의 활동에 대해 적의를 품고 있는지 등의 세 가지 문제가 부상하고 있다고 주장했다. 이에 대해 케넌은 첫째, 고문 사실은 거의 없고 조선인들의 거짓말하는 버릇이 이 문제를 떠들썩하게 만든 원인이다. 둘째, 조선인 피고들은 일본 내의 일본인 피고들과 똑같은 취급을 받고 있으며 특별한 문제는 없다. 셋째, 조선총독부를 비롯한 일본 당국은 조선에 기독교가 있는 것이 조선의 근대화에 플러스가 된다고 긍정적으로 평가하고 있으며, 구체적인 지원을 다양하게 실시하고 있기 때문에 적의 운운하는 것은 있을 수 없다. 그러나 1909년 10월에 이토 히로부미伊藤博文를 암살한 안중근이 그러했듯이 조선을 둘러싼 대부분의 암살사건에서 기독교도가 범인이었기 때문에 당국으로서는 경계태세를 취할 수밖에 없다. 그러나 이것이 기독교와 선교사에 대한 공격을 의미하는 것은 아니다. 일본의 한국병합 이전에는 선교사들이 본래 임무에서 벗어나 정치에 관여하는 일이 종종 있었지만, 이제는 그러한 일은 허용되지 않는다. 선교사들이 본래 활동에만 전념한다면 문제는 일어날 수 없다고 이야기했다.

사건에서 일본의 입장을 옹호하는 케넌의 이 글이 발표되자마자, 주뉴욕 일본총영사 대리인 누마노 야스타로沼野安太郎는 케넌이 쓴 글 전문을 본국에 보고했다.[57] 누마노는 또한 글을 흥미 있게 읽었고 거기에 담긴 주장에 마음 깊이 찬성하며 이에 비해 브라운의 소책자는 일방적이라는 내용을 적은 편지를 감사의 뜻과 함께 케넌에게 보냈다.[58] 『서울 프레스*Seoul Press*』의 발행자 야마가타 이소오山縣五十雄도 이듬해인 1913년 2월, 사건에 관한 케넌의 글이 사실에 기반한 것이며 이러한 글을 써준 데 대해 감사한다는 내용이 담긴 편지를 케넌에게 보냈다.[59]

한편 모펫은 1913년 2월에 케넌에게 다음과 같은 내용의 편지를 보냈다.[60] 우선 조선에서 일어나는 여러 가지 사건에 관해 보다 충분한 지식을 가져달라고 부탁하고, 일찍이 케넌이 제정러시아에 대해 가졌던 엄격한 자세를 생각하면 일본과 조선에서 벌어지고 있는 정의롭지 못한 상황의 영속화를 자발적으로 도울 거라고는 생각하지 않기 때문에 조선 사정에 관한 여러 가지 신문 스크랩을 동봉하니 읽기를 바라며, 케넌의 입장은 일본에 크게 공헌하는 것이 될 수밖에 없다는 충고를 담은 편지였다. 이에 대해 케넌은 다음과 같이 반론했다.[61] 재판은 자신이 아는 한 공정하게 이루어지고 있으며 고문에 관해서도 의심할 만한 점은 보이지 않고(케넌은 제정러시아에서는 그렇지 않았다고 주장했다). 일본 당국이 기독교와 선교사를 박해하고 있다는 주장도 사실이 아니며 기독교도 중 많은 이들이 체포된 것은 기독교도이기 때문이 아니라 암살 음모사건의 용의자이기 때문이다. 영국선교회나 로마가톨릭 신자 중에는 체포된 자가 없다는 것이 그 증거다. 만일 자신이 조선에 있는 미국인 선교사라면 일본인과 협력해서 조선인의 애국주의적인 운동을 막으려 노력하겠지만, 실제로 조선에 머물고 있는 미국인 선교사들은 그렇게 행동하고 있지 않다고 반박했다.

그러나 조선에 머물던 미국인 선교사들이 직접·간접으로 접한 다음과 같은 사실을 앞에 두고 일본을 변호하는 주장, 특히 실제로 조선에 와서 실정을 살펴본 적이 없는데도 일본을 열광적으로 지지하는 케넌의 글은 조선 내의 미국인 선교사들에게는 거의 설득력을 얻지 못했다.[62] 예컨대 사건에 대해 미국인 선교사가 일본 당국에 보인 최초의 반응이었던 샤록스가 고마쓰 미도리에게 보낸 편지에도, 도저히 죄를 저질렀다고는 생각할 수 없는 미국인 선교사들이 구속되고 지독한 고문을 당하고 있는 상황이 여러 가지 사례를 들어 제시되었다.[63] 또한 사건과 관련되어 고문을 당한 사람들이 미국 장로교 교회 계통인 세브란스병원에 입원해서 제각기 생생한 고문 경험을 이야기했고,[64] 체포·구속된 조선인 기독교 신자들의 데라우치 마사타케 총독에 대한 암살 미수 자백은 강요되었다는 이야기가 나오고 있었다.[65] 게다가 윤치호 등이 일관되게 무죄를 주장하고 있는 것과[66] 자백을 이끌어내기 위해 사용한 것으로 추측되는 고문을 지휘한 인물이 아카시 겐지로라는 것[67] 등도 케넌이 쓴 글의 신빙성을 잃게 만들었다.

그러나 조선에 머물고 있던 미국인 선교사들 대부분은 일본 당국의 손아귀에 있었고, 미국인 중에서도 사건과 관련해 일본의 입장을 옹호하는 자세를 취하는 사람들도 존재하는 등 불리한 입장에 놓여 있었다. 그럼에도 불구하고 사건의 실상을 적극적으로 국내외에 알리거나 일본 당국에 공작하는 등의 행동을 한 사람들도 많았다. 다만 서울에 머물던 미국총영사 시드모어 George H. Scidmore가 이 사건은 미국의 이해와는 관계가 없고 관심 밖이기도 해서 이에 관해 자신이 할 수 있는 일은 아무것도 없다고 말했기 때문에 조선에 머물던 미국인들 사이에서 그는 쓸모없는 존재로 간주되었다.[68] 때문에 사건에 관해 조선에서 들어오는 보고를 받고 있던 브라운은 앞서 언급한 1911년 11월에 고마쓰 미도리 앞으로 보낸 샤록스의 편지를 워싱턴에서 하니하라 마사나오와 만났을 때 전달한 것과 마찬가지로, 밀러에게도 전하며 사건에 관해 주시할 것을 촉구했다.[69]

미국과 일본 간 사건 마무리

1912년 말부터 1913년에 걸쳐 105인사건이 미국인 선교사들과 관련해서 앞에서 말한 것처럼 흘러가는 가운데, 데라우치 마사타케는 이 시기에 진행 중이던 피고들의 재판에 미국전도협회(장로교 교회)의 사건에 관한 결의가 미칠지도 모르는 영향을 저지할 필요가 있다는 의견을 들었다.[70] 이와 동시에 사건에 대한 (미국 내의) 미국인 선교사들의 비난을 무마하기 위한 이른바 특사로서, 미국에서 오랫동안 유학하고 미국인 지인도 많아 자타가 미국과 일본 간의 가교라고 인정하던 니토베 이나조新渡戸稲造를 기용하라는 상반된 의견도 들었다.[71]

사건에 대한 미국인 선교사와 미국 언론의 반응에 대해 일본의 기독교계는 다음과 같은 내용을 들어 미국 측 주장의 오류와 일본 측 주장의 정당성을 내세웠다. 미국 신문에 나오는 비평은 대개 오해에 따른 것이 많고 조선에 머물고 있는 외국인 선교사들도 사건의 진상을 오해해서 근거도 없는 여러 가지 상상에 사로잡혀 있다. 기독교도는 악행을 행하지 않으므로 총독 암살이라는 범죄를 계획할 리 없다고 단언하는 경향이 있지만, 이토 히로부미를 암살한 자(안중근)가 기독교도였다는 사실만으로도 그러한 생각은 독단이라는 것을 알 수 있다. 재판과정에서 사건은 정치범 혹은 형사문제로 취급되고 있지 종교문제로 다뤄지고 있지 않다.

일본의 기독교계는 이것을 대전제로 삼아 일본 당국의 대응에도 어느 정도 비판을 가했다.[72] 일본 내의 신문은 앞서 언급한 몇몇 영자 신문을 제외하고는 사건에 관한 상세한 보도를 하지 않았다. 때문에 제대로 전달되지 못한 사건에 관한 정보를 전문통신사가 어느 정도 보도한 데 지나지 않지만, 여기에서 (일본 당국의) 비밀주의와 어떤 종류의 압력을 엿볼 수 있다. 고문문제에 관해서는 일본 경찰이 사실 유무를 샅샅이 조사하는 것이 일본 국민의 명예를 지키기 위해서 반드시 필요하며, 만일 고문 사실이 있다면 일단 발표하여 비록 불명예를 당할지라도 개선 조치를 취해야 한다. 이 문제가 (현재 상황처럼) 흐지부지하게 묻혀버리는 것은 국가를 위해서도 좋지 않다. (경성복심법원에서) 105인 중 99인이 무죄가 된 것은 조선총독부가 수집한 증거가 명확하지 않았던 데에서 비롯되었다. 하지만 일본 기독교계의 이러한 비판도 사건의 본질, 더 이야기하면 그 배경을 이루고 있는 일본의 조선통치까지 깊이 파고든 것은 아니었다.

미국 언론기관 중에서 사건에 관해 가장 빈번히 자세하게 보도를 해온 신문이 『뉴욕 헤럴드』였다. 이 신문은 서울 특파원이 보내는 통신에 근거하여, 연합통신Associated Press, AP의 총지배인 스톤Melville E. Stone과 도쿄 특파원 케네디Kennedy 등이 일본정부의 훈장을 받았기 때문에 사실을 왜곡해서 일본을 비호하고 있다고 공격을 했다. 연합통신이 이러한 공격 기사와 논설의 증거를 제시하라고 요청한 끝에 1912년 12월 14일 『뉴욕 헤럴드』는 이에 대한 조사에 착수했다. 그 결과 『뉴욕 헤럴드』가 그동안 잘못된 인식과 정보에 의

거한 보도로 연합통신뿐만 아니라 스톤과 케네디에게 중대한 폐를 끼쳤다며 사죄하는 내용이 담긴 사설을 게재했고, 증거 제시를 요구받았으나 제출하지 못했던 서울 특파원의 소환이 결정되었다. 스톤과 만나 이러한 사정을 들은 누마노 야스타로는 본국에 사건에 관해 일본에 불리한 보도를 해온 『뉴욕 헤럴드』의 명예가 손상된 것을 기뻐하는 뉘앙스가 담긴 보고를 했다.[73]

이 사건 이후 재판 방청을 위해 서울에 들른 케네디가 야마가타 이사부로山縣伊三郎를 만났는데, 이때 야마가타는 조선에 머물고 있는 미국인 선교사들 대부분이 게일이나 해리스처럼 성실히 전도에 힘쓰고 있지만, 얼마 안 되는 소수가 총독정치의 목적이 조선인들에게 압박을 가하는 것이라며 (그것을 방지하기 위해) 조선인 신자들을 움직이려는 그릇된 생각을 품고 있다고 말했다. 또한 그러한 태도가 잘못된 것이라는 사실은 말할 나위 없고, 나아가 미국의 국시인 고립주의를 주장한 먼로 독트린Monroe Doctrine에도 반하는 것이다. 조선에서 시행하고 있는 총독정치가 비난받을 이유는 전혀 없으며 조선인의 행복과 이익은 나날이 향상되고 있다. 미국은 동양에서 일본과 손을 잡을 수밖에 없으며 사건의 재판도 공정하게 이루어지고 있다고 주장했다.

이 내용은 해가 바뀐 1913년 1월에 조선총독부가 일본 외무성에 보고했다.[74] 더욱이 앞서 얘기한 『뉴욕 헤럴드』를 둘러싼 사건으로 브라운이 신문에 대한 신뢰감을 상실해 어떠한 신문기자의 취재에도 응하지 않겠다는 뜻을 밝힌 사정도 누마노 야스타로의 귀에 들어갔다. 누마노는 『뉴욕 헤럴드』의 연합통신에 대한 사죄가 초래한 (일본 입장에서 볼 때 바람직한) 영향이 브라운에게도 나타나고 있다며 본국에 역시 기쁜 뉘앙스가 담긴 보고를 했다.[75] 실제로 사건과 관련해서 브라운의 활동은 이 시기 이후에도 계속되기는 하지만, 1912년 무렵보다는 둔화되었다. 특히 그가 사건에 관해서 미국의 언론기관과의 관계를 재검토한 행동은 사건의 진실이 미국 국민에게 확산되는 데 제동을 걸었다는 의미에서 (일본 측에서 보면) 중대한 것이었다.

미국에서 벌어진 이러한 상황에 편승한 탓인지 1913년 8월 데라우치 마사타케는 그동안 일본에서 사건에 대해 상세한 보도를 해온 『재팬 애드버타이저』가 게재한 사건에 관한 기사 중 일본에 머물던 미국인 선교사 두 명의 투고문에 의심스런 부분이 있어(고문에 관해 다루고 있으나 이에 대한 의사의 진단이 있었는지 여부가 확실치 않다) 주의를 주어야 한다는 의견을 본국에 알렸다.[76] 그 목적이 압력을 가하는 데 있었음은 분명하다.

그 후 앞서 말한 것처럼 1913년에 6인의 유죄가 확정되었고,[77] 이듬해인 1914년에는 이들에 대한 감형이 결정되었다. 조선총독부로부터 이러한 내용을 통고받은 외상 가토 다카아키加藤高明는 6월에 윤치호의 감형을 주영 대사관, 주미 대사관, 주뉴욕 총영사관, 주샌프란시스코 총영사관에 알렸다.[78] 9월 17일 주일 미국대사 구슬리George W. Guthrie와 만난 가토는 건강을 해친 윤치호를 또다시 감형해달라는 요청을 받았다. 28일에 마침 도쿄에 와 있던 데라우치 마사타케의 방문을 받은 가토가 이러한 요청을 전하자 데라우치는 해리스 등으로부터도 같은 제의를 받았으므로 10월이나 11월에는 윤치호의 가석방을 허가할 수 있다는 뜻을 내비쳤다. 가토는 데라우치의 동의를 얻어 이러한 사정을 구슬리에게 전했고 구슬리는 이에 대해 감사를 표했다(또 데라우치는 윤치호가 건강을 해쳤다는 것은 사실이 아니라고 가토에게 말했다).[79]

이듬해인 1915년 1월 데라우치 마사타케는 수상 서기관인 에기 다스쿠江木翼에게 6인의 사면을 위해 조선에 머무는 미국인 선교사들이 일을 꾸미고 있는데 특사는 외부에서 가해지는 압력을 기다리지 말고 총독 발의로 상주上奏하여 실시하는 것이 조선통치에도 좋은 영향을 주기 때문에 이러한 생각을 수상인 오쿠마 시게노부大隈重信에게 보고해달라는 내용의 편지를 보냈다.[80] 오쿠마는 윤치호를 포함한 6인에 대한 은사는 내무성에서 신중하게 심의하여 내각에 회부할 것이며 내각에서도 가능한 한 빨리 심의해 상주할 방침이라고 데라우치에게 회답했다.[81]

진다 스테미로부터 특사에 관한 질문을 받은 가토 다카아키가 1915년 2월에 이 건에 관한 설명을 데라우치 마사타케에게 요청하자,[82] 데라우치는 6

인은 "진심으로 뉘우치고 있다"며 2월 13일에 특사를 내릴 생각이라고 보고했다.[83] 6인의 사면 소식을 가토로부터 전해 들은[84] 진다는 1912년 5월에 사건과 관련해서 자신과 만났던 상원의원 스미스와 미국 남감리교 교회 사무국장 핀슨W. W. Pinson, 브라운 등이 소속된 주요 기독교단체에 이 사실을 통고했고 감사하다는 회답을 받아 이를 본국에 보고했다.[85] 이에 사건은 미국 특히 미국인 선교사들에서 일단 결말을 짓게 되었다.[86]

백오인사건과 독립운동

105인사건과 이에 대한 미국의 움직임이 이상과 같이 전개되는 가운데, 주요한 한국의 독립운동가들은 이 시기에 어떠한 활동을 했는지 살펴보자.

우선 이승만은 앞서 말한 것처럼 프린스턴대학에서 박사학위를 받았고, 이후 1910년에 서울 YMCA로부터 한국인 총무직을 제안받아 일본의 한국병합 후인 1910년 10월 10일 약 6년 만에 서울로 돌아왔다. 귀국 후 그는 서울 YMCA의 한국인 총무와 학감으로서 전국을 돌아다니며 전도활동을 했는데, 이러한 가운데 사건이 발생했다. 이승만은 1911년 6월 서울로 돌아오기 전에 개성에 들러 윤치호가 설립한 한영서원을 방문하고 이곳에서 개최된 제2회 전국기독교학생 하령회夏令會에 참가했다. 그러나 윤치호가 사건의 주모자로 체포되고 조선총독부의 압력이 자신에게도 미치기 시작하자, 이듬해인 1912년 3월 26일에 미국 미네소타주 미니애폴리스에서 개최되는 감리교 4년총회에 조선대표로 참석한다는 구실로 일본으로 떠났다. 일본에서 이승만은 3월 30일부터 4월 5일까지 가마쿠라鎌倉에서 개최된 (한인)학생대회에 의장으로 참가하고 '학생복음회'를 발족시키는 등 여러 활동을 한 후, 4월 10일 감리교 동북아시아지역 총책임자였던 해리스와 함께 미국으로 떠나 5월 1일 개최된 감리교4년총회에 참석했다. 그 후 이승만은 조선 기독교회 특히 사건에서 체포된 자들을 구하기 위해, 자신이 프린스턴대학에서 공부할 때 총장을 지냈고 당시 프린스턴대학 소재지인 뉴저지주 주지사로 있으면서 가을의 대통령선거에서 민주당 후보로 출마할 예정이던 우드로 윌슨Woodrow Wilson에게 그의 차녀이자 자신과 친분이 있던 제시 윌슨Jessie Wilson을 통해 공작했지만 목적을 달성하지는 못했다. 또 윤치호가 특사를 받아 석방되고 난 뒤에 앞서 말한 것처럼 일본에 대한 자세를 바꾸었기 때문에 이승만과 윤치호의 관계는 악화되었다.[87]

조선총독부가 일망타진을 노리고 있던 비밀결사 신민회를 만든 안창호는 안중근의 이토 히로부미 암살과 관련이 있다고 의심받아 평양에서 구속된 후, 서울로 이송되어 용산 헌병대에 수감되었다. 석방 후 그는 1910년 3월에 개최된 신민회 긴급간부회의에서 채택한 최고구국전략인 독립투쟁론에 따라 외국에서 독립운동기지를 개척하고 무관학교를 설립하기 위해 국외로 망명했고, 이후 신민회는 양기탁 등 남은 간부들이 맡았다. 4월 14일 중국 배에 몸을 싣고 중국 산동성山東省 위해威海를 향해 출발한 안창호는 천진天津, 북경北京, 청도青島, 상해上海 등을 거쳐 8월에는 블라디보스토크Vladivostok로 들어가 시베리아 각지에서 독립운동을 위한 각종 활동(재러 조선인들과의 만남, 자선공제회 창립위원회 개최, 신문 발행을 위한 준비 등)을 했다. 그리고 이듬해인 1911년 5월부터 8월에 걸쳐 블라디보스토크에서 북만주, 치타Chita, 이르쿠츠크Irkutsk, 상트페테르부르크Sankt Peterburg, 베를린, 런던을 거쳐 이듬해 9월 뉴욕에 도착했다. 이후 안창호는 다시 재미 조선인들의 근거지였던 미국 서해안의 샌프란시스코로 가 흥사단을 설립했으며 재미 조선인단체로서 이미 존재하던 대한인국민회에서 다양한 활동을 했다.[88] 그러나 조선을 떠난 안창호가 이렇게 국외에서 활동하고 있을 때, 신민회 운영에 관해 뒷일을 맡겼던 양기탁 등이 105인사건의 주모자로 체포·구속되었기 때문에 신민회는 괴멸상태에 이르렀다.

여운형呂運亨은 1911년 목사가 되기 위해 모펫이 교장을 맡고 있던 평양에 있는 장로교 신학교에 입학했지만 105인사건이 진행되면서 그만뒀고, 1914

년에는 남경南京으로 망명했다.[89] 이후 1918년부터는 상해에서 독립운동을 전개했으나 1922년에는 볼셰비키 지배하의 모스크바로 들어갔다. 김규식은 1910년부터 1913년까지 서울 YMCA 학생부 담당 간사 겸 교사로 근무했으나 역시 사건의 파도가 자신에게도 덮치자 1913년 11월에 상해로 망명했다.[90] 이후 1919년에는 파리강화회의에 조선대표로서 독립 청원을 위해 파리에 갔고 1922년에는 모스크바에 갔다.

나중에 러시아령에서 전개된 한국독립운동의 중심 인물인 이동휘는 1910년 8월 3일에 체포되었지만 29일에 일본의 한국병합이 시행됨에 따라 석방되었다. 이후 1910년 말부터 이듬해 1월에 걸쳐 조선과 경계를 접한 만주의 북간도로 탈출했으며 그 후에는 간도와 시베리아에서 독립운동을 위한 각종 활동을 전개하여 사건과는 직접적인 관련을 맺지 않았다.[91] 한편 이동휘와 함께 신민회에 참여했고 1926년에는 대한민국임시정부의 최고지위인 국무령까지 지낸 김구金九는 황해도에서 전개된 신민회의 애국계몽운동의 중심지였던 안악에서 1910년 12월에 독립운동을 한 혐의로 안중근의 동생인 안명근安明根에 이어 체포되었다. 이후 사건이 전개되고 있던 중에는 서울에 있는 서대문감옥에 투옥되어 있었다.[92]

이처럼 105인사건은 이후에 한국독립운동을 전개하는 데 중요한 역할을 한 사람들의 행로에 적잖은 영향을 미쳤다.

제 3 장

민족자결주의 제창과 논쟁

민족자결주의 제창

1902년부터 1910년까지 프린스턴대학 총장을 지낸 윌슨Woodrow Wilson은 법학·정치학·역사학을 공부한 학자였다. 1911년 그는 프린스턴대학의 소재지이기도 한 뉴저지주 주지사로 취임하여 예비선거에서 당 후보 지명에 관한 법안, 독직瀆職행위규제법안, 요금 및 서비스에 관한 공익사업위원회설치법, 근로자재해보상법 등을 주의회에서 차례로 통과시켜 혁신지사로서 이름을 날렸다. 이후 1896년, 1900년, 1908년 세 차례에 걸쳐 대통령선거에서 패한 브라이언William J. Bryan을 대신해서 민주당의 대통령 후보로 추대되었다. 그리고 공화당 내에서 현직 대통령인 태프트William H. Taft와 혁신주의정책을 취하려는 루스벨트Theodore Roosevelt 사이에 균열이 생겨 결국 루스벨트가 공화당을 탈당하고 새로 혁신당을 결성하자, 윌슨은 1912년의 대통령선거에서 태프트와 루스벨트를 누르고 승리를 거뒀다.[1] 1913년 3월 대통령에 취임한 윌슨은 관세 인하·은행통화제도 개혁·기업규제 강화 등에 관한 입법을 시행하고 국내 정치에서 신자유New Freedom를 전개했다.[2]

윌슨 정권 1기째인 1914년 6월 28일, 오스트리아의 페르디난트Archduke Ferdinand 황태자와 그의 비가 사라예보에서 세르비아 청년에게 암살당하자, 이 사건을 계기로 7월 28일 제1차 세계대전이 발발했다. 윌슨은 대전이 발발하자 영국·프랑스·러시아 등이 포함된 협상 측과 독일·오스트리아 등이 포함된 동맹 측 사이에서 중립을 지키겠다고 선언하고 8월 18일 "행동에 있어서나 생각에 있어서나 중립을 지킬 것"을 국민에게 호소했다.[3] 루스벨트는 윌슨의 중립정책이 부적절하다며 비난하고 프랑스를 침공하기 위해 중립국 벨기에를 침략한 독일에 대해 강경한 조처를 취할 것을 주장했다.[4] 그러나 윌슨이 말하는 중립이란 엄정한 중립이 아니라 협상 측, 특히 영국에 대해 호의적인 중립이었으며 또 유럽의 분쟁으로부터 모든 관계를 끊는 소극적 중립이 아니라 국력상으로는 이미 세계 제일이 되어 있는 현실을 반영한 적극적 중립이었다.

윌슨과 개인 고문인 하우스Edward M. House 대령, 국무성 고문을 역임하고 엄정 중립을 주장하여 윌슨과 대립하다 사임한 브라이언을 대신하여 1915년 국무장관에 취임한 랜싱Robert Lansing은 모두 친영반독親英反獨적 태도를 견지하고 있었다. 그 배경에는 영국에 대한 문화적인 친근감과 잠재적 위협으로서의 독일(특히 전승 시)에 대한 불안이 있었다.[5] 미국은 영국·프랑스뿐만 아니라 독일·오스트리아와도 교역한다는 방침을 세우고는 있었지만, 해군력이 우세한 영국이 해상봉쇄를 했기 때문에 독일·오스트리아와의 교역은 급속히 줄어들었다. 더욱이 1917년까지 20억 달러 이상을 연합국에 융자로 제공하여 연합국을 배후에서 지지하는 모양새가 되었다.[6]

미국의 중립이 전쟁 수행에 장애가 된다고 느낀 독일은 1915년 2월 4일

'전쟁영역에 관한 선언'을 발표하고 잠수함전 개시를 선언했고, 이후 5월 7일 대서양 해상에서 영국 여객선 루시타니아Lusitania호를 경고도 없이 침몰시켜서 미국인 124명을 포함한 약 1,200명의 희생자를 냈다. 이에 윌슨이 세 번에 걸쳐 강경한 어조의 편지를 보내자 독일은 미국의 요구를 존중하겠다고 약속했다. 그러나 1916년 3월 2일 석세스Sussex호 침몰사건이 발생하자 미국과 독일의 관계는 다시 긴박해졌다. 이때 독일은 미국의 요구를 받아들여 잠수함전에서 순양함전으로 제한하고 인명을 구조한다고 약속하여 1915년부터 이듬해까지 미국과 독일 간의 위기는 일단 피할 수 있었다.[7]

그러나 전쟁이 점점 교착상태에 빠져들자 사태 타개를 위해 독일은 1917년 2월 1일 무제한 잠수함전의 개시를 결정했고(미국에는 전날 통고), 이로 인해 윌슨은 2월 2일 독일과 단교했다. 게다가 3월 1일에는 일본과 독일의 단독강화와 일본·독일·멕시코의 대미對美 삼국동맹 체결 내용이 담긴 치머만Arthur von Zimmermann(독일 외상)전보사건이 미국 내에 보도되자 윌슨은 독일에 선전포고를 했다.[8]

대전이 발발하자 연합국과 동맹국은 모두 전쟁 수행을 위해 자국 내의 피지배민족과 식민지로부터 총동원을 꾀했다. 영국과 프랑스는 인도와 아프리카에서 병력과 노동력 명목으로 사람들을 동원했고, 동맹국 측에 선 (국내에 많은 피지배민족을 안고 있는) 오스트리아-헝가리제국과 오스만투르크의 내부 붕괴를 촉진하기 위해 동유럽과 아라비아지역의 민족운동을 지원했다. 이리하여 열강은 피지배민족들에게 전쟁 협력에 대한 보상으로 전후의 지위 향상을 약속했다. 이탈리아는 영국·프랑스·러시아뿐만 아니라 독일·오스트리아와도 삼국동맹을 체결하고 있었으나 연합국이 더 큰 이익을 약속하자 도중에 태도를 바꾸어 1915년 5월에 연합국의 일원으로 참전했다. 더욱이 대전 발발 후에 유럽 각국이 유럽 전선에 쫓긴 틈을 타고 영국의 요청으로 참전한 일본은 1914년 8월 독일과 오스트리아에 선전포고하여 산동성山東省을 군사점령했고, 1915년 5월에는 대중국21개조요구를 제시했다.

이 시기 일본과 연합국 사이에는 전후의 상호 세력권을 약속한 각종 비밀협정이 합의되어 있었다(예컨대 1916년 5월의 사이크스-피코협정Sykes-Picot Agreement으로 영국은 트랜스요르단, 남팔레스타인, 아라비아에서의 세력권을, 프랑스는 시리아와 그 배후지역에서의 세력권을 보장받았다. 그리고 주일 영국대사 그린Conygham Green은 1917년 2월 16일 강화회의 때 산동성과 적도 이북의 독일령제도에서 갖고 있는 독일의 권익을 일본이 이어받는 것을 보증하는 편지를 외상 모토노 이치로本野一郎에게 보냈다[9]).

'아라비아의 로렌스'로 알려진, 영국인이자 아라비아지역 민족의 독립에 동정적이었던 로렌스Thomas E. Lawrence가 기록하고 있듯이,[10] 아랍인들은 연합국에 대한 협력의 대가로 전쟁이 끝난 후에 독립할 거라는 기대를 가졌다(그러나 아랍 민족운동을 지지하는 후세인-맥마흔협정Hussin-McMahon Agreement이 영국과 아랍 사이에 체결되는 한편, 영국과 프랑스는 앞서 언급한 사이크스-피코협정으로 이 지역에서의 상호 세력권 확립을 보장받았다. 게다가 1917년에는 팔레스타인지역에 유대인이 민족국가를 건설하는 것을 인정한 영국의 밸푸어선언Balfour Declaration으로 오늘날까지 계속되고 있는 아랍인과 유대인의 대립의 씨앗이 뿌려졌다). 오스트리아-헝가리제국 내의 체코인, 슬로베니아인, 폴란드인 등은 피지배민족들 중에서 상대적으로 유리한 처지에 있었다. 그러나 윌슨이 1917년 하우스에게 명령해 설립한 조직으로 각 분야의 수많은 전문가들이 강화회의를 위한 정보를 수집하고 분석했던 '조사기관The Inquiry'의 1917년 12월 22일자 각서에는 "우리들의 정책은 우선 (오스트리아-헝가리제국 내의) 피지배민족들의 불만을 부채질하는 데 초점을 맞춰야 하지만, 오스트리아-헝가리제국이 해체로 이어지는 불만이라는 극단적 논리의 수용만큼은 거부해야 된다"는 본심이 드러나 있었다.[11]

연합국 내부에서 피지배민족에 관해 이러한 약속과 협의가 이루어지는 가운데 1917년 3월 협상국 중의 하나인 러시아에서 혁명이 일어나 차르체제가 무너졌고,[12] 더욱이 11월에는 볼셰비키혁명이 일어나 레닌Vladimir I. Lenin

이 이끄는 볼셰비키당이 권력을 장악했다. 볼셰비키 정권은 제정러시아가 연합국 각국과 체결한 비밀협정을 발표하고 아울러 민족자결, 무배상·무합병 등의 원칙에 의거해서 연합국과 동맹국 양측에 강화를 호소했다.[13] 나아가 1917년 12월 15일에 독일과 휴전하고 22일에는 브레스트Brest·리토프스크Litovsk에서 독일과 강화교섭을 시작했다(결국 강화는 1918년 3월 3일에 성립되었다[14]). 이러한 볼셰비키의 움직임을 지켜본 연합국 내부에서 그때까지 민족주의에 심취해서 전쟁에 협력한 진보파는 물론 보수파 중에서도 전쟁목적에 대해 의문을 가진 사람들이 나오기 시작하자, 각국 정부는 외교상·내정상 이유에서 새로운 전쟁목적을 명확히 내세울 필요를 느꼈다.[15]

로이드조지David Lloyd George 영국 총리는 1918년 1월 5일 런던의 노동조합회의Trades Union Congress, TUC의 대회에서 영국 노동조합 지도자 헨더슨Arthur Henderson이 작성하고 노동당과 노동조합회의가 승인한 「전쟁목적에 관한 각서Memorandum on War Aim」에 따라(이 각서는 국제연맹과 국제적 분쟁을 중재하는 기구의 설립, 아프리카 식민지의 국제신탁통치, 경제문제 처리를 위한 국제활동 등을 요구했다) 민족자결 원칙에 의거한 식민지문제의 해결과 국제기구의 설립 등을 제안하는 연설을 했다.[16]

연합국 내부에서 이러한 움직임이 나타나는 가운데 윌슨은 어떠한 행동을 취했고 또 그 행동은 어떠한 전후 구상에 근거해서 이루어졌는지에 대해 살펴보자.

윌슨은 중립을 유지하면서도 독일에는 엄격한 자세로 임하는 한편, 영국과 프랑스를 경제적으로 지원하고 있었다. 이러한 가운데 미국의 개입으로 형성될 전후의 국제 정치체제로 다음과 같은 것을 상정했다.

전후의 국제 정치체제는 우선 모든 국민의 자유로운 정치발전을 확보해야 한다. 이를 위해 모든 국민의 자유로운 정치발전을 방해하는 군비증강과 동맹체제를 부정해야 한다. 이러한 비군사적 국제 정치체제를 실현하기 위해서는 자유주의적·민주주의적 국가가 구성하는 국제 정치체제가 되어야 한다.[17]

윌슨은 1916년 5월 27일 평화추진연맹The League to Enforce Peace이 주최한 만찬회에서 이러한 생각을 발표했다.[18]

> 우리들은 다음과 같은 사항을 기본적인 것이라고 믿습니다. 첫째, 모든 국민은 자신들의 주권을 선택할 권리를 가져야 합니다. …… 둘째, 세계의 약소국은 자신들의 주권과 영토보전에 관해 강대국이 기대하고 주장하고 있는 것과 동일한 권리를 누려야 합니다. 셋째, 세계는 국민과 국가가 가진 모든 권리에 대한 침해와 무시로 인해 생기는 세계평화의 파괴로부터 해방될 권리를 가져야 합니다. ……

이 연설에서 윌슨은 전후 국제 정치체제 원칙으로 민족자결과 국가평등을 들었지만, 이것들은 당면한 구체적인 정책이라기보다는 새로운 세계질서의 기본이념이었음을 엿볼 수 있다.[19]

윌슨이 이러한 자신의 구상을 한 걸음 더 진전시킨 형태가 1917년 1월 22일 상원에서 한 연설이다. '승리 없는 평화Peace without Victory'라고 불리는 이 연설에서 그는 승자가 자신의 주장을 패자에게 강요하는 상황에서는 승리가 곧 평화를 의미하지 않으며, 각 국가가 평등한 관계일 때 비로소 평화가 오래 지속될 수 있다고 주장했다. 이 밖에 항해의 자유와 해군군축의 실현 그리고 미국과 각국이 협력하여 국제기구를 만들자고 호소했다.[20]

> 무릇 평화가 입각해야 하는 국가 간의 평등이라는 것은 권리의 평등이어야 하고 국가 간에 교환되는 보장이라는 것은 대국과 소국, 강국과 약국 간의 차이를 인정해서는 안 되고 의미해서도 안 됩니다. …… 정부는 그 권한을 피통치자의 동의로부터 얻기 때문에 국민을 재산처럼 한 국가에서 또 다른 국가로 인도할 권리는 어디에도 존재하지 않는다는 원칙을 인정하지 않고 받아들이지도 않는 평화는 오래 지속될 수 없고 또 오래 지속되어서도 안 됩니다. …… 어떠한 국가도 다른 국가 또는 국민에 대해 자신들의 정체政體를 확장하려고 추구해서는 안 되고, 강대국과 약소국 국민 모두 누구의 방해도 받지 않고 누구로부터도 위협받지 않고 무엇도 두려워하지 않고 자신들의 정체와 자신들의 발전방법을 자유로이 결정할 수 있어야 합니다. …… 나는 피치자의 동의에 의한 통치를 제안합니다. ……

이 연설에서 윌슨은 특히 18세기 후반 러시아·프로이센·오스트리아가 세 개로 분할한 폴란드에 통일·독립·자치를 부여해야 하고, 아울러 자기 의사에 반한 정체政體하에서 생활해온 모든 국민에게 생존·존경·흥업興業·사회 발전이라는 결코 침해할 수 없는 안전보장이 이루어져야 한다고 주장했다.[21]

'승리 없는 평화' 연설은 동맹국도 대상으로 삼았지만 결국 독일의 잠수함전 재개로 인해 윌슨은 1917년 4월 6일 독일에 선전포고를 했다. 이에 앞서 4월 2일 윌슨은 대독 선전포고를 요구한 상·하원 합동회의에서 한 연설에서 미국의 목적은 전제국가에 대해 세계평화와 정의를 주장하는 것이며, 자유롭게 훌륭한 자치를 시행하고 있는 모든 민족들 사이에서 세계평화와 정의를 보장하려는 생각과 행동의 일치를 꾀하는 것이라고 했다.[22]

1917년 3월에 혁명이 일어나 연합국 중에서 전제체제를 취하고 있던 러시아의 차르체제가 붕괴되자, 윌슨은 스스로 밝힌 참전 목적과 모순되던 전제러시아라는 존재에서 해방되었다. 루스벨트 정권에서 국무장관을 지낸 루트Elihu Root가 이끄는 러시아 특별파견단이 러시아 임시정부 앞으로 전달한 5월 27일자 윌슨의 메시지에서도 미국은 전제독일과 싸우고 있으며 스스로의 자유를 위해 투쟁하고 있는 러시아 국민에게 미국 국민은 깊은 우정을 느끼고 있으니 공통의 목적 달성을 위해 협력하자고 호소했다.[23]

그러나 윌슨의 러시아에 대한 기대는 11월에 볼셰비키가 임시정부를 무너뜨리고 권력을 장악하자 완전히 배반당했다. 볼셰비키는 1917년 11월 8일 「평화에 관한 포고」를 냈는데, 그중에서 즉시휴전, 민족자결, 무배상·무병합에 따른 평화 확립을 처음으로 "모든 교전국의 인민"에게, 이어서 "그 정부"에 호소했다. 이 「평화에 관한 포고」에 대해서 "말투로 보나 발상으로 보나 마르크스주의적이라기보다는 훨씬 윌슨적이며, 『공산당선언』의 먼 후계자로 간주되지 않은 것이 다행이었다"는 견해도 있다. 하지만 포고의 배경에는 서구 프롤레타리아 계급을 선동하여 볼셰비키 같은 혁명정부의 권력 장악에 평화문제를 이용하려는 볼셰비키의 의도가 있었음이 분명했다.[24] 그래서 윌슨은 볼셰비키의 목표를 저지하면서 아울러 연합국 내에서 진보파의 전쟁 협조를 확보하고, 자신의 국제적 지도력을 향상시켜 비밀협정으로 전승 후의 이익 분배를 노리는 다른 연합국을 견제하고, 적국 내의 민주세력과 피지배민족에게 호소하고, 러시아의 전선 이탈 저지 등을 위한 방책을 취하지 않으면 안 되었다.[25]

유럽연합국과 협의하기 위해 미국과 유럽을 왕복하던 하우스는 전쟁목적 개정에 소극적이던 영국과 프랑스의 지도층에 대해 비판적이었다. 그래서 1917년 12월 18일 윌슨과 하우스는 백악관에서 만나 이 자리에서 전쟁목적에 관해 중요한 연설을 하기로 결정했다. 하우스가 조사기관에 연설을 기초하는 데 도움이 될 정보의 수집을 요청하자, 조사기관의 중심 인물이었던 리프만Walter Lippmann · 밀러David H. Miller · 메지스Sydney R. Mezes는 12월 22일 개개의 영토문제와 전반적인 강화원칙, 전쟁목적을 둘러싼 정치문제를 광범위하게 다룬 「현재의 상황—그것이 시사하는 전쟁목적과 강화조건」이라는 각서를 완성했다. 이 각서는 1918년 1월 4일 하우스가 윌슨에게 제출했다.[26]

윌슨은 하우스와 협의해서 연설 초고를 작성했는데, 1918년 1월 5일에 앞서 언급했듯이 로이드조지 영국 총리가 전쟁목적에 관한 연설을 하자, 연설을 그만둘 것을 고려했다. 그러나 윌슨은 로이드조지의 연설을 유럽연합국이 자유주의적인 방향으로 향하는 환영할 만한 첫걸음이라고 생각했고 또 하우스의 강한 권유도 있어 연설을 예정대로 의회에서 하기로 결정했다.[27] 1918년 1월 8일 윌슨은 상·하원 합동회의에서 한 연설에서 세계평화를 위해 유일하게 취할 수 있는 방책은 다음 14개 조항의 실현에 있다고 했다.[28]

1. 평화조약은 공개적으로 체결하고 공포한다. 이후 어떠한 종류의 국가 간 비밀협약도 없어야 하며, 외교는 항상 공명公明하고 일반 사람들이 주목하는 데서 이루어져야 한다.
2. 영해 밖에서의 항해는 평시나 전시를 막론하고 절대적으로 자유로워야 한다. 단, 국제협약을 실시하기 위한 국제적 행동으로 인해 해양의 전부 또는 일부가

폐쇄되는 경우는 제외한다.

3. 평화에 동의하고 그것을 유지하기 위해 연합한 국가 간에는 가능한 한 모든 경제적 장벽을 제거하고 균등한 통상조건을 확립한다.
4. 국내의 안전에 적합한 최소한으로 국가 군비를 제한하기 위해 각국 간에 적당한 보장을 교환한다.
5. 모든 주권문제를 결정함에 있어서 당해 식민지 주민의 이해는 권리관계를 가지고 있는 정부의 정당한 요구와 동등한 비중을 가져야 한다는 원칙을 엄격히 준수하는 기초 위에서, 모든 식민지의 요구를 자유롭고도 공정하게 조정한다.
6. 러시아의 모든 영토에서 철군한다. 그리고 러시아가 자신들의 정치발전과 국내정책을 독자적으로 결정하는 데 제약과 방해를 받지 않을 기회를 획득함에 있어서 세계 각국의 자유로운 협력을 확보한다. 러시아가 자신들이 선택한 제도하에서 자유 국민에 의해 조직된 국제단체에 가맹하는 것을 진심으로 환영하고, 러시아가 필요로 하는 모든 종류의 원조를 제공할 것을 보장할 수 있도록 러시아에 영향을 미치는 모든 문제를 해결한다. 앞으로 수개월 동안에 우방국들이 러시아에 제공하는 대우는 우방국의 선의와 우방국 자신들의 이익과 구별되는 러시아의 요구에 대한 이해 그리고 우방국의 총명하고도 이기적이지 않은 동정에 대한 엄격한 시험이 될 것이다.
7. 벨기에가 다른 모든 자유국가들과 마찬가지로 누리고 있는 주권을 제한하려는 어떠한 시도도 하지 않고 벨기에에서 철군해야 한다는 점에 대해 전 세계가 동의할 것이다. 각국이 스스로 제정하고 각국 정부의 상호 관계를 위해 결정한 법률에 대한 신뢰를 회복하는 데는 다른 어떠한 행위도 이만큼 유용하지는 않을 것이다. 이러한 치유적 행위가 없다면 국제법의 전체 구조와 효력은 영구히 훼손될 것이다.
8. 프랑스의 모든 영토는 해방되고 침략당한 지역은 수복되며 알자스-로렌Alsace-Lorraine과 관련하여 1871년에 프로이센이 프랑스에게 행한 부당한 조치는 약 50년 동안 세계평화를 동요시켰기 때문에 모두의 이익과 다시 평화를 확보하기 위해 시정되어야 한다.
9. 이탈리아 국경의 재조정은 명확하게 인정할 수 있는 민족 구분에 따라 실시되어야 한다.
10. 우리는 국제적으로 오스트리아-헝가리제국 내에 있는 민족들의 지위가 보호되기를 바라며, 각 민족에게는 자치를 위한 가장 자유로운 기회가 부여되어야

한다.

11. 루마니아·세르비아·몬테네그로에서 철군하고 점령지역은 수복되어야 한다. 세르비아에는 바다로 진출할 수 있는 자유롭고도 안전한 출입구가 주어져야 하고, 발칸 각국의 상호 관계는 역사적으로 확립된 귀속적·민족적 구분에 따라 우호적인 협의를 통해 결정되어야 한다. 그리고 발칸 각국의 정치적·경제적 독립과 영토보전에 대한 국제적인 보장이 이루어져야 한다.
12. 현재 오스만투르크제국 내에서 투르크인이 거주하는 지역에는 확고한 주권이 보장되어야 하지만, 현재 투르크의 지배하에 있는 다른 민족들에게는 확실한 안전보장과 절대 방해받지 않는 자치 기회가 보장되어야 한다. 그리고 다르다넬스Dardanelles해협은 국제적 보장하에 모든 국가의 선박 및 통상을 위한 자유 통로로서 영구히 개방되어야 한다.
13. 독립된 폴란드 국가가 수립되어야 하고 독립된 폴란드 국가는 명백히 폴란드인들이 거주하는 지역을 포함해야 한다. 또한 해양으로의 자유롭고 안전한 출입구가 보장되어야 하고 정치적·경제적 독립과 영토보전도 국제규약에 의해 보장되어야 한다.
14. 대국이든 소국이든 동등하게 정치적 독립과 영토보전을 상호 간에 보장하기 위한 특별한 규약하에 모든 국가가 가입하는 일반 단체가 조직되어야 한다.

이러한 윌슨의 제의를 '14개조Fourteen Points'라고 부른다. 이 중 제1조부터 제5조 그리고 제14조는 윌슨의 새로운 국제 정치질서를 구상하는 데 필요한 요소며, 제6조부터 제13조까지는 유럽에서 발생할 수 있는 구체적인 모든 문제를 해결하기 위한 제안이다. 여기서 가장 주목해야 하는 조항은 식민지문제의 공평한 해결을 제안한 제5조다. 이 조항에서 윌슨이 민족자결주의를 제의했다는 해석이 꽤 널리 알려져 있다.[29] 하지만 여기에서 "식민지 주민의 이해"는 "권리관계를 가지고 있는 정부(즉 식민국)이 정당한 요구와 동등한 비중을 가져야 한다"고 명기되어 있지만 그 이상의 비중을 가져야 한다고는 적혀 있지 않다. 따라서 이를 전제로 한다면 "모든 식민지의 요구를 자유롭고도 공정하게 조정한다"는 것이 민족자결의 요소를 포함하고 있음은 분명하나, 윌슨은 "권리관계를 가지고 있는 정부의 정당한 요구"를 무시하는 자세로 "모든 식민지의 요구를 자유롭고도 공정하게 조정한다"는 것이 식민지의 즉시독립으로 직결된다고는 상정하고 있지 않았다. 따라서 '윌슨이 제5조에서 민족자결주의를 제창했다'는 종래 널리 알려진 해석은 재검토할 필요가 있다.

14개조와 민족자결주의와의 관계에는 이 밖에도 주목해야 할 점이 있다. 우선 14개조 중에서 주권회복 또는 정치적 독립을 해야 한다고 명확하게 밝혀놓은 조항이 대전 중 독일의 점령하에 있던 벨기에에 관한 제7조, 루마니아·세르비아·몬테네그로에 관한 제11조 그리고 폴란드에 관한 제13조인데 반해, 오스트리아-헝가리제국 내의 모든 민족에 관한 제10조와 오스만 투르크제국 내의 투르크인 이외의 모든 민족에 관한 제12조에서는 이들 모든 민족의 (주권회복 또는 정치적 독립이 아닌) 자치 기회가 보장되어야 한다고 주장하고 있는 점이 주목된다.[30] 그리고 제6조부터 제13조까지의 모든 항목에서 구체적 대상 지역이 유럽에 한정되어 있으며(단 제12조는 아라비아지역도 대상으로 삼고 있다고 생각된다), 아프리카와 (조선이 위치한) 아시아지역은 전혀 다루고 있지 않은 점이 주목된다.

이처럼 14개조 중 제6조부터 제13조까지는 문제의 중요도에 따라 그 '대우'에 차등을 두었고, 제5조에서는 "모든 식민지의 요구를 자유롭고도 공정하게 조정한다"고 명기했지만 "권리관계를 가지고 있는 정부의 정당한 요구"가 식민지의 이해와 동등한 비중을 가진다고 했다. 조선에 대한 일본의 '정당한 요구'란 (일본의 한국 보호국화에서 병합까지의 과정에서도 분명히 드러나듯이) 일본의 조선통치를 의미한다고 국제사회, 특히 미국이 간주해온 점 등을 고려하면 14개조가 조선에게 유리하게 적용될 가능성은 처음부터 낮았다는 것을 쉽게 상상할 수 있다.

윌슨이 전 세계의 약소민족에게도 민족자결을 약속했다는 인상을 당시 주었던(현재도 주고 있는) 14개조는 이러한 배경하에 제안된 것이다.

민족자결주의 해석을 둘러싼 논쟁

윌슨의 14개조에 대한 독일과 오스트리아의 회답이 1918년 1월 24일에 나왔다. 그중에서 윌슨은 특히 독일의 회답이 애매하고 혼란을 불러일으키기 쉽다는 인상을 받았다. 그래서 2월 11일 독일과 오스트리아의 회답에 대한 대응을 주제로 의회에서 연설을 했다.[31]

> 각 민족은 국제회의 혹은 경쟁국과 적대국 간의 양해에 따라 한 국가에서 다른 국가로 인도되는 일은 없습니다. 민족이 열망하는 바는 존중되어야 합니다. 지금이야말로 각 민족은 자신들의 동의에 의해서만 지배·통치될 수 있습니다. 민족자결이란 단순한 빈말이 아닙니다. 이는 행동을 할 경우에는 반드시 취해야 할 불가피한 원칙이며, 정치가가 이 원칙을 무시한다면 위험이 덮칠 것입니다. 우리들은 무상으로 혹은 평화회의의 단순한 결정으로 보편적인 평화를 손에 넣을 수는 없습니다. 보편적인 평화는 강대국 간의 개별적인 양해로 서로 지속하려 해서는 구축될 수 없습니다. …… 이번 전쟁은 자신의 생존을 스스로 결정하고 싶다는 주장을 관철할 만한 힘이 결여된 약소국과 민족의 권리를 무시한 데에 근본적인 원인이 있습니다. …… 결국 각국 정부가 이러한 견해하에 전진하는 것이 가능한지 여부를 시험해보는 방법은 단순하고 명쾌합니다. 적용되어야 할 원칙은 다음과 같습니다.
>
> 1. 각 문제의 최종적인 해결은 개별 사례의 근원적 타당성에 기초해야 할 뿐 아니라, 항구적 평화를 가져올 수 있는 조정에 의거해야 한다.
> 2. 각 민족과 영토는 설사 세력균형의 대전쟁이라 하더라도 마치 게임 중의 단순한 동산이나 담보처럼 한 국가에서 다른 국가로 인도될 수는 없다. 그러한 전쟁은 이제는 영구히 신용을 잃어버렸다.
> 3. 이번 전쟁에 관한 모든 영토문제의 해결은 당해 거주민의 이해를 고려해야 하고, 경쟁국 간의 여러 가지 주장에 관한 단순한 조정 혹은 타협의 일부로 삼아서는 안 된다.
> 4. 명백한 모든 국민의 바람은, 조만간 유럽의 평화를 깨뜨리고 그 결과 세계평화를 깨뜨릴 우려가 있는 불화·적의의 새로운 요소를 끌어들이거나 낡은 요소를 영속화시키는 일 없이, 최대한 충족될 것이다.

민족자결National Self-Determination을 정면으로 내세운 점에서도 분명히 알 수 있듯이 14개조와 비교하여 윌슨은 민족자결주의 적용에 따른 항구 평화의 실현에 한층 의욕을 보였다.

이후 유럽의 전선에서 전쟁 상황이 마침내 정점에 이르는 가운데, 윌슨은 1919년 7월 4일 마운트 버넌Mount Vernon에서 행한 독립기념일 연설에서 네 가지 제안을 했다. 그중 두 번째 조항이 다음과 같다.[32]

> 2. 영토문제든 주권문제든 경제상의 결정문제든 정치적 관계문제든 모든 문제의 해결은 직접적 이해관계를 가지고 있는 민족이 그 해결을 자유로이 수용할 수 있는 상황 속에서 이루어져야 하며, 스스로의 대외적 영향력 또는 지배를 위해 해결을 바랄지도 모르는 다른 국가 혹은 민족의 물질적 이익에 입각해 이루어져서는 안 된다.

지금까지 미국이 제1차 세계대전에 참전하기 전부터 휴전에 이르기까지 윌슨이 행한 중요한 연설을 살펴보았다. 윌슨은 표현의 강약은 있으나 민족자결주의에 의거하여 식민지를 포함한 약소민족의 요구에 대해 공평한 조치를 취하는 것이 항구적인 세계평화에 꼭 필요하다고 강조했다. 14개조에서는 폴란드에 독립을 부여해야 한다고 분명하게 밝혔지만, 그의 연설 대부분은 (숭고하다는 인상을 주기는 했지만) 시종일관 추상적이고 애매한 표현으로 이루어진 경향이 있다. 그러나 윌슨은(14개조 중 제5조를 보면 알 수 있듯이) 식민지를 포함한 약소민족에게 민족자결주의를 적용하는 것을 유럽에 한정한다거나 어느 지역을 제외한다는 말은 하지 않고, 일반 원칙 또는 피지배민족에 대한 원조에 관해 거듭 말함으로써 세계 각 민족에 대한 호소와 미국의 동정심을 드러내는 효과를 노렸다고 해석할 수 있다.[33]

이러한 과정 속에서 주창한 것이 민족자결주의인데, 민족자결주의는 제1차 세계대전 중에 처음 나타난 것은 아니었다. 1776년 7월 4일에 발표한 미국독립선언에는 다음과 같은 내용이 있었다.[34]

우리는 다음과 같은 것을 자명한 진리라고 생각한다. 모든 사람은 평등하게 태어났고 조물주로부터 몇 개의 양도할 수 없는 권리를 부여받았으며, 그 권리 중에는 생명과 자유와 행복의 추구가 있다. 이 권리를 확보하기 위하여 인류는 정부를 조직했고 이 정부의 정당한 권력은 인민의 동의로부터 유래한다. 또 어떠한 형태의 정부이든 이러한 목적을 파괴할 때에는 언제든지 정부를 변혁 내지 폐지하여 …… 새로운 정부를 조직하는 것은 인민의 권리인 것이다. …… 오랫동안에 걸친 학대와 착취가 …… 인민을 절대 전제정치 밑에 예속시키려는 계획을 분명히 했을 때에는, 이와 같은 정부를 타도하고 미래의 안전을 위해서 새로운 보호자를 마련하는 것은 그들의 권리며 또한 의무인 것이다.

더욱이 1892년의 민주당과 공화당의 정강에도 다음과 같은 내용이 실려 있었다.[35]

민주당 정강 : 피지배민족에 대한 동정

제11절 우리나라는 각국에서 압제를 받는 자가 그 양심 때문에 망명할 때 항상 피난처가 되어왔다. 우리들은 우리 건국자들의 정신에 따라 러시아정부가 루터교도들과 유대인에게 가하는 압제를 규탄한다. 또한 우리 정부에게 정의와 인도주의를 위해 정확하고도 적절한 수단을 통하여 러시아 황제의 영토 내에서 일어나는 잔인한 행위를 저지하고, 이들 압제받는 사람들에게 평등한 권리를 부여하는 신속하고도 유효한 조처를 강구하라고 건의할 것이다.

우리들은 아일랜드의 자치와 지방자치제의 실시라는 위대한 목적을 위해 분투하고 있는 자유를 사랑하는 인민에 대해 심심하고도 열렬한 지지를 보내는 바이다.

공화당 정강 : 피압제자의 옹호

공화당은 항상 압제받는 민족의 옹호자며, 신앙·피부색·국적 여하를 불문하고 인간이 누려야 할 권리를 인정한다. 아일랜드에서 자치를 실시하자는 주장에 공감하며, 러시아에서 행해지는 유대인에 대한 박해에 항의한다.

이상에서도 분명히 드러나듯이 민족자결주의는 미국의 건국정신을 이어받은 것으로, 제1차 세계대전을 계기로 윌슨이 적극적으로 제창한 것이다. 그런데 여기에서는 윌슨의 많은 연설에서 나타난 민족자결에 대한 추상적 표현과는 별도로 이에 대한 그의 구체적인 발언과 행동을 검토해볼 필요가 있다.

우선 구체적인 예로 들 수 있는 것이 1898년에 발발한 미국-에스파냐전쟁 후에 미국이 영유한, 1905년의 가쓰라-태프트협정에서 일본은 침략 의도를 가지고 있지 않다는 확약을 받은 필리핀에 대한 윌슨의 생각이다. 윌슨은 1901년, 1903년, 1908년 세 번에 걸쳐 미국이 필리핀을 일정 기간 지도한 뒤에 필리핀이 충분한 능력을 갖추었다고 판단되면 자치권을 부여하겠다고 시사했다. 여기에서 명확하게 나타나듯이 윌슨은 유럽지역 이외의 식민지에서는 일정 기간 지도를 하고 그 후 완전독립이 아닌 자치권을 부여한다는 형태로 민족자결주의 적용을 구상했던 것으로 보인다.[36]

다음으로 들 수 있는 것이 14개조 중 제10조에서 언급한 오스트리아-헝가리제국 내의 피지배민족인 체코와 슬로바키아 민족에 대한 윌슨의 생각이다. 윌슨은 14개조에서 폴란드에는 정치적 독립을 부여해야 한다고 주장했지만, 오스트리아-헝가리제국 내의 피지배민족에 대해서는 자치권 부여를 주장하는 데 그쳤다. 1917년 3월의 러시아혁명과 4월의 미국 참전에 자극을 받은 체코인과 슬로바키아인은 완전독립을 목표로 미국의 힘을 이용하려 했다.[37] 체코슬로바키아 독립의 중추적 인물인 마사리크Tomáš G. Masaryk는 1917년 5월부터 이듬해 3월까지 혁명으로 동요된 러시아에 머물며 연합국 측에서서 체코군 4만 명을 지휘했다. 그러나 볼셰비키혁명이 발생하고 1918년 3월의 브레스트-리토프스크조약Treaties of Brest-Litovsk에 따른 독일과 볼셰비키 간의 강화가 성립됨에 따라 체코군의 입장이 미묘해졌다. 러시아를 탈출한 마사리크는 1918년 4월 10일 도쿄에서 러시아 정세에 관한 각서를 윌슨에게 보내, 볼셰비키 정권에 대한 사실상de facto 승인의 필요성과 독일·오스트리아의 견제역으로서의 러시아의 중요성, 프랑스와의 협정에 따라 체코군이 이동을 개시한 것 등을 설명했는데, 이 각서는 미군의 시베리아출병이라는 방향으로 윌슨을 움직였다.[38] 윌슨은 당초 오스트리아-헝가리제국의 해체는 고려하고 있지 않았지만 러시아의 전선 이탈과 1918년 5월 28일 체코군과 볼셰비키군의 무력충돌 등이 발생함에 따라 생각을 바꾸었다. 윌슨은 6월 1일 마사리크와 회견한 후, 9월 2일에 체코슬로바키아 국민은 문명국의 규칙과 관습을 따르고 있으며 체코와 독일·오스트리아 간에 전쟁상태가 존재하기 때문에, 마사리크가 창설한 파리에 본부를 둔 체코슬로바키아 국민회의를 사실상의 교전국 정부로 승인하고 정식으로 국교를 맺을 용의가 있다고 선언하라고 랜싱에게 지시했다.[39]

즉 민족자결주의라고는 해도 윌슨은 모든 피지배민족이 독립하는 형태를 상정한 것이 아니었다. 어떤 피지배민족이 자치능력을 지닌 문명민족으로 간주되고 나아가 그들의 독립이 세계평화와 미국에도 이롭다고 판단될 때에만 완전독립을 승인하는 형태로 민족자결주의를 피지배민족에 적용할 가능성이 있다고 말한 것이다. 이러한 기준에서 판단하면 조선이 아무것도 하지 않고 (완전독립이든 자치든) 민족자결주의의 적용을 받을 가능성은 전혀 없었다. 만약 조선이 민족자결주의의 적용을 바란다면, 조선인은 문명국의 국민이며 조선의 독립은 세계평화에도 미국의 이익에도 이롭다는 것을 전 세계에 알리는 행동을 취하지 않으면 안 되었다.

강화회의를 위한 모든 문제를 조사·분석하는 역할을 담당하고 있던 조사기관은 조선문제를 어떻게 취급하고 있었는가?

조사기관은 세계 각 지역의 모든 문제와 더불어 아시아문제의 조사·분석에도 착수했다. 이를 위해서는 국무성 극동부의 협력이 필요했지만, 조사기관의 작업이 자신들의 영역을 침범하고 있다고 느낀 극동부는 조사기관의 요청에 호의적이지 않았다. 극동부 내의 중진이자 중국문제 전문가이기도 한 혼벡Stanley K. Hornbeck이 조사기관의 작업에 참여한 1918년 가을까지 이러한 상태는 계속되었지만, 그럼에도 불구하고 극동에 관한 보고가 몇 가지 이루어졌다.[40] 물론 극동 이외의 보고에서도 조선문제를 보는 데 빠뜨릴 수 없는 보고가 있었으므로 함께 검토해보자.

조사기관은 1917년 11월 다루어야 할 의제에 관한 초안을 작성했다. 그중에는 "억압 · 학대를 받고 있는 모든 후진민족"이라는 항목이 있었는데, 여기에서는 폴란드인, 보헤미아인, 유고슬라비아인과 아프리카지역만을 대상으로 삼는 데 그쳤다.[41] 이어서 조사기관은 12월 22일 「현재의 상황—그것이 시사하는 전쟁목적과 강화조건」이라는 각서를 작성했다. 여기에서도 대상 지역은 유럽에 한정되었고 극동에 관한 언급은 없었다. 그 후 조사기관은 1918년 3월 20일자 보고서에서 일본에 관해 언급했지만, 여전히 관심은 정책과 정당, 동아시아 · 태평양에서의 이해, 이민문제에 한정되어 있었다.[42] 4월 1일자 「강화회의에 관한 각서」라는 보고서에서 민족자결이 적용돼야 하는 군사점령하의 지역에 관한 사안을 문제 삼았지만, 그중에서 독일 동부 국경에 접한 지역이 가장 중요하다고 언급하는 데 그쳤다.[43] 또한 작성 일시는 확실치 않지만 식민지문제 전문가인 비어George L. Beer가 「식민지문제」라는 보고서를 작성했는데, 여기에서도 대상 지역은 아프리카와 태평양제도 등 독일의 식민지였던 지역으로 한정되었다.[44]

그러나 1918년에 들어 전쟁 종결이 임박했다고 예상되자 조사기관은 점차 극동에 관한 보고서를 제출했다. 일본에 오랫동안 머물러 일본어에도 능통했던 동물학자 애벗James Abbott은 1918년 1월 15일 「일본의 인구 · 산업 발전에 관한 예비보고서」라는 문서를 작성했다. 여기서 애벗은 일본에서 산업발전이 진행됨에 따라 원자재 공급지와 상품시장으로서 더욱 중국에 의존하고 있는데 이러한 상황으로 인해 장차 유럽과 직접적 이해충돌이 일어날 가능성이 있으며, 일본이 중요한 철 생산국이 된다면 미국의 강력한 경쟁상대가 될 수 있다고 주장했다.[45] 그 후 애벗은 휴전이 성립한 직후인 1918년 11월 25일 「일본에서의 사회불안—제국주의를 중심으로」라는 보고서를 작성했다. 일본에서 사회불안을 불러일으키는 여러 요소 중 하나로 조선인 노동자를 문제 삼은 애벗은, 임금이 싸서 괜찮다는 이유로 대량의 조선인 노동자들이 미숙련 노동자로 일본에 들어오고 있지만 어쩔 수 없이 저임금(노동)을 받고 있는 그들이 앞으로 일본인과 심각한 대립을 일으킬 가능성이 있다고 주장했다.[46] 이 보고서는 전체적으로 일본에 대해 비호의적인데, 거기에는 혼벡이 이 무렵 조사기관 작업에 참여하기 시작한 영향이 나타난 것으로 추측된다. 중국문제 전문가인 혼벡이 일본의 중국정책을 보고 일본에 대해 엄중한 태도를 취한 사실은 잘 알려져 있다. 혼벡은 「일본의 팽창에 관한 보고서」라는 연표 형식의 짧은 보고서도 작성했는데(작성 일시는 분명하지 않음), 여기서 일본이 메이지시대 초기부터 오가사와라제도小笠原諸島, 류큐琉球, 타이완, 펑후제도澎湖諸島, 미나미 사할린南樺太 그리고 한국을 차례로 자국에 편입했으며, 제1차 세계대전 후에도 독일령 남양제도와 산동성을 점령하여 중국에 21개조요구를 들이댔다고 보고했다.[47]

그러나 이처럼 일본에 대해 엄격한 시각을 취한 보고서 말고 시각이 전혀 다른 것들도 제출되었다. 볼셰비키가 권력을 장악하고 이에 대응한 시베리아출병이 이루어지기 직전인 1918년 7월 16일, 조사기관은 「조선문제를 중심으로 한 러시아의 대일관계」라는 보고서를 제출했다. 이 보고서는 메이지시대 초기 이래 조선을 둘러싼 청·일본·러시아의 관계와 조선의 역사·지리·통신·농어업·상업 등에 대해 설명했는데, 다루고 있는 시기는 1904년 2월의 러일전쟁 발발 전까지였다.[48] 이러한 보고서가 왜 이 시기에 작성되었는지는 이것을 읽는 것만으로는 확실하지 않다. 다만 일본이 메이지시대에 조선문제로 청과 러시아와 분규를 일으킨 사실을 보고함으로써, 러시아가 제정에서 볼셰비키로 권력 이양이 이루어졌지만 일본 통치하에 놓이는 형태로 '해결'을 본 조선문제가 다시 국제적 문제가 될 가능성은 없다는 것을 보이려 했다고 해석할 수 있다. 조사기관은 또한 「만주에서의 일본의 주장」을 작성했는데, 여기에서는 만주라는 미개척지역에서 위임통치Mandate를 실시할 수 있는 국가는 일본뿐이며, 인구밀도가 높고 국토가 좁은 일본의 대외팽창에 대해 문호개방을 만주에서 엄격히 적용한다면 일본은 캘리포니아에서 억지로 문을 비집어 열려고 할지도 모른다고 했다.[49] 이러한 관점은 1917년 9월 10일 랜싱이 "나는 일본에서 나타나고 있는 인구 압력과 공업 팽창의 필요성에 관한 사태를 이해하고 있으며, 일본의 조선 점거와 만주 침투는 주로 이러한 어쩔 수 없는 필요 때문이라고 믿는다"고 주미대사 이시이 기쿠지로石井菊次郎에게 한 발언과[50] 일치한다. 이러한 점에서 판단하면 만주에서 일본이 차지한 지위에 대해 어느 정도 이해를 보이는 입장에서는 일본의 의도에 반하면서까지 조선의 독립을 지지하는 것은 절대로 있을 수 없다는 상황으로 이어진다.

조사기관의 보고서에 관해 랜싱과 혼벡은 의견 대립을 보였는데, 실제로 혼벡은 미국의 카리브Caribbean지역으로의 팽창과 동아시아에서 일본의 팽창을 동일시하는 경향이 있는 랜싱에게 격렬한 반박을 가했다.[51] 그러나 혼벡이 반박을 가한 것은 중국과 만주 문제에 관해서였고 조선에서 차지하고 있는 일본의 지위 변경을 요구하는 데까지는 이르지 않았다. 또한 조사기관은 대체로 유럽문제에 비하면 아시아문제에 대한 준비는 갖추고 있지 않았으며,[52] 그중에서 일본의 일부로 간주되던 조선에 대한 관심이 지극히 적었던 것은 자연스럽다. 그러한 상황이 윌슨 정권에서 시행된 미국의 조선정책에 그대로 반영된 것 또한 자연스러운 현상이다.

1914년 7월에 발발한 제1차 세계대전은 1918년에도 계속되었지만, 전쟁 상황은 8월 8일 솜Somme전투 이후 연합국에 결정적으로 유리하게 기울었다. 9월 25일에는 불가리아가 연합국에 휴전을 요청했고, 이어서 자국 내 피지배민족의 봉기 등으로 인해 자멸하고 있던 오스만투르크와 오스트리아-헝가리제국이 각각 10월 30일과 11월 3일에 연합국과 휴전하여 사실상 항복했다. 독일에서도 10월 28일 킬Kiel 군항에서 일어난 수병반란을 계기로 혁명의 불길에 휩싸여 독일 황제 빌헬름 2세Wilhelm II가 11월 10일 네덜란드로 망명했다. 다음 날 프랑스의 콩피에뉴Compiègne 숲 속의 휴전광장에서 독일 대표 에르츠베르거Matthias Erzberger가 휴전조약에 조인함으로써 제1차 세계대전은 종결되었다.[53]

연합국의 승리로 제1차 세계대전은 1918년 11월에 종결되었지만, 하우스는 연합국의 승리를 목전에 둔 이해 10월 14개조가 전쟁 종결 후의 강화회의에서 기초가 될 수 있는지 여부를 영국과 협의하기 위해 파리에 머물렀다. 영국대표와 협의한 후 14개조의 막연한 내용에 엄밀한 해석을 덧붙일 필요를 느낀 하우스는 당시 육군정보부의 일원이었던 리프만과 『뉴욕 월드*New York World*』지 편집장이었던 코브Frank J. Cobb 두 사람에게 14개조에 대해 엄밀한 해석을 단 문서를 작성하라고 명령했다. 하우스의 명령을 받은 리프만과 코브는 14개조의 각 조항에 상세한 해석을 가한 「코브-리프만 각서Cobb-Lippmann Memorandum」를 작성했다. 하우스는 이해 10월 29일 랜싱에게 이 각서를 보냈는데, 14개조 중에서 식민지문제를 다룬 제5조에 대한 각서의 해석은 다음과 같다.[54]

> 이 조항이 모든 식민지문제를 다시 문제 삼겠다는 것이 아닌가 하는 염려가 프랑스(그리고 영국)에서 나오고 있다. 이 조항이 그러한 것을 의도하고 있지 않음은 명백하다. 이 조항이 전쟁으로 인해 발생한 식민지문제에 적용되는 것은 확실하지만, 독일의 식민지와 전쟁의 결과로 국제적으로 고려해야 할지 모르는 그 밖의 식민지에 관한 것을 의미한다. ……

랜싱을 통해 이 각서를 받은 윌슨은 다음 날 하우스에게 다음과 같이 회신했다.[55]

> 14개조에 대한 분석은 모든 당해 원칙을 만족시킬 수 있는 해석이지만, 언급된 적용 대상에 관한 상세한 내용은 단순한 실례를 시사한 것으로 간주해야 하며 강화회의를 위해 유보해야 한다. 불완전한 국가가 강화회의에 참가하는 것은 매우 바람직하지 않다.

「코브-리프만 각서」에서 말하는 14개조의 제5조에 관한 해석과 그것에 대한 윌슨의 승인으로, 미국은 다가올 강화회의에서 다른 연합국들의 의사에 반하면서까지 (조선도 포함된) 식민지문제에 대해 적극적인 자세로 임할 생각은 없다고 밝혔다. 윌슨이 말하는 "불완전 국가"가 어떠한 국가들을 지칭하는지는 분명하지 않지만, 조선이 그 안에 포함되어 있는 것은 확실했다.

하우스는 1918년 10월 29일 파리에서 영국 총리 로이드조지, 영국 외상 밸푸어Arthur J. Balfour, 프랑스 총리 클레망소Georges Clemenceau, 프랑스 외상 피숑Stephen Jean Marie Pichon, 이탈리아 외상 손니노Giorgio Sidney Sonnino 등과 함께 회의를 했다. 여기에서 14개조의 해석을 둘러싼 협의가 이루어졌는데 비밀외교 폐지에 관한 제1조, 해양의 자유에 관한 제2조, 국제연맹에 관한 제14조에 대해서는 유럽 측이 이의를 제기했지만, 제5조에 대해서는 어떠한 이의도 제기하지 않았다.[56]

이 회의에 일본은 참가하지 않았지만, 1916년 주영 일본대사로 부임한 진다 스테미珍田捨己는 1918년 10월 28일 파리로 출발하기 직전이었던 밸푸어 외상과 만나, 일본정부는 독일 식민지문제를 중요하게 여기고 있으며 회의에서 14개조에 의거하여 강화조건에 관해 교섭이 이루어진다면 일본도 회의에 참여할 필요가 있다고 말했다.[57] 주미대사 이시이 기쿠지로는 11월 10일 일본이 관여하지 않은 곳에서 협의된 내용에 대해서는 의견을 유보한다는 뜻을 보일 필요가 있다고 본국에 건의했다.[58] 또 진다는 다음 날 파리에서 진행된 협의에서 해양의 자유에 관한 제2조 등에 대해 유보가 이루어진 것은 당연하지만 식민지문제에 관해서는 유보가 되지 않아 실망했다는 뜻을 영국에 전달했고, 14개조의 제5조는 독일 식민지에 한정된 것이 아니라 일반적인 식민지문제에 관한 원칙을 진술한 것으로 이해된다고 본국에 보고했다.[59] 여기에서 14개조 중 제5조와 일본과의 관련에 대해 진다가 어떻게 파악하고 있었는지는 분명하지 않지만, 그는 14개조의 제5조가 일본이 메이지시대 이후 편입해온 해외영토와 식민지, 그중에서도 가장 새롭고 중요한 조선에서 실행하고 있는 일본의 통치에 악영향을 끼치지 않도록 주의를 환기시켰다고 생각한 것으로 추측된다.

1918년 10월 29일 파리에서 열린 연합국회의에서 특히 14개조 중 해양의 자유에 관한 제2조의 해석을 둘러싸고 유럽과 미국의 의견이 대립했다. 유럽은 14개조를 강화의 기초로 삼는 것에 강하게 저항했지만, 하우스가 미국과 동맹국과의 단독강화 가능성까지 시사하자 해양의 자유에 관한 타협안을 승낙할 수밖에 없었다. 결국 연합국은 14개조를 강화의 기초조건으로 수용했다.[60] 한편 윌슨과 독일정부 사이에 편지 교환이 이루어져 양자는 14개조를 휴전의 기초로 삼는 데 합의했고,[61] 1918년 11월 11일 휴전이 성립했다.

윌슨의 14개조를 연합국과 동맹국 모두가 기본적으로 수용하여 휴전이 성립함에 따라 '신외교'가 '구외교'를 대신할 것이라는 기대가 높아졌다. 그래서 1차 세계대전에 직접 참전하지 않았고 다가올 강화회의에도 자신들의 의사를 주장할 방법이 없었던 피지배민족을 포함한 세계 각지의 모든 민족이 윌슨이라면 침략과 전쟁을 종식시켜줄 거라 생각해서 청원서를 보내기 시작했다.[62]

1919년 1월 18일부터 파리 교외의 베르사유궁전에서 강화회의 개최가 결정되자, 윌슨은 하우스, 랜싱, 블리스Tasker H. Bliss 장군, 공화당계 외교관 출신 화이트Henry White 등을 강화위원에 지명하고 1918년 12월 4일 조지 워싱턴George Washington호를 타고 직접 유럽 여행에 나섰다. 윌슨이 미국 강화사절 수석보도관으로 지명한 베이커Ray S. Baker는 열심히 선전활동을 했지만, 그조차도 윌슨의 민족자결 원칙이 전 세계에 어떤 영향을 초래할지에 관해서는 염려와 두려움을 품지 않을 수 없었다.[63]

전 세계에서 지원 요청이 담긴 청원서가 날라오자 윌슨도 불안해지기 시작했다. 윌슨은 미국 내의 참전 여론을 조성하기 위해 설치한 공공정보위원회Committee on Public Information의 위원장이자 수행원이었던 크릴George Creel과의 회담 중에 "희망과 불만 모두 미국으로 향하고 있지만 구래의 악과 현재의 불행은 짧은 시일 내에 시정될 수는 없다. 그러나 만약 전 세계의 기대에 부응할 수 없다고 밝힌다면 실망이라는 비극을 실제로 보게 된다"는 이야기를 털어놓았다.[64]

민족자결주의가 초래할 영향에 관해 누구보다도 강한 염려를 한 인물은 랜싱이었다. 랜싱은 처음부터 민족자결주의에 대해 회의적이었으며, 14개조가 나온 직후인 1918년 1월 10일 민족의 운명을 스스로 결정할 만한 능력을 갖지 못한 독일 식민지의 민족에게는 민족자결주의를 적용할 수 없다고 했다.[65] 랜싱은 휴전 성립 후인 11월 18일 강화회의 지침에 관해 쓴 글에서 "강자는 약자를 착취하는 것이 아니라 원조해야 한다"며 강화회의가 대국의 의도대로만 진행되는 데 반대의 뜻을 나타냈지만,[66] 민족자결주의에 대한 그의 생각에는 아무런 영향을 미치지 않았다. 랜싱은 유럽 도착 후인 12월 20일 다음과 같이 기록했다.[67]

> 대통령이 민족자결을 말할 때, 그가 머릿속에 그리고 있던 단위는 무엇일까? 인종인가, 영토상의 지역인가, 혹은 공동사회인가? 현실에 입각한 명확한 단위(의 정의) 없이 이 원칙을 적용하는 것은 평화와 안정에는 위협적이다.

랜싱은 런던 도착 직후인 1918년 12월 30일에는 다음과 같이 적었다.[68]

> 민족자결권에 대한 대통령의 선언에 관해 생각하면 생각할수록 그러한 이념을 한 민족의 머릿속에 깊이 새기는 일이 갖는 위험에 관해 한층 확신하게 된다. 대통령의 이 선언은 반드시 강화회의에서 실현 불가능한 요구의 근거가 되어 많은 국가에서 분규를 일으킬 것이다. 대통령의 이러한 선언은 아일랜드인, 인도인, 이집트인 그리고 보어인 민족주의자에게 어떠한 영향을 끼칠 것인가? 이 선언은 불만, 혼란 그리고 반란의 원인이 되지는 않을까? …… 이 선언은 다이너마이트를 쌓아놓는 데 지나지 않는다. 이는 결코 실현될 수 없는 희망을 불러일으킬 것이다. 나는 이 선언이 수천이나 되는 인명의 손실을 가져올 수 있음을 두려워한다. 이 선언은 반드시 신뢰를 잃게 될 것이며, 이 원칙을 실행하려고 시도하는 사람들은 그 위험을 깨닫고 억제하기에는 이미 때를 놓쳐버린 몽상가라 불리게 될 것이다. 이

러한 선언이 나오게 된 것은 도대체 무슨 재난이란 말인가? 이것은 어떠한 불행을 일으킬 것인가?

민족자결주의에 대한 랜싱의 이러한 생각이 타당한지 여부는 사람에 따라 평가가 엇갈리겠지만, 조선의 3·1운동에 적용해보면 랜싱의 예언이 모두 현실화되었음을 부정할 수 없다.

영국·미국·프랑스·이탈리아·일본의 5대국Big Five을 중심으로 독일에 선전포고한 32개국 대표가 1919년 1월 18일 베르사유궁전에 모임으로써 파리강화회의의 막이 화려하게 열렸다. 5대국 중 영국·미국·프랑스·이탈리아 강화단의 수석전권은 각각 대통령과 총리가 맡았다. 그러나 데라우치 마사타케寺內正毅를 대신하여 1918년 9월 29일에 수상으로 취임한 입헌정우회立憲政友會 총재 하라 다카시原敬는 수상이 된 지 얼마 안 된 상황에서 국내 정치를 우선시할 필요를 느껴 수석전권에는 전 수상이었던 사이온지 긴모치西園寺公望, 차석전권에는 전 외상 출신인 마키노 노부아키牧野伸顯를 임명했다. 이 밖에 진다 스테미와 주프랑스대사 마쓰이 게이시로松井慶四郎도 전권에 가담했다(그러나 사이온지가 파리에 도착한 것은 회의가 시작한 지 한 달이나 지난 3월 4일이었기 때문에,[69] 실질적으로는 마키노가 수석전권 역할을 했다).

앞에서 말했듯이 윌슨은 전 세계가 자신에게 걸고 있는 기대에 압력을 느끼고 있었다. 그럼에도 불구하고 그는 파리강화회의의 개최 전인 1919년 1월 10일 14개조의 제1조에서 창설을 명기한 국제연맹규약 제1안을 작성했다. 그중 제3항은 다음과 같이 이루어져 있었다.[70]

체약국은 상호 간에 정치적 독립과 영토보전을 보장함에 있어서 결속한다. 그러나 민족자결 원칙에 따라 현재의 민족적 상황과 바람 혹은 현재의 사회적·정치적 관계에서 오는 변화로 인해 장래 필요할지도 모르는 영토상의 재조정과 대표단 중 4분의 3의 판단으로 당해 민족의 복지와 명백한 이익에 따라 요구될지도 모르는 영토상의 재조정은 이들 민족이 동의할 때에 실시되며, 이러한 영토상의 변동은 균등한 물질적 보상을 수반한다는 것이 체약국 사이에서 양해된다. ……

이를 읽어보면 민족자결주의가 여전히 중요한 위치를 차지하고 있음을 엿볼 수 있다. 그러나 윌슨의 제1안에 대해 블리스 장군이 비판적 견해를 나타냈고[71] 영국과[72] 프랑스도[73] 독자적으로 규약안을 작성했기 때문에 윌슨은 어쩔 수 없이 이것을 수정할 수밖에 없었다. 그래서 윌슨은 제2안을 작성했는데(결국 이 안은 배포되지 않았다), 제3항의 문구는 1안과 거의 동일했으나, "……영토상의 재조정은 이들 민족과 영토가 분리·부여된 국가들이 동의할 때에 실시되어……"로 변경되었다.[74] 또한 그는 1919년 1월 27일 10인회의The Council of Ten에서 한 연설에서 독일의 식민지를 중심으로 한 식민지문제를 해결하기 위해서는 국제연맹에 의한 위임통치제도를 도입하고 대국이 후진국을 지도하는 것이 필요하다고 역설했다.[75] 더욱이 미국은 법률고문 데이비드 밀러, 영국은 허스트C. J. B. Hurst를 내세워 이들이 협의한 타협안인 허스트-밀러 초안을 받아[76] 최종안을 작성했다. 2월 14일 윌슨이 이 최종안을 본회의에 제출했는데, 그때까지 나온 초안의 제3항에 해당하는 최종안의 제10항은 다음과 같다.[77]

체약국은 외부로부터의 침략에 대항함으로써 연맹에 가입한 모든 국가의 영토보전과 현재의 정치적 독립을 존중·유지한다. 침략 혹은 그러한 침략의 공포 내지 위험이 존재할 때에는 연맹이사회가 이러한 의무를 이행할 때 사용할 수단에 관해 자문한다.

체약국의 정치적 독립과 영토보전을 존중·유지한다는 점에서는 최종안과 그 이전 초안이 일치하지만, 최종안에서는 민족자결이라는 개념과 이에 의거하여 (각 민족의 이익에 맞는) 영토상의 재조정을 실행할 의욕은 더 이상 보이지 않는다. 그리고 식민지문제는 최종안의 제19항에서 명백히 알 수 있듯이 패전국의 식민지를 어떤 국가가 어떻게 위임통치할 것인가에 초점이

맞춰졌다.[78]

1919년 2월 15일 윌슨은 이 규약안을 가지고 일시 귀국했지만, 미국 내에서는 상원외교위원회 위원장인 공화당 소속 의원 로지Henry C. Lodge로 대표되는 고립주의자들이 규약안의 수정을 요구했다(여기에는 국제연맹 관할범위에서 국내문제 제외, 연맹규약에서 연맹 탈퇴권과 먼로 독트린 확보 명기, 연맹의 안전보장활동을 위해 미군 파견 시 의회의 승인 등이 포함되었다[79]). 윌슨은 3월 14일에 파리강화회의로 돌아왔지만 3월 22일, 24일, 26일, 4월 10일, 11일 다섯 번의 국제연맹위원회에서 영국·프랑스·이탈리아·일본의 요구에 대해 양보했다. 그 결과 4월 11일 최종결의에서 수정안이 확정되었고 4월 28일 강화회의 총회에 제출되었다. 수정 내용을 살펴보면 연맹 탈퇴는 2년 전에 예고하면 가능하고(제1조 3항), 국내분쟁에 대해서는 연맹이 관여하지 않으며(제15조 8항), 먼로 독트린과 일정 지역에 관한 양해에 대해 연맹규약은 어떠한 영향도 미치지 않는다는 것(제21조) 등이었다. 이 중 제15조 8항은 식민지에서 전개되는 민족운동이 탄압을 받을 때 연맹이 침묵을 지킨다는 걸 의미했다.[80]

그러나 윌슨은 미국의회가 요구한 연맹규약 제10항의 수정에는 응하려 하지 않았다. 국제연맹 규약은 1919년 6월 28일 베르사유조약과 함께 조인되었으나, 귀국한 윌슨과 미국 의회 사이에 갑작스레 제10항을 둘러싼 심각한 정치적 대립이 야기되었고 그 속에서 조선문제도 다뤄졌다.

제 4 장

민족자결주의의 수용과 대응

재중 조선인의 수용과 대응

윌슨Woodrow Wilson이 제창한 민족자결주의와 조선과의 관계에 관해서는 "한국병합은 일본의 군대·헌병·경찰에 의해 반일운동을 표면적으로 억누르는 데에는 성공했지만, 1919년 파리강화회의에서 윌슨 대통령이 호소한 민족자결에 대한 조선 민중의 독립 요구가 3·1운동이 계기가 되어 폭발하고……"라는 견해가 꽤 일반적이다.[1] 하지만 조선·일본·미국·중국·러시아 등에 거주하는 조선인들이 어떻게 민족자결주의를 수용하고, 제1차 세계대전의 휴전부터 파리강화회의에 이르는 정세 속에서 그들이 어떻게 대응했는지를 살펴볼 필요가 있다. 먼저 중국에 거주하고 있던 조선인들부터 살펴보자.

중국은 압록강과 두만강을 사이에 끼고 조선과 국경을 접하고 있었기 때문에 자유로이 육로로 건너갈 수 있었다. 그래서 조선의 통치력이 이완되기 시작한 19세기 이후 농민들이 국경을 넘어가 농사를 짓기 시작했는데, 만주, 특히 조선과 접한 간도로 사람들이 몰려들었다. 일본세력이 한반도에 침투해가는 과정, 즉 한국 보호국화와 애국계몽운동, 의병투쟁, 한국병합, 토지조사사업 등이 진행되면서 조선 농민들의 간도 이주는 가속화되었다. 시간이 흐르면서 그들은 민족독립을 지향하는 정치 그룹의 모태가 되었다.[2]

1909년 9월 4일 중국과 일본 간에 조인된 '간도에 관한 청일협약'은, 청 정부는 간도에서의 한국인 거주를 인정한다(제3조), 간도 거주 한국인은 청의 법권에 복종한다(제4조), 간도 내에서의 한국인 소유 토지와 가옥은 청 정부가 청 국민의 재산과 마찬가지로 완전하게 보호한다(제5조)라고 규정했다.[3] 그러나 1915년 5월 25일에 조인한 '남만주 및 동부 내몽골에 관한 조약' 제8조의 "만주에 관한 일본과 지나支那(중국)의 현행 각 조약은 …… 일체 종전대로 실행해야 한다"는 문구와 앞서 얘기한 간도조약과의 관계를 둘러싸고 논란이 벌어졌다. 중국이 조선인은 여전히 중국의 법권 아래 있다고 한 데 대해, 일본은 한국병합 후에 조선인은 '일본 신민'이 된 이상 새 조약은 조선인에게 유효하게 적용된다고 주장하여 중국과 일본이 대립한 것이다.[4] 그러나 중국은 이 문제로 일본과 불필요한 분쟁을 일으키는 것을 피하기 위해 조선인의 활동 규제에 착수하여 일부 민족주의자들은 좀더 자유롭게 독립운동을 하기 위해 상해와 미국으로 떠났다.[5]

그리하여 만주와 간도에서 전개된 독립운동은 일단 진정되었지만, 러시아 혁명 발발과 차르체제 붕괴, 그로 인한 차르체제 시기의 러시아 거주 조선인에 대한 갖가지 억압 중지라는 흐름은 간도에도 영향을 미쳤다. 간도의 민족주의자들은 "지금과 같은 구주歐洲 전쟁의 소란이 가까운 장래에 동양에도 역시 나타날 거라는 사실을 우리는 믿어 의심치 않는다. 우리 대한국의 독립은 실로 이때를 놓치면 다시는 얻지 못할 것이다"라고 하면서 땅에 묻어둔

총기의 발굴, 항일의병의 재조직, 격문 배포, 민중의 조직화, 군자금 모집 등에 힘썼다.[6] 더욱이 그 여파는 상해에도 미쳤는데 이 시기 상해에서 중심적 존재로 떠오른 사람이 여운형이었다.

1886년 5월 25일 경기도 양주군에서 태어난 여운형은 기독교계 배재학당과 민족계 흥화학교, 통신원 부속 우무학당 등에서 공부했다. 그 뒤 나라가 일본에 보호국화·병합되는 과정에서 고향인 경기도 양주군 양평에서 사설 교육기관을 열기도 하고 1910년 봄에는 강원도 강릉에 있는 초당의숙 교사가 되기도 했다. 그러나 일본의 한국병합 후에 제정된 사립학교령이 일본식 교육의 실천을 요구하고 민족교육을 하는 학교에는 당국이 심사를 했기 때문에 여운형은 강릉을 떠날 수밖에 없었다.[7] 서울로 돌아온 여운형은 1912년부터 이듬해에 걸쳐 목사가 되기 위해 평양에 있는 장로교교회연합신학교와 서울을 왕복하며 2년 과정을 마쳤지만, 105인사건이 발생하고 선교사들 중에서도 조선총독부에 영합하려는 사람들이 생기자 목사가 되는 길을 버리고 1919년 9월 남경南京으로 건너갔다.[8]

남경에서 여운형은 금릉대학金陵大學 영문과에 다니는 한편, 손문孫文·진독수陳獨秀 등을 비롯한 중국 남방정부 요인들과 아시아 정세에 관해 토론하고, 조선에 머물던 선교사와 연락을 취해 동포 학생들이 미국으로 건너갈 수 있도록 알선해주는 일에 주력했다. 1917년 여름에 대학을 마친 여운형은 더 큰 무대를 찾아 상해로 거처를 옮겨 미국인 피치George Fitch가 경영하는 협화서점協和書店에서 판매일을 했다. 이 시기 러시아에서는 볼셰비키가 권력을 장악했고, 윌슨은 14개조를 제창했고, 세계대전이 독일과 오스트리아에 불리하게 진행되고 있었다. 이에 여운형은 조선이 독립할 수 있는 좋은 기회가 왔다고 생각했다. 그의 곁에는 1918년에 와세다대학早稻田大學을 졸업하고 상해로 온 장덕수張德秀, 김철金澈, 조소앙趙素昂(東祜), 선우혁鮮于爀, 한진교韓鎭教 등의 젊은이들이 모여들었다.[9]

여운형은 이들과 토론을 하고 1918년 8월 20일에는 신한청년당新韓青年黨

을 결성했다.[10] 상해에 본부를 둔 신한청년당은 ① 민족주의, ② 민주주의, ③ 공화주의, ④ 사회개혁주의, ⑤ 국제평화주의 등에 입각하여 조선의 독립 회복을 목표로 삼았다. 당원 수는 처음에는 여운형, 장덕수, 김철, 조소앙, 선우혁, 한진교 등 6명이었는데, 11월이 되자 김규식, 이광수李光洙, 손정도孫貞道 등이 입당하여 20여 명이 되었다. 신한청년당은 서무부, 교제부, 재무부를 갖추었고 여운형은 교제부 이사가 되었다.[11] 여운형은 또한 같은 해 9월 평안북도 선천에서 개최된 장로교 총회에 몰래 참석하여 105인사건으로 체포·투옥된 조선 장로교의 중심적 인물인 이승훈李昇薰과 만나 국내·국제 정세를 논의하고, 서울에도 들어가 여러 동지들과 만난 뒤 9월 말에 상해로 돌아갔다.[12]

이러한 상황 속에서 제1차 세계대전이 1918년 11월 11일에 종결되었다. 이에 윌슨은 다가오는 강화회의에 중국의 참가를 촉구하기 위해 아시아통인 친구 크레인Charles R. Crane을 특사로 중국에 파견했다. 크레인은 일본과 조선을 경유하여 중국에 들어갔고 중국에서는 북경을 거쳐[13] 1918년 11월 26일 상해에 도착했다.[14] 크레인은 상해에 머물면서 환영회와 강연회 등에 참석했는데, 그중에 11월 28일 아침 약 800명이 참석한 가운데 감사제를 기념하여 행한 연설이 있다.[15] 크레인은 이때 중국이 되도록 많은 주권을 회복하기 위해서는 강화회의에 참석하는 것이 바람직하다고 주장하여 큰 박수를 받았다.[16] 여운형도 이 연설회에 참석했는데 크레인의 연설을 들은 뒤 친구인 중국 외교관 왕정정王正廷(나중에 파리강화회의 중국대표단의 일원이 된다)의 소개로 크레인을 직접 만났다. 이 자리에서 여운형은 자신은 조선인이며 일본의 한국병합 이래 조선인에 대한 일본의 압박이 날로 심해지고 있다고 설명하고, 이 기회에 조선도 대표를 파리에 파견하고 싶으므로 협력을 바란다고 말했다. 이에 대해 크레인은 힘이 닿는 한 적극적으로 돕겠다고 약속했다.[17]

여운형은 장덕수 등에게 크레인과 만난 사정을 설명하고 신한청년당 당원인 김규식을 조선대표로 선출했다. 김규식은 미국 버지니아주의 로어노크대학Roanoke College 출신으로 영어를 잘하고 배재학당 영어교사, 경기·충청 장로회 서기, 전국주일학회연합회 집행위원회 부위원장 등을 역임한 인물이었다. 105인사건 후 일본 당국의 압력과 이 사건의 판결에 대한 절망으로 1913년 중국으로 망명해서 화북, 몽골, 장가구張家口 등지에 있다가 1918년 이 시기에는 천진天津에 있었다.[18] 여운형은 김규식이 파리에 도착할 수 없을 때를 생각하여 1918년 11월 28일자로 자신이 윌슨 앞으로 보내는 독립청원서를 두 통 작성했다.[19] 한 통은 윌슨에게 건네달라고 크레인에게 부탁했고, 또 다른 한 통은 미국인 저널리스트 밀러드Thomas F. Millard에게 부탁하기로 결정했다. 당시 밀러드는 상해에서 잡지 『밀러드 리뷰*Millard's Review*』를 발간하고 있었고 중국 강화대표단 수석대표인 육징상陸徵祥을 수행할 예정이었다. 여운형은 청원서 부탁을 위해 밀러드를 직접 만났는데, 밀러드는 이때의 상황을 다음과 같이 기록했다.[20]

> 작년(1918년) 12월 상해에서 미국으로 떠나기 전날 밤, 한 남자가 나를 만나러 애스터 하우스Astor House(浦上飯店)에 있는 내 아파트에 왔다. …… 그는 일본의 박해를 받고 조국에서 쫓겨난 조선인 기독교 신자라고 했다. …… 그는 내가 워싱턴과 파리에 간다는 것을 들었다며 나에게 부탁이 있어서 왔다고 말했다. 그는 회의에 보낼 조선의 청원서를 가져가서 미국 대통령이나 파리의 미국대표단의 일원에게 건네달라고 요청했다. 또 그는 조선의 주장이 회의에서 다시 논의될 수 있는 기회를 가질 수 있을지 여부를 물었다. 나는 그렇게 될 가능성은 희박하다고 말했다. 그는 파리에 가는 조선대표단의 비용을 마련하기 위한 돈—그가 말한 금액은 약 10만 달러였다고 기억한다—을 모금했다고 말했다. 그는 재미 조선인 중 누군가가 갈 것이라고 말했다. 그리고 그는 타자기로 찍은 청원서를 나에게 부탁한 뒤 떠났다. ……

밀러드는 여운형에게서 청원서를 받았지만 그가 탄 배가 요코하마橫濱에 잠시 들렀을 때 청원서가 들어 있던 가방을 잃어버렸다. 한국에서는 지금도 이것을 일본 밀정의 짓이라고 생각하고 있다.[21]

앞서 말한 것처럼 김규식의 파리행이 결정되었지만, 자금문제와 파리로 갈 배편문제를 해결해야 했다. 자금문제는 장덕수가 부산에 가서 2,000엔을 마련해 오고 김규식의 처 김순애金順愛가 조달하는 등 해결 전망이 보였다.[22] 한편 프랑스행 배편이 1919년 3월 말까지 예약이 꽉 차서 표를 구하지 못하자, 결국 여운형이 중국 강화대표단의 일원으로서 파리에 갈 예정이었던 옛 친구 정육수鄭毓秀 여사에게 배표를 양보받아 이 문제를 해결했다. 시간은 조금 걸렸지만 김규식은 1919년 2월 1일 상해를 출발해서 해로로 인도양을 경유하여 3월 13일 파리에 도착했다.[23]

이 밖에 신한청년당은 당원 중 장덕수, 선우혁, 김철金澈, 서병호徐丙浩, 김순애, 백남규白南圭 등을 조선 내에 잠입시켜, 국내 지도층과 접촉하여 그들의 독립운동을 종용하고 자금 조달을 맡게 했다. 또한 먼저 조용은趙鏞殷을, 이어서 (조선에서) 장덕수와 이광수를 차례로 일본에 잠입시켜 재일 조선인 학생들과 접촉하고, 여운형을 만주와 러시아령 연해주에 잠입시켜 재러·재만 조선인들과 접촉하게 하여 자금 조달을 하게 했다. 이리하여 신한청년당의 활동은 3·1운동의 진원이 되었던 것이다.[24]

재미 조선인의 수용과 대응

이어서 민족자결주의를 제창한 윌슨이 대통령으로 있던 미국에 거주하고 있는 조선인들의 활동에 관해 살펴보자. 재미 조선인들의 독립운동을 향한 움직임은 미국이 상대적으로 자유로웠기 때문에 다른 지역에 거주하는 조선인들보다 이른 시기부터 시작되었다. 윌슨이 14개조를 제창하기 전인 1917년 10월 29일부터 25개국이 참가한 소국회의가 뉴욕에서 개최되었다. 이 회의에 하와이 대한인국민회를 대표하여 박용만이 참가한 사실이 블라디보스토크Vladivostok까지 전해졌다.[25] 14개조가 발표되자 체코인, 슬로바키아인, 폴란드인, 러시아인 독립운동가들도 역시 뉴욕에서 '동맹회'를 결성했다. 여기에 인도, 아일랜드, 조선의 독립운동가들도 가담했고 몇 차례에 걸쳐 회의를 개최했다.[26] 그렇지만 재미 조선인들의 활동이 본격화된 것은 제1차 세계대전의 휴전이 임박했던 1918년 후반에 들어서면서부터였다.

대한인국민회 중앙본부장 안창호는 1918년 11월 25일 본부회원과 지역 유지 20여 명을 소집하여 파리강화회의와 뉴욕의 약소속국弱小屬國동맹회의에 조선대표로 이승만, 민찬호閔讚鎬, 정한경鄭翰景 등 세 명을 파견하기로 결정했다.[27] 이에 로스앤젤레스에 머물고 있던 하와이 주재 목사 민찬호는 11월 30일 시카고로 가 그곳에서 정한경과 합류했고, 하와이에 머물고 있던 이승만도 12월 2일 샌프란시스코에 있는 대한인국민회 중앙본부에 있는 안창호에게 대표 수락을 알렸다.[28]

이에 이승만, 민찬호, 정한경 세 사람의 연명으로 된 청원서가 윌슨에게 제출되었다. 이 청원서의 날짜는 11월 25일, 발신지는 샌프란시스코로 되어 있으나, 이 시점에서 대표 세 사람은 모두 샌프란시스코에 있지 않았기 때문에 대한인국민회 중앙본부가 (강화회의 대표로 선출한) 세 사람 명의로 청원서를 작성한 것으로 생각된다. 1918년 12월 22일 뉴욕을 경유하여 윌슨에게 보낸 이 청원서의 내용을 요약하면 다음과 같다.[29]

1. 일본이 러일전쟁 개전 후 한국과 한일의정서를 체결하여 한국의 독립과 영토보전을 보장했음에도 불구하고, 한국 국민과 황제·수상의 승인 없이 한국을 보호국화하고 병합에 이른 것은 명백한 배신행위입니다.
2. 한국병합 이래 일본의 조선통치는 조선인들의 입장에서 보면 완전히 악정입니다. 일본의 조선통치하에 천연자원 착취, 차별대우로 인한 조선인 상공업의 정체와 몰락, 조선사·조선문학에 관한 서적 회수와 소각, 일본어 공용어화, 교육에서 가해진 기독교에 대한 차별대우, 일본 국기와 신전에 대한 조선인 아동·학생의 강제 경례, 조선인 학생의 구미 유학 금지, 온갖 종류의 공적 집회 금지 등이 이루어졌습니다.
3. 우리들은 이 중대한 시기에 우리들이 상응하는 정의를 손에 넣는 것을 도와주도록 각하가 주선해주시리라는 희망을 갖고 정의의 사자이자 모든 크고 작은

민족의 평등한 권리의 옹호자인 각하께 이 청원서를 올립니다.

4. 연합국의 일원이 아닌 민족의 운명을 위해 각하가 뭔가 시사하는 것은 미묘한 일이라는 것을 우리들은 충분히 이해합니다. 그러나 조선에서의 미국의 이해利害상 한반도에서 지금 일어나고 있는 일에 무관심할 수는 없습니다. 미국이 조선에 우호적 원조를 하겠다고 약속한 조미수호통상조약은 조선인은 어떠한 형식으로도 파기한 적이 없습니다.
5. 민족자결에 대한 조선인들의 바람을 원조해야 할 미국의 도의적 의무 외에도 미국은 스스로의 이익 옹호를 위해 극동에서 전개되고 있는 일본의 프로이센주의를 보고만 있을 수는 없으며, 우리들은 1,500만 명의 자유를 애호하는 조선인들이 어쩔 수 없이 이민족 아래에서 살아가는 한 세계의 안전은 있을 수 없다고 느끼고 있습니다. '명확한 민족의 바람은 전부 최대한 충족된다'고 하는 것은 공평하고도 영속적 평화를 위한 각하의 이상의 하나로서, 조선인들의 명확한 민족적 바람이 여기에서 제외된다고 생각할 수는 없습니다. 조선인들은 자신들이 살고 싶은 정부를 선택할 생득권生得權의 회복을 바라고 있다는 점에 각하가 주목해주시기를 희망합니다.

그러나 대한인국민회가 이처럼 미국정부에 공작을 하는 동안, 대한인국민회에 속하지 않은 조선인들은 미국정부에 대해 분파활동이라고 할 수 있는 공작을 했다. 뉴욕에 거주하는 조선인 18명은 1918년 11월 30일 모임을 가지고 '신한회The New Korea Association' 총회를 개최했다. 신한회는 뉴욕에 거주하는 조선인들 중에서 샌프란시스코의 대한인국민회에 대항의식을 가진 사람들이 서둘러 결성한 단체였다.[30] 12월 2일 신한회 회장 신성구申聲求, 신한회의 중심 인물이었던 김헌식은 일본의 조선통치는 불법이라는 것, 이기적 이유로 강대국이 약소국을 파괴·침략한다는 논리는 이번 대전에서 연합국의 승리로 완전히 무너졌다는 것, 미국 정부와 국민은 민족자결주의를 승인했다는 것 등의 내용과 함께, 과거의 조일·조미 관계와 조선의 역사와 현상에 근거한 구체적 성명을 담은 12개 조항으로 이루어진 청원서를 랜싱Robert Lansing과 상·하원 외교위원회 앞으로 보냈다.[31] 그리고 두 사람은 다음 날 상원 외교위원회 위원장 로지Henry C. Lodge와 회견했다. 이 자리에서 로지는 이

청원서는 상원이 아니라 국무성에 제출해야 하고 위원회 위원 대부분도 이 건은 받아들일 수 없다고 생각하고 있다며 두 사람의 요청을 거절하고, 주미 일본대사 이시이 기쿠지로石井菊次郎에게 이 사실을 알렸다.[32] 그래서 김헌식은 전직 의원 러셀J. Russell과 조선문제에 관해 연락을 유지하고 또 12월 6일 여성 하원의원 랭킨Jeannette Rankin에게 일본의 한국병합 사정을 설명했는데 랭킨은 이에 대해 적지 않은 흥미를 보였다.[33] 더욱이 12월 14일부터 뉴욕의 맥알핀McAlpin호텔에서 약소속국동맹회의가 개최됐는데 여기에 랭킨도 참석하여 연설했다. 조선대표로 김헌식도 참석한 이 회의는 인종·언어·종교 때문에 누구도 방해받지 않을 것과 민족자결주의 제창을 승인하는 메시지를 윌슨에게 보낼 것 등을 결의하고, 집행위원에 인도, 폴란드, 러시아, 아일랜드, 체코슬로바키아, 라트비아의 대표와 함께 김헌식을 선출했다.[34]

이러한 신한회의 움직임에 대해 이승만은 김헌식 등이 박용만이 이끄는 하와이연합회와 공모하여 특히 정한경의 대표 선출에 반대하고 있다고 여겼다. 그래서 신한회가 정한경은 조선인의 정식 대표가 아니라고 큰소리를 치며 대한인국민회에서 누구를 파리에 보내더라도 조선인 전체의 대표는 될 수 없다고 생각했다.[35] 대한인국민회와 신한회 모두 최종목표는 조선의 독립이었다. 실제로 대한인국민회가 1918년 11월 25일자로 윌슨 앞으로 보낸 청원서와 신한회가 같은 해 12월 2일자로 랜싱에게 보낸 청원서를 비교해보아도 그 주장에는 차이가 전혀 없었다. 그럼에도 불구하고 같은 주장을 따로따로 제출함으로써 재미 조선인사회가 분열되었다는 인상을 미국에 주었다.

재일 조선인의 수용과 대응

이러한 재미 조선인들의 활동은 곧바로 일본에서도 보도되었다. 가장 먼저 보도한 신문은 도쿄에서 발행되던 미국계 영자 신문 『재팬 애드버타이저 *Japan Advertiser*』였다. 이 신문은 1918년 12월 15일 재미 조선인들이 조선인들의 독립운동에 대한 미국의 원조를 요청하는 청원서를 미국정부에 제출했는데 일본 외무성은 그것을 중요하게 여기지 않는다고 보도했다.[36] 3일 후인 12월 18일에는 뉴욕에서 개최된 약소속국동맹회의에 조선인도 참가했다고 보도했다.[37] 비교적 사람들이 즐겨 보지 않는 영자 신문뿐만 아니라 일본어 신문 중에서도 『오사카아사히신문大阪朝日新聞』이 1918년 12월 18일 민족자결 승인을 윌슨에게 요구한 약소속국동맹회의에 조선인도 참가했다고 보도했다.[38] 12월 15일에 『도쿄아사히신문東京朝日新聞』도 이러한 내용을 보도했다는 주장도 있는데,[39] 저자가 조사한 바로는 이 신문은 그러한 보도는 하지 않았다.

재미 조선인들의 독립운동에 관한 일본 내의 보도를 재빨리 발견한 이들은 일본에 유학 중인 조선인 학생들이었다. 당시 아오야마학원青山學院에서 유학 중이던 전영택田榮澤에 따르면, 『재팬 애드버타이저』의 기사를 이 학교에 유학 중인 조선인 학생들이 교수의 집에서 발견했다. 이들은 곧바로 이 기사의 내용을 다른 조선인 유학생들에게 알렸다.[40]

당시 재일 조선인 유학생들은 대부분 소년기·청년기에 일본의 한국 보호국화에서 한국병합에 이르는 과정을 거쳤고, 일본 통치하의 조선에서는 일본 유학 외에 고등교육을 받을 길이 없어 일본으로 건너온 이들이었다. 이들은 일본에서 받는 차별에 대항하기 위해 1912년 10월 전 유학생을 통합하는 '학우회'를 결성했는데 조선과 비교하면 아직 자유롭던 일본에서〔그렇지만 학우회 회원 중 적지 않은 사람들이 내무성의 갑호 지정(당시 5인의 미행 감시가 붙음)과 을호 지정(당시 3인의 미행 감시가 붙음) 상태였다〕 독립운동 지사가 되기도 했다.[41] 학우회는 종종 모임을 가졌는데, 1917년부터 이듬해에 걸쳐 러시아혁명, 윌슨의 14개조 선언, 동유럽 여러 민족의 독립 움직임, 제1차 세계대전 휴전 같은 상황 속에서 모임 횟수가 잦아졌고, 이 자리에서 다양한 문제를 논의하는 가운데 자연스레 윌슨과 미국의 태도에 관해서도 언급했다.

남아 있는 기록 중에서 재일 조선인 유학생들이 윌슨과 미국에 관해 한 최초의 발언은 1918년 6월 27일 도쿄조선기독교청년회 전 회장인 켄센Jole Kensen이 다시 일본을 방문한 환영회 석상에서 정노식鄭魯湜이 밝힌 의견이다. 정노식은 미국의 세계대전 참전은 윌슨이 밝힌 정의와 인도, 약소국 보호를 위해서며, 전승 후에 미국 국민이 조선인들을 위해 일치하여 도움을 주기를 바란다며 윌슨과 미국에 대한 기대를 밝혔다.[42] 그러나 1918년 11월 22일 학우회가 주최한 웅변회에서 서춘徐椿은 조선 청년동포 중에는 윌슨의 선언을 존중하여 민족자결주의, 정의, 인도, 자유, 평등을 입에 담고 의기양양해하는 자가 있는데 이는 매우 커다란 오해다. 국가는 실력 없이는 아무런 이익도 누릴 수 없고 따라서 실력 양성에 노력하는 것이 제일이며, 각국이 말하고 있는 정의, 인도, 자유, 평등이 진심이라면 어째서 미국은 필리핀을 독립시키지 않고 영국은 인도를 독립시키지 않는가 하는 의문을 드러냈다.[43]

이상에서 알 수 있듯이 미국과 윌슨 그리고 윌슨이 제창한 민족자결주의에 대한 재일 조선인 유학생들의 견해는 일치하지 않았다. 다만 1918년 7월 와세다대학을 졸업하고 9월에 귀국하여 중앙학교 교사로 있던 현상윤玄相允이 "우리들은 당시 제1차 세계대전이 동아시아에는 전면적으로 파급되지 않았고 또 일본이 전승국인 연합국 측에 가담하고 있던 관계로 조선독립이 즉시 실현될 거라고는 생각하지 않았다. 그러나 독립운동의 단계로서 민족의 의사를 세계에 표현할 필요를 절감했다"라고 회상했듯이,[44] 재일 조선인 유학생들 대부분은 민족자결주의가 조선에까지 적용될 가능성은 희박하다는 것을 알면서도 세계에 호소할 방법을 모색했다.

민족자결주의와 조선과의 관계에 대한 최초의 반응은 이듬해인 1919년 1월 교토제국대학京都帝國大學 법과대학 민법 교수였던 나카지마 다마키치中島玉吉에 의해 나왔다. 지난해 여름부터 미국 각지를 시찰하고 귀국한 지 얼마 되지 않았던 나카지마는 1919년 1월 6일 샌프란시스코의 조선인단체(대한인국민회)가 지난해 11월 민족자결주의에 의거하여 윌슨에게 도움을 요청했다고 『오사카아사히신문』에 기고했다.[45] 다음 날에는 『재팬 애드버타이저』가 미국인 선교사들이 조선인들이 전개하고 있는 독립운동의 배후에 있다는 것은 의심할 여지가 없는 사실이라고 나카지마가 말했다고 보도했다.[46]

이러한 일본에서의 보도를 알아차린 주서울 미국총영사관에서는 우선 영사 커티스Raymond Curtis가 1919년 1월 10일 다음과 같은 내용을 국무성에 보고했다.[47] 민족자결을 요구하는 세계의 풍조가 조선인들에게 영향을 끼쳤지만, 조선에 거주하는 미국인 선교사들은 독립운동을 호의적으로 보고 있지 않으며 오랫동안 조선에서 선교활동에 종사해온 그들은 조선이 일본 보호국화 이전 상태로 돌아가는 것은 무익하다고 생각하고 있다. 또한 새로운 조선 대표가 미국에 도움을 요청하기 위해 출발을 준비하고 있는데 25년간 조선에서 포교해온 어느 유력 선교사는 미국이 그러한 계획에 도움을 줄 거라고는 믿지 않는다고 말했다.

1월 17일 『서울 프레스*Seoul Press*』는 일본에서 보도한 독립운동의 배후에는 미국인 선교사들이 있다고 한 나카지마 다마키치의 주장은 사실과 다르며, 선교사들은 조선총독부에 협력적이고 조선인은 현재의 상태에 만족하고 있다고 보도했다.[48] 이날 커티스는 『서울 프레스』의 보도는 대체로 맞고 조선인 독립운동가들은 현재의 상황에 대해 잘 알지 못하며 보호국화 이전 상태로 돌아가는 것이 의미하는 바에 대해 제대로 판단을 할 수 없다고 하면서도, 조선인이 현재 상태에 만족하고 있다는 주장은 지나치게 과장되었다고 했다. 즉 물질적인 면에서의 향상은 있으나 이민족 지배에 대한 불만은 여전히 존재하며 도리어 확대되고 있다고 본국에 보고했다.[49] 더욱이 1919년 1월 24일 주서울 미국총영사 버그홀츠Leo A. Bergholz는 일본이 한국을 병합하기 이전인 1897년 5월 11일 당시의 주조선 미국공사 씰John M. B. Sill이 조선의 국내문제, 특히 정치문제에 개입하지 말라고 요청한 훈령[50]은 여전히 유효하다고 조선에 있는 미국 전도단체 서기들에게 통고하고[51] 이러한 내용을 본국에도 보고했다.[52] 1913년 11월까지 국무성 극동부장으로 근무한 뒤 이듬해인 1914년부터 1918년까지 주서울 미국총영사로 옮겼다가 이해 10월에 다시 국무성 극동부장 자리로 복귀한 밀러Ransford S. Miller를 대신하여 버그홀츠는 1918년 가을에 주서울 미국총영사에 부임한 상태였다.

이상에서 살펴본 것처럼 민족자결주의에 기반을 두고 재미 조선인들이 전개한 독립운동이 일본에 전해졌고 다시 그것이 조선에 전해졌다. 이는 한국 독립운동에서 결코 사소한 사건이 아니었다.

러시아령 거주 조선인의 대응

중국·미국·일본에 거주하는 조선인들의 독립운동과 나란히 주목해야 하는 것이 러시아령에 거주하던 조선인들의 활동이다. 러시아 황제 알렉산드르 2세Aleksandr II는 1861년 3월 26일 동부지역에 식민을 촉진하기 위해 포고를 내렸지만 러시아인 식민은 좀처럼 진척되지 않았다. 1863년 조선인 가족 13명이 처음으로 국경을 넘어 러시아지역에 들어간 이래, 조선왕조의 금령과 러시아 당국의 허가가 없었음에도 불구하고 한반도 북부에서 기근이 발생하자 많은 조선인들이 동부 러시아령에 살게 되었다. 연해주沿海州 남부의 연추煙秋와 수찬강 계곡 등에 이주하여 조선인 촌락을 형성한 사람들은 '원호元戶'라 부르던 러시아 귀화 토지소유자였는데 이들의 생활은 상대적으로 안정되어 있었다. 한편 이들보다 늦게 이주한 사람들은 '여호余戶'라 부르던 비귀화 무토지민이었는데, 이들은 고용살이하는 농민(雇農)이나 금광 채굴부가 되거나 블라디보스토크, 니콜리스크Nikolisk, 니콜라예프스크Nikolaevsk 등지에서 잡역부와 쿨리(苦力)가 되었는데 생활은 열악하고 불안정했다.[53]

흑룡주黑龍州지역 총독 코르프Andrei N. Korff 남작은 1891년 조선인의 동향에 불안을 느껴 조선인을, 1884년 이전에 러시아령에서 자리를 잡아 러시아 국적 취득을 희망하던 사람들, 1884년 이후에 러시아에 와서 2년 뒤에는 돌아가지 않으면 안 되었던 사람들 그리고 일정 기간 동안만 와 있던 사람들의 세 범주로 분류하고 조선인 이주에 제동을 걸려고 했다. 그러나 1893년 코르프의 죽음으로 상황은 변했고 새 총독 두크호프스코이Sergei M. Dukhovskoi는 1896년에 첫째 범주의 조선인에 대해 한층 적극적으로 러시아 국적을 보장했고, 둘째 범주의 조선인에 대해서는 체재기간을 연장하는 등의 조치를 취했다. 그의 후임 그로데코프N. I. Grodekov는 1898년에 5년 이상 거주한 모든 한국인에게 러시아 국적을 보장하는 새로운 정책을 명확히 내세웠다. 때문에 연해주에 거주하는 한국인 수는 1898년의 2만 3,000명에서 1902년에는 3만 2,410명으로 늘어났다.[54] 그러나 1905년 새로 이 지역 총독이 된 운테르베르게르Pavel F. Unterberger는 이미 1900년에 '한국인의 위협Korean Peril'에 대해 논했다. 그는 취임 후 러시아령에 거주하는 한국인의 러시아 국적 박탈, 국유농지 경작 금지, 금광에서의 해고 같은 정책을 내세웠다. 하지만 운테르베르게르의 정책에 대한 비판이 대두되어 1911년 그의 후임으로 부임한 곤다티Nicolai L. Gondatti는 조선인의 러시아 국적 취득을 촉진했다.[55]

이 지역으로의 조선인 이주를 촉진한 요인은 말할 것도 없이 일본의 한국 보호국화부터 병합, 무단통치 실시라고 하는 정치 상황의 추이였다. 특히 블라디보스토크에는 오래전부터 조선인이 거주했는데, 여기에는 거주지 제한이 있어 변두리에 위치한 신한촌新韓村에 사람들이 몰려들었다. 이곳은 조선인들에게는 작은 공화국이었는데, 이동휘李東輝, 안중근, 안창호, 신채호申采浩, 박은식朴殷植, 홍범도洪範圖, 김좌진金佐鎭 같은 독립운동 지사들이 이곳을 거쳐 갔다.[56]

러일전쟁 후 러시아와 일본의 관계는 서로 간의 이해관계가 일치하면서 개선되는 방향으로 나아가 1907년 7월 30일, 1910년 7월 4일, 1912년 7월 8일, 1916년 7월 3일 총 네 차례에 걸친 러일협약의 체결로 실질적인 동맹관계를 맺었다. 이러한 상황 중에 1908년 여름 러시아령에서 훈련받은 한국인 무장부대가 함경북도에 침투하여 일본군과 교전했고, 1909년 10월 26일에는 하얼빈哈爾濱에서 안중근이 이토 히로부미伊藤博文를 사살하는 사건이 일어나자 일본정부는 러시아령에 거주하는 조선인을 단속해달라고 러시아정부에 요청했다. 이에 '러일 도망범죄인 인도조약'을 체결하기 위한 교섭이 1910년 일본이 한국을 병합한 후 본격화되어 1911년 6월 1일에 조인되었다. 이 조약은 일반 형사범의 인도를 규정한 본조약과 조약 체결 본래의 목적을 정한 부속 비밀선언서로 이루어졌다.[57] 비밀선언서의 제1항은 다음과 같다.[58]

> 체약국의 한쪽은 그 영토의 어느 곳을 불문하고 다른 한쪽의 신민이 그 본국에서 정치상의 제도와 기관, 혹은 현존 질서와 공공의 안녕에 반항하여 인심을 선동하거나 음모를 계획하는 근거지로 사용하는 것을 방지하기 위해 사정이 허용하는 한 필요한 조치를 취해야 한다.

이로써 러시아는 조선인의 민족운동 단속을 요구한 일본에 협조하는 꼴이 되었다. 하지만 곤다티는 이 지역의 조선인을 노동력으로 이용하려 했기 때문에 조약 체결 이후에도 조선인에 대한 유화정책을 더욱 확대했다. 또 이 조약으로 일본에 있던 러시아 혁명가들의 인도가 원활히 이루어진 것도 아니라서(1910년 러셀Charles E. Russel의 필리핀행을 마지막으로 러시아 혁명가는 모두 일본에서 탈출했다) 조약 실행에 대한 러시아의 열의는 낮아져 1914년까지 연해주에서 체포되거나 일본 측에 인도되거나 그 밖의 지역에서 추방된 조선인 운동가는 한 사람도 없었다. 그러나 비밀선언서의 존재 자체가 조선인을 장악하기 위한 수단이 되어 러시아에 머물던 조선인 독립운동가는 러시아에 충성을 보이지 않으면 안 되었으므로, 독립운동은 이 조약의 영향을 받을 수밖에 없었다.[59] 실제로 1914년 12월 5일 주러 일본대사관이 조선인 몇 명을 러시아에서 추방해줄 것을 요구한 데 대해 러시아정부는 귀화한 조선인의 추방은 불가능하다고 회답했지만, 귀화하지 않은 조선인에게는 엄중한 추방정책을 폈다.[60]

결국 러시아령에서 이루어지던 조선인들의 독립운동은 제동이 걸릴 수밖에 없었고, 이러한 와중에 일어난 사건이 러시아혁명과 볼셰비키 압살을 위해 단행된 시베리아출병이다. 1917년의 3월혁명으로 차르체제가 붕괴하자 독립운동 지도자로서 관록이 붙은 러시아령에 살던 조선인들이 결성한 것이 '전러한족회全露韓族會議'다. 전러한족회는 1917년 6월 2일 니콜스크우수리스크Nikolskussuriysk에서 제1회 총회를 개최했다. 이때는 정치적으로는 비교적 온건한 귀화자가 중심이 되었기 때문에 정치적으로 급진적이었던 비귀화자는 불만을 품었고 결국 이들은 1917년 12월 말 하바로프스크Khabarovsk에서 독자적인 회의를 개최했다.[61] 그러나 1917년 11월혁명으로 볼셰비키가 정권을 장악하고, 이에 대한 일본의 본격적인 군사간섭이 임박한 상황 속에 전러한족회의 제2회 총회가 1918년 6월 13일부터 24일에 걸쳐 니콜스크우수리스크에서 개최되었다. 이때 귀화자와 비귀화자의 통합이 도모되어 귀화자를 대표하는 최재형崔才亨(1867년 무렵 연추로 이주. 귀화자사회의 장로 역할을 했으며 의병장 경험도 있다)과 비귀화자를 대표하는 이동휘 두 사람을 명예회장으로 선출했다. 전러한족회는 러시아령에 거주하는 조선인들의 민족통일전선을 형성했는데, 채택된 결의에는 "민족의 자립생활 수행을 위해 대러시아혁명으로 얻은 것을 일심 단결의 기치로 삼는다. 우리 자유 만세, 러시아혁명 만세, 사회주의 만세"가 있었다.[62] 사회주의의 영향을 받았음을 엿볼 수 있는데 그 주도적 인물이 이동휘였다.

1873년 함경남도에서 태어난 이동휘는 육군무관학교를 졸업한 후 군인이 되어 1907년 7월 한국군 해산 전까지 육군 참령參領으로 강화진위대에서 근무했다. 그러나 국운이 기울어가는 상황에 적절하게 대응하지 못하는 유교사회에 의문을 품어 1902년 개혁당에 가입했고, 1906년『가정잡지家庭雜誌』를 발행하고 1907년 신민회 창건위원으로 참가하는 등 독립운동 활동가로서 명망을 높였다. 한국군이 해산될 때 이동휘는 강화도에서 반란을 계획했다는 이유로 일본에 체포되었고, 이를 계기로 무장투쟁 노선을 추진하게 되었다. 그 후 105인사건에 연루되었다는 혐의로 체포될 것을 눈치 채고 간도로 탈출했다. 1912년에 간도국민회를 결성하고 1914년에는 나자구羅子溝 무관학교를 창설한 뒤 1915년에 블라디보스토크로 이동했지만, 일본의 요청을 받은 제정러시아에 구속되어 옥중에서 몇 개월을 보냈다. 이때 그를 구한 것이 러시아혁명이었고 3월혁명 후 석방되어 블라디보스토크로 돌아왔다.[63]

블라디보스토크로 돌아온 이동휘는 러시아혁명을 옹호하는 것이야말로 조선독립을 위한 길이라 생각해, 전러한족회의 제2회 총회가 끝난 직후인 1918년 6월 26일 볼셰비키 선전위원 크레코르노프Krekornoff(크라스노쇼코프Aleksandr M. Krasnoshchekov라는 설도 있다)의 도움을 받아 하바로프스크에서 한인사회당을 결성했다. 이동휘가 사회주의사상의 영향을 받았다는 것은 이 일로 분명히 알 수 있다. 하지만 그의 행동 배경에는 사회주의사상 말고도, 민족독립을 위해 러시아의 힘을 이용하고 일본이라는 공동의 적에 대한 민족적 연대라는 현실주의적 입장이 깔린 의도가 있었다.[64]

일본정부는 1918년 8월 2일 시베리아출병 선언을 했고 8월 12일에는 일본 육군 제12사단이 블라디보스토크에 상륙을 개시했다. 9월 9일에는 육전대가 니콜라예프스크에 상륙했고 10월에는 동부시베리아 일대를 점령하여 작전지역을 확대해갔다. 이러한 움직임은 이 지역에 거주하던 조선인들에게 필연적으로 중대한 영향을 끼쳤다. 이동휘는 시베리아출병 직전인 7월에 의병대를 조직하기로 결정했지만 일본군에 압도되었기 때문에 어쩔 수 없이 근거지를 중국령으로 옮겼다. 일본군은 전러한족회의 강제 해산, 『한인신보韓人新報』와 『한족공보韓族共報』 발행 정지, 점령지의 조선인 등록, 지도자 검속 등의 조치를 취했다. 이것은 코르차크Aleksandr V. Kolchak와 호르바트Dmitrii L. Khorvat 등 시베리아의 반혁명세력과의 공동작업이었다.[65]

그런데도 독립을 향해 움직이기 시작한 조선인들 중에는 더욱더 항일의식을 높인 이들도 있었다. 니콜라예프스크의 단지동맹斷指同盟을 비롯하여 홍범도는 타요자구大鳥蛇溝, 이범윤은 이만Iman지방, 이윤李允은 추풍秋豊, 유상훼劉尙燬는 중국령에서 동지를 모아 항일군을 조직했고, 유럽 전선에 참전했던(러시아에 귀화한) 조선인 병사들이 소집이 해제되어 빨치산에 참가하기도 했는데 그들은 하바로프스크의 적군赤軍 본부하에 러시아혁명에 대한 일본의 간섭에 대항하는 전선에 가담했다.[66]

일본군은 특히 블라디보스토크에서 직접 조선인을 탄압하는 데에는 신중을 기했다. 블라디보스토크라는 국제적 거점지역에 직접 손을 댐으로써 다른 연합국(특히 미국)과 분규를 일으키는 것을 두려워했기 때문이다. 이러한 사정도 작용해서 일본군이 블라디보스토크 중심가에 파견군 사령부를 설치한 1918년 8월, 변두리에 위치한 신한촌에서 반일 시위운동이 일어났다. 8월 29일(8년 전 이날 한국병합조약이 시행되었다. 그래서 신한촌에서는 매년 8월 29일이 되면 국치기념 한식일이라 부르며 각 집은 밥 짓는 연기를 피우지 않고 불만의 뜻을 나타냈다) 지척에 일본군 구축함이 정박한 가운데 시위운동을 벌인 신한촌 사람들은 독립을 고취하는 연설을 하고 태극기를 게양하고 독립 만세를 외쳤다. 일본 당국 입장에서는 이러한 사태의 전개가 몹시 불쾌하게 비쳐졌다.[67]

이러한 상황하에 러시아령에 거주하는 조선인들은 다가오는 파리강화회의에서 주도적 역할을 할 것으로 예상되는 한편 시베리아간섭도 하고 있는 미국, 미국을 대표하는 윌슨 그리고 그가 제창한 민족자결주의에 대해 어떠한 생각을 가졌고 어떠한 대응을 했는가?

지금껏 일본인으로 발을 들여놓은 자가 없던 블라디보스토크 근교 신한촌에 주블라디보스토크 일본총영사 기쿠치 요시로菊池義郎가 1918년 가을 조사를 위해 처음 이곳을 시찰했다(이때 기쿠치가 학교에 들러 200루블을 기부했는데 한 여교사가 이 돈을 찢어서 불 속에 던졌다[68]). 기쿠치는 1918년 12월 7일 우치다 야스야內田康哉에게 조선인은 독일의 승리를 믿고 러시아령과 만주에서 독일 밀정과 제휴하려 했으나 독일이 패배하자 새로 미국을 옹호자로 구하고 있고, 조선인은 시베리아에 파견된 미군을 보고 미국과 일본 간의 개전은 불가피하며 일본을 제약하기 위해 미국을 이용하려 생각하고 있으며, 다가오는 강화회의에서 윌슨이 조선 해방을 제의할 수도 있다고 과신하는 경향이 있다고 보고했다.[69] 1919년 1월 7일에는 지난해 12월 24일 신한촌민회 석상에서 김하구金何球가 (앞서 얘기한) 『오사카아사히신문』의 기사를 소개하면서 재미동포가 민족자결문제로 분투하고 있는 이때에 재러시아령 조선인들도 이를 보고만 있어서는 안 된다고 주장했고, 이에 대해 회의 참석자들은 찬성했지만 블라디보스토크에 거주하는 조선인들뿐만 아니라 전러한족회 중앙위원회에 제의하여 전체적으로 그 일을 맡기기로 결정했다는 사실도 보고했다.[70] 게다가 기쿠치는 1919년 1월 17일, 러시아령에 거주하는 조선인들은 재미동포에게 힘을 보태기 위해 자금 갹출을 꾀하고 있지만 현재 재정난에 빠져 있고, 파리강화회의에 대표를 파견하기 위해 후보자를 선정하고 있는데 이동휘와 최재형의 이름이 거론되고 있으며, 강화회의에 대표를 파견하는 문제에 관해서는 대표를 파견해도 독립은 이룰 수 없으며 대표자는 결사의 각오로 임해야 하고 일을 성취시키지 못하면 죽어야 한다고 생각하는 사람도 있다고 보고했다. 또 강화문제로 한국독립과 배일排日사상을 고취하고 있는 자는 일이 이루어지지 않으면 신용이 땅에 떨어져 다시는 배일을 입에 담을 수 없기 때문에 상해, 요코하마 등 유럽과 미국으로 가는 항구에서는 조선인의 도항을 감시할 필요가 있다는 것도 보고했다.[71]

상해의 신한청년당이 일본과 중국 등에 사람을 파견하고, 여운형이 러시아령에 간 것은 앞서 이야기했다. 여운형은 1919년 2월 중순 상해를 출발하여 장춘長春과 하얼빈을 거쳐 블라디보스토크에서는 이동휘, 이동녕李東寧, 박은식, 문창범文昌範, 강우규姜宇奎, 조완구趙琬九 등 대한민국임시정부와 관련이 있는 사람들과 만나 김규식을 파리에 파견한 일과 재일 유학생이 움직이기 시작했다는 것 등을 이야기하고 이 지역 동포들을 격려한 뒤, 3월 6일 블라디보스토크를 출발하여 상해로 돌아왔다.[72]

극동 러시아령에서 이러한 상황이 전개되자 일본 당국은 평안남도 사무관 시노다 지사쿠篠田治策와 평안북도 군서기관 시미즈 효조清水兵三 두 사람을 1919년 1월 22일자로 블라디보스토크파견군 정무부 사무관에 임명했다. 육군성에서는 이들에게 직접 지시하기 위해 임명에 앞서 1월 20일 두 사람에게 상경을 명령했다. 시노다의 임명은 통감부 임시 간도파출소 총무과장을 1907년부터 2년간 근무한 경력을 높이 평가한 것으로 그는 이후 경성제국대학 총장까지 출세했다.[73]

시노다 지사쿠는 1919년 2월 20일 시미즈 효조를 미곡상인으로 변장시켜 신한촌을 정찰케 했는데 조선인들의 반응은 즐겁게 잡담에 응하는 등 나쁘지 않았다. 이에 시노다는 조선에서 3·1운동이 발발한 당일인 3월 1일 신한촌에 갔고, 3월 3일 다시 방문하여 한인회장이며 한민학교 교장이기도 했던 한용권韓容權(한 안드레이)과 만났다. 이 자리에서 한용권은 한국은 본의 아니게 일본에 병합되었고, 병합 후에도 일본인은 경찰관, 조선인은 죄인의 지위에 있다고 비난했다. 또한 신한촌에서 강화회의에 위원 두 명을 파견했고, 자신들의 사상을 가장 잘 이해하고 동정해주는 미국에 독립을 청원했다고 밝혔다. 일본은 남보다 조금 나은 점을 이용하여 한국을 병합하고 중국도 병합하려 하지만 자신들은 어디까지나 무력이 아니라 사상으로써 일본에 반항할 작정이라고 말하며 시노다와 격론을 벌였다. 시노다는 다음 날인 3월 4일 한민학교를 다시 방문했는데, 이날은 러시아력으로 2월 19일로 1861년 이날 농노해방이 이루어졌기 때문에, 한민학교는 그것을 기념하는 수업을 했다. 이처럼 시노다는 몇 차례의 신한촌 방문을 통해 이곳 조선인들을 회유·동화하기가 쉽지 않다고 결론지었다.[74]

이상에서 엿볼 수 있듯이 러시아령에 거주하는 조선인들은 러시아혁명으로 사회주의사상의 영향을 받는 한편, 윌슨이 제창한 민족자결주의와 윌슨이 대통령인 미국에 대해서도 적지 않은 기대를 걸고 있었다. 다만 그 전제로 그들에게는 항일내셔널리즘이 있었기 때문에 미국과 러시아의 힘을 이용하려 했던 것이다. 또한 러시아혁명으로 볼셰비키 정권이 등장하자 윌슨이 제창한 사상을 실천하는 형태로 제정시대의 억압이 철폐되는 상황이 전개되었고 그 영향이 시베리아지역에도 미쳤다. 물론 이 지역에서는 반혁명인 시베리아출병이 이루어지는 등 극도로 혼란스러웠지만, 그러한 상황 속에서 한국독립운동은 민족주의를 유지하면서도 러시아혁명으로 인한 사회주의의 영향을 받아 활동을 전개했으며 그 영향력은 가까운 간도에도 미쳤다.[75]

전러한족회 중앙총회를 중심으로 한 이 지역 조선인들은 1919년 1월 니콜리스크에서 비밀회의를 열고 이동휘와 최재형 등을 파리강화회의에 파견하기로 결정했다.[76] 그러나 결국 니콜리스크 전러한족회 중앙위원 문창범의 주장이 통과되어 윤해尹海와 고창일高昌一 두 사람이 러시아어와 프랑스어로 쓴 '조선인 총대표'라고 기재한 증명서를 가지고 파리로 갔다.[77]

국내 조선인들의 수용과 대응

이 절에서는 민족자결주의가 조선에 어떻게 전파되었는지에 관해 살펴보도록 하자. 여기서 먼저 참고로 삼은 것은 조선총독부의 준기관지라고 할 수 있는 조선어 신문『매일신보每日申報』다. 이 신문에서 민족자결주의에 관해 보도한 경과를 알아보자.

우선『매일신보』는 1916년 5월 31일에 윌슨이 강화를 알선해달라는 요청을 받았을 때에 협상국과 동맹국 양 진영에 제시한 조건에 관해 보도했다.[78] 시기로 보아 이 기사는 앞서 얘기한 이해 5월 27일 평화추진연맹에서 윌슨이 한 연설에 관한 것이지만 민족자결에 관해서는 전혀 언급하지 않았다. 이어진 기사는 14개조를 받아 쓴 것이다.『매일신보』는 1918년 1월 11일 기사에서 윌슨이 1월 8일에 한 연설에서 14개조를 요구했다고 보도했는데, 그중에서 민족자결주의에 관해서는 다음과 같이 보고했다.

> 4. 총總히 식민지문제는 거주민의 이해利害에 응應하여 정리할 것.
> 7. 특별국제조약을 체결하여 민족의 대소를 불문하고 균일히 정치상의 독립 및 영토보전을 보장할 것.[79]

이후 1918년 5월에는 폴란드와 핀란드에서, 9월에는 체코슬로바키아에서 각각 독립을 향한 움직임이 보인다고 보도한 뒤,[80] 세계대전의 휴전이 임박한 10월 24일에는 "이 14개조는 이후 강화문제가 논의될 때마다 화제에 오를 것이므로 독자가 참고할 수 있도록 특별히 이를 소개한다"라며 14개조를 게재했다. 그중 민족자결주의에 관해서는 다음과 같이 보도했다.[81]

제 5 조 식민지문제는 소속 인민의 이해利害를 존중하고 자유 또는 공명한 주의로써 공평히 해결할 것.

제14조 열국은 국가의 대소를 불문하고 총總히 그 독립과 보전을 보호하기 위하여 특종의 맹약을 체결할 것.

조선총독부와 관계가 깊은 『매일신보』가 어째서 14개조와 민족자결주의에 관해 보도했는지는 분명하지 않으나, 이 신문(나아가 조선총독부)이 이러한 기사가 조선인들에게 끼칠 영향에 관해 무관심 혹은 낙관적이었던 것은 물론 아니다. 그 증거로 세계대전 휴전 직전인 1918년 11월 5일과 6일에 이 신문에 실린 사설을 들 수 있다. 이 사설은 이른바 강화의 기초조건이란 미국 대통령의 선언 중에 포함된 것으로, 주요한 것으로 민족자결, 민족해방, 비배상非賠償, 비병토非倂土, 선후의 국제연맹 등이 있다고 밝혔다. 이 중에서 민족자결과 민족해방이란 이른바 정의와 인도를 기초로 한 것으로 매우 숭고한 주장이지만, 러시아와 오스트리아의 혼란상을 볼 때 미처 깨닫지 못한 사이에 미국 대통령은 더욱더 이를 확대하여 세계 여러 나라의 와해를 촉진하고 있다고 주장했다. 나아가 미국 대통령이 언급한 피지배민족은 유럽에만 국한되어 있지만 유럽과 미국을 포함한 여러 나라의 굴레 아래에 있는 아프리카, 아시아, 태평양의 여러 민족도 피지배민족이며, 미국 대통령은 먼저 자국 내의 인디언, 하와이, 서인도, 필리핀에 대해 "말을 꺼낸 사람부터 먼저 시작하라"는 태도로 임했는가, 미국 대통령은 지금 뿌린 씨를 훗날 수확할 책임을 자각하고 있는가 등의 질문을 던졌다.[82] 일본의 조선통치를 완전히 제쳐두고 한 주장이지만 바로 여기에 『매일신보』, 나아가 조선총독부의 본심이 나타나 있다. 이 사설은 민족자결주의는 세계의 붕괴를 초래할지 모르고 이것을 입 밖에 낸 미국 자체가 자기모순에 빠질지 모르며 따라서 장래 강화의 기초조건으로는 성립할 수 없다고 강조하려 한 것이 분명하다. 그러나 여기서 처음으로 민족자결이라는 말이 사용되었고 이에 관해 확실히 이해하지 못했던 일반인들도 접하게 됨으로써 이 사설은 도리어 역효과를 초래했다고도 생각할 수 있다.[83] 이러한 상황을 눈치 챈 조선총독부는 1919년 1월 17일 경무과장이 각 도 장관에게 지시하는 형태로 민족자결주의를 조선에 적용하여 미국 또는 강화회의에서 이루어지고 있는 조선인의 공작활동을 신문에 게재하지 않도록 발행책임자에게 경고하고, 이를 위반하면 일본에서 들여오는 수입 신문도 포함해서 압류하라고 명령했다.[84]

조선총독부가 민족자결주의와 조선과의 관계에서 주의한 것은 신문 기사뿐만이 아니라 조선에 거주하는 미국인 선교사도 마찬가지였다. 관헌 측의 1918년 11월 20일자 보고에 따르면, 상류계급이나 지식계급의 조선인들은 장래 미국과 일본의 충돌은 피할 수 없다고 생각했다. 한편 그들 중에는 조선에 거주하는 미국인 선교사들이나 조선인 목사들 중에서 대전이 휴전된 후에 조선총독부에 대한 태도가 오만해진 자에 대해 분개하는 자도 있었다. 그러나 연희전문학교 교사 벡Arthur L. Beck과 빌링스Bliss W. Billings가 제1차 세계대전에서 미국의 역할을 강조했기 때문에 강화회의 때 윌슨 대통령은 반드시 정의와 인도를 표방하며 약소국에게 동정심을 보일 것이므로 조선의 장래에 있어서는 다행이라 생각하는 학생이 이 학교에서 나왔다.[85]

더욱이 1918년 11월 30일자 관헌 보고를 살펴보면,[86] 근래 조선인 학생들 사이에 "신하와이"라는 말을 입에 담는 자가 있는데 이것은 연희전문학교를 가리키며, 이 학교 학생 중에 김원벽金元璧과 노준탁盧俊鐸 등이 강화조약이 성립된 것은 오로지 미국이 참전했기 때문이며, 세계대전으로 인해 제국주의는 완전히 패배했고, 전 세계는 민주주의의 지배를 받을 것이라고 말했다.

또한 그들은 파리강화회의에서 윌슨이 정의와 인도주의에 따라 조선을 위해 힘써주리라 믿고 있고, 강화회의에서 세계 약소국이 동맹하여 참석하는 것에 동참하여 조선에서도 황해도의 어느 부호가 3만 엔을 후원해준 이승만이 참석할 예정이라는 소문이 서울에서 유포되고 있다고 말했다는 내용 등에 대해 언급했다. 마지막으로 이 보고는 서울에 거주하는 선교사들 중에 군국주의는 전멸하고 민주주의가 세계를 풍비하여 강자가 약자를 억압하는 시대는 가고 지금이야말로 민본民本의 기초가 확립되었다고 말하는 자가 있다고 결론지었다.[87]

미국인 선교사들이 실제로 윌슨의 민족자결주의가 조선에도 적용된다고 조선인들에게 말했는지 여부는 확인할 수 없다. 그러나 신문 보도와 더불어 민족자결주의의 영향이 점차 조선인들 사이에 널리 퍼졌음은 이상의 보고에서도 충분히 엿볼 수 있다. 그래서 앞서 말한 것처럼 조선총독부는 민족자결주의에 관한 신문 보도에 대해 보도관제를 폈고, 주서울 미국총영사관은 조선에 거주하는 미국인 선교사들에게 조선의 정치문제에 개입하지 말라고 지시했다.

그런데도 조선에서 신문 보도와 미국인 선교사 등에 의해 민족자결주의가 널리 퍼지는 것을 1919년 3월 1일 민족대표로서 독립선언서에 서명한 천도교·기독교·불교 지도자들은 간과하지 않았다. 천도교 간부였던 권동진權東鎭의 신문조서에 따르면, 그는 1918년 11월에 14개조 중에 민족자결이 주장되었음을 신문에서 보았고 조선도 민족자결에 근거하여 독립할 수 있다면 좋겠다고 생각했다. 이러한 생각을 역시 천도교 간부였던 오세창吳世昌과 최린崔麟에게 밝혔고 의기투합한 세 사람은 동지를 모아 독립운동을 하기로 결정했다. 이해 12월 말에는 천도교 교주 손병희孫秉熙에게 자신들의 계획을 이야기해 찬성을 얻었다.[88] 또한 기독교계의 지도적 인물이었던 이승훈과 박희도朴熙道도 『매일신보』에서 민족자결에 관한 기사를 보고 조선도 민족자결에 근거해 독립을 도모해야 한다고 생각했다.[89] 불교 대표자로서 독립선언서에 서명한 두 명 중 한 사람인 한용운韓龍雲도 『매일신보』에서 민족자결주의 제창과 유럽에서의 몇몇 민족의 독립 달성 기사를 보고 조선도 독립할 수 있다고 생각했다.[90]

그러나 윌슨의 민족자결주의가 조선에까지 적용될지 여부에 관해서는 이들의 생각이 일치하지는 않았다. 예컨대 천도교에서는 세 명의 간부 중에서 최린과 권동진은 민족자결주의는 전 세계 모든 민족에 대한 것이라 생각했고[91] 손병희도 이에 찬성했지만,[92] 오세창은 민족자결주의는 제1차 세계대전에 관여한 나라에서는 실행되지만 그 밖의 나라에서는 곤란할 것이라 생각했다.[93]

그러나 민족자결주의에 대한 생각의 차이와는 관계없이, 민족자결주의가 제창된 상황에서 독립운동을 전개하고 궁극적으로 조선의 독립을 실현하려 한 점에서는 독립선언서에 서명한 33인 사이에 차이는 없었다. 게다가 앞서 말한 것처럼 3·1운동의 직접적인 원인이 민족자결주의라는 견해가 (특히 일본에서) 상당히 일반적인 반면, 구한말 이래의 민족주의사상과 국권회복운동의 전술론으로서 기회포착론에 바탕을 두고 독립선언서에 서명한 33인과 일반 조선인들은 민족자결주의의 한계를 충분히 알면서도 능동적으로 재빠르게 독립운동을 전개한 것이므로 민족자결주의와 3·1운동의 관계를 과대평가해서는 안 된다는 주장도 있다.[94]

분명히 조선에서는 1884년의 갑신정변, 1894년의 갑오농민전쟁, 1905년의 보호국화 이후에 본격화된 애국계몽운동과 의병투쟁 등의 움직임이 있었으며, 일본의 한국병합 후 무단통치가 조선인들에게는 몹시 가혹했다는 점에서 윌슨의 민족자결주의 제창이 없었더라도 조선인들이 그러한 상황을 타파하기 위해 반드시 무언가 행동을 했을 거라고 보는 견해도 일리가 있다. 그러나 독립선언서에 서명한 33인 중 중심적 인물은 (민족자결주의에는 한계가 있다고 생각한 자가 있었다고 하더라도) 민족자결주의에 의존해 독립운동을 전개하려고 생각했다고 고백했고, 민족자결주의가 신문 기사와 선교사 등을 통해 학생을 비롯한 일반 시민에게 퍼져 있었다는 점을 생각하면,[95] 만약 민족자결주의가 제창되지 않고 유럽의 몇몇 나라에서 독립 움직임이 보이지 않았다면 (실제로 일어난) 3·1운동과 같은 시기에 같은 규모의 운동이 일어났을 거라고는 단언할 수 없다. 한국독립운동은 내적 요인과 외적 요인이 서로 어울려 전개되었다고 보는 것이 타당하며 3·1운동과 민족자결주의의 관계도 그것을 전제로 파악할 필요가 있다.

제 5 장

삼일운동의 발발

고종의 죽음

1863년에 겨우 열두 살의 나이로 즉위한 고종은 국운이 기울어가는 과정에 직면했다. 결국 그는 한국이 일본의 보호국이 된 후인 1907년 헤이그밀사사건으로 통감 이토 히로부미伊藤博文로부터 퇴위를 강요받아 민비(명성황후)와의 사이에서 난 아들 이탁李拓(순종)에게 황제 자리를 물려주었다. 일본의 한국병합 후 일본 황족에 편입된 조선왕실은 어쩔 수 없이 고종은 이태왕李太王, 순종은 이왕李王이라 불리게 되었다.[1]

이리하여 일본은 한국을 병합한 후 일본과 조선이 하나가 되었다는 인상을 국내외에 심기 위해 조선왕실을 이용했다. 그래서 일본이 눈을 돌린 것이 영친왕 이은李垠의 결혼문제였다. 순종의 아우며 고종과 귀인貴人 엄씨 사이에서 태어난 이은은 1907년 12월 5일 일본식 교육을 받기 위해 이토 히로부미를 따라 일본으로 갔다. 이은에게는 1907년에 이미 민갑완閔甲完이라는 약혼자가 정해져 있었지만 일본정부와 조선총독부 그리고 친일파 조선인들은 '일선융화日鮮融和'를 위해 이은과 일본인 여성과의 결혼을 계획했다. 그래서 선택된 사람이 황족의 일원이었던 나시모토노미야梨本宮 모리마사守正 왕의 장녀 마사코方子였다. 마사코는 당시 황태자(나중의 쇼와천황昭和天皇)의 비가 되리라는 소문도 있었는데, 이은과의 결혼에 대해서는 전혀 알지 못했다. 1916년 8월 자신과 이은의 약혼 발표를 보도한 신문 기사를 보고서야 비로소 이 사실을 알았을 정도였다.[2] 이은과의 결혼이 결정된 후 마사코는 가쿠슈인學習院에서 신부수업을 받았다. 1917년 2월 8일 납채納采의식, 1918년 12월 13일 고기告期의식을 거쳐 결혼식은 1919년 1월 25일에 거행하기로 결정되었다.[3] 그러나 두 사람의 결혼식을 나흘 앞둔 1월 21일 고종이 뇌일혈로 중태에 빠졌다는 소식이 도쿄에 전해져 이은은 조선으로 돌아갔다. 하지만 고종은 결국 다음 날 1월 22일에 사망했다.[4]

정무총감 야마가타 이사부로山縣伊三郎가 상경 도중에 고종 사망 소식을 접했을 때, 결혼식을 무사히 거행하기 위해 식이 끝날 때까지 고종의 사망 사실을 발표하지 않는 편이 좋다는 의견도 있었다. 이에 대해 야마가타는 이은과 마사코의 결혼에 관해 갖가지 소문이 나돌고 있으므로 고종의 죽음을 숨기고 결혼식을 거행하는 것은 바람직하지 않다고 주장했다. 야마가타는 조선총독 하세가와 요시미치長谷川好道와 본국 정부와 협의한 결과, 고종의 사망을 발표하기로 결정했다.[5] 1월 22일 서울의 버그홀츠Leo A. Bergholz로부터 고종 사망 보고를 받은[6] 국무장관 대리 포크Frank L. Polk는, 1월 28일 조선총독부에 조의를 표하라고 버그홀츠에게 훈령했다.[7] 훈령을 받은 버그홀츠는 1월 30일 조의 편지를 하세가와에게 보냈고,[8] 편지를 받은 조선총독부 외사과장 히사미즈 사부로久水三郎는 2월 3일 감사의 뜻을 적은 답장을 버그홀츠에게 전달했다.[9]

고종의 사망으로 이은과 마사코의 결혼식은 이듬해인 1920년 4월 28일까지 연기되었다.[10] 수상 하라 다카시原敬는 1월 27일에 고종의 국장을 거행하기로 결정하고 야마가타 이사부로를 장의 의장에, 이토 히로부미의 아들 이토 히로쿠니伊藤博邦와 일본의 한국병합 시 한국 수상이었으며 대표적인 친일파인 이완용을 장의 차장에 각각 임명했다.[11] 이를 받아들여 야마가타는 2월 5일 이토 히로쿠니와 이완용과 의논하여 장례 날짜를 3월 3일로 정했다.[12]

그런데 고종의 사인은 공식적으로 뇌일혈로 발표되었지만 조선인들 사이에서는 이와 관련해 두 가지 소문이 나돌았다. 그중 하나가 고종의 자살설이다. 일본의 한국병합을 기꺼워하지 않았던 고종은 자기 속을 드러내지 않고 참았으나 이은과 마사코의 결혼은 차마 눈뜨고 볼 수 없어 이를 백지화시키기 위해 자살했다는 것이다.[13] 또 다른 소문은 독살설이다. 민족주의 독립운동가며 역사학자였던 박은식朴殷植은 1920년 상해에서 출간한 『한국독립운동지혈사韓國獨立運動之血史』에서, 일본은 이은과 마사코를 결혼시켜 베르사유 강화회의가 개최되고 있던 유럽으로 신혼여행을 보내 일본과 조선이 하나라는 인상을 주려 했고 또 일본의 한국병합이 양국의 합의로 이루어졌다는 문서를 작성해 어새 날인을 요구했지만 고종이 거부했기 때문에 궁궐 내의 한상학韓相鶴을 시켜 독살했다는 이야기 등을 적었다.[14] 또 1월 21일 측근과 옛날이야기를 하며 흥겨워하던 고종이 밤이 깊어 잠자리에 들자마자 갑자기 고통스러워하며 곧바로 숨을 거뒀고, 퇴위 후에도 국력 만회에 부심하던 고종이 파리에 밀사를 보낼 계획을 추진하고 있던 것을 알아챈 조선총독부가 고종의 시의侍醫인 안상호安商鎬를 시켜 독살했다는 등의 '진상'이 마사코의 귀에도 들어갔다.[15]

고종의 사인과 관련된 소문 중 먼저 자살설부터 살펴보면, 설령 고종이 이은과 마사코의 결혼을 반기지 않은 것이 사실이더라도(그것을 입증할 명확한 증거는 보이지 않는다) 자신의 자살로 일본이 결혼을 백지화시킬 거라고 그가 생각했을 가능성은(과거 수십 년간에 걸친 그와 일본이 주고받은 경험으로 보더라도) 전혀 없었다. 또한 독살설과 관련해서 고종이 파리에 밀사를 보낼 계획을 세우고 있었고, 일본이 한국병합이 합의하에 이루어졌다는 문서에 어새 날인을 강요했지만 고종이 거부했다는 이야기가 사실이었음을 명확하게 보여주는 자료 역시 발견되지 않았다. 궁내성 이왕직 직원으로 순종을 모시던 곤도 시로스케權藤四郎介는 1월 22일의 일에 대해 자신이 현장에 달려갔을 때에는 의사들도 손쓸 방도가 없는 상황이었고, 사망 후 고종의 용태는 생전과 조금도 변함이 없었으며, 조선총독부가 고종을 독살했다든가 고종의 유체에 붉은 반점이 보였다든가 하는 소문이 나돌아 곤혹스러웠지만 고종의 진짜 사망 원인은 뇌일혈이었다고 회상했다.[16] 이상에서 살펴본 내용을 정리하면 고종은 이미 과거의 인물이었고 일본이 이 시점에서 자신들의 손으로 고종을 죽음으로 몰아갈 수밖에 없는 긴박한 상황은 아니었다는 점에서 판단하면, 고종이 독살되었을 가능성은 몹시 희박하다.[17]

그러나 67세였던 고종의 사인을 둘러싸고 떠돌던 소문 가운데 무엇이 진실이었는지는 이 시점에서는 이미 문제가 되지 않았다. 고종의 사망과 그 사인을 둘러싼 소문이 유포되면서 무단통치 아래에서 압박을 받던 조선인들의 정치의식이 자극되어 조선왕실에 대해 특별한 감정을 가지지 않던 자도 "이 기회에 평소 품었던 배일排日사상, 적어도 구한국을 회상하며 불평하거나 자신들의 국가에 대한 버릴 수 없는 애착심을 조의의 형태로 나타냄으로써" 드러냈던 것이다.[18] 나중에 독립선언서에 서명한 민족대표 33인 중에는 고종의 사망에 대해서는 특별한 감정을 품지 않았던 자가 적지 않았다.[19] 고종의 장례식을 이용하여 독립운동을 전개하는 것을 알지 못한 채 서명한 자도 있고[20] 또 3월 1일에 독립선언서를 발표한 이유를 선언서가 그날까지 인쇄될 것이라 생각했기 때문이라 말하는 자,[21] 그저 단순히 고종의 국장 전에 하는 것이 좋겠다고 생각했기 때문이라 말하는 자,[22] 독립운동 계획이 누설될 염려가 있었기 때문에 빨리 하는 것이 좋겠다고 생각했기 때문이라 말하는 자도[23] 있었다. 그러나 조선헌병대 사령부는 고종의 죽음이 조선인 일반에

끼친 영향을 다음과 같이 적었다.[24]

> 1월 22일 갑자기 이태왕 홍거薨去가 발표되자 그 급작스러운 부음에 놀라지 않는 자가 없었고 이 때문에 금세 사인에 대한 유언비어가 무성하게 생겨났다. 때마침 왕세자(이은을 가리킴) 전하의 가례 기일이 다가왔기 때문에 근거도 없이 이것저것 억측을 낳았다. 혼례를 기뻐하지 않은 끝에 자살한 것이 사인이라며 그 원통함은 모두 일본에 원인이 있다는 망언을 유포하는 자가 있어 급작스레 배일사상이 크게 일어났다. 조문하는 양반 유생은 대부분 국장을 배척하고, 명기銘旗에 폐하의 존호를 써야 한다는 등 세상이 시끄러워져서 일반 고로古老의 뇌리에 깊이 나쁜 인상을 각인시켰다. 그래서 민족자결사상과 이태왕 홍거 원인에 관한 망언이 조선 민중 전체에 널리 퍼져 불길한 기운이 경성 전 시가를 뒤덮었고 누구라고 할 것 없이 국장 전후에 무슨 일이 발생하지 않을까 하는 말을 떠들어 민심이 자못 평온하지 않은 상황이었다. 지방에서 국장을 보기 위해 상경한 자가 20만 명이나 되었는데, 이들이 앞에 쓴 바와 같이 뜬소문으로 민심이 평온하지 않음을 보고 들은 뒤 귀향했다. 그래서 뜬소문은 다시 뜬소문을 낳아 지방 민심에 막대한 자극을 주었고 지방의 일반인들 역시 불안한 마음으로 치달았다…….

이처럼 고종의 자살설과 독살설은 점차 지방에까지 전해졌다. 조선헌병대 사령부의 조사보고서는 함경남북도를 제외한 곳에서는 다소 정도의 차는 있으나 민심은 고종의 자살설과 독살설에 몹시 영향을 받고 있고, 사람들은 애도하며 근신하는 뜻을 보이고 있으며, 남동부의 경상남도에서는 양반 두 사람이 고종의 사망을 애도한 나머지 자살했다는 것 등을 기록했다.[25] 어쨌거나 3월 3일에 예정되었던 고종의 국장에 참석한다는 명목으로 일본의 한국병합 후 처음으로 집회와 이동이 이루어져서 수십만이나 되는 사람들이 서울로 향했다.

도쿄 이팔독립선언

앞서 말한 재일 조선인 학생들의 단체였던 학우회는 민족자결주의와 조선과의 관계도 포함하여 여러 문제를 몇 차례에 걸친 모임에서 논의했는데, 이때 현재 상황을 이용하여 뭔가 구체적인 행동을 취하자는 의견이 나왔다. 학우회는 1918년 12월 29일 도쿄시 간다구神田區 오모테사루가쿠초表猿樂町에 있는 청년회관에서 망년회와 동서연합웅변회를 개최했는데, 여기에 약 200명이 참석했다. 이 모임에서도 조선은 이러한 때에 독립을 해야 하며, 목숨을 걸고서라도 목적 달성을 위해 모든 수단을 다하지 않으면 안 된다는 논의를 하고 구체적인 활동을 하자는 데 합의했다.[26]

이듬해인 1919년 1월 6일 학우회는 청년회관에서 다시 웅변회를 개최했다. 여기서 유학생들은 "지금의 상황은 우리 조선 민족이 독립운동을 하기에 적당한 시기다. 이미 해외동포도 제각각 운동을 하고 있는데 우리만 수수방관한다면 조국에 충실하지 못한 것이기 때문에 구체적 운동을 시작하지 않으면 안 된다"고 주장하며 최팔용崔八庸(와세다대학), 김도연金度演(게이오대학慶應大學), 백관수白寬洙(세이소쿠正則영어학교), 이종근李琮根(도요대학東洋大學), 송계백宋繼白(와세다대학), 최근우崔謹愚(도쿄東京고등사범학교), 서춘徐椿(전 도쿄고등사범학교), 전영택全榮澤(아오야마학원), 윤창석尹昌錫(아오야마학원), 김상덕金尙德(무직) 등 10명을 실행위원으로 선출했다. 실행위원들은 독립선언서를 일본정부와 각국 대사·공사 및 귀족원·중의원에 보내기로 결정하고 다음 날인 7일 청년회관에서 참석자들에게 자신들의 결정을 보고하고 동의를 얻었다. 조선 유학생이 모임을 가지고 있음을 알아챈 경찰 당국은 같은 날 실행위원 등을 소환·유시諭示하고, 이튿날인 8일에는 역시 약 200명의 유학생이 청년회관에서 가진 모임에서 중심 인물이라 생각되는 서춘과 윤창석 등을 소환함으로써 회의를 해산시켰다.[27]

때마침 이 무렵 와세다대학 학생으로 상해 신한청년당의 일원이기도 했던 이광수가 중국에서 조선을 거쳐 도쿄에 머무르고 있었다. 그는 상해에서는 이미 독립운동이 계획되고 있고 조선에서도 머지않아 독립운동이 일어날 형세이긴 하지만, 당국의 경계와 압박이 심해 거사가 몹시 어려운 상황이라는 소식 등을 재일 조선인 유학생들에게 알려주었다. 미국 유학을 마치고 귀국하는 도중에 도쿄에 들른 지용은池鎔殷도 재미 조선인들의 활동 상황을 알려주었다. 한편 재일 조선인 유학생들은 시베리아에서의 조선인 활동 상황도 알게 되었다.[28] 최팔용, 송계백, 서춘, 이광수 등은 도쿄에서 독립운동을 일으키는 것에 대해 상의하고, 학우회 실행위원 10명 중 9명(전영택은 병 때문에 사임)과 새로 실행위원이 된 이광수, 김철수金喆壽(게이오대학) 등 11명은 당국의 경계를 피해 음식점에서 비밀회의를 가져 일본과 각국에 대해 독립선언을 하는 조직으로서 '조선청년독립단'을 결성했다.[29] 조선청년독립단은 곧바로 독립선언서의 기초에 착수했는데 주로 이광수가 담당하고 백관수와 김도연이 도왔다. 이광수는 이 선언서를 영어와 일본어로 번역하기도 했다.[30]

조선청년독립단은 송계백과 최근우 두 사람을 조선에, 이광수를 상해에 각각 파견했다. 독립선언문을 모자 속에 꿰매어 숨긴 채 귀국한 송계백은 자신이 졸업한 중앙학교 교사 현상윤에게 독립선언 계획에 대해 상의했다. 이 계획에 찬성한 현상윤은 다시 중앙학교 교장 송진우宋鎭禹에게 이 일을 전했고 송진우도 찬성했다. 세 사람은 의논한 결과 동지를 모으는 데 의견이 일치하여 현상윤은 자신의 은사이자 천도교 간부였던 보성고등보통학교 교장 최린에게 도쿄에서의 움직임을 전했다. 최린은 다시 천도교 교주 손병희에게 이 일을 전했는데, 손병희는 기뻐하며 즉석에서 자신이 이런 기회를 기다리고 있었으며 이런 기회에 일어나지 않으면 국민의 도리에 어긋난다고 말했다. 도쿄에서의 움직임을 국내에 무사히 전한 송계백은 도쿄로 돌아갔다.[31] 한편 최팔용은 2월 6일 일어로 된 민족대회초집청원서의 1,000부 인쇄를 의뢰하고(이튿날 인쇄 완료), 독립선언서와 결의문(영문은 타자기로, 일문과 국문은 등사판으로)은 각각 600부씩 등사했다.[32]

당국은 불온한 분위기를 알아채고 탐문수사에 나설 태세를 취했지만, 재일 조선인 학생들은 2월 8일 오전에 선언서를 일본 의회와 주일 각국 대사관, 내외의 각 신문사에 보내고, 이날 오후 간다구 오모테사루가쿠초에 있는 청년회관에서 200명이 모여 집회를 열었다. 이 집회에서 학생 몇 명이 비장한 연설을 하자 임석했던 경관이 중지를 명령했다. 이 일로 잠시 침묵이 흐르기는 했지만 최팔용은 준비한 독립선언서를 낭독 발표하고 독립 만세를 소리 높여 외쳤다. 이를 본 집회 참가자들은 열광하며 이에 찬동의 뜻을 표했다.[33] 이때 낭독한 독립선언서와 결의문은 다음과 같다.[34]

2·8독립선언서

朝鮮青年獨立團은 我二千萬民族을 代表하여 正義와 自由의 勝利를 得한 世界萬國의 前에 獨立을 期成하기를 宣言하노라.

四千三百年의 長久한 歷史를 有한 吾族은 實로 世界古民族의 一이라 비록 有時乎 中國의 正朔을 奉한 事는 有하였으나 此는 兩國王室의 形式的 外交的 關係에 不過하였고 朝鮮은 恒常 吾族의 朝鮮이고 一次도 統一한 國家를 失하고 異族의 實質的 支配를 受한 事 無하도다.

日本은 朝鮮이 日本과 脣齒의 關係가 有함을 自覺함이라 稱하여 一八九四年 淸日戰爭의 結果로 韓國의 獨立을 率先承認하였고 美 英 法 德 俄等 諸國도 獨立을 承認할뿐더러 此를 保全하기를 約束하였도다. 韓國은 그 恩義를 感하여 銳意로 諸般改革과 國力의 充實을 圖하였도다.

當時 俄國의 勢力이 南下하여 東洋의 平和와 韓國의 安寧을 威脅할제 日本은 韓國과 攻守同盟을 締結하여 俄日戰爭을 開하니 東洋과 韓國의 獨立은 此同盟의 主旨라 韓國은 더욱 其好意에 感하여 陸海軍의 作戰上 援助는 無하였으나 主權의 威嚴까지 犧牲하여 可能한 온갖 義務를 다하여서 東洋의 平和와 韓國獨立의 兩大目的을 追求하였도다. 及其 戰爭이 終結되고 當時 美國大統領 루즈벨트氏의 仲裁로 講和會議가 開設될제 日本은 同盟國인 韓國의 參加를 不許하고 俄日兩國代表者의 任意로 日本의 韓國에 對한 宗主權을 議定하였으며 日本은 優越한 兵力을 持하고 韓國의 獨立을 保全한다는 舊約을 違反하여 殘弱한 韓國皇帝와 그 政府를 威脅하고 欺瞞하여 國力의 充實됨이 足히 獨立을 得할 만한 時期까지라는 條件으로 軍隊를 解散하니 民間의 武器를 押收하고 日本軍隊와 憲兵警察을 各地遍置하여 심지어 皇宮의 警備까지 日本의 警察을 使用하고 如此하여 韓國으로 하여금 全혀 無抵抗者를 作한 後에 明哲의 稱이 有한 光武皇帝를 放逐하고 精神의 發達이 充分치 못한 皇太子를 擁立하고 日本의 走狗로 所謂 合併內閣을 組織하여 秘密과 武力

의 裏에서 合倂條約을 締結하니 玆에 吾族은 建國以來 半萬年에 自己를 指導하고 援助하노라는 友邦의 軍閥的 野心의 犧牲이 되었도다. 實로 日本의 韓國에 對한 詐欺와 暴力에서 出한 것이다. 如此한 詐欺의 成功은 世界興亡史上에 特筆할 人類의 恥辱이라 하노라.

保護條約을 締結할 時에 皇帝와 賊臣 아닌 幾個 大臣은 온갖 反抗手段을 다하였고 發表 後에도 全國民은 赤手로 可能한 온갖 反抗을 다하였으며 司法 警察權의 被奪과 軍隊解散時에도 亦然하였고 合倂時를 當하여는 手中에 寸鐵이 無함을 不拘하고 可能한 온갖 反抗運動을 다하다가 精銳한 日本의 武器에 犧牲이 된 者 不知其數며 爾後 十年間 獨立을 恢復하려는 運動으로 犧牲된 者 亦是 其數 十萬이며 惡毒한 憲兵政治下에 手足과 口舌의 箝制를 受하면서도 繼續 獨立運動이 絶한 적이 없다. 此로 觀하여도 韓日合倂이 朝鮮民族의 意思가 아님을 可知할지라 如此히 吾族은 日本의 軍國主義的 野心의 詐欺暴力下에 吾族의 意思에 反하는 運命을 當하였으니 正義로 世界를 改造하는 此時에 當然히 匡正을 世界에 要求할 權利가 有하며 또 世界改造의 主人되는 美와 英은 保護와 合倂을 率先 承認한 理由로 此時에 또한 舊惡을 贖할 義務가 有하다 하노라.

또 合倂以來 日本의 朝鮮統治政策을 보건대 合倂時의 宣言에 反하여 吾族의 幸福과 利益을 無視하고 征服者가 被征服者에게 對한 古代의 非人道的政策을 襲用하여 吾族에게 參政權 集會 結社의 自由 言論 出版의 自由等을 不許하며 甚至於 信教의 自由 企業의 自由까지도 不少히 拘束하며 行政 司法 警察等 諸機關이 朝鮮民族의 私權까지도 侵害하며 公私間에 吾人과 日本과의 間에 優劣의 差別을 設하며 吾族에게는 日本人에 比하여 劣等한 教育을 施하여 써 吾族으로 하여금 永遠히 日本人의 使用者로 成케 하며 歷史를 改造하여 吾族의 神聖한 歷史的傳統과 威嚴을 破壞하고 凌侮하며 少數의 官吏를 除한 外에는 政府神聖機關과 交通 通信 兵備等 諸機關에 全部 或은 大部分 日本人을 使用하여 吾族으로 하여금 永遠히 國家生活에 智能과 經驗을 得할 機會를 不得케 하니 吾人은 決코 如此한 武斷專制 不正不平等한 政治下에서 生存과 發展을 享有키 不能한지라 그뿐더러 元來 人口過剩한 朝鮮에 無限으로 移民을 奬勵하고 補助하여 土着한 吾族은 海外에 流離함을 不免하며 政府의 諸機關은 勿論이고 私設의 諸機關에까지 日本人을 使用하여 一旦 朝鮮人의 富를 日本으로 流出케 하고 商工業에도 日本人에게만 特殊한 便益을 與하여 吾族으로 하여금 産業的勃興의 機會를 喪失케 하도다. 如此히 何方面으로 觀하여도 吾族과 日本과의 利害는 相互 背馳하여 其害를 受한 者는 吾族이니 吾族

은 生存權利를 爲하여 獨立을 主張하노라.

最後 東洋平和의 見地로 보건대 威脅이던 俄國은 이미 軍國主義的 野心을 抛棄하고 正義와 自由를 基礎로 한 新國家의 建設에 從事하는 中이며 中華民國도 亦然하며 兼하여 此後 國際聯盟이 實現되되 다시 軍國主義的 侵略을 敢行할 强國이 無할 것이다. 그러할진대 韓國을 合併한 最大 理由가 이미 消滅되었을뿐더러 從此로 朝鮮民族이 無數한 革命亂을 起한다면 日本에게 合併된 韓國은 反하여 東洋平和의 擾亂하고 禍根이 될지라 吾族은 正當한 方法으로 吾族의 自由를 追究할지나 만일 此로써 成功치 못하면 吾族은 生存의 權利를 爲하여 온갖 自由行動을 取하여 最後의 一人까지 自由를 爲한 熱血을 流할지니 어찌 東洋平和의 禍根이 아니리요? 吾族은 一兵이 無하니 吾族은 兵力으로써 日本에 抵抗할 實力이 無하도다. 日本이 만일 吾族의 正當한 要求에 不應할진대 吾族은 日本에 對하여 永遠히 血戰을 宣하리라.

吾族은 久遠히 高尙한 文化를 有하였고 半萬年間 國家生活의 經驗을 有한 者라 비록 多年間 專制政治下의 害毒과 境遇의 不幸이 吾族의 今日을 致하였다 할지라도 正義와 自由를 基礎로 한 民主主義의 先進國의 範을 隨하여 新國家를 建設한 後에는 建國以來 文化와 正義와 平和를 愛好하는 吾族은 世界의 平和와 人類의 文化에 貢獻함이 有할 줄을 信하노라. 玆에 吾族은 日本이나 或은 世界各國이 吾族에게 自決의 機會를 與하기를 要求하며 만일 不然하면 吾族은 生存을 爲하여 自由의 行爲를 取하여 써 吾族의 獨立을 期成하기를 이에 宣言하노라.

西紀 一九一九年 二月 八日

在日本東京朝鮮獨立青年團代表

崔八鏞 尹昌錫 金度演 李琮根 李光洙 宋繼白 金喆壽 崔謹愚 白寬洙 金尙德 徐椿

결의문

1. 本團은 韓日合倂이 吾族의 自由意思에 出치 아니하고 吾族의 生存發展을 威脅하고 東洋의 平和를 擾亂케 하는 原因이 된다는 理由로 獨立을 主張함.
2. 本團은 日本議會及 政府에 朝鮮民族大會를 召集하여 大會의 決議로 吾族의 運命을 決할 機會를 與하기를 要求함.
3. 本團은 萬國平和會議에 民族自決主義를 吾族에게 適用하기를 請求함. 右 目的을 達하기 爲하여 日本에 駐在한 各國大·公使에게 本團의 意思를 各該政府로

傳達하기를 要求하고 同時에 委員 三人을 萬國平和會議에 派遣함. 右 委員은 旣히 派遣된 吾族의 委員과 一致行動을 取함.

4. 前諸項의 要求가 失敗될 時에는 吾族은 日本에 對하여 永遠히 血戰을 宣함. 此로써 發生하는 慘禍는 吾族이 其責에 任치 아니함.

* 신석호, 「(개설)3·1운동의 전개〔부〕2·8선언 전문」, 동아일보사 편, 『3·1운동50주년 기념논집』, 동아일보사, 1969, 160~162쪽.

이러한 상황 아래 니시간다西神田의 경찰서장은 서명자 11명 중 상해로 간 이광수를 제외한 10명을 비롯하여 30여 명을 구속했다. 취조 결과 이광수를 제외한 서명자 10명은 2월 10일 출판법 위반으로 도쿄지방재판소 검사국에 송검되었고 다른 학생들은 석방되었다. 송검된 10명 중 9명에 대해서는 2월 15일 각각 금고 7개월 이상 징역 1년 이하의 판결이 내려졌다.[35] 그러나 재일 조선인 유학생들의 독립운동이 이것으로 끝난 것은 아니었다. 2월 12일 히비야日比谷공원에 모여 연설을 했다는 혐의로 일본정부 관할 유학생감독부 기숙사생 두 명이 구속되자, 이들에게 기숙사 퇴사를 요구하는 감독부와 이에 반대하는 기숙사생들과의 사이에 대립이 생겨 2월 17일 전체 학생이 퇴사해버렸다.[36]

이상이 2·8독립선언을 중심으로 한 재일 조선인 유학생들의 독립운동인데, 이에 관한 주일 미국대사관 등 미국의 반응을 보여주는 기록은 보이지 않는다. 다만 일본에서 이러한 사태에 직면한 외상 우치다 야스야内田康哉는 2월 10일 도쿄에 거주하는 조선인들 중 일부가 민족자결주의에 의거하여 조선의 독립을 꾀했고, 2월 8일에 격렬한 연설을 해서 10여 명을 구속했는데 그들은 독립선언서를 각국 대사·공사에게 보냈지만, 이 운동이 큰일에는 이르지 않았다는 내용을 파리강화회의 일본 전권이기도 했던 주프랑스 일본대사 마쓰이 게이시로松井慶四郎에게 알리고 구미 주재 일본 대사와 공사에게도 알리라고 훈령했다.[37]

2·8독립선언은 일본의 한국 보호국화부터 병합, 일본의 조선통치에서 일

본 및 영국과 미국의 부당성을 호소하면서 중국과 러시아의 위협이 사라진 이상 일본이 한국을 병합할 때 내세운 구실은 정당성을 완전히 상실했고 때문에 파리강화회의는 조선에도 민족자결주의를 적용해야 하며 만일 그렇게 되지 않는다면 조선과 일본의 대립은 영원히 지속될 거라고 호소했다. 그리고 "……먼저 도쿄 유학생들이 해외에 있는 불령不逞한 무리들과 호응하여 독립운동을 시작하자 조선 내의 일반 학생들과 청년들이 크게 고무되어 소요의 도화선이 되기에 이르렀다"[38]는 조선헌병대 사령부의 기록에서도 밝혀진 것처럼, 조선총독부는 2·8독립선언이 조선에서의 독립운동에 끼친 영향을 민족자결주의와 고종의 사망과 동일하게 취급했다. 또 2·8독립선언은 실제로 단순한 학생운동 선언에 그치지 않고 3·1운동의 선구적 역할을 맡았다.[39]

민족주의세력의 결집에서 삼일운동으로

이러한 재외 조선인들의 움직임과 고종의 사망으로 국내에 있는 조선인들도 독립운동을 향해 움직이기 시작했다. 국내에서 처음으로 움직인 것은 천도교였다. 천도교 교주 손병희는 민중종교인 동학의 3대 교주였는데 러일전쟁 전까지는 비교적 일본에 호의적이었다〔1894년 갑오농민전쟁 때 보여준 것처럼 동학은 반봉건·반외세 입장에서 조선(한국)정부와 대립했고 때문에 정부로부터 자주 탄압을 받았다. 그래서 정부를 억누르는 일본에 대해서는 상대적으로 호의적이었다〕. 그러나 일본이 한국을 보호국화하는 과정에서 반일로 돌아서 동학 내의 친일 인사였던 송병준과 이용구가 일진회를 결성해서 일본에 협력하자 1906년 10월에 이들을 추방했다.[40] 손병희는 보호국 시기와 병합 후를 거치면서 동학을 천도교라 개명하고 교리의 명확화와 교세의 확장에 힘을 기울였다.[41]

이러한 상황 아래 천도교가 제1차 세계대전 발발, 윌슨의 14개조 제창, 세계대전 종결과 베르사유강화회의 개최, 재미 조선인들의 활동, 중국 등지에서의 움직임, 고종의 사망, 재일 조선인 유학생들의 2·8독립선언 같은 움직임에 자극을 받은 것은 자연스러웠다. 『매일신보每日申報』에서 윌슨의 14개조 중 민족자결주의에 대한 기사를 읽은 천도교 간부 최린, 권동진, 오세창은, 1918년 11월부터 12월에 걸쳐 조선도 민족자결에 의거하여 독립을 하기 위해서는 동지를 모아 독립운동을 해야 한다는 데 협의했다.[42] 세 사람은 1919년 1월 20일 손병희를 방문하여 이 일을 말했는데,[43] 손병희는 이때 "장차 우리 앞에 전개될 시국은 참으로 중대하다. 이토록 좋은 기회를 아무것도 하지 않고 놓쳐버릴 수는 없다. 내 이미 정한 바가 있으니 여러분은 더욱 분발하여 큰일을 그르침이 없게 하라" 고 지시를 내렸다.[44] 이에 최린은 민족자결주의에 의거한 독립운동을 전개하기 위해 다음과 같은 세 가지 원칙을 내세웠다.[45]

1. 독립운동을 대중화할 것.
2. 독립운동을 일원화할 것.
3. 독립운동의 방법은 비폭력으로 할 것.

네 사람은 거족적인 운동을 전개하기 위해서는 각계 인사의 참여가 중요하다는 결론을 내리고 천도교 이외의 각 종교계 지도자, 저명인사, 구한국 고관 들에게도 참여를 구하기로 결정했다. 계획의 입안과 추진은 최린이 담당하고, 그 진행 상황을 오세창과 권동진이 손병희에게 보고하며, 손병희도 필요할 때에는 행동에 나서기로 했다.[46] 최린은 2월 상순 자택에서 송진우, 현상윤, 최남선崔南善과 만났는데, 이들은 민중의 신망이 두터운 인물을 전면에 내세우면 대중의 참여도 가능하다고 생각했다. 그래서 구한국 대신으로 병합 후에는 일본의 작위를 거절한 윤용구尹用求, 1905년 제2차 한일협약 체결 시 참정대신으로 최후까지 보호국화에 반대했던 한규설, 1884년 갑신정변 때 개화당의 일원이었던 박영효(그는 후작이 되었지만 독립운동에 작위를 받은 자를 참가시키는 것도 의의가 있다고 생각했다), 105인사건의 주모자로 여겨졌던 윤치호 등 네 사람을 설득하기로 결정했다.[47] 최린이 한규설에게, 최남선이 윤용구와 윤치호에게, 송진우가 박영효에게 각기 설득작업을 펼쳤지만 네 사람 모두 냉담한 반응을 보였다. 특히 한규설은 "창덕궁 대문 앞에서 자결하라면 그렇게 하겠으나 민족자결에 대해서는 알지 못한다"고 거절했다.[48] 이렇게 해서 천도교가 시도한 독립운동의 첫걸음은 좌절되었다.

천도교의 독립 움직임과 비슷한 시기에 기독교 역시 국내외의 정세에 주목하고 있었다. 서울 감리교 청년회 간사 박희도는 1919년 1월 5, 6일경 중화요릿집 대관원에서 연희전문학교 학생 김원벽, 보성전문학교 학생 강기덕康基德, 경성의학전문학교 학생 한위건韓偉鍵, 보성전문학교 졸업생 주익朱翼 등과 만나 베르사유회의가 개최되려는 상황에서 조선인이 어떠한 행동을 취해야 할지에 대해 의논했다.[49] 이와는 별도로 105인사건으로 체포되었던 평안북도 정주군 장로교 목사 이승훈은 1월 말 신한청년당에서 파견된 선우혁과 만나 상해에서 김규식을 파리에 파견했다는 소식을 들었다. 이승훈은 선천에서 장로교 장로회가 개최되었을 때 양전백梁甸伯, 이명룡李明龍, 유여대劉如大, 김병조金秉祚, 백시찬白時瓚 등과 함께 독립운동을 시작하고 자금 모집에 착수하기로 결정했다.[50] 선우혁은 평양에 가서 그곳 장로교 장로 길선주吉善宙 등에게 이 사실을 알렸다.[51]

이러한 기독교의 움직임을 천도교에서 알게 되었다. 최남선은 이승훈의 제자로 서울에 체재 중이던 김도태金道泰에게 주목했다. 김도태는 2월 8일 선천에서 이승훈을 만나기 위해 서울로 출발했고 김도태로부터 천도교의 의향을 들은 이승훈은 2월 11일 서울로 향했다.[52] 이때 최남선은 당국의 눈을 피하기 위해 이승훈과 직접 만나지 않았고, 대신 송진우가 이승훈을 만나 천도교의 계획을 이야기하고 기독교도 독립운동에 합류해달라고 요청하자 이승훈은 그 자리에서 승낙했다.[53]

이승훈은 이튿날인 2월 12일 선천으로 돌아가 양전백 집에서 목사 이명룡, 유여대, 김병조 등에게 서울의 상황을 알렸으며, 14일에는 평양으로 가 길선주와 감리교 목사 신홍식申洪植에게도 서울의 상황을 알리고 선천과 평양에서도 운동에 참가하겠다는 확약을 받았다.[54] 이승훈은 2월 17일 다시 서울로 가서 송진우와 만났는데 그의 눈에는 송진우의 태도가 분명하지 않게 비쳐졌다. 그래서 이승훈은 2월 20일 박희도 집에서 박희도, 오화영吳華英, 정춘수鄭春洙, 신홍식, 오기선吳基善과 만나 서울에서도 운동에 찬성하는 사람을 모으기로 결정하고, 같은 날 장로교 장로 함태영咸台永의 집에서 함태영, 세브란스병원 사무원 이갑성, 평양기독교서원 총무 안세환安世桓, 장로교 조사助事 오상근吳相根, 장로교 목사 현순 등과 의논했다. 그렇지만 천도교와 함께 독립운동을 할지에 대해서는 결론이 나지 않았다.[55]

다음 날인 2월 21일 최남선이 이승훈을 찾아갔고 두 사람은 함께 최린을 방문했다. 이승훈이 기독교 내부에서는 단독으로 운동을 해나갈 생각이라고 말하자, 최린은 한 나라의 독립운동은 종교와 당파의 차이를 넘어 민족 전체의 대사업이고 독립운동의 분산화는 민족이 분열되었다는 인상을 줄 수 있다는 점을 강조하며 통일의 필요성을 설파하자 최남선도 최린의 의견에 찬성했다. 결국 이승훈도 기독교 동지들과 상의해보겠다고 하면서도 찬성의 뜻을 표했다. 단 기독교 측의 최대 난제는 자금조달이기 때문에 그들을 설득하기 위해서라도 5,000엔, 만약 5,000엔이 불가능하다면 3,000엔이라도 융통해달라고 부탁했다.[56] 이를 받아들여 최린은 같은 날 손병희와 만나 지금까지의 경과를 설명했고, 손병희는 천도교의 재정 사정 역시 어려웠음에도 불구하고 5,000엔을 기독교 측에 융통해주는 것을 허용하여 이승훈은 2월 22일 5,000엔을 손에 쥐었다.[57] 그러고 나서 이승훈은 이갑성 집에서 이갑성, 박희도, 함태영, 오화영, 오기선, 신홍식, 안세환, 현순 등과 만나 함태영이 주장한 천도교와의 합동을 받아들이기로 결정하고 또 파리의 정세를 알아보기 위해 현순을 파리에 보내는 것도 결정했다.[58]

이승훈과 함태영은 다음 날 2월 23일 최린을 찾아가 기독교 측의 생각을 전했다. 이들은 이 자리에서 천도교가 만주에서 무기를 들여왔다고 들었는데 그것이 사실인지에 대해 질문하고 또 (일본에 통고하는 형태를 취하는) 독립선언서가 아니라 독립청원서를 일본에 제출하자고 제안했다. 최린은 앞의 질문에 대해서는 사실무근이라고 대답하는 한편, 뒤의 제안에 대해서는 "이 독립운동은 윌슨이 제창한 민족자결주의에 근거한 외적 환경과 우리 자주정신의 전통에 근거한 독립운동이므로 독립선언이라야 옳다. …… 독립운동은 지금 조선 내의 사회상으로 보아서 천도교와 기독교와의 합동으로 하지 않으면 전 민중을 총동원시킬 수 없다"라고 강조하자 이승훈과 함태영도 이에 찬성했다.

그리하여 기독교는 내부에서 논의한 끝에 천도교와 같은 독립선언서를 작성하기로 결정하고 2월 24일 이승훈과 함태영이 이 사실을 천도교에 통고하여 이에 천도교와 기독교의 연합이 성립되었다.[59] 더 나아가 최린, 이승훈, 함태영 세 사람이 협의한 결과 다음과 같은 내용을 결정했다.[60]

1. 독립선언은 고종의 국장으로 수십만 민중이 서울에 모이는 3월 3일 전전날인 3월 1일 오후 2시에 서울 파고다공원에서 독립선언서 낭독 형태로 행한다(국장 전날인 3월 2일은 일요일이기 때문에 일요일을 안식일로 생각하는 기독교 측은 이날 행하는 것에 동의하지 않았다).
2. 독립선언서는 비밀리에 대량 인쇄하여 서울에서는 독립선언 당일에 군중에게 배포하여 만세를 부르게 한다. 또 각 지방에도 배포하며 이때 독립선언 일시와 독립선언서 배포방법 등은 서울과 같다.
3. 독립선언서, 기타 문서의 기초와 인쇄는 천도교가 담당하고, 배포와 분송은 천도교와 기독교 양측이 담당한다.
4. 일본정부와 귀족원·중의원에 대한 서면 제출은 천도교가 담당하고, 윌슨과 파리강화회의 각국 대표에 대한 서면 제출은 기독교가 담당한다.
5. 조선 민중의 대표로서 각 서면에 연명할 자는 천도교와 기독교 양측이 각각 10여 명을 선정한다.
6. 독립운동 참여를 바라는 불교계도 연명에 포함한다.

이렇게 해서 천도교와 기독교가 통일해서 독립운동에 임할 태세를 갖추었지만, 민족이 통일해서 독립운동에 임하는 데에는 불충분하다고 느꼈다. 그래서 천도교와 기독교의 합의 내용에서도 볼 수 있는 것처럼 불교계에 공작을 시도했다. 이리하여 최린이 불교계 대표로 2월 24일에 만난 사람이 강원도 양양군 신흥사 승려 한용운이다.[61]

한용운도 1918년의 『매일신보』에서 민족자결주의에 관한 기사를 보고 조선도 이 기회에 독립해야 한다고 생각하고 있었고 최린과는 자주 접촉하고 있었다. 2월 21일 최린과 만난 한용운은 지금까지의 경과와 향후 계획을 듣고 불교계도 운동에 참가할 수 있도록 힘쓰겠다고 약속했다. 그러나 조선왕조하에서 유교의 전성기가 오래 계속되었기 때문에 불교세력이 그다지 대단하지 않았고 독립선언까지 기일이 촉박했으므로 한용운은 불교계에 생각만큼 공작할 수가 없었다. 그럼에도 불구하고 한용운은 2월 27일 경상남도 해인사 승려로 서울에 머무르고 있던 백용성白龍城을 만나 이 자리에서 두 사람이 독립선언서에 서명했다.[62] 이렇게 해서 천도교·기독교·불교의 연합이 이루어졌는데 여기에 유교는 가담하지 않았다. 유교는 조직이 견고하지 않았고 기일이 촉박한 가운데 더 이상의 범위 확대는 계획 누설로 이어질지 모른다는 우려가 있어 세 종교 모두 운동의 주체는 자신들만으로 한정한다는 방침을 세웠기 때문이다.[63]

이러한 종교계의 독립운동 움직임과는 별도로 학생단도 독립운동을 향해 활동을 시작하고 있었다. 연희전문학교 학생 김원벽, 보성전문학교 학생 강기덕, 경성의학전문학교 학생 한위건은 2월 20일 승동예배당에서 제1회 학생간부회의를 개최하고,

1. 각 학교의 대표로서 김성득金性得(경성전수학교), 김형기金炯璣(경성의학전문학교), 김문진金文珍(세브란스의학전문학교), 김대우金大羽(경성공업전문학교), 김원벽, 강기덕을 선정한다.
2. 이상의 대표자가 체포되었을 때에는 대표자로서 이용설李容卨(세브란스의전),

한위건, 윤자영尹滋瑛(경성전수학교), 한창환韓昌桓(보성전문학교)을 선정한다.
3. 이상의 대표자들은 각 학교에서 학생들을 모아 독립운동을 전개한다.

라고 결정했다.[64] 박희도는 4일 후인 2월 24일 자주 접촉했던 김원벽에게 종교계의 연합이 이루어졌으므로 학생들도 여기에 가담하여 독립운동의 최전선에 서달라고 요청했다. 그래서 학생들은 이튿날 정동예배당에서 회의를 열고 다음과 같은 사항을 결정했다.[65]

1. 학생단의 독립운동은 종교계와 연합해서 한다.
2. 각 전문학교와 중등학교 학생들은 3월 1일 정오까지 파고다공원에 모여 시위운동을 전개한다.
3. 학생들은 3월 1일 합동민족운동에 참가하는 한편, 전문학교 학생들을 중심으로 독자적인 시위운동을 전개한다.

이리하여 3월 1일에 벌일 독립운동을 위한 종교계와 학생들의 통일이 실현되었다. 다음으로 문제가 된 것은 3월 1일에 낭독할 독립선언문의 작성과 서명, 인쇄에 대한 것이었다.

먼저 독립선언문 작성에 대해서는 최린이 2월 상순 무렵 최남선과 현상윤 등과 운동 계획에 대해 협의할 때 이미 운동의 중심이 되는 독립선언서를 준비할 필요가 있다는 데 의견 일치를 보았다. 이때 최남선은 "나는 내 생애를 통하여 학자의 생활로 관철하려고 이미 결심한 바 있으므로 독립운동의 표면에는 나서고 싶지 않으나 독립선언문만은 내가 지어볼까 한다"며 최린에게 요청했다. 이에 최린은 서둘러 선언문의 기초에 착수해달라고 대답했고, 최남선은 독립선언문 작성에 착수해 2월 15일 작성한 독립선언문을 최린에게 건넸다. 그 후 한용운이 독립운동에 직접 책임질 의사가 없는 최남선이 선언문을 작성하는 것은 적당하지 않으므로 자신이 하겠다고 주장했지만, 최린은 누가 책임을 지든 간에 최남선이 작성하는 데에는[66] 아무런 문제가 없다며 한용운의 이의 제기를 거절했다.

이어서 종교계는 독립선언서에 서명할 민족대표 선출에 착수했다. 천도교 측에서는 손병희, 권동진, 오세창이 의논한 결과 손병희가 적당하다고 결정했다. 또한 2월 25일부터 27일에 걸쳐 고종의 국장을 보기 위해 서울에 모여 있던 양한묵梁漢默, 홍기조洪基兆, 홍병기洪秉箕, 나용환羅龍煥, 박준승朴準承, 나인협羅仁協, 임예환林禮煥, 이종묵李鍾默, 이종일李鍾一, 김완규金完圭, 권병덕權秉悳 등 11명을 선출하여 손병희가 그들에게 직접 운동의 의의를 설명하고 마음의 준비를 해두라고 지시했다. 그리하여 처음부터 독립운동 계획에 관여했던 손병희, 최린, 권동진, 오세창 등 4명과 위에서 얘기한 11명, 모두 합쳐 15명이 천도교를 대표해서 독립선언서에 서명했다. 손병희는 사후 수습과 교파 운영을 대도주大道主 박인호朴寅浩에게 맡기기 위해 그를 민족대표로 선출하지 않았으며 또 젊고 유능한 정광조鄭廣朝와 신숙申肅도 포함시키지 않았다.[67] 한편 기독교에서는 이승훈, 박희도, 이갑성, 오화영, 최성모崔聖模, 이필주李弼柱, 함태영, 김창준金昌俊, 신석구申錫九, 박동완朴東完 등 10명이 2월 27일 이필주 집에서 모임을 가졌고, 이 자리에서 최린에게서 빌린 독립선언서 초안을 돌려 보고 모두 그 취지에 찬성했다. 그리고 앞서 10명 중 함태영을 제외한 9명과 신홍식, 양전백, 이명룡, 길선주, 유여대, 김병조, 정춘수 등 7명, 모두 합쳐 16명이 서명하기로 결정했다(함태영이 서명에서 제외된 것은 서명자가 체포되었을 때 그들의 가족 보호를 맡았기 때문이다[68]). 불교계에서는 한용운이 2월 27일 최린 집에서 독립선언서에 날인했는데, 이때 위탁받은 백성룡의 인장도 함께 날인했다.[69]

이렇게 해서 독립선언서에 서명할 33인이 선출되었다. 2월 27일 최린 집에서 기독교계인 이승훈·이필주·함태영·불교계인 한용운 그리고 개인 자격으로 최남선이 모여 독립선언서의 서명과 날인에 대해 의논했는데, 이때 누가 맨 처음 서명할 것인가가 문제가 되었다. 기독교 측은 연령순이나 이름의 가나다순으로 하자고 제안했으나, 최린은 가나다순으로 하면 스승과 제자의 서명 순서가 거꾸로 된다며 거절했다. 최린은 기독교와의 연합을 파기할 것까지 시사했지만 최남선이 인물 됨됨이나 지금까지의 과정으로 보아 손병희가 맨 처음에 오는 것이 자연스럽다고 기독교 측을 설득했다. 그리고 두 번째에는 기독교 장로교를 대표하여 길선주가 서명하는 것으로 타협이 이루어졌다. 세 번째에는 기독교 감리교를 대표하여 이필주가, 네 번째에는 불교를 대표하여 백용성이 서명하고, 그 이하는 이름의 가나다순으로 서명하기로 결론지었다. 또한 이 자리에 참석하지 않은 사람들은 각 종교의 참석자가 각기 결석자의 위탁을 받은 형태로 그들의 인감을 대리로 날인했다.[70]

마지막으로 문제가 된 것이 독립선언서의 인쇄였다. 이 일은 천도교의 오세창이 떠맡았는데, 그는 2월 20일 천도교에서 경영하는 인쇄소 보성사의 사장이며 서명자 33인 중 한 사람이기도 했던 이종일에게 독립선언서의 인쇄를 의뢰했다. 2월 27일 오후 5시 오세창에게서 원고를 받은 이종일은 공장 감독 김홍규金弘奎에게 건넸고 이날 오후 11시 무렵 2만 1,000장의 인쇄가 완료되었다.[71] 인쇄가 끝난 독립선언서 2만 1,000장의 전국 배포는 천도교, 기독교, 불교, 학생들이 서로 나누어 맡았다. 천도교에서는 전라도·충청도 담당 인종익印宗益이 2,000장, 강원도·함경도 담당 안상덕安商悳이 2,000장, 평안도 담당 김홍식金洪植이 3,000장, 황해도 담당 이경섭李景燮이 1,000장을 배포하는 책임을 맡았다. 기독교에서는 평안도 담당 함태영이 1,200~1,300장, 역시 평안도 담당인 김창준이 900장, 경기도·함경도 담당 오화영이 300~400장, 경상도·전라도 담당 이갑성이 600장을 배포하는 책임을 맡았다. 불교에서는 한용운이 3,000장을 떠맡아 그중 1,500장을 서울, 나머지 1,500장을 경상도·전라도에서 배포하는 책임을 맡았다. 학생 측에서는 김문진金文珍이 기독교의 이갑성과 공동으로 2,500장을 맡아 서울 각지에서 배포하는 책임을 맡았다.[72]

이 밖에 당시 무직이었던 임규林圭는 최남선에게서 독립운동 계획을 듣고서 2월 27일 조선독립에 관한 의견서를 일본정부와 귀족원·중의원에 제출하기 위해 도쿄로 갔다.[73]

3·1운동을 위한 준비가 거의 갖춰지자 서명자들 간의 인사를 겸한 모임을 2월 28일 오후 5시 손병희 집에서 가졌다. 서명자 33인 중 양전백, 길선주, 이명룡, 김병조, 정춘수, 유여대, 백용성, 양한묵, 홍기조, 나인협 등 10명은 사정이 생겨서 오지 않았지만 나머지 23명이 참석하여 서로 인사를 나누었다. 이 자리에서 손병희는 "이번에 우리의 의거는 조상의 신성한 유업을 계승하고 아래로 자손만대의 복리를 가져올 민족적 위업입니다. 이 성스러운 과업은 제현의 충의에 의지하여 반드시 성취될 것이라 믿어 의심치 않는 바입니다" 라고 말했다.[74] 그런데 손병희의 뒤를 이어 박희도가 내일 독립선언을 할 장소에 대해 언급하면서 파고다공원에서 독립선언을 한다면 수많은 학생들이 모여들 것이라 말해 잠시 논란을 불러일으켰다. 내일 파고다공원에 많은 학생과 민중이 모인다면 군중심리로 인해 예상외의 동요가 일어날지도 모르며 또 일본의 군대와 경찰이 어떠한 간계를 써서 현장을 교란하여 폭동의 구실을 만들어 흉악한 탄압수단을 사용할지도 모른다. 때문에 자신들은 파고다공원에서 가까운 인사동에 있는 중화요릿집 명월관의 지점인 태화관에 모이는 것이 좋고 독립선언서는 내일 새벽녘에는 서울 전역에 배포되므로 그것을 발표라고 본다면 낭독 발표 형식은 필요없다는 점에 참석자들의 의견이 일치했다. 또 참석자 중 누군가가 "지난해 헌병대에 잡혀가서 취조를 당한 경험이 있는데 그때 무엇보다 곤란했던 것은 동지들 간에 서로 말이 맞지 않았던 점이었다. 그러므로 이 자리에서 중요한 사항만은 말을 서로 맞춰둘 필요가 있을 듯하다" 라고 말하자, 이에 대해 최린이 "당당한 민족대표로서 독립선언에 관한 사실을 왜곡하거나 은폐할 리가 없다. 또 말은 맞추려고 해도 맞춰지는 것이 아닌 까닭에 각자 자신이 관계한 사실을 사실대로 솔직히 말하면 맞추지 않아도 저절로 맞춰질 것이다" 라고 말하자 일동은 웃으면서 이 말에 동의했다. 참석자들은 내일의 일이 성공하기를 기원하고 서로의 건투를 바라면서 흩어졌다.[75]

이튿날 3월 1일 아침 최린은 자신의 집 문에 독립선언서가 투입되어 있는 것을 보고 독립선언서가 서울에 배포되었음을 확인했다. 선언서가 배포된 이상 체포는 피할 수 없다고 판단한 최린은 어차피 체포될 바에는 동지들과 함께 체포되는 편이 좋다고 생각해 손병희 집에 가서 거기서 손병희, 권동진, 오세창과 함께 12시 무렵 태화관에 들어갔다. 길선주(평양에서 오느라 서울에 늦게 도착), 유여대(의주에서 오느라 서울에 늦게 도착), 정춘수(원산에서 오느라 서울에 늦게 도착), 김병조(상해로 탈출) 등 4명을 제외한 29명이 2시 무렵까지 모두 모였다. 이때 파고다공원에 모인 학생들을 대표해서 강기덕 등 3명이 태화관에 와서 학생들이 공원에서 서명자들이 오기를 기다리고 있으며 공원에서 독립선언을 했으면 한다고 요청했다. 이에 대해 최린은 학생들의 말은 지당하지만 독립선언 장소를 공원에서 태화관으로 변경한 이유를 설명하고 이들을 돌려보냈다.[76]

3시 무렵 한용운이 대표 연설을 하고 일동은 조선독립 만세를 삼창한 뒤 축배를 들었다. 만세 삼창하는 소리를 들은 태화관 주인이 황급히 달려오자 일동은 그에게 피해가 가지 않도록 조선총독부에 전화를 걸어 이 사실을 고발하라고 했다. 또 이갑성은 세브란스의전에 다니던 서영환徐英煥에게 조선총독부에 독립선언서를 전달해달라고 부탁했다. 이미 파고다공원에서는 독립 만세 소리가 메아리쳤으며 서울 전역에까지 퍼져 태화관까지 들렸다. 연락을 받은 당국은 제복·사복 순사와 헌병 70~80명을 태화관에 보내 제일 먼저 손병희를, 최린과 한용운을 마지막으로 서명자 33인 중 태화관에 집합했던 29인을 자동차로 경무총감부까지 연행했다. 최린과 한용운이 마지막으로 연행되어 태화관을 나설 때 학생들은 모자를 흔들며 만세 소리로 배웅했다.[77]

민족대표자 33인에 대해서는 예컨대 "한 번도 운동의 선두에 서지 않았고 또 지하에서 운동을 지도한 적도 없으며 대중운동이 일어나기 전에 도망쳤던 무리들을 어떻게 지도자라 말할 수가 있는지",[78] "그들은 ……이른바 순수하게 외세에 기대 독립을 이루려 했기 때문에 대중운동에 바탕을 둔 조선인민의 힘으로 독립운동을 쟁취하려는 생각이 전혀 없었다",[79] "윌슨의 자결 선언에 대한 과열화된 환상에…… 민족 부르주아의 주체성 결여와 외세의존 자세 그 자체를 볼 수 있다",[80] "종교단체 간부는 민족의 독립을 투쟁으로 쟁취하는 것이 아니라 미국 제국주의자의 호의와 강도인 일본제국주의자의 이성에 호소하여 얻으려는 망상에 사로잡혀 있었다. 따라서 그들의 지도는 조선 인민의 반일투쟁을 적극적으로 추진해나가는 것이 아니라 거꾸로 인민대중의 혁명을 견제하는 데 급급했다"[81]고 하여 운동의 준비계획과 운동과의 무연관성, 운동 계획의 동기나 자세의 취약성·불순성을 주장하는 연구가 있다. 이는 3·1운동 준비과정에 관여했던 사람들 중 최린, 최남선, 박희도 등이 1930년대가 되면 친일파로 전환한 사실에 크게 영향을 받은 것으로 생각된다. 그러나 친일파가 일부 나왔다고 해서 1919년 당시의 행동 또는 민족주의자 전체를 부정하는 것은 옳지 않으며, 그들의 비폭력주의는 제국주의에 굴복한 것이나 인민을 배신한 것이 아니라 일본의 한국병합 이래 시행된 무단통치 아래 놓여 있던 조선사회의 객관적·주관적 조건을 고려한 투쟁이었음을 주장하는 연구도 있다.[82] 나아가 이러한 상반되는 두 가지 견해에 입각해 민족대표론만으로 논쟁을 집중하지 말고 민중의 입장에서 본 민족적 결집을 중심에 두고 논의해야 한다는 주장도 있다.[83] 이러한 점을 고려하면서 1910년대의 민족운동에는 타협주의적 입장과 비타협주의적 입장이 있었는데 민족대표는 전자에 속했고, 신문조서를 자세히 보면 그들에게는 처음부터 전 민족적인 시위운동과 학생과의 연합이 아니라 일본의 이성에 호소하여 자치 내지는 독립을 실현한다는 타협적 성격, 유럽 각국과 미국의 동정에 의지한다는 외세의존적 성격, 자신들의 일부 그룹으로만 제한된 상층운동적 성격을 가졌다는 주장도 나왔다.[84] 평가가 어떻든 간에 33인이 스스로 조선총독부에 연락하여 체포되는 걸 선택했다는 사실은 틀림없다. 그러나 그들이 체포되었다고 해서 학생을 포함한 일반 민중의 움직임이 멈춘 것은 아니었다.

중등학교 이상의 각 학교 학생들은 오후 1시 무렵부터 각 학교 대표의 인솔하에 차례차례 파고다공원에 모여 그 수가 약 5,000명이나 되었다. 이 밖에 소년, 소녀, 노인, 부녀자, 직공, 상인, 점원, 청년, 차부車夫, 시골에서 올라온 농부 등 모든 계급에 걸쳐 남녀노소 수만 명이 모였다.[85] 이때 황해도 해주 출신의 정재용鄭在鎔(경신학교 졸업생)이 단상에 뛰어올라 손에 쥔 독립선언서를 낭독했다.[86] 독립선언서 전문은 다음과 같다.[87]

독립선언서

吾等은 玆에 我朝鮮의 獨立國임과 朝鮮人의 自主民임을 宣言하노라. 此로써 世界萬邦에 告하야 人類平等의 大義를 克明하며 此로써 子孫萬代에 誥하야 民族自存의 正權을 永有케 하노라.

半萬年歷史의 權威를 仗하야 此를 宣言함이며 二千萬民衆의 誠忠을 合하야 此를 佈明함이며 民族의 恒久如一한 自由發展을 爲하야 此를 主張함이며 人類的 良心의 發露에 基因한 世界改造의 大機運에 順應竝進하기 爲하야 此를 提起함이니 是ㅣ天의 明命이며 時代의 大勢며 全人類 共存同生權의 正當한 發動이라 天下何物이던지 此를 沮止抑制치 못할지니라. 舊時代의 遺物인 侵略主義 强權主義의 犧牲을 作하야 有史以來 累千年에 처음으로 異民族箝制의 痛苦를 嘗한지 今에 十年을 過한지라 我生存權의 剝喪(奪)됨이 무릇 幾何며 心靈上 發展의 障碍됨이 무릇 幾何며 民族的 尊榮의 毁損됨이 무릇 幾何며 新銳와 獨創으로써 世界文化의 大潮流에 寄與 補裨할 機緣을 遺失함이 무릇 幾何뇨.

噫라 舊來의 抑鬱을 宣暢(揚)하려 하면 時下의 苦痛을 擺脫하려 하면 將來의 脅威를 芟除하려 하면 民族的 良心과 國家的 廉義의 壓縮銷殘을 興奮伸張하려 하면 各個 人格의 正當한 發達을 遂하려 하면 可憐한 子弟에게 苦恥的 財産을 遺與치 아니하려 하면 子子孫孫의 永久 完全한 慶福을 導迎하려 하면 最大急務가 民族的 獨立을 確實케 함이니 二千萬 各個가 人마다 方寸의 刃을 懷하고 人類通性과 時代良心이 正義의 軍과 人道의 干戈로써 護援하는 今日 吾人은 進하야 取함에 何强을 挫치 못하랴 退하야 作함에 何志를 展치 못하랴.

丙子修好條規以來 時時種種의 金石盟約을 食하였다 하야 日本의 無信을 罪하려 아니하노라. 學者는 講壇에서 政治家는 (實)際에서 我祖宗世業을 植民地視하고 我 文化民族을 土昧人遇하야 한갓 征服者의 快를 貪할 뿐이요 我의 久遠한 社

會基礎와 卓犖한 民族心理를 無視한다 하야 日本의 少義함을 責하려 아니하노라. 自己를 策勵하기에 急한 吾人은 他의 怨尤를 暇치 못하노라. 現在를 綢繆하기에 急한 吾人은 宿昔의 懲辨을 暇치 못하노라. 今日 吾人의 所任은 다만 自己의 建設이 有할 뿐이요 決코 他의 破壞에 在치 아니하도다. 嚴肅한 良心의 命令으로써 自家의 新運命을 開拓함이요 決코 舊怨과 一時的 感情으로써 他를 嫉逐排斥함이 안이로다. 舊思想 舊勢力에 羈縻된 日本 爲政家의 功名的 犧牲이 된 不自然 又 不合理한 錯誤狀態를 改善匡正하야 自然 又 合理한 正經大原으로 歸還케 함이로다. 當初에 民族的 要求로서 出치 아니한 兩國 併合의 結果가 畢竟 姑息威壓과 差別的 不平과 統計數字上 虛飾의 下에서 利害相反한 兩民族間에 永遠(히) 和同할 수 없는 怨溝를 去益深造하는 今來實績을 觀하라. 勇明果敢으로써 舊誤를 廓正하고 眞正한 理解와 同情에 基本한 友好的 新局面을 打開함이 彼此間 遠禍召福하는 捷徑임을 明知할 것 아닌가. 또 二千萬 含憤蓄怨의 民을 威力으로써 拘束함은 다만 東洋의 永久한 平和를 保障하는 所以(가) 아닐 뿐 아니라 此로 因하야 東洋安危의 主軸인 四億 支那人의 日本에 對한 危懼와 猜疑를 갈수록 濃厚케 하야 그 結果로 東洋全局이 共倒同亡의 悲運을 招致할 것이 明하니 今日 吾人의 朝鮮獨立은 朝鮮人으로 하야금 正當한 生榮을 遂케 하는 同時에 日本으로 하야금 邪路로서 出하야 東洋支持者인 重責을 全케 하는 것이며 支那로 하야금 夢寐에도 免하지 못하는 不安恐怖로서 脫出케 하는 것이며 또 東洋平和로 重要한 一部를 삼는 世界平和 人類幸福에 必要한 階段이 되게 하는 것이라. 이 어찌 區區한 感情上 問題리요.

아아, 新天地가 眼前에 展開되도다. 威力의 時代가 去하고 道義의 時代가 來하도다. 過去 全世紀에 鍊磨長養된 人道的 精神이 바야흐로 新文明의 曙光을 人類歷史에 投射하기 始하도다. 新春이 世界에 來하야 萬物의 回蘇를 催促하난도다. 凍氷寒雪에 呼吸을 閉蟄한 것이 彼一時의 勢라 하면 和風暖陽에 氣脈을 振舒함은 此一時의 勢니 天地의 復運에 際하고 世界의 變潮를 乘한 吾人은 아무 躊躇할 것 없으며 아무 忌彈할 것 없도다.

我의 固有한 自由權을 護全하야 生旺의 樂을 飽享할 것이며 我의 自足한 獨創力을 發揮하야 春滿한 大界에 民族的 精華를 結紐할지로다. 吾等이 玆에 奮起하도다. 良心이 我와 同存하며 眞理가 我와 竝進하는도다. 男女老少 없이 陰鬱(한) 古巢로서 活潑히 起來하야 萬彙群象으로 더불어 欣快한 復活을 成遂하게 되도다. 千百世祖靈이 吾等을 陰佑하며 全世界 氣運이 吾等을 外護하나니 着手가 곧 成功이라. 다만 前頭의 光明으로 驀進할 따름인저.

공약삼장

1. 今日 吾人의 此擧는 正義, 人道, 生存, 尊榮을 爲하는 民族的 要求니 오직 自由的 精神을 發揮할 것이요 決코 排他的 感情으로 逸走하지 말라.
2. 最後의 一人까지 最後의 一刻까지 民族의 正當한 意思를 快히 發表하라.
3. 一切의 行動은 가장 秩序를 尊重하야 吾人의 主張과 態度로 하야금 어데까지던지 光明正大하게 하라.

朝鮮建國 四千二百五十二年 三月 一日

朝鮮民族代表

孫秉熙 吉善宙 李弼柱 白龍城 金完圭 金秉祚 金昌俊 權東鎭 權秉悳
羅龍煥 羅仁協 梁甸伯 梁漢默 劉如大 李甲成 李明龍 李昇薰 李鍾勳
李鍾一 林禮煥 朴準承 朴熙道 朴東完 申洪植 申錫九 吳世昌 吳華英
鄭春洙 崔聖模 崔 麟 韓龍雲 洪秉箕 洪基兆

* 신석호, 「(개설)3·1운동의 전개〔부〕3·1선언 전문」, 동아일보사 편, 『3·1운동50주년기념논집』, 동아일보사, 1969, 166~168쪽.

3·1독립선언은 도쿄에서 발표한 2·8독립선언에 비하면 일본에 대한 적대감이 옅고 내용도 추상적이다. 2·8독립선언은 와세다대학에 재학 중이던 이광수가 기초하고 나이가 비교적 어린 혈기 왕성한 재일 조선인 유학생들의 생각을 반영한 것인 데 비해, 3·1독립선언은 역사학자였던 최남선이 기초하고 연령대도 학생보다 위였던 민족대표의 의향을 반영한 데에서 그러한 차이의 원인을 찾을 수 있다.[88]

정재용은 선언서를 낭독한 후, 독립선언과 동시에 조선은 독립국이 되었으므로 우리는 두 손을 들고 독립 만세를 소리 높여 외치지 않으면 안 된다고 말하고 두 손을 들고 만세를 외쳤다. 이 소리는 파고다공원이 위치한 서울의 중심가인 종로에서 동대문, 남대문, 서대문으로 전해졌다.[89] 민족대표 33인이 경무총감부에 연행되자마자 군중은 3대로 나뉘어 시위운동을 개시했다. 제1대는 고종의 유체가 안치되어 있는 덕수궁으로 향했고, 제2대는 미국총영사관 이어서 프랑스총영사관으로, 가장 많은 군중이 참여한 제3대는 조선총독부로 향했다.[90] 3·1운동이 발발한 것이다.

제 6 장

독립을 향한 외교활동

위임통치청원

앞서 말한 것처럼 샌프란시스코에 본부를 둔 대한인국민회가 이승만, 정한경, 민찬호 명의로 작성한 청원서를 1918년 11월 25일자로 윌슨 앞으로 보냈다(대한인국민회가 세 사람을 파리강화회의에 보낼 대표로 선출했다). 1919년 1월 6일 하와이를 출발한 이승만이 샌프란시스코에 도착한 것은 강화회의 개최 3일 전인 1월 15일이었다.[1] 한편 정한경은 1918년 12월 하순 주뉴욕 일본총영사 야다 조노스케矢田長之助를 만나 파리행을 위해 여권을 발급해달라고 요청했지만 파리에서 조선독립을 청원하려는 조선인에게 일본정부 당국자가 편의를 제공할 리는 없었다.[2] 이미 주프랑스 일본대사 마쓰이 게이시로松井慶四郎가 재외 각 공관에 조선인을 파리에 들여보내지 않도록 주의를 기

울이고, 프랑스정부에 이러한 의견을 요청할 것을 진언하는 전문이 일본 외무성에 와 있었다.[3]

샌프란시스코에 도착한 이승만은 곧바로 대한인국민회 중앙총회를 방문해 중앙총회 회장 안창호와 만나려고 했으나 안창호는 부인이 와병 중이라 로스앤젤레스로 가서 회견할 수가 없었다. 그래서 이승만은 샌프란시스코에 있는 동포들을 만나 자신은 미국 동부에서 파리로 가기 위해 노력하고 있는 정한경을 돕고 싶다고 말해 동포들의 호감을 샀다. 그 후 이승만은 로스앤젤레스로 가서 안창호와 만난 뒤 샌프란시스코에서와 같은 내용의 연설을 하고 동부로 갔다.[4]

이승만이 시카고와 디트로이트를 거쳐 뉴욕에 도착한 것은 1919년 2월 1일이었는데 이때 정한경은 워싱턴에 있어서 만나지 못했다. 그래서 이승만이 전보로 문의한 결과 뉴욕과 워싱턴 사이에 위치한 서재필의 거주지이기도 한 필라델피아에서 만나기로 했다. 2월 3일 이승만·정한경·서재필 세 사람은 정한경의 숙소에 모여 밤새워 의논했는데, 이때 정한경은 뉴욕과 워싱턴을 두 달 동안 왕복하며 여권을 얻기 위해 노력했지만 선수를 친 일본과 냉담한 태도를 취하는 미국 때문에 가망이 없다고 말했다. 서재필은 파리에 가더라도 결국 헛수고로 끝난 것이며 설사 파리에서 뭔가를 얻을 가망이 있더라도 여권을 구할 가능성은 없기 때문에, 자신은 영문잡지를 발행하여 선전활동을 할 예정이라고 말했다. 이승만은 파리행의 형편이 그렇다면 사실을 있는 그대로 발표하고 선후책을 의논하지 않으면 안 되며 그저 헛되이 보고만 있어서는 안 된다고 주장했다. 자신은 하와이에 있을 때부터 이런 상황을 예상하며 차근차근 일을 처리하려 했고, 파리행을 포기하고 다른 일을 하려 해도 불가능하고, 정한경이 신문과 잡지에 투고를 시도하고 있지만 현재 이러한 배일排日적인 어조가 강한 기사의 게재는 거절되고 있기 때문에 자신은 미국인의 이름을 빌려 투고할 생각이라고 말했다. 이미 이 시점에서 이승만의 머릿속에는 윌슨Woodrow Wilson의 일시 귀국을 앞에 두고 몰래 계획한 바가 있었다.[5] 이처럼 동부지역에서 곤란한 상황을 당한 이승만과 정한경은 1919년 2월 5일 샌프란시스코의 안창호에게 다음과 같은 편지를 보냈다.[6]

> 경계자는 미국 국무성과 이민국이 본 대표단의 파리 여행을 거절하므로 영국공사까지 교섭했으나 원조를 얻지 못했습니다. 그들이 개인적으로는 동정하나 국제관계로 인해 허락할 수 없다고 합니다. 그런 까닭에 다음 세 가지 사항을 제기하오니 그중의 하나를 지시해주시기 바랍니다.
>
> 1. 대표단이 캐나다로 가서 그곳에서 비밀히 파리행을 시도하는 것.
> 2. 파리에 있는 헐버트Homer B. Hulbert 박사에게 우리의 문제를 위임하여 제출하는 것.
> 3. 이달 25일에 귀국하는 윌슨 대통령에게 원조를 청해보는 것.

이 편지를 받은 안창호는 다음과 같이 회답했다.[7]

> 1. 캐나다에 가더라도 그곳에서 파리에 가는 문제가 역시 어려우므로 허락할 수 없다.
> 2. 한국문제는 한국 민족의 일이니 외국인에게 위임하는 것은 허락할 수 없다.
> 3. 윌슨 대통령을 만날 수 있으면 우리의 사정을 말하고 출국 허가를 얻을 수 있도록 원조를 청해보는 것이 좋다.

앞서 얘기한 것처럼 이승만은 윌슨의 귀국을 앞두고 그에게 공작할 비책을 꾀하고 있었으므로 안창호의 회답은 청신호로 비쳐졌다. 물론 안창호는 이승만이 그 후에 취한 행동을 알고 이러한 지시를 내린 것은 아니었다.[8] 그럼에도 안창호를 비롯한 대한인국민회 중앙총회는 윌슨이 프린스턴대학 총장이었을 때 이승만이 그곳에서 박사학위를 받은 인연 때문에 두 사람이 보통 이상의 관계라고 여겼으므로, 이승만의 활동에 한 가닥 희망을 걸었다고도 생각할 수 있다.[9]

이승만은 정한경과 연명하여 윌슨과 파리강화회의 앞으로 새 청원서를 작성했다. 두 청원서는 똑같은 문구를 사용하지는 않았지만 둘 다 일본의 한국 보호국화와 병합은 부당하고, 이후 일본의 조선통치는 모든 면에서 조선인에게 최악이었으며, 조선문제의 공정한 해결을 희망하며 청원한다고 호소했다. 그래서 내용만을 놓고 보면 앞서 말한 이승만 · 정한경 · 민찬호 세 사람 연명으로 1918년 11월 25일자로 윌슨 앞으로 보낸 청원서와 별다른 차이가 없다. 그러나 이번 청원서에는 지난번 것에서는 보이지 않던 다음과 같은 문구가 있었다.[10]

> 우리는 일본의 지배로부터 조선을 해방하기 위해 장래 조선의 완전한 독립이 보장된다는 전제하에 조선을 국제연맹의 위임통치하에 둘 것을 죽기를 각오하며 청원합니다. 이 일을 달성함으로써 한반도는 모든 나라에게 이로운 중립 통상지대가 되어 어느 한 나라의 팽창을 방지하고 동양에서 평화를 유지하는 데 도움이 되는 완충국이 될 것입니다.

이승만과 정한경의 이 청원서를 '위임통치청원'이라 부른다. 청원서 날짜는 1919년 2월 25일로 이 시점에서는 아직 3 · 1운동은 일어나지 않았다.

이승만은 1919년 2월 28일 국무장관 대리 포크Frank L. Polk를 방문해 조선인을 대표해서 파리로 가고 싶다고 말했다. 이에 포크는 파리의 미국대표단에게 알리겠다고 대답했지만, 그는 파리(의 미국대표단)는 이승만(이 파리에 오는 것)을 바라지 않는다고 생각했다.[11] 이 시점에서 이승만은 포크를 통해 윌슨과 파리강화회의에 위임통치청원은 하지 않았다. 이승만에게 약속한 대로 포크는 다음 날인 1919년 3월 1일 이승만의 파리행을 주선하라고 지시한다면 따르겠다는 내용을 미국대표단에 알렸다.[12] 이에 대해 미국대표단은 3월 3인 다음과 같은 회답을 보냈다.[13]

> 조선병합은 이번 전쟁으로 인해 생긴 사항이 아니기 때문에 회의가 조선의 주장에 귀를 기울일 가능성은 없다. 조선 입장에서 보더라도 지금의 주장은 파리에서 제기되더라도 성공으로 이어지지 않고 오히려 대의가 왜곡되어 새로운 어려움이 생길 수 있다. 이런 사정을 청원자에게 알리고 요구를 철회하게 할 것을 지시한다.

포크에게 이러한 지시를 내린 인물은 누구일까? 우선 떠오르는 사람은 말할 것도 없이 국무장관 랜싱Robert Lansing이다. 랜싱은 실제로 "지금 시점에서 조선대표가 이곳에 오는 것은 매우 부적당하다"라고 말했으며 이것은 미국의 각 신문에 게재되었다.[14] 이승만은 이러한 상황을 어느 정도 예상한 듯 포크에게 요청하는 한편, 1919년 3월 3일 백악관에서 대기 중이던 윌슨의 비서 튜멀티Joseph P. Tumulty에게 1882년 조미조약의 거중조정 조항, 민족자결주의, 대한인국민회의 뜨거운 기대 등을 들면서 윌슨과의 만남을 주선해달라고 요청했다. 이때 이승만은 윌슨과 파리강화회의 앞으로 보내는 위임통치청원을 윌슨에게 전해달라고 튜멀티에게 부탁했다.[15]

다음 날인 3월 4일 윌슨은 조선을 위해 할애할 시간이 없다는 튜멀티의 회답을 받은 이승만은 실망의 뜻을 내비치는 한편, 어떻게 해서라도 조선을 위해 윌슨이 힘써줄 것을 다시 튜멀티에게 부탁했다.[16] 이와 동시에 이승만은 1919년 3월 7일 포크에게 편지를 보내, 랜싱의 답변에는 실망했지만 그가 민족자결주의에 근거하여 조선인을 위해 힘써주는 것을 다시 생각해볼 수 있도록 동봉한 강화회의 앞으로 보내는 위임통치청원을 랜싱에게 전해달라고 포크에게 부탁했다.[17]

그러나 미국정부에 대한 이러한 이승만의 공작은 어떤 결과도 얻지 못했다. 이승만은 1919년 3월 15일 위임통치청원을 대통령에게 전해달라고 튜멀티에게 요청하는 한편, 만일 그것이 적당하지 않다면 자신에게 되돌려달라고 부탁했다.[18] 국무 제2차관인 애디Alvey A. Adee는 3월 24일 튜멀티 앞으로 보낸 청원을 반송한다고 이승만에게 통고했고,[19] 이승만이 3월 7일에 포크에게 부탁했던 청원도 24일 반송되었다.[20] 이러한 이승만 등의 움직임을 알아챈 주샌프란시스코 일본총영사 오타 다메키치太田爲吉는 이 일에 관해 국무성에 조회했다. 이에 대해 국무성은 자신들이 이승만 등의 출국을 거절한 것이 아니라 일본정부가 발급한 여권을 갖지 않은 조선인의 출국 허가 요청을 수리할 수 없다고 전한 데 지나지 않는다고 회답했다.[21] 조선독립을 위해 활동하는 사람들에게 일본 당국이 여권을 발급해줄 리 없다는 것은 누가 보더라도 너무나 명백했기 때문에 국무성의 회답이 어떻든 간에 그것은 이승만 등에 대한 출국 거절임은 틀림없었다.

여기서 한 가지 거론해두어야 할 것은 이승만 등이 미국정부에 공작을 하는 동안, 뉴욕 거주 조선인들이 결성한 신한회를 대표해서 김헌식이 1919년 3월 14일 국무성 극동부장 밀러Ransford S. Miller를 만나 이승만과 정한경은 샌프란시스코의 대한인국민회를 대표하지만 신한회와 견해를 달리하며 이승만과 정한경의 선의가 의심스럽다고 말한 일이다. 이에 밀러는 이런 일은 자신들이 관여할 바가 아니며, 조선독립이라는 (중대한) 문제에 관해 조선대표 사이에서 모순된 견해가 나오는 것은 이해하기 어렵고, 어째서 함께하지 않느냐고 질문했다. 이러한 이승만 등과 김헌식의 대립은 개인적 이익의 대립에 기인하며 양쪽을 함께 대할 때는 주의할 필요가 있다는 밀러의 생각은 매우 자연스러운 것이라고 할 수 있다(밀러의 질문에 대해 김헌식은 이승만과 함께하는 것은 불가능하며 이승만에게 항복하느니 죽는 게 낫다고 대답했다[22]). 미국이 조선의 독립을 위해 힘써줄 생각이 없었다는 사실과는 관계없이 당시 조선의 최대 비원이었던 독립문제를 놓고 미국정부 당국자에게 분열된 모습을 보인 것은 독립운동에 좋지 않은 영향을 끼쳤음은 두말할 필요도 없다.

미국 당국자의 비협조적인 태도를 본 이승만과 정한경은 1919년 3월 16일 대한인국민회는 윌슨과 파리강화회의에 국제연맹이 조선이 완전한 자치를 할 수 있는 능력을 갖췄다고 판단될 때까지 위임통치를 해주기 바란다는 내용이 담긴 청원서를 제출하려 한다고 몇몇 신문에 발표했다.[23] 이에 주미일본대사 이시이 기쿠지로石井菊次郎는 이 사실을 본국에 보고하고 주의를 촉구했다.[24] 그런데 이승만과 정한경이 대한인국민회의 대표로서 윌슨과 파리강화회의 앞으로 제출하려 했던 위임통치청원은 대한인국민회 중앙총회와의 협의 없이 두 사람이 독단으로 결정한 것이었다. 그래서 3·1운동이 일어난 전후에 이승만과 정한경의 위임통치청원 소식이 알려지자 독립운동을 하던 사람들 중에서 그들에 대한 반발이 점차 강하게 나타났다.

대한민국임시정부가 상해에서 조직되어 정부 각원을 선출하기 위한 임시의정원 회의가 처음 개최된 1919년 4월 10일 유력한 구성원 중 한 사람이었던 독립운동가이자 역사학자였던 신채호申采浩는, 1905년 제2차 한일협약에 학부대신으로 서명했던 을사오적 중 한 사람이며 1910년 병합조약에 총리대신으로 서명했던 대표적인 친일파 이완용과 이승만을 비교하면서 다음과 같이 말했다.[25]

> 이승만은 이완용보다 더 큰 역적이다. 이완용은 있는 나라를 팔아먹었지만 이승만은 아직 나라를 찾기 전에 팔아먹은 놈이다.

> 이승만은 지난번에 위임통치 및 자치 문제를 제창하던 자이니 그 이유로써 국무총리로 신임할 수 없다.

결국 이승만이 국무총리에 선출되자 이에 불만을 품은 신채호는 퇴장해버렸다. 그리고 그 후 반이승만파는 이승만에 대한 비판을 할 때마다 위임통치 문제를 여러 번 꺼냈다.[26] 이처럼 자신에 대한 비판이 고조되는 가운데 이승만은 1921년 3월 26일자 대한민국임시정부의 기관지 『독립신문獨立新聞』과의 회견 기사에서 불법 포악한 일본의 통치 아래에서는 절대로 살 수 없어서 청원했지만, 궁극적으로는 독립한다는 목적을 가지고 위임통치를 말했고 (3월 1일 조선 본국에서의) 독립선언 전에 일시적으로 한 외교적 선전책에 지나지 않으며 정말로 위임통치를 원했던 것은 아니라고 주장했다.[27] 정한경도 1921년 6월 13일자로 안창호에게 보낸 편지에서 위임통치청원 날짜는 1919년 2월 25일로 3·1운동이 발발하기 전이며 이미 과거의 일인 이 문제로 공격을 가하는 것은 앞으로 독립운동을 해나가는 데 도움이 되지 않는다고 주장했다.[28]

하지만 이승만과 정한경의 변명이 전부 진실은 아니었다. 이들의 위임통치청원 날짜는 분명히 3·1운동 전인 1919년 2월 25일이지만, 조선에서 3·1운동이 일어났다는 사실이 미국에 완전하게 전해진 3월 16일에 두 사람은 윌슨과 파리강화회의에 위임통치청원을 제출하려 한다는 내용을 몇몇 신문에 발표했기 때문이다. 특히 정한경은 잡지 『아시아*Asia*』 5월호에 투고한 글 첫머리에 다음과 같이 적었다.

> 만일 성실하게 조선인들에게 정의를 부여한다는 일본의 공언이 진실이라면 일본은 다음 세 가지 중 하나를 행해야 한다. 일본은
>
> 1. 완전독립
> 2. 자치
> 3. 스스로 법률을 제정·시행하고 행정·사법 관료를 선택할 때의 발언권
>
> 중 하나를 조선에 부여해야 한다. 첫 번째를 선택하는 것은 가장 아량이 있는 행위로 일본인의 위대함을 영원히 세계사에 남기는 행위가 될 것이다. 그러나 만일 일본이 궁극적으로 관대할 수 없다면 조선에 자치를 확대해야 한다. 내정을 관할하는 것은 설령 일본의 종주권 아래에서 이루어진다 하더라도 조선인의 권리다. 만일 이 권리를 승인한다면 일본은 식민지 통치에서 가장 성공을 거둔 영국의 예를 따르는 것이다. ……

물론 여기서 정한경이 말한 두 번째의 자치가 위임통치가 아니라는 것은 분명하다. 그러나 3·1운동이 발발한 후에도 조선의 독립운동가들이 완전독립에 이르지 못한 단계에서도 타협할 생각이 있었음을 보여주는 증거로 볼 수 있다.

당시의 객관적 상황을 보면 일본은 조선에게 독립을 부여할 생각은 털끝만큼도 없었으며, 미국도 조선의 독립을 도와줄 생각이 없었음은 분명했다. 미국에서 대학을 졸업한 이승만과 정한경은 그러한 사정을 충분히 알고 있었으므로, 어쨌든 현재 일본의 무단통치를 해소하고 아울러 염원하던 파리행을 실현하고 궁극의 목표인 완전독립을 향한 확실한 성과를 얻고 싶다는 애국심에서 두 사람이 위임통치청원을 했다고 생각할 수도 있다.[29] 이런 맥

락에서 보면 신채호가 이완용 이상으로 이승만을 혹평한 것은 너무 심한 평가였다고 말할 수 있다.[30] 다만 3·1운동 발발 전후에 완전독립이 아닌 위임통치청원을 한 것은 타이밍이 좋지 않았으며, 게다가 그러한 중대사를 대한인국민회를 포함해서 다른 조선인과 전혀 사전 협의도 없이 이승만과 정한경 두 사람이 결정했다는 것은 조선인 입장에서 보면 당연히 용인할 수 없었다.[31] 특히 이승만의 독선적 행위가 대한인국민회에 적지 않은 균열을 초래했음은 그렇지 않아도 불리한 입장에 있던 독립운동에 한층 좋지 않은 영향을 끼쳤다는 사실은 부정할 수 없다.

대한민국임시정부의 수립

조선에서 3·1운동이 일어나자 독립운동을 더욱 통일적·조직적으로 전개하고, 일본으로부터 독립한다는 의사를 내외에 보이기 위해 정부를 수립하려는 움직임이 안팎에서 일어났다. 먼저 3·1운동이 일어나 독립선언서에 서명한 민족대표를 비롯한 관계자가 체포되는 한편, 운동이 확대되는 가운데 조선 내에서도 정부를 수립하려는 움직임이 나타났다.

한남수韓南洙, 김은국金恩國, 홍면희洪冕熹, 이규갑李奎甲 등은 1919년 3월 중순부터 국민대회 조직과 임시정부 수립을 위해 협의를 계속했고, 4월 2일에는 인천 만국공원에서 20여 명이 집회를 가졌다. 이때 천도교대표로서 안상덕安商悳, 기독교대표로서 박용희朴用熙·장붕張鵬·이규갑, 불교대표로서 이종욱李鍾郁, 유교대표로서 김규金奎가 참석했다. 그 후 홍면희, 이규갑, 한남수가 4월 8일 상해로 떠나자 안상덕이 뒷일을 떠맡고 천도교와 기독교가 각각 600원씩 자금을 마련해 국민대회취지서, 임시정부선포문, 임시정부령 제1호와 제2호 등을 인쇄했다. 4월 23일 보성전문학교 학생으로 행동책임자였던 장채극張彩極은 학생과 노동자에게 깃발과 전단을 배포했고 이것을 받아 든 사람들은 종로 보신각, 동대문, 남대문, 서대문 등 서울 중심가에서 깃발을 흔들며 만세를 외쳤다. 또 국민대회 13도 대표자로 선출된 24인이 서울의 중화요릿집 봉춘관에 모여 국민대회를 열고 '한성정부'의 수립을 선포했다. 이에 당국은 24인 중 이용규李容珪, 최전구崔銓九, 이내수李來秀, 유근柳瑾 등 네 사람을 체포했다.[32]

이 국민대회에서 한성정부의 결의사항, 약법約法, 선포문, 각원 명부가 정해졌다. 그중 선포문·각원 명부·약법은 다음과 같다.[33]

선포문

자玆에 국민대회는 민의에 기基하여 임시정부를 조직하고 국민대표로서 파리강화회의에 출석할 요원을 선정하고 약법을 제정하야 이를 선포함.

조선건국 4252년 4월 일 국민대회

각원 명부

집정관 총재	이승만	국무총리	이동휘
외무부 총장	박용만	내무부 총장	이동녕
군무부 총장	노백린盧伯麟	재무부 총장	이시영李始榮
법무부 총장	신규식申圭植	학무부 총장	김규식
교통부 총장	문창범文昌範	노동부 총변	안창호
참모부 총장	유동열		

약법

제 1 조 국체는 민주제를 채용함.

제 2 조 정체는 대의제를 채용함.

제 3 조 국시는 국민의 자유와 권리를 존중하고 세계평화의 행복을 증진함.

제 4 조 임시정부는 좌(아래)의 권한이 있다.

1. 모든 내정 2. 모든 외교

제 5 조 국민은 좌(아래)의 의무가 있다.

1. 납세 2. 병역

제 6 조 본 약법은 정식 국회를 소집하야 헌법을 발표할 때까지 이를 적용함.

한편 이와는 별도로 시베리아와 만주에 거주하는 조선인들 사이에서도 정부 수립 움직임이 나타났다. 국제정세의 변화를 간파한 이 지역에 거주하는 조선인들은 1919년 2월 25일 니콜리스크에서 전러한족회 중앙총회를 개최하고 전러한족회를 '대한국민의회'라 개칭했다(3·1운동 이후 이 지역 조선인들의 활동에 대해서는 뒤에 언급함[34]).

대한국민의회는 3월 17일 조선독립선언서를 발표하고[35] 4일 후인 3월 21일에는 5개조로 된 결의안을 채택하고 행정부 인원을 선출해서 발표했는데 그 내용은 다음과 같다.[36]

결의안

1. 대한국민의회는 조국 독립의 달성을 기약하며 세계민족자결주의에 기인하여 한국 민족의 정당한 자주독립을 주장함.
2. 한일합방조약은 일본의 강압적 수단으로 성립한 것이고 우리 민족의 의사가 아니므로 그 존속을 부인하며 일본의 통치 철폐를 주장함.
3. 프랑스 파리에서 열리는 평화회의에 대표를 파송하여 우리의 독립운동과 정부 건설의 승인을 요구하며 국제연맹에 참가를 주장함.
4. 한국독립운동의 실정을 세계에 선전하며 정부 건설의 사실을 각국 정부에 통지하여 우리의 주권을 주장함.
5. 이상의 목적이 인도·정의의 공정한 판결을 받지 못하면 일본에 대하여 혈전 포고를 주장함.

각원

대통령	손병희	부통령	박영효
국무총리	이승만	탁지총장	윤현진尹顯振
군무총장	이동휘	내무총장	안창호
산업총장	남형우南亨祐	참모총장	유동열
강화대사	김규식		

이리하여 '노령정부'가 성립되었다. 이 지역에서는 무장투쟁파로 사회주의의 영향을 받은 이동휘 등의 세력이 강해 한성정부의 약법과 비교하면 노

령정부가 강한 표현을 썼음을 엿볼 수 있다. 그러나 양자 모두 명목상 정부 구성은 갖추었지만 실제로 정부 역할을 수행한 것은 아니었다. 한성정부는 조선총독부가 엄중한 경계태세를 취했기 때문에, 노령정부는 시베리아출병으로 이 지역에 일본군이 존재했기 때문에 둘 다 활발한 활동을 할 수 있는 상황이 아니었다. 그래서 정부 수립을 모색하고 있던 독립운동가들이 눈을 돌린 곳이 조선과 러시아령보다는 안전하고 지리적 조건도 나쁘지 않고 조선인이 많이 살고 있던 상해였다.

신한청년당 당원으로 2·8독립선언의 독립선언서를 기초했던 이광수, 귀국해서 민족대표와 접촉하는 등 독립운동을 해온 선우혁, 김철金澈, 서병호徐丙浩, 만주와 러시아령 연해주에서 그곳에 거주하는 조선인들과 접촉해온 여운형, 여운형의 동생으로 미국 유학을 마친 여운홍呂運弘, 조선 내의 기독교 교단에서 홍보활동을 위해 파견한 현순, 독립선언서에 서명한 민족대표 33인 중 한 사람이며 3·1운동 직전에 조선을 탈출한 김병조 등이 1919년 3월 하순까지 상해에 모여 독립임시사무소를 프랑스 조계지 내의 보창로寶昌路에 설치했다. 또한 러시아령 연해주에서도 이동휘와 이시영을 비롯한 30여 명이 3월 하순까지 상해에 도착했다.[37] 이후 상해에 머물던 조선인들은 프랑스 조계지 내에서 독립운동을 전개했다. 이는 프랑스총영사관의 묵인 아래 이루어졌는데, 프랑스 당국의 이러한 자세는 조선인들의 독립운동에 호의적이었기 때문이 아니라 망명객에 대해서는 관대한 자세로 임한다는 프랑스의 전통에서 나온 것이었다.[38]

현순을 총독으로 한 독립임시사무소는 1919년 4월 8일 임시관제를 선포한 뒤 4월 10일 프랑스 조계지 내 신부로神父路에서 제1회 임시의정원 회의를 개최했다. 이때 정부 수립과 국호에 대해 결의하고 각료를 선정했으며 임시헌장도 의정하여 '대한민국임시정부'가 성립되었다. 각료 명부와 임시헌장은 다음과 같다.[39]

각료 명부

임시의정원 의장 이동녕

임시정부 국무총리 이승만

내무총장 안창호　　　　내무차장 신익희申翼熙

외무총장 김규식　　　　외무차장 현순

재무총장 최재형崔在亨　　재무차장 이춘숙李春塾

교통총장 신석우申錫雨　　교통차장 선우혁

군무총장 이동휘　　　　군무차장 조성환曺成煥

국무총장 이시영　　　　법무차장 남형우

국무원 비서장 조소앙

임시헌장

신인일치神人一致로 중외협응中外協應하야 한성에서 기의起義한 지 30유일有日에 평화적 독립을 300여 주州에 광복하고 국민의 신임으로 완전히 다시 조직한 임시정부는 항구 완전한 자주독립의 복리로 아我 자손 여민黎民에 세전世傳키 위하야 임시의정원의 결의로 임시헌장을 선포하노라.

제 1 조　대한민국은 민주공화제로 함.

제 2 조　대한민국은 임시정부가 임시의정원의 결의에 의하여 이를 통치함.

제 3 조　대한민국의 인민은 남녀·귀천 및 빈부의 계급이 없고 일체 평등함.

제 4 조　대한민국의 인민은 종교·언론·저작·출판·결사·집회·신서信書·주소 이전·신체 및 소유의 자유를 향유함.

제 5 조　대한민국의 인민으로 공민의 자격이 있는 자는 선거권 및 피선거권을 가짐.

제 6 조　대한민국의 인민은 교육·납세 및 병역의 의무가 있음.

제 7 조　대한민국은 신의 의사에 의하야 건국의 정신을 세계에 발휘하며 나아가 인류의 문화 및 평화에 공헌하기 위하여 국제연맹에 가입함.

제 8 조　대한민국은 구황실을 우대함.

제 9 조　생명형과 신체형, 공창제를 전폐함.

제10조　임시정부는 국토회복 후 만 1년 내에 국회를 소집함.

대한민국 원년 4월　일

임시의정원 의장 이동녕

임시정부 국무총리 이승만
(이하 6총장 서명)

그런데 앞서 말했듯이 의정원 회의에서 이승만을 국무총리로 선출한 데 대해 신채호가 이승만의 위임통치청원을 이유로 강력한 반대론을 제기했지만 결국 이승만이 국무총리에 취임했다. 또 임시정부 국호에 관해서도 조선공화국, 고려공화국 등이 괜찮다는 의견도 나왔으나 결국 대한민국으로 결정되었다. 신한청년당의 중심적 인물이었던 여운형은 "대한은 이미 우리가 쓰고 있던 국호로서 그 대한 때에 우리는 망했다. 망한 나라, 일본에게 합병되어버린 대한의 국호를 우리가 지금 그대로 부른다는 것은 감정상으로도 용납할 수 없다"라고 반대했다. 그러나 "일본에게 빼앗긴 국호이니 일본으로부터 다시 찾아 독립했다는 의의를 살려야 하고 또 중국이 혁명 후에 새롭고 혁신적인 것으로 '민국'을 쓰고 있으니 이를 따라 대한민국이라 하는 것이 좋다"라는 다수의 주장이 우세해서 국호로 대한민국이 채택되었다.[40]

임시헌장 제8조 구황족인 이왕가(조선왕조) 우대조항에 대해서도 의견이 찬성과 반대로 나뉘었다. 연장자가 많았던 황족우대파는 "이왕가는 500년이나 계속되었고 나라를 판 것은 매국노들이지 고종은 독립을 위해 노력했다. 고종 서거 후 덕수궁 앞에서 통곡하는 모습을 보더라도 이왕가에 대한 국민 대다수의 마음을 엿볼 수 있으며 민심 수습을 위해서라도 황족을 우대할 필요가 있다"고 주장했다. 이에 대해 반대파는 "조선 500년의 치적은 공보다 죄가 많다. 또 그들은 한일합방 후 작위를 받는 등 잘못을 저지른 책임은 면할 수 없다. 고종 서거 후의 통곡도 고종의 죽음을 슬퍼한다기보다는 망국의 한이 국장이라는 기회에 나타난 것이다"라고 주장했다. 결국 이 문제는 표결에 부쳐졌고, 황족우대파가 다수를 차지하여 임시헌장 제8조에 황실 우대가 명시되었다. 그래서 여운형·여운홍 형제는 이때 임시정부의 어떤 자리에도 취임하지 않았다.[41]

이리하여 대한민국임시정부가 성립되었는데, 임시헌장은 미국헌법을 모델로 삼고 파리강화회의에서 조선독립을 청원하기 위해 이미 파리에 건너가 있던 김규식을 외무총장으로 삼은 것이 특징이다. 의정원은 1919년 4월 13일 의정원법을 제정하고 조선8도(예컨대 경상남도와 경상북도는 각각 하나의 도이지만 경상도로 합쳐 하나의 도로 간주했다), 러시아령, 중국령, 미국령을 포함한 11개 지방으로 구성된 지방선거회를 만들어 의원을 선출했다.[42]

이러한 과정을 거쳐 한성·노령·상해의 세 정부가 성립되었다. 세 정부의 공통점은 이승만, 이동휘, 안창호, 김규식 등이 어느 정부에서나 각원으로서 이름을 올려놓고 있다는 점이며(특히 이승만은 어느 정부에서나 일인자 지위를 차지했다), 차이점은 정체가 각각 집정관제(한성정부), 대통령제(노령정부), 국무원제(상해정부)였다는 점이다.[43]

정부가 셋이나 있다는 것은 독립운동을 전개하는 데 좋게 작용하지 않기 때문에 세 정부를 통합하려는 시도가 나타났다. 노령정부를 대표해서 상해에 온 원세훈元世勳은 1919년 4월 15일 노령정부의 대한국민의회와 상해임시정부의 의정원을 통합하고 정부 소재지를 러시아령에 두자고 제의했고,[44] 5월에는 상해에 외교부와 교통부만 남기고 정부를 길림성吉林省 또는 러시아령으로 옮기자고 은밀하게 논의했다.[45] 이에 대해 상해임시정부는 5월 10일 간도나 러시아령은 조선인이 많이 살고 있어서 여러 면에서 편리하지만, 일본의 세력범위에 있어 언제 침해를 받을지 모른다는 점을 들어 반대하여 결국 정부는 상해에 두기로 결정했다[46](하지만 군부만은 길림성으로 옮기자고 원세훈이 주장했다는 이야기도 있다). 이에 대해 한성정부는 국내에 정부를 두는 것은 불가능한 상황이지만 13도 대표의 총의에 근거해 국내에서 성립했으므로 통합정부가 어디에 위치하건 한성정부의 성립취지에 따라야 한다고 주장했다.[47]

실제로는 통합해야 할 국토도 국민도 없고 주요 각료도 자리를 비운 사이에 세 정부 사이에 주도권 다툼이 전개된 것이다. 상해에서는 1919년 5월 13

일 제4회 의정원 회의가 열려 '각지에 산재하는 각 의회의 통일'이 결의되었다.[48] 문제 해결에 착수한 사람은 내무총장 직무를 맡기 위해 5월 25일 상해에 도착한 안창호였다. 안창호는 상해임시정부와 노령정부를 한성정부에 통합하려는 방침을 세우고 현순과 김성렴金聖謙을 러시아에 파견하여 이러한 방침을 노령정부에 전했다.[49] 7월 11일에 제5회 의정원 회의에서 상해 임시의정원과 러시아령 대한국민의회를 통일하여 의회를 조직했는데, 이때 노령정부가 의회를 러시아령에 두기로 주장하면 이를 인정하고, 임시정부는 상해에 두지만 수시로 자유롭게 위치를 변경할 수 있다는 것 등이 결정되었다.[50] 러시아령에서 현순 등과 만나 의논한 사람은 이동휘였는데 그의 주도로 대한국민의회 인원의 5분의 4가 상해의 임시의정원에 편입한다는 조건으로 대한국민의회의 해산이 결정되었다.[51]

이러한 상황을 받아들여 상해에서는 1919년 8월 1일부터 9월 17일까지 제6회 임시의정원 회의가 열렸고 8월 28일에는 임시정부 개조안과 임시헌법 개정안이 제출되었다. 그중 임시정부 개조안은 한성정부를 표준으로 삼고 대통령제를 채택한다는 내용을 포함했다. 9월 6일에는 임시헌법 개정안이 임시의정원에서 통과되었고, 11일에는 8장 57조로 이루어진 대한민국임시헌법이 공포되고 새 내각이 성립했다.[52] 그 명부는 다음과 같다.

대통령 이승만
국무총리 이동휘
내무총장 이동녕
군무총장 노백린
법무총장 신규식
교통총장 문창범
외무총장 박용만
재무총장 이시영
학무총장 김규식
노동국 총변 안창호

이렇게 해서 임시정부가 개조되었다. 이후 이동휘가 1919년 9월 18일 현순과 함께 상해에 도착했고, 10월 하순에는 문창범, 10월 27일에는 이동녕과 이시영도 상해에 도착했다. 11월 3일에는 국무총리 이하 각료들의 취임식이 거행되었는데, 취임식이 순조롭게 진행된 데는 스스로 한 걸음 물러나 노동국 총변에 취임한 안창호의 역할이 컸다. 그렇지만 이때에도 이동녕이 이승만의 위임통치청원문제를 꺼냈고 또 가장 중요한 인물인 이승만이 미국에서 외교활동을 하느라 상해에는 바로 올 수 없어서(이승만이 상해에 온 것은 1920년 12월 8일이다), 임시정부의 앞날은 힘들어 보였다.[53] 이러한 과정을 거쳐 한성정부를 핵으로 삼는 형태로 세 정부가 통합되었다. 하지만 한성정부는 실체를 수반한 정부라고 말하기 어려웠고 어디까지나 본국에서 성립한 한성정부의 법통성(정통성) 계승이 목적이었다. 실제로는 상해의 대한민국임시정부가 법통성을 계승했다.

세 정부 통합의 주역이라고 말할 수 있는 안창호는 상해 도착 이후 임시정부와 관련해서 몇 가지 일에 착수했다. 그중 하나가 연통제聯通制인데, 국무총리 대리이기도 했던 안창호의 주도하에 임시정부 국무원령 제1호로서 1919년 7월 10일 공포·실시되었다. 연통제란 조선 내의 각 도에는 독변督辯, 각 군에는 군감郡監, 각 면에는 면감面監을 두고 구성한 지하조직으로, 임시정부와 본국 간의 연락, 장래 민중운동을 위한 기반, 임시정부의 재정 확보 등을 목적으로 했다. 실제로 연통제는 약 반 년 동안에 경상도와 강원도를 제외한 10개 도에서 조직되었다.[54] 안창호는 또한 1919년 6월 17일 임시정부에 사료조사편찬부를 설립하고 이광수와 김병조 등을 위원으로 임명하여 독립국으로서의 조선 역사와 한·일관계 역사 편찬을 꾀했다.[55] 나아가 임시정부 기관지로서 『독립獨立』을 1919년 8월 21일자로 창간하고(그 후 『독립신문』으로 개칭) 사장 겸 편집국장에 이광수를 앉혀 선전활동에 힘썼다.[56]

이렇게 해서 안창호의 상해 도착 후 대한민국임시정부는 서서히 그 기능을 발휘하기 시작했다. 그러나 민족주의적 색채가 강한 상해파와 사회주의적 색채가 강한 노령파의 대립, 반이승만 움직임, 구성원 간의 지위 다툼이 치열해지는 등 점차 임시정부 내에서 대립항쟁이 격화되었다. 그렇지만 독립을 향한 청원은 대한민국임시정부의 성립 후 정부 명의로 이루어졌고, 일본 당국도 "가정부假政府"라 부르며 임시정부의 동향에 주의를 기울였다.[57]

미국에서의 외교활동

이미 언급했듯이 정한경이 윌슨과 파리강화회의에 위임통치청원을 하는 중에 조선에서 3·1운동이 발발했다. 여기서는 우선 운동 발발 소식을 들은 재미 조선인들이 어떻게 대응했는지에 대해 살펴보자.

조선의 기독교 교단이 유럽과 미국 등지에서 선전활동을 하기 위해 상해에 파견한 현순은 3·1운동 발발을 상해에서 확인한 후, 1919년 3월 9일 3·1운동 발발 사실을 샌프란시스코의 대한인국민회 중앙총회와[58] 하와이의 대한인국민회 하와이지방총회에 알렸다.[59] 미국의 각 신문도 3월 중순까지는 조선에서 대규모 항일독립운동이 발발했고,[60] 이 운동이 확대되자 일본이 군사력으로 진압하고 있다는 내용을 보도했다.[61]

3·1운동 발발 소식을 현순에게서 들은 안창호는 "대한의 민족된 자, 일제히 일어나서 가지고 있는 생명·재산·기능 등 모든 것을 바치고 용맹하게 나아가겠다고 맹세하자"라고 지시했다. 1919년 3월 15일에 소집된 미국·하와이·멕시코에 거주하는 조선인 전체대회에서 결의안이 채택되었다. 그 주요한 내용은 다음과 같다.[62]

1. 재미 한인 독립운동 응원의 일체 행사는 전체 대표회 결의에 의하여 이행하며 그 행정은 대한인국민회 중앙총회에 일임함.
4. 원동(극동)과 구미 각지에 운동 경비 조달을 위해 일반 동포에게 애국특연금愛國特捐金 수봉收捧을 실시함.
5. 서재필을 외교고문으로 임명하여 필라델피아에 외교통신부를 설치하고 경비는 매월 800달러씩 지불함.
6. 원동에 대표를 파송하여 대한민국임시정부 수립에 봉사하게 하고, 미주(미

국)와 하와이 각 지방에 특파원을 파송하여 민중 여론을 수습하며 의사를 연락하여서 행동 일치를 도모함.

7. 하와이에서 진행할 사무는 대한인국민회 하와이지방총회에 위임함.
8. 윤병구를 지방외교원으로 임명하여 가주(캘리포니아주)에서 미국인 사회에 선전 사무를 담임하게 함.
9. 이승만을 필라델피아에 보내서 서재필을 협조하게 함.
11. 영문과 한문으로 선전문을 출판하여 분포함.
12. 한국 국기를 만들어서 동포에게 분급함.
13. 미주·하와이·멕시코 재류 동포를 등록하여 인구를 조사함.

안창호는 중앙총회 포고문을 연설하며 대한독립선언이 나온 이때야말로 재미 조선인들도 힘을 내어 독립 달성을 위해 최선을 다하자고 호소했다.[63] 그 후 안창호는 1919년 4월 5일 재미 조선인들의 대표로서 정인과鄭仁果와 황진남黃鎭南을 수행하고 상해로 갔다.[64] 대한인국민회 중앙총회는 1919년 3월 17일 김정진金正眞을 미국 서해안지역에 파견했는데, 63일간 10개 주 63개 도시를 돈 그는 327명으로부터 1만 달러 이상을 모금했다. 대한인국민회 중앙총회의 5월 26일 발표에 따르면 모인 독립의연금은 3만 388달러 25센트에 달했다.[65]

1919년 3월 15일 전체대회에서 외교고문에 임명된 서재필은 이미 그 전부터 여러 가지 활동을 벌이고 있었다. 1918년 12월에는 안창호에게 편지를 보내 조선인들에 대한 외국인의 동정을 모으기 위해 고급 영문잡지를 창간하고 싶은데, 이를 위해 1만 명으로부터 1인당 50달러를 모아 50만 달러를 만들어 여기서 나오는 매년 2만 5,000달러의 이자로 잡지를 발행하자고 제안했다. 이 계획은 대한인국민회의 재정문제로 이때는 실현되지 못했지만, 서재필은 잡지 발행의 뜻을 버리지 않고 3·1운동 발발 전에 뉴욕에서 모금 활동을 했다.[66] 서재필은 자신의 본거지인 필라델피아에 대한인국민회가 설치한 외교통신부의 외교고문이 되었다. 독립운동이 조선을 중심으로 더욱 확대되는 가운데, 서재필은 1919년 4월 1일부터 16일에 걸쳐 독립운동을 전

개하는 데 미국의 도움을 얻기 위해 회의를 개최한다고 발표했다.[67]

한국의 독립운동과 대한민국임시정부 수립을 선전하기 위해 '한인자유대회'가 필라델피아 시내의 리틀 시어터The Little Theater에서 1919년 4월 14일부터 16일까지 3일 동안 개최되었다. 지역신문은 대회 첫날인 14일 사설에서 일본의 잔악한 3·1운동 탄압 소식이 미국에 전해진 것과 때를 같이하여 필라델피아에서 대회가 개최된 데 매우 놀랐다고 밝혔다. 또한 일본의 한국병합 후 물질적 향상은 있었을지 모르지만 조선인은 모든 자유를 박탈당하고 농노의 지위까지 떨어졌으며, 조선인에게 정당한 대의가 있음은 의심할 여지가 없다는 내용을 사설에 썼다.[68] 한인자유대회는 서재필, 이승만, 정한경, 민찬호, 윤병구 등의 독립운동가들과 학생이 중심이 된 재미 조선인들, 선교사나 학자로 조선에 동정적이던 미국인 등 약 150명이 참석한 가운데 개최되었다. 정한경이 서재필을 의장으로 추대한 안이 채택되어 '제1회 한국의회'라고도 부르는 한인자유대회는 의장 서재필의 진행으로 이루어졌다.[69]

첫날인 4월 14일에는 조선을 둘러싼 상황에 대해 오하이오주 오벌린대학Oberlin College 교수 밀러Herbert H. Miller 등이 연설한 후, 대한민국임시정부에 보내는 메시지, 이승만의 '미국에의 청원', '조선인의 의도와 소망' 등이 채택되었다. 첫날 진행과정에서 눈에 띄는 점은 연설에서 일본을 '동양의 독일'로 보는 경향이 있었다는 것, 이승만은 '미국에의 청원'은 변경할 필요가 없고 그대로 채택되어야 한다고 했지만 서재필은 다른 사람들의 의견을 묻지 않고 일을 진행시키는 것은 민주주의가 아니라고 주장했고 정한경도 이에 찬성했다는 것, 머지않아 조선으로 돌아갈 예정인 어떤 발표자가 익명을 요구했다는 것 등을 들 수 있다.[70] 둘째 날인 4월 15일에는 일본의 과거 성책에서 나타난 과실을 지적하면서 조선에 자유를 부여함으로써 조선인들의 신뢰를 얻는 것이 일본에게도 이롭다는 관점에서 '사려 깊은 일본인들에게'의 제안을 논의(일본인은 잔악하다는 점을 들어 그러한 제안을 하는 것을 의문시하는 의견이 있었다) 끝에 최종적으로 채택하고 대한민국임시정부의 승인을 미국정부에 요청하는 결의를 했다.[71] 마지막 날인 4월 16일에는 조선은 지금이야말로 독립하지 않으면 안 된다고 하여 '조선의 독립' 결의가 이루어졌다. 그런 후 조지 워싱턴George Washington이 1776년에 독립선언을 했던 독립기념관에서 서재필이 연설하고 이승만이 3·1독립선언을 낭독했다. 참석한 사람들은 손에 태극기와 성조기를 들고 시내를 행진했고 대한민국과 미국의 만세 삼창을 한 뒤에 한인자유대회는 폐막되었다.[72]

한인자유대회는 한국 역사상 최초의 의회로 간주된다. 하지만 지역신문은 대회가 개최되었다고 해서 조선인에게 정세가 유리해진 것은 아니며 일본이 조선에서의 지위를 포기할 거라고는 생각할 수 없다고 보도했다. 그렇지만 대회 개최와 독립선언을 전혀 쓸데없는 일이라고 보는 것은 잘못이며 조선인들이 겪고 있는 고통을 없애기 위한 여론 환기에 대해서는 일본도 민감하게 반응할 수밖에 없고 나아가 자치를 획득하거나 미국인들의 도덕적 지원으로까지 이어질지도 모른다고 논했다.[73] 주미 일본대사 이시이 기쿠지로도 필라델피아에서 조선인의 대회 개최와 독립선언서 낭독에 대해 일본정부의 주의를 환기시켰다.[74]

한인자유대회 후에도 서재필은 활동을 계속했다. 우선 그는 한인자유대회 직후인 1919년 4월 25일 대한인국민회가 필라델피아에 설치한 외교통신부를 대한민국통신부로 고치고, 조선의 실정을 미국과 유럽 각국에 선전하는 것을 최대 목적으로 삼았다. 또한 7월 30일 한인자유대회가 필라델피아에서 개최되었다는 편지와 대회 의사록을 대한민국통신부 이름으로 랜싱에게 보냈다.[75] 나아가 선전활동의 일환으로 자신이 오랫동안 품고 있던 영문잡지 간행에 착수했다. 이미 오하이오주 델라웨어에 거주하던 조선인 학생들이 이곳을 중심으로 미국·하와이조선인학생연맹 이름으로 1919년 3월호부터 5월호까지 총 세 차례 월간잡지를 발행하여 선전활동에 힘쓰고 있었다.[76] 서재필은 제4호인 6월호부터 이 잡지를 대한민국통신부의 후원 아래 두고 잡지의 이름도 『코리아 리뷰*Korea Review*』로 바꿨다. 『코리아 리뷰』는

1920년 9월호부터는 전적으로 대한민국통신부가 발행했고 1922년 7월호까지 발행되었다. 또 서재필과 함께 한인자유대회에도 참석한 필라델피아 성삼위교회 수석목사 톰킨스Floyd W. Tomkins 등이 중심이 되어 1919년 5월 5일 '한국친우회The League of the Friends of Korea'가 필라델피아를 본부로 삼아 결성되었다. 그 후 워싱턴, 뉴욕, 보스턴, 샌프란시스코, 시카고, 오하이오주 등 여러 곳에 15개 지부를 설치하고 톰킨스가 회장에 취임했다. 한국친우회는 조선의 독립 원조, 일본의 학정에 대한 항의, 조선의 실정 선전 등을 목적으로 삼았다.[77]

이처럼 안창호와 서재필이 활발하게 활동하는 동안 위임통치청원까지 했지만 결국 파리행을 이룰 수 없었던 이승만은 무엇을 하고 있었는지 살펴보자. 이승만은 앞서 말한 것처럼 한인자유대회에 참석한 뒤 1919년 5월에는 워싱턴에 한성정부 집정관사무소를 설치했다.[78] 파리강화회의가 눈앞에 닥친 6월이 되자 이승만은 몇 차례에 걸쳐 윌슨과 포크에게 대한민국임시정부가 성립되었고, 변호사 돌프Fred A. Dolph가 자신들의 고문이 되었으며, 1882년 조미조약에 따라 조선독립을 위해 미국이 도와주기를 바란다는 내용을 적은 편지를 보냈다.[79] 이승만은 또한 6월 18일자로 다이쇼천황 앞으로 보내는 편지를 썼는데 여기에는 대한민국임시정부 성립 소식과 일본은 조선에서 철수하여 조선과 일본 간의 영속적인 우호를 도모해야 한다는 내용 등이 포함되었다.[80] 물론 이 편지들이 효력을 발휘할 리는 없었다. 그런데 여기서 문제가 된 것은 실제로 이 시점에서는 아직 취임하지 않았음에도 불구하고 이승만이 대한민국 대통령으로서 이러한 편지들을 작성하고 보냈다는 점이다.[81] 그 후 이승만은 1919년 8월 25일 집정관사무소를 한국위원부로, 다시 9월에는 구미위원부로 바꿨다. 구미위원부는 공채부와 선전부를 두고 공채 발행과 여러 가지 선전활동을 했다.[82]

지금까지 살펴본 이승만, 안창호, 서재필 외에도 여러 사람들이 미국에 공작을 시도했다. 우선 대한인국민회 중앙총회 회장을 맡았던 안창호가 샌프란시스코에서 상해로 간 직후인 1919년 4월 7일, 그의 대리 역할을 하던 백일규白一圭가 3월 1일 독립선언서 영역문을 윌슨에게 보냈다.[83] 또한 대한인국민회 하와이지방총회 회장이며 이승만과도 밀접한 관계를 가지고 있던 이종관李鍾寬은 8월 22일 시찰을 위해 호놀룰루에 온 해군장관 대니얼스Josephus Daniels 부부에게 하와이 방문을 환영하는 편지와 300년 전에 만든 은제 담배상자를 선물했다. 이것을 받은 대니얼스는 머무는 기간이 짧아 만날 수 없음을 아쉽게 생각하며 환영과 선물에 매우 감사한다는 답장을 이종관에게 보냈다.[84]

지금까지 인물로는 서재필·이승만·안창호, 구체적인 활동으로는 한인자유대회를 중심으로 3·1운동 시기 재미 조선인들의 독립운동 전개상을 살펴보았다. 그들의 활동은 어느 정도 미국 내의 여론을 환기시키는 역할을 했으나 미국정부에는 영향을 미치지 못했다. 그들의 활동은 모두 대한민국임시정부의 이름 아래 전개되었고 그래서 서로의 활동은 대립하는 것이 아니었지만, 위임통치청원이나 (나중에 취임했다고는 하나) 스스로 대통령이라고 부르는 행위에서 보이는 이승만의 독단과 전행이 이따금 나타나 마찰을 일으켰음은 부정할 수 없다.

파리강화회의와 김규식

이승만과 정한경은 위임통치청원까지 하면서 미국에서 파리행을 꾀했지만 결국 출국하지 못했다. 그렇다면 상해의 신한청년당이 파리로 파견한 김규식은 어떤 활동을 벌이고 있었는가?

김규식이 상해를 출발한 것은 1919년 2월 1일이었다. 주상해 일본총영사관이 이 사실을 포착하여 본국에 보고한 것은 한 달 이상이나 지난 뒤였다.[85] 주중 미국공사 라인쉬Paul S. Reinsch는 2월 16일, 조선혁명당의 대표가 김중문金仲文이라는 이름의 중국여권을 가지고 조선의 독립을 호소하기 위해 파리로 향했다고 보고했다. 조선혁명당이란 물론 신한청년당을 가리킨다. 신한청년당은 이미 1월에 조선 약사, 일본의 한국병합 후 조선에서 실시한 악정, 조선이 해방되어야 하는 이유, 독립 달성 계획 등을 적은 문서를 라인쉬에게 보냈다.[86]

나아가 김규식의 파리행에 도움을 줬던 광동정부廣東政府의 주요 인물인 당소의唐紹儀는 1918년 12월 20일에 주상해 미국총영사 사몬스Thomas Sammons에게 이번 강화회의에서 중국이 최초로 거론할 문제는 조선의 독립일지도 모른다고 말했다.[87] 광동정부의 최고책임자인 손문孫文도 김규식이 상해를 출발한 후인 2월 18일에 조선의 독립에 대해 중국과 일본 간에 합의가 이루어져야 한다고 사몬스에게 말했다.[88]

김규식은 인도양을 거쳐 1919년 3월 13일에 파리에 도착했다. 그는 파리시 샤토당가Rue de Châteaudun 38번지의 시인 집을 숙소 겸 강화회의 조선대표단 사무소로 삼아, 타이피스트와 통역을 고용하고 공안국Bureau d'Information Coréen도 설치했다.[89] 이처럼 김규식은 공작태세를 갖추었지만 혼자서는 큰 일을 치루기 어렵다고 생각했다. 그래서 김규식은 1919년 3월 17일 이미 파리에 와 있던 헐버트와 합류했고 또 당시 스위스의 취리히대학University of Zurich에 재학 중이었던 이관용李灌鎔에게 서둘러 파리에 와달라고 요청했다. 결국 졸업시험 준비로 바쁜 나날을 보내고 있던 이관용은 시험을 포기하고 파리로 와서 김규식을 도왔다. 그 후 상해에서 파견된 김탕金湯이 5월 초, 미군 지원병으로 유럽 전선에 종군하여 독일에 있던 황사환黃巳煥이 6월 3일, 조소앙이 역시 6월, 여운홍이 7월 초 그리고 러시아령의 대한국민의회에서 2월에 파견했지만 러시아 내에서 붙잡혀 있던 윤해와 고창일이 9월 26일에 각기 파리에 도착했지만 대체로 도착이 늦은 감이 있다.[90] 때문에 파리에서 전개하던 활동의 성공 여부는 김규식의 두 어깨에 걸려 있었다.

김규식은 우선 13쪽으로 된 「해방을 위한 조선인들의 주장을 올리는 각서」를 작성했다. 그 내용은 ① 일본은 청일전쟁과 러일전쟁 때 조선(한국)의 독립을 보장했음에도 불구하고 불법적인 방법으로 한국을 탈취했다, ② 역사적 · 지리적 · 전략적으로 조선은 독립국이어야 한다, ③ 경제적으로도 지금 조선을 해방시켜 중국에 재량권을 주지 않으면 일본이 동아시아지역을 석권하여 유럽 각국과 미국의 사업은 쫓겨날 것이다, ④ 일본의 한국병합 후 조선인들은 일본의 압정 아래 신음하고 있으므로 인도적인 입장에서도 조선인은 구제되어야 한다, ⑤ 무엇보다도 전 조선인의 의사는 독립으로 통일되어 있다는 것 등이었다.[91] 그리고 김규식은 1919년 4월 5일 "조선, 만주, 시베리아, 미국, 그 밖의 지역에 살고 있는 1,870만 조선인들을 대표하는 신한청년당에 의해 파견된 서명자는……" 으로 시작되는, 조선이 독립해야 하는 이유를 12개 항목으로 정리한 편지를 위에서 말한 각서와 함께 강화회의에 보냈다.[92] 다만 여기서 간과할 수 없는 것은 조선이 독립해야 하는 이유의 맨 끝 부분에 "……일본이 감독의 일원이 아니라는 조건 아래 조선은 스스로를 일정한 기간 동안 국제적 감독에 맡길 것을 바란다……" 는 문구가 있다는 점이다. 이 문구는 이승만 등의 위임통치청원과 거의 차이가 없다. 하지만 이 문구가 상해 등지에 있는 조선인들에게 알려지지 않아서인지, 혹은 김규식이 이승만처럼 평소에 독단과 전횡을 하여 마찰을 일으킨 인물이 아니었기 때문인지 이승만 등이 위임통치를 청원할 때와는 달리 문제가 된 일은 없었다. 그렇지만 이승만 등이 미국에서의 상황을 파악하고 위임통치청원을 했던 것처럼, 김규식도 파리에서의 상황을 인식하고 이와 같은 문구를 넣었다는 것은 충분히 상상할 수 있다.

이때 강화회의에서는 캘리포니아주에서 일어난 일본인 이민 배척운동을 염두에 두고 일본이 '인종평등안' 을 국제연맹규약에 삽입하자고 주장한 문제와 독일이 산동성山東省에서 가지고 있던 각종 권익을 일본이 이어받는 문제를 둘러싸고 의견이 분분해져 시끄러웠다. 인종평등안을 국제연맹규약에 삽입하자는 주장은 국제연맹의 성립과 가맹을 백인 국가들이 주도하면서 유색인종에 대한 편견이 심해지자, 스스로를 '백인클럽' 이라 여겼던 일본이 불이익을 입을지도 모른다는 우려에서 나온 것이다. 이는 데라우치 마사타케寺內正毅 내각 때인 1917년 6월에 초당파 외교를 전개하기 위해 설치한 임시외교조사위원회에서 1918년 11월 19일에 결정한 사안이었다. 일본의 차석전권 마키노 노부아키牧野伸顯는 1919년 1월부터 2월에 걸쳐 윌슨과 랜싱, 하우스Edward. M. House 대령과 은밀히 교섭했다. 2월 5일에 윌슨이 하우스와 의논한 뒤에 일본이 제출한 안에 수정을 가하기는 했지만 이들의 반응은 호의적이었다. 그러나 많은 자치령과 식민지를 가진 영국이 마키노와의 비공식 교섭 때 반대 의사를 나타냈다. 마키노가 2월 13일 국제연맹위원회에 이 안을 제안했을 때도 중국, 루마니아, 체코슬로바키아의 위원들은 찬성했으나 영국, 프랑스, 벨기에, 그리스의 위원들은 반대했다. 이 문제의 열쇠를 쥔 것은 백호주의白濠主義에 입각하여 강경한 반대 입장을 취하고 있는 오스트레일리아라고 생각한 마키노는 3월 14일 오스트레일리아 총리 휴스William Hughes와 회담을 했지만 휴스의 자세는 강경했다. 그러나 이에 굴하지 않고 마키노는 4월 11일 국제연맹위원회에서 인종평등안을 국제연맹규약 본문이 아니라 전문에 삽입하자고 제안했다. 영국과 폴란드는 반대의 뜻을 나타냈고 프랑스, 이탈리아, 중국, 그리스는 찬성의 뜻을 보였다. 표결이 실시되어 참석자 16명 중 11명이 찬성 의사를 보였지만, 회의 의장이었던 윌슨이 이처럼 중요한 문제는 전원 일치가 아니면 안 된다고 하여 부결로 처리하자 마키노는 유보하겠다고 밝혔다. 그러나 결국 일본의 주장은 받아들여지지 않았다.[93]

산동성에서 독일이 갖고 있던 권익문제에 관해서도 마키노를 비롯한 일본 측 강화위원은 일본이 독일의 이권을 이어받을 것을 기旨 강력히 주장했다. 강화회의의 분위기는 중국에 동정적이었지만 국제연맹규약에 대한 조인 거부까지 시사한 일본의 태도로 이 시점에서 산동성을 손에 넣은 일본이 독일의 권익을 계승하는 것이 1919년 4월 30일 최고회의에서 결정되었다. 회의에 참가한 국가들은 일본이 인종평등안을 양보하는 대가로 독일이 산동성에서 갖고 있던 권익을 계승했다고 수군거렸다. 그러나 1917년 8월의 대독 선전으로 전승국이었던 중국 입장에서 본다면 이러한 사태는 도저히 용납할 수 없었다. 중국 내에서는 5월 4일 파리에서 이루어진 결정에 대한 불만으로 5·4운동이 일어났고, 결국 중국대표는 베르사유강화조약에 조인하지 않았다.[94]

이러한 당시 상황에서 본다면, 독일이 산동성에서 갖고 있던 권익을 계승하기 위해 다른 나라가 보아도 강경한 자세로 간신히 목적을 달성한 일본이 이미 9년 전부터 자신들이 통치하고 있는 조선에 대해 뭔가 양보를 한다는 일은 있을 수 없었다. 그렇지만 일본이 통치하고 있던 조선에서 3·1운동이 일어났음에도 불구하고 일본이 강화회의에서 인종평등안을 꺼낸 데 대해 강화회의의 미국대표단은 차가운 시선을 던졌다.[95] 미국 내에서는 3·1운동을 탄압하는 일본이 자유로운 이민권리를 위해 인종평등안을 꺼낸 것 자체가 말도 안 된다는 보도도 있었다.[96] 중국대표단의 고문으로 파리에 와 있던 저널리스트 밀러드Thomas F. Millard는 중국인의 일본 이민이 엄격하게 제한되고 있고 조선이나 타이완에서는 현지 주민보다 일본인이 우대되고 있는 현실을 지적하고, 결국 일본인이 주장하는 인종평등이란 일본인의 우대를 요구하는 것이 틀림없으며 다른 아시아인은 처음부터 제외되었다고 거론하면서 일본의 태도를 엄중하게 비판했다.[97] 이러한 분위기 때문인지 김규식의 강화회의에 대한 공작도 힘이 들어가기 시작했다.

1919년 4월 10일 김규식은 1913년부터 1918년까지 국무성 극동부장으로 근무했던 윌리엄스Edward T. Williams에게 미국에서 출국하지 못한 채 발목이 잡혀 있는 이승만이 파리로 올 수 있도록 윌슨과 랜싱에게 압력을 넣어달라고 부탁했다.[98] 윌리엄스는 이시이 기쿠지로가 3월 21일에 "조선에서 발발한 소요는 몇몇 조선인 학생들의 소행이다. 일본에서 의회정치와 민주주의에 대해 배운 그들은 귀국 후 자신들의 정부를 가지려고 했다. 우리 일본인은 조선에서 시행한 정치에 긍지를 가지고 있다. 일본의 감독하에 조선인은 이전보다 더 좋은 통치를 받고 있다. 나는 진심으로 조선에서 대다수 사람들이 이 주장을 증명해줄 거라고 믿는다. 그러나 사회불안은 조선에 한정되지는 않으며 민족자결을 소망하는 많은 민족들 사이에서 확산되고 있다. 조선인들이 더욱더 통치에 관여하게 될 것은 의심할 바가 없다"라고 3·1운동에 대해 변명하자,[99] "조선이 이전보다 더 좋은 통치 아래 놓여 있다는 것은 사실일지 모르지만 하나의 중요한 진실, 즉 사람들은 아무리 좋은 것일지라도 이민족이 강요한 정부보다는 아무리 나쁜 것일지라도 자신들의 정부를 선택한다는 점을 이시이 자작은 잊고 있다"고 적고[100] 일본의 자세에 대해 비판적인 태도를 취했다. 그러나 윌리엄스는 일본의 한국병합을 이미 미국도 승인했으므로 조선대표의 호소는 받아들여지지 않을 것이라고 말했다. 이러한 생각은 미국대표단의 서기관으로 이 시기 파리에 와 있던, 나중에 1932년부터 1941년 미·일 개전 때까지 주일 미국대사로 근무한 그루Joseph C. Grew나 혼벡Stanley K. Hornbeck 등도 가지고 있었다.[101] 그래서 김규식의 최초 공작은 성과 없이 실패로 돌아갔다. 파리의 일본대표단도 김규식의 공작을 알아차리고 본국에 보고했다.[102]

첫 공작이 성과가 없었음을 깨달은 김규식은 더 상세한 문장을 마련해서 폭넓은 공작을 해야 할 필요성을 느꼈다. 그리하여 작성한 것이 '조선 국민과 국가의 주장—일본으로부터의 해방 그리고 독립국으로서의 조선의 재건을 위해'라는 제목의 청원서와 각서다. 청원서는 대체로

1. 조선 국민은 4,200년 동안 독립국으로서의 역사를 향유해왔다.
2. 조선이 주권국가임은 일본·미국·영국 등 각국이 조약으로 승인했다.
3. 이들 조약이 조선을 독립국으로서 승인했을 뿐만 아니라 어느 한 나라가 조선을 단독으로 처리할 수 없다는 전제하에 조선의 독립을 확립해왔다.
4. 일본은 사기와 무력으로 병합조약을 강요하고 한국의 독립을 침범했다.
5. 이러한 주권 침범에 대해 조선 국민과 국가는 끊임없이 항의를 했고 현재도 하고 있다.
6. 일본의 통치수단이 가혹해지면서 이러한 조선 민족의 항의는 끊임없이 갱

신·강화되고 있다.

7. 조선의 교육과 사상은 일본이 통제하고 있다.
8. 조선인의 자산은 일본의 통제하에 있다.
9. 일본은 조선에서의 기독교 포교를 방해하기 위해 온갖 수단을 다 쓰고 있다.
10. 일본이 달성했다고 주장하는 조선에서의 개혁은 대부분 조선인을 희생하면서 일본인을 위해 이루어진 것이다.
11. 일본은 폭리의 획득자로서 조선을 지배·통치하고 있다.
12. 조선인뿐만 아니라 영국·미국·프랑스의 이익을 위해서도 조선의 해방이 매우 중요하다.
13. 일본은 통상 면에서도 유럽 각국과 미국을 조선에서 내쫓고 있다.
14. 일본의 끊임없는 대륙팽창정책은 영국·미국·프랑스의 이익과 충돌한다.
15. 일본의 대륙정책은 한국에서 시작해 만주와 중국으로 끊임없이 그 대상을 옮겨가고 있다.
16. 조선 국민이 일본에 대해 취하는 항의자세는 3·1운동으로 증명되었다.
17. 조선대표단은 조선에서 벌어지고 있는 운동의 진전 상황에 대한 많은 보고를 받고 있다.
18. 대한민국임시정부가 수립되었다.
19. 3·1운동은 조선 전역으로 확대되고 있지만 결코 과격하지 않다. 그럼에도 불구하고 일본은 잔악한 방법으로 진압에 임하고 있다.
20. 조선 국민은 1910년 8월 22일의 한국병합조약은 무효라고 선언한다.

라는 내용을 담고 있었다. 각서에서 주장하는 각 항목의 제목명을 보면

1. 조선의 주장
2. 독립국가로서의 4,200년
3. 조선독립
4. 자유를 위한 조치
5. 프로이센과 일본
6. 한국의 보호국화
7. 한국의 병합
8. 일본화와 프로이센화

9. 조선인 지주에 대한 (토지) 몰수
10. 조선어와 조선사 금지
11. 조선의 교육통제
12. 조선의 자산통제
13. 조선의 부엌용 칼(당시 부엌용 칼은 5~6인으로 이루어진 한 가족이 한 자루만을 가지는 것이 허용되었다.)
14. 기독교에 대한 일본의 적의
15. 대요새로서의 조선
16. 아시아에서의 앵글로색슨족의 업적
17. 폭리획득정책
18. 일본의 구축驅逐정책
19. 일본의 대륙정책
20. 수행 중인 정책
21. 프랑스에 대한 위협—시모노세키(강화)조약, 악명 높은 삼국동맹
22. 태평양 제패—세계정복정책
23. '영원한 계집년'으로서의 일본인—운남雲南에서 (몽골의) 우르가Urga까지(일본인이 있는 곳에서는 반드시 갈보집과 매춘여성이 생긴다는 점을 의미한다.)

부록 1. 병합조약
부록 2. 조선음모사건(105인사건을 의미한다.)

이라고 되어 있다.[103] 자신을 파리에 파견한 상해의 신한청년당과 재미 조선인들의 단체인 대한인국민회 그리고 대한민국임시정부의 대표자로서 청원서와 각서를 작성한 김규식은 1919년 5월 중순 무렵부터 이를 제출하여 조금이라도 조선의 주장을 강화회의에 반영시키려고 미국대표단을 중심으로 여러 방면에서 공작을 시도했다. 여기서는 그중 주요한 것과 상대의 반응을 살펴보자.

김규식이 공작 대상으로 선택한 인물 가운데 중요하다고 생각한 사람 중 한 명이 하우스였다. 김규식은 1919년 5월 13일 청원서와 각서를 동봉한 편지를 하우스에게 보내 꼼꼼히 읽어달라고 요청했지만[104] 주프랑스 미국대사

관 관원 프레이저Arthur H. Frazier를 통한 하우스의 두 차례 회답은 청원서와 각서를 보내준 데 대한 감사에 지나지 않았다.[105] 그래서 정확한 날짜는 분명하지 않으나 김규식은 하우스와 직접 접촉을 시도했다. 1895년에 주조선 미국공사관에서 근무했고 윌슨과 하우스의 통역관으로 파리에 와 있던 본살Stephen Bonsal의 강화회의 회상기에 따르면, 하우스는 조선의 입장에 동정적이던 본살과 견해를 같이했지만 "우리는 현실적이지 않으면 안 된다. 만일 우리가 너무 많은 것을 시도한다면 아무것도 달성할 수 없을지도 모른다"고 말하고 조선문제가 강화회의에서 채택될 가능성이 없음을 김규식에게 전달하라고 본살에게 명령했다. 그러나 하우스는 본살을 통해 "유럽에서 정의가 확립된다면 그것이 다른 분야와 다른 지역에도 미칠지도 모른다. 아마도 국제연맹이 뒷날 서둘러 처리해야 할 문제가 그다지 많지 않을 때 일본을 억제할 수 있을 것이다"라고 말했다. 때문에 김규식은 머지않은 장래에 국제연맹이 조선인들의 주장에 귀 기울여줄 것이라는 확신을 가졌고 그래서 파리를 떠날 즈음에 본살과 만났을 때에도 (한편으로 낙담하면서도) 안도하는 표정을 보였다.[106]

김규식은 일본의 조선통치를 인정하고 이러한 맥락에서 이승만 등의 출국을 허용하지 않았던 랜싱에게도 공작을 시도했다. 1919년 5월 13일 김규식은 청원서와 각서를 동봉한 편지를 랜싱에게 보내 자세히 읽어달라고 요청했다. 이튿날 다시 한 번 편지를 보내 지금까지 한 번도 겪은 적 없는 압박에 시달리고 있는 조선인과 일본의 무쇠 구둣발 아래 짓밟혀 있는 인도와 정의를 위해 공정한 판단을 내려주기 바란다고 부탁했다.[107] 랜싱은 아무런 회답도 하지 않았지만 김규식의 편지를 직접 받은 랜싱의 비서 커크A. C. Kirk의 반응은 달랐다. 커크는 이 편지를 윌슨에게 보낼 것과 조선인들의 주장에 대해 짧아도 좋으니 성명을 낼 필요가 있다고 혼벡에게 제안했고,[108] 편지를 윌슨의 비서 클로즈Gilbert F. Close에게 맡겼다.[109] 랜싱과는 다른 커크의 행동에 대해 혼벡은 "……회의 혹은 미국정부가 조선인들의 주장에 귀 기울이는 데에

뭔가 할 수 있는 게 있습니까……"라는 편지를 커크에게 보내 서투른 행동을 취하지 말라고 충고했다.[110] 클로즈도 김규식의 편지를 윌슨에게 전하지 않고 그루에게 되돌려주었다.[111] 김규식은 이 밖에 1919년 5월 13일 미국대표단인 블리스Tasker H. Bliss 장군,[112] 화이트Henry White,[113] 윌리엄스[114] 등에게도 청원서와 각서를 동봉한 편지를 보내 도움을 요청했지만 그들은 모두 편지를 보내줘서 감사하다는 내용의 답장을 보내는 데 그쳤다.[115]

김규식의 공작 대상에는 미국대표단만 포함되었던 것은 아니었다. 김규식은 1919년 5월 12일에 강화회의 의장이기도 했던 프랑스 총리 클레망소Georges Clemenceau와[116] 영국 총리 로이드조지David Lloyd George에게 편지를 보내[117] 동봉한 청원서와 각서를 읽어달라고 요청하고 일본의 조선지배가 반드시 영국과 프랑스의 이익을 해치게 될 거라고 주장했다. 그러나 두 사람 모두 아무런 반응을 보이지 않았다.

김규식이 공작 대상으로 삼은 인물 중 가장 중요한 사람이 윌슨이었다. 김규식은 1919년 5월 12일 청원서와 각서를 동봉한 편지를 보내 클레망소나 로이드조지 때와 마찬가지로 읽어달라고 하면서 일본의 조선지배와 대륙정책이 미국의 이익을 침해할지 모른다고 강조했다.[118] 김규식은 윌슨 앞으로 보낸 이 편지를 복사하여 미국대표단에 보낸 편지에도 동봉했는데, 윌슨은 이에 대해 직접 회답하지 않고 그루가 편지를 받은 것과 감사를 표한 답장을 김규식에게 보내는 데 그쳤다.[119] 이것뿐만 아니라 윌슨의 개인문서와 외교문서 등을 보면, 루스벨트와 달리 윌슨이 조선인의 공작에 대해 (내용이 어떻든 간에) 자기 생각을 가지고 임한 흔적은 전혀 찾아볼 수 없다. 나아가 3·1운동 발발 후에도 그가 조선문제에 대해 어떻게 생각하고 있었는지를 하우스와 랜싱을 비롯해 주위 사람들에게 밝힌 흔적조차 찾을 수 없다. 이는 강화회의에서 처리해야 할 수많은 문제가 산적해 있던 윌슨에게 이미 일본의 식민지가 되어 국제적으로는 '해결 종료' 상황이었던 조선문제까지 생각할 여유가 없었다는 것을 의미한다. 또한 조선인들의 희망을 들어주는 것은 곧

란하며 만일 그렇게 한다면 일본인들의 원망을 살지도 모른다고 판단한 윌슨이 주위 사람들에게 자기 생각을 밝히거나 하물며 조선인의 공작에 반응함으로써 조선문제가 한층 복잡해지는 것을 꺼렸다고도 생각할 수 있다.

이상과 같은 김규식의 활발한 움직임을 일본대표단이 놓칠 리 없었다. 주프랑스 일본대사로 전권 중 한 사람이었던 마쓰이 게이시로는 1919년 5월 16일 이러한 사실을 본국에 보고했으나[120] 이 보고는 외무성에 닿지 않았다. 통신사의 보고로 이 사실을 안[121] 외무대신 우치다 야스야内田康哉는 다시 보고하라고 마쓰이에게 훈령했고[122] 마쓰이는 5월 30일 재차 본국에 보고했다.[123] 마쓰이는 6월 5일에는 우치다에게 김규식이 강화회의에 공작을 했고 그 결과 강화회의 서기국이 일본의 의향을 물어왔는데, 이에 조선문제는 일본의 내정문제이기 때문에 강화회의에서 거론하는 것은 적당하지 않으며 김규식의 서면에 회답할 필요는 없다고 얘기했고 서기국도 일본의 생각에 따르겠다고 약속했다는 내용을 보고했다.[124]

지금까지 살펴본 것처럼 김규식의 공작에 대한 반응은 (심정적으로는 조선의 입장에 동정하는 사람도 있었다고는 하지만) 대체로 냉엄했다. 그런데도 김규식은 단념하지 않고 1919년 6월 11일 다시 윌슨에게 편지를 보내 도움을 요청했다.[125] 다른 한편으로 김규식은 6월 14일 혼벡에게 편지를 보내 윌슨과 하우스, 랜싱과 비공식이라도 좋으니 만나서 조선의 실정에 대해 설명하고 싶으니 중간에서 다리를 놔달라고 요청했다.[126] 김규식은 이미 5월 13일 블리스 등에게 보낸 것과 같은 내용의 편지를 혼벡에게 보내 도움을 요청했다.[127] 이러한 김규식의 요청에 대해 제1차 세계대전의 휴전 전부터 일본에 대해 부정적인 견해를 가지고 있던 혼벡은 6월 25일 미국대표단에게 다음과 같은 내용의 편지를 보냈다. 지금까지 조선의 실정에 대해 주장하는 자리를 갖지 못한 김규식이 비공식적인 형태라도 좋으니 미국대표단의 누군가와 만나서 얘기할 기회를 가졌으면 한다고 요청해왔다. 김규식이 제공한 자료와 미국의 재외 공관에서 보내온 보고나 신문보도를 훑어보면 일본이 조선에서 몹시 잔악하고 억압적인 정책을 취하고 있으며, 주일 영국대사관도 3·1운동에서 일본이 행한 탄압에 대해 항의해달라고 영국정부에 건의했다. 또한 일본이 조선에 있는 미국인 선교사들의 일을 방해할 뿐만 아니라 폭행까지 가하고 있는 상황에서 김규식에게 회견 기회를 주는 것은 미국정부가 김규식의 노력과 조선에서 벌어지고 있는 사태에 무관심하지 않다는 것을 보여주는 좋은 예가 될 것이다.[128] 그러나 혼벡의 요청만으로는 어찌할 도리가 없었고 또 이로부터 3일 후인 6월 28일에 연합국과 독일 사이에 베르사유강화조약이 조인됨으로써 결국 비공식이라도 좋으니 윌슨과 하우스, 랜싱 등과 회견하고 싶다는 김규식의 바람은 실현되지 못한 채 끝이 났다.

김규식이 파리에서 보여준 활동은 어느 정도 미국대표단의 동정을 얻었지만 원래 기대했던 목적은 달성하지 못했다. 그래서 김규식 등은 베르사유강화조약 조인 직후인 1919년 6월 30일 미국대표단에게 조선문제를 보고하고, 7월 28일에는 프랑스 동양정치연구회에서 조·중 양국문제연설회와 프랑스 법민정치연구회에서 조선문제보고회를, 7월 31일에는 프랑스 동양정치연구회에서 제2회 조선문제연설회를 개최했다.[129] 때마침 스위스에서 사회주의 인터내셔널대회가 열리자 조선대표단 가운데 이관용과 조소앙이 8월 6일부터 대회에 참석했다. 대회는 6월 9일 다음과 같은 결의를 채택했다.[130]

1. 대회는 한국의 독립문제를 승인한다.
2. 대회는 대표를 선파選派하야 동아 정세를 조사한다.
3. 대회는 동서東西를 연락하고 혁명을 촉진한다.

이러한 상황을 받아들여 김규식은 이제부터 유럽에서 벌어나길 활동을 이관용과 황사환에게 부탁한 뒤 김탕과 여운홍을 대동하고 1919년 8월 9일 파리에서 미국으로 향했다.[131] 미국 도착 후인 8월 28일 김규식은 이승만과 연명한 독립선언 통지서와 조선은 자치가 아니라 완전독립을 바라고 있다는 편지를 랜싱에게 보냈다.[132] 하지만 부통령이면서 상원의장이었던 마셜

Thomas R. Marshall의 비서 디스틀렉웨이트Mark Thistlechwaite는 9월 6일 김규식이 마셜에게 편지를 보내 조선문제를 상원에 상정해줄 것을 요청했지만 마셜은 요청에 응할 생각이 없다고 답했다고 랜싱에게 알렸다.[133] 여운홍도 9월 17일 랜싱에게 힘써줄 것을 요청했지만[134] 아무런 회답도 얻지 못했다. 이렇게 해서 파리에서 미국으로 건너온 김규식 일행의 공작은 원래 기대한 목적을 달성하지 못한 채 끝이 났다.[135]

당시 미국정부는 '신외교'의 확립, 특히 국제연맹의 설립을 위해서는 5대국인 영국·미국·프랑스·이탈리아·일본의 일정한 협조를 중시해야 했기 때문에 강화회의에서 어쩔 수 없이 양보할 수밖에 없었다. 일본과의 관계에서도 미국은 캘리포니아주에서 나타난 배일排日운동 등 국내의 정치적 상황 때문에 인종평등안에 대한 일본의 주장을 물리친 만큼 다른 문제에 대해서는 보다 현실주의적으로 임할 수밖에 없었다. 따라서 미국대표단 입장에서 본다면 강화회의에서 김규식의 요청에 응해 일본의 반감을 불러일으키는 것은 바람직하지 않았다. 다만 미국대표단 중에도 혼벡처럼 김규식의 요청에는 응하지 않는다는 기본방침과는 조금이나마 다른 대응을 하려는 사람도 있었지만, 이러한 경우에도 조선에 대한 동정심과 조선에서 3·1운동이 일어났음에도 불구하고 인종평등안을 주장하는 일본에 대한 반감에서였지 조선의 독립을 지지해서 미국과 일본의 관계 악화를 바란 것은 아니었다.

일본대표단 입장에서 보면 설립이 확실한 국제연맹에 가입할 때의 불이익을 피하고 재미 일본인에 대한 배척을 견제하기 위해 인종평등안을 제안했는데, 제안이 한창 논의 중일 때 조선에서 3·1운동이 일어나고 김규식이 파리에 나타난 것은 제안 자체는 지당했지만(그렇기 때문에 표결에 부쳐지자 다수의 찬성을 얻을 수 있었다. 이때 산동성문제로 일본과 대립하고 있던 중국도 찬성표를 던졌다) 운이 나빴다. 그래서 식민지라는 조선의 지위에 변경을 가할 의향이 전혀 없었던 일본대표단이 선택할 수 있는 길은 조선문제는 일본의 국내문제라고 주장하며 김규식의 청원을 무시하라고 강화회의에 요청하는 것밖에 없었다.

김규식은 이승만 등이 올 수 없는 상황에서 세계 각지의 조선인 독립운동가들의 기대를 받으며 파리에서 고군분투했지만, 그로서도 강화회의에서 작동하던 현실주의의 벽에 부딪쳐서 미국대표단이 보인 일정한 동정 이상의 구체적인 성과를 얻을 수는 없었다. 이때 김규식의 파리행을 도와주고 조선문제가 가진 의미도 잘 인식하고 있던 중국과의 협력을 생각할 수 있지만, 산동성문제로 강화회의의 현실주의에 시달리고 있던 중국대표단이 조선문제까지 눈을 돌릴 여유는 없었다. 그래서 강화회의에서 중국대표단과 김규식이 협력한 흔적은 눈에 띄지 않는다. 김규식과 중국대표단의 공작이 결국 처음 의도한 목적을 달성하지 못하고 끝난 것은 파리강화회의와 베르사유조약이 어떤 성격을 띠었는지를 보여주는 좋은 예라고 할 수 있다.

러시아령과 중국에서의 외교활동

3·1운동으로 상징되는 조선인들의 독립운동은 러시아령과 중국에서도 이루어졌는데, 이 절에서는 그것에 대해 살펴보자(단 노령정부와 상해의 대한민국임시정부 수립에 대해서는 이미 살펴보았으므로 여기서는 언급하지 않는다).

러시아령에서는 앞서 말한 것처럼, 3·1운동이 발발하기 직전인 1919년 2월 25일 전러한족회 중앙총회를 개최하여 대한국민의회로 개칭했다. 대한국민의회는 3월 17일 조선독립선언서를 발표했고 4일 후인 3월 21일에는 결의안을 채택했다. 이 무렵 조선인들의 움직임을 사전에 알아챈 주블라디보스토크 일본총영사 기쿠치 기로菊池義郎는 (반혁명파인) 백군白軍의 요새사령관과 연해 주변 무관에게 시위운동을 단속해달라고 요청했다. 이에 백군 당국은 니콜리스크의 대한국민의회 해산과 블라디보스토크의 신한촌민회(대한국민의회의 지부에 해당한다) 폐쇄를 명령하고 시위운동과 독립선언서 배포를 엄금했다. 그런데도 3월 17일 조선인 두 명이 일본정부에 독립선언서 전달을 요구하는 문서를 주블라디보스토크 일본총영사관에 맡겼고 신한촌에서는 집집마다 일제히 태극기를 게양했다. 또 니콜리스크에서 온 대한국민의회 의장 문창범은 미국을 포함한 11개국 영사관과 백군 당국에 독립선언서를 배포했고 학생들이 몇 대의 자동차에 나눠 타고 블라디보스토크 시내를 이동했다. 3월 17일에는 니콜리스크, 다음 날에는 스파스코예Spaskoye에서도 조선인들이 독립선언서를 배포하며 시위운동을 했다. 시베리아출병 때문에 이 지역에 주둔해 있던 조선군 참모부는 조선인들의 이러한 행동의 배후에는 미국인 선교사들의 선동이 있다고 생각했다.[136]

블라디보스토크에서는 1919년 3월 26일 65세 이상의 재외 조선인들이 조선독립을 위한 단결을 목적으로 노인동맹단 발회식을 거행했다. 여기에는 박은식과 뒤에 얘기할 사이토 마코토齋藤實 폭살미수사건을 일으킨 강우규姜宇奎 등이 가입했다.[137]

그런데 수찬강 골짜기에는 니콜라예프카Nikolaevka, 타우제미Tauzemi 같은 귀화조선인들의 마을이 있었다. 1918년 4월에 니콜라예프카에서 마을소비에트평의회를 조직한 한창걸韓昌傑, Grigorii E. Han은 1919년 2월 이곳에서 35명으로 이루어진 조선인 빨치산부대를 만들었다. 이것이 같은 해 6월에는 2개 중대가 되었고 엄격한 부대 규율은 러시아인 빨치산도 놀랄 정도였다.[138]

한편 오주혁吳周爀과 김립金立 등의 막료를 거느린 이동휘는 3·1운동 발발 후 백군 당국이 조선인에게 징병제를 시행하려는 데 반발하여 차라리 일본군과 싸우기를 택한 사람들 약 3,000명을 모아 이들에게 무기를 주어 독립군의 조직화와 강화에 힘썼다.[139] 그 후 이동휘는 1919년 4월 25일 신한촌에서 한인사회당 당대회를 개최하고 박진순朴鎭淳, 이한업李漢業, 박애朴愛 세 사람을 모스크바 코민테른(공산주의 인터내셔널)에 파견하여 연락을 취하기로 결정했다. 박진순은 모스크바에서 자신이 러시아어로 쓴 「조선에서의 사회주의운동Sotsialisticheskoe dvizhenie v Koree」이라는 문서를 제출하여 코민테른에 등록했다. 이 문서에는 1910년 일본의 한국병합 이래 일본에 대한 조선인들의 저항과 그 속에서 싹튼 사회주의운동과 한인사회당 결성, 파리강화회의와 국제연맹에 대한 불신감과 코민테른에 대한 연대감 등이 적혀 있었다.[140] 이동휘는 8월 30일 대한민국임시정부에 참여하기 위해 상해로 갔는데, 그의 목적은 상해 땅에 사회주의와 공산주의를 뿌리내리는 것이었다.[141]

1919년 3월 28일 『오사카아사히신문大阪朝日新聞』은 미국 비행기가 조선총독부와 경무총감부에 폭탄을 투하한다는 소문이 며칠 전부터 조선에서 나돌고 있다고 보도했고, 이 소식을 들은 신한촌의 조선인 수백 명은 4월 3일 만세삼창을 했다.[142] 또한 블라디보스토크파견군 사령부 소속인 육군 교수는, 유대인들이 비밀결사를 만들어 전 세계에서 활동하고 있는데 그들의 목적은 세계 모든 국가의 전복과 유대인의 세상을 만드는 것이다. 이미 미국(특히 언론기관)과 러시아의 볼셰비키를 손에 넣은 유대인들은 독일과 오스트리아로 관심을 옮기고 있으며, 조선인의 폭동도 유대인의 음모 중 하나로 추측된다. 그리하여 유대계 미국인 선교사에 대한 주의가 필요하다고 보고했다.[143]

이상에서 엿볼 수 있듯이 일본 당국자는 시베리아지역 조선인들의 동향과 미국과의 관계에 대해 커다란 관심을 갖고 있었다. 그런데 실제로 이 지역 조선인들도 미국인에게 여러 가지 공작을 시도했다. 예컨대 김규명(한자는 알 수 없고, 영어로는 Kieumen Keem)과 허동식(역시 한자는 알 수 없고, 영어로는 Hyr Dong-Sick)이라는 두 명의 조선인이 1919년 6월 1일 시베리아출병을 위해 블라디보스토크에 주둔 중이던 미국 원정군 사령부를 방문해, 대한국민의회의 목적은 조선에서 자유를 확립해서 미국과 비슷한 형태의 정부를 수립하는 것이다. 한국병합 이래 일본의 조선통치는 혹독했지만 중국은 자신들의 문제로 매우 분수해서, 러시아는 혁명 이래의 혼란 때문에, 영국은 일본의 동맹국인 동시에 군주국이기도 해서, 프랑스는 공화국이라고는 하지만 미국과는 정치원리가 다르고 식민국이어서, 독일은 전제국가며 전복되어 버려서 모두 다 도움을 기대할 수 없는 까닭에 우리들의 유일한 희망은 미국이 되었다는 내용을 전했다.[144] 조선대표도 6월 18일에 미국 원정군 사령부를 방문해 7월에 조선에서 봉기가 일어날 예정이며, 조선의 자유를 위해 시위운동을 했다는 이유로 3월 초에 체포된 조선인들은 해방되어야 한다는 내용을 전달했다.[145]

미국 원정군 측은 물론 조선인들의 기대에 부응하지 않았지만 일본 당국은 이전부터 조선인들에 어느 정도 동정적인 미국인들이 있다고 파악하고 있었다. 예컨대 미국영사라는 한 외국인이 1919년 5월 25, 26일 무렵 신한촌을 방문하여 처음에는 독립운동은 시기가 무르익을 때까지 기다리라고 권했으나 결국 미국이 무기와 자금을 공급하겠다고 약속하고 3·1운동을 칭찬했다는 정보가 들어왔다.[146] 7월 4일 블라디보스토크에서 온 보고는 지난해 이범윤李範允 등이 일으킨 폭동 때에 블라디보스토크에 거주하는 유일한 무기상인이었던 스미스라는 사람이 기꺼이 조선인들을 도와주었고, 신원을 알 수 없는 어느 미국인도 조선인들에게 동정적이었다는 내용을 전했다.[147]

이상에서 알 수 있듯이 러시아령의 조선인들은 다른 지역보다 사회주의의 영향을 강하게 받아 볼셰비키에 의지하려 했고 무장투쟁을 택하는 경향이 강했다. 그러나 그들 중에는 (시베리아출병에 참가하고 있었기 때문에 그들 입장에서 본다면 자기편이라기보다는 오히려 적이라고 말할 수 있는) 미국의 도움을 얻으려는 사람들도 있었다. 그 배경에는 사회주의와 민족주의를 함께 받아들인 사람들이 있었고 또 미국이 '적(일본)의 적'이라면 자기편이 될 수 있다고 생각했기 때문이다. 일본 당국도 독립운동을 하는 조선인들이 볼셰비키뿐만 아니라 미국과도 관계를 돈독히 하려는 데 깊이 우려하고 있었다.

다음으로 중국에서 전개된 조선인들의 활동에 대해 살펴보자. 이때 전제로서 언급해야 하는 것은 3·1운동과 중국의 조선과 일본에 대한 반응이다. 1910년대의 중국은 원세개遠世凱, 단기서段祺瑞, 장작림張作霖 등을 비롯한 군벌들이 할거하는 상황이었다. 제1차 세계대전에 참가한 일본은 독일이 조차했던 산동성에서의 이권을 넘겨받기 위한 대중국21개조요구(1915년 1월 18일)를 제출해 원세개 정권의 승인(1915년 5월 9일)을 받았고 이후 중국에서 한층 세력을 확대하려는 자세를 보였다. 이에 대해 중국의 내셔널리즘이 고조된 것은 자연스러운 반응이었다. 중국은 제1차 세계대전 참전, 러시아혁명 발발, 윌슨의 14개조 제창, 세계대전 휴전과 파리강화회의 개최라는 상황 속에서, 강화회의에서는 조차지 반환과 영사재판권 철폐를 목표로 삼았고, 독일의 산동성에서의 권익 반환, 대중국21개조요구의 철회를 꾀했다. 그러나 당시의 국제정세에서 중국의 바람은 산동성문제 하나도 받아들여지지 않았다. 바로 그때 조선에서 3·1운동이 발발한 것이다. 그래서 3·1운동은 중국인들 사이에서도 커다란 관심사가 되었다.

3·1운동을 가장 크게 다룬 중국의 언론기관은 상해의 『민국일보民國日報』(손문의 기관지적 성격을 가진다)와 북경의 『매주평론每周評論』(1918년 12월에 진독수陳獨秀와 이대조李大釗 등이 중심이 되어 발간했다)이었다.[148] 특히 진독수는 1919년 3월 23일자 『매주평론』에서 "이번 조선의 독립운동은 위대, 성실, 비장 그리고 정확한 관념을 표명하고 있다. ……조선 민족의 영광을 생각하는 한편 우리 중국 민족의 위미부진萎靡不振에 대해 굴욕을 느끼지 않을 수 없다. …… 우리는 조선인에 비해 정말로 부끄러운 생각이 들어서 참을 수가 없다"라고 적었다.[149]

손문도 『상해통신上海通信』 기자의 질문에 대해 "……산동성문제에 힘을 다하기 전에 …… 오로지 만주와 조선 방면에 주력해야 한다. 첫째 대처방법은 우선 시모노세키강화조약의 준수를 요구하고 조선인들의 독립을 지지해서 중국과 일본 양국의 완충지대로 삼는 것이다. …… 우리나라 국경이 먼저 확실해지면 산동성문제도 따라서 해결된다……"라고 대답했다. 손문의 영향이 강한 광동성 국민회의는 1919년 4월 5일 조선독립의 승인을 북경정부에 권고하고 이 중요한 문제를 신중하게 처리하라고 파리의 특사에게 타전했는데, 거기에는 "……중국은 결코 일본의 합병을 공식적으로는 승인하지 않았다. 조선의 장래는 중국의 운명과 매우 깊은 관계가 있다"라고 적혀 있었다.[150]

이러한 상황하에 파리에서는 앞서 말한 것처럼 산동성의 독일 권익이 중국에 반환되지 않고 일본이 이어받기로 결정되자 중국인들 사이에서 불만이 크게 들끓어 1919년 5월 4일 북경에서 5·4운동이 시작되었다. 5·4운동에 참가한 학생과 노동자, 각종 선언, 가두 연설 등에서 3·1운동에 대해 언급했다. 예컨대 5·4운동의 발단이 된 1919년 5월 4일의 북경학생계선언은 "조선은 독립을 도모하고 '독립하지 않으면 차라리 죽겠다'고 했다. 만약 국가의 존망과 국토의 할양문제가 급박한데도 국민이 여전히 중대한 결심을 해서 최후의 분기를 할 수 없다면 이는 20세기의 열등민족이며 인류라고 말할 수 없다"라고 했다. 상해의 노동자가 조직한 상해중화총공회上海中華總工會가 북경정부의 총통인 서세창徐世昌과 각 대신 앞으로 보낸 전보문에는 "……우리 4억 인민은 바야흐로 저 고려(조선)처럼 자자손손까지 타인의 노예가 되어 말하려고 해도 말할 수 없는 고통을 받으려 하고 있다. 고려는 우리의 좋은 거울이며 생각이 이에 이르면 슬픔과 분함이 차례로 닥친다"는 내용이 적혀 있었다.[151]

중국에 거주하던 조선인들은 이러한 상황을 간과하지 않았다. 1919년 5월 7일 상해에서 국민대회가 개최되었는데 조선인 약 30명이 이 대회에 참가하여 배일排日적인 어조의 문서를 써서 배일 열기를 부채질했다. 현순 등은 5월 9일 상해의 양강학당兩江學堂에서 중국인 학생들과 함께 일본을 비난하는 연설을 했는데 이 자리에 참석한 300명 중 조선인은 약 30명이 포함되어 있었다. 더욱이 5월 10일에는 조선인 청년들이 산동성문제를 성원해준 데 대해 감사의 뜻을 표한 상해의 여섯 학교 교장을 초대하여 다과회를 개최했다. 이때 중국인 참석자 중 한 사람이 "……지나인(중국인)과 한국인은 한 배에 탄 것 같다. 이런 때에 서로 협력해서 일본의 세력을 꺾어 영원히 양국의 존립을 기약해야 한다……"라고 말하자, 이광수는 "……우리는 작은 무기도 갖지 못하고 한 명의 병사도 없지만 반드시 세계의 대도大道에 의해 한국의 독립을 이룰 것이다. 4억 인민을 가진 지나공화국의 여러분이 우리를

도와준다면 실로 유유히 최후의 목적을 달성할 것이라 믿는다……" 라고 답변했다.[152]

이러한 상황에서 조선총독부는 1919년 5월 10일, 조선인들 중에는 파리강화회의에서 일본이 주장한 산동성 권익 요구는 미국의 반대로 실패로 돌아갔고 강화회의에서 일본이 탈퇴하여 미국과 일본의 개전이 불가피하다고 믿는 자가 있으며, 미국이 중국을 돕고 미국과 일본이 개전하면 조선의 독립도 가능하다고 말하는 자가 있다고 일본정부에 보고했다.[153]

미국에 거주하던 중국인과 조선인의 접촉과 제휴도 나타났다. 미국 내의 중국인들과 조선인들은 1919년 7월 12일 디트로이트에서 '연합아시아협회The United Asia Society'를 결성했다. 이 협회는 중화민국과 대한민국의 옹호, '아시아에서의 제국주의'와 대결하는 것을 목적으로 삼고, 한국의 보호국화와 병합은 불법이며 병합 후 일본의 조선통치가 조선인들에게는 견디기 어려운 악정이라는 것 등을 이유로 조선독립에 대한 지지를 세계에 호소하는 선언서를 채택했다.[154] 이틀 뒤에 주미 임시 대리 대사 데부치 가쓰지出淵勝次가 이 일을 일본정부에 보고했다.[155]

주중 미국공사관도 『베이징 리더*The Peking Leader*』, 『노스 차이나 데일리 뉴스*The North China Daily News*』, 『베이징 데일리 뉴스*The Peking Daily News*』 등의 영자 신문에서 다룬 3·1운동 기사를 본국에 보고했다.[156] 주중 미국공사관은 이외에도 다음과 같은 것들을 본국에 보고했다. 주상해 일본총영사관은 상해에 거주하는 미국인 선교사들이 조선인들과 협력관계에 있다고 생각하고 있는데, 실제로 상해에 거주하며 전에 조선에 머문 적이 있는 미국인 치과의사가 일본이 조선에서 저지른 행위를 고발하려는 움직임을 보이자 조선인들이 접근하려 했다. 이에 미국공사관은 일본에게 비우호적으로 취급되지 않게 신중하게 행동하라고 치과의사에게 충고했다.[157] 상해의 프랑스 조계지 내에서 일본 당국이 조선인을 체포했고,[158] 상해에서 산동성문제로 중국인이 일본 화폐 배척 등의 행동을 취하고 있는데 여기에 조선인들도 많이 가담하고 있다는 것[159] 등이다.

이상에서 엿볼 수 있듯이 조선인들은 같은 반일과 민족해방의 입장에서 중국인들에게 연대를 구했고 중국인들 중에도 이에 호응하는 사람들이 있었다.[160] 일본 당국은 중국인들과 조선인들이 제각각 민족주의적 입장에서 반일을 위해 연대하는 데 주의를 기울였고, 미국은 중국인들과 조선인들의 연대로 미국에 피해가 생기는 것을 우려하는 자세를 보였다.

제 7 장

삼일운동과 미국의 반응

삼일운동의 발발과 미국인 선교사

1919년 3·1운동에 즈음하여 독립선언서에 서명한 33인을 비롯한 독립운동 지도자들은 모두 자신들의 계획을 외국인 선교사들에게 밝히지 않고 운동을 일으켰다.[1] 그렇지만 평소부터 조선인 기독교 신자들과 밀접한 관계를 유지해온 선교사 중에는 조선인들이 뭔가를 계획하고 있음을 눈치 챈 사람도 있었다.[2] 얼마 안 있어 많은 외국인 선교사들이 3월 3일 고종의 장례식 때 뭔가가 일어날 것이라는 분위기를 알아차렸다.[3]

3월 1일 오후에 독립운동이 일어날 거라고 사전에 알고 있던 유일한 외국인 선교사가 캐나다 출신으로 세브란스병원 의사였던 스코필드Frank W. Scofield였다. 스코필드는 3월 1일 아침 민족대표 33인 중 한 사람인 이갑성의 방문을 받았다. 이갑성은 파고다공원에서 시위운동을 할 예정인데 자신들은 카메라를 갖고 있지 않으니 스코필드가 현장을 촬영해주었으면 한다고 부탁했다. 스코필드는 이미 전날인 2월 28일 밤 평소 알고 지내던 학생으로부터 독립선언서를 미국에 보내달라는 부탁을 받은 상태였다. 그러나 스코필드는 독립운동을 일으켜도 성공할 가능성이 없고 도리어 조선인에게 해가 미칠 수 있으니 계획을 중지하라고 권유했다.[4] 그런데도 결국 3·1운동은 발발했다. 뭔가가 일어날 분위기를 감지하고 있었다고는 하지만 3월 1일에 독립운동이 실제로 일어나자 선교사들은 매우 크게 놀랐다.[5]

3·1운동이 일어나자 일본 국내에서는 3·1운동의 원인이 일본의 조선통치가 아니라 다른 데에 있음을 보이기 위해 '범인 찾기'라고도 할 수 있는 움직임이 나타났다. 주일 미국대사 모리스Roland S. Morris는 3월 8일 일본 외무성이 "폭도의 대부분은 기독교 신자인 학생들과 무지한 불만자들 그리고 하층 노동자들이지만 그 배후에는 어떤 나라의 선교사가 있는 것으로 안다"라는 내용의 성명을 통신사에 내보냈는데 여기서 말하는 "어떤 나라"는 미국을 의미하는 것이 분명하며, 이는 미국인 선교사들을 끌어들이려는 의도가 있는 것으로 이러한 일이 미국과 일본 간의 대립을 증폭시킬 위험이 있다고 보고했다.[6] 3월 21일 모리스는 일본 언론은 3·1운동의 원인을 지금까지는 천도교의 선전, 미국인 선교사들의 사주 그리고 민족자결주의라고 여기고 있으며, 미국인 선교사들에게 책임을 전가하는 것은 선교사들의 이타적 동기를 이해할 수 없기 때문만이 아니라 일본의 통치에 대한 조선인들의 불만을 대신하기 쉽기 때문이라고 보고했다. 그래서 그는 일본의 언론과 의원들 중에는 외국인 선교사에 대한 규제를 강화하라고 당국에 요구하는 경향도 있는데 시위운동의 참가자 대부분이 기독교 신자라고는 하나 3·1운동은 민족주의운동이 틀림없다고 본국의 국무성에 보고했다.[7]

조선총독부는 미국인 선교사들에 대한 공격이 가져올 영향을 고려하지 않을 수 없었다. 당시 조선총독부 사법부장이던 고쿠부 산가이國分三亥는 폭도 중에 기독교 신자들이 많아 외국인 선교사가 사주했다는 소문이 있지만 당국이 철저하게 조사한 결과 그러한 흔적은 없으며 또 선교사들이 폭동 발발에 대해 사전에 알았다거나 폭도를 지지했다는 증거도 없다. 따라서 만일 외국인이 폭동에 관여했다면 당국도 그들에 대한 처벌도 불사하겠지만, 그러한 사실이 없는 외국인에게 혐의를 두는 것은 일본에 대해 악감정을 불러일으킨다는 점에서 바람직하지 않으니 주의하기 바란다는 성명을 조선에 거주하는 일본인들에게 내렸다.[8] 그러나 고쿠부의 성명에도 불구하고 미국인 선교사들은 싫든 좋든 3·1운동이 확대되는 가운데 그 흐름 속에 말려들었다.

평양에 머물던 선교사 라이너R. O. Reiner는 이미 3월 10일에 고종의 죽음과 파리강화회의가 조선에서 일어난 봉기의 원인으로 생각되며, 동양에 있는 외국인들은 일본이 아시아의 다른 나라를 대할 때 쓰는 수단이 음모, 사기, 협박이라는 것을 충분히 알고 있고, 특히 일본의 조선통치는 가혹하다는 내용을 담은 보고를 주중 미국공사 라인쉬Paul S. Reinsch에게 했다. 게다가 라이너는 버그홀츠Leo A. Bergholz도 본국에 여러 가지 보고를 했을 것으로 생각하지만 일본 당국이 그러한 보고가 그대로 미국에 전해지는 것을 그냥 지켜만 볼지는 의심스럽기 때문에 자신은 상세한 보고를 라인쉬에게 한다고 적었다. 3월 21일 라인쉬는 라이너의 보고와 평화적으로 청원하는 조선인들에게 일본이 과도하게 잔혹한 수단을 사용하는 것을 목격한, 평양에 머물고 있던 미국인 간호사 라이너Ella M. Reiner와 국제개혁국International Reform Bureau의 평양대표 드윙Edward W. Thwing이 조선과 중국 국경에 위치한 중국 도시인 안동安東(지금의 단둥丹東) 주재 미국총영사 데이비스John N. Davis에게 보낸 3월 17일자 보고를 본국에 알렸다.[9]

그 후 평양에 거주하던 미국인 감리교 선교사 무어John Z. Moore의 부인과 감리교 여성 선교사 트리셀Maude Trissel에 대한 일본군의 폭행사건, 부산진에 거주하던 두 명의 오스트레일리아인 장로교 여성 선교사의 체포·구류 사건(혐의는 때마침 조선인들이 행진하고 있는 거리에 두 사람이 있었다는 것), 영국인 선교사 토머스John Thomas가 평안북도 강계에서 선교활동을 하고 있던 3월 20일, 때마침 그 앞을 조선인 청년 다섯 명이 만세를 부르며 지나가는 것을 본 헌병대가 토머스에게 폭행을 가하고 경찰에 연행한 사건 등이 발생했다. 버그홀츠는 3월 22일 이러한 사건들과 시위운동을 하는 조선인들은 폭력을 사용하지 않았고 일본인에게 아무런 공격을 하지 않았음에도 불구하고 일본 관헌은 가차 없이 조선인들을 진압하고 있으며 서울, 평양, 선천 등에서는 주택과 학교를 중심으로 미국인 선교사의 각 시설들이 잇따라 사법 당국과 경찰, 헌병대의 방문을 받았다고 본국에 보고했다.[10]

3월 18일 프린스턴대학 시절 모리스의 동창생으로 대구에 머물고 있던 부루엔Henry M. Bruen은 일본의 잔혹한 행위로 인한 조선의 참상을 모리스에게 호소했다.[11] 3월 27일 주서울 미국총영사 버그홀츠는 앞서 말한 평양에서 두 명의 미국인 선교사가 일본군에게 폭행당한 사건에 대해 조선에 거주하는 미국인들의 안전보장과 두 사람에게 폭행을 가한 병사의 처벌을 3월 6일에 회견했던 조선총독부 외사과장 히사미즈 사부로久水三郎에게 요구했다. 이에 대해 히사미즈는 관계 당국에 조사를 지시했으며 사실로 확인되면 선처하겠다고 답했다.[12]

평양에 머물던 선교사 홀드크로프트J. G. Holdcroft는 3월 31일, 평양에서 손에 무기를 든 일본인들이 모여 경계태세를 취하고 특히 외국인을 검문하고 있다고 버그홀츠에게 보고했다.[13] 버그홀츠는 영사 커티스Raymond Curtis에게 조치를 취하라고 지시했고, 이에 커티스는 4월 1일 조선총독부 외사부 소속 통역관 이마무라 주조今村重藏와 만나 서울과 평양 등지에서 일반 일본인들이 무기를 들고 경계태세를 취하고 있는데, 이로 인해 미국인에게 위해가 가해진다면 그 책임은 전부 조선총독부에 있다고 경고하고 그러한 사태를 피하기 위해 이 건에 관해 선처해줄 것을 제의했다.[14] 히사미즈 사부로는 4월 2일 일본인들이 무기를 들고 경계태세를 취하는 것은 자위상 어쩔 수 없는 면이 있지만, (특히 외국인에 대해서) 지나치지 않도록 당국도 세심한 주의를 기울이겠다고 알려왔다.[15] 버그홀츠는 주서울 미국총영사관과 조선총독부 간에 주고받은 이러한 내용을 모리스에게도 알렸다.[16] 버그홀츠와 커티스의 경고가 효력이 있었는지 조선총독부가 무기를 든 일반 일본인들의 (여전히 경찰에는 편입되었지만) 야간 경계태세를 그만둔다고 알리자 버그홀츠는 4월 8일 이 내용을 본국에 보고했다.[17]

히사미즈 사부로와 이마무라 주조뿐만 아니라 1910년 이래 조선총독부에서 조선총독에 버금가는 지위인 정무총감 자리에 있던 야마가타 이사부로山縣伊三郞도 3월 25일 미국인 저널리스트 자일스William R. Giles와의 회견에서, 일본은 1910년 한국병합 이래 조선통치에 전력을 다해왔고, 이번 독립운동은 해외에 머물고 있는 전문적인 운동가들이 주도한 것인데 그들은 민족자결주의를 오해하고 있다. 기독교와 독립운동과의 관계에 대해 조사했지만 아무런 관련성도 찾아낼 수 없었다고 말했다. 자일스로부터 야마가타와의 회견 내용을 전해 들은 버그홀츠는 3월 31일 그것을 본국에 보고했다.[18] 자일스와 야마가타의 회견은 야마가타가 조선에서 벌어진 사태를 보고하기 위해 일본에 가기 직전에 짧은 시간 동안 이루어졌다. 야마가타는 도쿄에서 서울로 돌아온 4월 13일에 기자들과 만나 이번 "소요 발생의 주된 원인은 어설픈 과격사상의 전염으로 돌릴 수밖에 없다"라고 말한 다음, 외국인 선교사들과 독립운동과의 관계에 대해서는 선교사들은 오랜 기간 조선에 머물며 조선인들과 친밀한 관계를 유지하고 있기 때문에 동정심을 보이는 것이 무리는 아니라고 말했다.[19]

이러한 상황 중에 미국에 예기치 않은 사건이 일어났는데, 평양에 머물던 미국인 선교사 모리Eli M. Mowry가 체포되어 재판에 회부된 것이다. 사건의 경과를 살펴보자.

조선에서 독립운동이 가장 격렬하게 전개된 지역 중의 하나가 평양이었다. 바로 이곳에서 독립운동에 참가하여 당국의 추적을 받고 있던 조선인 청년 다섯 명이 자신들의 숭덕학교 영어교사이기도 했던 모리와 역시 선교사인 모펫Samuel A. Moffet의 집에 숨어 있었다. 이들 청년들이 모리와 모펫의 집에 있다는 사실을 알아낸 당국은 4월 4일 두 사람의 집을 수색해서 청년들을 체포하고, 그들을 숨겨준 혐의로 모리와 모펫을 연행했다. 모펫은 증거 불충분으로 풀려났으나 혐의가 명백하다고 판단된 모리는 구금되었다.[20] 평양에 머물고 있던 또 다른 미국인 선교사 번하이젤Charles F. Bernheisel은 4월 8일 구금 중이던 모리를 면회했는데, 이때 모리는 자신의 집에서 체포된 것은 두 사람뿐이며 그들도 자신이 숨겨준 것이 아니라고 말했다고 버그홀츠에게 보고했다.[21] 버그홀츠는 4월 10일 히사미즈 사부로를 방문했는데, 이때 그는 이미 체포된 조선인이 고문을 못 이겨 자백한 것이 증거가 되어 모리가 체포되었다는 사실을 눈치챘다. 버그홀츠는 이날 고쿠부 산가이를 만나 모리에 대한 심문을 되도록 빨리 끝내도록 평양지방법원에 지시해줄 것과 모리에 대한 대우를 종전보다 좋게 해주는 데 합의하고 이상의 내용을 다음 날 모리스에게 알렸다.[22]

버그홀츠와 고쿠부 산가이 간에 합의한 대로 모리에 대한 첫 공판이 4월 15일 평양에서 열렸다. 이때 모펫과 번하이젤도 방청했는데, 모펫은 공판을 처음부터 끝까지 기록했다. 모펫의 기록에 따르면 모리는 체포된 조선 청년 다섯 명과 전부터 아는 사이로 그중 두 사람은 자기 비서였다. 그러나 모리는 독립운동과는 전혀 관계가 없으며 체포된 다섯 명이 당국의 추적을 받고 있는 사정을 전혀 알지 못했고, 그들을 손님으로서 맞이한 것은 사실이지만 보호할 수는 없다고 분명히 알렸기 때문에 자신이 구속될 이유는 전혀 없다고 진술했다. 하지만 모리를 기소한 검사는 전부터 알던 청년들에 대한 모리의 대응에는 어쩔 수 없다는 점이 있는 것은 이해하나 모리의 행위가 범죄를 구성하고 있는 것은 명백하기 때문에 징역 6개월을 구형한다고 했다. 모리는 억울함을 주장했지만, 판결은 4월 19일에 언도하기로 결정되어 모리는 퇴정했다.[23]

그날로 모펫으로부터 첫 공판 보고를 받은 버그홀츠는 이틀 후인 4월 17

일 이를 모리스에게 알렸다.[24] 모리에 대한 판결은 예정대로 4월 19일에 내려졌고 검찰의 구형대로 징역 6개월이 언도되었다. 모리는 항소하여 판결은 이후에도 계속되었지만 그는 보석으로 출소했다.[25] 이처럼 아주 짧은 기간 동안에 모리의 체포·구금에서 공판과 판결 언도까지 진행되었다. 판결은 그 후 5월 17일 항소심에서 징역 4개월, 집행유예 2년이 언도되었다. 그러나 모리는 여전히 납득하지 못하고 상고를 택했다.[26] 8월 18일에는 원판결이 파기되고 사건을 경성복심법원으로 옮길 것이 결정되었고[27] 12월 4일에는 상고 기각과 벌금 100엔이라는 판결이 내려졌다.[28] 결국 이로써 모리사건은 일단락되었다.

조선총독부가 모리를 체포·구금하고 최후까지 무죄를 언도하지 않았던 것은 조선인들에게는 선교사에게 의지해도 소용없다는 사실을 보이고, 선교사들에게는 독립운동에 관여하면 결코 용서하지 않는다는 경고를 하고 싶었기 때문으로 생각된다. 한편으로 조선총독부가 모리에게 감형 조치를 취한 것은 조선에 머물던 선교사들(특히 미국인 선교사들)의 적의를 초래하지 않고 미국 내의 대일 여론 등을 고려해서 내린 조치였음을 쉽게 상상할 수 있다. 실제로 미국에서도 이 사건의 경과가 하나하나 자세히 보도되었다.[29] 그중에는 모리를 체포한 데 대해 비판적인 어조로 보도한 것도 있고,[30] 상원에서 모리사건에 대한 정보 제공을 국무성에 요구하려는 움직임이 있다는 보도도 있었다.[31]

모리사건은 조선총독부가 미국인(특히 선교사)을 어떻게 생각하고 있었는지를 여실히 보여주는 것이며 특히 모리를 호송할 때 죄인용 삿갓을 씌운 것은 매우 상징적이었다.[32]

삼일운동의 진압과 미국인 선교사

1919년 4월 11일 모리스는 조선총독부는 무엇보다 질서 회복을 최우선으로 여기고 있고, 그것을 위한 수단의 타당성은 고려하지 않는다는 인상을 받았다고 본국에 보고했다.[33] 모리스의 인상이 정확했음을 증명하는 듯한 사건이 계속 발생하여 주서울 미국총영사관과 미국인 선교사는 좋든 싫든 사건에 휩쓸려 들어갔다.

독립선언서에 서명했던 33인 중 한 사람인 이갑성과 33인 중에는 없었지만 배후에서 협력했던 함태영은 모두 미국 장로교 교회 계통인 세브란스병원의 사무원이었다. 특히 함태영은 장로교의 장로이기도 했다. 그래서 조선총독부는 이갑성이 독립선언서 3,000장을 세브란스병원에서 배부했다고 생각했다.[34] 게다가 3·1운동이 발발한 지 얼마 되지 않은 3월 5일의 시위운동에는 세브란스병원의 미국인 여성 간호사 5, 6명도 가담했고 그녀들이 독립선언서를 배포했다는 내용이 이미 도쿄에서 보도되었다.[35] 또한 서울을 중심으로 조선 각지에서 독립운동에 참가했다가 부상당한 사람들이 치료 후에 심한 심문이 예상되는, 일본인이 운영하는 병원에 입원하기를 꺼려 세브란스병원으로 향하는 현상이 나타났다.[36] 이러한 상황이 겹치자 조선총독부는 세브란스병원이 독립운동의 진원지 중 하나며 각종 비밀문서가 작성·수장되어 있다고 짐작하고 수색할 필요가 있다고 느꼈다.[37]

그래서 4월 10일 헌병대가 세브란스병원에 가서 심문을 위해 입원 중인 부상자 중 몇 사람을 헌병대사무소로 이송해달라고 요구했다. 세브란스병원의 외과의사들이 이송은 위험하다고 주장하자 일단 헌병대도 납득하고 돌아갔지만, 이날 다른 헌병대가 와서 다시 부상자 7명을 이송하겠다고 주장했다. 이에 대해 병원장이며 선교사였던 에이비슨Oliver R. Avison으로부터 모든 판단을 위임받은 외과의사들은 부상자 이송에 반대했지만 헌병대의 강경한 자세 앞에 손을 들고 결국 부상자 7명 중 3명의 이송에 동의했고 남은 4명에 대해서도 이송할 수 있는 상태가 되면 헌병대에 통고하기로 했다.[38] 세브란스병원으로부터 이 소식을 들은 버그홀츠는 다음 날 도쿄의 모리스에게 이 일을 알리고(모리스는 또한 이날 이러한 내용을 본국에 통고했다[39]), 커티스에게 헌병대 본부로 가서 부상자 이송을 명한 사람이 누구인지 확인하라고 지시했다.

헌병대 본부에 간 커티스는 부상자 이송 명령은 조선헌병대 사령관인 중장 고지마 소지로兒島摠次郎 지휘하의 헌병대 분견대장이었다는 말을 들었고 이에 명령자와의 회담을 요구하자 도중에 고지마도 동석했다. 커티스는 부상자를 이송하는 행위는 당국이 미국계 병원에 발을 들여놓았다는 점에서나 인도적인 점에서 용납할 수 없는 일이라고 다그쳤는데, 이에 대한 당국의 답변은 커티스 입장에서는 절대 납득할 수 없는 것이었다. 나아가 커티스는 일본이 시위운동에 참가한 사람들에게 가혹한 탄압을 가하는 이상 부상자가 일본인이 경영하는 병원을 꺼리고 선교사가 운영하는 병원에 오는 것은 자연스러운 일이 아니냐고 고지마에게 물었다. 이에 대해 고지마는 부상자가 선교사가 운영하는 병원에 가는 것은 반대하지 않지만 육군병원과 적십자병원 등에서도 치료할 태세를 갖추고 있다고 대답했다.[40]

버그홀츠는 세브란스병원에 관한 이러한 사건 경과를 4월 12일에는 모리스에게,[41] 4월 14일에는 본국에 보고했다.[42] 이후에도 3월 27일에 구락서具洛書라는 청년이 우연히 독립 만세를 부르짖는 군중 앞을 지나가자(구락서 자신은 참가하지 않았다) 경관이 그를 검문하며 쓰러뜨린 뒤 '나무꾼이 도끼로 나무를 베듯' 칼로 베었다. 아직 미미하게 숨이 남아 있던 그를 조선인이 세브란스병원으로 옮기려고 하자 일본인 경관이 제지했으며, 간신히 세브란스병원에 옮겼을 때는 이미 절명한 뒤였고, 다음 날 친척 여학생이 그의 시체를 앞에 두고 내내 망연자실했다는 이야기가 주서울 미국총영사관에 전해졌다. 이 밖에도 기독교 신자를 중심으로 조선인들에 대한 일본 당국의 갖가지 가혹한 탄압상을 들은 버그홀츠는 4월 17일 이러한 사실을 본국에 알렸다.[43]

이러한 상황 속에서 노블W. A. Noble 등 미국인 선교사 6명이 4월 10일 버그홀츠를 방문하여 조선에 머물고 있는 선교사들에 대한 조선총독부의 조치가 체포와 구금 등 참기 어려운 지경까지 이르렀는데도 미국정부는 어째서 이 사태를 간과하고 있느냐고 추궁했다. 버그홀츠는 이 건에 대해서는 지금 고려 중이라고 답했다.[44] 다음 날 미국인 선교사 23명이 '총미순회總美順會'라는 이름의 선교사 월례회를 가진 자리에서, 관헌의 단속에 대해 대대적인 항의책이 필요한데도 이에 대한 버그홀츠의 태도는 냉담 그 자체이기 때문에 본국 정부에 진정해서 버그홀츠를 교체시켜야 한다는 이야기가 나왔다.[45] 그러나 앞서 말한 것처럼 버그홀츠는 커티스를 헌병대 본부에 보내 사태의 선처를 요구하는 조치를 취했으므로 그가 조선에 거주하는 자국 선교사들에게 냉담했다고는 말할 수 없다. 본국에서는 국무장관 대리 포크Frank L. Polk가 4월 12일 모리스에게 훈령을 보내 국무성은 주서울 미국총영사관이 미국의 이익 보호에 힘쓰기를 바라는 한편, 조선에서 벌어지고 있는 사태와 미국인이 관계하는 특별한 사례를 다룰 때에는 세심한 주의와 억제를 바란다고 지시했다. 또한 조선의 민족주의자들이 계획을 실행하려 할 때 미국이 자신들을 도와줄 거라고 믿는 일이 없도록 주서울 미국총영사관은 주의를 기울이고 또 미국정부가 운동을 동정하고 있다고 일본 당국이 의심을 품는 일은 해서는 안 된다고 경고했다.[46] 이 때문에 버그홀츠는 국무성과 조선 내 미국인 선교사들 사이에 끼어 난처한 입장에 처해 있었다고 말할 수 있다.

조선 내 미국인 선교사들이 조선에서 전개되고 있는 독립운동에 대한 대응을 모색하는 가운데 특히 기독교와 관련이 깊은 충격적인 사건이 4월 15일에 일어났다. 3월 31일 경기도 수원군 향남면 발안리에서 약 1,000명의 군중이 구한국 국기인 태극기를 손에 들고 경찰 등에 투석·습격을 하자 경찰과 보병이 발포하여 군중을 해산시켰다(이때 군중 가운데 부상자 세 명이 나왔다).[47] 그러나 군중이 다음 날에도 부근의 산속에서 버티면서 시위운동을 전개하며 일본인들을 몰아내려고 하자 무장한 일반 일본인 남자들과 주재순사와 보병이 철야로 경계태세를 취했다. 이들을 돕기 위해 발안리 수비를 명령받은 보병 제79연대의 아리타 도시오有田俊夫 중위가 4월 13일 발안리에 도착했다. 이곳에서 일어난 독립운동이 발안리에 인접한 수원군 제암리의 천도교와 기독교 신자들이 주도한 것이라는 정보를 들은 아리타는 조사를 위해 4월 15일 오후 순사 두 명과 순사보 한 명, 병사 10여 명을 거느리고 제암리에 들어갔다. 제암리에서 아리타는 동행한 순사보에게 지시를 내려 천도교와 기독교 신자 20여 명을 교회당에 집합시키고 몇 가지 신문을 했는데 두 사람이 도망치려고 덤벼들자 이들을 베어버렸다. 이에 다른 조선인들도 덤벼들려고 하자 아리타 일행은 교회당에서 나와 조선인들을 모두 사살했고, 때마침 옆집에서 불이 나 강풍으로 인해 곧바로 불은 교회당을 포함한 민가 20여 채에 번져 모두 타버렸다. 아리타는 병사 두 명을 이끌고 산속으로 가 경계태세를 취하는 한편, 남은 병사들에게는 주민의 피난과 가재 운반을 명령했다고 고지마 소지로에게 보고했다.[48]

조선군 사령관 우쓰노미야 다로宇都宮太郎는 이튿날인 4월 16일 사건 개요를 육군대신 다나카 기이치田中義一에게 보고했다. 보고서에는 약 400명의 군중이 발안리에서 시위운동을 전개했기 때문에 군대가 출동하여 해산시켰지만, 기독교 신자들이 폭행을 그치지 않아 진압한 결과 사망자 32명, 부상자 약간, 가옥 소실 28채의 피해를 입었다고 되어 있다.[49] 더욱이 조선총독 하세가와 요시미치長谷川好道는 4월 17일과 다음 날인 18일 척식국 장관 고가 렌조古賀廉造에게 전보를 두 차례 보내, 제암리의 교회당 앞에서 300여 명의 군중이 불온한 기미를 보여 해산을 명했지만 군중이 덤벼들어 어쩔 수 없이 발포하여 사망자 약 30명, 부상자 한두 명, 가옥 소실 28채의 피해를 입었다고 알렸다[50](하세가와는 4월 22일 수상 하라 다카시原敬에게도 보고했는데, 거기에는 교회당에 모인 천도교와 기독교 신자 25명이 반항했기 때문에 거의 전원을 사살했다고 되어 있다).[51]

이상이 일본 당국자가 묘사한 제암리사건의 전모다. 하세가와 요시미치, 우쓰노미야 다로, 고지마 소지로 사이에 사실 관계에 대해 미묘한 엇갈림이 있음을 알 수 있다. 그렇지만 시위운동을 막기 위해 주민을 교회당에 집합시켰고, 주민들이 반항했기 때문에 어쩔 수 없이 발포했으며, 많은 사망자가 나왔다는 견해를 취한 점에서는 차이가 없다. 그러나 이때 상황을 아는 최후의 생존자인 전동례田同禮가 1985년에 일본인 작가에게 이야기한 사실은 일본 당국이 말하는 '사실'과는 전혀 달랐다. 제암리사건으로 남편을 잃은 그녀에 따르면 제암리에 사는 15세 이상의 남자들에게 교회당에 모일 것을 명령한 일본 관헌은 그 상황에 놀라 달아나려는 사람들에게 차례로 총을 쏘고(한 사람만 도망치는 데 성공했다), 쓰러진 사람들 몸 위에 짚단을 뿌린 후 거기에 석유를 끼얹어 불을 붙였고, 다시 도망치려는 사람들을 총칼로 찔렀다.[52]

일본 당국이 조선의 여러 마을을 몰살시켰다는 정보가 주서울 미국총영사관에 들어오자 이를 확인하기 위해 커티스와 서울에 거주하는 미국인 선교사 언더우드Horace H. Underwood, AP통신 서울 특파원 테일러A. W. Taylor 세 사람이 4월 16일 중국인 운전수와 함께 언더우드의 차로 마을이 몰살됐다는 수원군 장안면 수촌동(향남면 제암리에서 얼마 떨어지지 않은 곳이다)으로 향했다. 그들은 수촌동으로 가는 도중 발안리에서 점심을 먹었는데 연기가 피어오르는 것을 발견하고 마을 사람에게 물었더니, 전날 이웃 제암리가 일본군에 의해 몰살되었다고 알려주었다. 그래서 제암리로 향한 커티스 일행은 도중에 있던 주재소의 검문에서 커티스가 명함을 건넸고 인력거로 제암리에 들어갔다.

그들이 제암리에서 목격한 것은 약 40채 정도였던 건물 중에 남아 있는 네댓 채의 건물, 폐허 속에서 절망감에 망연자실한 여성들, 어린아이들, 노인들 그리고 새까맣게 탄 사체들이었다. 언더우드가 여성들과 우연히 외출 중이어서 겨우 난을 피한 남성들에게 어째서 이런 일이 일어났는지 물었더니, 그들은 입을 모아 일본 병사들이 와서 남자 기독교 신자 전원에게 교회당에 모이라고 명령했고 모인 신자들을 포위하여 발포했으며 달아나려는 자는 총칼로 찌르고 전원 사망한 것을 확인한 뒤 교회당에 불을 질렀고 나아가 민가에도 불을 질렀다고 대답했다. 커티스 등은 몰래 사진을 몇 장 찍고 주민들에게 위로의 말을 건넨 뒤 처음의 목적지였던 수촌동으로 향했다. 수촌동에

서 그들이 목격한 것은 제암리와 다름없는 광경이었다.[53]

현지를 시찰한 커티스는 4월 21일 언더우드의 보고서와 함께 자신의 보고서를 버그홀츠에게 제출했다.[54] 버그홀츠는 4월 23일 커티스와 언더우드의 보고서와 더불어 제암리에서 일본 병사들이 조선인 기독교 신자 37명을 참살했다고 본국에 알렸다.[55] 며칠 뒤에는 주서울 영국총영사관에서도 총영사대리 로이즈William M. Royds가 미국인 노블과 함께 현지조사를 했다. 이처럼 영국과 미국 외교단의 조사로 제암리사건은 묻히지 않고 보도되었다.[56]

일본 당국은 주서울 미국총영사관이 사건 조사를 위해 현지까지 영사를 파견한 데 대해 몹시 신경을 곤두세웠다.[57] 커티스는 제암리에 다녀온 며칠 뒤 히사미즈 사부로가 만나자고 제의하자 이에 응해 둘은 사건에 대해 이야기했다. 제암리에서 커티스가 보고 들은 것을 알려달라고 요청하여 그 내용을 들은 히사미즈는 경찰과 헌병대의 보고는 믿을 수가 없다고 말했다. 며칠 후 로이즈와 함께 현지 시찰을 한 노블 등으로 이루어진 선교사대표단과 하세가와 요시미치 간의 협의 자리가 마련되었고, 이때 노블이 자신이 직접 제암리에서 보고 들은 것을 하세가와에게 알렸다. 이에 대해 하세가와는 노블의 말은 전부 진실로 여겨지고 이에 대해 유감스럽게 생각하며, 사건의 책임자는 처벌될 것이고 이러한 참극은 두 번 다시 일어나지 않을 것이며 주민 학살과 마을의 파괴를 지시하는 어떠한 지령도 내리지 않았다는 변명을 시종일관 늘어놓았다(그러나 하세가와의 변명은 커티스가 제암리에 다녀온 뒤였고, 더욱이 제암리 이외에 18개 마을이 같은 운명을 겪었기 때문에 이 협의에 대해 본국에 보고하는 버그홀츠 입장에서 보면 그다지 설득력은 없었다). 그리고 하세가와는 제암리 재건을 위한 자금을 투입하겠다고 약속했다. 이상에 대해 보고를 받은 버그홀츠는 5월 12일 제암리에서 사망한 37명 중 기독교 신자가 10명, 천도교 신자가 25명, 남편을 도우려다가 사살된 기독교 신자 부인이 2명이었고, 마을 18개가 제암리와 같은 운명을 겪었다는 내용을 본국에 보고했다.[58]

하세가와 요시미치가 약속한 사건 책임자에 대한 처벌은 실제로는 즉시 이루어지지 않았다. 사건의 실행 책임자인 아리타 도시오 중위는 행정처분에 부쳐진 뒤 7월 17일에 군법회의에 회부되었다. 사단장 조호지 고로淨法寺五郎, 여단장 우치노 다쓰지로內野辰次郎, 조선군 참모장 오노 도요시大野豊四, 연대장 도미쓰카 데이이치로富塚貞一郎가 낸 사퇴서는 9월 3일 우쓰노미야 다로가 다시 반환했다.[59] 7월과 9월에 이루어진 사건 책임자에 대한 당국의 이러한 대응은 수박 겉 핥기였다는 느낌을 지울 수 없다. 이리하여 제암리사건은 일단락되었고 주서울 미국총영사관도 5월 이후에는 이 사건을 문제 삼지 않았다. 제암리사건은 미국에서도 보도되었지만[60] 중요하게 다뤄지지는 않았다.

미국인 선교사와 조선통치의 개혁

1919년 4월 20일자 조선총독부 보고에 따르면 이 시점에서 조선에 머물고 있는 외국인 수는 총 1만 9,110명이었다. 중국인이 90퍼센트 남짓인 1만 7,967명을 차지하고 있었고 미국인이 709명, 영국인이 238명, 프랑스인이 81명, 독일인이 51명, 러시아인이 17명, 이탈리아인와 노르웨이인이 각 11명, 그리스인이 9명으로 중국인 이외의 외국인을 모두 합쳐도 1,143명에 지나지 않았다. 그중 선교사가 약 400명(남성 약 260명, 여성 약 140명), 광업가가 약 230명을 차지했고, 그 밖에는 선교사 가족, 실업가, 관리 등이었는데 선교사 중에는 미국인의 비율이 컸다.[61]

다만 어느 쪽이든 조선에 거주하는 외국인들 수가 적었기 때문에 외국인 선교사, 특히 미국인 선교사들은 자신들의 행동이 당국에 오해를 사지 않도록 세심한 주의를 기울였고 조선의 정치 상황에 대해 중립을 지키며 어떠한 정치행동도 하지 않으려고 노력했다. 그래서 마음속으로는 조선인에 동정적인 선교사가 많았다 하더라도 동정심을 정치적 행동으로 옮기는 것은 신중하게 삼갔다. 결국 3·1운동 중에 체포되어 재판에 회부된 외국인은 앞서 이야기한 모리뿐이었다.[62]

그러나 3·1운동을 진압할 때 일본 당국이 보인 잔학성에 대해서는 선교사들도 눈을 감을 수 없었다. 죄 없는 사람들에 대한 잔혹한 취급과 옥중에 끌려 들어간 사람들에 대한 고문, 특히 기독교 신자와 교회에 가해진 잔악한 행위에 대해 선교사들 대부분은 도덕적 측면에서 분노를 금치 못했고 마침내 그들 사이에서는 '잔인함에는 중립이 없다No Neutrality for Brutality'는 공통의 인식이 형성되었다.[63] 이는 운동을 진압할 때 일본 당국이 보여준 불필요했던 말로 다할 수 없는 잔학성에 대해 선교사들이 더 이상 방관하지 않는다는 의미였다. 일본 통치하의 조선에서 그다지 많지 않은 인원이 머물고 있다는 조건 아래 선교사들이 일본의 처사에 대한 항의로 취했던 조치는 외국 언론에 조선의 실정을 밝히는 것과 본국의 기독교 교단에 의한 공작, 일본 당국자들과의 논의, 부상당한 조선인들에 대한 극진한 보호 등이었다.[64]

선교사들이 조선에서 일본이 취한 잔혹한 조치를 밝히기 위해서 이용한 최초의 언론은 중국의 영자 신문이었다. 중국에 머물던 선교사들과 연락을 취해 조선에서 일어나고 있는 상황을 알리면 그것이 중국의 영자 신문에 기사로 게재되었다.[65] 그리하여 조선의 상황에 대한 선교사들의 관찰은 중국발로 미국에서도 보도되었다.[66]

선교사들은 조선총독부 당국자들과 접촉함으로써 사태를 개선하려 했고 그래서 에이비슨, 번하이젤, 노블, 친일파로 잘 알려진 스미스Frank H. Smith와 게일James G. Gale 등이 포함된 영국과 미국 선교사 9명이 3월 9일 조선총독부 내무국장 우사미 가쓰오宇佐美勝夫와 회견했다. 이때 우사미는 선교사들이 사전에 운동에 대해서 알고 있었다고는 생각하지 않으며 또 선교사들이 운동을 사주했다고는 생각하지 않는다고 말했다. 이에 내해 선교사들은 조선인들이 지금까지 당한 갖가지 억압의 실례를 들며 바로 이러한 점들 때문에 조선총독부에 대한 조선인들의 감정이 격해져 있다고 말했다.[67] 더욱이 에이비슨, 모펫, 노블, 게일 등이 포함된 선교사 10명은 3월 22일과 24일 우사미, 고쿠부 산가이, 조선총독부 학무국장 세키야 데이자부로關屋貞三郎, 『서울 프레스Seoul Press』의 사장 야마가타 이소오山縣五十雄와 만나 문명사회에서는 볼 수 없는 조선에 대한 특수한 통치방식과 조선인에 대한 차별대우가 이번 운동의 원인이므로 그런 것들이 개선되어야 한다고 주장했다.[68] 그리고 앞서 언급한 것처럼 노블 등은 제암리사건 후 하세가와 요시미치와 만나 사건에 대한 해명을 요구했다.

『경성일보京城日報』는 4월 24일 3·1운동의 진원지 중 하나로 간주되었고 모리사건도 일어났던 평양에 머물던 모펫, 라이너 등을 포함한 미국인 선교사 4명에게 회견을 제의했지만 이들이 응하지 않자, 조선을 둘러싼 정치적 문제가 아니라 미국인 선교사들을 둘러싼 잘못된 보도나 소문을 부인하기 위해서 회견에 응해달라고 요청했다. 그러나 모펫 등은 조선총독부의 어용신문으로 지목되고 있던 『경성일보』와의 회견에 응하는 것은 의미가 없고 도리어 말꼬리를 물고 늘어지기 쉽다고 판단했는지 요청에 응한 흔적은 찾아볼 수 없다.[69]

이러한 상황에서 미국인 선교사들 중에 일본으로 건너가 사태 개선을 모색하는 자도 나왔다. 우선 어드먼Walter C. Erdman과 홀드크로프트가 4월 4일 도쿄에 도착하여 모리스와 만났는데, 이때 모리스가 일본에서는 아무도 만나지 말고 조선으로 돌아가라고 요구하자 두 사람은 조선으로 돌아갈 준비를 했다. 그러나 모리사건을 목격한 그들은 일본에 머물며 내무대신 도코나미 다케지로床次竹二郎와 국회의원들과 만나 조선통치를 협의했고, 그 후 웰치Herbert Welch는 5월 15일, 어드먼·홀드크로프트·화이트모어A. Whitemore 세 사람은 그 다음 날 각각 하라 다카시와 만나 조선의 사태를 설명하고 조선에서의 잔혹한 진압 중지와 일본의 조선통치 개혁을 요구했다.[70] 또 이러한 선교사들의 행동은 일본 기독교 관계자들을 움직여 일본기독교회각파동맹, 선교사단, 대일본평화협회는 대표를 선발했고 이들은 5월 20일부터 6월 11일까지 조선 각지를 돌며 운동의 실태를 조사했다.[71]

3·1운동을 진압할 때 보인 일본의 잔학성을 알게 된 미국의 기독교단체

들도 침묵하지 않았다. 미국의 적지 않은 기독교단체와 기독교계 대학이 1919년 여름까지 미국정부에 편지를 보내 조선에서 벌어진 일본의 탄압상이 차마 눈뜨고 볼 수 없을 정도로 심각하다고 호소하고 특히 조선의 기독교 신자들에 대한 잔학한 조치를 그만두도록 일본에 압력을 넣었달라고 요청했다.[72] 조선에서 일어난 3·1운동의 확산에 대해 가장 큰 관심을 나타낸 것은 미국기독교교회연합협의회 동양관계위원회The Commission on Relations with the Orient of the Federal Council of the Churches of Christ in America였다. 캐나다 장로교 교회 해외전도위원회 서기인 암스트롱A. E. Armstrong은 전년부터 10개월 동안 동아시아 각지를 방문했는데 요코하마橫濱에서 미국으로 떠나려고 할 때 동양관계위원회가 조선을 다시 방문할 것을 지시하는 지급전보를 보냈다. 이에 암스트롱은 3월 16일 서울에 도착하여 사흘 동안 조선에 머물면서 여러 단체와 협의하며 정보를 수집했고[73] 4월 하순 뉴욕에 도착했다. 암스트롱, 브라운Arthur J. Brown, 미국 감리교 교회 해외전도위원회 서기가 된 노스Frank M. North, 미국성서협회 서기 헤이븐William I. Haven 등 네 사람이 협의한 결과, 이 문제를 전도위원회가 아니라 미국기독교교회연합협의회에서 다루기로 결정했다.[74]

미국기독교교회연합협의회 동양관계위원회는 4월 16일부터 7월 중순까지 10여 차례나 모임을 가지고 조선통치에 대해 협의했다.[75] 이 협의회에서 주도적 역할을 한 인물이 교토京都의 도시샤대학同志社大學에서 교편을 잡은 경험이 있고 전부터 일본에 대해 호의적이었던 걸리크Sidney L. Gulick였다. 걸리크는 동양관계위원회가 첫 모임을 가진 직후 주뉴욕 일본총영사 야다 조노스케矢田長之助와 만나 3·1운동의 진압 때 사용한 수단이 너무 잔혹하다고 말하고 조선통치에서 시행하고 있는 무단통치의 개선을 요구했으나 야다는 평소 일본에 호의적이었던 걸리크답지 않다고 생각했다. 동양관계위원회는 야다를 비롯한 뉴욕에 머물던 유력 일본인 약 10명을 4월 19일의 모임에 초청했다.[76]

위원회는 암스트롱이 수집하거나 차례차례 들어오는 정보를 발표하면 반일감정이 일어날 것을 우려하여 정보 발표를 잠시 유보하고 뉴욕에 거주하던 일본인들에게 조선에서 벌어진 잔혹한 탄압을 중지해달라고 요청했다. 이러한 사실을 당시 뉴욕에 있던 응용화학자로 뉴욕에서 일본구락부를 만들어 미국과 일본의 우호에 힘쓰던 다카미네 조키치高峰讓吉〔아드레날린의 결정 추출과 다카디아스타제Takadiastase의 발명에 성공한 응용화학자로, 국민과학연구소(현재의 이화학연구소理化學硏究所)를 설립〕, 미쓰이물산三井物産 지점장 세코 고노스케瀨古孝之助, 요코하마쇼킨은행橫濱正金銀行 지점장 이치노미야 스즈타로一宮鈴太郞 등 8명이 5월 7일 하라 다카시에게 보고했다.[77] 하지만 5월 15일에 외상 우치다 야스야內田康哉가 야다 조노스케에게 보낸 공문에서 우치다는 암스트롱이 수집한 정보가 정확한지 여부가 분명하지 않다고 하면서, 하라는 조선 통치를 개선할 생각을 가지고 있다는 사실을 전하고 아울러 동양관계위원회도 신중한 태도를 견지해달라고 요청하라고 훈령했다.[78]

훈령 내용을 야다 조노스케를 통해 알게 된 동양관계위원회는 5월 24일 모임을 가졌다. 이에 5월 29일 걸리크는 전해진 정보가 사실이 아니라면 일본은 진실이 무엇인지를 증명해야 하고, 만약 정보가 진실이라면 상황을 바로잡지 않으면 일본에 대한 불신은 더욱 커진다는 내용을 담은 편지를 야다에게 보내, 일본이 현재 상황에 대한 인식이 무디다는 점을 지적하고 그에 대한 동양관계위원회의 초초함을 넌지시 비추었다.[79] 그 후 걸리크는 6월 상순과 하순 두 차례에 걸쳐 워싱턴에 가서 특사로 와 있던 전 외상이며 주미일본대사인 이시이 기쿠지로石井菊次郞와 만나 조선에서 취하고 있는 운동 진압방법과 통치방침을 되도록 빨리 획기적으로 개선해달라고 요청했지만[80] 성과는 나타나지 않았다.

이러는 사이에도 조선의 실정을 알리는 정보가 계속 전도위원회에 들어왔고 그중 몇몇은 이미 신문에도 보도되었기 때문에 동양관계위원회는 발표를 언제까지 연기할 수는 없었다.[81] 브라운과 걸리크가 그때까지 일본에 대해 호의적인 태도를 취한 것이 사태에 대한 방관으로 이어졌다는 비판이 나오자[82] 동양관계위원회는 서둘러 7월 중에 자신들이 수집한 정보를 소책자로 출판하기로 결정했다. 6월 26일 동양관계위원회는 하라 다카시에게 일본이 조선에서 한 만행에 대한 비난은 (일본에 대한) 호의를 깎아내리고 있다고 경고하고, 사실은 숨길 수 있는 것이 아니며 만행을 중지하고 통치 개혁이 진행 중이라는 공식성명을 내는 것이 중요하다는 내용이 담긴 최후통첩이라고도 할 수 있는 전보문을 보냈다.[83] 이에 대해 하라는 7월 10일에 보낸 답변에서 위원회의 요청은 충분히 고려하고 있으며, 한국병합 이래 조선에서 실시한 통치방법은 수정할 필요가 있으나 3·1운동이 일어나서 당분간 계획 중이던 통치제도의 수정은 실행하기 어렵지만 사태가 개선됨에 따라 머지않아 실행될 것이라고 했다.[84]

결국 동양관계위원회는 헤이븐과 걸리크를 대표로 해서 125개 항목으로 이루어진 『The Korean Situation』이라는 소책자를 출간했다.[85] 동양관계위원회에 들어온 정보를 전부 출판한다면 1,000개 항목이나 되는 양이었다. 그중에서 특히 중요한 정보로 취급되어 게재된 것은 34건이었다. 거기에는 제암리사건 다음 날 현지를 방문했던 언더우드가 작성한 보고서, 부상당한 조선인들의 세브란스병원 이송을 둘러싸고 주고받은 내용, 때마침 시위운동 현장을 지나가다가 참살된 청년 구락서에 대한 보고 등 외교문서에도 실려 있는 정보가 많아 동양관계위원회가 방대한 정보를 선별할 때 실증성을 기준으로 삼았음을 알 수 있다.[86]

다만 여기서 하나 언급해야 하는 것은 본문 시작 전에 실린 「The Japan-Korean Situation」이라는 글에서 일본에는 반동적 군국주의세력과 수상 하라 다카시가 속한 자유주의적 진보세력이라는 두 세력이 있는데, 조선통치의 개혁 나아가 전 세계 사람들의 자유와 권리를 위해서 진보세력을 지지하지 않으면 안 된다는 내용이 실려 있다는 점이다.[87] 평소 일본에 대해 호의적이었던 걸리크의 영향 아래 이루어졌을 이러한 기술은 그가 얼마나 친일파 미국인인지를 보여주는 것이다. 책이 발행될 무렵에는 이미 미국 의회에서도 조선통치에 대한 논의가 시작되고 있어서 이 책은 참고자료로 취급되어 의회 의사록에 전문이 게재되었다.[88]

결국 미국과의 관계를 가장 중시한 하라 다카시는 뒤에 설명할 조선통치의 개혁에 착수하기로 결정했다. 이 과정에서 세키야 데이자부로가 일본정부는 조선통치를 개혁하려 노력하고 있으므로 이해해주기 바라고 선교사들도 조선을 홋카이도北海道나 규슈九州처럼 일본의 일부로 여겨 조선을 일본과 구별하지 말았으면 좋겠다는 내용을 적은 편지를 뉴욕에 있는 미국인 선교사들에게 보냈다.[89] 에이비슨도 일본과 조선의 각 신문 기사에서 보도한 조선통치의 개혁을 향한 경과와 결과, 독립에 이르지 않는 개혁으로는 조선인들은 만족하지 않을 우려가 있다는 등의 생각을 적은 편지를 브라운에게 보냈다.[90]

지금까지 3·1운동에 대한 미국인 선교사들의 자세와 활동 그리고 그 영향에 대해 살펴보았다. 대부분의 선교사들은 일본의 조선통치는 반대하지 않았지만 통치방법 개선과 운동 진압 때 사용한 잔학한 수단을 중지하라고 요청한 점에서는 의견이 일치했다. 그러나 1919년 3월에 조선을 포함한 동아시아지역을 7개월간 돌아보고 귀국한 뉴저지주 매디슨에 있는 드루신학교Drew Theological Seminary의 교수 소퍼E. D. Soper는 조선인들이 자치를 실행할 수 있는 단계가 아닌 이상 일본의 조선통치는 당연하다고 언론에 발언했다[91] (이에 대해 재미 독립운동가 정한경 등이 즉각 전면적인 반론을 했다[92]). 조선에 머물고 있는 선교사대표단의 일원이며 친일파 선교사로 유명했지만 제암리사건에 대해서는 하세가와 요시미치에게 항의했던 스미스도, 3·1운동으로 조선이 계속 흔들리고 있던 1919년에는 친일적인 자세를 공식적 자리에서는 드러내지 않았으나[93] 1920년에 출간한 두 권의 소책자에서는 소퍼와 같은 견해를 내세웠다.[94] 이처럼 미국인 선교사라고 해도 3·1운동, 나아가 조선통치에 대한 태도와 언동은 결코 한결같지 않았다.

미국 의회와 조선문제

미국 대통령 윌슨Woodrow Wilson이 제1차 세계대전 후에 새로운 국제질서를 형성하기 위해 반드시 필요하다고 생각한 것이 14개조 마지막 항목에서 제창한 국제연맹의 결성이었다. 그러나 이러한 윌슨의 구상을 야당이었던 공화당의 고립주의파 의원들은 파리강화회의가 시작된 1919년 1월 시점에 이미 냉랭한 눈으로 주시하고 있었다. 그들은 미국의 국제연맹 가입이 19세기 이래의 먼로 독트린Monroe Doctrine을 제한하고, 영국·프랑스·일본 등의 식민지 지배권과 이들 국가에 독일 식민지의 이전을 보증하는 사태로 이어지는 것은 아닌지 염려했다.[95]

1919년 2월 14일 국제연맹규약 초안이 파리강화회의 본회의에 제출되었고 이것을 가지고 윌슨은 다음 날 일시 귀국 길에 올랐다. 공화당의 고립주의파 의원들을 대표해서 윌슨에 대해 비판의 소리를 낸 인물이 상원 외교위원회 위원장 로지Henry C. Lodge였다. 로지가 중심이 되어 국제연맹규약 초안에 대한 수정안을 작성해서(여기에는 국제연맹의 관할범위에서 국내문제 제외, 규약에 탈퇴권과 먼로 독트린 확보 명기 등이 포함되었다[96]) 윌슨에게 제출했다. 이에 대해 윌슨은 국제연맹 가맹에 대한 미국 의회의 승인을 얻기 위해 타협하기로 결정했지만 3장의 마지막 부분에서 언급한 제10조의 수정에는 결코 응하려고 하지 않았다(그 이유에 대해 8월 19일 상원 외교위원회에서 윌슨은 제10조하에서 미국은 연맹 각국의 영토보전과 정치적 독립을 보장하고 외부의 침략으로부터 연맹 각국을 옹호할 것을 약속해야 한다고 밝혔다. 이는 법률상이라기보다는 도의상 의무며 자유롭고도 독자적으로 해석할 수 있는 권한이 미국 의회에 위임되어 있고, 제10조는 규약 전체의 근간을 이루기 때문에 이것이 없으면 연맹은 유명무실해진다는 점을 들었다[97]). 결국 제10조에 대해 윌슨과 공화당 고립주의파 사이에 합의를 보지 못한 채 국제연맹규약이 6월 28일 베르사유강화조약과 함께 조인되었다. 이에 대해 미국 의회는 파리강화회의가 한창 개최되고 있던 때에 3·1운동이 일어난 조선에서 일본이 실시하고 있는 통치에 대해서도 규약 제10조에 명기한 "영토보전"은 열국이 가지고 있는 기존의 식민지 지배를 보장한다는 관점에서 다루었다.

파리에서 베르사유조약이 조인되고 겨우 이틀이 지난 6월 30일 미주리주 세인트루이스Saint Louis 출신의 상원의원 스펜서Selden P. Spencer는 조선의 현재 상황을 감안해서 1882년의 조미조약 제1조의 거중조정 조항의 행사가 가능한지 여부를 자세히 검토해달라고 국무장관 랜싱Robert Lansing에게 요구했다.[98] 7월 4일에는 상원의원 포인텍스터Miles Pointexter가 뉴욕주 로체스터Rochester에서 때마침 독립기념일을 맞이해서 기념연설을 했는데, 그는 국제연맹에 대한 반대 의견을 말하는 가운데 연맹에 실망한 예로서 일본의 조선통치를 거론했다. 조선인들은 윌슨이 자신들을 도와줄 것이라 믿고 가망 없는 반란을 일으켜 다수의 사망자를 냈지만, 연맹은 조선인을 도와주는 대신에 3,000만 명이나 되는 중국인을 일본의 지배하에 두는 협정을 일본과 체결하는 데 정신을 쏟고 있다고 말했다. 이 연설은 7월 15일자 의회 의사록에 게재되었다.[99]

한편 미국성서협회 일원으로 약 20년간 조선에서 포교활동을 하고 6월에 귀국한 벡S. A. Beck에게서 조선의 사정에 대해 들은 네브래스카주 출신 상원의원 노리스George W. Norris는 몇 년 전 일본이 조선에 시행하던 정책을 지금 중국에서도 실행하려 한다는 생각에서 로지에게 벡을 만나보라고 권유하고,[100] 7월 15일 역시 국제연맹에 반대하는 연설을 하고 조선통치를 언급했다. 노리스는 조선에 대해 일본이 취한 태도를 본 중국은 일본을 몹시 두려워하고 있다고 말한 뒤, 일본의 조선통치에서 나타난 문제점을 지적하고 벡에게서 들은 3·1운동 진압 시에 일본이 자행한 잔악한 행위를 몇 가지 들었는데 그중에는 제암리사건에 대한 것도 있었다.[101] 또한 노리스는 일본이 조선에서 행한 갖가지 악정에 대해 다룬 특히 기독교 신자들에 대한 몇몇 만행을 중점적으로 기술한 7월 13일자 『뉴욕 타임즈*The New York Times*』의 기사(앞서 언급한 제암리사건 다음 날 언더우드가 쓴 보고서를 포함한다)를 의회 의사록

에 게재해달라고 요청했다.[102]

이틀 후인 7월 17일에는 상원의원 매코믹Malcom C. McCormick이 앞서 언급한 완성된 지 얼마 되지 않은 『The Korean Situation』 내용 전체를 의회 의사록에 게재할 것을 상원에 요청해서 채택되었다.[103] 또 로지와 견줄 만한 공화당의 거물 상원의원 보라William E. Borah는 국제연맹규약, 나아가 연맹 그 자체를 거부하더라도 이집트, 아일랜드, 인도, 중국, 조선 및 유럽의 자유주의자들은 낙담하지 않을 거라고 말했다. 왜냐하면 처음부터 연맹 설립에 관여한 사람들은 이집트, 아일랜드, 중국의 주장에 대해서는 귀를 기울이지 않았고 나아가 조선을 어느 욕심 많은 나라(일본)가 기다리고 있는 도살장으로 쫓아냈기 때문이라고 주장했다.[104]

노리스는 그 후 약 한 달이 지난 8월 18일 조선에 대해 역사적 관점에서 논하기 위해 헐버트Homer B. Hulbert를 의회로 불렀다. 헐버트는 증인으로 선서한 후 조선은 유사 이래 일본의 침략을 몇 번이나 받아왔지만 1895년에 일본이 승리한 청일전쟁 이후 조선에 대한 일본의 야심은 한층 노골화되었고, 청일전쟁 후에 체결된 1905년의 보호조약과 1910년의 병합조약은 법적으로는 완전히 무효라고 말했다. 또한 1882년 체결된 조미조약 제1조의 거중조정 조항에 근거하여 고종은 보호조약 체결 시기에 자신을 워싱턴에 파견해 당시의 대통령 루스벨트Theodore Roosevelt와 국무장관 루트Elihu Root와 접촉해 도움을 얻으려고 했으나 그들은 조선의 말에는 전혀 귀 기울이려 하지 않았다고 진술하고 일본 조선통치의 부당성을 호소했다.[105]

더욱이 이번에는 스펜서가 헐버트의 의회 참석 이후 약 한 달이 지난 뒤인 9월 18일, 대한민국임시정부의 고문변호사가 된 돌프Fred A. Dolph가 작성해서 자신에게 건네준 진술서를 공개했다. 헐버트의 진술과 마찬가지로 이 진술서도 1904년의 한일의정서까지는 조선(한국)의 독립과 보전을 주장한 일본이 러일전쟁 이후 한국을 보호국화·병합한 것은 명백한 배신행위며, 3·1운동 진압 시에 일본이 행한 잔학성을 보더라도 일본은 조선을 통치할 자격도 능력도 없다고 호소했다.[106] 10월 1일에는 상원의원 페란James D. Phelan이 "스스로 선택한 정부를 갖고 싶다는 조선인들의 소망에 대해 미국 상원은 동정의 뜻을 표한다"는 내용의 결의안을 상원 외교위원회에 제출했다.[107]

또 상원의원 프랑스Joseph I. France는 10월 9일 베르사유조약에 대해 반대 의사를 나타냈다. 그 이유 중 하나로 '조선에 대한 부당성'을 들었는데, 프랑스는 조미조약 제1조의 거중조정 조항에 근거하여 고종은 일본의 부당한 행위를 미국에 호소했지만 미국은 귀 기울이지 않고 보호국화와 병합을 방관한 전력이 있고 또 일본의 무자비한 3·1운동 진압의 결과로 나타난 참상도 있기 때문에 조선인들의 요청(여기에 앞서 말한 1919년 4월에 필라델피아에서 이루어진 재미 조선인들의 결의가 붙어 있다)을 저버릴 수 없다. 그런데 국제연맹규약 제10조로 특히 인도, 아프리카, 조선과 같은 세계의 많은 지역을 제국주의국가들이 불법적으로 획득·영유하고 있기 때문에 이들 지역이 참기 어려울 정도의 상태에 놓여 있다고 주장했다.[108]

그러나 같은 날 상원의원 넬슨Knute Nelson은 이제까지 말한 것과는 정반대의 내용을 주장했다. 그는 우선 조선이 일본의 이익을 빼앗고 있다고 전제한 뒤, 이전에는 없던 공공 건물·도로·다리 등을 만든 것은 일본이며 농업과 상업을 발전시키고 법과 질서를 확립한 것도 역시 일본이다. 즉 영국이 남아프리카를 위해 지금까지 해왔던 것을 일본은 조선을 위해 현재 시행하려고 노력하고 있다고 주장했다.[109]

그로부터 4일 후인 10월 13일 다시 노리스가 국제연맹규약, 나아가 베르사유조약에 반대하는 입장에서 조선통치에 관한 매우 긴 주장을 전개했다. 여기에서 그는 일본은 이전에는 조선(한국)의 독립을 주장해왔으면서 결국은 보호국화·병합했고, 병합 후 일본의 조선통치는 지도적인 조선인들로부터도 외면당하고 있다. 또한 3·1운동 진압 시 일본이 자행한 갖가지 행위와 조선인이 입은 피해는 말로 다할 수 없는데 특히 기독교 신자들이 매우 커다란 피해를 입었다. 때문에 만약 미국이 제10조를 그대로 둔 채 연맹규약을 승인한다면 일본의 조선 영유를 지켜주는 꼴이 된다고 주장했다.[110] 하원에서 메이슨William E. Mason 의원도 10월 24일 조선인에 대한 하원의 동정을 표하는 결의안을 하원 외교위원회에 제출했다.[111]

국제연맹규약이 포함된 베르사유조약에 대해 공화당의 고립주의파 의원들과 윌슨 사이에 최종타협이 이루어지지 않은 채 조약 체결이 11월 9일에 이루어졌다. 유보가 없는 조약은 찬성 38표, 반대 53표, 러시아가 제안한 유보가 붙은 조약은 제1회 투표에서 찬성 39표, 반대 55표, 제2회 투표에서 찬성 41표, 반대 51표로 1, 2회 모두 부결되었다. 1920년 3월의 두 번째 표결에서도 두 가지 안 모두 부결되었고, 미국은 연맹에 가맹하지 않기로 결정했다.[112]

지금까지 국제연맹규약에 관한 미국 의회의 논의 중에서 조선통치가 어떻게 언급되었는지를 살펴보았다. 미국 의원들 가운데 일본의 조선 영유의 부당성을 호소하고, 3·1운동 진압 시에 일본이 보인 잔학성을 비난하며 즉시 중지를 요구하고, 자신들의 정부를 가지고 싶어 하는 조선인들의 바람에 대해 동정을 나타내는 인물이 몇 명 있었다는 것은 1919년에 미국의 조선에 대한 태도가 일본의 한국 보호국화와 병합 시기와는 같지 않음을 보여준다. 다만 여기서 언급해야 하는 것은 노리스는 앞서 말한 한국친우회 회원이며, 스펜서도 정한경 등과 접촉하여 정한경이 1921년에 출간한 조선의 실정을 설명한 책(주 32의 문헌 참조)의 서문을 쓰기도 하여 조선에 대한 동정심을 갖고 있었다. 하지만 다른 의원들은 반윌슨·반베르사유조약이라는 입장에서 연맹규약에 반대하는 자신들의 주장이 옳다는 것을 보여주기 위한 근거로서 조선통치를 다루었다.[110] 또 조선 입장에서 보면 미국 의회에서 의원들이 조선에 동정적인 주장을 하는 것은 물론 바람직한 일이었지만, 연맹규약을 반대하는 일환으로 주장한 것이었기 때문에 결국 (파리에서 하우스Edward M. House가 김규식에 대해 말했듯이) 미국도 가입한 국제연맹에서 조선통치가 논의될 가능성을 잃게 되는 결과를 낳았다[114](1919년 가을 워싱턴에서 제1회 국제연맹 총회를 개최하기로 했음에도 불구하고 실제로 워싱턴에서 이해 10월 29일부터 개최된 것은 국제연맹규약 제23조에 의거하여 설립이 결정된 국제노동기구International Labour Organization, ILO의 제1회 총회뿐이었다. 여기서 실업, 노동시간, 부인보호, 심야노동, 아동의 노동연령 제한 등에 대한 제안이 채택되었다. 물론 조선통치가 논의될 여지는 전혀 없었다[115]).

그 의도가 어떻든 간에 조선에 동정적인 주장을 했던 의원들도 물론 윌슨 정권을 전혀 움직일 수는 없었다. 그래도 상원에서는 1920년 3월 18일 토머스Charles S. Thomas와 스펜서 두 사람이 당시 3·1운동과 같은 시기에 독립운동을 일으켰지만 영국에 의해 진압된 아일랜드의 독립을 지지하는 안과 함께 조선독립 지지안을 상정하여 표결에 부쳤다. 그러나 아일랜드의 독립 지지안은 찬성 38표, 반대 36표, 기권 22표로 가결되었으나, 조선독립 지지안은 찬성 34표, 반대 46표, 기권 16표로 부결되고 말았다.[116]

미국 언론계의 반응

기독교단체와 의회가 조선통치에 대해 이러한 반응을 보이는 가운데 일반 미국인들의 조선에 대한 인식에 영향을 끼친 미국의 언론은 3·1운동 시기에 일본의 조선통치에 대해 어떤 보도를 했는지를 신문을 중심으로 살펴보자. 미국의 모든 언론기관에 대해 조사하는 것은 불가능하므로 여기서는 중요하다고 여겨지거나 특징적인 것으로 대상을 한정했음을 미리 밝혀둔다.

3·1운동을 포함하여 한국의 독립운동에 대해 가장 빈번하게 다룬 언론은 미국의 대표적 신문인 『뉴욕 타임즈』였다. 이 신문은 아직 3·1운동이 발발하기 전인 1919년 1월 26일 비스비E. S. Bisbee가 쓴 한 쪽 반 분량의 논설을 게재했다. 이 글에서 비스비는 조선은 일본의 지배라는 굴레에서 벗어나기 위해 파리강화회의 그중에서도 특히 윌슨에게 기대를 걸고 있는데, 그 배경에는 일본의 통치를 견디기가 어렵다는 조선인들의 생각이 깔려 있다고 주장

했다(비스비가 어떠한 인물인지는 확실하지 않지만 이 신문의 기자일 가능성이 높다[117]). 그러나 『뉴욕 타임즈』는 3·1운동 발발 후인 3월 20일, 비슷한 시기에 영국으로부터의 독립운동을 꾀하고 있던 이집트와 조선에 관한 사설을 게재했다. 사설은 양국 모두 자립할 만한 능력이 없어서 일본과 영국의 손에 넘어갔는데, 일본의 조선통치는 가혹하다고는 하지만 효율적이기도 하고 당분간은 그러한 통치를 계속하다가 서서히 자치로 돌리는 것이 세계의 이익에 이바지할 거라고 주장했다.[118] 그러나 이 신문은 즉각 이 사설과 소퍼의 친일적 주장에 대한 정한경 등의 반론을 게재했다(주 91, 92 참조).

4월이 되어서도 『뉴욕 타임즈』는 국제연맹이 필리핀에 미치는 영향에 대해 논하는 가운데 조선에는 생득권生得權이 있고 자국의 식민지 상태와 일본에 동화되는 것을 싫어하는 조선인들의 목소리를 경솔하게 저버려서는 안 된다는 민주당 소속 상원의원 커민스Albert B. Cummins의 주장을 게재하는 한편,[119] 조선인들은 일본의 통치하에 있으면서 물질적·지적으로 더 많이 누리고 있고 일본은 한국이 제삼국의 손에 넘어가지 않는 것을 추구하고 있으며 일본의 한국병합은 양국에게 최선이었음은 논의의 여지가 없고 조선 사정에 정통한 사람이라면 독립이 조선통치의 만족할 만한 해결법이라고는 생각하지 않는다고 주장했다.[120] 5월에 접어들자 『뉴욕 타임즈』는 3·1운동은 손병희 등 일부 조선인이 일으킨 데 지나지 않지만 조선에 거주하는 선교사들도 어느 정도 책임이 있고 일본도 조선통치에서의 잘못을 바로잡을 생각이 있다는 것 등을 주장한(한국의 초대 통감이었던 이토 히로부미伊藤博文의 고문을 역임했던) 예일대학Yale University 명예교수 래드George T. Ladd의 논설과[121] 이승만과 정한경의 반론,[122] 두 사람의 반론에 대한 래드의 반론을 게재했다.[123] 6월이 되자 이 신문은 래드의 반론에 대한 두 사람의 재반론과[124] 조선에서 3·1운동이 일어난 배경을 역사적 경위에서 찾아 이에 대해 간략하게 살펴본 기사를 게재했다.[125] 『뉴욕 타임즈』는 7월 이후부터는 사설에서 조선통치를 다루지 않았지만 보도 면에서는 앞서 언급한 『The Korean Situation』의 일부를 발췌한 기사(주 102 참조)를 비롯하여 조선에서의 사태 진전을 열심히 추적했다.

이상으로 『뉴욕 타임즈』에서 3·1운동을 비롯한 한국의 독립운동이 어떻게 보도되고 논평되었는지를 살펴보았다. 이 신문은 사설에서는 일본의 입장에 대해 긍정적인 자세를 취하는 한편 (래드와 이승만·정한경 사이의 반론과 재반론에서 분명히 드러나듯이) 조선통치에 관한 논의의 장을 제공했고, 보도면에서는 조선에서 벌어지는 사건을 다룬 기사를 많이 게재했다. 『뉴욕 타임즈』는 조선에서 처한 일본의 입장에 동정적 자세를 보인 대표적인 신문이었는데 같은 자세를 취한 신문이 몇 개 있었다.

상해에 있던 현순이 조선에서 독립운동이 발발한 사실을 대한인국민회에 통보한 것을 게재하여 『뉴욕 타임즈』보다 더 빨리 3월 10일에 미국 최초로 3·1운동에 대해 보도했던 『샌프란시스코 크로니클*San Francisco Chronicle*』은 조선에 대한 일본의 입장을 인정하지 않는다면 텍사스, 뉴멕시코, 애리조나, 푸에르토리코, 파나마, 필리핀에서 처해 있는 미국의 입장도 위태로울지 모르며,[126] 독립시대에는 혼란이 극에 달했던 조선을 일본이 병합하여 겨우 구했는데 지금 조선이 독립한다면 지금까지 쏟은 일본의 노력은 허사가 되고,[127] 스스로 방위할 수 없던 한국은 일본에 병합되어 비로소 군사적으로 보호받게 되었다는[128] 내용 등을 담은 사설을 4월 중에 차례로 게재하여 조선의 독립 주장에 대해 부정적인 견해를 내세웠다. 이 밖에 『뉴욕 이글*New York Eagle*』, 『보스턴 헤럴드*Boston Herald*』 등도 조선의 독립은 말도 되지 않는다는 주장을 밝혔다.[129]

그러나 조선의 독립에는 부정적 자세를 보이면서 일본의 입장에는 이해를 보인 이러한 신문은 비교적 적었다. 1920년 9월 15일 한국친우회의 돌프의 보고에 따르면, 1919년 3월부터 1920년 9월 초까지 조선에 대해 미국 신문은 약 9,000개의 기사를 게재했는데 그중에서 일본에 대해 이해를 보인 것은 약 50건에 지나지 않았다고 한다.[130]

일본의 입장을 지지한 기사와는 대조적인 논조를 전개한 신문 중 대표적인 것이 허스트William R. Hearst가 경영하는 신문과 잡지였다. 그중에서 『뉴욕 아메리칸*New York American*』을 살펴보자. 『뉴욕 아메리칸』은 3·1운동이 일어난 3월의 사설에서, 독일의 침략을 받은 벨기에가 겪었던 이상의 폭정을 일본이 조선에 강요했는데도 조선을 빼고 세계평화를 위한 대화를 한다면 무엇을 위한 것이냐는 주장을 내세웠다.[131] 3·1운동을 진압하기 위해 일본이 제대로 된 수단을 취하지 못한 4월 초에 『뉴욕 아메리칸』은 사설에서 일본의 한국병합은 허위에 의거해서 이루어졌고 지금 일본은 조선인들을 죽이고 있으며 조선에 거주하는 자국의 선교사들이 일본의 위협을 받고 있기 때문에 미국정부는 파리강화회의에서 조선에서 벌어지고 있는 사태를 보고만 있어서는 안 된다고 주장했다.[132] 또한 현재 미국정부는 일본이 미국을 공격하기 위해 멕시코와 결탁할지도 모른다는 가능성을 없애기 위해 일본과 멕시코 양국에 경고하는 한편, 루스벨트 정권이 조미조약을 고려하지 않고 한국에 대한 일본의 주장을 인정한 것처럼 윌슨 정권도 일본이 중국을 침범하는 것을 인정하려 하는데, 일본의 조선통치와 3·1운동 진압상을 보면 절대 그것은 허용할 수 없다고[133] 강조했다.

5월이 되자 『뉴욕 아메리칸』은 사설에서 일본은 미국에서 활발하게 선전을 하고 있지만 일본이 조선인에게 보인 야만성만 보더라도 알 수 있듯이 그러한 선전은 전혀 신뢰할 수 없기 때문에 미국은 끊임없이 일본에 대한 경계를 게을리 해서는 안 되며,[134] 파리강화회의는 벨기에의 주장에 대해서는 귀를 기울이면서 수많은 책략에 의해 일본에 병합되고 그 후에도 일본의 폭정 아래 신음하고 있는 조선과 영국의 통치 아래 있는 이집트와 아일랜드라는 '세 벨기에'의 주장은 무시하고 있다고 주장했다.[135] 이후에는 『뉴욕 아메리칸』이 조선통치에 대해 견해를 내놓는 빈도가 낮아진다. 그렇기는 해도 이 신문은 걸리크 같은 친일파 선교사는 걸핏하면 일본을 후하게 평가하지만 일본이 한국을 병합하기까지의 경위와 3·1운동 진압 시에 보여준 잔학성을 보면 알 수 있듯이 그들의 행동은 옳지 않으며,[136] 조선과 산동성山東省에 잇달아 공격의 화살을 향하여 대규모 해군계획을 다듬고 있는 일본은 미국에게도 위협이 될 거라고[137] 주장했다.

허스트가 경영하는 신문과 잡지는 모두 이처럼 반일 논조를 전개했는데, 그 배경에는 말할 나위도 없이 허스트 자신의 반일자세가 있었다. 허스트는 황화론黃禍論의 입장에서 제1차 세계대전 이전부터 일본에 대한 경계심을 드러내는 논조를 자신의 신문이나 잡지에서 이전개했는데 시베리아출병이 그에게는 반일 논조의 좋은 근거가 되었다.[138] 그리고 그 이상으로 좋은 근거가 된 것이 일본의 조선통치였다. 따라서 미국 의회의 경우에도 드러나듯이, 허스트가 경영하는 신문이나 잡지는 『뉴욕 아메리칸』처럼 조선에 대해 동정을 보인 것은 틀림없지만 반일의 좋은 근거로서 조선통치를 다룬 면도 부정할 수 없다. 그러나 미국의 신문이나 잡지 중에서 일본의 조선통치와 3·1운동의 진압상을 가장 강한 어조로 비난한 것은 허스트가 경영하는 신문과 잡지였다. 이것들은 대개 논쟁을 불러일으키는 보도를 했으므로, 조선총독부가 1921년에 사무관을 미국에 파견하여 조사한 뒤 미국에서 한국의 독립운동에 관해 작성한 내부문서에서도 특별히 허스트가 경영하는 신문과 잡지에 대해 언급했다.[139]

이 밖의 신문은 조선의 독립은 시기상조이긴 하지만 3·1운동 진압 시에 일본이 보인 잔학성을 비판하고 운동의 원인인 일본의 조선통치를 바로잡아야 한다는 견해와 일본의 한국병합은 부당하기 때문에 조선의 장래는 조선인들 자신에게 맡겨야 한다는 견해로 나뉘었다. 잡지도 이와 비슷한 경향을 보였다. 그중에서 아시아문제 전문 월간지 『아시아*Asia*』가 정한경과 역사적으로 일본이 조선에 얼마나 많이 기대왔는지를 설명한 일본과 조선통치 전문학자 그리피스William E. Griffis, 조선은 수천 년을 이어져 내려온 고유문화를 가지고 있으며 자신들 뜻에 반하여 일본에 병합되기는 했지만 결국은 독립을 요구하며 움직이기 시작했다고 주장한 아시아통인 바스토우Marjorie Barstow와 그린스비Sydney Greensbie 등의 논설을 게재한 것이 눈에 띈다.[140]

어찌되었든 3·1운동 시기의 조선통치에 대한 미국 언론계의 논조는 미국 의회의 경우와 마찬가지로 미국과 일본의 관계에서 몇 가지 모순도 있어서 일본의 한국 보호국화와 병합 때와는 그 경향이 바뀌었다는 사실을 알 수 있다.

제 8 장

일본의 삼일운동 진압실태

삼일운동의 발발

1919년 3월 1일 파고다공원에서의 독립선언서 낭독으로 시작한 3·1운동은 독립 만세 소리와 함께 서울(당시는 경성부) 전역으로 확대되었다. 이에 조선총독부는 서울 용산의 조선군 사령부와 연락을 취해 보병 3개 중대와 기병 1개 소대를 서울의 주요 지역에 배치했고, 그 결과 시위운동은 오후 7시 무렵에는 진정되었다. 당국은 이날 독립선언서에 서명한 민족대표 33인 중 태화관에 있던 29명과 군중 가운데 주모자로 간주된 134명을 체포했는데, 그중에는 『조선독립신문朝鮮獨立新聞』이라는 인쇄물을 발행하던 보성전문학교 교장 윤익선尹益善도 포함되어 있었다.[1]

독립선언서가 미리 전국에 배포되어 있어서 운동은 급속하게 조선 전역으로 확대되었다. 3월 1일에 (서울을 제외한) 경기도, 황해도, 평안남북도, 함경남도의 각 경무부장이 시위운동이 일어났다고 조선총독부 경무국에 보고했다. 평양에서는 교회에 약 8,000명, 학교에 약 1,000명이 모여 고종의 추도회를 거행한 후 독립선언서를 낭독하고 시위운동을 했다. 이 밖에 진남포·안주(이상 평안남도), 선천(평안북도), 원산(함경남도)에서도 독립선언서 낭독과 시위운동이 일어났다.[2] 이튿날인 3월 2일이 되자 서울에서는 0시 20분에 약 400명이 종로에서 소리 높여 만세를 부르며 종로경찰서로 몰려들었다. 이 사태는 당국이 주동자로 보이는 약 20명을 체포하자 진정되었다. 그러나 평양과 진남포 등지에서는 이미 1일 밤부터 경찰서에 돌을 던지는 등 시위운동이 격렬히 전개되어 보병대가 투입되고 계엄태세가 취해졌다.[3]

3월 3일은 고종의 장례식 날이었다. 아들인 순종과 이은 등 유족이 참배한 후 고종의 유체를 실은 대여大輿를 메고 서울 시내를 도는 형태로 국장을 지내고(국장을 보기 위해 온 사람은 50만 명에 달했다) 하루가 꼬박 걸려 매장지인 금곡릉에 도착했다. 이때 장례에 사용된 도구와 의식은 전부 일본식이었다. 경비가 엄중한 탓이었는지 역시 이날만은 서울에서는 눈에 띄는 움직임이 보이지 않았다.[4] 3월 4일이 되어도 서울에서는 인쇄물 배포와 학생들의 결석 등은 있었지만 시위운동은 일어나지 않았다. 그렇지만 독립선언서가 점차 널리 퍼졌기 때문에 지방에서는 전날부터 각지에서 시위운동이 나타났다. 개성(경기도), 안주·성천(평안남도), 수안(황해도)에서는 군중이 경찰서와 헌병분대를 습격했고 안주, 성천, 수안에서는 군중 가운데 사망자도 나왔다.[5]

다음 날인 3월 5일에는 서울에서도 운동이 본격화되었다. 오전 9시 무렵 약 4,000~5,000명의 학생들이 남대문역(지금의 서울역)에 모였다. 이들은 붉은 천을 팔에 두른 채 군중에게 인쇄물을 배포하고 구한국 국기인 태극기를 휘두르며 독립 만세를 소리 높여 외쳤다. 학생과 군중이 제각각 만세를 부르며 서대문 방면으로 몰려가자 경계 중이던 경관이 해산을 명했지만 저지할 수 없어 결국 지원부대를 투입해 위협 발포를 하고 100여 명을 검거한 뒤에야 겨우 해산시켰다.[6] 당국이 5일 밤부터 6일 새벽녘까지 운동에 관계했다고 여겨지는 학생 43명을 검거하여 서울은 평정을 되찾았으나, 검거를 피한 학생들이 제각기 고향으로 돌아가 그곳에서 운동을 계획했다.[7] 그 후 서울에서는 3월 7일 독립운동에 대한 당국의 무력진압을 비난하고 하세가와 요시미치長谷川好道의 퇴진과 관공서에 재직 중인 조선인 관리들의 파업을 요구하는 『조선독립신문』이 배포되었고,[8] 8일에는 고종의 사인에 대한 소문이 유포되기도[9] 했으나 시위운동은 일어나지 않았다.

그러나 3월 9일이 되자 당국에서 예기치 못한 사건이 일어났다. 조선인들이 경영하는 각 상점에 ① 9일은 일제히 폐점할 것, ② 시위운동에 가담할 것, 다만 폭력은 사용하지 말 것, ③ 약속을 어기는 상점은 가차 없이 처분할 것 등을 요구하는 3월 8일자 '경성시상민일동약서京城市商民一同約書'라는 제목의 인쇄물이 배포되었고 이에 따라 상점주들이 9일 아침까지 일제히 가게 문을 닫아버렸다. 폐점이라는 행위는 정치에 대한 불만을 나타내기 위해 조선시대부터 종종 행해졌는데, 이는 경제적으로 정부에 타격을 가하기 위한 것이기도 했다. 폐점운동은 점차 인천과 개성 등지에도 파급되었다. 당국은 이것이 상인들의 결속과 관헌의 무력함을 나타내는 사건이라 여기고 정치상에도 문제가 될 수 있다고 생각해 폐점행위의 어리석음과 일반 생활에 끼치는 곤란함을 들어서 개점을 강요했다. 그래도 상점의 폐점은 계속되었고, 결국 당국은 4월 1일 서울 시내의 주요 상점주 60명을 모아 개점 계고장戒告狀을 교부하고 100명으로 이루어진 보병대를 출동시켜 강제 개점시키고 다시 폐점하지 못하도록 감시했다. 그 결과 상점을 둘러싼 상황은 4월 하순까지는 정상을 되찾았다.[10]

서울에서 일어난 시위운동은 일단 진정되어 버그홀츠Leo A. Bergholz는 3월 15일 운동 발발 이후의 경과를 본국에 보고했다.[11] 그러나 3월 하순이 되자 운동이 다시 활발해졌다. 3월 22일 오전 9시 노동자 300~400명을 포함한 700명의 군중이 봉래부터 신의주까지 독립 만세를 크게 외치며 행진했다.[12]

3월 2일 오후 8시경에는 약 500명의 군중이 훈련원, 동대문, 동소문, 용산구 도원동(야요이초彌生町), 원효로(모토초元町) 등지에서 독립 만세를 외쳤고, 같은 시간 약 1,000명의 군중이 청량리, 왕십리, 마포 등지에서 독립 만세를 외쳤는데 모두 다음 날 새벽에는 진정되었다.[13] 3월 24일에는 녹번에서 약 200명의 군중이 검거자를 구하기 위해 헌병주재소를 습격했다.[14] 다음 날에는 용산에서 약 100명이 만세를 외쳤고 이들과는 별도로 약 70명이 용산의 전차 정거장에서 전차에 돌을 던졌다.[15] 3월 26일과 27일 이틀 간 서울에서 일어난 시위운동은 그때까지 일어난 것 중 가장 격렬했다. 3월 26일에는 누하동과 삼청동 등지에서 약 200명의 군중이 독립 만세를 외쳤고, 용산과 동막 사이에서는 약 300명, 왕십리와 회기동에서는 약 150명의 군중이 독립 만세를 소리 높여 외쳤다. 또 약 50명의 군중이 와룡동과 제동의 파출소를 투석·습격했고, 이들과는 별도로 약 100명의 군중이 돌을 던지며 종교파출소를 습격했고, 중심가인 종로와 서대문로에서는 군중이 주행 중인 전차에 투석·습격했다. 또 뚝섬에서는 500명의 군중이 면사무소를 습격해서 출동한 헌병대와 충돌하여 군중 가운데 사망자 1명, 부상자 5명, 체포자 103명이 나왔다.[16] 3월 27일이 되자 남만주철도주식회사(만철) 경성관리국 직공 약 800명이 원효로 3, 4번지에서 만세를 부르짖으며 동맹파업을 일으켰고, 안감천 부근에서는 약 500명의 군중이 격렬한 시위운동을 벌였다.[17] 상황이 이처럼 격렬해지자 헌병대는 3월 28일 이미 출동시켰던 보병 3개 중대에 추가로 3개 중대를 출동시켜 총 보병 6개 중대로 서울 시내 경계와 운동 단속에 임했다. 그 결과 서울에서는 대규모 시위운동과 습격 등은 점차 사그라졌다.[18]

이러한 일반 민중의 움직임과는 별도로 중추원 고문 겸 경학원 대제학(조선시대 유교교육의 최고기관이었던 성균관을 일본이 한국병합 후 경학원이라 개칭)이었던 김윤식金允植과 역시 중추원 고문 겸 경학원 부제학이었던 이용식李容植 두 사람이 3월 26일 조선독립청원서를 수상 하라 다카시原敬에게 보냈고, 이틀 후인 3월 28일에는 하세가와 요시미치에게 보냈다. 두 사람 모두 일본이 한국을 병합할 때 자작 작위를 받았고 당시 김윤식은 86세, 이용식은 68세의 고령이었음에도 불구하고 이 같은 행동을 하자 조선총독부는 매우 놀랐다. 조선총독부 경무국은 두 사람의 행위를 보안법 및 출판법 위반이라 하여 가택수색과 신문을 했으나 고령인 점을 고려하여 연행은 하지 않았다. 김윤식과 이윤식이 제출한 청원서는, 한국병합 이래 일본의 정치는 국민을 위한 것이 아니라서 일단 독립의 소리가 나오자 민중이 거기에 뜻을 같이하니, 해결방법은 위로는 하늘 아래로는 민정을 살피고 일본이 앞장서서 조선에 독립을 부여하는 것밖에 없다는 내용을 담고 있었다. 이에 조선총독부 경무국은 두 사람의 이러한 행동을 따르는 다른 귀족들과 유림의 불온한 행동이 나올 것을 우려했다.[19]

그래도 병력이 집중적으로 투입되자 서울에서는 운동이 점차 진정되었다. 4월 이후를 보면 4월 4일 일본군 보병에 대한 폭행,[20] 4월 10일 400장이나 되는 인쇄물 압수,[21] 4월 15일 종로에서 전차에 돌을 던짐,[22] 4월 18일 조선군 사령관 우쓰노미야 다로宇都宮太郎가 탄 마차에 돌을 던짐,[23] 4월 23일 태극기를 손에 쥔 학생 몇 명이 만세 외침,[24] 4월 27일 용산에서 전차 궤도에 돌을 쌓음, 다음 날 전차에 돌을 던짐[25] 등이 보고되긴 했지만 대규모 시위운동은 서울에서는 더 이상 보이지 않았다.

4장에서 말한 것처럼 조선총독부는 1919년 1월, 신문에 민족자결주의에 관한 기사 게재를 금지하고 이를 위반하면 압류 명령을 내리겠다고 한 상태였다. 그러나 조선헌병대 사령관 고지마 소지로兒島惣次郎는 3·1운동 발발 후인 3월 6일 민족자결주의와 국내외 조선인들의 운동에 관한 신문의 보도관제를 해제하라고 명령했다. 단 치안을 방해하는 과대 기사, 시위운동 계획에 대한 기사, 독립운동 전개에 대한 예상 기사와 유언비어는 신문에 게재하지 못하게 하고, 신문이 운동을 확대시키지 않도록 신문사에 주의를 주라고 각 도에 있는 경무부장에게 훈령하고, 이상과 같은 조치를 취했다고 육군차관 야마나시 한조山梨半造에게 보고했다.[26] 3·1운동 발발 후에 민족자결주의에 관한 보도관제를 해제했다는 것은 언뜻 보기에는 이상하지만, 이는 3·1운동이 이미 발발한 이상 보도관제를 실시할 필요가 없어졌고 나아가 3·1운동의 원인을 윌슨Woodrow Wilson의 민족자결주의로 보아 한국병합 이래 일본의 조선통치와 3·1운동과의 연계를 부정하려는 의도가 있었다고 생각된다.[27] 그러나 하세가와 요시미치는 이 조치가 취해지고 나서 한 달이 지난 4월 21일, 3월의 조치로 조선 내에서는 불온한 전보電報가 외부로 새 나가지 않고 있지만, 여전히 북경 등 중국 각지로부터 3·1운동에 관한 전보가 적지 않게 나오고 있다고 외상 우치다 야스야內田康哉에게 보고하고 여전히 경계를 게을리 할 상황이 아니라고 밝혔다.[28]

3·1운동의 전개에서 무시할 수 없는 존재가 바로 학생들이었다. 서울에서는 관·공·사립 중등 이상 학교의 조선인 학생들 대다수가 3·1운동 발발 이후 일반 시위운동자들과 함께 운동에 참가했고 점차 초등학교 학생들도 가담했다. 그래서 조선총독부는 경성전수학교, 경성의학전문학교, 경성공업전문학교 등 관립 직할 전문학교 세 곳과 경성고등보통학교, 경성여자고등보통학교 등 관립 고등보통학교 두 곳에 대해 3월 5일자로 수업 중지 조치를 취했고 이 조치는 공·사립학교에도 미쳤다. 그러나 관립학교 교원은 없었지만 공·사립학교 교원으로 운동에 참가한 사람도 있었고,[29] 수업 중지를 하지 않았던 숙명여학교와 진명여학교 앞으로 4월 2일자로 등교자에 대한 협박문이 날라오기도 했다.[30]

이처럼 조선총독부는 4월 말까지는 서울에서 사태를 진정시키는 데에는 일단 성공했으나 그것이 완전하다고는 생각하지 않았으며, 조선인들도 새로운 기회를 엿보고 있었다.

삼일운동의 확대

1919년 4월 이후 서울에서는 독립운동이 진압되었지만 서울에서 불이 붙은 독립운동은 조선 전역에 널리 퍼졌고 그 기세는 서울을 훨씬 능가했다. 조선총독부가 확인한 바에 따르면 평안남북도와 함경남도에서는 서울과 같은 3월 1일, 경기도에서는 개성, 인천, 수원 등지에서 3월 3일, 충청북도에서는 3월 9일, 충청남도에서는 3월 10일, 전라북도에서는 3월 5일, 전라남도에서는 광주에서 3월 10일, 경상북도에서는 대구에서 3월 8일, 경상남도에서는 부산에서 3월 11일, 황해도에서는 3월 2일, 강원도에서는 3월 10일, 함경북도에서는 3월 10일 독립 시위운동이 시작되었다.[31] 운동의 시작 시기가 지역에 따라 조금씩 차이가 나는 것은 독립선언서 배포가 경기도, 평안남북도, 황해도 등지에서 중점적으로 이루어졌고, 경상남북도 등 남부지역에서는 배포가 늦어졌기 때문이다. 그렇기는 해도 운동에 따른 사망자·부상자·체포자는 경기도, 평안남북도, 경상남북도처럼 인구가 많은 지역에서 대규모로 나왔다.

지방에서는 각 면에서 5일마다 열리는 장날처럼 많은 사람들이 모이는 상황을 이용해서 시위운동을 전개했다. 사람들은 태극기를 손에 쥐고 독립 만세를 소리 높여 외치거나 면사무소와 경찰서까지 행진하고 때에 따라서는 돌을 던지거나 습격도 했다.[32] 그래도 지방에서도 시위운동은 초기 단계에서는 평화적 성격이 강했다. 조선총독부 통계로는 3월 1일부터 4월 30일까지 일어난 833건 가운데 당국이 사전에 막지 못한 것은 73건에 그친 반면 시위운동 이상이 된 760건 중 당국이 발포까지 한 것은 4분의 1에 조금 못 미치는 185건이었다.[33] 대한민국의 통계도 1919년 3월부터 4월까지 일어난 1,214건의 시위운동 중에 단순시위에 지나지 않았던 것은 88건, 민중들이 시위운동을 전개하는 가운데 충돌까지 이른 것은 426건이었다고 집계했다.[34] 이는 3·1운동에서 일본의 잔혹한 탄압이 있었음은 분명하지만 결코 탄압에만 치우치지는 않았음을 말해준다. 그러나 독립을 염원하여 시위운동을 전개한 민중과 그것을 저지하기 위해 출동한(진압하기 위해 물리적 힘을 가진) 당국과의 접촉이 양쪽 모두에게 상처 없이 끝났을 리는 없었다. 그러면 지방에서 일어난 운동에 대해 살펴보기로 하자.

경기도 경기도는 서울과 지리적으로 가깝기 때문에 당연히 서울에서 발생한 사태의 추이가 재빨리 전해졌고 이에 따른 운동의 전개도 눈이 휘둥그레질 정도였다. 3월 1일 서울에서 일어난 독립선언서 낭독 소식이 이날 개성에 있는 한영서원에 직접 전해지자 이곳 학생 150명을 포함한 약 600명이 3월 4일 시위운동을 전개하여 헌병대의 경계선을 돌파했고 이를 계기로 시위운동이 7일까지 계속되었다.[35] 그 후 개성에서 일어난 운동은 확인되지 않았지만 4월 2일에는 곤봉을 손에 쥔 개성 부근의 부락민이 개성 시내에 진입하자 헌병대가 이를 해산시켰다.[36]

인천에서는 3월 6일부터 공립보통학교 3, 4학년 학생들이 등교하지 않았고, 3월 9일에는 학생 300명이 모여 노동자, 상점 및 공장에 독립선언서를 배포하자 당국이 강제 해산시켰다.[37] 그리고 상점 약 170곳이 3월 29일 이래 폐점했는데 인천경찰서는 차례로 강제 개점시켰다.[38] 가장 격렬한 시위운동이 전개된 곳은 서울 남쪽의 수원과 안성 지방인데, 당국의 보고에 따르면 3월 하순부터 4월 상순에 걸쳐서 민중이 군청, 면사무소, 경찰서, 헌병주재소를 습격하고 민가와 면사무소를 파괴했다.[39] 이것이 7장에서 서술한 수원군 제암리 등지에서 벌어진 수많은 조선인 살해사건으로 이어지게 된다.

평안남도 평안남도는 기독교 신자들이 많고, 독립선언서가 중점적으로 배포된 곳이기도 해서 시위운동이 가장 격렬하게 나타났다. 도의 중심지인 평양에서는 서울과 동시에 운동이 전개되었다. 3월 1일 오후 1시 감리교 신자 약 800명이 교회당, 장로교 신자 약 1,000명이 학교에 각각 모여 고종의 추도회를 연 다음 독립선언서를 낭독하고 독립 만세를 외치자 당국은 그들을 강제 해산시켰는데, 이후에도 신자들이 평양 시내를 행진하자 당국은 1개 중대를 출동시켰다.[40] 더욱이 이날 저녁이 되자 평양 시내를 행진하는 군중이 배로 늘어나 경찰서에 투석 등을 하자 당국은 주모자 10명과 폭행자 40명을 체포하고 군중을 해산시켰고 다음 날에는 계엄태세를 취했다.[41] 3월 4일에는 여성 약 200명이 만세를 계속 외치는 것을 순회 중인 보병이 발견해서 곧바로 해산시켰다. 이날 사립학교가 모두 휴교했고 공립학교에서는 학생 절반이 결석했고 반수 이상의 상점이 폐점했다.[42] 3월 6일 평양 시내는 평온했으나 주변 지역에서 600곳이 넘는 집단 시위운동 움직임이 나타나자 당국은 이를 전부 해산시켰다.[43] 그리하여 평양에서는 운동이 봉쇄되었지만 기독교 운영 학교와 관립 고등보통학교 학생들 대부분은 고향으로 돌아가거나 전국 각지로 가서 독립운동을 일으키는 데 힘썼다.[44]

이에 평안남도에서는 진남포와 안주에서 3월 1일에 독립선언서 배포, 독립 만세 외침, 행진 등을 시작으로[45] 3월 10일까지는 도 전체에 운동이 파급되었다.[46] 특히 격렬하게 운동이 전개된 곳은 평양 서쪽에 인접한 강서읍이었다. 3월 3일에는 강서읍에 약 4,000명이 모여 헌병대와 충돌한 결과 군중 가운데 9명의 사망자가 나왔다.[47] 또 사천읍에서는 3월 4일 군중이 헌병주재소를 습격하여 주재소 소장 사토 지쓰고로佐藤實五郎 상등병과 보조원 3명을 살해하자, 평양에서 급히 파견된 헌병분대장 등이 군중과 충돌해 군중 가운데 12명의 사망자가 나왔다.[48] 이 밖에 성천에서는 3월 4일 헌병대와 군중이 충돌하여 헌병분대장 마사이케 가쿠조政池覺造 중위가 사망하는 한편, 군중에서는 사망 30여 명, 중경상자 30여 명, 체포자 약 300명이 나왔다.[49]

이처럼 평안남도에서 전개된 운동은 다른 도 이상으로 격렬했다. 또한 독립선언서에서 기독교 측 중심 인물이었던 이승훈이 평안남도를 본거지로 하고 있어서 이 지역에서 운동에 관련된 사람들 중에 기독교 신자가 차지하는 비율이 높았다. 이 점이 조선총독부가 미국인 선교사들과 운동과의 관계에 대해 의심을 품게 만들었다.

평안북도 한반도 최북서부에 위치하고 만주(중국 동북부)에 인접한 평안북도에서 서울과 같은 3월 1일에 독립선언서의 배포와 낭독, 독립 만세 외침, 행진이 이어진 곳은 선천이었다.[50] 3월 3일에는 기독교 신자 약 1,500명, 다음 날에는 약 6,000명이 시위운동을 전개하자 도 장관인 후지카와 리사부로藤川利三郎는 파병을 요청했다. 이에 헌병대는 3월 8일 보병 150명을 선천에 파견하여 경찰서 관내에서 일어난 시위운동을 강제 해산시켰지만, 조선총독부가 운동의 중심지라 여겼던 선천의 기독교 교회가 경영하던 신성학교는 3월 8일부터 4월 3일까지 휴교하고 학생 전체가 고향으로 돌아갔다.[51]

중국 국경과 가까운 의주에서는 3월 1일 기독교 교회당에 독립선언서가 도착하자 기독교 신자들이 모였지만 당국에 의해 해산당했다. 그러나 이튿날인 3월 2일 다시 1,000명 이상의 군중이 교회당에 모여 그 기세를 멈추지 않자 후지카와 리사부로는 파병을 요청했고 이에 신의주 수비대는 3월 3일 밤중에 보병을 의주에 파견했다. 파견된 보병은 3월 4일 의주 내를 순회한 다음 이튿날 신의주로 귀환했다.[52] 얼마 동안 의주는 평정을 유지했지만, 3월 27일 천도교 신자 약 300명이 의주시장에 모여 투석 등을 하자 당국은 14명을 체포하고 군중을 해산시켰고, 4월 1일에는 약 500명의 군중과 수비대가 충돌하여 수비대의 발포로 군중 가운데 많은 사상자가 나왔다.[53] 그 후에도 3월부터 4월 상순에 걸쳐 각지에서 운동이 전개되었는데(특히 평안북도 북동부의 중심지인 강계에서) 역시 헌병대가 중점적으로 병력을 투입하면서 4월 10일 자성군 장토면에서 일어난 운동을 기점으로 평안북도에서의 운동은 점차 진압되었다.[54]

경상남도 한반도 남부에서는 독립선언서 배포가 상대적으로 늦었고 배포 매수도 상대적으로 적어서 독립운동도 늦게 시작되었다. 북부지방에 중점적으로 병력이 투입되어 다른 어느 지방보다 운동이 빨리 진압되는 상황에서, 남부지방에서의 운동은 점차 격렬해졌다. 충청남북도, 경상남북도, 전라남북도 등 남부지방 6개 도 중에서 가장 격렬하게 운동이 전개된 곳은 일본과 가장 가깝게 위치한 경상남도였다.

서울에서 내려온 학생단이 3월 10일 경상남도의 중심지인 부산에서 이곳 학생들과 접촉하자 당국은 운동의 파급을 경계했다.[55] 그럼에도 불구하고 다음 날인 3월 11일 부산진에서 기독교 신자 약 100명이 독립 만세를 외침으로써 부산에서 시위운동이 시작되었다.[56] 3월 13일에는 부산 북쪽의 동래에서 학생들이 시위운동을 일으켰고 5일 후에는 독립 만세를 소리 높여 외치는 군중이 동래경찰서로 몰려가자 당국은 이들을 진압했다.[57] 또 4월 3일에는 기독교 신자가 중심이 된 군중이, 4월 8일에는 오스트레일리아 장로교가 경영하는 일진여학교 학생들이 각각 시위운동을 전개했지만 모두 당국이 주모자를 체포하고 해산시켰다.[58] 이후에는 4월 27일 부산진과 동래에서 잇달아 주행 중인 기차에 돌을 던지는 정도였다.[59]

경상남도에서 일어난 운동은 중심지인 부산이 아닌 군 등지에서 도리어 격렬하게 전개되었다. 그중에서 운동이 가장 격렬하게 전개된 곳이 경상남도 서북부에 위치한 합천군이었다. 합천군에서는 3월 18일 삼가면에서 군중의 시위운동이 처음 발생했고 20일에는 대병면에서도 시위운동이 일어났다. 이렇게 해서 4월 초까지 10군데에서 13차례의 시위운동이 전개되었는데, 당국의 눈에는 시위운동이 경찰서와 주재소의 습격·파괴, 관계 서류의 소각 등을 수반한 매우 위험한 것으로 비쳐져서 해산시키기 위해 발포도 불사했다.[60] 예컨대 3월 23일 삼가면과 백산면에서 일어난 시위운동에서 당국의 발포로 군중 가운데 사망자 5명, 부상자 20여 명이 나왔다.[61] 결국 경상남도에서 일어난 운동은 4월 하순까지 계속되다가 4월 29일 도의 중남부에 위치한 창원군 사파정에서의 시위운동을 마지막으로 진정되었다. 이때까지 10차례 이상 시위운동이 일어났던 지역으로는 합천군(13회), 하동군(12회), 동래군·의령군·김해군(각 10회) 등을 들 수 있고, 다른 지역도 포함하여 운동의 과격화와 진압수단으로서 발포가 빈번했던 점이 특징이다.[62]

충청남도 한반도 중남서부에 위치한 충청남도에서는 3월 6일 부여군 임천면에서 천도교 신자들이 독립 만세를 외치며 임천헌병주재소로 몰려갔고, 3월 10일에는 약 100명의 군중이 태극기를 손에 쥐고 독립 만세를 외치면서 운동이 시작되었다.[63] 그 후 당국의 조사에 따르면 3월 중에는 28회, 4월 중에는 43회의 시위운동이 있었는데, 4월 1일부터 8일까지 사이에 40회의 시위운동이 집중되는 형태로 일어났다.[64] 그중에서도 최대 시위운동이 4월 1일 천안군 병천에서 일어났다. 약 3,000명의 군중이 음력으로는 3월 1일인 이날 병천시장에 모여 헌병주재소로 몰려가자 헌병 측은 발포로 대응했고 그 결과 군중 가운데 14명의 사망자가 나왔다.[65] 이 운동을 주도한 인물이 17세의 소녀로 현재 '한국의 잔 다르크'로 불리는 유관순柳寬順이다.

천안군에서 태어난 유관순은 일본의 한국 보호국화와 병합의 흐름 속에서 반일 자세를 굳히고 있던 아버지 유중권柳重權 밑에서 자랐고 1916년 이화학당(현재의 이화여자대학교)에 입학했다. 3·1운동이 발발하자 유관순은 파고다공원에서 열린 집회에 참가하려 했지만 학교 당국이 허가하지 않자 3월 13일에 고향으로 돌아갔다. 고향의 평온함을 본 그녀는 기독교 전도사 조인원趙仁元, 유림대표 이백하李柏夏, 청신학교 교장 전구응全球應 등의 유력자에게 독립운동을 하자고 제안했고, 음력 3월 1일에 해당하는 4월 1일에 많은 사람들이 모이는 병천시장을 기점으로 독립운동을 전개하기로 결정했다. 독립운동이 시작되자 헌병대가 발포하여 유관순의 부모는 사망했고 유관순 자신도 체포·구금되어 서대문감옥(지금은 서대문형무소 역사관)에서 고문을 당했다. 그 후 행해진 재판에서 유관순은 일본인의 재판을 받을 이유가 없다고 하는 등 순종할 의사를 보이지 않았기 때문에 제일심第一審에서는 3년형이 선고되었음에도 불구하고 제이심第二審에서는 일심의 구형대로 7년형이 선고되었다. 그녀는 고문으로 인한 부상과 감금생활 때문에 1920년 10월 12일 18세로 사망했다.[66]

여기서는 3월 1일부터 4월 30일까지 운동이 발생한 장소와 사상자 수에 대한 6월 20일자 조선총독부 경무국의 보고를 살펴보기로 하겠다[67](보통민, 폭민 등의 용어는 보고서에 써 있는 대로 적는다).

경기도

장소 : 143곳

횟수 : 225회

관헌 측 사상자 : 사망 2명, 부상 22명

보통민 사상자 : 사망 0명, 부상 3명

폭민 사상자 : 사망 72명, 부상 240명

관공서 등 피해 : 55건

충청남북도

장소 : 87곳

횟수 : 102회

관헌 측 사상자 : 사망 0명, 부상 28명

보통민 사상자 : 사망 0명, 부상 4명

폭민 사상자 : 사망 67명, 부상 171명

관공서 등 피해 : 29건

전라남북도

장소 : 21곳

횟수 : 26회

관헌 측 사상자 : 사망 0명, 부상 0명

보통민 사상자 : 사망 0명, 부상 0명

폭민 사상자 : 사망 10명, 부상 21명

관공서 등 피해 : 3건

경상남북도

장소 : 95곳

횟수 : 131회

관헌 측 사상자 : 사망 2명, 부상 31명

보통민 사상자 : 사망 1명, 부상 6명

폭민 사상자 : 사망 75명, 부상 205명

관공서 등 피해 : 24건

황해도

장소 : 81곳

횟수 : 104회

관헌 측 사상자 : 사망 0명, 부상 30명

보통민 사상자 : 사망 0명, 부상 3명

폭민 사상자 : 사망 36명, 부상 79명

관공서 등 피해 : 17건

평안남북도

장소 : 95곳

횟수 : 134회

관헌 측 사상자 : 사망 6명, 부상 26명

보통민 사상자 : 사망 0명, 부상 4명

폭민 사상자 : 사망 231명, 부상 515명

관공서 등 피해 : 18건

강원도

장소 : 32곳

횟수 : 41회

관헌 측 사상자 : 사망 0명, 부상 7명

보통민 사상자 : 사망 0명, 부상 4명

폭민 사상자 : 사망 23명, 부상 43명

관공서 등 피해 : 9건

함경남북도

장소 : 64곳

횟수 : 84회

관헌 측 사상자 : 사망 0명, 부상 14명

보통민 사상자 : 사망 0명, 부상 4명

폭민 사상자 : 사망 39명, 부상 135명

관공서 등 피해 : 4건

총계

장소 : 618곳

횟수 : 847회

관헌 측 사상자 : 사망 8명, 부상 158명

보통민 사상자 : 사망 1명, 부상 28명

폭민 사상자 : 사망 553명, 부상 1,409명

관공서 등 피해 : 159건

한편 박은식은 1920년에 상해에서 출간한 『한국독립운동지혈사韓國獨立運動之血史』에서 1919년 3월 1일부터 5월 말까지 운동 상황과 조선인들의 피해 상황을 다음과 같이 기록했다.[68]

경기도

집회 횟수 : 302회

집회 인원 : 66만 5,900명

사망자 수 : 1,472명

부상자 수 : 3,124명

갇힌 사람 수 : 4,680명

파손·소각된 교당教堂 : 15곳

충청남북도

집회 횟수 : 156회

집회 인원 : 12만 850명

사망자 수 : 590명

부상자 수 : 1,116명

갇힌 사람 수 : 5,233명

전라남북도

집회 횟수 : 222회

집회 인원 : 29만 4,800명

사망자 수 : 384명

부상자 수 : 767명

간힌 사람 수 : 2,900명

경상남북도

집회 횟수 : 228회

집회 인원 : 15만 4,498명

사망자 수 : 2,470명

부상자 수 : 5,295명

간힌 사람 수 : 1만 85명

파손·소각된 교당 : 3곳

파손·소각된 민호民戶 : 16채

황해도

집회 횟수 : 115회

집회 인원 : 9만 2,670명

사망자 수 : 238명

부상자 수 : 414명

간힌 사람 수 : 4,218명

파손·소각된 교당 : 1곳

평안남북도

집회 횟수 : 315회

집회 인원 : 51만 1,770명

사망자 수 : 2,042명

부상자 수 : 3,664명

간힌 사람 수 : 1만 1,610명

파손·소각된 교당 : 26곳

파손·소각된 학교 : 2곳

파손·소각된 민호 : 684채

강원도

집회 횟수 : 57회

집회 인원 : 9만 9,450명

사망자 수 : 144명

부상자 수 : 645명

간힌 사람 수 : 1,360명

파손·소각된 민호 : 15채

함경남북도

집회 횟수 : 101회

집회 인원 : 5만 7,850명

사망자 수 : 135명

부상자 수 : 667명

갇힌 사람 수 : 6,215명

파손·소각된 교당 : 2곳

기타(간도와 가라후토*)

집회 횟수 : 51회

집회 인원 : 4만 8,700명

사망자 수 : 34명

부상자 수 : 157명

갇힌 사람 수 : 5명

* 지금의 사할린

총계

집회 횟수 : 1,548회

집회 인원 : 204만 6,488명

사망자 수 : 7,509명

부상자 수 : 1만 5,849명

갇힌 사람 수 : 4만 6,306명

파손·소각된 교당 : 47곳

파손·소각된 학교 : 2곳

파손·소각된 민호 : 715채

조선총독부와 박은식의 통계에서는 사망자 수 등에서 십여 배나 차이가 난다. 조선총독부의 통계에 기록된 사망자 수는 분명히 지나치게 적다고 생각된다.

삼일운동의 진정화

조선에서 발발한 사태가 조선 내의 헌병대만으로는 진압할 수 없는 상황이 되자 육군성은 1919년 4월 8일 아오모리현青森縣 히로사키弘前의 제8사단 보병 제5연대와 야마가타山形의 제2사단 보병 제32연대에서 각각 1개 대대가 (아오모리에서) 함경남도 원산으로, 니이가타현新潟縣 시바타新發田의 제13사단 보병 제16연대와 후쿠이현福井縣 사바에鯖江의 제9사단 보병 제36연대에서 각각 1개 대대가 (후쿠이현 쓰루가敦賀에서) 부산으로, 효고현兵庫縣 히메지姬路의 제10사단 보병 제10연대와 히로시마廣島의 제5사단 보병 제71연대에서 각각 1개 대대가 (히로시마현 우지나宇品에서) 부산으로 향하고, 이 밖에 헌병 약 400명도 증파한다고 발표했다.[69]

파견된 군대는 4월 15일부터 배치되었고[70] 이로써 하세가와 요시미치는 4월 30일에 군대 증파와 주모자·선동자 검거로 4월 20일 이래 조선 전역에서 대체로 평정이 유지되고 있다고 본국에 보고할 수 있었다.[71] 버그홀츠도 제암리사건 발생 소식과 함께 더 이상의 시위운동은 유혈밖에 초래하지 않는다고 조선인 운동지도자들도 생각했기 때문에 실질적으로 조선에서 시위운동은 끝났다고 4월 28일 도쿄의 모리스Roland S. Morris를 통해 본국에 보고했다.[72] 더욱이 버그홀츠는 5월 9일 서울에서 발발한 사태는 점차 정상으로 돌아가고 있으며, 학생들의 시위운동도 종식되어 공립학교 대부분이 수업을 재개했고 노동자들은 직장으로 돌아갔고 상인들도 일본인들과의 거래를 재개했고 경찰의 명령과 감시 때문이긴 하지만 폐점했던 상점들도 다시 개점하기 시작했다는 내용을 조선총독부가 감행한 운동의 진압상과 함께 본국에 보고했다.[73]

그러나 조선총독부는 이 시점에서도 앞으로 사태가 어떻게 진행될지에 대해서는 결코 낙관적이지 않았다. 하세가와 요시미치는 4월 11일 조선에서 발발한 운동이 군대의 진압을 받은 곳에서는 점차 진정되고 있지만 아직 그 싹을 완전히 감춘 것이 아니고, 운동에는 조선인 전체가 관련되었으므로 표면상으로는 일시 진정되었다고는 하지만 압력이 느슨해지면 재발할지 모르기 때문에 충분히 치안을 회복·유지할 때까지 군대의 분산배치가 필요하다고 다나카 기이치田中義一에게 보고했다.[74] 우쓰노미야 다로도 5월 2일 전 도에 군대를 배치하여 경계태세를 갖춤으로써 조선은 표면상으로는 평온한 상태로 돌아갔지만, 겉으로 드러나지 않는 불온한 움직임은 쉽게 진정되지 않으며 사소한 동기가 큰 사건으로 발전할 가능성이 있기 때문에 군대는 민중에 대한 온정적 태도와 주도면밀한 출동 준비를 동시에 하지 않으면 안 된다는 내용의 훈시를 내렸다.[75] 또 야마나시 한조는 조선의 사태가 일시적인 것이라고는 판단할 수 없고 원인이 있는 까닭에, 장래의 조선통치와 군대의 작전 전개를 위해 사태의 진상과 간접적인 원인을 자세히 조사하라고 고지마 소지로 등에게 훈령했다.[76]

조선총독부는 조사 결과 운동은 완전히 진압되었다고는 할 수 없으며 협박문이나 불온문서 배포,[77] 비밀결사 결성,[78] 조선인 관리에 대한 사직 요구,[79] 세금 납부 거부[80] 등의 수단이 사용되고 있고 학생들을 중심으로 독립운동이 산발적으로 행해지고 있다고 보았다.[81] 또 조선총독부는 조선인 중에는 미국과 일본의 개전설과[82] 파리강화회의에서 산동성山東省에 대한 일본의 요구가 미국의 반대로 실패로 돌아가서 일본이 회의를 탈퇴한다는 소문을 믿는 자도 있는 한편,[83] 일반 조선인들 사이에는 천도교와 기독교에 대한 반감,[84] 미국인들의 선동으로 운동을 일으켰지만 결국은 아무런 이익도 얻지 못했다는 데에서 오는 미국에 대한 반감[85] 그리고 일본 관헌에 대한 순종적인 태도도[86] 싹트고 있다고 보았다. 그래서 조선총독부는 운동에 대한 엄중한 경계태세를 유지하는 한편, 경기도, 경상남도, 충청남도, 함경남도에서는 주민 가운데 유력자와 간담회를 열어 그들의 불만을 듣는 자세를 보였다.[87]

이러한 상황하에서 천도교 의사원議事員 홍일창洪一昌 등 7명이 4월 20일 상해에서 이광수 등과 의논한 뒤, 5월 20일에 조선에 돌아와 대한민국임시정부를 위한 자금 조달을 꾀했지만 결국 체포되고 말았다.[88] 또 구관료와 유림을 중심으로 한 '대동단大同團'이 갖가지 청원을 하고[89] 여성단체인 '대한민국애국부인회'가 대한민국임시정부를 위한 자금 조달과 문서 배포를 시도하고[90] 일단 학교로 돌아간 학생들이 6월에 접어들자 다시 동맹휴교를 도모하기도 했지만,[91] 당국의 엄중한 경계태세로 인해 원래 의도한 목적은 달성하지 못했다.[92] 그 후 파리에서 6월 28일에 베르사유강화조약이 체결되자, 조선인들 중에는 조약체결축하회에 참석하여 조선의 독립은 시기상조며 강국인 일본에 맞서서 독립을 얻으려는 시도는 불가능한 일이라는 말을 하는 자도 있었지만, 많은 조선인들은 축하회에 참가하지 않고 실망감을 품었다.[93] 7월에 들어서도 가장 경계가 엄했던 서울에서 만세를 외치고(7월 11일[94]), 조선인 6명이 태극기와 날붙이 소지로 체포되는(7월 26일[95]) 사건이 일어났다. 이에 조선군 참모부는 8월 18일에 제출한 「조선 내 민심 일반의 동향에 대해서」라는 조사서에서 "여전히 얼마나 많은 겉으로 드러나지 않는 위험분자를 안고 있는지를 알 수 있다"라며, 조선 전체에서 일어나는 조선인들의 독립을 향한 동향을 열거하고 경계태세를 풀지 않았다.[96]

이리하여 조선총독부는 3·1운동을 철저하게 진압하고 운동의 재발 방지를 위한 경계태세를 취하면서도 조선인을 회유할 방법도 모색했다. 조선인들도 3·1운동으로 독립이 달성되지 못하고 많은 희생만 낸 데 실망한 사람들과 이에 당국과의 대화에 응한 사람들이 있는 한편, 조선총독부의 엄중한 경계태세 가운데에도 독립을 향해 계속 활동하는 사람도 있었다.

제 9 장 삼일운동과 일본의 대응

삼일운동의 발발과 일본의 대응

1919년 2월 말부터 지방 사람들이 서울에 드나드는 일이 잦아졌는데, 당국은 경계를 하긴 했어도 3월 1일에 대규모 독립운동이 일어나리라고는 예측하지 못했다. 그래서 운동이 발발했을 때 조선총독 하세가와 요시미치長谷川好道, 정무총감 야마가타 이사부로山縣伊三郎, 우사미 가쓰오宇佐美勝夫(데라우치 총독 시절부터 이때까지 조선총독부 내무부장), 헌병대 사령관 고지마 소지로兒島摠次郎 등은 이틀 후에 고종의 장례를 치를 훈련원에서 식장 배치 등에 대해 협의하고 있었다. 때문에 그들은 이후에도 "사태가 발발한 것을 알고서는 크게 당황하며 …… 모두 새파랗게 질려서 자동차를 타고 서둘러 총독부로 돌아가 단속 방침과 선후 대책에 대해 머리를 맞대고 협의를 하며 임기응변적으로 단속을 명령한 것은 우스꽝스러웠다"는 빈정거림을 들어야만 했다. 그들의 명령을 받은 경찰과 헌병 들은 줄곧 군중을 뒤쫓아 다닐 뿐이었다.[1]

3·1운동 발발에 관해 일본정부가 받은 첫 보고는 3월 1일 오후 6시 40분에 일본군 사령관 우쓰노미야 다로宇都宮太郎가 육군대신 다나카 기이치田中義一에게 보낸 전보였다. 이 전문의 사본은 곧바로 수상 하라 다카시原敬, 외무대신 우치다 야스야內田康哉에게도 보내졌다.[2] 이것을 받은 하라는 운동의 원인에 대해 "……요컨대 민족자결 등의 낭설로 인해 촉발된 사실도 있겠으나 그것 외에도 다른 원인이 있을 것이라 생각한다……"라고 일기에 적었다.[3] 그 후 3월 2일부터 4일에 걸쳐 하세가와 요시미치, 우쓰노미야, 고지마 소지로는 잇달아 다나카에게 3·1운동의 진행과정을 보고했다. 서울에서는 일부 군중이 시위운동을 일으켰으나 상황은 대체로 조용하며, 엄중한 경계하에 고종의 국장이 무사히 거행되었고, 지방에서도 평안남도의 평양과 진남포, 평안북도의 의주와 선천, 황해도의 수안 등지에서 시위운동이 일어나 헌병대와 군중이 충돌한 끝에 군중 가운데 사상자가 나왔으나 서울 등지에 병력을 투입함으로써 시위운동의 진압에는 문제가 없었다는 것 등을 포함한 내용이었다.[4]

그러나 그들의 보고와는 달리 서울과 평안남북도를 중심으로 한 시위운동은 끝날 기미를 보이지 않았다. 이에 진압을 확신하지 못한 고지마 소지로는 3월 5일에 전년부터 진행된 시베리아출병 때 조선군은 고통을 느끼면서도 온갖 장애를 물리치고 파병을 했는데, 지금 조선 각지의 상태는 한층 험악해지고 있으므로 되도록 빨리 일본에서 병력을 보충해달라고 다나카 기이치에게 요청했다.[5] 한편 하세가와 요시미치는 이날 조선인들에게 다음과 같은 유고諭告를 발표했다.[6]

> ……일부 불령不逞한 무리들의 선동으로 경성과 그 밖의 곳에서 군중이 감히 망동하기에 이른 것을 본 총독은 유감스럽게 여기는 바이다. 일부 불령한 자는 조선의

독립은 프랑스 파리의 강화예비회의에서 여러 국가들이 승인한 바라고 말할 것이다. 이는 전혀 근거 없는 떠도는 소문에 불과하다. 무릇 반도에서 제국의 주권이 확고부동하여 영구히 변함없음은 말할 필요도 없다. …… 그런데 …… 조선인과 아무런 관계없는 민족자결이라는 말에 촉발되어 망상을 품고 감히 무모한 언동을 하여 여러 국가들의 웃음을 사는 일은 가장 경계해야 할 바이다……."

우쓰노미야 다로는 3월 10일, 이날 대규모 독립운동이 일어날 거라는 소문이 있어 보병 3개 중대, 포병 1개 중대, 기병 2개 소대를 서울에 파견했으나 서울은 조용했다고 다나카 기이치에게 보고했다.[7]

조선에서 벌어진 이러한 사태에 대해 육군차관 야마나시 한조山梨半造는 3월 8일에 이번 운동은 가볍게 여길 수 없으며 계획적으로 거행되었기 때문에 신속히 진압하여 사태를 진정시키고 앞으로 이와 같은 일이 일어나지 않도록 방지책을 강구하라고 고지마 소지로에게 지시했고, 다음 날 고지마는 지시에 따르겠다고 회답했다.[8] 게다가 하라 다카시도 3월 11일 각의에서 의논한 뒤 "이번 사건은 국내외에서 매우 가벼운 문제로 다룰 필요가 있다. 그렇지만 실제로는 엄중하게 처리해서 재차 발생하지 않게 하라. 단 외국인이 이 사건에 대해 주목하고 있으니 격렬한 비판을 초래하지 않도록 충분히 주의하기 바란다"는 훈령을 하세가와 요시미치에게 내리고, 내무대신 도코나미 다케지로床次竹二郎에게 신문 등을 단속하라고 지시했다. 이는 모두 다나카 기이치가 바라던 것이기도 했다.[9] 이날 하세가와는 군대를 끌어들이는 것을 애초에는 운동이 일어난 지역에만 한정했으나 북부와 남부 지역에서도 운동의 여파가 퍼지고 있어 이를 미연에 방지하기 위해 이 지역에서도 군대를 사용할 필요가 있다고 판단해 우쓰노미야 다로에게 군대를 이용할 것을 지시했다고 다나카에게 보고했다.[10] 지시를 받은 우쓰노미야는 12일 함경북도의 성진, 강원도의 춘천, 충청남도의 공주, 경상북도의 안동, 경상남도의 진주, 전라북도의 이리(지금의 익산) 등지에 보병대를 분산 배치하라고 명령하고 이러한 상황을 다나카에게 보고했다.[11]

그렇지만 조선에서 전개되고 있는 사태는 전체적으로 진정되는 경향을 보이지 않았다. 때문에 야마가타 이사부로는 3월 29일에 도쿄로 가서 하라 다카시에게 보고했고, 보고를 받은 하라는 운동의 원인은 차치하더라도 발발에 대해 전혀 눈치 채지 못했다는 것은 하세가와 요시미치의 실수라고 말했다. 이에 대해 야마가타 이사부로는 조선으로 돌아가는 도중에 가나가와현神奈川縣 오다와라小田原에서 야마가타 아리토모山縣有朋와 만나, 운동의 발발은 조선에서 시행되고 있는 총독 무관제가 더 이상 시대에 맞지 않는 낡은 제도가 되었기 때문에 시작된 것이라고 설명했다.[12]

그러나 야마가타 이사부로는 4월 13일 조선으로 돌아가기 직전에 한 기자회견에서 헌병제도가 종종 비난을 받기는 하지만 운동이 발발한 원인을 제도 탓으로 돌리는 것은 맞지 않으며 주된 원인은 어설픈 과격사상의 전염이 틀림없다고 말했다. 또 그는 향후 통치방침도 운동을 진압하고 진정시킨 뒤에 과격사상의 뿌리를 근절하는 데 전력을 다할 작정이며 운동 진압 후의 대책에 대해서는 자신도 상당한 준비를 하고 있지만 지금은 그것을 입에 담을 시기가 아니고, 자신은 조선총독을 무관으로 할지 문관으로 할지를 판단하기 어렵다고 말했다.[13] 한편 서울에서는 하세가와 요시미치가 4월 16일 기자회견을 했다. 회견에서 그는 운동의 진압과 평정은 자신들만으로도 가능하지만 다소 시일이 필요하므로 일본에서 군대를 증파하여 단숨에 해결할 생각이고, 운동의 근거지는 상해며 음모자들은 단순한 배일排日사상뿐만 아니라 과격사상도 고취시키고 있는데 이것은 조선뿐만 아니라 일본에도 파급될 위험이 있기 때문에 경계를 게을리 해서는 안 된다고 강조했다. 또한 향후 조선통치에 대해서는 조선인의 지위·사정 존중, 조선인 관리의 봉급·수당을 일본인 관리와 비슷한 수준으로 조정, 일시동인주의一視同仁主義의 철저 등을 중요하게 고려할 필요가 있는데, 조선총독부가 이러한 것들을 검토하고 있던 중에 이번 운동이 일어났고, 앞으로 조선통치는 매우 어렵겠지만 뛰어난 수완을 가진 문관의 대정치가를 기다리는 것도 좋겠다는 이야기 등을 했다.[14]

하라 다카시는 4월 2일 관저로 찾아온 다나카 기이치와 조선문제에 대해 협의했다. 하라는 만주에서 돌아오는 귀환병을 일시 조선에 주둔하게 하는 안은 하세가와 요시미치로부터 아무런 제안이 없어 어찌할 도리가 없으니 이에 대해 하세가와에게 전하라고 야마가타 이사부로에게 지시했고, 운동이 일단락된 뒤에는 조선통치에 대해 진지하게 생각하지 않으면 안 되며 지금까지의 방식으로는 더 이상 통치가 불가능하다고 말했다.[15]

이어서 4월 4일 오후의 각의에서 다나카 기이치는 만주 귀환병의 일시 조선 주둔과 헌병 등의 증파에 대해 야마가타 이사부로를 통해 하세가와 요시미치에게 물어보니, 하세가와는 증병과 헌병의 증파만을 바라며, 정부로서는 단호한 처치가 필요한데 귀환병의 주둔 같은 온건한 조치가 아니라 일본에서 별도로 파견하는 것이 필요하다고 말했다고 전했다. 이에 어느 정도의 병사가 필요한가라는 하라 다카시의 질문에 대해 다나카는 보병 6개 대대, 보조 헌병 300~400명을 파견하면 좋겠다고 했다. 이에 해군대신 가토 도모사부로加藤友三郎를 비롯한 다른 각료들도 찬성했다. 하라가 이는 국외에 자칫 중대사라는 인상을 줄 수 있기 때문에 되도록 비밀리에 이루어져야 한다고 말하자, 다나카는 일본에서는 아오모리현青森縣의 아오모리青森와 후쿠이현福井縣의 쓰루가敦賀 등 각지에서 출발하고 조선에서도 분산해서 상륙하겠다고 답했다. 또한 하라는 이는 응급처치에 불과하며 조선에서 벌어진 사태가 진정되면 행정상의 쇄신을 단행할 작정이라고 말했다.[16] 일본 군대의 조선 파병에 대해서는 신문 게재를 금지했다. 이 금지 조치는 4월 9일에 해제되었지만 새로 조선에서 이루어진 군대 배치에 대한 신문 게재는 금지되었다.[17] 이러한 상황에서 4월 8일에 보병 6개 대대가 아오모리, 쓰루가, 히로시마현廣島縣의 우지나宇品에서 파견되었고, 그중 2개 대대는 원산, 4개 대대는 부산에 각각 상륙했다. 육군성은 이외에도 헌병 약 400명을 증파한다고 발표했다. 온건한 수단에 의한 단속으로는 오히려 기세를 더할 뿐 운동을 억누를 수 없고 볼셰비키와 연관된 조선인들이 이 기회를 이용해서 운동을 확대할 우려가 있기 때문에 군대를 투입해 신속하게 진압하지 않으면 안 된다는 것이 군대 증파 이유였다. 이 같은 조선 파병은 4월 8일 각의에서 다나카의 제의가 통과된 후 발표되었다.[18]

다음 날인 4월 9일에 하라 다카시는 야마가타 이사부로와 회견했는데, 이 자리에서 야마가타는 단속상 제령制令 발포가 필요하다며 하라에게 동의를 구했다. 하라는 이 제안에 동의한 뒤 조선의 사태가 평정을 되찾으면 문관 본위의 제도로 고칠 것, 교육은 일본과 조선에서 동일하게 실시할 것, 헌병 제도를 고쳐 보통경찰제도로 할 것 등 내지연장주의內地延長主義 입장에서 조선을 동화시켜야 한다고 훈시했다.[19] 4월 10일 하세가와 요시미치는 전에 유고諭告를 공포했는데도 관헌 습격과 관공서 파괴 등 운동이 점차 사납고 흉악해져서 공공의 안녕과 질서를 하루라도 빨리 회복하기 위해 일본정부에 군대 파견을 요청했고, 그러므로 많은 민중이 모여 불온한 행동을 취하면 단호한 수단을 강구할 작정이라는 내용을 담은 유고를 냈다.[20] 또한 야마가타의 주장이 통과된 형태로 4월 15일 제령 제7호가 공포되었다. 그중 제1조는 "정치 변혁을 목적으로 다수가 공공의 안녕과 질서를 방해하거나 또는 방해하려고 하는 자는 10년 이하의 징역 또는 금고에 처한다"라는 것이었다.[21] 이렇게 해서 하라와 다나카 기이치를 중심으로 일본정부는 조선에서 질서를 회복하기 위한 방책을 강구하고 실시하려 했다.

조선의 사태에 관심을 가지고 있던 정치가가 하라 다카시 정권의 각료들 뿐만은 아니었다. 특히 초대 조선총독이며 전 수상인 데라우치 마사타케寺內正毅는 조선에서 일어난 사태를 크게 걱정하고 있었다. 데라우치는 우사미 가쓰오가 이미 1918년 12월 30일자로 보낸 편지를 통해 민족자결 풍조와 미국의 영향이 커질 우려가 있음을 알고 있었고,[22] 3·1운동이 발발하고 얼마 되지 않아 다시 조선의 사태를 알리는 편지를 받은[23] 그는 3월 12일 조선의 상황은 정말 침통하며 대책을 고려해주기 바란다는 편지를 다나카 기이치에게 보냈다.[24] 또한 일본의 한국병합 당시 한국 수상이었으며 병합조약을 체결한 상대이기도 한 대표적 친일파 이완용으로부터 "선후책善後策은 내선인內鮮人 동화다"라는 내용의 3월 28일자 편지와 역시 친일파인 박중양이 조선의 독립은 불가능하다고 조선인들을 설득한 유서諭書를 받은 데라우치는 4월 12일에 9개 항목으로 된 「삼일소요 선후책 의견서三一騷擾善後策意見書」를 하세가와에게 보냈다.[25]

데라우치 마사타케 외에도 필두 원로며 야마가타 이사부로의 양아버지이기도 한 야마가타 아리토모도 있어서 (그러나 저자가 아는 바로는 야마가타 아리토모가 3·1운동 발발 후 얼마 동안 자기 견해를 드러낸 흔적은 없다) 하라 다카시와 다나카 기이치 등은 그들의 존재와 생각을 의식하며 조선에서 일어난 사태에 임해야 했다.

삼일운동 진압과 조선통치의 개혁 모색

이러한 상황 아래 4월 15일에 일어난 것이 앞서 언급한 제암리사건이다. 하라 다카시가 제암리사건의 대응에 고심했고, 하라의 대응이 미국기독교교회연합협의회 동양관계위원회에는 불충분하게 비쳐졌고 제암리사건을 포함해서 운동 진압 시에 일본이 자행한 갖가지 잔학행위가 소책자로 미국에서 발표된 것은 이미 앞에서 설명했다. 운동이 확대 경향을 보이면서 일본이 진압하기 위해 방법을 가리지 않자 이것은 일본 국내에서도 점차 파문을 일으켰다.

이 시점에서 먼저 반응을 보인 것은 야당인 헌정회憲政會였다. 3·1운동이 일어난 지 얼마 안 된 3월 8일 헌정회 소속 중의원 의원 가와사키 가쓰川崎克는 하라 다카시에게 ① 이러한 중대사를 어째서 미연에 방지할 수 없었는지, ② 원인 중 하나로 사상문제가 있다고 생각하는데 정부는 어떻게 생각하는지, ③ 헌병 행정을 쇄신할 의사가 있는지, ④ 조선인 우대정책을 펼 의사가 있는지, ⑤ 일본인과 조선인의 융화를 위한 기관을 설치할 의사가 있는지 등의 질문을 던졌다. 역시 같은 헌정회 소속이었던 중의원 의원 야마미치 조이치山道襄一도 이날 ① 기독교 학교에만 맡기지 않고 국민교육 시행을 위해 조선에서 의무교육제도를 채택할 의사가 있는지, ② 일본인과 조선인을 분리하지 않고 합일교육合一教育을 베풀 의사가 있는지, ③ 기독교 학교는 조선에서의 통치방침에 어긋나는 경우가 많은데 이것을 단속하고 있는지, ④ 이번에 조선인들은 미국 등에 민족자결과 조선독립을 청원했는데 이에 대한 정부의 생각은 어떤지, ⑤ 관청에서 사용하는 용어를 일본어로 통일할 의사가 있는지, ⑥ 우수한 일본인들을 조선에 이주시켜 조선인들의 능력 증진에 도움이 되게 할 의향이 있는지, ⑦ 헌병제도에 대한 정부의 의견은 어떤지 등의 질문을 하라에게 했다.

이러한 질문에 대해 하라 다카시는 3월 14일 가와사키 가쓰에게는 ① 이번 운동은 민족자결이라는 구호 아래 시위운동을 하는 일부 사람들이 일으킨 것이다, ② 이번 운동은 민족자결에 대한 오해로 인해 일어난 것이다, ③ 현행 경찰제도는 적당하다고 판단한다, ④ 관리임용에서 조선인에 대해 조금은 특별한 임용방식을 마련하고 있다, ⑤ 일본인과 조선인 융화를 위한 특별한 기관을 설치할 필요가 있다고는 생각하지 않는다는 답변서를 보냈다. 하라는 야마미치 조이치에게도 ① 조선인에 대한 의무교육은 아직 적당한 시기가 아니다, ② 문화수준과 언어에 차이가 있기 때문에 지금 일반적인 합일교육은 시행할 수 없다, ③ 조선에서 통치방침에 어긋나는 학교는 이제 존재하지 않는다, ④ 지금까지 미국에 대한 조선인들의 독립 청원이 어떠한 효과가 있다는 이야기는 듣지 못했다, ⑤ 직무 수행상 관리들에게 조선어를 습득시키는 방침을 변경할 생각은 없다, ⑥ 선량한 일본인의 이주는 제일 희망하는 바이다, ⑦ 헌병제도를 철폐하는 시기는 지금 단계에서는 단언할 수 없다는 답변서를 보냈다. 하지만 3월 19일 가와사키는 답변서에서 하라가 자신의 질문에 제대로 답하지 않았다며 중의원에서 민족자결주의와 운동과의 관계, 동화정책, 조선에 거주하는 미국인 선교사, 헌병제도 등에 대해 질문

했는데, 하라는 답변하지 않았다.[26]

이어서 4월 12일에 후쿠시마福島에서 개최된 헌정회의 도호쿠東北대회에서 당수인 가토 다카아키加藤高明는 "조선의 소요는 사태가 몹시 중대한 듯한데 …… 우선 매우 긴급한 사태에 대응하기 위해 병력을 써서 폭동을 진압하는 것은 물론 필요하겠으나 그 후에는 조선인들이 우리 나라의 통치에 기쁜 마음으로 복종하게 하는 수단을 강구하는 것보다 더 좋은 방책은 없다. 그리고 그 방법으로는 결국 그들에게 자치를 허용하는 것 외에는 없을 것이다"라며 조선자치론을 주장했다.[27] 하지만 이 같은 조선자치론의 목적은 "조선에게 일본 천황 폐하의 적자赤子로서 결코 종속적인 관계에서 취급하는 것이 아니라는 관념을 심어준다"는 것이었다.[28] 가토가 실제로 정권을 잡은 1924년부터 1926년에는 조선자치론을 더 이상 입에 담지 않았다.

헌정회의 특파원으로 조선을 시찰하고 온 중의원 의원 모리야 고레스케守屋此助는 4월 중순에 도쿄로 돌아온 뒤 운동의 원인은 ① 조선인과 일본인 간의 차별대우, ② 번잡한 정치, 특히 세제의 결함, ③ 극단적인 언론 탄압, ④ 동화주의 강제, ⑤ 민족자결사상의 전파, ⑥ 천도교와 기독교의 동정적 선동이라고 했다.[29] 그는 4월 23일에 이루어진 하라 다카시와의 회견에서 조선의 실정을 전하고 총독정치의 실패를 설명한 뒤 어떻게 개혁할 생각인지를 물었다. 이에 대해 하라는 어떻게 개혁할지는 아직 분명히 말할 수 없지만 어떻게든 조선이 평정을 되찾지 않으면 아무것도 할 수 없다고 대답했고 모리야도 이에 동의했다.[30]

그 후 헌정회 총무인 가토 마사노스케加藤政之助와 에기 다스쿠江木翼는 6월 12일 하라 다카시를 방문하여 신문에서 운동에 대한 진압이 잔혹하다고 보도하는데 사실은 어떠냐고 물었다. 하라는 어느 정도는 사실이었기 때문에 이미 장교들을 처분했고(제암리사건을 말한 듯하다), 운동 발발의 책임과 조선총독부의 개혁에 대해서는 고려 중이긴 하지만 아직은 확실히 말할 수 없다고 대답했다.[31]

이상에서 살펴본 것처럼 헌정회는 3·1운동의 발발과 그 진압에 대한 정부의 자세를 여러 번 질의했는데, 조선통치에 대한 근본적 재검토를 요구한 것이라기보다는 여당인 입헌정우회立憲政友會의 정부를 공격하기 위한 한 방법이었음은 말할 필요도 없다.[32] 그런데 하라 다카시는 이러한 헌정회의 추급뿐만 아니라 제암리사건을 비롯한 일련의 탄압에 대한 조선에 거주하는 기독교 선교사들, 미국기독교교회연합협의회 동양관계위원회 등 미국 내의 기독교단체들, 미국정부, 미국 내의 여론으로 대표되는 국제사회의 눈을 늘 의식해야 했으며, 일본 국내 언론기관의 논조 변화도 염두에 두지 않으면 안 되었다. 그리하여 하라는 조선통치의 '개혁'을 향해 움직이기 시작했다.

먼저 하라 다카시와 우치다 야스야内田康哉는 4월 14일 조선 사태의 조사와 일본군에 의한 영국인 선교사 토머스John Thomas의 구류사건 처리를 위해 외무성 참사관 요시자와 겐키치芳澤謙吉의 파견을 결정하고 하라는 하세가와 요시미치에게, 우치다는 야마가타 이사부로에게 요시자와와 협의하라는 지시를 내렸다. 요시자와는 다음 날 아침 도쿄에서 서울로 향했다.[33] 서울에 도착한 요시자와는 영국총영사 대리 로이즈William M. Royds와 회견하고 토머스사건에 대해 협의했다. 요시자와는 로이즈뿐만 아니라 프랑스영사에게도 조선총독부의 조선인들을 몰살시킬 듯한 기세와 진압방식에 대해 비난을 들었다(토머스사건은 조선총독부가 토머스에게 위로금 5,000달러를 주는 것으로 5월 초에 마무리되었다[34]). 이어서 요시자와는 하세가와와 야마가타와 협의한 후 제암리사건 현지조사와 토머스사건 조사를 한 뒤, 평양에 가서 모펫Samuel A. Moffet과 무어John Z. Moore 등 미국인 선교사의 방문을 받고 총독부의 압제정치에 대한 이야기를 들었다. 요시자와가 선교사들과 충분히 의견 교환을 하고 또 조선인들이 모여 있는 모습을 시찰하기 위해 직접 교회에 가겠다고 하자 선교사들도 만족의 뜻을 표했다. 요시자와는 자신이 조선총독부에 제의한 것도 있어서 조선의 신문에서 외국인에 관한 보도방식이 완화되었다고 느꼈다. 이후 그는 조선에서 여러 조사를 마치고 4월 30일 일본으로 출발했다. 일본 도착 후에는 하라를 방문하여 상세한 조사 보고를 했는데, 요시자와는 조선에서 군부가 중심이 되어 무단통치를 전개하는 것에 호감을 갖지 않았다.[35]

요시자와 겐키치의 보고를 받은 뒤인 5월 2일 각의가 열렸다. 하라 다카시는 이 자리에서 4월 29일에 서울에서 돌아온 하세가와 요시미치의 4월 26일자 사임원에 대해 보고했다. 하라는 하세가와에게 책임이 있음은 분명하지만 조선에서 실시하고 있는 제도의 개정과 하세가와의 사퇴는 분리해서 생각해야 한다고 말했다.[36]

야마가타 이사부로는 지난해인 1918년 10월 13일 하라 다카시와 회견했는데, 이 자리에서 야마가타는 조선은 무관총독이 필요 없으며 하세가와 요시미치도 머지않아 사퇴하겠다고 생각하고 있다. 그런데 하세가와가 사직할 때 자신이 후임 조선총독에 취임할지 여부에 대해서는 생각하고 있지 않다고 말했다. 그러나 하라는 이 건이 경솔하게 누설되면 틀림없이 군인들의 반대에 부딪칠 것이므로 지금 단계에서는 비밀에 붙여두고 좋은 기회를 봐서 제의하겠다고 대답했다.[37] 그로부터 한 달 뒤인 11월 23일 다나카 기이치가 야마가타 아리토모와 이 건에 대해 협의했다. 다나카가 바로는 아니더라도 하세가와는 사임하는 편이 좋겠다고 하자 야마가타 아리토모도 그가 사직 의사가 있다면 받아들이라고 답했다. 회견 후 다나카는 하라에게 야마가타 아리토모의 의향을 전했다. 하라는 조선의 국방은 육군이 직접 관할하고 있지만 조선총독에는 무관과 문관 어느 쪽이라도 취임할 수 있도록 제도를 개정해야 하며, 야마가타 이사부로는 8년 남짓 정무총감을 지냈기 때문에 그가 후임 조선총독에 앉는 것은 당연하다고 다나카에게 전했다.[38]

이어서 하라 다카시는 12월 17일에 당시 정계의 숨은 실세였던 미우라 고로三浦梧樓(1895년의 민비살해사건(을미사건)에서 주조선 일본공사이면서도 주도적 역할을 했고 이 사건으로 구속·석방을 거치면서 정계의 공식 무대에서는 물러났다. 하라와는 비교적 양호한 관계를 유지했으나 조슈長州 출신이면서도 야마가타 아리토모와의 관계는 원활하지 않았다)와 회견했다. 이때 미우라는 조선총독에 문·무관 어느 쪽이든 취임할 수 있도록 제도를 개정해야 한다고 야마가타 아리토모를 설득했고 야마가타는 처음에는 내켜 하지 않았지만, 결국 조선뿐만 아니라 타이완에도 이 제도를 적용하고 야마가타 이사부로를 후임 조선총독으로 하는 데 동의했다고 하라에게 전했다.[39] 더욱이 1919년 1월 15일에 하라와 다나카 기이치가 회견했을 때, 다나카는 조선총독의 문·무관 임용 건을 실현하기 위해 자신이 발의하여 결행하겠다고 했다. 이에 대해 하라는 다소 시일이 걸리더라도 좋으니 육군이 간섭하지 않게 미리 육군 내에서 협의를 하기 바란다고 대답했다.[40] 이렇게 해서 3·1운동이 발발할 무렵까지 하세가와 요시미치의 조선총독 사임, 후임에 문·무관 임용, 이에 따른 구체적 결과로서 야마가타 이사부로의 후임 총독 내정이 하라와 야마가타 아리토모와 다나카 사이에서 합의되었고 실시할 시기만이 남은 과제였다. 이러한 상황에 조선에서 3·1운동이 발발하고 책임을 진다는 명목으로 하세가와가 사임원을 제출한 것이다.

하라 다카시는 5월 4일 궁중에 들어가 다이쇼천황을 배알하고 하세가와 요시미치가 사임원을 제출했지만 이는 당분간 보류하고 조선에서 일어난 사태 진정을 위해 노력하라고 전언했다는 것과 조선의 개혁 건은 평정 후의 과제라고 상주했다. 하라가 이렇게 상주한 것은 하세가와는 운동에 대해 책임을 져야 하지만 사태 진정 전에 사임시키면 조선총독 지위 자체가 동요하여 일본의 조선정책에도 장애가 될 수 있다고 생각했기 때문이다.[41]

하라 다카시가 천황에게 상주하고 2주가 지난 5월 18일, 1906년에 손병희에 의해 동학에서 제명된 이용구와 역시 동학에서 제명된 친일단체인 일진회를 결성하여 일본의 한국병합에 협력하고 병합 후 자작이 된 대표적 친일파 중 한 사람인 송병준이 하라를 방문하여(더욱이 송병준은 3·1운동 발발 다음 날인 3월 2일에 하라를 방문하여 빨리 조선인들에게 참정권을 부여하는 것이 가장 좋은 계책이라고 제의했다. 또 블라디보스토크파견군 사령관인 오타니 기쿠조大

谷喜久藏에게 이 지역에 거주하는 조선인들을 회유하기에는 지금이 좋은 기회라고 제의했다. 하라는 송병준이 다른 뜻 없이 민족자결 이외에도 3·1운동의 원인으로 생각되는 여러 사정을 알고 있기 때문에 이러한 제의를 했다고 생각했다[42]) 병합 당시 조선이 평온했던 것은 대체로 구한국의 악정이 제거되리라고 믿었기 때문이지만, 지금은 갖가지 차별, 헌병의 압제정치를 비롯한 총독정치의 실정에 조선인들이 실망하여 원망의 소리를 내고 있다고 말했다. 또한 하세가와 요시미치는 영친왕 이은이 나시모토노미야 마사코梨本宮方子와 결혼하는 내년 봄에 사임하겠다고 말하지만 이는 1년 뒤의 이야기로 우스꽝스럽기 그지없다. 야마가타 이사부로가 총독 무관제도의 조속한 개정을 이야기했고 자신도 문관제로 바뀌어야 한다고 생각하나 이번의 운동 발발에 대해서는 그에게도 책임이 있기 때문에 야마가타는 후임으로 마땅한 자는 아니다. 그러나 무슨 일이 있어도 야마가타 이사부로를 후임에 앉히고 싶다면 유력자를 보좌역으로 두어야 한다고 진언했다. 하라는 조선의 사정을 잘 알고 있는 자신의 정보제공자이기도 한 송병준의 진언을 가볍게 여길 수는 없었다. 하라가 지금은 사태의 진정을 꾀할 수밖에 없지만 일본의 조선통치를 크게 개선할 복안이 있다고 대답하자 송병준도 그 대답에 만족했다.[43]

세간에서는 이미 하세가와 요시미치가 사임했을 때 후임 조선총독으로 1918년부터 타이완총독으로 있던 아카시 겐지로明石元次郞, 데라우치 마사타케 정권 때의 육군대신 오시마 겐이치大島健一 등의 군인이 입에 오르내렸다. 다른 한편에서는 도쿄고등상업학교(지금의 히토쓰바시대학一橋大學) 교수 후쿠다 도쿠조福田德三가 향후 일본의 조선통치는 문관정치로 이루어져야 하며 그런 의미에서 후임 조선총독에는 하라 다카시 정권의 체신대신 노다 우타로野田卯太郞가 가장 적임자라고 주장했다.[44] 그러나 하라는 그때까지 조선의 사태를 진정시킨 후 하세가와를 사임시키고 총독의 문·무관 임용을 위한 제도를 개혁한 뒤, 야마가타 이사부로를 후임 총독으로 취임시키겠다는 자신이 수립한 방침을 변경할 생각은 없었다. 하라와 송병준의 회견 이틀 뒤인 5월

20일에 열린 각의 후에 다나카 기이치가 조선 개혁에 대해 육군 내부에서도 다양한 논의가 있겠지만 열흘 뒤까지는 개혁안을 내기 바란다고 말하자 하라도 동의한다고 회답했다.[45]

조선통치 개혁을 둘러싼 줄다리기

그런데 이러한 하라 다카시와 다나카 기이치의 방침에 대해 야마가타 아리토모가 그때까지 취한 태도를 바꿔 반대로 돌아섰다. 또 이와는 별도로 데라우치 마사타케도 하라의 개혁안에 이의를 제기했다. 다나카는 야마가타 아리토모를 방문하여 조선문제에 대해 협의했는데 이때 야마가타는 조선총독의 문관안과 야마가타 이사부로의 후임 총독 취임안에 전부 반대했다. 그래서 다나카는 1919년 5월 23일에 열린 각의 후 야마가타 아리토모의 이러한 의향을 하라에게 전했다. 또한 조선총독 문관제에 명백히 반대하는 데라우치와는 의논하지 말고, 자신의 안은 육군 내에서도 반대가 있으므로 조선총독은 문·무관제로 개정하고, 1906년부터 1914년까지 해군대신을 지냈으나 제1차 야마모토 곤베山本權兵衛 내각 때 일어난 시멘스사건의 책임을 지고 예비역으로 물러난 해군대장 사이토 마코토齋藤實의 후계 총독 선출안 등을 하라에게 전하고 이에 대한 답을 구했다. 하라는 다나카의 안이 미흡하다고 생각하면서도 생각해보겠다고 대답했다.[46] 5월 25일 하라는 다나카의 안에 동의한다고 전했다.[47]

하라 다카시의 동의를 얻은 다나카 기이치는 다음과 같은 내용의 편지를 야마가타 아리토모에게 보냈다. 문관과 무관이 힘을 합쳐 통치의 결실을 거두기는 어렵고 육군에서 후임 조선총독을 찾기도 곤란하므로 해군에 넘기는 것이 가장 좋은 계책이라 생각해 해군에서 물색했는데 사이토 마코토만 한 적임자는 없었다. 그러나 야마가타 아리토모가 염려하듯이 사이토가 현재 예비역이라는 점은 확실히 모양새가 좋지 않고, 육군 내에서는 후임 총독의 문관 취임을 몹시 반대하고 있다. 사이토에 대해서는 각 방면에서 밀어붙여 설득시키기로 하라와 협의했다는 것 등이었다.[48]

6월 상순 다나카 기이치는 야마가타 아리토모와 회견했는데, 이때 야마가타는 조선총독 문·무관제와 사이토 마코토의 기용에 대해 동의했다. 야마가타 아리토모는 이후 6월 10일에 상경하여 하라 다카시와 협의했다. 이 자리에서 야마가타 아리토모가 조선은 상당한 개혁이 필요하지만 세간에서 말하는 자치는 절대 허용할 수 없다고 하자 하라는 일본의 부현제府縣制나 시정촌제市町村制 같은 자치는 허용할 방침이라고 주장했다. 이에 대해 야마가타 아리토모는 전적으로 동의했다. 이어서 야마가타 아리토모가 야마가타 이사부로에게 용의주도하지 못한 점이 있다고 하자 하라는 그가 처한 괴로운 처지를 동정한다고 대답했다. 하라는 이날 다나카와 회견하고 야마가타 아리토모와 가졌던 회견 내용의 큰 줄거리를 알려주었다. 이에 대해 다나카는 헌병제도는 꼭 필요한 장소 외에는 폐지하고 순사로 바꾸는 개혁을 제의할 작정이고, 관제 개혁에 대해서는 하라의 심복 부하며 법제국 장관인 요코타 센노스케橫田千之助와 은밀히 의논할 생각이라고 밝혔다. 이를 위해 하세가와 요시미치가 머지않아 도쿄로 귀임하는데 그가 조선에 있는 동안에 관제 개혁을 시행하는 것이 좋겠다는 의견을 내비쳤고, 조선의 어떠한 개혁에도 데라우치 마사타케는 동의하지 않을 듯한데 야마가타 아리토모가 데라우치와 의논하지 않아도 괜찮다고 말했기 때문에 데라우치가 조선 개혁에 동의하지 않아도 단행할 거라고 하라에게 말했다[49](하지만 데라우치에게 전혀 말을 안 할 수는 없었으므로 다나카는 비장한 결의를 하고 데라우치에게 조선 개혁의 경위와 현재 상황에 대해 설명했다. 이에 데라우치도 대세에 따라 일단은 동의했다[50]).

그리고 3일 후인 6월 13일의 각의에서 다나카 기이치는 조선과 타이완의 총독 문·무관제 개정과 조선에서 변경이나 불온한 지역을 제외한 곳에서는 헌병경찰제도를 보통경찰로 전환할 것을 제의해 다른 각료들의 동의를 얻었다. 그는 각의 전에 하라 다카시와 의논할 때 후임 조선총독 취임에 대해 사이토 마코토에게 비공식적인 승낙을 얻었고, 조선총독부에서 총독에 버금가는 지위인 정무총감 후임으로는 오랫동안 내무관료로 근무하고 하라가 내무대신이었을 당시 친밀했던 미즈노 렌타로水野錬太郎(내무차관 때인 1914년에 입헌정우회에 입당하고 데라우치 마사타케 내각 때인 1918년에는 내무대신에 취임)에게 은밀히 의논할 작정이라고 전했다.[51]

그러나 하라 다카시는 총독 문·무관제하에서의 첫 번째 조선총독으로 야마가타 아리토모의 양자이긴 하나 문관인 야마가타 이사부로를 앉힘으로써 야마가타 아리토모의 반대를 누르면서 사실상 총독 문관제의 길을 여는 것을 단념하지 않았다. 하라는 6월 19일에 상경한 야마가타 아리토모와 회견할 때, 조선은 일대 개혁이 필요하고 총독 문·무관제로 제도를 개정할 생각이며 야마가타 이사부로를 후임 조선총독으로 하는 데에 야마가타 아리토모가 반대한다고 다나카 기이치에게 들었기 때문에 어쩔 수 없이 절충안으로 사이토 마코토를 기용할 의중을 내비쳤지만 사실은 자신의 친구며 오랫동안 조선에서 고생한 야마가타 이사부로를 등용하고 싶다고 말했다. 그러나 야마가타 아리토모는 조선의 일대 개혁과 총독 문·무관제에는 동의하지만 야마가타 이사부로를 후임 총독으로 등용하는 것은 사실상 총독 문관제로의 길을 여는 것이므로 강하게 반대하며 야마가타 이사부로는 하세가와 요시미치보다 먼저 사임원을 제출하는 것이 적당하다고 단언했다. 이에 대해 하라는 야마가타 이사부로는 하세가와보다 먼저 사임원을 제출할 수는 없으며, 표면상으로 3·1운동에 대한 책임은 하세가와와 야마가타 이사부로 모두에게 있지만 야마가타 이사부로에게는 전혀 책임이 없음은 조선총독부 내에서뿐만 아니라 외국인 사이에서도 널리 알려져 있다고 하면서 야마가타 이사부로의 등용을 주장했다. 하지만 야마가타 아리토모는 야마가타 이사부로의 조선총독 등용을 인정하지 않고 다른 인물을 찾아보라고 하라에게 요구했다. 이후 하라는 다나카와 회견해 야마가타 이사부로의 등용에 관한 자신과 야마가타 아리토모와의 회견 내용을 전했다. 다나카는 야마가타 이사부로의 후임 총독 등용에 대해서는 야마가타 아리토모의 동의를 도저히 얻을 수 없을 것 같으니, 야마가타 이사부로에게 이번에 신설되는 국세심사원장직을 제의하자고 말했다. 이에 하라도 야마가타 이사부로의 총독 등용을 단념할 수밖에 없었다.[52] 야마가타 이사부로를 이용해 하라가 시도한 야마가타 아리토모와의 줄다리기는 야마가타 아리토모가 부자의 정에 흐르지 않고 야마가타 이사부로의 경질을 끝내 주장했기 때문에 하라의 의도대로 되지는 않았다.

한편 고다마 히데오兒玉秀雄(전 육군대장 고다마 겐타로兒玉源太郎의 아들이며 데라우치 마사타케의 사위이기도 한 귀족원 의원)는 6월 26일 다나카 기이치, 야마가타 아리토모와 회견했다. 이 자리에서 고다마는 이번 관제 개정은 무의미하고 조서詔書를 가지고 장난친다는 비난이 있으며 문무 병용주의 채용은 육·해군 대신의 지위에 영향을 줄 우려가 있다는 데라우치의 의견을 야마가타 아리토모에게 전했다. 야마가타 아리토모도 주의 깊게 듣고 데라우치의 신중한 의견에 대해 "지당한 태도라고 생각한다"고 말했다. 고다마는 이튿날 이러한 경과를 편지에 써서 데라우치에게 보고했다.[53] 조선총독부 (도쿄)출장원사무소에 있던 오키도 무네시게大城戶宗重도 6월 29일 이번의 조선총독과 정무총감의 진퇴와 관제 개정 결정에 대해서는 총독부 내에서도 강한 저항이 있으며 하세가와 요시미치만이 사임하고 야마가타 이사부로가 후임 총독에 취임하는 것에 대해서도 마찬가지라고 데라우치에게 알리고 주의를 환기시켰다.[54]

이상에서 알 수 있듯이 하라 다카시와 다나카 기이치가 중심이 되어 실행한 조선통치의 개혁에 일본 지배층 중에서 조선문제에 깊이 관여해온 유력자들이 압력을 가하자 하라와 다나카는 어쩔 수 없이 어느 정도 양보를 할 수밖에 없었다. 한편 다나카가 중심이 되어 하세가와의 후임 조선총독으로 특별히 선출한 사이토 마코토는 시멘스사건으로 해군대신을 사임한 이후 5년 남짓 직무가 없는 생활을 하며 농사를 지으려고 생각하고 있던 중 1919

년에 바라던 홋카이도北海道 도카치十勝의 개간지를 매입해 출발만을 기다리던 상태였다.[55] 이런 때에 다나카가 사이토를 방문하여 조선총독에 취임해 달라고 요청했다. 사이토는 다나카의 요청에 대해 홋카이도행을 이유로 거절했지만 다나카는 거듭 방문하여 조선총독 취임을 요청했다. 또 해군 시절부터 사이토와 친하게 지내던 해군대신 가토 도모사부로加藤友三郎도 사이토를 찾아와 잘 생각해달라고 촉구했다.[56] 야마가타 이사부로의 등용을 단념한 하라도 6월 27일 사이토를 방문하여 조선총독 취임을 요청했다(덧붙이면 하라는 모리오카번盛岡藩, 사이토는 미즈사와번水澤藩 출신으로 이와테현岩手縣이라는 점에서 두 사람은 동향이었다). 이에 대해 사이토는 역시 처음에는 거절했지만 하라의 권유도 있고 해서 마침내 이날 조선총독 취임을 승낙했다.[57]

이리하여 하세가와 요시미치의 후임 조선총독 선출문제는 해결되었다. 그러나 아직 해결해야 할 문제가 남아 있었다. 바로 야마가타 이사부로의 후임인 정무총감 선출문제였다. 6월 13일 하라 다카시와 다나카 기이치의 회견에서 미즈노 렌타로의 이름이 거론되었고, 6월 27일 하라와 사이토 마코토의 회견 때에 사이토가 인재를 모으기 위해서라도 예전부터 알고 있는 미즈노와 함께 조선에 가는 것을 조선총독 취임 조건으로 내세우자, 하라는 이 건에 대해 자기가 직접 미즈노에게 요청하겠다고 하고 같은 날 6월 27일 밤에 미즈노와 회견했다.[58] 이 자리에서 하라는 "조선통치 개혁을 계획 중인데 새 총독으로는 사이토와 교섭하여 승인을 얻었다. 정무총감은 수고스럽지만 자네가 맡았으면 하는데 승낙해주기 바란다"며 요청했다. 이에 대해 미즈노는 충분히 고려해본 뒤에 대답하겠다고 했으나 하라는 미즈노가 비공식적으로 승낙한 것으로 받아들였다.[59]

이어 하라 다카시는 7월 5일에 궁중에 들어가서 배알할 때에 하세가와 요시미치의 후임에 사이토 마코토, 야마가타 이사부로의 후임에 미즈노 렌타로를 각각 추천한다고 상주했다.[60] 그러나 미즈노는 하라와 회견한 며칠 후 정무총감 자리에 자신이 적합한지에 대한 걱정과 유럽과 미국을 중심으로 한 세계의 대세를 보고 싶다는 희망에서 정무총감 취임을 거절한다는 편지를 하라에게 보내고 시마네현島根縣에서 하는 강연에 갔다.[61]

편지를 받은 하라 다카시는 미즈노 렌타로의 귀경을 기다려 7월 18일 밤 그를 불러 협의했다. 이때 하라는 개정된 조선총독부관제도 이제 발포를 기다리고 있는 상황에서 미즈노보다 더 적합한 인물은 찾을 수 없었다고 하면서 정무총감 취임 승낙을 강력히 요구했다. 그러나 미즈노는 자신이 사이토 마코토의 인물 됨됨이에 대해서는 잘 알고 있긴 하지만 군인과 문관이 함께 일을 할 때에는 여러 가지 곤란이 예상되고 적임자로 도코나미 다케지로, 문부대신 나카하시 도쿠고로中橋德五郎 등 몇 명을 추천하며 다른 방면에서 하라와 국가에 공헌하고 싶다고 말했다. 하라는 미즈노가 거론한 사람들은 모두 적임자라고 생각하지 않으며 정무총감이라는 자리는 대신급 사람이 맡아야 하는 중요한 자리고 미즈노가 거절한다면 사이토도 총독 취임을 거절할지 모른다는 이유를 들어 미즈노의 취임을 강하게 밀어붙였다. 이에 따라 결국 미즈노도 거절하지 못하고 취임을 승낙했는데 개혁에 즈음하여 조선총독부 내의 인사를 새롭게 바꾸지 않으면 안 되므로 인사권을 자기에게 일임해줄 것을 정무총감 취임의 조건으로 내세웠다. 하라도 이 조건을 받아들여 미즈노의 정무총감 취임이 결정되었다.[62]

조선총독 사임이 결정된 하세가와 요시미치는 6월에 후임 총독에게 사무를 인계하는 의견서로서 14개 항목으로 된 '조선시정요강'을 작성했고,[63] 7월 8일에는 도쿄에 도착하여[64] 7월 10일 궁중에 들어가서 상세히 상주한 뒤, 하라 다카시를 방문하여 노령인 탓(하세가와는 1850년생으로 이 시점에서 69세)에 직무를 감당할 수 없다는 취지의 사임원을 제출했다.[65] 이상에서도 알 수 있듯이 하세가와의 사의는 오키도 무네시게가 보기에도 확고했다. 그러나 야마가타 이사부로가 하세가와와 함께 사표를 제출하려 하지 않자 오키도는 그가 우유부단하다고 비난하는 편지를 데라우치 마사타케에게 보냈다.[66] 고다마 히데오도 하세가와가 사표를 제출할 때 하라 다카시의 태도가 애매했으며 관제 개정을 추밀원의 중진 이토 미요지伊東巳代治가 심사 중인데 이토의 태도를 주의해야 한다고 데라우치에게 알렸다.[67] 실제로 이토는 3·1 운동 발발부터 이 시기에 이르기까지 운동이 확대될 우려가 있으며 운동의 발발 원인에 대해서는 세간에 갖가지 설이 돌고 있고, 일본에서 파병함으로써 사태가 표면적으로는 진압되는 듯하지만 사실은 그렇지 않고, 조선에서 조사하고 귀경한 요시자와 겐키치에게서 토머스사건에 대해 상세하게 들었는데 헌병들의 과잉행동은 명백했으며, 일본 정계는 너무 안일해 조선에 대해 아무런 조치도 취하지 않고 있고, 미국에서 나타난 배일排日사상이 몹시 험악해지고 있는데 특히 조선문제와 관련해 가장 우려된다는 것 등을 자신과 친하기도 하고 미즈사와시水澤市 출신으로 이와테현 출신이라는 점에서 하라와 동향이라 하라와도 친했던 고토 신페이後藤新平(청일전쟁 후 타이완총독부 민정장관으로 근무하여 식민지문제에도 조예가 깊었으며 데라우치 내각 때에는 내무대신과 외무대신을 역임했다)에게 보낸 편지에 적었다.[68]

추밀원에서는 야마가타 아리토모가 의장, 그의 직계 기요우라 게이고清浦奎吾가 부의장 자리에 앉았다. 5월 14일의 회의에서 조선총독부관제 제11조의 개정안(직원 증원에 대해)이 제출되었고[69] 이어서 "총독은 육·해군 대장으로서 이를 맡긴다"라는 문구를 빼고 "내각 총리대신의 감독을 받아 제반 정무를 통리한다"라는 문구를 넣었고(제2조), "총독은 천황에 직례하여……"라는 문구를 빼고(제3조) 조선총독부 내의 각 부서명과 직명의 변경 등을 주요 내용으로 하는 '조선총독부관제 중 개정건'이 회의 안건으로 준비되었다. 그러나 이 회의 안건은 7월 10일에 천황의 지시로 반려되었다.[70] 이 때문에 어찌되었는 사이토 마코토와 미즈노 렌타로는 조선에 부임할 때를 기다리기만 하면 되었지만, 조선총독부관제 개정안을 추밀원이 승인하기까지는 시간이 걸렸다.

그래서 하라는 7월 31일, 8월 2일과 5일 세 차례에 걸쳐 이 건에 대해 기요우라 게이고와 협의하여 승인을 받으려고 했다.[71] 8월 8일에 개최된 추밀원

회의에서 이토 미요지가 총독부관제 개정과 헌병경찰 폐지는 반대하지 않으나, 총독이 내각 총리대신의 감독을 받는다는 문구는 중임重任인 총독이 내각 총리대신의 요속僚屬이 되는 것과도 연관되기 쉬우므로 인정할 수 없고, 총독이 문관이라면 군의 통솔권을 부여할 수 없으므로 총독 문관제를 실현하기 위해서는 총독이 무관일 때에도 군대 통솔권을 주지 말고 문·무관을 불문하고 총독이 필요할 때 군 사령관에게 병력 사용을 청구할 수 있게 하는 것이 바람직하고, 타이완 총독부관제 개정도 마찬가지로 이루어져야 한다고 주장했다. 그리고 이것이 통과되어 조선총독부관제 개정안은 만장일치로 가결되었다.[72]

이리하여 모든 장애가 제거되고 8월 12일에 사이토 마코토와 미즈노 렌타로에 대한 사령서 수여식이 거행되었다.[73] 아울러 무관 현역제에는 변경이 없었으므로 사이토는 조선총독 재임 중에는 예비역에서 현역으로 복귀하는 사령을 교부받았다.[74] 일주일 후인 8월 19일 일시동인一視同仁하에 조선인을 천황의 신민으로서 차별 없이 보며 시세 변화에 따라 조선총독부관제 개혁을 시행할 필요성을 느껴 이를 시행한다는 내용의 조서가 내려졌다.[75] 이에 따라 이날 조선총독부관제 개정 칙령이 공포되었다. 그중 주요 항목은 다음과 같다.[76]

제 2 조 총독은 친임으로 한다.

제 3 조 총독은 제반 정무를 통리하고 내각 총리대신을 거쳐 상주하며 또 재가를 받는다.

제3조의 2 총독은 안녕질서의 유지를 위해 필요하다고 인정할 때에는 조선의 육·해군 사령관에게 병력 사용을 청구할 수 있다.

게다가 이날 내린 칙령 제387호에 따라 조선총독부 경찰관서제의 폐지, 칙령 제389호에 따라 조선의 헌병분대 또는 헌병분견소에 근무하는 헌병은 경찰관서에 속하는 직무를 집행하기로 정해져서 헌병경찰에서 보통경찰로 이

행하기 위한 제도 개정이 이루어졌다.[77] 그러나 보통경찰로의 이행이라고는 해도 3·1운동을 실제로 진압한 헌병이 경관으로 바뀌는 데 지나지 않았다.

사이토 마코토와 미즈노 렌타로가 조선에 부임할 즈음에 해결해야 할 또 다른 문제는 그들과 함께 조선에서 일할 인재의 선출이었다. 미즈노는 이미 하라와 회견할 때에 정무총감에 취임하는 조건으로 인사 재량권을 승인받았고 사이토도 전적으로 위임했기 때문에 직접 진행했다. 주요 인물로서 다음과 같은 사람들이 선출되었다.

비서관　모리야 에이후守屋榮夫(내무성 부현府縣 과장)
내무국장　아카이케 아쓰시赤池濃(시즈오카현靜岡縣 지사)
경무국장　노구치 준키치野口淳吉(경시청警視廳 부장)
식산국장　니시무라 호키치西村保吉(사이타마현埼玉縣 지사)
학무국장　시바타 젠자부로柴田善三郎(오사카부大阪府 내무부장)

미즈노 렌타로는 이들을 중심으로 국장, 지사, 사무관, 경찰부장에 이르기까지 전부 직접 인선했는데, 미즈노의 인사에 대해서 사이토 마코토는 전혀 참견하지 않고 전부 승인했다.[78] 그렇지만 이것으로 모든 게 끝난 것은 아니었다. 8월 16일 밤 요코다 센노스케橫田千之助와 내각 서기관장 다카하시 고에高橋光威 두 사람이 하라 다카시를 찾아가 미즈노는 조선총독부에 육·해군 막료를 두는 것에 강하게 반대하고 있는데, 미즈노의 요구를 받아들일 수 없을 때는 미즈노가 지명한 사람을 막료로 삼으면 이 문제를 해결할 수 있다고 보고했다. 그래서 하라는 다음 날 이에 대해 다나카 기이치와 미즈노와 협의했고 결국 미즈노의 요구가 받아들여졌다. 또 미즈노는 이 자리에서 정무총감 사임까지 시사하며 조선총독부는 육·해군의 통솔권이 필요하지 않고, 사이토의 현역 복귀는 취소되어야 한다고 주장했다. 그러나 결국 통솔권문제는 사이토와 미즈노의 의향에 따르되(실제로 개정 전의 조선총독부관제 제3조에는 "총독은 …… 육·해군을 통솔하며……"라는 문구가 있었지만 앞서 말한 경위를 거쳐 8월 19일에 개정된 제3조에는 "육·해군을 통솔"이라는 문구가 사라졌다), 사이토의 현역 복귀문제는 사이토에게 맡기기로 협의했고 미즈노도 이를 승낙했다.[79]

문제가 전부 해결된 뒤 사이토 마코토는 8월 28일, 부인 하루코春子와 미즈노 렌타로 등 20여 명과 함께 도쿄역에서 조선을 향해 출발했다.[80] 한편 하세가와 요시미치는 7월 상순에 일본으로 돌아왔고,[81] 8월 12일에 하세가와와 함께 정무총감에서 사직한 야마가타 이사부로는 잔무 정리 때문에 한동안 서울에 머물렀으나 사이토 일행의 도쿄 출발과 같은 8월 28일에 일본으로 돌아오기 위해 서울을 떠났다(그는 결국 당초 예정되어 있던 국세심사원장에는 취임하지 않고 이듬해인 1920년 5월에 관동關東장관에 취임하여 1922년까지 근무했다[82]). 이리하여 일본정부는 3·1운동을 진압하는 동시에 조선총독부 개혁에 착수했고, 사이토의 조선총독, 미즈노의 정무총감 취임과 이에 따른 하세가와와 야마가타의 사직으로 상징되는 형태로서 일본이 한국을 병합한 이래 계속된 무단통치에 종말을 고했다.[83]

삼일운동과 일본 언론계의 대응

일본의 한국병합 후 무단통치 시기에는 조선에 대한 일본 언론계의 관심이 이전에 비해 감소하여 조선문제를 취급하는 빈도가 줄어들었다.[84] 그러나 3·1운동의 발발은 일본 언론계가 조선으로 다시 눈을 돌리는 계기가 되었다. 여기서는 신문 논조를 비롯한 3·1운동에 대한 주요 언론들의 동향을 살펴보고자 한다.

3·1운동에 대한 첫 보도는 1919년 3월 3일 『도쿄아사히신문東京朝日新聞』에서 다룬 「불온한 격문 배포」라는 기사였다. 이 신문은 다음 날 「선인鮮人의 운동」이라는 기사를 실었는데 두 기사 모두 조선에서 대규모 폭동이 일어난 것을 상세히 보도했지만, 같은 지면에 게재된 고종의 국장 기사보다는 작게

다루었다.[85] 3월 7일 『도쿄아사히신문』은 제5면 중 3분의 2를 써서 조선 각지에서 폭동이 발생했고 주모자는 천도교와 기독교 신자들이며, 미국인 여성 간호사가 격문을 배포하고 있고, 폭동이 과격해져서 주재소나 파출소 방화, 헌병 참살 등이 일어났기 때문에 헌병이 자위와 폭도 해산을 위해 어쩔 수 없이 발포 등의 수단을 써서 격퇴하고 있다고 보도했다.[86]

그렇지만 앞서 말한 것처럼 하라 다카시가 3월 11일 조선문제에 대해 신문 등을 단속하라고 도코나미 다케지로에게 지시했기 때문에 3월 중순부터 신문에서는 3·1운동에 관해 거의 보도하지 않았고 대신에 논설에서 조선문제를 다뤘다. 3월 13일에 『도쿄아사히신문』은 이번 소요는 이미 유럽 여러 나라가 식민지에서 경험한 소요의 시작이라고 보도했다. 손병희를 수괴로 삼고 각지의 미국 기독교 신자들이 이와 연락을 취하고 있는 것은 더욱더 주목·경계해야 하고, 종교 포교 이외의 활동에 나선 외국인 선교사들을 조선총독부는 엄중히 단속하지 않으면 안 되며, 이번 소요는 무지한 조선인들이 민족자결이라는 세계적 유행에 혹한 것도 한 요인인데 병합 이후 조선의 물질적 향상과 일본과 조선의 같은 문자·인종·종교 등의 관점에서 보면 조선의 민족자결은 문제가 되지 않는다고 강조했다. 그러나 현재의 헌병정치로써 조선인을 동화시킬 수 있는지 여부와 총독정치가 조선에서 최대 치적을 올릴 수 있는 방법인지는 일본 당국이 깊이 고려해야 한다고 주장했다.[87]

민족자결주의에 대해서는 다른 신문들도 조선인들의 오해와 무지를 강조하는 점에서 대부분 일치했다. 예컨대 3월 4일자 『도쿄아사히신문』과 『오사카마이니치신문大阪每日新聞』의 공동사설인 「일선日鮮의 융합」은 이에 그치지 않고 조선과 일본은 떼고 이래 떼려야 뗄 수 없는 관계며, 조선인이 일본인을 종주로 삼아 결합하는 것은 세르비아인을 맹주로 삼은 유고슬라비아보다도 더 일본인과 조선인의 운명적 관계를 구현한 것이며, 동족인 두 민족의 친화 결합은 현대적 사조인 민족주의(민족자결)를 가장 완전하게 발휘하는 것이라고 주장했다.[88]

4월에 들어서 하라 다카시가 조선통치를 개혁할 필요성을 내세운 것과 더불어 신문 논조도 '총독정치의 개혁'을 주장했다. 『도쿄아사히신문』은 4월 5일 사설에서 소요의 커다란 원인 가운데 하나가 일본이 펴고 있는 총독정치의 결함임은 부정할 수 없는 사실이며, 개혁을 하기 위해서는 우선 무단통치를 폐지하고 식민지의회 같은 것도 고려할 필요가 있다고 주장했다.[89] 또 4월 16일 사설에서는 조선에서 일어난 소요는 무력을 써서라도 평정해야 하지만, 평정 후에는 군인총독제도를 철폐하고 문관 감독관을 두어 각 도의 헌병정치를 개혁해야 하며, 조선인을 더욱 잘 교육시켜 동화를 꾀하고 거기에서 일본에 대한 충성심을 갖게 해야 한다고 주장했다.[90]

그 후 조선총독 무관제가 문·무관제로 개정되는 움직임을 보이는 6월 이후 신문의 논조는 군인총독제 폐지, 문관총독제의 실현을 촉구하는 경향을 강화했다. 그중에서도 『도쿄아사히신문』은 6월 21일부터 30일까지 9차례에 걸쳐 「문관인가 무관인가—조선통치의 방침」이라는 사설을 연재하고 다양한 이유를 들어 군인총독제의 폐지와 문관총독제의 도입을 주장하며 문·무관제와 군인총독제 사이에는 차이가 없음을 시사했다.[91] 8월이 되어 사이토 마코토가 예비역에서 현역으로 복귀하여 조선총독에 취임하는 형태로 총독 문·무관제의 도입이 명확해지자 대부분의 신문은 이것이 실질적으로는 총독 무관제의 계승이라 비난하고 비판적 논조를 전개했다. 『도쿄아사히신문』도 8월 7일 사이토가 조선총독으로 취임한다면 무엇을 위해 문·무관제로 개정했는지 알 수 없게 되며 조선인 입장에서 보더라도 달갑지 않을 것이라는 이유를 들어 그의 총독 취임을 비판했다.[92] 8월 13일에는 하라가 사이토를 현역에 복귀시킨 것은 자가당착이며 하라가 군부세력과의 거리를 어느 정도 두고 있는지 의심스럽다고 주장했다.[93]

그런데 이 무렵 미국 각지에서 흑인과 백인 사이에 인종문제로 폭동이 발생하여 경찰과 군대가 출동하고 발포까지 해서 진압하는 사건이 벌어졌는데, 일본의 각 신문은 이것을 제법 큰 지면을 할애하여 보도했다. 『도쿄아사히신문』은 7월 19일부터 워싱턴에서 일어난 폭동,[94] 7월 28일부터 시카고에서 일어난 폭동,[95] 8월 30일부터 테네시주 녹스빌Knoxville에서 일어난 폭동,[96] 9월 16일부터 뉴욕에서 일어난 폭동 등에[97] 대해 상세하게 보도했다. 일본이 이 사건을 이처럼 크게 보도한 데에는 파리강화회의에서 인종평등안을 국제연맹규약에 포함시키려던 일본의 바람이 이루어지지 않은 것과 미국 서해안에서 일본인 이민배척 움직임이 여전히 계속되고 있는 것에 대한 일종의 반격으로서 폭동 진압 시 미국 백인의 잔학성을 부각시키려는 의도가 깔려 있었다.[98] 그러나 3·1운동의 발발과 진압 때 미국인들(특히 선교사들)이 보인 움직임과 미국에서 전개된 보도 태도에 대한 반격이라는 요소가 있었다는 점도 부정할 수 없다. 실제로 8월 5일 『도쿄아사히신문』은 이러한 폭동이 조선에서 일어났을 때 미국 상원은 이를 절규하며 비난하고 공격하더니, 같은 사건이 의사당 발밑에서 일어나자 워싱턴에서 흑인을 시내 전차에 태워서는 안 된다는 조치 정도에 그쳤다고 지적한 『뉴욕 이브닝 포스트*New York Evening Post*』의 논설을 다루며 미국의 모순을 통렬하게 비꼬았다.[99]

이상에서 3·1운동 발발 이후 운동에 관한 신문 논조를 『도쿄아사히신문』을 중심으로 살펴보았다. 이 무렵 언론계에서 활약하던 가와카미 하지메河上肇, 오야마 이쿠오大山郁夫, 하세가와 뇨제칸長谷川如是閑, 미노베 다치키치美濃部達吉, 사사키 소이치佐佐木惣一, 가가와 도요히코賀川豊彦 등은 조선문제에 대해서 침묵을 지켰고, 사카이 도시히코堺利彦가 『신사회新社會』 1919년 5월호에 「조선의 소요와 총독 문관제」라는 소론을 쓴 것을 제외하고는 사회주의자들도 조선문제에 대해 언급하지 않았다.[100] 그렇지만 일본의 지식인 중에는 이 시기 조선문제에 대해 적극적으로 논평한 사람도 있었다.

대표적 인물이 도쿄제국대학(도쿄대학東京大學) 교수로 정치학을 가르치고 있던 요시노 사쿠조吉野作造다. 요시노는 제1차 세계대전 중인 1916년 3월부터 4월에 걸쳐 조선과 만주를 시찰했다. 그는 『중앙공론中央公論』 1916년 6월호에 기고한 글에서 이민족의 통치는 위압만으로는 성공할 수 없고, 물질상의 이익도 방식에 따라서는 도리어 달갑지 않은 친절로 받아들여질 수 있다고 주장했다. 조선총독부 등 관직에 있는 조선인들은 일본인에 비해 차별대우를 받고 있는데 그렇게 해서는 불만을 키울 뿐이고, 조선에서는 조선인들은 물론 재류 일본인들도 언론의 자유가 없으며, 당국과 조선에 거주하는 미국인들(선교사들) 사이에는 반목이 있는데 그 원인은 당국이 기독교 신자들의 감정을 존중하지 않았기 때문이다. 따라서 이러한 점들을 시정할 필요가 있다고 기술했다.[101] 또한 요시노는 같은 잡지 1918년 10월호에 과거부터 고유한 문화를 갖고 있던 조선인에 대한 동화정책은 단기간에 실행할 수 없으며, 조선문제는 가까운 장래에 일본의 내정상 가장 중대한 문제가 될 것이라고 적었다.[102] 요시노의 이 예언은 3·1운동의 발발과 전개로 현실화되었다. 하지만 요시노는 운동 이전 단계에서는 조선에서 실시된 동화정책을 억압적이지 않은 방식으로 시행해야 한다고 주장하는 데 그쳤다.

3·1운동이 발발하자 요시노 사쿠조는 『중앙공론』 1919년 4월호에 조선의 폭동은 다이쇼시대 역사에서 일대 오점이며 태평한 세상에 일어난 큰 불상사라고 주장했다. 따라서 일시동인정책의 철저, 어느 정도의 자치 승인, 조선과 일본 간의 소통기관으로서 미국인 선교사 활용 등이 필요하고, 지금까지의 평론은 거의 다른 사람을 나무라는 데 급급하고 스스로 반성하는 여유가 없었다고 지적했다. 또한 운동 발발은 결국 종래의 조선통치가 실패했음을 뜻하며, 일본의 조선통치가 조선인의 심리에 어떠한 영향을 미쳤는지 강구하지 않으면 문제를 해결할 수 없고, 폭동이 제삼자의 선동에 기인한다고 생각하는 동안은 근본적 해결에 도달할 수 없다는 것 등을 주장했다.[103]

요시노 사쿠조, 후쿠다 도쿠조 등을 중심으로 하는 '여명회黎明會'는 1919년 3월 19일 학사회관에서 열린 제4회 정례회에서 도쿄조선기독교청년회 간사 백남훈白南薰, 교토제국대학 학생 김우영金雨英, 도쿄제국대학 학생 김준연金俊淵 등 8명의 조선인 학생을 불러 그들의 의견을 들었다. 요시노는 3월 22일 여명회 제3회 강연회 개회사에서 특히 3·1운동의 원인을 제삼자의 선동에서 찾는 일반적 경향을 비판하고 조선 민족의 진정을 이해하고 자기반성의 필요성을 강조했다.[104] 그리고 6월 25일 '조선문제의 연구'라는 주제로 개최한 여명회 제6회 강연회에서 후쿠다가 '조선은 군벌의 사유물이 아니다', 아소 히사시麻生久가 '자신의 양심으로 돌아가라', 기무라 히사이치木村久一가 '사벨sabel의 동화정책', 아베 히데스케阿部秀助가 '계모근성을 없애라', 우치가사키 사쿠사부로内ヶ崎作三郎가 '조선문제의 배경으로서 형식주의'라는 제목으로 강연을 했다. 요시노는 '조선통치의 개혁에 관한 최소한도의 네 가지 요구'라는 제목으로 강연을 하고 수원사건(제암리사건) 등에서 일본 측에 지나친 면이 있었으며 ① 조선인에 대한 차별대우 철폐, ② 무인정치 철폐, ③ 동화정책 폐기, ④ 언론 자유 부여를 주장했다.[105] 요시노는 『중앙공론』 7월호에서 이유는 어찌되었든 제암리사건이 일어난 데 대해 당국의 방식은 잘못되었다고 주장했고,[106] 『부인공론婦人公論』 8월호에서는 일본이 조선을 망국으로 다루고 조선통치가 독립민족인 조선인의 심리를 너무도 무시했기 때문에 조선인은 일본을 배척하고 있고, 이미 바탕이 충분히 성숙된 데다 제1차 세계대전의 결과로서 민족자결주의에 조선인들이 공감했기 때문에 소동이 일어난 것이며, 군부세력뿐만 아니라 일본 국민에게도 전혀 죄가 없다고는 말할 수 없다고 기술했다.[107] 사이토 마코토의 조선총독, 미즈노 렌타로의 정무총감 취임 발표를 본 요시노는 『중앙공론』 9월호에 조선총독의 문·무관제 도입과 천황에 직속돼 있던 지위에서 이탈시킨 조치는 일대 개선이며, 사이토와 미즈노의 임명은 이상적이라고까지는 말할 수 없어도 밝은 앞날을 기대할 수 있어 두 사람을 환영한다고 적었다.[108]

이상에서도 알 수 있듯이 요시노 사쿠조는 총독정치의 전환을 주장하고 조선인들의 정치적 권리를 인정했지만, 이 시점에서는 조선인들의 독립에 대해서는 구체적으로 언급하지 않았다.[109] 그렇기는 하지만 당시 시대상황에 입각하여 요시노의 주장을 보아야 한다는 견해가 있고[110] 또한 요시노는 3·1운동 발발 전후부터 조선총독부 학무국장 세키야 데이자부로關屋貞三郎와

몇 차례 회담을 하기도 하고 여러 번 조선인 학생들과 만나 그들의 의견을 듣고서 논설을 전개했다는 점도 주목해야 한다.[111]

다음으로 살펴볼 사람은 당시 『동양경제신보東洋經濟新報』를 편집하며 논진을 펴고 있던 이시바시 단잔石橋湛山이다. 이시바시는 이 잡지 1919년 3월 15일호에서 조선에서 일어난 소란에 군중이 동요하고 있는 점은 조선인들의 요구가 무엇인지를 암시하고, 이를 단순히 선동에 따른 결과로만 본다면 무서운 결과를 가져올 것이며, 무관정치를 개선해야 할 필요성을 암시하고 있다고 주장했다.[112] 또 5월 15일호에서는 현재 폭동이 진정된 것은 표면적인데 지나지 않으며 문제는 전혀 해결되지 않았고, 조선인들은 독립을 할 때까지 반항을 계속할 것이며 더욱이 그 반항은 점점 더 강렬해질 것이기 때문에 이런 반항을 완화하기 위해서는 자치를 부여하는 수밖에 없다고 논평했다.[113] 이시바시도 조선에 자치권을 주는 것을 주장했지만 요시노 사쿠조와 마찬가지로 즉시 독립을 부여하는 데 대해서는 언급하지 않았다.[114]

또한 시라카바파白樺派에 속하고 민예운동民藝運動을 제창했으며 기독교 신자이기도 했던 야나기 무네요시柳宗悅도 살펴볼 필요가 있다. 야나기는 1914년 가을에 아사카와 노리타카淺川伯敎(1913년 조선 미술에 매료되어 조선에 건너와 남대문소학교 교사를 하면서 조선시대 도자기 연구를 계속하고 있었다)와 만나 1916년 8월 처음으로 조선을 여행했는데, 이때 아사카와의 동생 다쿠미巧(조선총독부 임업시험장 임시 직원이었는데 형의 영향을 받아 조선 도자기에 깊은 관심을 가졌다)와의 만남 등을 통해 조선, 나아가 동양의 예술에 눈을 뜨고 조선 사람들에게도 관심을 기울이기 시작했다.[115] 야나기는 3·1운동 발발 이후 "특히 일본의 식자들이 어떤 태도로 어떤 생각을 말하는지 주의 깊게 지켜보았다. 그런데 조선에 대해 잘 알고 있다는 사람들의 생각에는 거의 아무런 현명함도 없고 깊이도 없으며 또 따뜻함도 없었다" 고 생각해 이런 맥락에서 5월 20일부터 24일까지 『요미우리신문讀賣新聞』에 자기 생각을 피력하는 논설을 발표했다. 여기에서 야나기는 역사적으로 조선을 끊임없이 압박해온 것은 중국이었지만 일본 역시 그랬다는 것을 지적하고, 반항하는 조선인들보다 더 어리석은 것은 압박하는 일본인들이며 칼의 힘은 결코 슬기롭게 문제를 풀어갈 수 없고, 조선인들만큼 애정을 갈망하는 인민은 없는데도 일본이 그들과 관계를 맺을 때 이용한 수단은 애정이 아니라 무력이었다고 주장했다. 또한 일본이 실시한 교육은 조선인들이 진심으로 원하던 것이나 역사적 사상을 중시한 교육이 아니었고, 선교사들 중에는 불순한 자도 있을지 모르겠으나 그들은 일본의 어떠한 위정자보다도 조선에 애정을 쏟았음을 거론했다. 그리고 끝으로 "조선 사람들이여! 나뿐만 아니라 내가 사랑하는 나의 모든 친구들은 당신들에게 같은 애정을 느끼고 있음을 알아주기 바란다. 그래서 우리 나라가 올바른 인도人道를 밟고 있지 않다는 확실한 반성이 우리들 사이에 있음을 알아주기 바란다"고 호소했다.[116] 이러한 야나기의 호소는 요시노 사쿠조 등과 비교하면 훨씬 본질을 언급한 것이었다. 하지만 이것 역시 추상적이며 조선총독부의 여러 정책에 대한 구체적인 비판은 아니었다.[117]

이 밖에 3·1운동이 발발한 때에는 『동방시론東方時論』 특파원으로서 파리강화회의 취재를 위해 유럽에 있던 나카노 세이고中野正剛(귀국 후 중의원 의원에 당선되었다)가 3·1운동은 일어날 수밖에 없었던 운동이라며 조선총독부의 통치방식을 비판했지만, 그 역시 조선의 독립은 문제 밖이라고 했다.[118] 교토제국대학의 정치학자 스에히로 시게오末廣重雄도 총독정치를 비판하고 조선인들에게 자치를 허용하라고 제안했다. 나아가 "조선인들이 자치를 한 결과 정치적 훈련을 거쳐서 독립할 능력이 충분히 생겼을 경우"라는 전제를 두기는 했지만, "그(조선)의 독립을 허용해도 지장이 없다"라고 주장했다.[119]

이상에서 알 수 있듯이, 일본의 지식인들 중에는 소수이긴 하지만 3·1운동을 계기로 일본의 조선통치 방식을 비판하고 변경을 요구하는 사람도 있었다. 하지만 그들은 대체로 일본의 조선통치 자체에 대해서는 언급하지 않았다는 공통점이 있다.

한편 한국병합 후 일본의 조선통치에는 기본적으로 문제가 없다는 입장에서 3 · 1운동에 대해 논하는 사람들도 있었다. 대표적인 인물이 흑룡회 계통의 우익 거물 우치다 료헤이內田良平였다. 흑룡회는 한국이 보호국화된 이후 우치다가 중심이 되어 한국병합을 강력하게 추진하고 실현하는 데에 큰 역할을 도맡았다.[120] 우치다는 병합 후인 1913년 「조선통치제도안」이라는 의견서를 데라우치 마사타케에게 제출했다. 여기서 그는 17년 후인 1930년에 입법원과 지방의회를 설립할 것, 단 입법원은 관리 · 귀족 · 평민으로 조직하고 하급노동자는 제외할 것, 조선총독과 입법원이 대립할 때는 천황이 재결할 것 등을 제안했다(그러나 이 안은 천황과 조선총독이 입법원보다 우월하다는 원칙을 일관되게 고수하고 있다[121]). 그리고 우치다는 3 · 1운동 발발 후인 1919년 4월 「조선 폭동에 관한 우견愚見」이라는 의견서를 하라 다카시에게 보냈다. 여기에서 그는 1913년의 의견서는 여전히 유효하다고 전제한 다음 3 · 1운동의 원인을 "조선병합 후 뒤처리가 몹시 합당하지 않았기 때문이다", 즉 "병합 후 총독부는 친일당에 대해서는 …… 야박한 은혜를 베풀고 오히려 배일당에게 친일당을 정복할 좋은 기회를 주어 국민 전부를 내몰았기" 때문이라고 했다.[122] 게다가 흑룡회계 잡지 『아세아시론亞細亞時論』은 3 · 1운동 발발의 원인으로 아직 병합 뒤처리가 마무리되지 않았고, 어떤 나라(미국) 선교사들이 선동했으며, 병합은 일본이 강요한 것이 아니라 조선인들이 요구한 것이므로 독립은 절대로 허용할 수 없다고 주장했다. 또한 어떤 나라 선교사들의 행동에 대해 당국은 가차 없이 처단해야 하고, 어느 외국인의 말을 인용해서 일본의 조선통치는 여러 점에서 보아 나쁘지 않으며 하세가와 요시미치는 조선의 좋은 친구이자 동정자라고 강조했다. 조선통치의 개혁이 옳고 그른지 여부는 잠시 보류하겠지만 위신을 잃은 허술하고도 미온적인 회유만으로는 조선인들을 믿고 따르게 할 수 없다는 견해를 전개했다.[123]

다음으로 살펴보는 사람은 『경성일보京城日報』 사장인 가토 후사조加藤房藏다. 『경성일보』, 『매일신보每日申報』, 『서울 프레스*Seoul Press*』는 3 · 1운동이 발발하고 전개되는 상황 아래 반운동의 관점에서 쓴 기사와 사설에서 운동에 대해 논했는데 이때 주도적 역할을 한 인물이 가토였다.[124] 가토는 이듬해인 1920년에 『조선 소요의 진상』을 저술했다. 여기에서 그는 3·1운동의 원인으로 일본인들과 조선인들의 상호 몰이해, 민족자결에 대한 조선인들의 오해, 조선과 일본이 친척관계라는 것에 대한 몰이해, 미국 의존사상, 사대주의 등을 들었다. 나아가 데라우치 마사타케와 하세가와 요시미치 총독 시대가 무단적이었다고는 말할 수 없고, 운동 시기 선교사들의 행동에는 문제가 있었고, 3·1운동의 재발을 방지하기 위해서는 조선인을 일본인으로 동화시키는 것이 중요하다고 주장했다.[125]

지금까지 일본 당국 이외에 3·1운동을 부정하고 일본의 조선통치를 긍정하는 논조 중에서 중요한 몇 가지를 살펴보았다. 그렇다면 3·1운동과 조선문제에 대한 일본 당국의 견해는 어떠했는지 외무성계 잡지 『외교시보外交時報』를 통해 그 논조를 살펴보자. 게이오대학 교수 다나카 스이이치로田中萃一郎는 1918년 말의 『외교시보』에서 이 무렵 세계 각지에서 분출하고 있는 민족주의와 다음 해 초 열릴 파리강화회의에서 창설이 이야기되고 있던 국제연맹은 양립할 수 없다고 주장했다.[126] 이에 대해 법학사 마쓰다 도모유키松田知之는 이듬해인 1919년 1월 같은 잡지에서 국제연맹과 민족주의는 양립할 수 있다고 반론했다.[127] 또 교토제국대학 교수로 식민정책학을 가르치던 문학박사 야마모토 미오노山本美越乃도 1919년 1월 윌슨Woodrow Wilson이 제창한 민족자결주의를 이 시점에서 각국이 보유하고 있는 식민지에 적용하는 것은 커다란 오류라고 주장했다.[128] 그러나 이는 모두 3·1운동 발발 전에 나온 것으로 일본과 직접 관련된 조선문제를 조금이라도 의식한 기색은 엿볼 수 없다. 3·1운동이 일어난 후에 『외교시보』는 운동과 운동의 외교적 의미에 대해 1919년 중에는 전혀 논하지 않았고 사이토 마코토가 조선총독에 취임하고 몇 개월이 지난 1920년 1월에 민족자결주의와 조선문제는 관계가 없다고 '시론'에서 주장한 데 그쳤다. 이 잡지가 이러한 자세를 취한 것은 시론에서 주장한 것처럼, "조선통치는 순전히 제국의 내정 사항으로 이 잡지에서 이를 논의하는 것이 타당한지 여부를 의심하지 않을 수 없다" 라는 입장에서 조선문제를 애써 무시하는 편이 낫다고 여겼기 때문이다.[129]

이상에서 살펴본 것처럼 일본의 조선통치를 옹호하고 3·1운동으로 대표되는 한국의 독립운동을 부정하는 논조라고 하더라도, 자극적인 언어를 써서 조선문제를 논하는 방식과 그것을 무시함으로써 조선문제의 존재 자체를 부정하는 방식으로 나뉘었다.

제10장

문화정치와 사이토 마코토

사이토 폭살미수사건

1919년 8월 28일 도쿄를 출발한 새로운 조선총독 사이토 마코토齋藤實와 부인 하루코春子 등 일행은 이세신궁伊勢神宮, 교토京都(8월 29~30일), 오사카大阪(8월 30~31일), 시모노세키下關(8월 31일)를 거쳐 8월 31일 관부關釜연락선에 승선해 이튿날인 9월 1일 아침 부산에 도착했다. 이때 사이토는 군복이 아니라 프록코트를 입고 조선에 들어와 사람들에게 친근하게 인사했다. 이는 사이토가 데라우치 마사타케寺內正毅나 하세가와 요시미치長谷川好道 처럼 위압감을 가지고 임하려는 것이 아니라는 인상을 마중 나온 조선인 관민들에게 심어주었다.[1]

사이토 일행은 9월 1일은 오이케大池여관에 머물고 다음 날인 2일 오전 7

시 기차를 타고 서울로 향했는데 도중의 각 역에서도 사이토는 역시 프록코트를 걸치고 상냥하게 사람들을 만나서 사람들에게 의외라는 느낌을 품게 했다. 그러나 육군성은 사이토가 예비역에서 현역으로 복귀했고 이에 따라 8월 29일 서울에 들어올 때에는 원수·대장의 예에 따라 군대의 도열의장과 예포식을 실시한다고 발표했다. 사이토는 이에 임하기 위해 수원에서 해군 대장 예복으로 갈아입었다.[2]

일행이 9월 2일 오후 5시 당시 서울의 중앙역이던 남대문역에 도착하자 17발의 예포가 울려 퍼졌고 사이토 부부는 마차로 갈아타고 조선총독 관저로 향했다. 그런데 갑자기 마차를 겨냥하여 누군가 폭탄을 던졌고 이것이 굉음을 내며 폭발해 파편이 마차를 관통했다. 하지만 파편은 사이토의 군복 세 군데와 검대劍帶 두 군데를 손상시키는 데 그쳤고 사이토는 별다른 상처를 입지 않았다. 군복으로 갈아입은 것이 그의 목숨을 구한 꼴이 되었다. 이 밖에 미즈노 렌타로水野鍊太郎 부부를 태운 마차의 말이 다리를 다쳤지만 미즈노도 무사했다.[3] 그러나 사이토 일행을 마중 나왔던 당국 관계자들과 사이토 일행의 행진을 취재하고 있던 기자들 그리고 구경하러 나왔던 사람들에게 파편이 덮쳐서 현장은 일순 아수라장으로 변했다. 29명이 부상을 입었는데 그중에서 중상이었던 사람은 조선총독부 소속 육군소장 무라타 다다노村田忠乃, 혼마치本町(충무로)경찰서 서장 고무타 주타로小牟田十太郎, 철도국 촉탁 노즈 요타로野津要太郎, 『오사카아사히신문大阪朝日新聞』 특파원 다치바나 고키쓰橘香橘, 『오사카마이니치신문大阪每日新聞』 특파원 야마구치 이사오山口諫男 등 다섯 명이었다. 또 부상자 중에는 전 시카고 시장 카터 해리슨Carter H. Harrison의 동생으로 당시 조선을 여행 중이던 윌리엄 해리슨William P. Harrison 부부도 있었는데 이들은 모두 경상을 입었다.[4]

당국은 8월 말(8월 29일은 일본의 한국병합이 이루어진 지 만 9년이 되는 날이었다)부터 서울의 상황이 불온하다고 느끼고 있었고 3월에 있었던 상점 폐점 재개, 사이토 암살 기도 등의 소문이 나도는 것을 포착하여 경계태세를 취하고 있었다.[5] 그럼에도 불구하고 사이토를 암살하기 위해 실제로 폭탄이 투하된 데 충격을 받은 당국은 곧바로 범인 수색에 착수하여 그날로 용의자 두 명을 체포한 것을 비롯하여[6] 범인 또는 연루자라고 여겨지는 사람들을 차례로 체포했으나 모두 진범이 아니었다. 그러나 백발 장신의 노인이 물건을 던지는 것을 보았다는 증언을 얻은 당국은 수색망을 좁혀 결국 9월 17일 당시 65세였던 강우규姜宇奎를 서울에서 체포하여 혼마치(충무로)경찰서에서 취조한 뒤 9월 29일에 경성지방법원에 송검하는 한편, 공범 혐의자 8명을 체포하여 취조했다.[7]

1855년 평안남도에서 태어난 강우규는 어려서 유교를 배웠으나 갑신정변의 실패, 청일전쟁, 청일전쟁 후 갑오개혁의 실패, 민비 살해사건 등을 통해 기울어가는 국운에 적절하게 대응하지 못하는 유교에 불만을 품고 1902년부터 1903년 사이에 기독교 신앙의 길에 들어섰다. 강우규는 기독교 신앙을 가진 후 기독교계 사립학교를 설립하여 교육활동에 종사했고, 1905년의 한국 보호국화에서 1910년의 병합으로 흘러가는 시기에는 당시 애국계몽운동의 상징으로 결성된 신민회에 들어가는 등 점차 실천활동에 몰두했다.[8]

한국병합 후 신민회에 대한 당국의 압력이 더욱 강화되자 강우규는 1911년 이른 봄 간도로 망명하여 길림吉林, 연해주沿海州, 흑룡주黑龍州를 전전한 뒤, 1915년 만주 요하현饒河縣의 조선인 부락 신흥동新興洞(요하현은 우수리철도로 블라디보스토크와 직접 연결되어 있었다)에 정착해 농사를 지었다. 이주사회의 장로가 된 강우규는 이듬해 동광학교를 설립하여 교육활동에 힘썼다. 1919년 3·1운동이 발발하자 3월 4일에 그 소식을 접한 강우규는 조선은 자유를 회복했나고 들었는데, 그것이 오보임을 알았을 때 뭔가 행동을 취하지 않으면 안 된다고 생각했다. 그래서 그는 블라디보스토크에서 러시아령 조선인 독립운동가의 지도자로 존경받던 이동휘의 아버지 이승교李承喬를 방문했다. 이승교가 소개한 블라디보스토크에 있던 노인동맹단老人同盟團에 들어간 강우규는 요하현 지부장이 되었다. 노인동맹단은 문서 선전활동과 동시에 실력

행사라고 할 수 있는 테러 방침을 내세운 단체로, 최초의 테러 대상을 조선총독으로 정하자 강우규는 실행자로 자원했다. 그는 미국제 예화曳火 수류탄을 우수리철도의 청룡역青龍驛에서 입수하고 6월 14일 블라디보스토크에서 해로로 원산에 들어왔다. 그 후 조선총독이 하세가와 요시미치에서 사이토로 교체되는 상황 속에서 강우규는 원산에서 머물며 신문에 보도된 사이토의 얼굴을 기억한 뒤 8월 5일 서울로 들어왔다. 사이토가 서울에 도착한 9월 2일 귀빈실, 고급장교석, 조선귀족석이 설치되고 사이토 일행에 대한 환영식전이 준비되었다. 예상치 못한 사태에 대비해 2~3미터 간격으로 총칼을 찬 병사와 경찰이 감시하는 뒤에서 군중이 사이토의 도착을 구경하려는 중에 군중 속에 잠입한 강우규는 한순간의 기회를 놓치지 않기 위해 병사와 경찰의 일거수일투족을 뒤쫓았다. 사이토 일행이 오후 5시 남대문역에 도착하고 사진으로 본 사이토와 똑같은 인물이 마차를 타고 관저로 향하는 것을 확인한 강우규는 마차를 향해 폭탄을 던졌다. 폭탄이 마차에서 4~5미터 떨어진 지점에서 작렬하고 군중이 도망치려고 우왕좌왕하는 가운데 그는 천천히 그 자리를 빠져나왔다. 그러나 당국이 관계없는 사람들을 차례차례 체포하는 것을 본 강우규는 그러한 상황을 괴로워하면서 자신이 체포되기를 조용히 기다렸다. 결국 그는 9월 17일에 체포되었다(그 후 1920년 4월 26일의 재판에서 사형판결이 확정되었고 11월 29일에 처형되었다).[9]

폭탄사건 후 조선총독 관저에 들어간 사이토는, 사건을 알고 달려온 신문기자들에게 "나는 부임 전 이미 목숨을 국가에 바쳤기 때문에 폭탄 따위는 두렵지 않다. 또 폭탄사건이 있었다고 해서 통치방침을 바꾸는 일은 절대 하지 않을 것이다. 이미 정한 방침을 바꿀 생각은 조금도 없다"라고 말했다.[10] 사이토는 다음 날인 9월 3일 미즈노 렌타로와 총독부 각 국장들과 의논한 뒤 훈시했다. 먼저 메이지천황의 조서에 따라 만들어진 조선총독부관제 등에 근거하여 선임자들이 조선통치에 힘써왔는데 조선의 실정과 시세 변화에 따라 관제 개혁의 필요성이 생겼다고 밝히고, 이에 병합의 본뜻에 바탕을 두고 일시동인一視同仁을 진전시키기 위해 조선총독 문·무관제, 헌병경찰에서 보통경찰로의 전환, 교원의 대검帶劍 착용 폐지 등을 시행할 방침이라고 했다. 또한 시세의 흐름과 민심을 살펴 ① 법령 간략화, ② 사무 정리, ③ 언론·집회·출판 등에 대한 민의 창달, ④ 교육·산업·교통·경찰·위생·사회구제 기타 제반 행정 및 사법 등을 쇄신하고, 아울러 이러한 개혁을 실행하여 일본인과 조선인 간에 가족애와 동포애를 키우겠다고 했다.[11]

사이토 폭살미수사건에 대한 반응은 어떠했는지 살펴보자. 조선에 머물고 있던 일본인들은 한결같이 사이토가 무사함에 안도하고 폭탄 투척행위를 비난한 데 비해,[12] 조선인들의 반응은 똑같지 않았다. 구한국정부의 고관들을 살펴보면 이완용과 박영효는 침묵을 지켰으나, 일본의 한국병합 때 농상공부대신이었던 조중응趙重應(이때에는 이미 고인故人이 되었다)의 장남 조대호趙大鎬는 유감의 뜻을 표하는 한편 사이토가 "이 같은 불온한 놈의 소행"을 조선인 전체의 의사라고는 여기지 않기를 바라며 그가 개혁방침을 변경하지는 않을 거라고 믿는다고 말했다.[13] 윤치호는 사건 당일인 9월 2일 일기에 "어느 멍청한 자가 사이토 총독에게 폭탄을 던졌다"라고 쓴 다음 (1909년의) "이토 히로부미伊藤博文 암살이 병합을 재촉했음을 조선인은 잊었는가"라고 적었다. 다음 날인 9월 3일 일기에는 폭력행위와 무법행위만큼 조선인의 대의를 상하게 하는 것은 없다고 쓴 다음, "이는 조선인을 안 좋은 상황으로 몰아넣기 위해 일본인이 실행한 책략이 아닌가 의심하는 마음이 든다"라고도 적었다.[14] 이들은 대개 폭탄사건에는 비판적이었으며 사건이 향후 조선에 악영향을 끼치는 것은 아닌가 걱정했다.

상인들의 반응은 일부는 폐점하여 불만을 나타내사고 주장했으나 사이도의 개혁방침을 '봄날과 같은 온정'으로 여기고 개점했다. 상인들 역시 사건으로 인해 앞으로 조선인들이 불이익을 입지는 않을까 걱정했다.[15] 사이토가 새로운 시정방침을 널리 밝히고 사이토 부인이 조선어를 익혀 조선인 부인들과 접촉하고 있음을 듣고 있던 일부 조선인 유력자들도 사건으로 인해 조선 민족을 위한 행복의 끈이 끊기거나 사이토의 통치방침이 확 바뀌지는 않을까 우려했다. 또한 사건은 기독교 신자가 저질렀으며 그 배후에는 외국인 선교사가 있어서 앞으로 외국인을 믿으면 영원히 불행해진다고 믿는 자도 있었다.[16] 3·1운동 발발 때 주도적 역할을 담당했던 천도교의 간부는 자신들은 사건과는 관계없고 범인이 체포되면 진상이 분명히 밝혀질 것이라고 말했다. 청년과 학생 들 중에는 이러한 사건은 앞으로도 자주 발생할 것이고 통쾌하게 생각한다고 말하는 자도 있었다. 배일排日 자세를 가진 일부 조선인들은 사건은 꼭 조선인이 벌인 일이라고만 생각할 수는 없고 과거의 예로 보면 일본인들이 당파 간 갈등에서 일으켰을지도 모른다고 말했다.[17]

이상은 서울에서 나타난 조선인들의 반응이다. 지방에서는 대개 양반과 유림 같은 상층계급 사람들은 사이토에게 폭탄을 던진 행위는 유감이라고 했지만, 중류 이하의 사람들과 학생들 중에는 사건을 통쾌하게 여기는 자도 있었다. 그러나 공통적으로 이 사건으로 인해 향후 일본의 조선통치가 (사이토의 약속과는 달리) 이전의 무단통치로 되돌아가는 것은 아닌지 우려했다.[18]

한편 사건에 대해 조선에 거주하는 미국인들의 반응은 어떠했는지 알아보자. 당국은 주서울 미국총영사관 영사 커티스Raymond Curtis, 세브란스병원 원장 에이비슨Oliver R. Avison이 사이토 폭살미수사건은 조선인에게 아무런 도움도 되지 않는 만행이라고 비판했다는 사실을 입수했고, 모펫Samuel A. Moffet, 빌링스Bliss W. Billings 같은 미국인 선교사들도 대부분 사건에 대해 비판적이었으나 그중에는 사이토에게 폭탄을 투척한 행위에 경탄을 금치 못한 자도 있다는 정보를 포착했다.[19] 그러나 조선에 거주하는 미국인들 대부분이 폭탄 투척행위에 비판적이었음은 부정할 수 없다. 그 배경에는 미국인 윌리엄 해리슨 부부가 부상당했다는 사실이 작용한 것으로 생각된다.

주서울 미국총영사관은 사건 당일인 9월 2일 사건 발생 소식과 함께 사이토 총독은 무사하지만 부상자가 나왔고 그중에 윌리엄 해리슨 부부도 포함되어 있다고 국무성에 급전 형태로 보고했다(보고를 받은 국무성은 다음 날인

3일에 이 사실을 전 시카고 시장인 카터 해리슨에게 알렸다[20]. 총영사 버그홀츠 Leo A. Bergholz는 며칠 뒤인 9월 8일 상세한 사건 내용과 사이토가 자신에게 벌어진 이러한 사건에도 불구하고 이미 생각하고 있던 개혁을 실행하여 자유로운 통치를 실현하려는 결심에는 변함이 없다고 말했으며, 자신이 아는 한 조선인들 대부분도 사이토에게 가한 행위를 용납하지 않고 사이토에게 개혁을 시도할 기회를 줄 준비를 하고 있다고 국무성에 보고했다. 또한 사건 발생 후 곧바로 커티스를 사이토 관저에 보내 무사한 데 대한 축하의 뜻을 전했다고 알렸다.[21]

사이토 폭살미수사건은 윌리엄 해리슨 부부의 부상으로 미국 신문에서도 제법 지면을 할애하여 다뤘는데[22] 서둘러 보도한 탓인지 20여 명이 사망했다는 제목을 붙인 기사도 있었다.[23] 또 허스트계 신문은 대한민국임시정부가 조선에 대한 일본의 지배권을 부정한 상황 속에서 사이토가 새 조선총독에 임명되자, 조선인들이 전개하고 있는 민족자결운동의 절정기에 사건이 일어났다고 보도했다.[24] 더욱이 무단통치기에 헌병경찰제도 도입에 주도적 역할을 했고 1918년 6월 6일에 타이완총독에 취임한 아카시 모토지로明石元二郞는 고향인 후쿠오카福岡에서 1919년 10월 26일에, 데라우치 마사타케는 11월 3일에 잇달아 병사했다. 때문에 이들이 3·1운동과 사이토 폭살미수사건으로 인해 받은 정신적 타격이 매우 커서 병상의 진행이 재촉되었다는 소문이 널리 퍼졌다.[25]

문화정치의 실시

서울에 도착하자마자 자신을 겨냥한 암살미수사건이 일어났음에도 불구하고 사이토 마코토는 조선통치를 개혁하겠다는 생각에는 변경이 없음을 분명히 밝히고 실행에 착수했다. 사이토는 1919년 9월 3일의 훈시에 이어 9월 10일 유고諭告를 내려 일시동인一視同仁의 대의에 근거하여 관제를 개혁한다고 민중에게 알렸다.[26] 그로부터 닷새 뒤인 9월 15일 사이토는 일본의 한국병합 직후인 1910년 9월 30일에 공포한 칙령 제355호 '조선총독부 중추원 관제'에 근거해 자문기관으로 설치되었지만[27] 실제로는 개점휴업 상태에 있던 중추원(의장은 정무총감이 맡았으나 15명의 고문에는 일본의 한국병합 후에 작위를 받은 조선인들이 취임했다) 회의를 소집했다. 여기서 그는 일본의 한국병합 후 토지의 권리 및 위생상의 이유로 도입된 사적 묘지 금지와 사체의 공공묘지 매장을 정한 규칙의 해제에 대해 자문을 구했다.[28] 이어서 9월 20일 사이토는 일본에 호의적인 각 도의 유력자, 명망가, 지식인 들로 구성된 51명을 서울로 불러 27일까지 향후 조선통치에 대해 서로 의견을 나누게 했다. 이들은 조선인 아동의 초등교육 의무화와 일본인 아동과 동등한 교육 제공, 언론·집회·출판의 자유, 3·1운동 참가자에 대한 은사恩赦, 도로 건설을 위한 농업종사자 징용 중지, 고학력 조선인에 대한 기회 제공 등 19개 항목으로 된 개혁안을 사이토에게 제출했다.[29] 사이토는 이러한 조선인들과의 협의를 거쳐 다양한 구체적 개혁에 착수했다. 그것들에 대해 살펴보자.

우선 무단통치하에 퍼져 있던 형식주의를 타파하는 상징으로서 1919년 8월부터 이때까지 문관에서부터 교사와 재판관까지 적용되었던 제복과 대검의 의무 착용이 폐지되었다. 이로써 제복 착용이 꼭 필요하다고 여겨지는 세관원과 감옥 관리를 제외한 판사, 검사, 서기 등의 사법관은 일본 국내의 현행 제도에 준하게 되었다.[30] 또 사무를 간략화하기 위해 1919년 8월 종래의 내무부·탁지부·농상공부·사법부를 내무·재무·식산·법무의 4국으로 개편하고, 이때까지 내무부 내에 있던 학무국을 단독 국으로 승격시키고 경무총감부를 폐지하고 아울러 경무국을 설치했다. 또한 조선총독 관방官方 아래에 있던 총무·토목·철도의 3국을 서무·토목·철도의 3부로 개편했다. 그 결과 조선총독부는 6국 3부로 구성되었고 각 국·부·과의 사무가 정리되었으며 중요한 것을 제외한 사항은 각 국장·부장·과장의 재량에 맡기게 되었다.[31]

일본인과 조선인 간의 차별을 해소하기 위한 개혁으로는 먼저 1919년 10

월 조선인 관리의 급여에 관한 규정을 폐지하고 일본인 관리와 같은 고등관 관등봉급령과 판임관 봉급령을 적용하게 했다. 이로써 조선인 관리들의 불만을 해소하고 조선총독부에 대한 그들의 충성심을 키워 유사시에 배신할 가능성을 없애고자 했다.[32]

이어서 이루어진 개혁은 묘지규칙의 개정이었다. 원래 이 규칙은 위생 유지, 국토 황폐, 토지소유 명확화를 위해 1912년에 도입되었는데, 유교사상이 강해 조상에 대한 숭배심도 강한 조선인들은 심한 불만을 품고 있었다. 그래서 공동묘지 외에 개인이라도 3,000평 이내라면 조상의 묘지로 개인 묘지를 설치할 수 있도록 허락하고, 묘지에 여분의 땅이 없을 때나 소유지가 묘지로 적합하지 않을 때에는 도지사의 허가로 묘지의 확장과 신설도 가능하도록 개정했다(1919년 10월[33]). 역시 위생상의 이유에서 도살 단속법규가 일본의 한국병합 후에 시행되어 도살장 밖에서 개, 양, 돼지의 도살이 허용되지 않고 있었는데, 1919년 12월 도살장규칙의 제정으로 긴급한 경우와 토지의 상황에 따라 소, 말 등의 주요 가축이라도 도살장 밖에서의 도살이 허용되어 조선인의 편의를 도모하고자 했다.[34]

교육은 일본인과 조선인 간에 격차가 있던 분야였는데, 사이토는 이에 대해서도 몇 가지 시책을 취했다. 첫째로, 지금까지 일본인에게 한정되었던 공립보통학교 교장 취임이 1919년 10월 조선인에게도 열렸고 그 결과 1920년 6월 시점에서 조선인 교장은 19명을 헤아리게 되었다.[35] 둘째로, 1919년 시점에서 공립보통학교는 556교였지만 이것이 시가지에 집중되어 있었기 때문에 3면面에 1교 비율로 1919년 이후 4년 단위 보통학교를 세우는 계획이 수립되었다.[36] 셋째로, 고등보통학교와 여자고등보통학교 규정의 개정이 1920년 1월 1일자로 시행되어 모든 고등보통학교는 (일본의) 중학교에 준거하여 영어의 정규 과목화와 역사 · 지리 · 수학 시간의 증가가 이루어졌고, 모든 여자고등보통학교는 (일본의) 고등여학교에 준거하여 종래에 없던 외국어 과목 (수의 과목으로서) 설치 및 역사 · 지리 · 이과 시간 증가가 실시되었다.[37] 넷째로, 사립학교규칙이 1920년 3월 1일자로 시행되어 과목 제한이 완화되고 종교 과목도 교육과정에 포함되는 것이 가능해졌다.[38] 이 밖에 종교 면에서도 조치가 취해져서 교회당, 설교소, 강의소를 설립할 때에 종래는 조선총독의 허가가 필요했지만 이제는 신고만 하면 끝나도록 포교규칙을 개정했고(1920년 4월), 외국 종교단체의 법인격 승인과 재산 관리·유지의 편의 제공(1919년)이 실시되었다.[39]

조선총독부의 중앙집권화를 완화하고 지방관청의 권한을 확대하기 위한 조치도 취해졌다. 지방관청의 부담을 덜기 위해 정기보고를 최대한 줄이고(1920년 1월), 조선총독부 내에서 조선총독과 정무총감의 결재사항 일부를 국·부로 이관하고, 소속 관서장의 위임범위 확대를 정한 위임사항규정 개정(4월)과 번잡한 문서의 취급을 신속하고 편리하게 하기 위한 총독처무규정 개정(12월)이 이루어졌다. 이렇게 함으로써 사이토와 미즈노 렌타로는 훨씬 중요한 일에 신경을 집중하려 했다.[40] 또 1920년 3월의 제령制令으로 이때까지 민사에서는 원고와 피고가 모두 조선인, 형사에서는 피고가 조선인일 때에만 직무를 볼 수 있었던 조선인 판·검사도 원고와 피고가 일본인, 조선인, 외국인에 상관없이 심리를 할 수 있게 되었다.[41] 나아가 앞서 말한 개점휴업 상태였던 중추원 회의를 1919년 9월 15일부터 1920년 6월까지 10차례 남짓 개최하여 사이토는 고문인 조선인들에게 자신의 여러 시책을 설명해서 시정에 관한 이해를 꾀했다.[42]

사이토는 조선총독에 취임한 후 각 도에 조선총독부 사무관을 파견하여 지방의 유력자, 고로古老, 지식인 등과 만나 종래의 시정에 대한 비판과 감상, 장래 시정에 대한 바람을 듣게 했다. 또한 이들을 지방관청으로 보내 시정의 실적 조사와 개혁의 취지 설명을 하고 서울로 돌아와 보고하게 했다.[43]

조선인이 가장 불만스럽게 생각한 것이 도로를 보수할 때의 부역 제공과 용지 기부의 강요였다. 이에 관해서는 1919년 10월 이후 일등·이등 도로를 건설할 때에는 부역을 없애고 용지는 매수하도록 했고 이것이 불가능한 삼

등 도로 이하를 만들 때에는 부역은 농한기에 하고 용지 기부도 강제로는 하지 않게 했다.[44]

내선융화內鮮融和를 위한 여러 정책도 실시했는데, 조선인들의 일본 시찰을 장려하고 활동사진반을 신설해 영화로 조선의 상황을 일본인에게 소개하고 아울러 일본의 상황을 조선인들에게 소개하게 했다.[45]

또 일본의 한국병합 때에 메이지천황의 성지聖旨로 각 부府·군郡·도島에 준 은사恩賜 공채 약 1,740만 엔의 이자로 그동안 일자리 제공, 교육, 흉년구제의 세 가지 임시은사금사업을 추진해왔는데, 사이토는 물가 등귀로 인해 중산계급이 영향을 받고 있는 점을 고려하여 이 사업을 사회구제로 확장했다(1920년 1월 13일[46]). 그리고 1919년 7월부터 8월에 걸쳐 충청남북도 북쪽의 각 도에서 가뭄 피해가 발생하여 50만 명의 피해자가 속출하자 사이토는 소작료 감면 장려, 미간지 개간사업 보조, 공조조합 조직화, 식량배급, 만주에서 식량 긴급수입 등의 조치를 취했다.[47] 앞에서 데라우치 마사타케 총독하의 조선총독부가 1911년에 회사령을 시행하여 조선인의 회사 설립에 엄격한 제한을 가한 것을 기술했는데, 사이토는 1920년 4월 1일 조선인의 경제력과 지식이 눈에 띄게 진전되었다며 거래소, 보험업, 상호신용, 유가증권매매, 중개업 등을 제외한 모든 분야에서 회사령을 철폐했다.[48]

조선인의 여론을 표현할 수 있는 조치도 취해졌다. 1919년 9월 20일에 소집된 유력 조선인들 51명과 의논을 계속한 사이토는 앞서 말한 것처럼 각 도에 조선총독부 사무관을 파견한 뒤 무단통치하에서는 엄격하게 제한되었던 조선인들의 조선어 신문 발행도 여론 표현을 위해 허가했다. 그 결과 1919년 12월 4일에는 친일파 조선인 민원식閔元植이 중심이 된 국민협회國民協會의 기관지 『시사신문時事新聞』, 1920년 1월 6일에는 일본인과 조선인의 융화를 목적으로 하는 대정친목회大正親睦會의 기관지 『조선일보』와 민족계인 『동아일보』의 발행 허가가 났으며(『조선일보』는 1920년 3월, 『동아일보』는 4월에 창간호를 냈다), 지방에서도 신문 발행이 허가되었다.[49] 집회·결사에 대해서도 사이토는 질서와 공공의 안녕을 방해하지 않는 한 허가하고 정치적 집회를 금지하던 종래의 특별규정을 철폐했다.[50] 조선인에게 일정 정도의 언론·집회·결사의 권리를 보장하여 바람 빼기를 함으로써 독립운동의 재발 방지를 노렸던 것이다.

이상이 사이토가 조선총독 취임 후에 착수했다고 스스로 주장한 주요한 조치들이다.[51] 사이토가 조선에 부임한 목적이 조선통치의 쇄신뿐만 아니라 치안 회복과 독립운동 재발 방지였기 때문에, 그가 취한 조치 중에는 조선인들을 유화시키는 목적 이외의 것이 있었고 또 그 때문에 순조롭게 실시되지 못한 것이 있다고 하더라도 전혀 이상하지 않다. 구체적으로 말하면 헌병경찰체제에서 보통경찰체제로의 전환, 태형 폐지문제를 들 수 있다. 헌병경찰체제는 원래 하라 다카시原敬가 폐지할 방침을 세우고 있었다.[52] 헌병경찰체제 아래에서 3·1운동을 잔학하게 탄압하자 미국을 중심으로 비판의 시선이 쏠렸기 때문에 하라는 서둘러 헌병경찰체제의 폐지방침을 세웠다.[53] 그러나 조선에 부임한 사이토는 조선의 상황은 아직 불온하다고 생각했고, 서울에서 3월에 보였던 상점의 폐점이 다시 전개되자 그 배후에 대한민국임시정부의 영향이 있다고 생각했다.[54] 그러나 자신을 겨냥한 폭살미수사건이 일어났음에도 불구하고 사이토는 헌병경찰제도 폐지방침을 굽히지 않았다.

이리하여 앞서 얘기한 것처럼 조선총독부 내에 경무국이 설치되었다. 경무국은 전 도의 경찰·위생 사무 등을 감독하고, 각 도의 경찰권은 각 도지사가 담당하고, 각 도지사 아래의 도사무관이 부하를 지휘·감독하며, 각 부府와 군郡에 설치된 경찰서에서는 지방관인 경시·경부가 경찰서장을 보좌했다. 또 헌병은 순차적으로 경찰관으로 교체되었다. 이처럼 헌병경찰에서 보통경찰로의 이관이 이루어져 1919년 11월 4일에 사무 인계가 완료되었다.[55] 그러나 헌병에서 경찰관으로 바뀌었다고는 하지만 일본에서 새로 조선에 부임한 자보다 종래 헌병이었던 자가 제복을 갈아입고 그대로 경관이 된 경우가 단연 많았다. 그뿐 아니라 제복 개정 이전의 헌병과 경찰관 수는 총 1만

4,518명이었던 데 비해, 1920년 6월 시점에서 보통경찰관 수는 2만 134명으로 증가했고 경찰서 수도 100군데에서 251군데로 증가했다.[56] 이렇듯 사이토는 조선에서 완전히 종식되지 않은 독립운동에 대해서는 단호한 자세로 임했다. 특히 서울에서 경찰이 완전무장하고 경계했기 때문에 서울에서 폐점하던 상점들이 대부분 개점한 것을 비롯하여 1919년 말까지는 조선에서 독립운동조직은 거의 괴멸했다고 조선총독부는 확신했다.[57] 그래도 사이토는 독립을 향한 조선인들의 의지가 강하다고 느꼈으므로 12월에는 조선에 주둔하는 병력의 증가를 희망하는 편지를 하라 다카시에게 보냈다. 하라로부터 이 일을 통보받은 다나카 기이치田中義一는 한번 생각해보겠다고는 했지만, 조선에서의 병력충원계획은 다음 연도 예산에 이미 반영했으며 이것만으로 충분하다고 하라에게 회답했다.[58]

이어서 문제가 된 것은 태형 폐지였다. 1912년에 법제화한 태형은 조선인에게만 시행되었고, 미국인 선교사들은 3·1운동 참가자들에게 헤아릴 수 없을 만큼 많은 태형이 가해졌다고 보고했다.[59] 하세가와 요시미치는 태형은 민족의 문명수준에 따른 가장 효과적인 형벌이어서 쉽사리 폐지할 수 없다고 생각했다.[60] 사이토도 조선에 부임하고 얼마 동안 태형에 대해서는 아무 말도 하지 않았다. 그러나 태형으로 인한 부상자와 사망자가 계속 나오자 9월 29일 선교사들이 즉시 태형을 중지하라고 요청했다.[61] 이에 미즈노 렌타로는 10월 12일 도지사들과의 회의에서 "태형은 잘못을 저지른 사람들의 교정을 목표로 하는 현대사회의 생각과는 일치하지 않는 형벌이므로 조선총독부는 즉시 이것을 폐지하고 징역 또는 벌금으로 대체한다"라는 방침을 세웠다.[62] 사이토도 친일파였던 미국인 선교사 스미스Frank H. Smith의 태형 중지 요청에 대해 폐지를 약속했다. 하지만 태형은 몇 주가 지나도 계속되었기 때문에 세브란스병원은 태형으로 인한 부상자들로 가득 찼고 조선에 거주하는 외국인들도 대부분 사이토의 개혁이 좋은 결과를 가져오지 않았다고 말하는 상황이 계속되었다. 스미스는 다시 사이토와 만나 태형 폐지를 촉구했고, 5

월에 도쿄에서 조선통치의 개혁을 하라 다카시에게 요구했던 웰치Herbert Welch도 11월 3일 태형 폐지를 요구한 편지를 사이토에게 보냈지만 태형은 여전히 계속됐다.[63] 그러나 다행히 스미스가 재차 태형 폐지를 요청하고 조선총독부 내에서도 사이토가 관계자를 소집해 회의한 결과 태형 폐지방침이 확립되었다.[64] 그리하여 태형의 법적 근거였던 조선태형령이 1920년 4월 1일자로 폐지되었고[65] 조선총독부는 단기간의 자유형 또는 재산형으로 대체했다.[66]

이러한 개혁을 실행할 때 사이토와 미즈노 렌타로가 꼭 필요하다고 여긴 것이 예산 증액이었다. 조선총독부의 재정은 1914년 자립방침이 세워진 이후 조선 내에서는 조세부담을 증대하는 한편, 일본의 일반회계에서 제공하던 보조금은 5년 동안 점차적으로 감소하기로 계획되어 있었기 때문에 1919년도에는 보조금이 없어졌다.[67] 그러나 조선 내에서의 조세만으로는 새로운 정책을 실행하는 데 필요한 자금을 조달할 수 없다고 판단한 사이토는 일반회계에서 제공하던 보조금의 부활을 정부에 요구하기로 결의하고 10월 하순 미즈노를 도쿄로 보냈다.[68] 미즈노가 10월 26일 하라 다카시와 만나 이러한 방침을 전하자 하라는 대장대신 다카하시 고레키요高橋是清와 의논하라고 했다.[69] 미즈노는 척식국과 대장성에 가서 1,000만 엔 이상의 보조금을 지급해달라고 요청했지만 정부는 600만~700만 엔밖에 지급할 수 없다고 답했고 특히 다카하시의 태도는 강경했다. 그래서 미즈노는 하라와 직접 담판했고 결국 하라의 재결로 국고보조금 1,000만 엔과 공채 모집 2,000만 엔이 허가되었다.[70]

이상이 사이토가 조선총독에 취임하고 나서 몇 개월간 실행한 조치다. 데라우치 마사타케와 하세가와 요시미치 시대를 물리적인 힘을 전면에 내세우고 통치했다고 해서 무단통치라 부르는 데 대해, 사이토의 시대는 헌병경찰제도와 태형의 폐지로 상징되듯이 물리적인 힘은 상대적으로 전면에서 물러나고 조선인들의 의사를 고려하는 일정한 조치가 취해졌으므로 '문화정치'

라고 부른다.[71] 그러나 문화정치라고는 하지만 조선인들의 최종적·절대적 목표인 조선독립을 무단통치보다 효율적으로 마찰 없이 저지하기 위해 도입되었고, 일시동인의 구호 아래 조선(인)의 일본(인)화를 목표로 했다는 점을 염두에 두어야 한다.

문화정치는 독립운동의 무익함을 조선인들에게 납득시키는 홍보활동도 했다. 예컨대 해군 대령으로서 파리강화회의에도 참가하고 나중에 주미대사로서 1941년의 미국과 일본 간 교섭에도 관여한 노무라 기치사부로野村吉三郎는 1919년 9월 20일 중추원에서 강연을 했다. 여기서 그는 강화회의에서 영국·미국·프랑스·이탈리아·일본의 5대국은 일본의 내정문제인 조선문제에는 관여하려 하지 않았고 미국과 국제연맹도 마찬가지였다고 말했다.[72] 또 그는 『매일신보每日申報』에 강화회의에서는 조선인의 민족자결 따위는 슬쩍 언급조차 하지 않았다고 기고했다.[73] 이 시기 『매일신보』는 여전히 미국에서 반일운동을 계속하고 있는 헐버트Homer B. Hulbert에 대한 반박문,[74] 문화정치에 착수한 사이토를 신뢰하고 조선독립이라는 헛된 꿈에서 깨어날 것을 촉구하는 사설,[75] 새 총독부를 신뢰하자는 조선인들의 주장,[76] 조선인 입장에서 본 독립운동,[77] 국회의원 오가와 고타로小川鄉太郎의 조선통치론[78] 등을 게재하여 새 총독부를 측면에서 지지했다.

미국의 반응

사이토 마코토가 조선에 부임한 후 해결해야 할 과제 중에 3·1운동 진압과정에서 자행된 잔혹한 탄압 때문에 여러 다른 나라들, 특히 미국이 일본에게 보이던 비난의 시선을 완화하는 것이 있었다. 사이토가 회유 대상으로 가장 중시한 외국과 외국인이, 조선에 거주하는 선교사(특히 미국인)들이었다. 사이토의 이런 자세는 하세가와 요시미치가 인계서에 쓴 외국인 선교사들, 특히 미국인 선교사들이 일본의 조선통치에 장애가 될 우려가 있기 때문에 조

선에서 종교는 일본인 또는 조선인이 장악해야 한다는 의견과는 확실히 동떨어진 것이었다.[79]

사이토는 조선에 거주하는 외국인 선교사들이 일본의 조선통치에 반발하여 본국에 보고하는 것은 일본의 조선통치에 나쁜 영향을 끼친다는 신념 아래, 자신은 조선에서 훨씬 자유로운 정책을 펼 생각이며 선교사들의 포교활동에는 간섭할 마음이 없다는 것을 믿게 하려고 노력했다. 1919년 8월 29일에 하라 다카시와 회견할 때 조선에 자치를 허용해야 한다고 주장한 스코필드Frank W. Scofield(캐나다 출신의 선교사 겸 세브란스병원 의사로, 앞서 말했듯이 3·1운동의 발발을 사전에 알고 있던 유일한 외국인 선교사이기도 했다)와 만난 사이토는 인정미 넘치는 조선총독이 될 거라는 인상을 주었다.[80] 9월 2일 부산에서 서울로 향하는 기차에서 가진 기자회견에서도 사이토는 선교사들에 대해서는 아무런 악감정을 가지고 있지 않으며, 그들의 활동이 조선과 조선인에게 커다란 도움을 주었기에 방해할 생각은 털끝만큼도 없고 도리어 도와주고 싶다고 밝혔다. 그러나 정치적 사항에 대한 관여는 엄중히 삼가해줄 것을 요청한다고 말했다.[81]

서울 도착 후 사이토는 9월 조선장로교복음연합회에 사람을 보내 조선통치를 개혁하겠다는 생각을 전하고 협력해달라고 요청했다.[82] 조선통치에 대한 조언 요청을 받은 연합회는 9월 29일 종교의 자유 회복, 교회에 대한 단속 감소, 종교상의 차별 철폐, 천황·황후의 사진인 어진영御眞影에 참배를 강요하지 않는 것을 포함한 양심의 자유 보장, 조선사 학습 허가, 파괴된 교회에 대한 보상, 매춘·마약 같은 사회적 악폐에 대한 제한, 태형 금지 등을 요구하는 내용을 담은 의견서를 사이토에게 제출했다. 의견서에는 자신들이 문제로 삼는 것은 종교적 자유의 상실과 3·1운동 진압 때에 보여준 잔학성이지 정치적 문제는 아니라고 적었다.[83]

이것을 받아들여 조선총독부가 앞서 말한 것처럼 구체적 조치를 취하자, 이러한 내용을 조선으로부터 보고받은 미국기독교교회연합회 동양관계위원회는 1920년 초에 작성한 『The Korean Situation』의 속편에 성서 교수 승인, 조선어 교육 허가, 보통·고등학교 교과과정 변경, 선교사들의 주간신문 발행 허가, 태형 금지 등이 이루어졌다고 적고 일본의 조치를 긍정적으로 평가하는 자세를 보였다.[84] 또 사이토는 학무국에 종교과 설치, 포교규칙 개정(교회당 등의 설치는 허가주의에서 신고주의로 개정되었다), 종교단체 법인화(토지소유 등 기본적 재산의 관리·유지가 쉬워졌다) 등의 조치도 취했다. 이뿐만 아니라 사이토 자신이 1884년부터 1888년까지 워싱턴의 주미 일본공사관 부속 무관으로서 미국에 머무를 때 익힌 영어 실력을 살려서 1919년에도 몇 차례나 선교사들과 만찬회 등의 형식으로 만남을 가졌다.[85]

이러한 구체적인 개혁 조치의 도입, 하세가와 요시미치와는 어딘가 조금 다른 자세 등을 본 조선에 거주하는 외국인 선교사들도 입장을 바꾸기 시작했다. 그들은 원래 조선의 정치문제(특히 조선의 독립문제)에 관여할 생각이 없었고 현재 조선통치(특히 종교문제)를 개혁하기 위한 조치가 취해지고 있다고 생각했으며 더구나 사이토 지휘하의 새 조선총독부도 기독교가 민족운동에 관여하는 것은 엄격하게 제한하고 있었으므로 새 총독부와의 협조를 모색했다. 선교사들 중에는 조선인 교회지도자들에게 민족운동에 더 이상 참가하지 말라고 조언한 자도 있었다. 예컨대 웰치는 1919년 11월 조선인 종교지도자들에게 정치에서 멀어지라고 요구했다.[86]

사이토가 조선에 거주하는 선교사들뿐만 아니라 조선 주재 각국 외교단의 회유에도 마음을 쏟은 것은 당연했다. 그는 서울에 도착한 후인 1919년 9월 12일 각국 영사단을 초대하여 오찬회를 개최하고 그들의 의견을 들었다.[87] 그러나 버그홀즈는 9월 23일 대부분의 조선인들은 사이토의 조선총독 취임에는 전혀 무관심하며 지식인들도 조선총독에 문관이 취임하지 않은 데 실망하고 있다고 국무성에 보고했다. 또한 개혁에 대한 사이토의 열의는 높이 평가할 만하나 조선인들에게는 제대로 전해지지 않고 있으며, 태형은 지금도 시행되고 있지만 조선총독부 내 누구에게 책임이 있는지는 알지 못한다

는 내용도 보고했다.[88]

1918년 가을 밀러Ransford S. Miller에 이어 서울주재 미국총영사에 부임한 버그홀츠는 3·1운동 이후 그로 인해 발생한 각종 문제를 처리하느라 매우 바쁜 나날을 보냈다. 부임한 지 1년 남짓 지난 1919년 11월, 두 달 전부터 국무성 극동부장을 맡고 있던 밀러가 다시 서울주재 총영사로 결정되자 사이토는 11월 21일 버그홀츠의 귀국송별 만찬회를 개최했다.[89] 서울에 부임한 밀러에 대한 일본정부의 인가장이 11월 28일에 내려졌고[90] 사이토는 이날 밀러 부부와 만찬 자리를 가졌으며 12월 22일에도 밀러, 웰치와 회담을 가졌다.[91] 사이토가 버그홀츠와 밀러에게 좋은 인상을 주려고 애썼다는 것을 엿볼 수 있다.

그러나 밀러는 웰치와 함께 사이토와 만난 나흘 뒤인 12월 26일 주일 미국대사 모리스Roland S. Morris에게 다음과 같은 내용을 보고했다. 첫째, 일본인·조선인·제삼국인을 포함한 다양한 사람들과 만난 결과 독립을 향한 조선인들의 깊고 강렬한 바람을 알았다. 둘째, 조선인 독립운동가들 사이에서는 운동의 전개방법을 둘러싸고 과격주의와 온건주의로 분화하는 경향이 있다. 셋째, 조선통치의 개혁은 경찰 등에서는 진전되었으나 체포자에 대한 신문 같은 면에서는 개선되지 않았다. 넷째, 조선에 거주하는 외국인 선교사들은 굳게 중립을 지켜왔지만 사이토가 실행하고 있는 개혁이 잘 진행되지 않는다고 생각하는 선교사도 있다. 다섯째, 민족운동에서 온건파가 우위를 차지하기 위해서라도 사이토가 시행하는 개혁이 반드시 진전되어야 한다. 여섯째, 분쟁을 방지하기 위해 군대의 증파를 요청했고(10월 무렵부터 일본군과 러시아령에 거주하는 조선인들 사이에 전투행위가 벌어져 조선총독부는 서울 용산에서 지원군을 파견했다), 사이토는 조선에서 외국인이 분쟁에 휘말릴 때에는 우선 그 나라의 조선주재 총영사와 의논하겠다고 말했다. 이러한 내용을 모리스는 다시 12월 31일에 국무 제3차관 롱Breckinridge Long에게 보고했다.[92]

이처럼 서울주재 미국총영사가 새로운 사이토 조선총독하의 조선 상황을 몇 차례 보고했지만 이에 대한 미국 국무성의 관심은 낮았고 또 보고에 대해 별로 회답도 하지 않았다. 다만 앞서 말한 조선장로교복음연합회와 사이토가 의견을 주고받은 데 대해서 조선에 거주하는 선교사들이 조선의 정치문제에 개입하려 한다는 의심을 일본인이 품지 않도록 최대한 주의를 기울여야 한다는 훈령을 12월 26일 밀러에게 내렸다. 이는 드물게 보내온 회답이지만 미국정부의 자세를 여실히 보여준 것이었다.[93]

사이토의 개혁에 대한 미국 언론계의 반응도 극히 미약했다. 『워싱턴 포스트*Washington Post*』는 9월 11일 조선에서 독립운동이 재개되었고 이는 일본인이 실행하기로 약속한 어떠한 개혁에 대해서도 조선인들은 만족하지 않았음을 말해주는 것이라고 한 이승만의 담화를 게재했다.[94] 하지만 조선에서 처한 일본의 입장에 이해심을 보이던 『뉴욕 타임즈*The New York Times*』와 미국에서 일본 비판의 선두에 서 있던 허스트계 신문이 이에 대해 다룬 흔적은 찾아볼 수 없다.

조선총독에 취임한 사이토가 문화정치를 전개함으로써 조선의 통치가 개혁되고 조선총독부와 조선에 거주하는 선교사들과의 관계도 개선되었다. 미국은 이러한 사태 전개에 대해 기본적으로 만족했고 이후 조선문제에 대한 무관심이라는 정상상태로 되돌아갔다.[95]

제 11 장

삼일운동 이후의 독립운동

문화정치 실시 이후 조선의 정세

하세가와 요시미치長谷川好道 대신 조선총독으로 사이토 마코토齋藤實가 부임한 후 문화정치를 도입하여 무단통치기의 갖가지 규제를 일부 완화하고, 3·1 운동을 뒤에서 선동했다고 여기던 조선에 거주하는 미국인 선교사들에 대해서도 유화적인 자세로 임했다. 선교사들도 이러한 사이토의 자세를 대체로 긍정적으로 받아들였다. 그러면 문화정치 실시 후 조선의 상황은 어떻게 전개되었고, 그것을 미국(본국 정부, 주서울 총영사관, 선교사, 언론기관)은 어떻게 보았으며 어떠한 반응을 보였는가?

조선에서 전개된 상황은 문화정치 실시로 표면적으로는 진정된 것처럼 보였으나, 실제로는 일본 당국에 대한 조선인들의 저항이 산발적으로 계속되고 있었고 그런 의미에서 3·1운동은 완전히 수습되었다고는 말할 수 없었다. 조선총독부 경무국 고등경찰과는 문화정치가 궤도에 오르기 시작한 1919년 10월에 제출한 보고서에서 평양 장로교 교회의 김성택金聖鐸과 박인관朴仁寬, 이 지역 숭실학교 교사 고진한高鎭翰과 숭의여학교 교사 박정익朴禎翊 등이 주도하는 대한국민회가 미국의 힘에만 의지하여 독립운동을 전개하면 일본의 굴레에서 벗어나도 미국에 복종해야 하기 때문에 훗날의 기회를 위해 국민 결속과 자금 모집에 힘써야 한다고 주장했고, 이 밖에 역시 평양에서 대한민국애국부인회와 대한독립청년회(단)가 결성되어 점차 조선 전역으로 퍼지고 있다는 사실을 언급했다.[1] 이 조사 보고서에서 나타난 대한국민회의 미국에 대한 태도는 3·1운동이 전개되고 있던 때에 미국정부가 보인 소극적인 반응에 실망했음을 보여줄 뿐만 아니라 일본의 한국병합 전에 자력갱생을 내세운 애국계몽운동과 비슷한 흐름이 독립운동에서도 생겼음을 나타낸다.

조선총독부 경무국 고등경찰과는 1919년에는 미국과 연관이 있는 조선인들의 다양한 움직임을 파악하고 있었다. 예컨대 상해의 대한민국임시정부가 조선에 파견한 전영화田榮化가 어느 집회에서 조선문제에 대한 미국의 자세는 루스벨트Theodore Roosevelt 때와는 다르다고 말했다는 것,[2] 대한(독립)청년단이 조선총독부에서 일하는 조선인 관리들에게 10월 하순 워싱턴에서 개최될 예정인 국제연맹회의에서 독립 요구를 할 예정인데(이 회의는 연맹 가맹을 둘러싼 미국 내의 대립으로 인해 열리지 못했다) 만약 자신들이 아니라 적인 일본에 협력한다면 처단할 것이라는 내용의 편지를 보냈다는 것,[3] 모펫Samuel A. Moffet의 명령을 받았다고 주장하는 목사를 포함한 세 명의 조선인이 충청남도 공주에서 대한민국임시정부의 자금 모집을 하다가 검거되었다는 것 등을 알고 있었다.[4] 또한 감리교회의 교육방침에 따라 감리교회가 설립한 배재학당을 확장할 임무를 띠고 파견된 어느 미국인이, 조선인이 미국인을 흠모한다는 말을 들었는데 독립은 민족의 수준 여하에 달려 있으므로 조선인의 정신 수양과 지식 함양을 위해 찾아왔다고 말한 것과[5] 대한민국임시정부 의정원 평안남도 대의원인 김홍서金弘徐가 모펫과 도쿄에 머물던 조선인 목사 임종순林鍾純을 1920년 1월에 미국에 파견할 것을 결의하기 위해 서울에서 장로교와 감리교의 연합이 개최되었다는 내용의 인쇄물을 배포했으며,[6] 앞서 말한 대한국민회와 대한독립청년단에서 조선인 목사와 교사 등 10여 명이 체포·구속되었다는 것도 파악하고 있었다.[7] 이 밖에 이승만은 워싱턴에서 외국 공사로 인정되어 몇 가지 외교특권을 얻었고 김규식도 파리강화회의에서 대표자 자격이 인정되어 그가 제출한 독립청원서도 정식으로 수리되었으며, 대한민국임시정부가 조선 내에 있는 대한민국애국부인회 앞으로 보낸, 미국의 여론은 조선에 동정적이라는 내용을 적은 문서를 대대적인 검거 결과 압수했고,[8] 상해의 한국교회 대표인 목사와 장로의 청원에 대해 동정을 표시한 답장을 미네소타주 상(의)원이 보냈음을 적은 문서가 경상북도에서 발견되었고 이것이 조선 각지에 보내졌다는 것[9] 등도 파악하고 있었다.

물론 이상의 내용을 보면 분명히 사실과 다른 것이 기록되기도 했지만 여기서 중요한 것은 일본 당국이 파악한 미국과의 연관성이 엿보이는 독립운동 움직임이 사실이었느냐가 아니라, 미국에 의지하려는 형태의 독립운동이 아직도 계속되고 있다고 일본 당국이 인식하고 경계를 늦추지 않았다는 점이다.

문화정치 실시 후에도 일본 당국에 대한 조선인들의 저항이 산발적으로 이어졌음은 조선에 거주하는 미국인들(외교관, 선교사 등)도 여러 차례 목격했고 그들은 그때마다 본국에 보고했다. 버그홀츠Leo A. Bergholz는 1919년 10월 보고에서 문화정치 실시 후 조선 정세에 대해, 사이토 마코토가 실시한 갖은 형태의 유화책이 효력을 나타내는 듯하며 이로 인해 한반도 내에서 시위활동이 보고되지 않은 점으로 봐서 독립운동은 수그러진 것처럼 보인다고 했다. 그렇지만 조선총독부 설립일인 10월 1일에 조선인들이 경영하는 가게가 또다시 폐점했고(경찰과 군대 때문에 낮이 되자 상인들은 개점할 수밖에 없었다. 가게 주인 중에 가장 강경했던 서너 명이 체포되었다), 조선과 러시아 국경 부근에서는 두만강을 사이에 끼고 무장한 조선인들과 조선 주둔 일본군인 조선군 사이에 군사적 충돌이 일어나 양쪽에 사상자가 나왔다는 내용도(일본과의 충돌에 조선인 2만 명이 관여했고 1,000명이나 되는 일본군이 살해되었다는 보고는 분명히 과장이었다) 함께 본국에 보고했다(버그홀츠는 조선총독부가 행한 약속 중에 주요한 것은 헌병경찰 폐지와 경찰조직 개혁이지만, 경찰 자체가 강대한 힘을 가지고 있고 선교사들에 대한 의심의 눈초리는 여전해 그들에 대한 가택수색 등이 실시되고 있으며 태형도 여전히 계속되고 있다는 내용도 보고했다[10]).

이어서 버그홀츠는 11월 조선과 러시아 국경 부근에서 조선인들과 조선군 사이에 충돌이 일어났는데 조선총독부의 정보 차단으로 인해 정확한 실태는 알 수 없지만 일본 측의 강력한 조치로 국경 부근인 함경북도 청진에서는 장사가 재개되었다는 사실을 보고했다. 또한 조선에서는 다이쇼천황 생일인 10월 31일에는 조선 내의 모든 학교에서 낭독되는 「교육칙어」를 들을 수밖에 없기 때문에 등교를 꺼리는 학생들이 있었다는 것 외에는 특별히 혼란은 보고되지 않았다고 했다. 모펫이 보낸 편지에는 10월 31일 이래 평양에서는 만세를 외치는 사람들이 매일 목격되며 지도자인 공립학교 학생들 가운데 체포자가 나오고 있고, 상해(의 특파원)에서 『경성일보京城日報』에 보낸 전보에 따르면 상해의 프랑스 조계지 내에 있던 대한민국임시정부 본부(주중 일본공사관의 요구로 최근까지 폐쇄되어 있었다고 한다)의 여운형이 주상해 일본총영사관의 보증하에 일본정부와 독립운동 지도자들 간에 '잠정 협정'에 도달하기를 바라는 희망을 갖고 도쿄로 떠났다는 사실 등을 보고했다(버그홀츠는 모펫이 알려온 평양에서는 학생들을 중심으로 시위운동이 전개되어 조선 각지에서 군대가 파견되고는 있지만, 운동에 참가하는 사람들은 이전처럼 잔학한 탄압은 당하지 않았다는 내용도 보고했다).[11]

여운형의 일본 방문을 일본 측에서 추진한 사람이 일본의 기독교단체 중에서 조선문제에 관해 당국에 가장 협조적이었던 조합교회 소속으로 경성학당 교장을 지낸 와타세 쓰네키치渡瀨常吉였다. 그가 중심이 되어 입안한 여운형의 일본 방문은 처음에는 육군대신 다나카 기이치田中義一를 통해 육군성을 창구로 삼으려고 했지만, 여운형의 반응이 소극적이었기 때문에 정부 내 창구가 육군성에서 척식국〔타이완, 사할린, 한국에 관한 사항과 외교를 제외한 관동주關東州(1905년 포츠머스조약으로 일본이 러시아로부터 조차권을 넘겨받은 요동반도 선단부인 여순旅順·대련大連 조차지)에 관한 사무를 관리하기 위해 1906년에 설치되었다. 1912년에 폐지되었다가 1917년에 부활했다〕으로 이관되었고 이 시점에 당시 장관으로 있던 고가 렌조古賀廉造가 적극적으로 관여했다. 여운형의 일본 방문으로 일본 당국이 노린 효과는 3·1운동을 무력으로 진압함으로써 특히 미국에서 갑자기 일어난 반일 여론에 대한 해명과 조선에 거주하는 미국인 선교사들에게 기독교도인 여운형과 대화할 의사가 있음을 보여주려는 것이었다.[12]

여운형의 일본 방문에 대해 이동휘와 신채호 등은 반대했으나 안창호는 "이 기회를 이용해야 한다"며 찬성했고 여운형이 관계를 강화하고 있던 손문孫文도 찬성했다.[13] 이에 여운형은 1919년 11월 16일 배로 상해에서 나가사키長崎로 들어가 시모노세키下關를 거쳐 다음 날 도쿄에 도착했다. 도쿄 도착 후 여운형은 먼저 11월 19일과 20일에 고가 렌조와 회담했다. 이때 고가는 조선은 우선 부강을 도모해야만 독립 또는 자치를 획득할 수 있고 '일한합병'은 두 회사의 합병과 마찬가지라고 말했다. 이에 대해 여운형은 조선인들이 독립운동을 하는 이유는 우선 조선 민족의 복리 즉 부강과 일본의 신의를 위해서며, 나아가 동양평화와 세계평화, 세계문명에 공헌하기 위해서라고 밝혔다. 또한 일한합병은 회사 합병과는 다르고 조선 민족의 의사도 당시 주권자의 의사도 아닌 소수의 당국자, 즉 매국노 일당의 행위에 지나지 않고 강제로 이루어진 정치적 불공정 그 자체며 말하자면 합병이 아니라 병탄이라고 주장하며 반박했다.[14] 이어서 여운형은 11월 22일 육군대신 다나카 기이치와 만났다. 이 자리에서 다나카는 독립을 향한 조선인들의 저항은 강대한 일본군 앞에는 무의미하며 조선은 자치를 목표로 일본과 제휴하는 것이 현명하고, 중국문제에 대해서는 북방정권인 북경정부의 단기서端祺瑞, 장작림張作霖과 손을 잡을 작정이라고 말했다. 이에 대해 여운형은 조선인들의 저항을 가볍게 여긴다면 세계 인류의 정의와 충돌하여 일본은 반드시 망할 것이고, 손문이 이끄는 남방정권의 혁명파를 원조하지 않고 북방정권의 수구파와 결탁하는 것은 큰 잘못이라고 주장하며 반박했다.[15]

다음 날 여운형은 앞서 말한 학우회와 2·8독립선언을 낭독했던 간다구神田區의 YMCA 소속 조선인 학생들과 만나 자신이 일본을 방문한 참뜻을 전했다.[16] 이튿날인 24일에는 조선총독부의 예산 증액 요구를 위해 도쿄에 파견되어 있던 미즈노 렌타로水野鍊太郎와 회담했는데, 이 자리에서 미즈노가 조선을 독립시킬 자신이 있느냐고 질문하자 여운형은 조선을 통치할 자신이 있느냐고 되받아쳤다.[17] 이날 여운형은 또한 수상 관저를 방문해 하라 다카시原敬와 은밀히 회담했다.[18] 26일에 그는 1913년부터 1916년까지 동양척식주식회사 부총재를 역임하고 조선 사정에 정통했던 체신대신 노다 우타로野田卯太郎를 만났다. 노다가 일본의 생사가 걸려 있는 조선을 일본은 내던질 리 없고 조선이 독립을 바란다면 실력으로 쟁취하라고 말하자, 여운형은 겉으로는 그런 노다를 치켜세우는 듯이 응수하면서 말을 주고받았다.[19]

그 후 여운형은 11월 27일 일본 당국의 허가를 받아 데이코쿠帝國호텔에서 청중을 앞에 두고 연설했다. 그러나 이 연설은 일본 당국의 기대와는 정반대로 국내외 정세하에 3·1운동까지 이른 경위를 언급한 다음, 3·1운동은 민족자각운동이며 조선독립은 동양평화와 세계평화를 위하는 일이기도 하다는 점을 강조했다. 또한 한국의 독립운동은 조선뿐만 아니라 전 세계적 운동이며, 일본은 조선의 독립을 명확하게 공개적으로 발표함으로써 비로소 세계적·인도적으로 인정받을 수 있다는 것 등을 강조했다.[20] 이때까지는 보도관제 때문에 여운형의 일본 방문에 대한 보도를 삼가고 있던 언론도 여기에 이르러서는 보도하지 않을 수 없어 몇몇 신문이 관련 기사를 실었다.[21] 그러자 경시청이 압력을 가했고 결국 조선인 학생들을 초대한 28일에 예정된 집회는 개최가 지연된 데다가 단순한 간담회로 끝났고, 다음 날 예정되었던 웅변대회를 구실로 삼은 학생집회도 중지되었다. 원래는 29일에 도쿄를 떠나 조선으로 돌아가려던 여운형의 일정도 데이코쿠호텔의 일로 인해 연기되었다. 그래서 그가 만나기를 바라던 도쿄제국대학의 신인회新人會와 여명회黎明會, 교회 관계자 같은 다이쇼 데모크라시의 담당자들과 접촉할 시간적 여유가 생겼다. 그중 대표적인 사람이 바로 요시노 사쿠조吉野作造였다. 요시노는 이미 데이코쿠호텔에서 여운형이 한 연설을 청중의 한 사람으로서 들은 상태였다.[22]

요시노 사쿠조는 11월 29일 여운형이 묵고 있던 호텔을 방문하여 데이코쿠호텔에서 한 연설의 필연성과 중국관·세계관 등에 대해 깊이 있는 논의를 했다. 조선의 독립이 아니라 무단통치의 변경을 요구하고 있던 요시노와 여운형 사이에는 근본적인 입장 차이가 있었지만 그럼에도 불구하고 두 사람은 서로를 이해하기에 이르렀다.[23] 요시노가 손을 썼는지 다음 날 여운형은 도쿄제국대학 신인회 모임에 나갈 수 있었다. 모임에는 모리토 다쓰오森戸辰男, 오스기 사카에大杉榮, 야마카와 히토시山川均, 사카이 도시히코堺利彦, 사회주의자, 조선인, 중국인 등이 참석했고, 미야자키 도텐宮崎滔天의 아들로 이해 여름 상해를 방문하여 5·4운동의 현장을 둘러보고 손문과도 만났던 미야자키 류스케宮崎龍介가 사회를 맡았다. 이 자리에서 여운형은 "조선의 독립운동은 조선인들의 일시적 감정 폭발로 시작된 일이 아니다. 이는 오로지 조선인의 영구적 자유와 발전을 위해서며 나아가 세계의 영원한 평화를 위해서다" 라고 말했다. 이에 대해 미야자키 류스케는 "여 선생님의 말씀을 듣고 우리는 안심이 된다. 조선독립이 민족적 감정에서 시작된 것이 아니라면 조선과 일본은 서로 평화롭게 살 수 있을 것이기 때문이다. 여 선생의 말과 같이 조선의 독립이 세계평화와 인류의 행복을 위한 것이므로 일본인 중에도 조선독립을 기원하는 사람이 있다는 사실을 알아달라" 고 말했다. 이처럼 모임은 시종 화기애애한 분위기 속에서 진행되었고 오스기가 "조선독립 만세"를 외치는 것으로 폐회했다.[24] 여운형은 이튿날인 12월 1일 육군성, 내무성, 체신성, 척식국, 수상 사저 등을 방문한 뒤 시모노세키행 열차를 타고 도쿄를 떠났다. 그러나 여운형의 일본 방문 결과를 들은 조선총독부가 조선에 들어오는 것을 거부했기 때문에 여운형은 당초 예정지인 부산이 아니라 상해로 향했다.[25]

이러한 상황 속에서 하라 다카시는 당초 12월 1일 오후 3시로 예정했던 여운형과의 회담을 경찰의 조언도 있고 해서 공무를 이유로 거부했다. 또한 고가 렌조, 다나카 기이치, 미즈노 렌타로와 여운형과의 회견은 무의미하며 데이코쿠호텔에서의 연설도 "세간에 물의를 일으켰다"고 치부해버리는 한편,[26] 이 연설에 대한 전말을 의회에서 공표해야 하는 경우가 생길 수 있고 여운형을 기소하지 않고 신문에 연설 게재를 허용한 것이 문제가 될 수 있다는 등의 감상을 일기에 적었다.[27] 하라가 걱정했던 대로 야당인 헌정회와 하라의 오랜 정적인 야마가타 아리토모山縣有朋가 이끄는 야마가타파벌의 근거지 중 하나인 귀족원이, 여운형의 방일문제로 정부와 여당인 입헌정우회를 공격하여 정부는 제42회 제국의회에서 불리한 입장에 처했다. 그래서 정부는 헌정회가 요구한 보통선거법안을 둘러싼 여야의 대립 속에서 신임을 묻기 위해 1920년 2월에 중의원을 해산했다. 그러나 5월에 치른 총선거에서 이때부터 실시된 소선거구제의 영향도 있어서 여당인 입헌정우회가 크게 승리했기 때문에(입헌정우회 279석, 헌정회 108석, 국민당 29석, 정교구락부 6석, 신정회 2석) 이 문제는 흐지부지 끝나버렸다.[28]

이 문제로 한창 정부가 공격을 받고 있을 때 요시노 사쿠조는 들끓고 있는 조선문제의 유력자를 불러 장래의 평화와 행복을 의논한 것이므로 여운형을 초청한 정부의 태도는 비난받을 일이 아니라는 의사를 밝혔다. 또한 상대가 조선인이며 야마토민족大和民族이 아닌 이상 과거 10년간의 조선통치가 실패했다는 것을 명백하게 보여주는 결과인 독립운동이 일어난 데 대해 좀더 아량을 가져야 하고, 자신도 직접 만나본 여운형은 성품과 식견이 존경할 만한 인물이므로 그의 주장을 충분히 들어줄 정도의 여유는 필요하며, 일본에게 가장 중요한 조선문제를 국민에게 올바르게 이해시키기 위해서도 이 문제를 정쟁의 도구로 삼아서는 안 된다고 비판했다.[29] 여운형의 일본 방문에 대한 미국의 반응은 필자가 아는 한에서는 앞서 언급한 국무성 앞으로 보낸 버그홀츠의 보고 외에는 미국 당국(주일 대사관, 주서울 총영사관 등)에 의한 보고나 미국 언론이 보도한 기사 등은 눈에 띄지 않는다.

한편 여운형의 일본 방문과 같은 시기인 1919년 11월에 발생한 것이 이강공李堈公사건이다. 1877년 고종의 다섯째 아들로 태어나 대한제국의 마지막 황제였던 순종과는 배다른 형제 사이였던 의친왕 이강은 일본의 한국병합 후 구한국의 황실이 일본황실에 편입되고 자신도 사실상 유폐상태에 처한 데 불만을 품고 있었다. 더욱이 1919년 고종의 죽음과 역시 배다른 형제였던 영친왕 이은이 1907년 일본에 건너간 이래 사실상 일본에서 유폐상태에 놓여 있었기 때문에 조선 내에 머물고 있으면서 움직일 수 있는 구한국황실 사람은 이강밖에 없었다. 그래서 3·1운동 이후 대한민국임시정부를 지원하기 위해 서울에서 새로 결성된 대동단의 지도자로 전에는 일진회 회원이었지만 이 시기에는 김구와도 관계를 가지고 있던 전협全協과 역시 일진회 회원이었던 최익환崔益煥 등이 이강을 상해로 보내 대한민국임시정부와 접촉시켜 독립운동을 확장하려는 시도를 했다. 11월 9일 이강은 종자와 함께 서울의 저택에서 빠져나와 열차를 타고 중국 국경 쪽에 위치한 도시인 안동(지금의 단둥丹東)에 도착했다. 그러나 저택에서 행방불명된 사실을 발견한 일본 당국이 수색에 착수했고, 결국 이틀 뒤인 11월 11일 안동에서 발각되어 서울로 송환되었다. 이강의 조선 탈출을 꾀한 혐의로 전협, 탈출 계획에도 관여한 이강 부인의 동생 김춘기金春基, 저택에서 역까지 이강을 데리고 간 차부車夫 김삼복金三福, 이강과 안동까지 동행한 정남용鄭南用을 비롯한 10여 명이 구속·투옥되고 혹독한 심문과 처벌을 받았다.[30] 이 사건을 접한 하라 다카시는 12월 미즈노 렌타로 등과 만난 자리에서 "한때 불만을 품은 무리로 인해 그르치는" 일이 두 번 다시 일어나지 않도록 하기 위해 이강을 도쿄로 불러 상당한 대우를 해주겠다고 제의했지만,[31] 이강이 거절함으로써 도쿄행은 결국 실현되지 않았다.[32]

이처럼 문화정치 실시 후에도 조선의 상황이 여전히 수습되지 않는 가운데 버그홀츠 대신 밀러Ransford S. Miller가 주서울 미국총영사에 취임했다. 밀러는 1919년 12월 말 문화정치 실시로 조선인들은 온건파와 강경파로 분화하고 있고, 이 중 온건파가 문화정치 실시로 초래된 새로운 사조에 부합하려는 경향을 보이고 있으나 문화정치가 제대로 실시되지 않으면 강경파가 힘을 얻을 것으로 예상되는데 조선총독부도 이 사실을 잘 인식하고 있다는 내용을 도쿄의 모리스에게 보고했고, 모리스는 다시 본국에 보고했다.[33]

그러나 이러한 밀러의 보고 내용과 일치하지 않는 사건이 잇달아 발생했다. 예컨대 평양에 거주하던 미국인 선교사 해밀턴Floyd G. Hamilton이 이곳은 아직 평온하다고는 말할 수 없는 상황이 계속되고 있다고 미국에 있는 친구들에게 알렸고,[34] 3·1운동 1주년인 1920년 3월 1일 서울은 경찰의 엄중 경계체제로 평온했지만 만세 소리가 들렸으며, 평양 등 다른 지역에서는 상당한 선동이 있었고 또 조선총독부는 바로 몇 주 전에 배재학당 교장으로 취임한 아펜젤러Henry G. Appenzeller를 3·1운동 1주년을 맞이해 벌어진 학당 내의 만세 삼창과 생도들의 집단 등교거부 등을 저지하지 못했다는 이유로 사퇴 압력을 넣었고 결국 해임시켰다.[35]

이러한 상황을 완화할 목적도 있었는지 모르지만, 지난해 고종의 죽음으로 인해 연기되었던 이은과 나시모도노미야 마사코梨本宮方子의 혼례가 1920년 4월 28일에 도쿄에서 거행되었다. 이를 계기로 조선총독부는 수천 명이나 되는 구속자에 대해 석방 또는 감형 특사를 내렸다. 이러한 움직임을 본 밀러도 이 특사가 가지는 의미와 의도를 본국에 보고했다.[36] 한편 이 시기 미국에서는 선교사 밀러Carl F. Miller가 1882년에 체결된 조미조약의 거중조정 조항에 근거하여 여전히 수습되었다고는 보이지 않는 조선문제에 개입할 수 있는지 여부를 국무성에 문의했다. 이에 대한 국무성의 회답은 1910년 8월 한국병합조약이 체결됨에 따라 조미조약은 발동할 수 없게 되었다는 것이었다.[37] 이 회답만을 놓고 보면 조선문제에 개입하지 않는다는 미국정부의 자세는 여전히 바뀌지 않았고 도리어 이 회답으로 인해 더욱 명확해졌음을 엿볼 수 있다.

문화정치가 실시된 이후에도 3·1운동 같은 대규모적이면서 전 민족적인 독립운동과는 다른 형태의 독립운동이 여러 형태로 꾸준히 전개되어 조선의 독립운동이 3·1운동의 무력진압 후에도 결코 끝나지 않았음을 내외에 보였다. 그러나 조선을 통치하고 있던 일본은 이러한 독립운동 움직임을 억누르려 했고 미국은 사태의 추이를 주시하고 있었다.

훈춘사건과 간도출병

비무장 독립운동인 3·1운동이 일본의 무력행사 앞에 진압되었지만 문화정치 실시 이후에도 조선 내외에서 독립운동은 그치지 않았다. 이러한 상황 속에서 러시아령에서 만주에 걸쳐 거주하는 조선인들 중에는 무력투쟁을 통해 일본과 일전을 벌이는 이들이 나타났다.

1920년이 되자 1월 1일에는 중국과 인접한 평안북도 의주군이 중국인 마적의 습격을 받는 사건이 발생했고,[38] 1월 25일에는 함경북도 온성군이 중국인의 습격을 받았고,[39] 3월 15일에는 역시 함경북도 온성군이 무장한 조선인 약 250명의 습격을 받아 경비원 1명이 즉사한 사건이 일어났다.[40] 또한 3월 17일, 18일, 19일, 26일에 연속해서 온성군이 습격을 받는[41] 등 조선 북부지역, 특히 중국과 국경이 가까운 지역이 중국 측의 습격을 받는 사건이 빈발했다. 서간도지역에서는 대한독립단과 서로군정서, 북간도지역에서는 대한국민회와 북로군정서가 습격의 주동자였는데[42] 이들이 국경지대를 잇달아 습격하면서 국경지대는 매우 불안해졌다.

그중에서 일본이 몇몇 습격사건의 배후라고 파악하고 있던 인물이 대한독립단을 이끌고 있던 홍범도였다.[43] 대한독립단의 공격은 끊이지 않아 1920년 3월 17일부터 계속된 온성군 미점에 대한 공격과[44] 6월 만주 왕정현汪精縣 봉오동鳳梧洞에서 일본군에 대한 공격과 교전[45] 등이 있었고 특히 봉오동전투에서는 일본도 꽤 많은 피해를 입었다.[46] 때문에 간도 용정龍井의 일본인 거류민들은 자신들의 생명과 재산을 지키기 위해 일본 당국에 출병을 요청했다.[47] 이러한 요청과 우치다 료헤이內田良平의 건의 그리고 일본과 조선에서 진행된 공작으로 일본군은 출병 준비에 착수했고[48] 반대가 있었음에도 불구하고 결국 중국인 마적을 이용해서 사건을 일으키려는 계획을 실행에 옮겼다. 1920년 9월 12일 조선·중국·러시아 국경과 가까운 요충지로 간도에 위치한 훈춘琿春이 마적의 습격을 받았다.[49] 일본의 사주를 받은 중국인 마적이 10월 2일 또다시 훈춘을 공격하여 일본영사관을 불태우는 사건이 일어났다.[50]

두 차례의 훈춘사건으로 일본정부는 10월 7일 이 지역의 일본인과 그들의 재산을 보호하기 위해 군대를 파견한다는 방침을 내세운 각의 결정을 하고[51] 일주일 뒤인 10월 1일에 간도출병 성명을 공포했다.[52] 일본군은 각의 결정이 나기 전날인 10월 6일부터 이미 북간도 일대에 거주하는 조선인들의 토벌에 착수하여 11월 23일까지 69개 촌락에서 사망자 2,285명, 소실 가옥 2,507호라는 큰 피해를 초래했다.[53] 이에 홍범도의 대한독립단과 김좌진이 지휘하는 북로군정서가 연합해서 독립군을 만들고 10월 20일부터 일주일 동안 간도 화룡현和龍縣 청산리靑山里에서 일본군과 격심하게 교전하여 일본 측에 상당한 피해를 입혔다.[54]

이러한 상황을 보고받은 일본정부는 1920년 11월 육군 대령 미즈마치 다케조水町竹三를 대표로 하는 1개 중대를 간도의 실정 조사를 위해 현지에 파견했다.[55] 11월 20일 간도에 도착한 미즈마치 일행은 동행한 『시카고 데일리 뉴스*Chicago Daily News*』의 일본 특파원 우드Junius B. Wood에게 일본이 하려는 공격의 정당성을 납득시키려고 노력했다.[56] 11월 30일 미즈마치는 중국정부는 마적을 억제하기 위한 효과적인 조치를 취하지 않고 도리어 간도에서 마적과 비밀양해를 맺고 있다는 것, 일본군이 파견됨에 따라 마적의 행위에 대한 책임은 전부 중국 당국이 져야 한다는 것, 일본 당국은 사살된 사람들 중에 무고한 이가 있을지도 모른다는 점을 유감으로 생각하지만 현지 상황에서는 무고한 사람과 그렇지 않은 사람을 구별하기란 거의 불가능하다는 것 등을 밝혔다. 또한 선교사들에게 조선에서 일어나는 독립운동을 돕지 말라고 단단히 경고하고 만일 선교사들이 조선에서 전개되는 독립운동을 돕거나 조선인 신자들에게 일본제국에 대한 충성심을 가르치지 않는다면 그들의 선교 사업은 손해를 입게 될 거라고 했다. 그리고 간도에서 활동하던 영국계 선교사 가운데 중심 인물이었던 캐나다인 장로교 선교사 푸트W. R. Foote(당시 간도에서 활동하던 영국계 선교사들은 주로 캐나다인들이었다)에게 특히 간도에서 영국인 선교사들의 부적절한 행위가 있는데, 이것은 영국과 일본의 관계에 해로울 뿐 아니라 일본의 불교 신자들이 영국 통치하의 인도에서 비협력운동을 돕는 것을 정당화시킬 수 있고 아일랜드문제에도 적용될 수 있다고 말했다. 이것이 이른바 '미즈마치성명'이다.

미즈마치성명은 12월 상순에 미국과 일본 신문에 보도되었고[57] 주일 미국대사관도 성명 공포 사실을 본국에 보고했다.[58] 그런데 이는 미국과 영국(특히 영국)의 반발을 불러일으킬 우려가 있었다. 때문에 일본 외무성은 12월 미즈마치성명에 대해 외무성은 어떠한 관여도 하지 않았으며 신문보도를 보고 알았고, 육군성이 미즈마치 다케조에게 청탁을 받거나 또는 그에게 지령을 해서 이루어진 일이 아니라 미즈마치의 개인적 의견에 지나지 않으며 일본정부의 책임 있는 성명이 아니라고 강조했고, 성명 내용에도 필요하지 않은 부분이 있으며 용어도 타당성이 결여되어 있어 유감이라는 담화를 발표했다.[59] 이 담화는 미국과 일본의 각 신문에 보도되었고[60] 이것이 주일 미국대사관에서 국무성과 주영 미국대사관에 전해지는 한편[61] 미국에서도 보도되어, 주샌프란시스코 일본총영사관은 이러한 사실을 본국에 보고했다.[62] 더욱이 미즈마치가 이끌던 1개 중대가 간도에서 교회와 소학교 등을 불태우는 잔혹한 행위를 해 미국에서도 문제가 되었다. 이에 대해 미즈마치는 조선인들이 이 지역에서 농성을 벌여 일본군의 전진을 저지하려 했기 때문에 본거지를 토벌하지 않는 한 위기에 처한 일본인들을 구할 수 없어 어쩔 수 없이 돌격을 감행했고 이때 실수로 불을 냈다고 말했다. 또한 여러 나라 사이에 오해가 있는 모양이므로 일본정부가 진상을 밝힐 수단을 강구할 예정이라고 말했다.[63] 미즈마치가 성명에 대해 전혀 후회하지 않았음을 엿볼 수 있다.[64]

이 밖에 간도출병에 대한 중국이나 일본, 조선에서 보도한 내용을 현지 주재 미국 외교관이 스크랩을 첨부하여 국무성에 여러 가지 보고를 했고,[65] 봉천(지금의 선양瀋陽) 주재 미국총영사 폰티우스Albert W. Pontius가 간도출병으로 인해 간도에 있던 조선인이 살해되고 그들의 교회와 성서 등이 불타는 생생한 상황을 보고했고,[66] 간도에 거주하는 영국계 선교사 푸트와 마틴S. H. Martin 그리고 서울에 머물던 미국인 선교사 맨스필드T. D. Mansfield가 간도에서 목격한 일본군의 잔학한 행위를 서울의 밀러가 주일 미국대사관을 통해 국무성에 보고하기도 했다.[67] 또 간도에서 일어난 사태에 대해 관심을 가질 수밖에 없던 영국에서 하원의원 뉴먼Robert Newman이 12월 21일 이러한 사태를 정부가 알고 있는지 여부와 이것과 관련해 일본에 어떻게 대응할지를 하원에서 질문했다. 이에 대해 외무차관 함스워스Cecil Harmsworth가 이미 주일 영국대사 엘리엇Charles N. E. Eliot이 일본정부에 항의했다고 답한 것을 주영 미국대사 데이비스John W. Davis가 국무성에 보고하기도 했다.[68] 미국이 간도에서 일어난 사태 진전에 대해 여러 각도에서 적지 않은 관심을 가지고 있었음을 알 수 있다.

더욱이 간도출병을 둘러싼 경과는 일본 신문에서도 간헐적으로 보도했다.[69] 하지만 그것은 대체로 일본의 정당성과 조선인의 부당성, 단속에 임하는 중국 관헌의 미덥지 못한 태도, 그럼에도 불구하고 철병하기로 용단을 내렸다는 것 등을 호소하여 일본의 행위를 정당화했고 대규모 조선인 살해나 교회 등을 불태운 사실에 대해서는 언급하지 않았다. 이러한 가운데 봉천에 머물던 미국인 선교사 쿡Thomas Cook이 일본군을 미행하여 간도에서 자행한 일본군의 잔혹한 행동을 목격하고 봉천으로 돌아와 주봉천 일본총영사 아카쓰카 쇼스케赤塚正助를 만나, 일본군이 조선인을 체포하자마자 아무런 재판도 없이 학살했고 게다가 체포자 대부분은 무고한 기독교 신자들이었다고 강력하게 항의한 기사가 『도쿄아사히신문東京朝日新聞』에 실렸다.[70] 또한 우드가 간도에 거주하는 조선인 도연길도윤陶延吉道尹과 회견하며 여러 문제에 대해 질문했는데, 일본의 간섭은 전횡이며 간도출병에 따른 조선인의 피해는 인명과 가옥 등에서 상당하다고 답했다는 기사도[71] 게재되었다. 요컨대 미국(인)이 혼춘사건과 간도출병에 관련된 사실이 사건의 일부분으로서 일본에서도 밝혀진 것은 주목할 만한 점이다.

이처럼 일본군의 간도출병에 대해 이 지역을 중심으로 한 미국인 선교사와 미국 언론이 주로 인도적 입장에서 일본에 대해 비판적인 입장을 취했다.[72] 한편 한참 간도출병이 진행되고 있던 1920년 11월 2일 용정에 머물던 어느 미국인 선교사가 이곳에 있던 병참사령부를 방문했고, 12월에는 혼춘으로 갈 예정이던 어느 미국인 무관이 국자가局子街(지금의 옌지延吉)와 용정을 방문했다. 또한 새해가 된 1921년에도 블라디보스토크에 있던 미국 해군 5명이 혼춘사건을 조사하려는 움직임이 있었는데 이러한 미국의 태도에 대해 일본은 몹시 경계심을 가지고 임했다.[73]

미국의원단의 동아시아 방문

제12장

미국의원단의 동아시아 방문

앞 장까지 기술한 것처럼 만주와 시베리아에서 전개된 독립운동이 과격화되는 가운데, 1920년 6월에 미국의 상·하원 의원과 그 가족들이 동아시아 각지를 차례로 방문한다는 사실이 발표됐다. 이들의 목적은 일본이 '미국의원관광단'이라고 부른 데서 알 수 있듯이 어디까지나 관광이었다. 하지만 지난해에 3·1운동과 5·4운동이 일어났고 파리강화회의와 베르사유조약에서 이러한 사태가 충분히 매듭지어졌다고는 말할 수 없는 상황이었다. 또 앞서 언급한 것처럼 작년부터 윌슨Woodrow Wilson 대통령이 요구하는 국제연맹의 승인이 의회에서 계속 부결되고 있던 때에 일본의 조선통치 방식이 중국에도 영향을 미치고 있다는 이야기가 거론되던 이 지역의 실정을 시찰하는 것도 목적에 포함되었던 것으로 생각된다. 의원단의 동아시아 방문을 알게 된 일본인과 조선인 들 역시 이들의 목적을 단순한 관광이라고는 생각하지 않았고 각각의 입장에서 어떻게 대응할지를 생각했다.

먼저 조선 측의 대응을 보면, 대한민국임시정부는 1920년 6월 안창호를 '대미의원시찰단 준비위원회' 회장으로 선임했다. 안창호는 이달 18일 위원회에서 결정한 여러 방침(국내에서는 시위운동 겸 환영행사를 할 것, 상해에서는 거류민단이 환영회를 할 것, 필리핀에 정부 요인을 보내 선전활동을 할 것)에 따라, 28일에 1만 400원의 '미국의원단 준비에 관한 예산액' 제출을 국무총리 이동휘에게 요구했고 의원단과 접촉할 때 사용할 예정으로 구한국 국기인 태극기와 선전문서도 작성했다.[1] 조선 내에서는 7월 9일 미국의원단이 동아시아지역 시찰을 위해 출발했다는 사실이 신문에 보도되어[2] 일반 조선인에게도 널리 알려졌다.

일본 측에서는 적지 않은 인원으로 구성된 미국의원단의 동아시아 방문 의도와 이것이(우선 이들이 방문하는 지역에서) 미칠 영향을 고려하면서 어떻게 대처할지를 궁리했다. 1920년 4월에는 1900년대부터 미·일관계의 마찰을 해소하기 위해 미국과 일본 간 민간 경제외교를 전개하고 있던 실업계의 거물인 시부자와 에이이치澁澤榮一의 초청으로 내셔널 시티뱅크 은행장인 밴더리프Frank A. Vanderlip를 단장으로 한 미국 동부 실업계의 주요 인사들이 일본을 방문하여 성대한 환영을 받았다.[3] 도착 다음 날인 4월 26일부터 일본과 미국은 6차례에 걸쳐 회담을 했는데, 이때 일본 측 대표단은 시부자와, 전 대장대신 사카타니 요시오阪谷芳郎, 일본은행 총재 이노우에 준노스케井上準之助, 1904년 체결된 제1차 한일협약에 따라 일본정부가 추천한 재정고문으로 한국에 부임했던 경험이 있는 메가타 다네타로目賀田種太郎, 러일전쟁 당시 미국에서 선전활동을 했던 가네코 겐타로金子堅太郎 등으로 구성되었고, 미국 측 대표단은 밴더리프, 1913년 대통령을 퇴임하고 이 시점에서는 예일대학 법률학 교수였던 윌리엄 태프트William H. Taft의 아들이자 변호사인 로버트 태프트Robert Taft 등으로 구성되었다. 회담 석상에서 (미국으로 간 일본인) 이민문제, 중국에서의 상공업 전개에 관한 협력문제, 산동성山東省문제, 시베리아(출병)문제 등과 더불어 사카타니의 제안으로 조선문제도 의제로 거론되었다.

조선문제는 일본의 국내문제이기 때문에 의제에서 제외해야 한다고 일본측 참석자가 주장하자, 로버트 태프트는 일본의 조선통치에 대한 미국 내의 편견을 제거하기 위해 의제에서 완전히 제외하지 않는 것이 좋다는 주장을 하여 회담에서 조선문제도 논의하게 되었다. 이때 사카타니 요시오, 메가타 다네타로, 가네코 겐타로, 시부자와 에이이치 등은 일본의 한국병합과 조선통치로 조선의 정치적·경제적 상황이 개선되고 안정되었는데도, 미국은 일본의 조선통치에 대해 오해를 하고 있고, 조선인 독립운동가들이 미국에 있지만 문제 삼지 않고 있다는 것 등을 이야기했다. 하지만 로버트 태프트가 지난해 3·1운동 당시 일본이 잔학한 방법을 사용하여 진압했고 조선인들과 조선에 거주하는 미국인 선교사들에게 피해를 끼쳤다는 점을 물고 늘어지자 가네코와 사카타니는 이에 대해 변명을 해야 했다.[4] 이에 앞서 3월에 샌프란시스코 상업회의소대표의 알렉산더W. Alexander 방문단이 일본을 방문하여 협의했는데, 이때 방문단은 일본과 미국 서해안 사이의 통상관계 증진 이외에 (또는 이를 위하여) 일본은 조선에 대한 통치방법과 중국인을 대하는 방법을 바꿔야 하고, 이러한 개혁이 달성되어 미국인의 눈으로 보아 효과가 있다고 증명될 때까지는 미국 내에 존재하는 일본에 대한 의심은 없어지지 않을 것이며, 일본인들은 조선인들에 대한 일본의 자세와 일본의 중국정책에 관해 미국에서 어떠한 견해가 널리 퍼지고 있는지에 대해서는 생각이 미치지 못하고 있다고 말했다.[5] 위에서 말한 로버트 태프트의 발언은 이 일 이후에 이어진 것이기 때문에 일본에 경계심을 불러일으켰다. 알렉산더 방문단과 밴더리프 방문단에 이어서 미국의원단이 일본뿐만 아니라 조선과 중국도 방문할 예정이었기 때문에 일본은 미·일관계 증진을 꾀하는 한편, 동아시아 지역에서 일본이 차지하는 지위 특히 일본의 조선통치에 미칠 수 있는 (일본 입장에서 보아) 나쁜 영향을 막기 위해 부심할 수밖에 없었다.

상원의원 3명, 하원의원 39명, 그 가족 74명, 그 밖의 인원을 합쳐 총 123명으로 구성된 미국의원단 일행은 1920년 7월 미국을 출발, 당시 미국의 식민지였던 필리핀을 거쳐 8월 5일 상해에 도착했다. 일행 중 상당수가 필리핀에 남았기 때문에 상해에 도착한 인원은 123명 중 73명에 불과했다.[6] 일행은 당초 홍콩과 광동성廣東省을 경유할 예정이었기 때문에 7월 31일 안창호는 홍콩에 가서 일행과 회담할 목적으로 홍콩의 미국총영사관을 방문했다. 그러나 일행이 태풍으로 홍콩을 들리지 않고 상해로 직행하자 안창호는 8월 11일 기차를 타고 다음 날 남경南京에 도착했다. 이곳에서 전 주중 미국공사 라인쉬Paul S. Reinsch를 만난 안창호는 일행이 조선에서 이삼 일 정도 머물 예정이라는 얘기를 들었다. 그래서 안창호는 대한민국임시정부에 시위운동이 반드시 필요하다고 전했다.[7]

8월 5일 미국의원단 일행이 상해에 도착해 각지를 방문하자,[8] 이곳을 본거지로 삼고 있던 대한민국임시정부도 공작활동을 활발히 전개했다. 대한민국임시정부는 두 종류의 청원서를 각 43통씩 준비하고 공작위원으로 여운형과 동생 여운홍, 정인과鄭仁果, 정희경鄭喜傲 등 4명을 선출했다. 이들은 5일 개최된 태평양협회의 미국의원단 환영회, 다음 날 개최된 21개 단체연합환영회, 8월 8일 개최된 유학생환영회 등에 참석해서,[9] 의원단 일행에게 조선독립에 관한 각서(청원서)를 직접 전달했다.[10]

의원단 일행은 8월 9일 상해에서 항주杭州로 가 관광을 한 후, 10일에는 남경에 도착해서 관광하고, 11일 오후 늦게 이곳을 떠났다.[11] 일행은 8월 12일 태산泰山 등산을 한 다음에 13일에는 산동성의 성도省都인 제남濟南에 들어갔고 다음 날 오후에는 북경에 도착했다.[12]

북경에 도착한 일행은 여러 곳을 관광했는데,[13] 일행에 대한 조선인들의 공작활동은 이곳에서도 적극적이었다. 8월 16일에는 안창호와 여운형 등이 하원 외교위원회 위원장 포터Stephen G. Porter를 방문하여 조선의 비참한 현황과 일본의 선전이 허위임을 설명한 다음, 한국헌법(지난해 4월 대한민국임시정부가 수립될 때 제정한 임시헌장을 말한다)의 영어 번역문과 영문으로 기록한 「한·일관계」, 「일본인들의 제반 불법행위」라는 문서를 직접 전달했다. 다음 날에는 의원단 일행의 단장인 하원의원 스몰J. H. Small을 만나 자신들은 독립만을 원할 뿐이라고 말했다. 이에 대해 스몰은 자신들은 조선의 사정에 동정적이며 귀국 후 이러한 사정을 국내외에 선전할 생각을 갖고 있다고 말했다. 그런데 지금까지는 조선인들과 만났지만 조선에 도착하면 자신들은 일본정부의 손님이기 때문에 더 이상 조선인들과 만나는 것은 어렵다는 사실을 알아주길 바라며, 하지만 그러한 행동이 자신들의 생각이 변한 것을 의미하지는 않는다고 말했다. 8월 18일 안창호와 여운형 등은 하원의원 배어W. S. Vare와 다이어L. C. Dyer, 19일에는 하원의원 캠벨S. E. Campbell과 하디Repus Hardy, 라인쉬, 20일에는 상원의원 해리스W. S. Harris, 하원의원 오스번H. Z. Osbarn, 굿셀L. B. Goodsell, 허스맨Hugh S. Hersman, 모리스J. M. Moris 등을 차례로 만나 조선의 사정을 설명했다. 이 중 많은 이들이 조선에 대한 동정심을 드러내고 조선을 위해 힘쓰겠다고 약속했다.[14]

미국의원단 일행은 8월 21일 아침에 열차로 북경에서 천진天津으로 갔고, 22일에는 진황도秦皇島와 산해관山海關을 경유했으며, 23일 오전에는 봉천奉川에 도착했고, 이날 오후 9시에는 봉천을 출발하여 마침내 조선으로 향했다.[15] 의원단 일행은 중국 각지에서 열렬한 환영을 받았고, 상해에서는 중화민국 건국 당시 임시 대통령이었던 손문孫文, 북경에서는 당시 대통령 서세창徐世昌과 만나는 등 중국 측 주요 인사와 접촉했다. 이것만 보아도 중국이 일행을 환대해서 미국의 환심을 사려 했다는 것을 알 수 있다. 이러한 상황 속에서 일본은 의원단 일행의 행동을 어떻게 인식했는가?

일본은 중국에서 조선인들이 전개한 활동상과 중국이 보인 환영태도보다 훨씬 커다란 움직임을 조선에서 보일 거라는 예상에서 일행이 조선을 통과하지 않고 중국에서 직접 일본으로 가는 것이 좋다고 생각했다. 그래서 조선총독부는 일행이 조선에 들어오면 위해를 가할 음모가 있다며 일행에게 조선 방문을 보류해줄 것을 전달하라고 주중 일본공사 오바타 유키치小幡酉吉에게 의뢰했다. 그러나 이를 전해 들은 주봉천 일본총영사 아카쓰카 쇼스케赤塚正助는 일행이 조선 방문을 보류할지는 의문이지만, 음모 계획이 있다는 사실을 솔직하게 털어놓고 조선 방문을 보류해달라고 요청하는 게 마땅하며, 조선 내의 소동은 자연히 만주에 거주하는 조선인들을 자극하기 때문에 순조롭게 진행되고 있는 이들에 대한 통치가 이로 인해 좌절되어서는 안 된다고 본국에 강력히 요청했다.[16] 그리하여 일행이 중국에 머무는 동안 이들에 대한 습격 계획이 있다는 내용이 여러 번 도쿄의 일본 외무성에 보고되었고,[17] 조선총독 사이토 마코토齋藤實는 조선인들이 작성해서 의원단 일행에게 제출한 영문 청원서를 입수하여 본국에 보냈다.[18]

또한 조선 내, 특히 서울에서 콜레라가 널리 유행하고 있다는 정보를 흘리는 등 일본이 일행의 조선 방문을 원하지 않는다는 것은 명백했다. 하지만 의원단 일행은 콜레라는 조선뿐만 아니라 동양에서는 대체로 어디에나 있고, 중국인들처럼 조선인들도 미국을 유일한 희망으로 여기고 있기 때문에 자신들에게 해를 가할 거라고는 생각하지 않는다는 이유를 내세워 사실상 조선 방문을 그만둘 생각이 없음을 밝혔다.[19] 그러자 오바타 유키치는 일행의 조선 방문 의사에는 변함이 없다는 것을 전제로 방문 보류를 계속 권하는 것은 도리어 일본의 생각이 좁다고 의심받을 우려가 있기 때문에 오히려 여유 있게 일행에게 조선의 형편을 살펴보게 하여 일본의 넓은 도량을 보여주는 것이 좋다고 도쿄에 요청했다.[20] 이 요청을 뒷받침하듯이 8월 18일에 일행 중 해리스와 스몰이 오바타를 방문하여 조선에 들러도 독립운동가들에게 성원을 보내는 일은 가능한 한 피하겠다고 이야기했다.[21]

이처럼 미국의원단 일행의 조선 방문은 일본과 조선 양쪽의 의도가 교차하는 가운데 실현되어, 일행은 8월 23일 오후 11시 봉천역에서 조선을 향해 출발했다.[22]

미국의원단의 조선 방문

미국의원단 일행을 맞이하게 된 조선에서는 중국 각지를 방문하는 의원단 일행의 모습이 일일이 보도되었다.[23] 앞서 말한 것처럼 일행이 조선을 방문할 때에 위해를 가하려는 계획이 조선인들 사이에 있고 지난해의 3·1운동에 이어서 제2의 독립운동을 계획 중이라고 보도되었기 때문에,[24] 조선 내 특히 일행이 머무는 서울에서는 경계가 매우 엄중했다.[25] 또한 서울 내의 시장은 모두 철거 조치가 취해졌다.[26]

조선총독부와 조선인들은 각자 일행을 환영할 준비를 갖추었고[27] 신문에서도 일행을 환영하는 조선어와 영문 사설이 게재되었다. 이해 4월 창간한 민족계 신문 『동아일보』에는 우선 미국이 억압받는 사람들의 피난처가 되어왔고 조선과 우호조약을 체결했을 뿐만 아니라, 조선인들에게 복음을 전하기 위해 돈과 노력을 아끼지 않았다는 내용을 게재했다. 또한 조선인들이 독립을 위해 몸과 마음을 바치려는 것은 민주주의라는 원칙을 위한 것이며, 미국인들의 경험을 배워서 자유와 해방을 위해 노력하고 싶어 하는, 이러한 조선인들의 희망을 본국의 미국인들에게 전해주기 바란다는 내용을 실었다. 이것은 조선총독부의 검열을 의식해서 검열에 걸리지 않을 정도로 수위를 조절한 아슬아슬한 내용이었다. 한편 당시 조선총독부의 기관지로 여겨졌던 『매일신보每日申報』에는 작년의 3·1운동에서는 일본인을 억압자로 여겼지만 일본의 한국병합과 조선통치로 이전에 있었던 조선의 해악이 억제되었고, 일본의 조선통치에 많은 잘못이 있었던 것도 사실이지만 이는 조선인을 향상시키려는 과정에서 발생한 것이므로, 의원단 일행은 일본인이 조선인을 위해 펴고 있는 여러 정책을 짧은 기간 동안 잘 관찰하기 바란다는 사설이 실렸다. 이것은 정말로 기관지다운 내용이었다.[28]

봉천을 출발한 일행은 8월 24일 오전 8시 중국 국경 쪽에 위치한 도시인 안동安東(지금의 단둥丹東)에 도착했고 그대로 열차로 조선과 중국 국경 사이에 가로놓인 압록강을 건너 조선에 들어와 오후 2시에는 평양을 통과하여[29] 서울로 향했다. 이때 일본의 경계는 매우 엄중했다. 그러나 서울까지 오는 각 역에서 조선 민중의 출입을 금하고 사방팔방에 병사들이 경계태세를 갖추고 있었음에도 불구하고, 역마다 조선 민중은 역에서 100미터 정도 떨어진 곳에서 일행이 탄 열차가 통과하는 것을 지켜보았고 환호성을 지르는 경우도 자주 있었다.[30] 중국 국경과 인접한 도시인 신의주 남쪽과 평양 남쪽에서 선로의 나사를 뽑아 열차를 전복시키려는 음모가 있었지만 사전에 복구했고, 신의주와 평양 사이에 위치한 정주에서 한 차례, 서울에서 몇 차례 만세를 부르는 일이 있었지만 이것을 제외하면 엄중한 경계태세로 인해 큰일이 벌어지지는 않았다고 보고되었다.[31]

단장을 맡고 있던 스몰이 조선 민중에 대해 우호적인 감정을 갖고 있다고 보도되었기 때문에[32] 일행에 대한 조선인들의 기대는 한층 높았다.[33] 스몰은 서울로 향하는 열차 안에서 중국 방문 중에 중국이 일본을 신용하지 않음을 엿볼 수 있었는데, 이는 중국과 일본 양국을 위해서 참으로 불행한 일이며 만약 중국이 일본을 두려워하고 있다면 이러한 감정은 모두 없어져야 한다고 말했다. 또한 공화국을 수립하려는 중국에 대해 여러 나라는 확실하고 강고한 정부를 수립할 수 있도록 도와줘야 하고, 특히 일본 정부와 국민은 중국을 도와줘야 할 의무가 있고 또 이것은 일본 관민의 신념이 되어야 한다고 믿는다는 등의 발언을 했다. 한편 미·일관계에 관해 스몰은 미국 관민은 일본에 대해 언제나 우호적인 감정을 갖고 있다고 전제한 뒤, 미국 내에 존재하는 (반일적인) 정치운동과 캘리포니아의 배일排日운동 같은 지방적 편견은 미국과 일본의 친선에 역행하는 것이며 안타깝게도 일본에도 똑같은 현상이 존재한다고 말했다. 언론이 자유로운 나라에서는 그러한 상황을 억압하기가 어렵지만 이로 인해 미국과 일본 간에 전쟁이 일어난다는 것은 도저히 상상도 할 수 없고, 자신들은 미·일관계에 관해 현재와 장래에 어떠한 의견 차이가 있더라도 원만한 해결이 가능할 거라고 믿고 있다고 말했다. 그러나 스몰은 캘리포니아주의 배일문제(일본계 미국인 배척), 청도靑島문제(독일이 산동성에서 갖고 있던 권익의 귀속), 시베리아문제(일본군 철병) 같은 구체적인 여러 문제에 대해서는 진상을 알 수 없다는 이유로 언급을 피했다.[34] 더욱이 스몰은 자신들은 호의적·우의적 정신에서 조선인들을 도와 교육과 산업이 발전하기를 희망한다는 발언을 하는 한편, 『매일신보』에 "우리들은 조선인들이 애원하는 독립 같은 정치적 문제에 대해서는 조선이든 일본이든 논의하는 것이 불가능하며, 우리들이 이들 문제에 대해 의견을 갖고 있더라도 일본을 살펴보는 동안에는 그것을 발표하거나 논의하는 것은 적절하지 못하다"라는 내용의 영문 편지를 보내 그 번역문이 이 신문에 게재되었다.[35]

앞에서 말한 것처럼 서울의 상황이 험악하고 뒤숭숭한 가운데,[36] 일행을 태운 열차는 8월 24일 오후 8시 30분에 당시 서울의 중심역이던 남대문역에 도착했다. 군중은 이미 오후 1시부터 모이기 시작하여 오후 7시에는 수천 명이 역 앞 광장과 그곳으로 가는 거리에 모여 있었다. 열차가 도착한 직후 거리에 있던 민중 가운데 몇 명이 독립 만세를 부르자, 경관이 즉시 그중 두 명을 저항에도 불구하고 포승줄에 묶어 체포했다.[37] 지난해 3·1운동 때처럼 일본의 조선통치에 대한 반대의 뜻으로 서울 중심가에 있는 조선인들이 운영하는 상점들이 폐점했지만 경비 당국은 일행이 서울에 도착하기 전까지 개점시켰다.[38] 또한 사이토 마코토는 안동에서부터 일행을 따라 서울까지 와서 도착 직후에 환영을 위해 남대문역에 모인 사이토 자신을 포함한 조선총독부 고관들의 암살을 기도한 조선인 4명을 체포·수배했다고 도쿄에 보고했다.[39] 이러한 분위기 속에서 일행이 남만주철도주식회사(만철) 소유의 조선호텔로 들어가자, 수천 명의 민중이 독립 만세를 외치며 경계태세를 갖추고 있던 경관과 충돌하여 100여 명 정도가 구속되었다.[40]

일행은 다음 날인 8월 25일 아침 조선왕조 시기에는 정원이었던 비원과 왕궁이었던 창덕궁, 조선총독부 등을 방문했다. 일행은 조선총독부에서 사이토 마코토와 만나 손님으로 맞아준 데 대해 감사를 표했다. 이에 대해 사이토는 이날 오후 4시에 총독 관저로 일행을 초대하여 환영회를 개최했다.[41]

이 무렵 서울에서는 상점들이 다시 개점하기 시작했다.[42]

일행은 이날 오후 1시에는 숙소인 조선호텔에서 일본인, 미국인, 유럽인 등으로 구성된 국제친화회가 주최한 환영회 겸 점심 오찬에 참석했다. 마침 이때 예전에는 개화파 관료이자 독립협회 부회장이었고 현재는 YMCA 총무인 이상재李商在와 역시 독립협회 회원이었고 현재는 YMCA 총무로 이해 7월에 학생 수십 명이 동맹휴교를 했던 배재학당의 교장 신흥우申興雨〔덧붙이면 그는 이해 일본의 한국병합·조선통치, 그로 인한 3·1운동이 발발하는 흐름 속에서 조선인들이 취한 행동의 정당성을 주장한 영문 저서를 출판했다(Hugh Hueng-Cynn, *The Rebirth of Korea,—The Reawaking of the People, Its Causes, and the Outlook*, London, Central Board of Missions and Society for Promoting Christian Knowledge, 1920)〕가 오후 3시 30분부터 조선인들이 주최하는 환영회를 YMCA회관에서 개최할 예정이므로 참석해주었으면 좋겠다는 의사를 전달했다. 일행은 첫째 자신들은 일본 측 일정에 따라 행동하기 때문에 그것을 방해하지 않는 범위 내에서라면 괜찮고, 둘째 일본인도 초대하고, 셋째 일절 정치에는 관여하지 않겠다는 조건으로 요청에 응하겠다고 답했다. 조선총독부도 이에 대해 오전까지는 양해를 했다.

그러나 조선총독부는 국제친화회를 통해 조선인들이 환영회장에서 독립을 지원해달라는 청원서를 일행에게 제출하고 회장 안팎에서 다수의 조선인들이 모여 소동을 일으키려 한다는 소문이 있고, 전날 모두 체포하지 못한 암살단 4명을 오늘 아침까지는 전원 체포하기 위해 다수의 선동자를 검거했지만 아직 이러한 자들이 숨어서 무언가 행동을 하려는 상황이기 때문에 어떠한 사태가 벌어질지 모른다고 말했다. 또한 환영회 개최 소식을 듣고 서울의 중심가인 종로에 수많은 조선인들이 모여 상황이 더욱더 험악해지고 있었기 때문에 오전 중에 일행에게 허가했던 조선인들이 주최하는 환영회 참석 승인을 취소하고 환영회 개최도 중지할 것을 지시했다.[43] 조선총독부는 대신에 앞서 말한 오후 1시에 개최할 환영회에 조선인 대표 몇 명을 초대했지만 두세 명을 제외하면 이 자리에 모습을 나타내는 조선인은 없었다. 초대를 거절한 어떤 사람의 말에 따르면, 그 이유는 "단지 테이블을 장식하는 데 지나지 않기" 때문이었다.[44] 게다가 조선총독부는 조선인들이 주최하는 환영회에서 일행에게 전달하려 한 영문으로 작성한 독립원조 청원서를 도쿄에 보고했다. 한편 조선인들이 주최하는 환영회 예정표를 본 일행 중에는 해가 되지는 않을 것 같다는 생각을 가진 사람도 있었다.[45]

이처럼 YMCA회관에서 개최할 예정이었던 조선인들이 주최하는 환영회는 조선총독부의 지시로 열리지 못했는데, 사정을 모르는 많은 조선인들이 환영회에 참석하기 위해 YMCA회관으로 모여들어 회관을 가득 메웠다. 그리하여 노동자들을 비롯하여 각 계급에 속하는 조선인 약 500명이 만세를 불렀다.[46] 또 환영회에 초대된 조선에 거주하는 외국인들도 회장에 나타났는데, 환영회가 중지되었다는 이야기를 듣고 어떻게 행동할지를 결정하려고 잠시 회관 밖에서 대기하고 있었다.[47]

그런데 미국의원단 일행인 허스맨과 그 부인이 느닷없이 YMCA회관까지 찾아오자 회관 밖에서 대기하고 있던 외국인들도 이들 부부를 따라 들어왔다. 회관 안에 있던 조선인들은 기뻐하는 가운데 허스맨 부부를 환영하고 뭔가 이야기를 해달라고 요청했다. 그래서 허스맨은 이상재와 역시 개화파의 한 사람이었던 윤치호, 1906년부터 조선(한국)에 머물고 있는 영국인 그레그George A. Gregg와 함께 단상에 올라갔고 조선인들은 자리에 앉았다. 윤치호가 허스맨을 소개하고 그가 연설하기 위해 의자에서 일어서려고 하자 자리에서 일어선 회관 내의 조선인들은 뜨거운 갈채를 보냈다. 조용히 하라는 요청을 받은 조선인들이 잠잠해지자 허스맨은 이야기를 시작했다.[48] 그는 먼저 이번 여행에서 몇 명의 조선인들과 만날 기회가 있었기 때문에 이렇게 오려는 마음이 생겼다는 이야기를 꺼낸 뒤에 비공식적이라고는 하나 이곳에 모인 청중과 만날 수 있다는 사실에 만족한다는 뜻을 표시했다. 그래도 자신은 일본 당국의 손님이기 때문에 일행을 받아준 곳을 곤혹스럽게 할 만한 이야기를 할 생각은 없다는 점을 이해해달라고 말했다. 계속해서 허스맨은 조선의 산들을 보고 자신의 고향인 캘리포니아의 산들을 떠올렸고, 회관 안에 있는 여러분과 얼굴을 마주하는 특권을 부여받았다는 사실에 감사하며 이번에 조선인 청중과 만난 사실을 캘리포니아 사람들에게도 전하겠다는 등의 이야기를 했다. 마지막으로 YMCA가 조선에서 하고 있는 자선사업이 성공하기를 바란다는 이야기로 끝을 맺었다. 이 자리에 있던 외국인의 눈에는 미국의원단 일행 중 한 명이 실제로 자신들과 이야기를 나누러 왔다는 사실이 조선인들에게는 더할 나위 없는 의미가 있는 것으로 비쳐졌다.[49]

이어서 이상재가 허스맨에 대한 감사연설을 했는데, 청중은 이에 대해서도 박수갈채를 보내는 것으로 만족을 표시했다. 그런데 이상재가 연설을 끝마친 뒤 윤치호, 허스맨과 악수하고 이들 모두가 단상에서 내려오려고 할 때 경관대가 나타나서 단상을 향해 나아갔다. 경관대는 이들 3명에게 회관 밖으로 나가달라고 요구했고, 경찰서장은 단상에 올라가 청중이 회관에서 나가는 것을 인정하지 않는다고 말했다. 서장은 또한 회관 안에 있던 다른 외국인에게도 밖으로 나가달라고 요구했지만 경관대와의 실랑이 끝에 외국인 가운데 3명이 남았다. 회관의 메인 로비에 있던 허스맨은 서장에게 자신이 회관에 찾아오게 된 사정을 설명했지만, 서장은 그 일에는 관심이 없으며 조선인 청중과 해결해야 될 문제가 남아 있다고 주장했다. 그런데 이때 YMCA 회관 내 강당에서 경관대가 조선인 청중을 발로 차고 때리는 폭행을 저지르고 있었다. 그 자리에 있던 그레그는 서장에게 항의했지만 서장은 전혀 신경쓰지 않았다. 그레그로부터 상황 설명을 재촉받은 허스맨은 이번 여행에서 일본인이나 중국인과 똑같이 조선인을 만나고 싶어 YMCA회관에 왔다고 서장에게 말했지만, 역시 서장은 조선인 청중과의 문제를 해결하는 데 급급했다. 그러자 허스맨은 회관 안에 조선인 청중이 한 명이라도 남아 있는 한 자신도 회관을 떠날 생각이 없다고 말했다.

이 시점에서 허스맨과 그레그 외의 외국인은 모두 회관에서 쫓겨났는데,

회관에서 쫓겨난 외국인들이 조선호텔에 있던 의원단 일행과 주서울 미국총영사 밀러Ransford S. Miller에게 이 사실을 알리자 밀러와 일행 가운데 포터가 회관으로 달려왔다. 결국 회관 안에 남아 있던 조선인 청중도 밖으로 나왔고, 허스맨은 최후의 한 사람이 나올 때까지 회관에 남아 있다가 아무도 없음을 확인한 뒤에 회관을 떠났다. 마지막까지 있던 사람은 강당 안에서 경관에게 발로 차였던 청년인데, 그는 치료를 받기 위해 친구에게 업혀 병원으로 가려 했으나 그 자리에서 경관대에 끌려갔다. 게다가 경관대는 조선인 청중의 폭행에 항의한, 1910년부터 조선에 머무른 미국인 선교사 홉스Thomas Hobbs에게 회관 안에 있는 자신의 방에 들어가 문을 잠그라고 지시했는데, 홉스가 거부하자 강제로 방에 감금했다.[50]

이 사건은 조선의 신문도 꽤 많은 지면을 할애하여 보도했다.[51] 조선총독부는 허스맨은 순전히 호기심 때문에 간 것이며, 관헌은 그와 어떤 교섭도 한 사실이 없고, YMCA회관에 있던 조선인 청중을 해산하는 이유를 그에게 설명하자 양해했다고 도쿄에 보고했다.[52]

일행은 8월 25일 서울에서의 공식일정을 끝낸 다음, 이날 오후 8시 10분에 남대문역에서 열차를 타고 부산으로 향했다. 서울에 머무른 것은 실질적으로는 하루도 안 되는 짧은 시간이었지만 일행에게 아주 깊은 인상을 남겼다.[53] 다음 날 8월 26일 오전 7시에 부산에 도착한 일행은 부산 부윤(부장)과 관리들과 만난 다음, 부산항에서 승선하여 시모노세키下關로 향했다.[54] 한편 일행이 떠난 서울에서는 8월 26일 아침에 모든 상점이 개점을 하여 일상으로 돌아왔다.[55] 또 봉천에서 미국의원단 일행이 "미국은 극동에서 영토적 야심을 갖고 있지 않으며 정의와 인도를 위해 아시아의 신보와 성지·경제에 걸친 촉진·발전에 대한 원조를 아끼지 않겠다"고 발언한 것에 답하는 사설을[56] 이들의 서울 체류 중에 실었던 『동아일보』는, 일행이 조선을 떠난 후 이들을 대표해서 스몰이 이번 조선 방문에 대해 조선 청년들에게 감사를 표했다는 것을 보도하고,[57] 허스맨이 행한 연설과 스몰이 남긴 말도 게재했다.[58]

이리하여 미국의원단 일행은 일본의 조선통치에 미묘한 파문을 불러일으킨 채 조선 방문을 마쳤다.

미국의원단의 일본 방문

미국의원단 일행은 1920년 8월 26일 오후 늦게 시모노세키에 도착했다.[59] 일행이 조선에 머무르던 때의 상황과 일행이 조선에 머무를 때 조선 내에서 독립운동을 일으킬 계획이 있다는 내용이 일본에서도 보도되었고[60] 또 실제로 조선에서 YMCA회관에서 사건이 일어났기 때문에 일행에 대한 경비는 몹시 엄중했다.

시모노세키에 도착한 일행은 도쿄에서 온 제국의회 의원 몇 명이 함께한 환영회에 참석한 뒤, 그날 밤 다시 승선하여 세토나이카이瀨戶內海를 거쳐 다음 날인 8월 27일에는 히로시마현廣島縣 미야지마宮島에 도착해서 여기서 하룻밤을 묵으며 관광을 했다.[61] 일행은 다시 승선하여 세토나이카이를 거쳐 8월 28일 밤에는 고베神戶에 도착했다. 일행은 열차를 타고 즉시 교토京都로 가서 9월 2일 아침에 도쿄로 출발하기 전까지 교토와 나라奈良를 둘러보고, 호즈강保律川 뱃놀이 등을 했다.[62]

그런데 이처럼 일행이 일본 각지를 둘러보고 있을 때 내무성 경보국장인 가와무라 다케하루河村竹治가 조선으로 출장을 갔다. 미국의원단이 조선을 떠난 뒤 조선의 치안유지에 대해 조선총독부와 협의하는 것이 출장 목적이었다.[63] 마침 미국의원단 일행과 교대하듯이 세계일요학교 관련으로 미국 선교사단 일행이 8월 30일 아침 남대문역에 도착했고, 다음 날 YMCA회관에서 선교사단 일행에 대한 환영회와 강연회가 성대하게 열렸다. 한편 조선총독부는 불과 수일 전의 허스맨 방문 때 일어난 사건의 재발을 방지하기 위해 선교사단 일행의 강연회에 대해 세심한 주의를 기울이고 경계를 했다.[64] 그래서 선교사단 일행의 강연회장은 YMCA회관에서 정동의 제1교회로 변경

되었다.[65]

한편 미국의원단 일행은 9월 2일 아침 교토를 출발해 이날 밤 도쿄에 도착했다. 일본 당국은 일행이 도쿄에 도착하기 전에 조선인들이 접촉하려는 시도가 있다며 도쿄 근처의 요코하마横浜에서 엄중한 경계태세를 취했다.[66] 도쿄에서는 대단한 환희 속에서 일행을 맞이했고, 일행은 숙박 장소인 제국호텔로 향했다.[67]

일행이 도쿄로 가기 위해 열차에 탄 교토에서 조선인 학생 박정식朴正植이 일행에게 접근을 시도했지만 실패했고,[68] 도쿄역에서는 20명 정도의 조선인 학생들이 검거되었다. 도쿄역에서 자동차로 제국호텔로 가는 길 한복판에서는 불온한 문자를 나타내는 깃발을 손에 든 조선인 4명이 검거되었다. 그러나 도쿄역에서 검거된 20여 명은 석방되었다.[69] 이 사건은 조선에서도 대대적으로 보도되었으나[70] 미국의원단 일행이 이러한 움직임에 대해 기록한 것은 없다.

일행은 도쿄에 도착한 후 전 수상이었던 오쿠마 시게노부大隈重信와의 회견(오쿠마는 이때 일본의 조선통치와 중국정책의 정당성을 거침없이 이야기했다), 아카사카리궁赤坂離宮 방문, 미국대사관에서 열린 다화회茶話會, 닛코日光 관광, 미일협회가 주최한 다화회, 도쿄시가 주최한 다화회 등 공식일정을 치르면서 캘리포니아문제, 즉 캘리포니아주의 일본계 미국인 배척문제에 대해 시부자와 에이이치, 가네코 겐타로, 사카타니 요시오 등과 회담했다.[71] 9월 10일 요코하마항에서 승선하여 귀국 길에 오름으로써[72] 미국의원단 일행의 동아시아 방문은 끝났다.

미국의원단 일행의 조선과 일본 방문은 미국 내에서도 산산히 보도되었다.[73] 일행이 10월 샌프란시스코에 도착한 후 허스맨이 샌프란시스코 지역신문에 서울에서 겪은 목격담을 말한 것이 대대적으로 보도되었다.[74] 한편 조선에서는 출장을 온 가와무라 다케하루와 조선총독부가 협의한 결과, 조선 사정에 대한 보도가 과장되거나 허위가 아닌 이상 원칙적으로 허용하기로 결정했다.[75] 하지만 사이토 마코토는 미국의원단 일행이 조선에 머무는 동안 폭발물을 준비하여 소동을 일으키려 했다는 혐의로 9월 9일에 조선인 5명을 재판소의 예심에 처하라고 요구하고 이 사건을 도쿄에 보고하기도 했다.[76]

이상에서도 알 수 있듯이, 미국의원단의 조선 방문은 이 시기 일본의 조선 통치와 한국의 독립운동에 여러 가지 형태로 영향을 끼쳤고, 결과적으로는 지난해의 3·1운동과 파리강화회의에서 좌절이라는 결과를 맛보았던(독립을 실현하기 위해 미국에 도움을 요구하려고 한) 조선인들에게 미국에 대한 기대를 이어주는 역할을 했다.[77]

제13장

워싱턴회의와 독립운동

하딩의 대통령 당선

미국에서는 앞서 말한 것처럼 1919년 파리강화회의에서 윌슨Woodrow Wilson의 주도로 창설이 결정된 국제연맹에 가맹 여부를 둘러싸고, 특히 의회에서 여당인 민주당과 가맹에 반대하는 야당인 공화당이 줄다리기를 했다. 그러던 중 공화당을 대표한 로지Henry C. Lodge와의 타협을 꺼리며 완전한 형태의 가맹을 목표로 삼은 윌슨이 지지를 얻기 위해 무리해서 미국 전역에 유세여행을 나섰다가 도중에 쓰러져 사실상 직무를 수행할 수 없게 되었다. 게다가 윌슨은 이미 대통령 2기째였으며, 1920년에 치를 대통령선거에서는 새로운 대통령이 선출될 예정이었다. 이 당시 제1차 세계대전을 거쳐 최대 경제대국이 된 미국에서는 유럽이 주요 전쟁터였던 대전에 참전한 것은 어디까지나 예외적인 일이며 대전이 끝난 이상 미국 본래의 외교 원칙인 고립주의로 돌아가야 한다는 기운이 높아져 있었다. 이에 따라 선거전에서 '정상으로의 복귀Return to Normalcy'를 호소한 공화당 후보 하딩Warren G. Harding이 1920년 11월 대통령선거에서 당선되었다.[1]

앞서 말한 바와 같이 일본은 3·1운동을 무력으로 진압하는 한편 1910년 이후 조선에서 실시해온 무단통치를 문화정치로 전환하여 미국 등의 비판을 피하려고 애쓰고 있었다. 미국 의회에서는 조선의 독립을 지지하는 결의안이 몇 번이나 제출되었고, 1920년 8월에 미국의원단이 동아시아 여러 지역을 둘러볼 때 조선도 방문하여 조선 관민의 대환영을 받으며 실질적으로는 아무것도 하지 않았으나 어느 정도 동정심을 표시했다. 이러한 움직임 속에서 조선의 독립운동가들은 하딩 대통령의 취임을 독립을 위한 새로운 기회로 생각하고 그가 대통령에 취임하기 전부터 공작을 펴기 시작했다.

먼저 이 시기에 대한인국민회가 필라델피아에 설치한 대한민국통신부 부장이던 서재필이 대통령선거에서 하딩이 승리한 직후인 1920년 11월 22일, 1905년 감행된 일본의 한국 보호국화는 부당하며 세계를 기만하는 것이고 한국병합 후 일본이 조선을 통치하며 자행한 억압은 잔인했으며 일본이 주장하는 조선의 물질적 향상도 조선인들의 부담과 희생으로 이루어진 결과이기 때문에, 1918년에 체코슬로바키아의 독립을 승인한 것처럼 조선의 독립도 승인해주기 바란다는 내용을 적은 편지를 하딩에게 보냈다.[2] 이어서 서재필은 1921년 1월 2일 하딩의 사저가 있는 오하이오주 메리언Marion에서 그와 만나 중국과 조선이 힘을 합쳐 일본과 개전할 때에 미국이 도와주기를 바라며, 1882년 체결한 조미수호통상조약의 내용을 재검토하여 상대국이 위기에 처하면 조력한다는 이 조약 제1항의 거중조정 조항에 따라 미국이 행동해주기를 바라고, 조선인의 백악관 출입을 허가해달라고 요청했다. 또한 17일에는 향후 독립운동에 관한 의견을 진술한 편지도 보냈다.[3]

한편 이승만은 대한민국임시정부의 대통령으로서 미국에서 활동했는데,

본거지인 상해에 가서 직무를 수행하기 위해 1920년 6월 29일 하와이 호놀룰루에 도착해 준비를 마친 후, 11월 16일에 호놀룰루를 출발하여 12월 5일에 상해에 도착했다. 그러나 상해에서 그를 기다리고 있던 것은 정한경과 함께 3·1운동 직전에 독단으로 윌슨과 파리강화회의에 제출한 위임통치청원에 대한 맹렬한 비난의 폭풍이었다.[4] 이는 독립운동의 분화를 초래한 하나의 요인이 되었다.

하딩 대통령과 독립운동

하딩은 1921년 3월 5일 미국 대통령에 취임했다. 하딩 정권의 국무장관에는 1916년의 대통령선거에서 공화당 후보로 나왔다가 재선을 노린 윌슨에게 근소한 차로 아깝게 패한 휴스Charles E. Hughes가 임명되었다. 이러한 신정권의 발족에 맞추어 조선 독립운동가들의 공작활동도 활발해졌다.

우선 서재필은 1921년 5월 11일 조선에 대해 동정적이던 미국인 단체인 한국친우회의 서기장이자 회장인 성삼위교회의 수석목사 톰킨스Floyd W. Tomkins 등과 함께 하딩의 비서 크리스천George B. Christian에게 조선의 주장과 염원이 정당함을 충분히 인식시키기 위해 조선문제에 관한 중요한 사실을 실은 인쇄물을 하딩에게 보일 수 있도록 회견을 주선해달라고 부탁했다. 그러나 크리스천은 다음 날 지금 보는 사무가 긴박하다는 이유로 휴스에 대한 의뢰 건을 취소하도록 권유하고 또 하딩과의 회견을 주선하기 어렵다고 회답했다.[5] 이어서 재미 조선인들이 만든 각 단체의 법률고문을 맡아온 돌프Fred A. Dolph와 스펜서Seldon P. Spencer가 각각 5월 23일에, 일본이 조선(한국)을 끊임없이 압박해 결국은 한국을 병합하고 가혹하게 조선을 제멋대로 통치해 온 이제까지의 조·일관계와 반드시 독립을 이루고자 하는 조선인의 주장을 기술한 정한경의 저서(Henry Chung, *The Case of Korea*, Fleming H. Revell Company, New York, 1920)를 읽고 하딩과의 회견 준비를 조정해줄 것을 휴스와 크리스천에게 의뢰했다.[6] 게다가 당시 대한민국임시정부의 미국 출장 기관이던 이승만을 필두로 한 '구미위원부Korean Commission to America and Europe for the Republic of Korea'에 속해 있던 정한경도 6월 28일에 돌프와 스펜서가 의뢰했던 것과 거의 똑같은 내용을 휴스와 크리스천에게 다시 한 번 의뢰했다.[7]

그러나 이승만과 정한경은 2년 전의 위임통치청원에 대한 비난을 계속 듣고 있는 상태였고 이에 대한 변명을 하지 않으면 안 되었다. 이승만은 이동휘, 안창호, 김규식 등 임시정부의 주요 각료들이 노선상의 차이로 인해 1920년부터 이듬해에 걸쳐 연이어 임시정부를 이탈하자 신규식, 이동녕, 이시영, 노백린 등을 새 각료로 임명하여 국면을 타개하려 했다. 그러나 1921년 5월 17일에 "외교상의 긴급함과 재정상의 절박함으로 인해 어쩔 수 없이 상해를 떠난다"는 고별교서를 발표했고, 29일에 상해를 떠나 미국으로 향했다.[8]

한편 서재필이 하딩과의 회견을 크리스천에게 의뢰했던 것처럼 1921년 5월 11일 대한민국임시정부 대통령의 미국대표 자격으로 미국에서 독립운동을 하고 있던 현순이, 1882년에 체결한 조미조약의 거중조정 조항 발동을 요청하며 일본의 조선통치를 더 이상 참을 수 없기 때문에 조선은 독립을 요구한다는 등의 내용을 담은 편지를 휴스에게 보냈다.[9] 하지만 다른 재미 조선인 독립운동가들과 마찰하고 있던 현순은 임시정부와 구미위원부로부터 사전에 승인을 받지 않은 채 편지를 보냈다. 때문에 돌프와 서재필은 각각 5월 17일에 현순의 행위는 독단적이었으며 임시정부는 승인하지 않았고, 이후 현순과의 관계를 단절했으며 이번의 불미스런 일을 사죄한다는 등의 내용을 담은 편지를 휴스에게 보내는 '추태'를 부려야 했다.[10]

이리하여 대한민국임시정부의 본거지인 상해와 미국에서 전개하고 있던 독립운동은 분열양상을 나타내기 시작했고 미국정부에도 이러한 분열상을 똑똑히 보여주었다. 한편 하딩 정권은 추태와는 상관없지만 조선 독립운동가들의 공작활동에는 대응하지 않는다는 방침으로 기울었다. 휴스는 1921

년 5월 16일에 앞서 말한 현순이 편지를 보낸 일을 계기로 미국은 일본이 한국의 외교권을 장악한 1905년 이래 조선(한국)과 외교관계를 맺지 않았고, 1910년 8월 일본의 한국병합 이후 조선은 일본의 일부로 간주하여, 국무성은 조선에서 조선총독부 이외의 정부가 수립된 사실은 알고 있지 않기 때문에 아무리 좋은 목적이라도 이러한 종류의 통신은 인정할 수 없다는 내용을 크리스천에게 전했다.[11] 게다가 휴스는 7월 2일 하딩은 회견을 요구한 정한경의 청을 받아들여서는 안 되고, 국무성은 조선의 어떠한 대표의 요청도 거부해왔는데 미·일관계를 고려하면 지금 대통령이 조선대표의 청을 받아들이는 것은 바람직하지 않다는 내용 등을 크리스천에게 전했다. 크리스천은 이날 대통령과의 회견은 주선하기 어렵다고 정한경에게 회답했다.[12]

한편 하딩은 앞서 말한 바와 같이 대통령 후보 시절 '정상으로의 복귀'를 호소하여 1920년의 대통령선거에서 당선되었지만, 세계대전의 귀추에도 결정적인 영향을 미치고 경제력 면에서도 대국이 된 미국을 국제사회에서 이탈시키는 것은 현실적으로는 불가능했고 국익에도 부합하지 않았다. 때문에 하딩 정권은 '언질을 주지 않는 국제 참여'를 꾀했다. 그러나 때마침 대전 종결 후에 미국·일본·영국 삼국 간에 전개된 건함建艦 경쟁에 제동을 걸기 위한 해군 군축문제, 러일전쟁 후 그 의미가 약해지고 미국도 적대시하고 있던 영일동맹의 존속·폐기문제, 중국 산동성山東省에서 독일이 갖고 있던 여러 권익이 패전 후에도 중국에 반환되지 않고 일본에 이전된 것과 관련한 중국문제, 1918년에 미국·일본·영국·프랑스가 시베리아에 출병했다가 1920년까지 미국·영국·프랑스는 연이어 철병했는데도 일본만이 계속 주둔하여 각국으로부터 의혹과 반발을 불러일으키고 있던 시베리아출병문제 등 파리강화회의·조약에서는 논의되지 못했거나 해결되지 못한 여러 문제가 남아 있었다. 상원 외교위원회 위원장 보라William E. Borah의 제의를 받아들이는 형태로 하딩 정권은 1921년 7월 11일에 해군 군축과 극동태평양문제를 토의하기 위한 워싱턴회의의 개최를 일본·영국·프랑스·이탈리아에 비공식적으로 제의했고 8월 13일에는 정식으로 일본을 회의에 초청했다.[13] 이에 대해 일본정부 내에서는 선불리 회의에 참가했다가 고립되어 앞서 언급한 여러 문제에서 불리한 입장에 놓일 수도 있다고 우려하는 목소리가 있었다. 하지만 이전부터 미·일관계를 가장 중시하던 하라 다카시原敬는 미·일관계를 유지·개선하기 위해서라도 오히려 적극적으로 회의에 참가하기로 결정했고 결국 일본정부는 회의에 참가한다는 뜻을 8월 23일 미국에 전했다.[14] 이 시점에서 일본은 이미 식민통치로써 해결되었다고 인식하고 있던 조선문제와 관련해 그러한 상황을 바꿀 만한 어떠한 타협도 할 여지를 갖고 있지 않았음은 분명했다.

그렇지만 워싱턴회의의 윤곽이 점차 확실해짐에 따라 회의에서 조선독립을 위해 일을 도모하려는 독립운동가들의 움직임은 더 활발해졌다. 먼저 이승만은 1921년 5월 말에 다시 상해를 출발해 꼭 한 달 후인 6월 29일에 호놀룰루에 도착하여 잠시 머무른 뒤 8월 27일에는 워싱턴에 도착했다.[15] 이승만은 자유와 완전한 독립을 요구하는 국내외 조선인들의 열망이 점차 강해지고 있고, 조선인들은 조선문제가 극동문제에서 결정적인 부분을 차지하고 있기 때문에 회의에 참가할 것을 요구하며, 일본은 조선문제를 일본의 국내문제라고 주장할지도 모르지만 조선문제는 여러 국가들이 일찍이 조선과 체결한 모든 조약을 포함하고 있기 때문에 국제문제로 간주되고, 따라서 여러 국가들이 조선에 대한 조약상의 의무를 다하기 위한 절호의 기회인 워싱턴회의에서 공작활동을 펼 작정이라고 호놀룰루와 워싱턴에서 이야기했다.[16] 그리고 하와이에서 워싱턴으로 가는 도중에 들른 샌프란시스코에서 8월 19일에 워싱턴회의에서 공작활동을 하는 데 필요한 자금을 조달하기 위해 미국, 하와이, 멕시코에 거주하는 모든 조선인들은 구미위원부를, 극동에 거주하는 모든 조선인들은 임시정부의 각 기관 혹은 정부 내의 사람들을 각자 직접 원조해야 한다는 내용의 대통령령을 공포한다는 전보를 상해의 대한민국 임시정부 앞으로 보냈다.[17]

또한 상해에서는 이 지역에 사는 조선인들의 단체인 '협성회協成會'가 1921년 8월 10일에 워싱턴회의에 이르기까지의 경과·현황을 개괄한 문서 「태평양회의에 대한 사실 개론」을 발표했고,[18] 이어서 같은 달에 태평양회의 외교후원회가 결성되어 26일에는 간사회 조직, 후원회 규칙 제정, 회의 준비 방침을 적은 통고문의 문안 작성 등이 이루어졌다.[19] 게다가 9월이 되자 열강회의 뉴욕한인준비위원회 등이 구미위원부의 워싱턴회의 관련 활동을 후원하는 내용 등을 적은 전단을 뿌렸고, 앞서 말한 태평양회의 외교후원회의 간사장인 홍진洪鎭이 워싱턴회의에 참여하는 국가들이 동양평화의 근본문제인 대한독립을 완전 승인하도록 적극적인 활동을 계속할 것, 국내외 각지에서 단체·개인을 불문하고 상호 연락하며 독립을 고취·선전하도록 일치된 행동을 꾀할 것, 전 국민이 국내외에서 맹렬히 운동을 전개하고 그에 상당하는 자금을 모집해 (회의를 위한) 경비에 충당할 것 등을 결의한 선언서를 공포했다.[20] 또한 서재필은 9월 24일 하딩 앞으로 1월에 회견했을 때에 조선문제 특히 미국이 조선에 지고 있는 도덕적·법률적 의무를 더 상세하게 검토하겠다고 이야기했는데, 다가오는 워싱턴회의의 개최는 그것을 증명하는 장이며 조선인들은 회의에 대표를 보낼 예정이므로 협력을 부탁한다는 등의 내용을 적은 편지를 보냈다. 그러나 이 편지를 먼저 손에 넣은 크리스천이 휴스에게 어떻게 회답할지를 물었고, 휴스는 편지를 받았으나 조선이 국제적 지위를 결여하고 있기 때문에 대통령은 서재필의 요청에 응할 입장이 아니라는 취지의 회답을 하라고 지시했다.[21] 그런데도 10월 1일에는 구미위원부에서 위원장 이승만, 부위원장 서재필, 서기 정한경, 고문 돌프, 특별고문 토머스Charles S. Thomas 등 5명이 조선문제는 극동에서 매우 중요한 문제고, 일본의 한국 보호국화와 병합은 강제에 따른 불법이고 부당하며, 일본은 조선을 통치하여 물질적 향상을 가져왔다고 주장하고 있지만 그것은 일본의 군사적 목적을 위한 것이었고 조선인들을 착취해 이룬 것이기 때문에 조선독립이라는 조선인들의 대의를 회의에 알릴 기회를 주기 바란다는 등의 내

용을 적은 편지를 회의에 참가할 예정이었던 미국대표단에게 보냈다.[22]

이러한 독립운동 움직임에 대해 일본에서는 다음과 같은 내용을 보도했다. 워싱턴회의를 목표로 조선인들이 독립운동을 전개하고 있고, 이승만이 샌프란시스코와 워싱턴에서 조선독립을 위해 선전하고 있으며, 상해에서 중국인들과 조선인들이 중국의 지위 회복과 조선의 독립이라는 서로의 목표를 위해 조직한 협력단체인 '중한상호회中韓相互會'가 회의에 제안할 예정이다. 또 지난해 6월부터 미국의 고향에 가서 휴가를 즐기다가 서울에 돌아온 미국인 선교사 스미스Frank H. Smith가 상해가정부(대한민국임시정부)를 비롯한 조선인들의 독립 선전은 조선총독부와 일본정부가 생각하고 있는 만큼 기세가 오르지 않고 있고 미국은 조선의 사정을 염두에 두지 않고 있으며 회의도 조선문제와 관련된 것이 아니라는 내용을 이야기했고, 미국 당국은 조선의 독립운동이 의제가 되고 그 대표가 회의에 참가하는 것은 문제가 되지 않는다고 여기고 있으며, 조선독립운동의 대표자가 미국 위원에게 청원서를 제출했다는 내용을 다뤘다.[23] 이처럼 일본 당국은 외무성의 각 출장기관을 중심으로 조선 독립운동가들의 동향을 낱낱이 추적하여 경계를 강화했다.[24] 나아가 외상 우치다 야스야內田康哉는 주미대사인 시데하라 기주로幣原喜重郎에게 회의에 파견된 일본대표에게 조선인이 위해를 가할 우려가 있으니 엄중한 경계대책을 세워줄 것을 미국정부에 요청하라고 훈령을 내렸다. 시데하라는 미국정부에 이러한 의견을 전달했고 국무성은 필요한 일체의 조치를 취하겠다는 회답을 보내왔다고 보고했다.[25]

한편 미국에서는 『뉴욕 타임즈*The New York Times*』가 일본의 조선통치를 비난하는 서재필의 논평과 정한경의 저서 『The Case of Korea』와, 일본의 통치가 조선에 어느 정도 물질적 향상을 가져왔고 일본의 과잉인구가 조선이나 만주를 벗어나 또 다른 탈출구를 찾고 있으며 극동문제를 해결하는 열쇠는 미국에 있다는 것 등을 주장한 책(J. O. P. Bland, *China, Japan and Korea*, Charles Scribner's Sons, New York, 1920)과 대비시켜 일본과 조선 간의 관계

가 안고 있는 문제점을 논한 서평을 게재하는 등 미국 국민에게 조선문제를 환기시키는 역할을 했다.[26]

더욱이 조선에서는 민족계 신문인 『동아일보』가 재외 조선인들이 휴스에게 독립을 위해 공작하고 있다는 사실과 대한민국임시정부 사람들이 워싱턴회의에서 운동을 전개할 예정이며 미국의 한 신문이 회의에서 당연히 조선문제를 토의해야 한다고 주장한 내용 등을 보도하는 한편,[27] 조선총독부의 기관지 역할을 했던 『매일신보每日申報』는 회의와 조선문제는 어떤 관계도 없다는 등의 내용을 보도해 차이를 보여주었다.[28] 윤치호는 "조선인들은 이 회의로써 일본이 어떤 방식으로든 조선을 뱉어낼 수밖에 없을 것이라 생각하고 있지만, 이는 터무니없는 생각이다"라는 부정적인 의견을 일기에 적었다.[29] 드디어 1921년 11월 12일 이러한 움직임을 거쳐 워싱턴회의가 시작되었고 이에 대한 독립운동가들의 공작활동도 본격화되었다.

워싱턴회의와 독립운동

1921년 8월에 워싱턴회의 참가를 결정한 일본정부는 9월 27일 회의 수석전권에 귀족원 의장인 도쿠가와 이에사토德川家達를, 전권에는 해군대신 가토 도모사부로加藤友三郎·시데하라 기주로·외무차관 하니하라 마사나오埴原正直를 각각 임명했다. 일본정부는 이들 대표가 10월 15일 워싱턴을 향해 출발하기 전날 열린 태평양·중국·시베리아 문제 등에 관한 회의에서 고수해야 할 기본방침을 훈령으로 내렸다. 훈령은 조선문제에 대해서도 언급했는데, 독립을 향한 조선인들의 시도로 조선문제가 회의에 상정되는 일이 없도록 해야 하며, 어떠한 경우라도 조선문제는 토의에 부쳐져서는 안 되고 즉시 배제해야 한다는 취지의 내용을 담고 있었다.[30]

워싱턴회의는 1921년 11월 12일 미국, 일본, 영국, 프랑스, 이탈리아, 중국, 네덜란드, 벨기에, 포르투갈 등 9개국이 참가한 가운데 개최했다. 그런데 일본에서 회의 직전인 11월 4일 수상인 하라 다카시가 도쿄역에서 18세의 역무원 나가오카 곤이치中岡艮一의 칼에 맞아 사망하는 사건이 발생했다. 웬일인지 미국에서는 하라를 찔러 죽인 범인이 조선인이라고 보도되었기 때문에 조선의 독립운동에 대한 미국의 경계심은 한층 깊어졌다.[31]

미국은 자국 대표단의 수석전권에는 휴스를, 전권에는 1905년부터 1909년까지 국무장관을 역임했고 특히 1905년에는 일본의 한국 보호국화를 방관하며 한국의 원조 요청을 무시했던 루트Elihu Root를 각각 임명했다. 미국은 워싱턴회의에 임하면서 해군 군축문제, 영일동맹 폐기문제, 중국문제, 독일이 산동성에서 갖고 있던 권익 귀속문제, 시베리아 철병문제 등에서 일본이 양보하기를 바랐다. 그러나 이들 문제로 마찰이 생긴 미·일관계의 개선도 바라던 하딩 정권 입장에서는 일본의 양보가 미국이 압력을 가해서가 아니라 일본이 체면을 깎였다고 느끼지 않는 선에서 자발적일 필요가 있었다. 회의 개회 후의 경과를 보면, 먼저 휴스가 모든 회의에서 미국·영국·일본이 보유 가능한 전함 등 주력함 톤수의 비율을 5 : 5 : 3으로 하는 해군 군축안을 제창하여 미국과 영국의 함대비율 70퍼센트를 주장한 일본과의 사이에 견해 차이가 발생했다. 하지만 결국 가토 도모사부로의 판단에 따라 일본이 양보하는 형태로 휴스의 안이 통과되었고 회의 마지막 날인 1922년 2월 6일 미국·일본·영국·프랑스·이탈리아가 해군군축조약(5개국조약)에 조인했다. 또 미국이 강력히 바라던 영일동맹의 폐기도 결정되었는데 폐기에 반대했던 일본에 대한 배려로 1921년 12월 13일 영국과 일본 간에 특수한 정치협정의 색채를 옮게 한 형태로 미국·영국·일본·프랑스가 태평양 방면에 관한 4개국조약을 체결했다. 중국문제에 대해서는 미국이 20세기 초부터 제창해온 중국의 문호개방·영토보전·기회균등 등을 조문화한 9개국조약이 1922년 2월 6일 조인되었다. 게다가 일본이 장악하고 있던 산동성에서 독일이 갖고 있던 권익을 중국에 반환하는 문제는 1922년 2월 4일 중국과 일본이 산동성의 현안 해결에 관한 조약을 조인함으로써, 일본이 시베리아에서 철병하는 문제에 대해서는 일본정부가 워싱턴회의의 흐름에 따라 1922년 6월 23일 각의 결정함으로써 각각 실현되었다.[32] 이리하여 워싱턴회의 전에 미국과 일본 간에 가로놓여 있던, 여러 문제가 거의 미국정부의 의도대로 해결되었다. 워싱턴회의와 회의 후에 극동 · 태평양 지역에서 성립한 '워싱턴체제'는 미국 · 영국 · 일본 등 대국 사이의 협조체제를 가져오는 한편, 이에 따라 이 지역에서 세력관계가 획정되었고 이해 조정과 식민주의체제의 재편성을 초래했다.[33] 그러므로 미국의 의도대로 여러 문제를 해결함으로써 극동 · 태평양 지역에서 안정된 국제질서의 실현을 꾀하고 있던 하딩 정권 입장에서 보면, 조선문제는 중요도가 낮았고 또한 일본이 언급하기조차 싫어한다고 여겼기 때문에 이미 일본의 한국병합과 이후의 조선통치에 따라 해결되었다고 판단했다. 그래서 조선 독립운동가들의 요청 따위는 관심의 대상이 아니었다.

워싱턴회의가 이러한 과정을 거치는 가운데, 공작활동을 벌이고 있던 조선의 독립운동가들은 무엇을 하고 있었는가?

먼저 상해에서는 앞서 말한 바와 같이 신한청년당이 회의 직전인 1921년 11월 7일 만약 일본이 현재의 정책을 지속한다면 세계평화는 확보되지 않고 조선의 독립이 극동에서 평화를 유지하는 길이므로 모든 국가가 조선의 독립을 도와야 한다는 내용을 적은 편지를 휴스에게 보냈지만 이에 대한 회답은 없었다.[34] 이어서 광동廣東에 있던 '중한협회中韓協會'가 회의가 시작된 후인 1921년 11월 19일에 중국어로 된 선언서와 미국정부와 회의에 참가한 각국 대표에게 보낸 전보, 중국대표에게 보낸 전보를 비롯한 각종 문서를 작성하여 관계가 있는 각 방면에 보냈다.[35] 더욱이 뉴저지주 애틀랜타시의 첼시 장로교 교회 여성선교교회의 주사 해밀턴Frank Hamiton과 서기 하웰Lewd Howell이 11월 29일 이 교회의 모임에서 조선이 처한 현재의 지위를 개선하기 위해 현실적인 조치를 취해줄 것을 회의에 요청하기로 만장일치로 결정했다는 취지의 편지를 휴스에게 보냈지만, 이 역시 회답을 받지 못했다.[36]

그리고 이승만, 서재필, 정한경, 돌프, 토머스 등 5명이 12월 1일 워싱턴 회의에, 조선에 대한 정의 실현은 극동의 항구적인 평화를 위해 지속적으로 필요하고, 독립국으로서 조선의 존재는 과거에 조선과 미국, 유럽 여러 나라 사이에 체결된 수호통상조약 특히 조미수호통상조약으로써 인정되었으며, 조선에서 일어났던 것과 똑같은 일이 현재 중국에서도 일어나고 있기 때문에 이를 막기 위해서라도 조선을 도와야 하고, 2,000만 명의 조선인들은 모두가 일본의 지배에 항의하고 있고, 일본의 조선통치는 개발이 아니라 착취에 지나지 않으며, 일본은 1904년 2월의 한일의정서에서 한국의 독립과 영토보전을 약속했는데도 스스로 그것을 파기했다는 점 등을 지적하며 회의장에서 조선인으로서 의견을 주장할 수 있는 기회를 가질 수 있도록 도움을 요청한 편지를 보냈지만 역시 회답은 없었다.[37] 또한 상해에서 중한상호회가 12월 4일에 조선의 독립을 승인해줄 것을 강력하게 요청하는 취지의 짧은 전보를 휴스와 회의에 보냈지만 역시 회답은 없었다.[38]

그 후 워싱턴의 간톤성당 장로교 선교회의 여성 주사인 스탠리Eva C. Stanley가 12월 14일 자신들의 교회는 조선에 사는 20만 명 이상의 장로교 교회 회원이 억압당하고 개인적·종교적 자유를 박탈당하고 있는 상황을 우려하고 있으며, 조선대표가 회의에서 조선문제에 대해 발언할 수 있는 기회를 주도록 회의에 청원하기로 결의했다는 내용을 적은 편지를 국무성에 보냈다. 국무성은 이틀 후 편지를 받았다는 사실만을 적은 회답을 보냈다.[39]

이러한 미국 측의 반응을 보고 더욱더 본격적인 공작활동을 하기 위해 이승만, 서재필, 정한경, 돌프, 토머스 등 5명은 독립운동의 강한 의지를 보여주기 위한 많은 분량의 청원서 작성을 서둘러 1922년 1월 2일 조선 13도의 대표, 260개 군의 대표, 구한국황실 및 귀족 대표, 52개 사회·산업·종교단체의 대표 372명이 지난해 9월에 날인한 「한국 인민이 태평양회의에 부치는 글」을 작성했다. 여기에 조선(한국)이 과거에 미국과 유럽 각국 특히 미국과 수호통상조약을 체결하여 독립국으로 승인받은 것과 일본이 조선(한국)

과 체결한 조약에서 독립과 영토보전을 약속했음에도 불구하고 약속을 깨고 한국을 보호국으로 만들고 병합한 것은 불법·부당하며 병합 후의 일본의 조선통치는 잔인하다는 등의 내용과 과거의 여러 조약들도 수록해 「조선인에 의한 군비제한·극동회의에 제출하는 청원서」라는 한국어와 영어로 된 문서를 정한경 이름으로 보냈다. 그러나 이전과 마찬가지로 미국정부는 수령 통지도 하지 않은 채 토머스를 불러 그대로 돌려보냈다.[40]

이어서 1월 15일에는 조선에 동정적인 미국인 49명이 회의에서 조선대표에게 발언 기회를 주어야 한다고 주장했고 또한 이들은 원래 국제사회의 일원이었던 한국을 일본이 국제법을 위반하여 보호국으로 만들더니 병합까지 했다고 조선인들이 주장하고 있는데 이러한 주장의 진위를 확인하기 위해서라도 조선문제를 회의 참가국들 앞에 상정하여 각국이 잘 생각할 수 있도록 해달라는 취지의 청원서에 서명한 다음에 정한경을 거쳐 휴스 앞으로 보냈지만 역시 받았다는 통지조차 없었다.[41] 1월 27일에는 서재필이 조선대표가 회의에 초청받을 수 없음은 잘 알고 있으나, 회의의 적당한 위원회에서 우리들의 주장을 말할 수 있도록 주선해달라는 내용 등을 하딩 앞으로 써서 크리스천에게 전해달라고 부탁했지만 역시 아무 반응도 없었다.[42]

이상과 같이 조선독립을 위해 워싱턴회의와 미국정부에 대한 공작활동이 진행되는 가운데, 일본 당국은 이러한 독립운동의 동향에 세심한 주의를 기울였다. 상해, 만주, 북간도, 미국 등지에 있던 외무성의 재외공관은 회의 개회 전부터 개회 후에 걸쳐 각 지역에서 조선인들이 독립을 위해 어떠한 행동을 하고 있는지를 본부에 계속 보고했고, 보고를 받은 외무성의 아시아국은 앞서 말한 각 지역 및 조선과 도쿄 등에서 파악한 조선인들의 동향을 정리해 4부로 구성한 많은 분량의 보고서를 작성해서 경계했다.[43]

한편 이 무렵 워싱턴에 머물던 언론인이자 야당인 헌정회의 중의원 의원이었던 다가와 다이키치로田川大吉郎와 우에하라 에쓰지로植原悅二郎는 1921년 11월 25일에 이 지역에서 개최된 민중정부연맹의 오찬회에서 조선에 자치를 부여해야 한다고 주장하는 일본인들이 많이 있고, 지인인 (도쿄)제국대학의 한 교수가 "법과대학 학생들에게 조선에 독립을 부여하는 문제에 대해 질문하면, 그들 중 90퍼센트 이상이 그렇다고 답할 것이다"라고 이야기했으며, 조선인들이 자유를 되찾는 때가 오기를 자신들도 바라고 있고 조선인들의 염원에 대해 동정하지만, 일본이 조선에 독립을 보장하기 위해서는 일본에서 먼저 보통선거제도 실시와 혁신운동(다이쇼 데모크라시를 말한 듯하다) 같은 커다란 진전이 실현되어야 한다고 연설했다. 이에 대해 그곳에 있던 어떤 조선인이 제국대학 법과대학 학생들과 관련한 이야기를 들으니 기쁘다고 말한 뒤에, 일본의 제국의회에서 조선의 독립을 보장하는 결의를 하고 일본제국 정부가 이제까지 조선에 대해 자행한 악행을 시정할 생각이 있는지, 일본이 산동성과 중국의 다른 지역 및 시베리아에서 부정한 방법으로 얻은 획득물을 반환하기 위해 노력할 것인지 여부에 대해 질문하더니 이름도 밝히지 않은 채 자리를 떠났다. 이 질문에 대해 다가와는 일본에서는 총인구 5,700만 명 중 유권자는 300만 명밖에 없다고 답했다.[44] 두 사람이 조선문제에 대해 한 발언은 조선인의 입장에서 보면 아주 바람직한 것이었음에는 틀림없지만, 당시 일본의 상황을 고려해볼 때 어느 정도 현실성이 있었는지는 의심스럽다. 오히려 다가와 등이 목표로 하고 있던 보통선거제도의 실현을 위한 선전도구로 조선문제를 이용했다고도 생각할 수 있다.

조선의 독립운동가들이 워싱턴회의에 대해 공작활동을 펼친 것은 미국에서도 사실에 입각하여 보도되었다.[45] 조선에서는 『동아일보』가 사설에서 회의에 대해 위대한 민족인 조선 민중에게는 하늘을 향해 기도하라고 주장하며,[46] 워싱턴에서 조선의 독립운동가들이 벌이고 있는 활동을 중국대표는 지지하고 있지만 미국대표인 어느 인물은 그와는 거리를 둔 발언을 했다고 보도했다.[47] 이에 대해 『매일신보』는 회의에서 조선문제는 전혀 논의되지 않았으며 일부 사람들의 몽상에 지나지 않음을 전면에 내세웠다.[48]

워싱턴회의에서 조선문제가 논의되지 않을 것이 거의 확실시되자 폐회 전부터 조선인 사이에서는 실망하는 목소리가 나오기 시작했다. 도쿄의 대학에 재학하고 있던 조선인 학생들은 이승만 등이 워싱턴에서 독립청원을 하고 있는 데 호응하여 도쿄에서 시위행동을 전개했다. 하지만 좋은 소식이 전혀 없자 학생들은 처음에는 일본 관헌이 보도를 금지하고 있다고 의심했지만(덧붙이면 당시 『도쿄아사히신문東京朝日新聞』에서 회의 개회에서 폐회에 이르는 동안 조선 독립운동가들의 공작활동 등을 보도한 흔적은 없었다), 실제로 조선문제가 회의에서 제의조차 되지 않았기 때문임을 알자 이 일이 이대로 그냥 묻히는 데 유감을 나타냈다. 그들 중에는 이승만의 행동이 재빠르지 못해 독립을 청원할 시기를 놓쳤기 때문이라고 분개하고 그를 매도하는 자, 일본의 압력으로 제의가 저지되었다고 생각하는 자, 반신반의하면서도 여전히 좋은 결과가 나올 것이라고 기대하고 있는 자 등 여러 반응이 있었다. 일본 외무성의 보고서에는 그들 대부분은 약간의 희망은 갖고 있었지만 실패로 끝나는 것을 염려하고 그 대책에 대해 초조해하고 있다고 적혀 있다.[49]

이승만을 비롯한 조선 독립운동가들의 공작활동도 보람 없이[50] 워싱턴회의는 1922년 2월 6일 조선인들에게 발언할 기회조차 주지 않고 폐회했다.[51]

워싱턴회의 폐회

워싱턴회의에 대한 독립운동가들의 공작활동은 실패로 끝났지만, 이에 따른 각 방면의 반응은 어떠했을까?

먼저 『동아일보』 기자 김동성金東成은 1921년 9월에 조선을 출발하여 하와이에서 열린 세계신문기자대회에 참석한 다음, 회의 상황을 알아보기 위해 워싱턴으로 가서 취재를 하고, 이해 12월 중순에 미국을 출발하여 이듬해인 1922년 1월 12일에 조선에 돌아왔다. 미국을 떠날 때 김동성은 사람은 항상 정의와 인도를 외치지만 실제로 약소 국민은 항상 발전의 기회를 얻지 못하기 때문에 정직하고 신사적일 필요가 없고 결국 절대적인 육·해군을 보유하는 것이 필요하며 강력한 무장을 하고 있지 않으면 누구도 돌보아주지 않는다는 등의 이야기를 했다. 또한 조선에 돌아온 뒤 워싱턴회의 폐회 전인 1922년 1월에는 다음과 같은 냉소적인 발언을 했다. 첫째, 일반 조선인의 기대를 저버리고 회의에서 조선문제가 의제로 다루어지지 않았을 뿐만 아니라 영국과 미국은 모두 자국의 이해를 추구하는 데 급급해서 조선문제를 위해 일본의 감정을 해치는 일은 하지 않았다. 둘째, 일본은 세계 5대 강국을 초월해 3대 강국의 하나가 되어 그 위세가 점점 높아지고 있으므로 조선의 독립도 일본의 양해 없이는 도저히 불가능함을 깨달았다. 셋째, 종래부터 미국인을 비롯한 외국인이 조선의 독립에 찬조하거나 동정하는 태도를 보인 것은 결코 진심에서 나온 것이 아니라 선교를 위한 수단으로서 교묘하게 조선인들의 심리를 이용한 것뿐이다. 넷째, 조선의 독립은 당분간 절망적이기 때문에 조선인은 선교 · 산업이라는 문화적 시설(분야)에 열중하여 실력을 양성하지 않으면 안 된다. 다섯째, 이제부터는 미국인 같은 야심가는 신뢰하지 말고 오히려 군비와 무기 공급에 인색하지 않은 러시아 공산당과 결합하는 것도 생각해볼 필요가 있다는 등의 내용이었다.[52] 김동성은 세계신문기자대회가 있었던 하와이에서 워싱턴까지의 정세, 회의장의 모습과 회의 진행 상황, 일본대표를 포함한 주요 참가국 대표들의 활동 그리고 무엇보다도 이승만 · 서재필 · 정한경 같은 조선 독립운동가들의 활동상을 폐회일인 2월 6일부터 『동아일보』에 11회에 걸쳐 연재했다. 그리고 연재의 마지막 부분인 「조선인의 평화적 발전」이라는 글에서 "조선인은 본래 정치운동에 천부의 기능이 있다는 평판이 있지만 조선은 농업국이라 농사일에서는 세계 제일이라 할 수 있다. 요 몇 년 동안 북간도 부근에서 조선인이 일본인이나 중국인보다 쌀농사에서 좋은 성적을 거둔 것과 미국 캘리포니아에서도 쌀농사에서는 조선인이 일등을 점하야……" 라고 하여 암암리에 독립운동을 단념할 것을 암시했다.[53]

또 중국 장춘長春에 거주하는 조선인들은 워싱턴회의의 결과를 보고 미국은 의지할 만한 대상이 아니라고 생각했으며, 이에 따라 미국과 친미파에 대한 조선인들의 비판이 강해지고 있다는 내용이 일본 외무성에 보고되기도 했다.[54] 미국에서는 회의가 폐회된 뒤에 이번 실패는 조선의 독립운동에 큰 타격을 주었고, 조선의 독립운동가들은 미국과 일본이 대립하여 전쟁이 일어나기를 기대했으나 이번 미국의 태도를 보고서는 그러한 기대가 무너졌고, 미국은 이민족의 지배를 받고 있는 사람들의 힘든 상황을 탄식만 할 뿐 실제로는 아무것도 하지 않고 또한 할 수 없음을 지적한 보도도 있었다.[55]

한편 대한인국민회가 발행하는 신문 『신한민보新韓民報』와 대한민국통신부가 발행하는 영문 잡지 『코리아 리뷰*Korea Review*』는 워싱턴회의가 폐회된 후에도 조선의 주장은 정당하고, 조선의 주장을 회의가 외면한 것은 유감이라는 등의 주장을 했다.[56] 또 윌슨 전 정권에서 부통령을 지낸 마셜Thomas R. Marshall은 워싱턴회의 폐회 직후인 1922년 2월 11일 『시카고 데일리 뉴스*Chicago Daily News*』에 조선문제와 관련해 조선이 러시아의 침략 위험에서 벗어난 이상 일본은 조선인들이 바라는 대로 그들의 정부를 부활시킬 기회를 부여하는 것이 좋고, 조선인들이 평등과 정의라는 사상을 끊임없이 문명국의 국민 앞에 널리 알린다면 세계 인류의 여론에 밀려 일본이 자신의 주장을 바꿀 수밖에 없는 시기가 올 것이라고 믿으며, 조선인들이 워싱턴회의에 조선문제를 제출하고 진정함으로써 민족자결주의론자가 믿는 것처럼 (민족자결이라는) 인권에 대한 최후의 결정은 칼로 해결할 수 있는 것이 아니라 인류 최고의 이성으로 해결해야 한다는 것을 세계 일반에 적용할 필요성을 한층 고조시켰다는 내용을 담은 글을 기고했다.[57] 그리고 토머스는 1919년 3·1운동이 일어난 지 꼭 3주년이 되는 1922년 3월 1일에 미국정부에 대해 다시 한 번 청원을 하여 비록 워싱턴회의에서 실패를 겪기는 했어도 조선의 독립운동을 계승할 의지를 보여주었다.[58]

제14장

극동노동자대회와 독립운동

볼셰비키와의 제휴

워싱턴회의에 대한 독립운동가들의 공작활동이 13장에서 말한 바와 같이 실패로 끝난 와중에 이런 결과를 예상해서인지 다른 상대와 독립운동을 전개하려 한 조선인들이 있었다. 다른 상대란 러시아 볼셰비키와 그들이 이끄는 코민테른(국제공산주의운동, 공산주의 인터내셔널)이었다.

볼셰비키는 러시아혁명 후 영국·프랑스 등의 간섭전쟁과 일본·미국 등의 시베리아출병으로 상징되는 자본주의 열강의 포위와 압력을 피하고 오히려 이들 국가에 사회주의의 씨를 뿌리려고 했다. 그래서 코민테른은 1921년 6월 22일부터 7월 12일까지 모스크바에서 제3회 대회를 열었는데 여기에 52개국에서 모인 프롤레타리아조직 103개의 대표 605명이 참가했다. 대회에는 1918년 8월 무렵에 뉴욕에 머물고 있던 가타야마 센片山潛을 방문하던 미일청년회의 유지들이 결성한 재미일본인사회주의단(회원으로는 다구치 운조田口運藏, 요시하라 다로吉原太郎, 마니와 스에키치間庭末吉, 와타나베 하루오渡邊春男, 곤도 에이조近藤榮藏, 노나카 세이시野中誠之, 가와모토 히로오河本弘夫, 이노마타 쓰나오猪俣津南雄 등이 있다. 1955년에 사회당과 통합하여 1960년까지 사회당의 위원장을 맡은 스즈키 모사부로鈴木茂三郎 역시 이노마타를 통해 이 단체와 관계를 맺었다)에서 다구치와 요시하라가 참가했다. 대회는 노동자계급이 다수를 획득하기 위한 전술테제를 채택하는 것 외에,[1] 일본 제국주의의 움직임이 시베리아와 만주 등지에서 군사적 침투뿐만 아니라 시장 범람·자원 획득 등 경제적으로도 매우 커지고 있다고 강조하고, 일본에서 공산주의를 보급하기 위해 광범위한 대중을 선동·조직해야 한다고 호소했다. 이러한 가운데[2] 조선에 대해 다음과 같이 언급했다.[3]

> 일본의 아일랜드인 조선은 지주, 변절자, 스파이 등의 손을 빌린 일본 제국주의자에 의해 십자가에 못 박혔다. 아마 조선은 세계에서 가장 불행한 나라일 것이다. 왜냐하면 일본의 형리刑吏가 조선 민중에게서 가장 기본적인 정치적·경제적 인권조차 빼앗고 있기 때문이다. 그저 명색뿐인 자유를 얻으려고 하는 조선의 노동자와 농민의 시도조차 모조리 일본 군대가 무자비하게 탄압하고 있다. 그럼에도 불구하고 지금 조선에서는 일본 제국주의자에 반대하며 민족의 독립을 요구하는 진실로 강력한 운동이 전개되고 있다. 비록 이 운동이 약간의 민족적 성격을 띠고 있다 하더라도 우리들은 모두, 특히 공산주의자는 이를 환영해야 한다. 조선인이 민족의 독립을 달성하는 데 성공한다면 이로 인해 일본 제국주의는 뚜렷하게 약화되어 극동, 특히 조선과 일본에서의 혁명운동은 현저하게 강화될 것이다.

그리고 코민테른 제3회 대회가 폐회된 다음 날인 7월 13일부터 극동제민족대회極東諸民族會議 준비가 시작되었다. 이날 코민테른 집행위원회 회의와 19일 코민테른 집행소위원회 소국회의를 거쳐서, 8월 26일에 열린 회의에서 이해 개최가 예정된 워싱턴회의에서 심의되는 것과 같은 문제를 논의하기 위해 극동제민족대회를 11월 11일에 이르쿠츠크Irkutsk에서 소집하고 일본과 될 수 있는 한 밀접한 관계를 확립하여 가타야마 센을 초청하는 등의 방침을 결정했다. 그리고 9월 14일과 11월 2일에 코민테른 집행위원회 간부회의에서 일본과의 연락방법을 정하고, 근·극동부의 조직과 나중의 극동노동자대회에서 주도적 역할을 수행한 코민테른의 일원인 사하로프G. I. Sakharov에게 위탁하기로 결정했다.[4]

상황이 이렇게 되기까지 그 전제가 되는 움직임은 이미 지난해인 1920년부터 있었다. 코민테른 제2회 대회가 1920년 7월 10일에 페트로그라드Petrograd(현재의 상트페테르부르크Saint Petersburg)에서 시작되어 7월 23일부터 8월 7일까지 모스크바에서 개최되었다. 37개국을 대표하는 대의원 217명이 대회에 참가하기 위해 모였고, 볼셰비키 최고지도자 레닌Vladimir I. Lenin의 주도로 여러 가지 방침이 결의되었다. 그중 주목해야 할 것이 7월 28일에 결의된 '민족·식민지에 대한 테제'다. 이는 공산주의 세계혁명과 식민지혁명은 분리될 수 없다는 공통인식하에 설치된 민족·식민지문제 소위원회에서 채택된 레닌 원안에 따른 것이며, 20명으로 구성된 이 위원회에서 주도적 역할을 한 영국 식민지인 인도 출신이며 멕시코 공산당 대표자 자격으로 모스크바에 와 있던 로이M. N. Roy가 제출한 보충테제와 함께 채택되었다. 민족·식민지에 대한 테제는 피억압민족과 억압민족의 구별을 주축으로 해서 민족과 식민지와 관련된 문제를 제국주의 세계체제system, 제국주의 세계전쟁, 소비에트혁명, 프롤레타리아 세계혁명과의 관련 속에 위치 짓는다는 내용이었지만, 조선이나 중국, 일본만이 아니라 구체적인 나라와 지역에 대해 거론하지 않아 추상적이었다. 그러나 레닌은 자신이 작성한 이 테제의 원안에 붙인 머리말에서 "매우 복잡한 문제"로서 구체적인 나라와 지역을 들면서 폴란드, 알자스 로렌, 아일랜드, 발칸, 범이슬람 등과 나란히 중국-조선-일본을 거론했다. 보충테제는 식민지 제국의 해체는 본국에서의 프롤레타리아혁명과 더불어 유럽에서의 자본주의체제를 전복하는 것이므로 코민테른은 활동영역을 넓혀야 하고 또한 제국주의가 동양 여러 민족을 억압한 결과 그들의 사회적 · 경제적 발전을 방해하여 수공업의 붕괴, 인구 대부분의 농촌 유입, 막대한 수의 토지 없는 농민 창출, 인구 대부분의 문맹상태 등을 초래했다고 명시했다. 그리하여 식민지 해방운동의 참된 힘은 부르주아 민주주의적 민족주의자에 국한되지 않고 거기에 있는 혁명적인 모든 정당을 통해 운동을 해야만 목표를 이룰 수 있고, 식민지에서 일어나는 혁명은 최초 단계에서는 공산주의혁명이 아니지만 처음부터 지도권이 공산주의 전위前衛의 손에 있다면 잘못된 길을 걷지 않는다는 내용이었다. 이러한 내용은 로이가 작성한 (보충테제의) 원안에 레닌이 몇 군데 수정을 더해 나온 것이다. 여기에서는 "동양 여러 민족", "동양 제국"이라는 말은 있지만 조선과 중국 같은 구체적인 표현은 없다. 어쨌든 테제와 보충테제는 7월 28일의 소위원회에서 만장일치로 채택되었다.

이러한 움직임에 따라 소위원회에서 중국대표인 유택영劉澤榮과 조선대표인 박진순朴鎭淳이 발언했다. 유택영은 먼저 중국 남방정부는 북방정부인 북경정부와 투쟁을 계속하고 있으며, 파리강화회의에서 북경정부가 일본으로부터 중국의 국익을 회복하는 데 실패해서 북경정부와 일본에 대해 강력한 저항운동이 시작되었다고 밝혔다. 중국 노동자들도 자신들이 하나의 세력임을 이해하기 시작하여 코민테른은 중국이 혁명을 선전할 수 있는 거대한 장이라는 사실에 대해 아주 진지하게 주의를 기울여야 한다고 말했다. 한편 박진순은 10년 전 일본이 한국을 병합할 때 무관심한 태도를 취했던 조선 민중이 이제는 18개월 동안 싸우고 있으며, 한국병합 후 일본이 취한 정책이 조선의 부르주아를 일본으로부터 이반시키고 있다고 말했다. 나아가 파리강화회의에서 모든 민족주의자를 통합하고 있는 우익과 단일민족 블록을 형성하고 있는 모든 대정당, 소부르주아조직의 모든 연합체는 국제연맹과 윌슨Woodrow Wilson에 기대했으나 어떠한 성공도 거두지 못했다는 사실에서 미국 · 영국 · 일본 같은 제국주의국가들이 식민지에서 나오는 이익을 포기할 정도로 관대하지는 않다는 자신들(한인사회당)의 평가가 완전히 옳았음이 분명해졌다고 주장하고, 이제는 자신들의 운명이 세계 프롤레타리아 혁명운동과 분리하기 어려울 정도로 결합되어 있어 자신의 의무를 완수할 작정이라고 말했다[5]〔이른바 전간기戰間期의 국제정치사 연구와 러시아혁명과 볼셰비키 연구를 대표하는 영국인 역사학자 카Edward H. Carr는 "페르시아와 조선의 대의원(박진순)은 부르주아 민주주의적 민족주의에 너무 깊이 관계한 것에 대한 로이의 경고를 열심히 되풀이했다"고 자신의 책에서 기술했다[6]〕.

더욱이 코민테른 제2회 대회를 마친 지 한 달도 채 지나지 않은 1920년 9월 1일 카스피해 서안에 위치한 바쿠Baku에서 제1회 동방제민족대회東方諸民族大會가 열려서 7일까지 계속되었다. 코민테른 의장인 지노비에프Grigorii E. Zinoviev가 말한 것처럼 "(코민테른 제2회) 대회의 보충이며 후반부인" 이 대회에서 9월 4일의 '동양 모든 민족에게'라는 제목으로 낭독한 대회 선언은 조선에 대해 "……영국은 조선에 대해 이 꽃이 피는 나라, 일천 년의 문화를 가진 나라에 대해 무엇을 했는가? 영국은 조선을 일본 제국주의자의 포학함에 맡겼다. 지금 일본 제국주의자는 불과 칼을 써서 조선 인민들에게 영국과 일본의 자본가에 대한 복종을 강요하고 있다. …… 동양의 모든 민족, 인도, 투르크, 페르시아, 이집트, 아프가니스탄, 베르기스탄, 카시칼, 중국, 인도네시아, 일본, 조선, 그루지야, 알바니아, 아제르바이잔, 다게스탄, 북카프카스, 아라비아, 메소포타미아, 시리아, 팔레스타인, 히바, 부하라, 투르키스탄, 페르가나, 타타리아, 바시키리야, 키르기스스탄 등이 다 함께 또 서구의 혁명적 노동자들과 끊을 수 없는 견고한 동맹을 맺은 근로대중의 대표인 우리들은 동포에게 성전聖戰을 호소한다 ……"라고 했다.[7] 이날 채택된 '유럽·미국 및 일본의 노동자들에게'는 제국주의국가의 노동자들에게 자신들 나라의 자본가와 정치에 대해 행동을 개시하여 아시아와 아프리카의 근로자계급과 동맹하고 연대를 맺을 것을 호소했다.[8]

1920년에 이미 이러한 움직임이 있었기에 1921년의 코민테른 제3회 대회를 거쳐 극동제민족대회를 워싱턴회의 개최 전날인 11월 11일에 이에 대항하는 의미로 이르쿠츠크에서 열기로 결정했다. 대회에 참가하기 위해 조선인과 일본인은 이르쿠츠크로 향했다. 일본인으로서는 사회주의단체인 수요회의 도쿠다 규이치德田球一, 역시 사회주의단체인 효민회曉民會의 다카세 기요시高瀨清, 아나키스트인 요시다 하지메吉田一, 와다 기이치로和田軌一郎, 인쇄공인 기타우라 센타로北浦千太郎, 미즈누마 구마水沼熊, 고바야시 스스무小林進 등이 선출되어 일본에서 출발한 한편,[9] 미국에서는 당시 멕시코에 머물고 있던 가타야마 센이 뽑은 5명, 즉 노나카 세이시와 니카이도 우메키치二階堂梅吉는 서부에서, 와타나베 하루오, 마니와 스에키치, 스즈키 모사부로는 동부에서 모두 이르쿠츠크를 향해 떠났다. 또 이들과는 별도로 다구치 운조가 코민테른 제3회 대회가 끝난 직후인 8월 하순에 회의 준비 임무를 띠고 이르쿠츠크에 들어왔고 가타야마 자신도 출발했다.[10]

조선인으로서는 앞서 말한 한인사회당을 이해 5월에 개칭한 고려공산당의 사람들이 많이 파견되었다. 그러나 고려공산당 내에는 사회주의혁명을 우선하는 이르쿠츠크파와 민족해방을 지향하는 상해파 사이에 노선 대립이 있었다. 이것은 6월에 알렉세예프스크Alekseyevsk(흑하)에서 양자가 군사충돌하여 이르쿠츠크파가 볼셰비키 적군赤軍과 제휴해서 상해파가 적지 않은 희생자를 낸 '자유시사변'으로 이어졌다.[11] 이 내분으로 고려공산당 내에서는 이르쿠츠크파의 세력이 커져 당 전체로서의 힘은 약화되었다. 하지만 이르쿠츠크파 중앙위원회가 1921년 5월 창립 당시에는 이르쿠츠크에 있었지만 이후 북경을 거쳐 10월 10일자로 상해로 이전했기 때문에, 이르쿠츠크로 파견되는 조선인들도 중앙위원회가 주도적으로 선출에 관여해 상해에서 파견된 사람들의 수가 가장 많았다.[12] 그 결과 고려공산당에서 여운형, 신한청년당에서 김규식, 대한애국부인회에서 김원경金元慶과 권애라權愛羅(이 두 사람은 고려공산당 당원이기도 했다), 대한연합청년단(청년단연합회)에서 김영진金永鎭과 유건혁柳健赫, 학생회(화동한국학생연합회華東韓國學生聯合會)에서 정광호鄭光好

등이 파견되었다. 게다가 러시아령의 대표적인 무장독립운동가였던 홍범도 등 조선 내와 서간도, 일본 등지에서도 이르쿠츠크에 대표를 파견했다.[13]

도쿠다 규이치는 10월 초순에 일본을 떠나 11월 상순에 이르쿠츠크에 도착했는데, 그가 짐을 푼 여관에는 약 30명의 중국·조선·몽골의 대표들이 그보다 일주일 정도 늦게 도착해 머물렀다. 이들은 서로 자기소개를 했는데, 그중에 여운형이 있었다. 도쿠다는 여운형에 대해 조선인다운 느낌이 적고 어학에 재능이 많으며 정치적·외교적으로 뛰어났다는 인상을 기록했다.[14]

이처럼 많은 민족대표들이 이르쿠츠크에 모였지만 주최 측은 대회 개최 장소를 이르쿠츠크에서 모스크바로, 개최 시기도 1921년 11월에서 다음 해 1월로 변경하기로 결정했다. 그 이유와 배경에 대해 다구치 운조는 "애초에 이 대회는 이르쿠츠크에서 열릴 예정이었는데 시베리아전쟁이 당분간 계속될 것으로 예측되었고 또 소비에트 국경이 일본에 포위되어 있어 멀리 중앙아시아를 우회해서 러시아에 들어와야 하는 대표자가 많았기 때문에 갑자기 모스크바에서 개최하는 것으로 변경되었다"라고 말했다. 한편 가타야마 센의 측근이라고 할 수 있는 와타나베 하루오는 "정세 변화와 준비상태 그리고 노인(가타야마를 말한다)의 러시아 입국이 늦어졌기 때문에"라고 말했다. 카는 "이유는 실무상의 것이었을지도 모른다. 혹은 당시 워싱턴에서 자국의 민주적 성격과 독립적 지위를 열심히 주장하고 있던 극동공화국(일본이 시베리아에 출병했을 때 볼셰비키가 일본군과의 직접 대결을 피하기 위해 바이칼호Baikal Lake 동쪽지역에 만든 완충국)의 대표가 자신들의 영토 내에서 이러한 대회를 개최하면 입장이 곤란하다고 느꼈는지도 모른다"고 추측했다. 또한 "먼 곳에서 실시하는 것이 쉽지 않았고 중국공산당 등 두세 개의 조직에서 제국주의의 가면을 더 잘 폭로할 수 있는 소재를 얻기 위해 워싱턴회의가 끝날 때까지 기다리는 편이 좋다는 의견도 나왔다"는 견해도 있다.[15]

이르쿠츠크에서는 결국 11월에 예비회의가 열렸는데 여기에는 125명의 대표가 참석했다. 예비회의가 끝난 후에 각 민족대표들은 모스크바로 떠났다.[16]

극동노동자대회에 파견된 조선대표

대회의 개최 장소와 일시가 변경됨에 따라 이르쿠츠크에 있던 사람들은 모스크바로 떠났고 아직 이르쿠츠크에 가지 않았던 사람들은 직접 모스크바로 향했다. 이들 가운데 주요 인물들의 모스크바로 들어오기까지의 행적을 살펴보자. 우선 가타야마 센은 1921년 11월에 멕시코를 출발하여 프랑스와 독일을 거쳐 12월 14일에 모스크바에 도착했다.[17] 스즈키 모사부로는 형식상 재직하고 있던 『요미우리신문讀賣新聞』의 모스크바 특파원 자격으로 당시 머물고 있던 뉴욕을 1921년 10월 8, 9일경에 출발해 런던, 파리, 베를린, 바르샤바, 라트비아의 도시들을 거쳐 11월 19일 모스크바에 도착했다.[18] 가타야마와 스즈키와는 달리 이미 이르쿠츠크에 들어와 있던 도쿠다 규이치와 다구치 운조는 얼마 동안 이곳에 머물다가, 다구치가 대표단 일행의 안내를 맡은 형식으로 12월 31일 야간열차로 이르쿠츠크를 출발하여 이듬해인 1922년 1월 16일에 가타야마와 코민테른 간부들이 환영하는 가운데 모스크바역에 도착했다.[19]

조선인 대표를 살펴보면, 우선 여운형과 김규식 등 이르쿠츠크에 와 있던 사람들은 앞서 말한 일본대표단과 중국, 몽골, 자바의 대표단 등과 함께 코민테른이 마련한 특별열차를 타고 모스크바에 도착했다.[20] 그러나 1920년의 코민테른 제2회 대회에 조선대표로 참석했던 박진순과 이동휘는 앞서 말한 자유시사변에서 고려공산당 이르쿠츠크파와 그 배후를 지지한 적군에 패배한 꼴이 된 상해파의 대표적인 인물이었기 때문에, 이르쿠츠크에 들어와서 여운형과 회견했다. 그 결과 코민테른은 이르쿠츠크파와 상해파의 승인을 취소하고 통합하는 형태로 고려공산당 임시(연합)중앙위원회를 구성했다. 그러나 자유시사변을 잊지 않은 코민테른 극동부장인 슈미아츠키Boris Shumiatskii의 개입으로 이동휘는 대회 참석을 저지당했고 박진순도 대회 참석자의 자격심사위원회에서 여운형이 민족적 입장에서 밀어주었음에도 불구하고 슈미아츠키와 사하로프 그리고 이르쿠츠크파를 대표한 최고려崔高麗의 격렬

한 반대로 대표자 자격을 인정받지 못했다.[21]

이러한 사정이 있었지만 조선인 대표는 1921년 12월 20일 현재 대표 48명에 다음 날에 이루어진 상해파의 공작으로 8명의 대표를 더 확보하여 모두 합쳐 56명이 되었다.[22] 그 상세한 내역은 〈표 1〉, 〈표 2〉와 같다.

소련시대에는 미공개였던 러시아현대사문서보관센터가 소장하고 있는 코민테른 문서를 열람·분석해서 대회에 관한 연구를 획기적으로 진전시킨 임경석林京錫에 따르면, 56명 가운데 우선 1921년 12월 20일까지 대표자로 확정된 48명 중에 20대는 23명으로 전체의 약 48퍼센트를 차지했고, 30대는 18명으로 약 38퍼센트를 차지해 둘을 합하면 41명으로 85퍼센트가 넘는다. 또 최고령자는 대한독립단을 이끌었고 자유시사변 전에 자신을 따르는 사람들을 모아 재편해서 상해파와 충돌했던 고려혁명군의 대표자 홍범도로, 그는 1867년생으로 당시 나이로 55세였다. 최연소자는 1902년생으로 당시 20세였던 손공린孫公璘과 이재곤李在坤이었다. 직업을 보면 학생 8명, 교사 7명, 언론인 4명, 직업혁명가 4명, 군인 5명, 농업종사자 14명, 상인 2명, 기타(목사, 기술자, 사무원, 방적업)가 4명이었다. 교육 정도를 보면 조선 내에서 전문학교를 다녔거나 해외유학을 통해 대학에 다닌 고등이 11명으로 23퍼센트에 달하고 고등보통학교 수준의 학업을 이수한 중등은 29명으로 60퍼센트를 차지해, 양자를 합하면 40명으로 83퍼센트에 달했다. 게다가 하나 이상의 외국어를 구사할 수 있는 사람이 29명으로 60퍼센트였다. 공산주의단체 소속과 관련해서는 고려공산당의 위임장을 가진 자가 7명, 고려공산청년회의 위임장을 가진 자가 3명으로 모두 합해서 10명으로 21퍼센트에 불과했다. 이 밖의 인물들은 조선 내의 각종 반일단체에서 파견되었는데, 이들 중 대다수는 동시에 고려공산당과 러시아공산당 또는 고려공산청년회의 구성원이었고, 고려공산당 당원이나 당원 후보는 31명으로 65퍼센트 미만을 차지했다.[23] 김규식처럼 민족주의적 입장을 유지하면서도 사회주의의 영향을 받고 있는 사람들도 쉽게 찾아볼 수 있다.

〈표 1〉 **1921년 12월 20일 현재 조선인 대표자 명부**

번호	성명	출발지	파견단체	생년월일	직업	교육 정도	외국어	소속 공산단체
1	강필수	국내(조선)	조선노동대회	1893.11.15	농업	중등	일본어	고려당 후보(이)
2	권애라(여)	상해	고려공산당 상해지부(이)	1899.11.1	교사	중등		고려당 당원(이)
3	권정필	국내(조선)	조선청년회 연합회	1890.11.10	농민	중등	일본어	고려당 후보(이)
4	김규식	상해	신한청년당	1881.1.29	교육가	고등	영어, 프랑스어, 독일어, 러시아어, 중국어, 일본어	고려당 후보(이)
5	김길홍	이르쿠츠크	고려혁명군	1894	군인, 정치사업	초등	러시아어	러시아당 당원
6	김단야	상해	고려공산 청년회 상해회	1900.1.16	혁명사업	중등		고려당 후보(이)
7	김덕영(여)	상해	고려공산당(이)	1882.10.11	교사	중등	러시아어, 독일어	고려당 당원(이)
8	김상덕	상해	화동한국 학생연합회	1894.8.10	학생	중등	중국어, 일본어	무당파
9	김승학	상해	대한독립 신문사	1880.7.12	신문기자	중등		고려당 당원(이)
10	김시현	국내(조선)	조선노동대회	1883.6.9	농업	고등	일본어	고려당 당원(이)
11	김원경(여)	상해	고려공산당(이)	1899.9.22	교사, 혁명사업	중등		고려당 당원(이)
12	김익동	국내(조선)	조선노동대회	1885.7.21	농업	독학	일본어	고려당 당원(이)
13	김재봉	국내(조선)	조선노동대회	1891.5.8	방적업	고등	일본어	고려당 당원(이)
14	김하석	이르쿠츠크	고려혁명군	1886	교사	중등		러시아당 당원
15	나용균	상해	2·8구락부	1899.11.29	혁명사업	고등	영어, 일본어, 중국어	무당파
16	독고전	국내(조선)	신의주 부두조합	1892.11.10	상인	중등	일본어	고려당 당원(이)
17	문도	일본	적성단	1892.10.21	학생	고등	일본어	고려당 후보(이)
18	민우령	국내(조선)	조선노동대회	1887.8.16	농업	중등		고려당 당원(이)
19	박창래	이르쿠츠크	이르쿠츠크 고려공산청년회	1899.7.19	적군	중등	일본어	고려공청원 회원
20	박희곤	서간도	대한독립단	1895.5.7	농업	중등		고려당 후보(이)
21	백남준	서간도	대한광복군 총령	1883.11.29	농업	가정 교육		고려당 당원(이)
22	성욱환	국내(조선)	조선노동대회	1883.6.10	상인	한국 무관학교	일본어	고려당 당원(이)

23 손공린	국내(조선)	조선학생대회	1902.11.14	학생	중등	영어, 일본어	고려당 후보(이)
24 승진	서간도	광한단	1889.9.23	농민	가정교육	중국어	무당파
25 여운형	상해	고려공산당(이)	1881.1.22	혁명사업	고등	영어, 중국어	고려당 당원(이)
26 유건혁	서간도	대한청년단 연합회	1892.7.1	농업	중등		고려당 당원(이)
27 윤원장	서간도	대한청년단 연합회	1896.4.1	기술자	중등	중국어	고려공청원 회원
28 이무	국내(조선)	조선청년회 연합회	1890.11.5	농민	중등	영어, 일본어	고려당 후보(이)
29 이선구	이르쿠츠크	이르쿠츠크 고려공산 청년회	1899.6.14	적군	초등		고려공청원 회원
30 이영선	돈바스 Donbass	우크라이나 고려노동회	1887.5.22	혁명사업	중등	러시아어, 중국어, 일본어	우크라이나당 당원
31 이완웅	서간도	대한독립단	1896.9.17	농업	가정 교육	중국어, 일본어	고려당 당원(이)
32 이재곤	국내(조선)	조선학생대회	1902.5.25	학생	고등	일본어	고려당 후보
33 이화룡	이르쿠츠크	고려혁명군	1879	군인, 정치사업	중등		러시아당 당원
34 임원근	상해	대한독립 신문사	1900.4.10	언론인	중등		고려당 후보(이)
35 장덕진	서간도	대한광복군 총령	1898.5.20	사무원	고등	일본어	고려당 후보(이)
36 전정관	국내(조선)	조선공제단	1899	학생	중등	일본어	고려당 후보(이)
37 전헌	국내(조선)	조선공제단	1897	농업	중등		고려당 당원(이)
38 정광호	상해	화동한국학생 연합회	1900.8.22	대학생	고등		고려당 당원
39 정수정(여)	상해	대한애국 부인회	1896	학생	중등		고려당 후보(이)
40 정태화	국내(조선)	조선공제단	1896	학생	중등	일본어	고려공청원 회원
41 조동우	상해	고려공산당(이)	1893.8.4	언론인, 혁명사업	고등		고려당 당원(이)
42 채동순	이르쿠츠크	고려혁명군	1892	교사, 정치사업	중등	러시아어	러시아당 당원
43 최고려	이르쿠츠크	고려혁명군	1893	농업	중등	러시아어	러시아당 후보
44 최진동	이르쿠츠크	고려혁명군	1882.7.17	농업	초등	러시아어	무당파
45 최창식	상해	고려공산당(이)	1892.7.3	언론인	고등		고려당 당원(이)
46 한명세	이르쿠츠크	고려공산당(이)	1885	교사	중등	러시아어	러시아당 당원
47 현순	상해	조선기독교 연맹	1889.3.16	목사	중등		무당파
48 홍범도	이르쿠츠크	고려혁명군	1867.8.27	의병	가정 교육		무당파

〈표 2〉 **1921년 12월 21일 이후에 합류한 조선인 대표자 명부**

번호	성명	출발지	파견단체	생년월일	직업	교육정도	외국어	소속 공산단체
49	김동한		고려공산당연합중앙					고려당 당원(상)
50	문시환		고려공산당연합중앙					고려당 당원(상)
51	이석기		모스크바고려학생회					고려당 당원(상)
52	김규찬	모스크바	모스크바고려학생회					고려당 당원(상)
53	김정하	모스크바	모스크바고려학생회					고려당 당원(상)
54	박파벨	모스크바	전러시아고려노동회					고려당 당원(상)
55	홍진우	모스크바	전러시아고려노동회					고려당 당원(상)
56	김마트베이	모스크바						

* 〈표 1〉과 〈표 2〉 모두 임경석, 「극동민족대회와 조선대표단」, 『역사와 현실』, 1999년 6월호, 10~12 · 18쪽; 『한국 사회주의의 기원』, 역사비평사, 서울, 2003, 508~509 · 519쪽부터 인용 · 번역.

** (이)는 이르쿠츠크파, (상)은 상해파를 가리킴.

이러한 경위를 거쳐 1922년 1월 22일부터 극동노동자대회가 모스크바에서 열렸고 조선대표단 56명은 일본을 비롯한 각 민족대표단과 함께 대회에 참석했다.[24]

극동노동자대회와 조선독립

대회가 열리기 이틀 전인 1922년 1월 19일 대회에 참석한 대표자들에 대한 자격심사위원회가 열렸는데, 심사위원으로는 일본에서는 다구치 운조, 조선에서는 여운형과 최고려가 각각 임명되었다. 다구치는 미국에서 참가한 노나카 세이시, 와타나베 히루오, 니가이도 우메키치, 바니와 스에키지, 스즈키 모사부로 및 일본에서 참가한 요시다 하지메, 와다 기이치로, 다카세 기요시, 도쿠다 규이치, 고바야시 스스무, 기타우라 센타로, 이토 아무개伊藤某(실은 후지이 지로藤井次郎)를 각각 확인했고, 앞서 말한 바와 같이 최고려는 여운형의 주선에도 불구하고 박진순의 자격을 승인하지 않음으로써 그와 이동휘의 영향력을 배제하려 했다.[25] 자격심사위원회의 심사를 통과한 대표들의 구성과 그중에서 주요 국가·지역인 조선·중국·일본·몽골 그리고 이들의 총계를 보면 다음과 같다(〈표 3〉).

대표 구성

〔결의권 있음〕

1. 조선 부문 …… 52명
2. 중국 부문 …… 37명
3. 일본 부문 …… 13명
4. 몽골 부문 …… 14명
5. 브랴트 부문 …… 8명
6. 자바제도 부문 …… 1명
7. 칼미크 부문 …… 2명

〔심의권 있음〕

1. 인도 부문 …… 2명
2. 일본 부문 …… 3명
3. 야쿠트 부문 …… 3명
4. 브랴트, 러시아·소비에트연방사회주의공화국 및 극동공화국 부문 …… 4명
5. 중국 부문 …… 5명

* 몽골과 브랴트 부문(결의권 있음의 4, 5번)은 하나의 부문을 형성한다. 브랴트, 러시아·소비에트연방사회주의공화국 및 극동공화국 부문(심의권 있음의 4번)도 마찬가지다. 게다가 동양노동자공산주의대학의 대표 두 사람과 재모스크바 조선인 학생의 대표 두 사람에게도 결의권이 할당되었다.

〈표 3〉

대표 분류

〔조선 부문〕

생년별 명수		사회적 지위		교육 정도		소속 정당	
1867	1	지식계급	18	고등	10	공산당	37
1879	1	노동자	3	중등	29	청년공산동맹	5
1880	1	농민	25	초등	9	사회주의청년동맹	
1881	2	기타	2	무학		무정부공산주의정당	
1882	2					민족주의정당	
1883	3					무당파	6
1885	2						
1886	1						
1887	2						
1889	2						
1890	2						
1891	1						
1892	5						
1893	3						
1894	2						
1895	1						
1896	4						
1897	1						
1898	1						
1899	6						
1900	3						
1902	2						

대표 48명에 관한 자료.
연령은 20~55세까지.

〔중국 부문〕

생년별 명수		사회적 지위		교육 정도		소속 정당	
1885	1	지식계급	20	고등	9	공산당	14
1886	2	노동자	9	중등	26	청년공산동맹	
1887	2	농민	9	초등	4	사회주의청년동맹	11
1891	1	기타	1	무학		무정부공산주의정당	
1892	1					민족주의정당	
1893	1					무당파	14
1895	1						
1896	5						
1897	1						
1898	4						
1899	8						
1900	6						
1901	4						
1904	2						

대표 39명에 관한 자료.
연령은 18~37세까지.

〔일본 부문〕

생년별 명수		사회적 지위		교육 정도		소속 정당	
1859	1	지식계급	4	고등	5	공산당	9
1872	1	노동자	12	중등	5	청년공산동맹	
1881	1	농민		초등	5	사회주의청년동맹	
1884	1	기타		무학	1	무정부공산주의정당	4
1891	1					민족주의정당	
1894	3					무당파	3
1895	1						
1896	1	대표 16명에 관한 자료.					
1897	2	연령은 21~63세까지.					
1898	3						
1901	1						

〔몽골 · 브랴트 부문〕

생년별 명수		사회적 지위		교육 정도		소속 정당		비고
1872	1	지식계급	4	고등	4	공산당	1	지식계급은 라마승과 왕공王公을 포함한다. 브랴트인 8명에 관한 자료는 없다.
1877	1	노동자		중등	8	청년공산동맹	1	
1878	1	농민	12	초등	4	사회주의청년동맹	1	
1882	1	기타				무정부공산주의정당		
1888	1					민족주의정당	10	
1892	1					무당파	3	
1897	2							
1899	1							
1901	4	대표(24명 중) 16명에 관한 자료.						
1902	1							
1903	1							
1905	1							

〔총괄 표〕

생년별 명수		사회적 지위		교육 정도		소속 정당		비고
1859	1	지식계급	46	고등	28	공산당	61	대표 대부분은 중등교육이나 고등교육을 받은 농민 출신과 지식계급이다.
1867	1	노동자	24	중등	68	청년공산동맹	6	
1872	2	농민	46	초등	22	사회주의청년동맹	12	
1877	1	기타	3	무학	1	무정부공산주의정당	4	
1878	1					민족주의정당	10	
1879	1					무당파	26	
1880	1							
1881	3							
1882	3	연령은 18~63세까지.						
1883	3							

1884	1
1885	3
1886	3
1887	4
1888	1
1889	2
1890	2
1891	3
1892	7
1893	4
1894	5
1895	3
1896	15
1897	6
1898	8
1899	10
1900	9
1901	9
1902	3
1903	1
1904	2
1905	1
	119명

* The Communist International, *The First Congress of the Toilers of the Far East*, Petrograd, 1922, pp.237-242(일본어 번역서는 コミンテルン 編, 高屋定國·辻野功 譯, 『極東勤勞者大會』, 合同出版, 1970, 316~321쪽).

대표 구성과 〈표 3〉의 대표 분류 중에서 조선에 대해 살펴보면, 주목해야 할 점이 몇 가지 눈에 띈다. 우선 대표 구성에서는 조선 부문 대표가 52명이지만, 〈표 3〉의 대표 분류에서는 48명으로 되어 있어 숫자가 일치하지 않는다. 그러나 앞서 인용한 임경석의 분석과 그에 따른 〈표 1〉과 〈표 2〉에서 조선대표는 모두 56명으로 집계되었지만, 먼저 대표자로 확정된 사람들의 명부인 〈표 1〉에서는 48명으로 〈표 3〉의 대표 분류와 일치한다.

이 점과 대표 구성과 관련되어 조선대표 4명에게 결의권을 주었다는 주의 내용을 염두에 두면, 〈표 1〉의 48명은 그대로 〈표 3〉의 대표 분류 48명과 일치하고 〈표 2〉의 8명 중에 4명만이 결의권을 부여받은 것으로 추측된다.

그러나 8명 중 4명이 누구인지, 왜 숫자가 일치하지 않는지에 대한 이유는 확실하지 않다.

자격심사위원회의 심사가 있은 지 이틀이 지난 1월 21일에 각국 대표단에서 간부급 몇 명이 선발되어 레닌과 회견했다. 일본에서는 가타야마 센, 다구치 운조, 요시다 하지메 등 세 사람이 참석했고, 조선에서는 여운형, 중국에서는 손문孫文의 대리라고 할 수 있는 장추백張秋白이 참석했다. 이때 레닌은 우선 가타야마에게 "동지는 조선의 독립을 위해 생명을 걸고 투쟁하고 있는가" 라고 물은 뒤, 여운형에게는 "동지는 일본의 혁명을 위해 싸울 수 있는가" 라고 물었다. 이에 대해 두 사람은 모두 "그렇습니다" 라고 대답했다. 그러자 레닌은 "같은 공산당이라고 해도 소련의 공산당과 핀란드의 공산당은 불화를 겪고 있는데 이는 소련인들의 우월감 때문이다. 물론 같은 혁명동지라고 해도 인간인 이상 완전히 감정을 초월할 수는 없지만 그래도 서로 이해와 양보가 있어야 한다. 조선인과 일본인이 서로 악수를 한다면 양국의 혁명은 무난할 것이다" 라고 말했다. 이후 장추백과 함께 레닌과 두 번째 만났을 때 여운형은 손문의 혁명운동을 설명하고 소련이 중국혁명을 적극적으로 도와줘야 한다고 말했다. 레닌은 이에 대해 손문에게 편지를 보냈고, 세상에서 말하는 연로용공정책連露容共政策에 찬성한다고 말했다.[26] 또한 여운형은 적군赤軍의 총수였던 트로츠키Leon Trotskii와도 만났지만 트로츠키의 영어 실력이 좋지 않아 많은 것을 말할 수 없었다.[27]

이러한 과정을 거쳐 1922년 1월 22일 지노비에프의 개회 선언과 함께 대회가 시작되었다. 개회연설에서 지노비에프는 세계 혁명사상과 그 결정적 승리는 유럽에만 국한되지 않으며, 코민테른은 극동지역 근로자들의 각성을 촉진하는 것을 가장 큰 임무로 생각하고 있고, 유럽과 미국의 선진적 프롤레타리아와 동양의 깨어나고 있는 근로대중의 동맹이 승리를 위해 절대적으로 필요하다는 것을 명확하게 이해하고 있다고 말했다. 또한 대회에 참석한 일본의 프롤레타리아대표들이 일국사회주의에서 벗어나 일본 부르주아의 억압을 받고 있는 중국과 조선 등 모든 민족과의 관계에서 충분히 인터내셔널한 사회주의로 전진하고 있고, 그들이 국내에서 근로자의 적은 자국의 자본가계급이라는 (독일의 혁명지도자인) 리프크네히트Karl Liebknecht의 유훈을 계승하고 있어서 이 대회에서 일본·조선·중국·몽골 등의 근로자대표 사이에는 어떠한 민족적 대립도 없다는 기본사상이 명백한 진리로 간주될 것으로 코민테른은 확신하고 있고, 식민지 민족에 대한 태도문제는 파리강화회의와 워싱턴회의에서 해결되기는 어렵다는 의견을 밝혔다.[28]

이어서 회의에서는 가토로 불리던 요시다 하지메가 가타야마 센의 의견을 통역해서 레닌, 트로츠키, 지노비에프, 가타야마 그리고 나중에 소련의 최고지도자가 되는 스탈린Iosif V. Stalin 등 5명을 명예의장으로 선출하자고 제안하자, 이에 따라 지노비에프는 의원단 구성원에 다음의 16명을 선출하는 것을 요청하여 승낙을 얻었다.[29]

1 사하로프
2 노기Nogi(다구치 운조?)
3 가토加藤
4 이경Li-Kieng
5 타오Tao
6 박경Pak-Kieng
7 심슨Simpson
8 돈잔Donzan
9 김Kim(여운형?)
10 딘 디브Din-Dib
11 왕王, Wong
12 박코프Pak-Kop
13 벨라 쿤Bela Kun
14 카
15 로이
16 슈미아츠키

여기에 추천된 16명 중 1번과 13~16번은 극동 이외 지역 출신자다. 이들은 실명으로 쓰여 있지만, 회의 전체를 통해 특히 참석자 중에서 가장 많은 수를 차지한 조선인과 그 뒤를 이은 중국인과 일본인의 이름은 신원 노출에 대한 경계심 때문인지 모두 가명과 변명을 사용했다. 본명을 찾는 것은 결코 쉬운 일이 아니지만 가능한 한 여기서는 본명을 밝히려고 노력했다.

의장단 선출에 이어서 먼저 가타야마 센이 지노비에프의 권고를 받아들여 의장단과 코민테른을 대표해서 연설했다. 가타야마는 극동에서 전개되고 있는 일본 제국주의와 서양 각국의 제국주의와 자본주의 때문에 이 지역 민족들이 적의가 없는데도 서로 싸우고 있다고 말한 뒤, 자본주의 각국은 워싱턴회의에서 중국, 조선, 시베리아, 기타 극동지역의 여러 나라를 착취하는 방법을 찾으려 하고 있다고 주장했다.[30] 전러시아노동자농민 대표평의회 중앙집행위원회의 대표인 칼리닌Mikhail I. Kalinin과 적색노동조합 인터내셔널 집행위원회 대표 로조프스키A. Lozovskii의 연설에 이어서 일본대표단을 대표해서 요오즈Yoodzu가 발언했다. 그는 워싱턴회의는 미국·일본·영국·프랑스가 주도해서 꾸민 음모의 중심이며 이 음모의 희생자는 조선·중국·몽골·극동공화국이라고 주장하고, 일본의 프롤레타리아도 제국주의의 희생자이므로 일본의 군국주의자와 제국주의자의 타도가 그들의 목표가 되어야 하며, 극동의 피억압민족은 소비에트 러시아의 구호 아래 서로 단결해야 한다고 말했다.[31] 와타나베 하루오가 개회식에서 요오즈와 인사했다고 회상하고 있는데 이에 대해서는 의문점도 드러나고 대회의 의사록과 와타나베의 회상 사이에는 일치하지 않는 부분도 보이지만, 각종 자료를 종합하면 요오즈가 와타나베임은 거의 틀림없다(만약 요오즈가 와타나베가 아니라고 하면 과연 누가 해당할까).[32]

지노비에프가 재촉하여 중국대표인 타오가 연설한 뒤에 조선대표단을 대표해서 박경이 연설했다. 그는 전에는 모스크바가 황제의 전제와 그 팽창을 뒷받침하는 사상으로 가득한 곳이고 워싱턴은 미국 자유주의와 민주주의 그리고 번영의 중심이라고 생각해왔으나 현재는 정반대가 되었다고 전제하고, 그동안 조선 인민은 빈약한 힘과 준비 부족 속에서 일본과 세계의 제국주의·자본주의와 싸워왔는데 승산 있는 전투를 이제 막 시작했다고 주장했다. 또한 자신들에게는 동양도 서양도 없고 다만 함께 나아갈 극동의 피억압 인민과 혁명조직만이 있으며, 제국주의자들이 소비에트에게 가하는 고난이 날로 심해지는 가운데 소비에트가 보여주는 용기와 에너지를 자신들도 갖기를 희망한다고 말했다.[33] 앞서 연설한 중국의 타오가 장추백임은 과거 연구로 대략 일치하고 있지만, 박경에 대해서는 여러 의견이 있는데 여운형이라는 견해가 다수를 차지하고 있다. 여운형은 1886년 5월 25일(음력 4월 22일) 생으로(〈표 1〉의 그의 생년월일은 명백하게 오류임) 김규식보다 다섯 살이 어린데, 나중에 일본 관헌의 심문에서 조선인 의장에는 자신이 당선되었다고 말했다.[34] 그러나 임경석은 러시아 측 자료를 통해 박경이 김규식이라고 단정하고 있다.[35]

이후 부인대표단에서 중국인 왕, 몽골의 대표(이름은 알 수 없음), 자바의 대표 심슨, 앞서 말한 로이, 미국대표인 카 등이 연설했고 지노비에프의 폐회 선언으로 대회 첫날을 마쳤다. 조선에 대해서는 각국 대표들 가운데 유일하게 로이가 "……일본 제국주의의 대표는 동지인 우리들을 서로 싸우도록 한다. 미국과 아시아 사이에는 극렬한 대립이 있다. 또 그들은 조선, 만주, 몽골, 시베리아를 손에 넣고 착취하려 한다……" 라고 언급했다.[36] 또한 와타나베 하루오는 "……그리하여 대회의 정식 회합은 겨우 하루 만에 끝났는데 지극히 간단하고 담박했다……" 라고 회상했다. 이는 아마도 지노비에프가 대회 첫날의 폐회 선언 첫머리에 "동지 여러분, 이 대회의 공식부분을 끝냅시다" 라고 한 데서 생긴 것으로 생각되는데, 의사록을 보면 그 후에도 대회는 제12회까지 계속되었기 때문에 와타나베의 회상은 받아들이기 어렵다.[37]

다음 날 1월 23일에 열린 제2회 회의에서는 의장 역할을 사하로프가 맡았는데, 가타야마 센이 의제로 ① 국제정세와 워싱턴회의의 결과, ② 각국으로부터의 보고, ③ 민족과 식민지와 관련된 문제에서 공산주의자의 위치 및 공산주의자와 민족혁명정당의 협력, ④ 선언 등을 제안해서 승인되었다. ①번 의제와 관련해서 연설한 지노비에프는 워싱턴회의와 주요 참가국인 미국·영국·일본·프랑스를 여러 각도에서 비난하는 가운데 조선문제에 대해서 언급했다. 그는 조선해방운동을 벌이고 있는 몇몇 사람들이 얼마간의 기적을 기대해서 워싱턴(회의)에 희망을 걸었지만, 지구상에 조선이 존재하지 않는 것처럼 회의에서는 조선이라는 단어는 한마디도 언급되지 않았고 워싱턴회의가 보여준 이러한 피억압민족에 대한 침묵 이상으로 납득할 수 있는 교훈을 조선 인민은 얻을 수 없을 것이라고 말했다. 또한 조선의 운명은 러일전쟁을 거쳐 일본 제국주의와 관련을 맺고 있고 3·1운동에서 분명해졌듯이 억압자에 대한 조선 인민의 투쟁은 계속되고 있다고 말한 뒤, 일본과 조선의 관계는 영국과 아일랜드의 관계와 비슷한데 일본이 더욱 비열하며 잔인하고 냉소적이며 부끄러움을 모른다고 비난했다. 코민테른은 조선 인민의 해방투쟁을 가장 주의 깊게 지켜보고 있고, 베르사유에서의 경험으로 보아도 대회는 모든 조선의 혁명가에게 유럽과 미국의 선진적인 혁명 노동자와의 긴밀한 동맹 외에는 조선의 민족문제가 해결될 수 있다는 희망의 여운을 그들 자신의 입장에서도 인민의 입장에서도 단호히 떨쳐버려야 한다고 주장했다. 즉 조선 인민은 민족문제의 해결에서 제국주의자와의 협정을 성립시킴으로써 어떠한 타협이 가능하다는 생각을 버려야 한다는 것이다. 또한 제노비에프는 중국·조선·몽골의 수억 사람들의 운명이 일본의 노동자계급에 달려 있어 일본에서의 혁명이 매우 중요하다고 강조하고, 중국·조선·몽골은 공업 프롤레타리아가 없다고 해서 비난당할 이유는 없으며 여러 발전단계를 한꺼번에 뛰어넘을 수도 없지만 프롤레타리아가 아직 존재하지 않는 나라·지역의 피억압민족세력과 존재하는 나라들의 프롤레타리아가 협력하는 문제는 기본적으로 해결되어야 한다고 말했다.[38]

이날 오후에 개최된 제3회 회의와 다음 날 1월 24일 오전부터 개최된 제4

회 회의에서는 중국문제에 대한 보고와 토의가 이루어져서 조선문제에 대해서는 한마디도 언급되지 않았다. 그러나 24일 오후에 박경 의장 아래 개최된 제5회 회의에서 중국대표인 왕이 중국 여성들의 지위에 대해 보고한 뒤, 이어서 조선대표단에서 왕경王京, Wong-Kieng이 '워싱턴회의와 조선에 대한 관계'라는 제목으로 매우 긴 보고를 했다. 분량이 많지만 제목만으로도 대략 내용을 파악할 수 있기 때문에 제목을 전부 게재한다.[39]

Ⅰ 극동에서 조선의 위치(1~3)
Ⅱ 일본의 조선 강제병합(4~7)
Ⅲ 1919년 3월사건(8)
Ⅳ 베르사유회의(9~11)
Ⅴ 워싱턴회의(12~15)

* 이 시점에서 의장인 박경은 영어에 의한 보고, 러시아어 등으로의 번역은 시간절약을 위해 나중에 하자고 제안했고, 이 제안이 승인되자 박경 자신이 조선문제에 대해 다음과 같은 별도의 보고를 했다.

조선의 혁명운동
A 운동의 원인과 성격·발전
B 혁명운동의 양상
2 계급투쟁
3 혁명적 농민의 최초 봉기—동학란
4 1895~1905년 사이에 전개된 혁명운동의 과도기
Ⅱ 강한 민족주의적 경향과 애국심의 성장
5 높아지는 민족주의 조류—의병
6 애국적 사회문화를 위한 운동
Ⅲ 강제병합과 독립운동
7 강제병합
8 독립 회복을 위한 운동
9 해외에서의 정치적 활동
10 조선 내에서 전개된 각 종교들의 활동
11 좋은 기회 확보

IV 3월운동

12 3월운동

13 독립 선언

14 수동적 운동

15 임시정부

16 유럽과 미국에서의 외교적 노력

V 일본의 억압과 조선의 저항

17 일본의 억압

18 파괴적 기도

19 충돌

20 혁명군의 근거지

VI 혁명적 이상에 대한 대중의 각성

21 조선 프롤레타리아의 각성

22 운동의 일치성

23 조선공산당의 모든 조직

24 명확한 혁명을 위한 계획

VII 결론

25 밝은 장래

왕경은 발음으로 보아도 〈표 1〉의 11번 김원경으로 보인다.[40] 다음 날인 1월 25일 오전에 슈미아츠키 의장 아래 개최된 제6회 회의에서는 조선대표단의 일원인 고高, Kho(〈표 1〉의 41번 조동우로 추측된다)가 '조선의 경제·농민·노동자의 상태와 노동자·농민대중의 운동'이라는 제목으로 보고를 했다. 그는 일본의 경제 장악과 농업·금융·무역·자본 등에서의 착취 때문에 조선경제는 힘든 상황에 처해 있고 특히 농민의 희생이 크며 노동자도 상당한 착취에 시달리고 있다는 사실을 설명하고, 이에 농민과 노동자가 단결해서 싸우기 위해 일어서는 자세가 나타날 것으로 기대한다고 말했다.[41] 이어서 가타야마 센과 야기와Yakiwa(다카세 기요시로 추측된다)가 보고를 한 뒤 요시다 하지메로 생각되는 가토가 보고를 했다. 그는 일본에서의 노동운동을 더욱 확대할 필요성을 호소하며 마지막에 "우리들의 조직은 도쿄에서 오사카……로 점점 퍼지고 있다. 다음 단계는 조선까지 운동을 확대하는 것이다. 최근 들어 조선의 혁명지도자를 만나 조선과 일본의 프롤레타리아뿐만 아니라 모든 노동자와 농민을 위해 함께 일할 수 있도록 운동 속에서 운동을 위해 그들과 악수하는 것이 매우 중요해지고 있다" 고 말했다.[42]

제6회 회의와 같은 날인 1월 25일 오후에 개최된 제7회 회의에서 가타야마 센은 조선은 일본 제국주의의 발굽 아래 있고 조선의 독립운동과 1919년의 3·1운동은 일본 제국주의의 피범벅이 된 손에 산산조각 났지만, 조선인들에게 미래의 투쟁에 대한 희망과 자극을 주었다고 말했다. 앞으로 조선 내외의 독립운동 지도자들은 중국이나 일본의 노동자와 농민 조직과 협력해서 행동해야 하고, 서로 단결해서 동시에 행동하는 극동 프롤레타리아의 실질적인 지원이 없다면 조선의 독립은 달성할 수 없다는 것을 인식해야 한다고 주장했다.[43] 김규Kim-Khu(〈표 1〉의 34번 임원근으로 추측된다)가 이에 대해 찬성을 표했다.[44]

이어서 다음 날인 1월 26일 오전부터 개최된 제8회 회의에서 사하로프는 조선에서의 민족혁명운동이 부르주아 민족주의운동이라고 충분히 인식하고 있지만, 제국주의와 대립하여 국제 프롤레타리아의 이익과 일치되기 때문에 그것을 지지한다고 밝혔다. 또한 조선은 일본이 약탈·정복했고 그래서 조선의 민족해방투쟁은 일본 노동자계급의 주요한 과제라고 말했다.[45]

다음 날인 1월 27일 오전부터 김원경 의장 아래 개최된 제9회 회의에서는 전날의 제8회 회의에서 행한 사하로프의 보고를 받아 조선대표단에서 먼저 고킨Kor Khan(〈표 1〉의 42번 재동순으로 추측된다)이 토론에 가담했다. 그는 워싱턴회의 결과는 충분히 예견할 수 있었고, 지노비에프가 베르사유와 워싱턴의 환상에서 벗어나지 못한 지도자와 조직이 자신들 속에 있다고 말하고 있지만, 그들의 행동은 박쥐와 같아서 명백하게 잘못이라고 말했다. 계속해서 광Khwong(〈표 1〉의 2번 권애라로 추측된다)이 극동 인민의 진정한 해방은 남성해방만이 아니라 여성해방에도 있다고 말했고, 김초우Kim- Chow(〈표 1〉의 32번 이재곤으로 추측된다)는 일본의 근로대중·노동자들은 조선의 형제 노동자들을 경멸하고 있어 조선인들을 억압하는 제국주의적·자본주의적인 일본정부를 돕고 있다고 주장했다. 또한 일본의 근로대중·노동자들은 배외주의에 빠질 위험이 있는데 이는 커다란 잘못이며 이러한 상태를 고치기 위해서는 가장 먼저 자신들의 형제인 수난자이자 희생자인 극동의 다른 인민을 해방해야 하고 따라서 국제주의의 문제를 애국주의나 동화와 혼동해서는 안 된다는 것을 자각하는 게 중요하다고 말했다.[46] 그리고 일본대표단에서 나가노Nagano가 일본 제국주의자는 특히 경제적으로 조선 인민을 억압하고 있고, 일본 프롤레타리아의 각성은 일본의 지배로부터 조선의 완전한 해방을 가져올 수 있기 때문에 조선의 동지들과 단결을 약속한다고 말했다. 이어서 야코바(Yakova Yakiwa일까? 그렇다면 다카세 기요시?)가 자신들은 조선인과 중국인에 대해 적의를 갖고 있지 않고 일본정부가 이들을 강제로 일본인으로 만들려고 하는 것을 방해하기 위해 노력하고 있다고 말했다. 마지막으로 다시 나가노가 일본과 조선 공산당의 행동을 조정하기 위해 조선대표단이 자신들과 토론할 시간을 내주고, 나아가 행동을 어떻게 조정할지에 대한 여러 가지 생각과 사상을 자유롭게 표현해주기를 희망한다고 말했다.[47]

더욱이 1월 30일 밤에 개최된 제11회 회의에서는 조선대표단에서 고실문Kho-Syl-Mon이 베르사유회의와 워싱턴회의의 결과는 세계 제국주의자들의 목적을 극명하게 드러냈다고 연설했다. 즉 제국주의자들은 극동 사람들을 노예로 만들기 위해 애쓰고 있는데, 자기들끼리 싸움을 시작하고 있는 제국주의자들을 타도하기 위해 피압박민족들은 소비에트 러시아를 중심으로 결집해야 한다고 말했다. 지노비에프와 사하로프의 결의안이 가결됨에 따라[48] '워싱턴회의의 결과와 극동의 정세—지노비에프 동지의 보고에 관한 결의'가 나왔다. 이것은 조선문제에 대해 워싱턴회의는 조선을 포함한 극동의 광범한 대중이 품고 있는 제국주의자의 원조라는 환상에 결정적인 타격을 가했고, 러일전쟁 후 일본이 획득한 조선에서의 행동의 자유로 인해 조선 인민은 막다른 지경에까지 몰려 3·1운동으로 봉기했지만 수동적인 저항으로 인해 피의 연못 속에 빠졌고, 베르사유회의와 워싱턴회의를 거치면서 조선 대중은 전 세계의 피억압민족과 단결한 국제 프롤레타리아의 승리만이 자신들에게 해방과 독립을 보장한다는 것을 충분히 깨달았다고 주장했다. 이어서 '동지 장(추백?)이 제안한 결의—사하로프 동지의 보고에 대해'는 국제 프롤레타리아의 의무는 일본의 노동자들이 중국과 조선의 해방투쟁을 자신들의 임무로 받아들이도록 요구하는 것이고, 조선 농민들의 주된 적은 외국의 약탈자며 이들은 민족적인 억압자일 뿐만 아니라 계급의 적이기도 하다는 것을 주된 내용으로 다뤘는데, 즉 일본·중국·조선에서 프롤레타리아의 혁명적 각성을 환영하고 그것이 투쟁의 성공을 보장한다고 생각하는 결의였다.[49]

대회 마지막 날인 2월 2일 모스크바에서 페트로그라드 우리츠키궁전으로 장소를 옮겨 그곳 소비에트(평의회)와 함께 개최하는 형식으로 열린 제11회 회의에서 조선대표단을 대표해서 헴Khem은 워싱턴회의와 달리 이 대회에서 나타난 성과에 만족한다고 말했다. 또한 대회에 참가한 모든 청년대표단을 대표해서 조선의 이Li가 대회는 일본의 노동자들과 프롤레타리아가 조선과 중국의 노동자들과 같은 이익을 추구하기로 결정했고, 이를 일본의 프롤레타리아에게 설명하면 그들도 자각해서 자신들과 함께할 수 있을 것이라고 말했다.[50] 그리고 이제까지의 보고와 결의를 망라한 '극동의 공산주의적·혁명적 조직의 제1회 대회에 참가한 극동 여러 민족에 대한 선언'을 공포하고[51] 대회를 끝냈다.

워싱턴회의에 실망한 결과, 반대되는 성격을 지닌 이 대회에서 조선독립에 대한 전면적인 지지와 일본에서 온 참가자들과의 연대라는 만족스런 결과로 인해 김규식은 모스크바밖에 희망을 가질 수 없다는 생각으로 기울어져서 냉소적으로 되어갔다. 그의 곁에 있던 조선대표 두 사람(그중 한 사람은 형Hyung이라는 이름의 목사로 여운형으로 추측된다) 중에 상해에서 성서(출판판

매)회사에 관계하던 인물은 그래도 러시아인들은 결정적인 순간에는 조선이 아니라 러시아를 먼저 생각한다는 것을 잊지 말아야 한다고 말했다.[52] 또한 소비에트와 코민테른이 조선대표단을 초청하고 조선의 입장을 지지하는 것은 조선의 사정을 생각해서라기보다는 오히려 그들의 목적을 위한 재료로 이용될 우려가 있음을 암암리에 시사했다.

이상의 경과를 근거로 삼아 대회와 조선의 관계를 전체적으로 살펴보자. 우선 대회에 참석한 대표단 중에 일본대표단과 조선대표단을 비교하면, 일본대표단이 민족주의적 입장에서 벗어나 사회주의적 입장으로 바뀌고 있음을 엿볼 수 있다. 그러나 조선대표단은 구성원 대부분이 고려공산당과 관계를 맺고 있었지만 독립을 목표로 했기 때문에 필연적으로 민족주의적 입장도 갖고 있었다. 조선대표단의 이러한 성격은 대회와 양립할 수 없는 가능성을 내포한 것이기도 했다. 하지만 코민테른이 일본과는 달리 조선에게는 이 단계에서는 사회주의와 일정한 자본가계급이 제휴한 위에서 일본에 대한 대항이 적당하다고 생각하여 민족주의적 입장에서 조선독립을 지지했기 때문에 그러한 모순이 표출되지는 않았다.

코민테른은 워싱턴회의에 대항하기 위해 비슷한 시기에 대회를 개최하고 워싱턴회의가 가진 모순을 드러내려고 했는데, 그중에서도 가장 대조적인 것이 바로 조선문제였다. 워싱턴회의가 조선문제를 완전히 무시한 데 반해, 대회는 조선독립을 전면적으로 지지하고 이를 위해 조선과 일본 간의 협력까지 시사했다는 점에서 조선대표단이 대회 참가가 옳았다고 평가하고 사회주의와 더욱 협력할 필요성을 느낀 것은 어떤 의미에서 자연스러웠다.

일본대표단도 조선문제에서 조선대표단의 입장과 조선독립을 지지했는데, 그들 역시 일본에서의 사회주의 확대를 위해 일본 당국을 동요시키려고 조선문제를 이용한 듯하다. 민족주의적 입장에서 벗어나 있는 일본대표단과 민족주의적 입장을 전제한 조선대표단의 차이, 현실적으로 지배하는 쪽에 있는 일본과 지배당하는 쪽에 있는 조선이 이처럼 서로 정반대의 입장에 있는 이상 일본과 조선의 협의와 연대가 어느 정도 가능할지는 처음부터 의심스러웠다. 그러나 조선 측에서 보면 일본 측에 자신들의 입장을 인정하는 사람들이 있다는 것 자체가 언짢은 이야기는 아니었기 때문에 수확으로 여겼음은 틀림없다.

극동노동자대회 종료

대회를 마친 각국 대표단은 모스크바를 떠났는데, 조선대표단 중에 여운형을 비롯한 많은 사람들은 다시 이르쿠츠크로 향했다. 여운형은 앞서 말한 자유시사변의 처리와 그로 인한 독립운동의 연대를 회복하기 위해 상해로 가서 손문과 연대를 꾀하려 했다.[53]

한편 김규식도 상해로 향했는데,[54] 앞서 말한 것처럼 모스크바에서 굳어진 그의 기분은 모스크바를 떠나서도 풀어지지 않아 영문 잡지에 "……미국은 3개국과 무서운 4개국조약을 체결한 워싱턴회의에서 이타적 · 민주주의적인 치장 속에 감춰두었던 흡혈귀 가면을 벗어 팽개쳤다. 극동노동자대회는 일치해서 전개되고 있는 제국주의의 침공과 점점 격심해지는 자본주의적 억압과 착취에 대한 동아시아 여러 민족 편에 서서 단결의 필요성을 명백한 말로 표현했다. …… 극동에서 문제 해결을 위한 관건인 조선의 독립운동은 조선인뿐만이 아니라 러시아와 중국의 원조 그리고 일본의 노동자와 대중의 협력으로 극동 전체의 지위를 최종적으로 조정함으로써 성취되어야 한다……"고 기록했다.[55] 그리고 그는 노농(소련)정부와 일본과 소련의 충돌이 일어나면, 조선은 소련을 원조하고 노농정부는 조선인에게 무기와 탄약을 공급한다는 밀약을 맺었다.[56]

조선독립을 둘러싼 국제관계

결론

민족자결주의와 독립운동

윌슨Woodrow Wilson이 미국의 제1차 세계대전 참전 전부터 거듭 제창하고 1918년 1월 8일 의회에 제출한 14개조에서 직접적 표현은 아니더라도 명확히 내세운 민족자결주의는 그 표현이 보편적인 것임에도 불구하고 실제로 보편적인지는 분명하지 않았다. 민족자결주의가 보편적으로 적용되면 자신들의 식민지에까지 미치는 데 불안감을 느낀 영국과 프랑스는, 14개조 해석을 둘러싸고 미국과 협의할 때 식민지에 관한 제5조에 대해 우려를 나타냈다. 하우스Edward M. House 대령의 부탁을 받아 14개조 각 조항에 관해 해석을 한 코브Frank J. Cobb와 리프먼Walter Lippmann은 제5조는 독일을 포함한 적국에만 적용된다는 해석을 내놓았다. 보고를 받은 윌슨도 이 해석을 양해하고 강화회의에 "불완전 국가"가 참가하는 것을 인정하지 않는다고 회답했다. 게다가 파리강화회의가 시작되자 윌슨은 민족자결주의를 더 이상 언급하지 않았다.

1910년에 어쩔 수 없이 일본의 통치하에 놓인 조선에서는 무단통치 아래 사람들의 불만이 쌓이고 있었다. 게다가 조선은 1882년에 미국과 수호통상조약을 체결한 이래 위기를 겪을 때마다 이 조약의 제1조인 거중조정 조항에 의거하여 미국에 도움을 요청했다. 물론 미국정부는 이 요청을 받아들이지 않았고, 특히 루스벨트Theodore Roosevelt 대통령은 한국에서 일본의 입장을 적극 지지함으로써 결국 한국은 일본에 병합되고 말았다. 그러나 이러한 사정이 있었음에도 불구하고 위협을 미치는 국가에 대한 견제 역할을 하는 미국의 이미지는 이상주의자인 윌슨이 대통령이라는 점도 작용하여 조선인들의 의식 밑바닥에서 사라진 적은 없었다. 이러한 상황 아래 윌슨이 민족자결주의를 제창하자 적지 않은 조선인들이 주목한 것도 이상한 일은 아니었다.

윌슨이 14개조를 제창하기 3일 전인 1918년 1월 5일에 영국 총리 로이드 조지David Lloyd George도 민족자결주의를 명확히 내세웠음에도 불구하고 조선인들이 그가 아니라 윌슨에게 주목한 것은 조미조약의 거중조정 조항에 대한 조선(한국)의 기대가 있었기 때문임은 부정할 수 없다. 또 1919년에 3·1 독립선언서에 서명한 33인 대부분이 체포 후 당국의 신문에 신문보도 등을 통해 민족자결주의에 관해 알았고 이에 의거하여 독립을 위해 무언가 행동하지 않으면 안 된다고 느꼈다고 진술했으며, 민족자결주의가 민중 차원에도 영향을 미쳤음을 나타내는 기록도 있다. 이런 의미에서 민족자결주의가 한국의 독립운동에 끼친 영향을 과소평가하는 것은 타당하지 않다.

그러나 신문조서를 살펴보면 민족대표 33인은 민족자결주의가 전승국인 일본의 통치 아래 놓여 있는 조선에 적용되는 데는 대체로 비관적이었음을 확인할 수 있다. 대부분의 조선인들은 무단통치를 참기 어려워 그로부터 벗어나는 것을 목표로 삼아 시기와 방법은 어떻든지 간에 무언가 행동을 보이려 했던 것이다. 이는 19세기부터 갖가지 형태로 국권회복운동을 전개해온 조선인들의 입장에서 본다면 오히려 당연한 행동이라고 할 수 있다. 러시아혁명, 윌슨의 민족자결주의 제창, 제1차 세계대전의 휴전, 종래의 식민지체제에 변경을 촉구한 것처럼 보인 파리강화회의의 개최, 독립을 달성한 피지배민족의 존재라고 하는 국제정세의 변동이 나타나는 가운데, 먼저 독립을 기대하고 있던 재외 조선인들이 각자 거주하는 지역에서 구체적인 행동을 일으켰다. 그리고 역시 독립을 기대하고 있던 국내의 조선인들도 1919년 3월 3일에 예정된 고종의 장례식이라는 기회를 이용하여 3·1독립선언을 선포하고 민중이 시위행동에 나섬으로써 3·1운동이 시작되었다. 따라서 3·1운동의 원인을 찾을 때 국제정세 속의 민족자결주의 말고도 여러 요인을 고려해야 할 뿐만 아니라 무엇보다도 무단통치의 참혹한 실태를 제쳐놓고 민족자결주의만을 강조하는 것은 타당하지 않다.

이러한 관점에서 판단하면 민족자결주의와 한국독립운동의 관계에는 (조선 입장에서 보면) 자율적·능동적 측면과 타율적·수동적 측면이 함께 존재하고 있음을 알 수 있다. 또한 민족자결주의가 한국독립운동에 미친 영향을 과대평가하거나 과소평가하지 않고 정확하게 파악하는 것이 3·1운동을 이해하는 데 매우 중요하다. 이와 동시에 러시아혁명과 3·1운동의 관계를 보는 시각이 필요하다. 제정러시아는 러일전쟁 후에 일본과 네 번에 걸쳐 러일협약을 체결했으며 일본의 요청을 받아들여 자국 영토 내에서 전개되는 조선인들의 반일활동을 금지하려 했다. 그러나 1917년의 러시아혁명 발발과 볼셰비키의 정권 장악으로 인해 러시아 내의 조선인들에 대한 족쇄가 없어지고 볼셰비키사상도 서서히 조선인들에게 침투하여 그 대표적 인물인 이동휘가 대한민국임시정부의 일원이 되기도 했다. 그러나 민족자결주의와는 달리 3·1운동 시기에 볼셰비키사상이 조선에 침투하지 않았다는 사실은 민족대표 33인의 신문조서 등에서 엿볼 수 있다. 도쿄 2·8독립선언에서도 분명히 나타난 것처럼 러시아혁명에 의한 제정러시아 붕괴, 그로 인해 장기간 지속된 러시아 위협의 소멸이라는 상황을 일본으로부터 독립하기 위해 (러시아령에 거주하는 사람들도 포함한) 조선인들이 이용하려 한 것이다. 볼셰비키사상이 조선의 내셔널리즘을 넘어 조선인들에게 널리 퍼진 시기는 3·1운동 진압이 일단락되고 파리강화회의에서 조선문제가 논의되지 않은 때부터였다. 따라서 러시아혁명이 (특히 사상적으로) 3·1운동에 미친 영향을 과대평가하는 것은 타당하지 않다고 생각한다. 다만 볼셰비키가 러시아령에 살고 있던 조선인들에게 미친 영향은 매우 컸으며 이것이 3·1운동 후 한국독립운동 전체에 영향을 미쳤다.

한편 한국독립운동과 중국과의 관계도 주의 깊게 살펴보아야 한다. 김규식의 파리행에 중국이 협력했고, 3·1운동이 중국을 거쳐 세계에 알려진 부분도 있으며, 3·1운동 발발에 영향을 받아 5·4운동으로 이어졌고, 미국의원단의 동아시아 방문이나 혼춘사건 때 중국의 묵인도 있어 한국독립운동이 전개되었다는 것 등을 보면 중국이 한국의 독립운동 움직임에 적지 않은 관심을 가지고 있었음을 엿볼 수 있다. 여기에는 지리적으로 가까운 조선의 상황(특히 일본의 대응)이 19세기 말부터 열강에 의해 침식당하고 있던 중국 입장에서도 방관할 수는 없다는 사정이 있었다. 그러나 중국 자신이 그러한 상황에서 벗어나려고 활동하는 가운데서 자신의 일에도 힘에 겨워 예컨대 파리강화회의나 워싱턴회의 등에서 조선과 협력해서 회의에 임한 흔적은 찾아볼 수 없다.

독립운동의 성과와 문제점

한국독립운동은 1918년에 움직임을 보이기 시작하여 1919년에 단숨에 전개되었는데, 일정한 성과를 거둔 한편 문제점도 드러났다.

먼저 조선인들이 3·1운동을 중심으로 독립운동을 전개했기 때문에 일본도 무단통치를 재검토하게 된 것이 조선인들 입장에서는 가장 큰 성과로 들 수 있다. 물론 조선인들이 궁극적 목표로 삼았던 독립은 실현되지 않았고 무단통치를 대신한 문화정치도 일본의 조선통치를 보다 마찰 없이 실행하기 위한 방법에 지나지 않았음은 부정할 수 없다. 때문에 "1919년 3월의 봉기……는 확실히 조선 인민이 일으킨 가장 커다란 대중운동이었지만, 그 크기는 단지 부상자 수에서만 그랬지 피해 크기에 비해 실질적인 성과는 보잘것없었다……"라는 주장도 나왔다.[1] 하지만 피해 크기에 비해 조선인들이 손에 넣은 것이 보잘것없었다고 하더라도 반대로 큰 피해를 낼 정도의 독립운동 없이(예컨대 충분하지 못한 것이었다고 해도) 무엇을 손에 넣었을까라고 반문한다면 이러한 주장은 타당하지 않음을 알 수 있다. 그러므로 "비록 독립은 달성되지 않았다고 해도 운동은 적어도 부분적인 성공을 거두었다고 판단해야 한다"[2]는 주장이 앞서 얘기한 주장보다 정곡을 찌르는 것이라 생각된다.

또 다른 성과로 들 수 있는 것은 3·1운동이 조선의 실정을 세계에 알리는 계기가 되었으며, 특히 미국에서는 일정한 동정이 조선에 쏠리게 되었다. 조선에서 독립운동이 일어났기 때문에 조선에서 처한 일본의 입장에 관한 일본의 주장은 모두 통하지 않게 되었고, 미국의 의원들과 언론기관들 중에 일본을 비난하고 조선을 동정해서 조선의 독립을 지지하는 자들도 나왔다는 것은 루스벨트 정권 때는 볼 수 없던 현상이었다.

그러나 3·1독립선언서 서명자들이 학생들이나 민중과 의논하지 않고 서둘러 당국에 연락하여 스스로 체포된 것은 가장 커다란 문제점으로 지적할 수 있다. 운동의 지도자가 되어야 하는 이들이 스스로 체포되는 것을 선택했기 때문에 운동이 일어난 뒤에는 조직적인 지휘 계통 없이 순간순간의 기세에 기대 진전되었고 때문에 오히려 큰 피해를 낸 면도 있다.

이어서 문제점으로 들 수 있는 것은 독립운동 지도자들이 때때로 횡적 연락을 취하지 않고 자기 판단에만 의존하여 행동했기 때문에 쓸데없는 대립을 야기하고 말았고, 이런 사정이 독립운동의 효과적인 전개에 악영향을 끼쳐 독립운동 내부의 분열로 이어졌다는 점이다. 특히 이승만과 정한경이 아무런 의논 없이 위임통치청원을 한 것과 이들과 거의 같은 시기에 뉴욕의 김현식이 이승만에 대한 비난을 국무성에 고한 것 그리고 위임통치청원이 대한민국임시정부를 이승만파와 반이승만파로 분열시키는 계기가 된 것은(위임통치청원이 당시 상황에서 알맞은 것이었느냐와는 관계없이) 그렇지 않아도 커다란 어려움이 기다리고 있던 독립운동의 앞날을 더욱 어둡게 만들었고 조선인들의 도움 요청에 대해 미국정부가 정상적으로 상대해서는 안 된다는 인상을 주고 말았다.

일본의 대응

조선(한국)에 커다란 이해관계를 느껴온 일본은 조선(한국)에서 영향력을 키우기 위해 청일전쟁과 러일전쟁을 치러 청과 러시아의 한반도에 대한 영향력을 배제했다. 또한 영국과 영일동맹을 체결하여 한국문제에 영국이 개입할 가능성을 배제했다. 그래서 한국문제에 개입할 가능성이 있는 국가로 남은 것이 미국이었는데 일본은 러일전쟁 중인 1905년 7월 가쓰라·태프트협정을 미국과 맺어 그러한 가능성을 일단 차단했다. 그러나 1906년 이후 미국과 일본 간에 몇 가지 대립이 점차 나타나는 가운데 한국(조선)문제에 개입할 가능성 있는 국가, 조선(한국)이 일본으로부터 벗어나기 위해 가장 공작을 많이 한 국가로서 미국의 이미지는 일본의 뇌리에서 사라진 적이 없었다. 미국에 대한 일본의 경계심은 한국병합 후 얼마 안 있어 일어난 105인사건에서 여실히 나타났다.

3·1운동의 발발은, 무단통치가 순조로이 시행되고 있다고 믿었고 일본인들에 대한 조선인들의 반감과 그것을 행동으로 옮기는 능력을 얕보던 일본에게는 전혀 예상하지 못한 사건이었으며, 조선인들이 주도하여 일어난 것이라고는 전혀 생각되지 않았다. 그래서 특히 조선총독부를 비롯한 일본 당국이 살벌한 경계의 눈을 돌리고 일본 언론계가 격렬한 비난의 대상으로 삼

은 것이(일본은 민족자결주의와 미국인 선교사가 3·1운동의 직접적 원인이라고 믿었고, 게다가 3·1운동의 근본 원인을 숨기기 위해 직접적 원인이라고 일반 일본인들에게 주입하여 믿게 만들었다) 윌슨이 제창한 민족자결주의와 조선에 머물고 있던 미국인 선교사들이었다. 이러한 일본의 3·1운동과 조선문제에 대한 인식은 파리강화회의에서 산동성山東省문제, 인종평등안의 국제연맹규약 삽입문제라는 일본의 요구가 미국의 반대로 생각대로 진척되지 않자 한층 강해져서 3·1운동에 대한 (잔학성을 수반한) 철저한 진압으로 이어졌다.

하라 다카시原敬는 1918년 수상에 취임한 무렵에 이미 조선통치를 개혁할 생각을 갖고 있었다. 그 첫걸음으로 육군 출신의 조선총독 하세가와 요시미치長谷川好道를 경질하기로 육군대신인 다나카 기이치田中義一와 여러 번 협의하고 주요 원로인 야마가타 아리토모山縣有朋의 양해도 얻었는데 이것을 구체적으로 시행하려고 하는 중에 3·1운동이 발발한 것이다. 하라는 민족자결주의가 3·1운동에 영향을 주었다고 일기에 쓰고 있지만, 그러한 생각과는 별도로 미국과 일본의 관계를 개선하기 위해 조선통치의 개혁에 착수해야 했다. 그러나 조선에서 기득권을 가지고 있는 육군과 야마가타파벌의 영수 야마가타 아리토모 등은 하라가 주도하는 개혁안이 자신들이 갖고 있는 기득권의 와해로 이어진다고 느꼈기 때문에 여기에 제동을 걸었다(이러한 사정이 가장 분명히 나타난 사건이 문관인 야마가타 이사부로山縣伊三郎를 후임 조선총독에 앉히려는 하라에 대해 명확하게 거부자세를 취한 것이다). 이리하여 개혁안에 대한 일본 국내의 반대와 미국을 비롯한 외국(인)의 비판이 고조되는 상황 사이에서 하라는 딜레마에 빠졌다. 예컨대 조선통치 개혁을 제의한 미국기독교연합협의회 동양관계위원회와의 회견에서도 하라는 분명치 않은 태도를 취했고, 1919년 8월 20일 조선통치를 개혁하기 위한 각종 제도 개정이 공포되고 사실상 은퇴상태에 있던 사이토 마코토齋藤實가 신임 조선총독에 취임했는데, 이것은 이러지도 저러지도 못하던 하라가 취한 타협책이었던 것이 분명하다. 조선에 대해 독립이나 자치를 부여할 생각이 없던 하라는 다행히 외국 여러 나라들이 일본의 조선통치는 기정사실로 받아들이고 있었기 때문에 조선에서 일정한 개혁은 하지만 조선통치 자체에는 아무런 변경을 가하지 않는 문화정치를 도입할 수 있었다.

미국의 대응

루스벨트는 자신의 눈에 팽창적으로 비친 러시아를 억제하기 위해 러시아와 대립이 심화되고 있던 패배자 근성의 일본을 지지했고 이후 포츠머스에서 러시아와 일본 간의 강화를 주선했기 때문에 미·일관계는 특히 러일전쟁기에 매우 친밀한 관계를 유지했다. 따라서 일본이 한국을 보호국화할 때 미국 정부는 한국에 대한 일본의 입장을 지지했고, 독립 유지를 위한 도움을 바라던 한국의 요청에 대해서는 전혀 귀를 기울이지 않았다. 미국의 의회와 언론계도 일본의 한국 보호국화와 병합, 한국의 도움 요청에 대한 미국정부의 무시에 대해 이의를 제기하지 않았다.

그러나 윌슨이 대통령에 취임한 후에 미국과 일본 간의 대립이 (이미 여러 가지 대립이 생기고 있던) 루스벨트 정권 후기와 태프트 정권에 비해 한층 노골적으로 드러나면서 러일전쟁 시기의 협조관계는 어느새 사라지고 있었다. 특히 일본인의 미국 이민문제는 미국과 일본 양국에서 상대국에 대한 반감을 일반 대중에게까지 확산시켰다. 파리강화회의에서도 산동성문제와 인종평등안의 국제연맹규약 삽입문제 등을 둘러싸고 미국과 일본 간에 갈등이 생기고 있었다. 이러한 상황 아래 조선에서 3·1운동이 일어난 것이다.

한국 보호국화와 병합 때와는 달리 105인사건과 3·1운동의 진압에서 일본 당국이 보인 잔학함, 105인사건과 3·1운동과 관련해서 일본 당국과 언론계가 미국인(특히 선교사)에게 의심을 품었던 일 등으로 인해 미국 의회와 언론계는 일본의 조선정책을 비난하는 경향을 강화했다. 그러나 미국정부(윌슨과 랜싱Robert Lansing 등 정부기구의 상층부 이상의 사람들)는 105인사건과 3·1운동 진압에서 나타난 일본의 지나친 행동에 대해서는 주시하는 한편, 조선문제에 대한 미국정부와 미국인들의 대응이 미국에 대한 일본의 적의를 부채질하지 않도록 세심한 주의를 기울였다. 그 배경에는 여러 가지 사정이 있었다. 우선 조선은 이미 일본의 통치 아래 놓여 있었고 이전부터 일본이 조선문제를 매우 중요하게 인식해온 것과 달리 미국에게 조선은 보잘것없는 존재였다. 또한 일본의 한국병합 후 조선문제는 일본의 국내문제로 비쳐졌기 때문에 미국과 일본 양국의 입장에서 (예컨대 중국문제 등과 비교하더라도) 그 중요성이 전혀 같지 않았다. 때문에 미국과 일본 사이에 표면화되던 갈등이 완화되기를 바라던 미국정부는 조선문제로 인해 어긋남이 한층 심각해지는 것을 꺼려했다. 요컨대 일본과의 관계가 양호한 때에는 조선에 대한 일본의 입장을 지지하고, 일본과의 사이에 갈등이 나타나더라도 일본의 조선통치 자체는 반대하지 않는다는 것이 미국정부가 조선문제에 대해 취한 태도의 본질이었다. 3·1운동의 전개에서 진압이라는 과정에서 미국정부가 취한 대응도 정치적 의도에서 나온 것이라기보다는 인도적 배려에서 나온 것이었다.

또 일본의 3·1운동 진압과 조선정책을 비난한 미국의 의원들이나 언론기관들(물론 독립을 궁극적 목적으로 삼고 있던 조선의 입장을 지지한 의원이나 언론기관이 일부 존재했다 하더라도) 대부분이 국제연맹규약 비준에 대한 반대와 일본에 대한 한층 강도 높은 비난을 위한 알맞은 좋은 재료로서 조선문제를 이용한 것은 부정할 수 없다. 게다가 일본이 가장 경계한 미국인 선교사들이 문제로 삼은 것은 105인사건이나 3·1운동 진압 때 보인 당국의 잔학성과 자신들에 대한 당국의 대응이었지 일본의 조선통치 자체를 부정할 의도는 없었다. 이러한 경향은 사이토 마코토가 조선총독에 취임하여 문화정치를 실시하고 자신들에 대해 저자세로 임한 이후(혼춘사건과 간도출병 때에 일본에 대한 반발이 있었다고 해도) 한층 강화되었다.[3]

결국 미국이 보인 반응은 일본의 한국병합 후 파리강화회의와 같은 시기에 일어난 3·1운동, 그 후의 워싱턴회의를 통해 나타난 조선인들의 기대에 부응할 수 있는 것은 아니었다. 미국은 조선문제를 이미 일본의 한국병합으로 해결되었다고 판단했고 또한 조선에서 현실적 이해가 적었을 뿐만 아니라 일본과 더 이상의 마찰을 피하려는 의도에서 조선의 지위 변경(즉 조선독립)에는 소극적·부정적 자세를 보였다. 이것은 당시 인도, 중동, 아프리카 등이 처했던 상황을 함께 생각하면 이 무렵에 주로 미국이 제창한 국제정치의 이상보다는 냉엄한 현실이 여전히 존재하고 있음을 의미한다. 중국도 산동성문제에서 냉혹한 현실 앞에 무릎을 꿇었고 이로 인해 5·4운동을 일으켰지만, 중국 이상으로 동아시아에서 국제정치의 무정함에 무릎을 꿇은 것이 조선이었다.

한국 보호국화와 병합이라는 과정 속에서 그때까지와는 달리 반일자세를 취한 대표적 외국인인 영국의 저널리스트 매켄지Frederick A. Mckenzie는 1920년에 미국의 조선문제에 대한 대응에 관해 다음과 같이 적었다.[4]

> ……조선을 둘러싸고 전쟁도 마다하지 않을 작정인가라는 질문을 받으면 나는 다음과 같이 대답한다. 오늘 단호한 행동을 취한다면 분쟁을 일으킬지도 모르지만 위험은 아주 적다. 그러나 지금 소극적인 행동으로 나선다면 분명히 20~30년 이내에 극동에서 커다란 전쟁이 일어날 것이다. 그 전쟁에서 서양 여러 나라가 짊어져야 할 부담을 미국이 떠맡게 될 것이다…….

일본의 조선통치가 그 후 아시아에서 취한 일본의 행동(특히 중국정책)에 어떻게 이어졌는가는 앞으로 해명해야 할 큰 과제이지만, 현재 시점에서 보면 매켄지의 말이 현실이 되었음은 누구도 부정할 수 없다.

한국의 독립운동은 3·1운동 이후 이승만 등의 위임통치청원으로 분화와 대립의 양상이 점점 깊어졌다. 이러한 대립의 근본원인은 미국 등에 대한 외교공작이 무의미하다는 생각과 더욱더 외교공작을 하자는 방법상의 차이였다. 또한 워싱턴회의에서 미국 등이 조선문제를 무시한 것과는 대조적으로, 극동노동자대회에서는 조선문제에 대한 지지를 표명하자 외교공작의 무의

미함을 주장하면서 이 대회에 참가했던 사람들은 자신들의 생각이 옳았음이 증명되었다고 생각했다. 그래서 이들은 민족주의를 견지하면서도 볼셰비키의 지지를 획득하는 데 아무런 주저도 하지 않고 의심도 갖지 않았다. 바로 이 시점에서 사회주의는 한국의 독립운동가들 사이에서 널리 퍼져나갔고 이것이 한국의 미래를 결정짓는 중요한 조건으로 작용했다. 예컨대 1945년 광복 후에 미국과 소련에 의한 조선의 남북분단과 고정화로 인해 1948년 8월에 대한민국이 수립된 전후 시기에 활발한 외교공작을 주장한 이승만은 초대 대통령에 취임했지만, 극동노동자대회에 참가한 김규식은 전 조선 통일 민주정부를 수립하기 위해 소련의 군정하에서 공산화가 진행되는 북한과 단독선거를 실시하자며 남한대표로 남북연석회의에 참가하러 북한에 간 것이 상징하는 바와 같이 제2차 세계대전 후의 한국에서 분화를 초래한 간접적인 원인이 되었다. 이것을 초래한 큰 요인 가운데 하나가 이 책에서 다룬 시기에 미국이 취한 조선정책이었음은 부정할 수 없다.

미주

제1장 한국병합과 무단통치

1 조일수호조규 전문은 外務省 編, 『日本外交年表竝主要文書』 上卷, 原書房, 1965, 65~66쪽 참조(이하 『年表竝文書』 上으로 표기).

2 시모노세키조약 전문은 위의 책, 165~169쪽 참조.

3 포츠머스강화조약 전문은 위의 책, 245~249쪽 참조.

4 제2차 한일협약 전문은 위의 책, 252~253쪽 참조.

5 제3차 한일협약 전문은 위의 책, 276~277쪽 참조. 또한 헤이그밀사사건부터 제3차 한일협약 체결까지의 흐름에 대한 일본 당국자의 관찰로는 『朝鮮の保護及び併合』, 朝鮮總督府, 1917, 98~210쪽; 劉孝鍾, 「ハーグ密使事件と韓國軍解散」, 旗田巍 編, 『朝鮮と近代史と日本』, 大和書房, 1987, 52~67쪽 참조.

6 주요한 편저, 『안도산전서』, 삼중당, 1963, 71~77쪽.

7 『朝鮮の保護及び併合』, 254~274쪽; 안중근의 이토 히로부미伊藤博文 사살사건에 관한 문헌은 매우 방대한데, 그중 일본어 문헌은 市川正明, 『安重根と日韓關係史』, 原書房, 1979; 中野泰雄, 『安重根 日韓關係の原像』, 亞紀書房, 1984; 佐木隆三, 『伊藤博文と安重根』, 文藝春秋, 1992; 津留今朝壽, 『天主教徒 安重根』, 自由國民社, 1996; 齋藤充功, 『伊藤博文を射った男 革命義士安重根の原像』, 中央公論新社, 1999 등을 들 수 있다.

8 한국병합에 관한 각의 결정은 『年表竝文書』 上, 315~316쪽 참조.

9 한국병합에 관한 한일조약 전문은 위의 책, 340쪽 참조.

10 1910년 8월 29일자 주영대사 가토 다카아키加藤高明, 주미대사 우치다 야스야內田康哉, 주청공사 이주인 히코키치伊集院彦吉 앞으로 보낸 외상 고무라 주타로小村壽太郎 전보,

外務省 編,『日本外交文書』 제43권 제1책, 日本國際連合協會, 1962, 703쪽(이하 『日外文』 제43권 제1책, 다이쇼 2년 제1책으로 표기).

11 『朝鮮の保護及び併合』, 367쪽.

12 『朝鮮總督府官報』 1910년 9월 30일, 「勅令」.

13 金正明 編,『朝鮮駐箚軍歷史』, 巖南堂書店, 1967, 25쪽.

14 朝鮮總督府,『施政二十五年史』, 1935, 310쪽;『施政三十年史』, 1940, 13~14쪽.

15 朝鮮總督府,『施政二十五年史』, 1935, 30~31쪽;『施政三十年史』, 1940, 14쪽.

16 『(統監府) 公報』 1910년 7월 9일, 「勅令」.

17 『朝鮮總督府官報』 1910년 9월 16일, 「勅令」.

18 小森德治,『明石元二郎』 上卷, 台灣日日新報社, 1928, 449쪽; 梶村秀樹·姜德相, 「日帝下朝鮮の法律制度について」, 仁井田陞博士追悼記念論文集編集委員會 編,『日本法とアジア』 3, 勁草書房, 1970, 330쪽.

19 『朝鮮總督府官報』 1910년 12월 15일, 「勅令」.

20 『朝鮮總督府官報』 1912년 3월 18일, 「號外—制令」.

21 鈴木敬夫,『朝鮮植民地統治法の硏究—治安法下の皇民化教育』, 北海道大學圖書刊行會, 1989, 83~85쪽; 山邊健太郎,『日本統治下の朝鮮』, 岩波書店, 1971, 21~22쪽.

22 朝鮮總督府,『施政二十五年史』, 1935, 35~36쪽;『施政三十年史』, 1940, 17~18쪽. 일진회는 러일전쟁 중인 1904년 8월 일본군 통역이었던 송병준宋秉畯이 결성하고, 동학 가운데 친일파였던 이용구李容九가 합류해서 생긴 정치단체다. 일본의 한국병합을 한국인도 바라고 있다고 꾸미는 데 앞장서 일본의 비호를 받았으며, 1909년 12월 4일에는 「합방성명」을 냈다. 상세한 것은 大東國男,『李容九の生涯』, 時事通信社, 1960; 西尾陽太郎,『李容九小傳』, 葦書房, 1977 참조.

23 朝鮮總督府,『施政二十五年史』, 1935, 36~37쪽;『施政三十年史』, 1940, 18~19쪽. 통감부 외사부장인 고마쓰 미도리小松綠는 한국병합 직후인 1910년 9월 10일, 주서울 미국총영사 시드모어George H. Scidmore에게 조선 내의 신문과 정기간행물은 앞으로 규제 대상이 된다고 통고했다. 그러나 이미 나오고 있는 정기간행물 가운데 종교적 목적만을 가진 것들은 대상에서 제외되므로 편집자가 관련 당국의 주의를 받지 않도록 조심해달라고 부탁했다. 시드모어는 통고를 받았다고 고마쓰에게 알리는 한편, 미국정부에도 이 사실을 보고했다〔Midori Komatsu to Scidmore, "Scidmore to Komatsu and Scidmore to the State Department, September 10, 1910, 895. 917," *Records of the Department of State Relating to Internal Affairs of Korea, 1919-29, Microfilm,* National Archives, Washington, 1962, No. 426, Reel 9(이하 *Internal Affairs, Korea, 1919-29, Microfilm,* No. 426, R 9로 표기)〕.

24 『대한매일신보大韓每日申報』와 베델Ernest T. Bethell에 대해서는 구대열,『제국주의와 언론—裵說·大韓每日申報 및 韓·英·日 관계』, 이화여자대학교출판부, 1986; 鄭晋錫,

『大韓每日申報와 裵說』, 도서출판 나남, 1987 참조.

25 메이지明治시대부터 쇼와昭和시대까지 언론계에서 활동하고, 한국병합 당시 수상인 가쓰라 다로桂太郎와 각별한 사이였을 뿐만 아니라 『국민신문國民新聞』의 창간자였던 도쿠토미 소호德富蘇峰(1859년 삼국간섭 이후 국수주의적 경향을 강화했다)가, 일본의 한국병합 후 데라우치 마사타케寺內正毅의 요청을 받아 『경성일보京城日報』의 감독을 맡아 1910년 9월부터 1918년 7월까지 지휘했다. 이에 대한 도쿠토미 자신의 회상은 『蘇峰自傳』, 中央公論社, 1935, 416~417·473~476쪽 참조.

26 小森德治, 『明石元二郎』 下卷, 台灣日日新報社, 1928, 8~9쪽.

27 黑瀨郁二, 「東洋拓殖會社—近代日本と東アジア」, 旗田巍 編, 앞의 책, 1987, 112~117쪽; 河合和男, 「國策會社·東洋拓殖株式會社」, 河合和男·金早雪·羽鳥敬彦·松永達, 『國策會社·東拓の硏究』, 不二出版, 2000, 7~28쪽; 松永達, 「東洋拓殖株式會の設立とその背景」, 『國策會社·東拓の硏究』, 不二出版, 2000, 31~56쪽; 黑瀨郁二, 『東洋拓殖株式會社—日本帝國主義とアジア太平洋』, 日本經濟評論社, 2003, 13~86쪽.

28 黑瀨郁二, 위의 글, 1987, 117~123쪽; 松永達, 「東洋拓殖株式會社の移民事業」, 『國策會社·東拓の硏究』, 不二出版, 2000, 143~170쪽; 東洋拓殖株式會社朝鮮支社農業課, 「東拓の殖民事業」, 1935, 水田直昌 監修, 『資料選集 東洋拓殖會社』, 友邦協會, 1976, 169~376쪽; 山邊健太郞, 앞의 책, 1971, 24~29쪽; 黑瀨郁二, 위의 책, 2003, 87~176쪽.

29 『舊韓國官報』 1910년 3월 14일, 「勅令」·8월 24·26일, 「法律」; 宮嶋博史, 『朝鮮土地調查事業史の硏究』, 汲古書院, 1991, 430~433·439쪽.

30 『朝鮮總督府官報』 1910년 9월 30일, 「勅令」.

31 『朝鮮總督府官報』 1912년 8월 13일, 「勅令」.

32 山邊健太郞, 위의 책, 35~39쪽; 宮嶋博史, 위의 책, 467~486·500~535·545~554쪽에서는 토지조사 대상지가 약 487만 정보였고, 토지소유자는 약 350만 명, 조사 비용은 약 2,040만 엔, 담당 직원은 고등관 93명, 판임관 이하 7,020명이었다고 언급했다. 또한 토지조사사업의 근대적 측면으로 개개 토지의 상품화와 자본전환이 촉진되었고, 지세수입이 안정되었으며, 다양한 사업활동에도 유리한 조건을 제공한 점 등을 들었다. 그러나 사업이 조선인, 특히 농민 같은 민중에게는 어떠한 의미를 가지는가에 대해서는 거의 언급하고 있지 않다.

33 『朝鮮總督府官報』 1910년 12월 30일, 「號外—制令」.

34 山邊健太郞, 위의 책, 30~32쪽. 회사령에 대한 연구로는 小林英夫 編, 『植民地への企業進出—朝鮮會社令の分析』, 柏書房, 1994가 있다.

35 『明治以降教育制度發達史』 제10권, 教育史編纂會, 1939, 60~63쪽; 鈴木敬夫, 앞의 책, 1989, 92~95쪽.

36 『明治以降教育制度發達史』 제10권, 73~82쪽; 鈴木敬夫, 위의 책, 95~96쪽.

37 尹健次, 『朝鮮近代教育の思想と運動』, 東京大學出版會, 1982, 430~431쪽; 『明治以降教育制度發達史』 제10권, 103~105쪽; 鈴木敬夫, 위의 책, 99~101쪽; 渡邊學, 「朝鮮におけ

る'書堂' の展開過程」, 『教育學研究』 제23권 4호, 1956, 35～47쪽.

38 『明治以降教育制度發達史』 제10권, 60쪽; 鈴木敬夫, 앞의 책, 1989, 97쪽.

39 朝鮮總督府, 『施政二十五年史』, 1935, 97～102쪽; 『施政三十年史』, 1940, 44～46쪽; 小森德治, 앞의 책 上卷, 1928, 496쪽; 黑田甲子郎 編, 『元帥寺內伯爵傳』, 元帥寺內伯爵傳記編纂所, 1920, 650～651쪽; 山邊健太郞, 앞의 책, 1971, 39～43쪽.

40 朝鮮總督府, 『施政二十五年史』, 1935, 126～141쪽; 『施政三十年史』, 1940, 55～62쪽; 黑田甲子郎 編, 위의 책, 695～696쪽; 山邊健太郞, 위의 책, 46～52쪽. 조선은행에 대해서는 朝鮮銀行史硏究會 編, 『朝鮮銀行史』, 東洋經濟新報社, 1987 참조.

41 朝鮮總督府, 『施政二十五年史』, 1935, 141～155쪽; 『施政三十年史』, 1940, 63～69쪽; 黑田甲子郎 編, 위의 책, 686～678쪽; 小森德治, 위의 책, 496쪽.

42 朝鮮總督府, 『施政二十五年史』, 1935, 206～221쪽; 『施政三十年史』, 1940, 89～95쪽; 黑田甲子郎 編, 위의 책, 688쪽; 小森德治, 위의 책, 494～496쪽.

43 朝鮮總督府, 『施政二十五年史』, 1935, 237～238쪽; 『施政三十年史』, 1940, 102쪽.

44 조미수호통상조약의 전문은 William M. Malloy comp. under Resolution of the Senate of January 18, 1909, *Treaties, Conventions, International Acts, Protocols and Agreements between the United States of America and Other Powers, 1776–1909*, Government Printing Office, Washington, 1910, vol. I, pp.334–340; 大韓民國國會圖書館立法調査局 編, 『舊韓末條約彙纂』 中卷, 1965, 280～305쪽 참조.

45 조선과 유럽 국가들과의 조약은 위의 책, 308～491쪽과 下卷, 1～298쪽 참조.

46 田畑茂二郞, 『國際法講義〔新版〕』 下, 有信堂高文社, 1984, 136～139쪽; 田畑茂二郞 · 高林秀雄 代表編集, 『基本條約 · 資料集〔第四版〕』, 有信堂高文社, 1984, 279쪽.

47 Roosevelt to Hermann Speck von Sternberg, August 28, 1910 in Elting E. Morison, John M. Blum and John J. Buckley, eds., *The Letters of Theodore Roosevelt*, 8 vols, Harvard University Press, Cambridge, Massachusetts, 1951–1954, vol. II, p.1394(이하 *Roosevelt Letters*로 표기).

48 Roosevelt to Theodore Roosevelt Junior, February 10, 1904, *ibid.*, vol. IV, pp.723–724.

49 1904년 3월 15일자 고무라 주타로小村壽太郞 앞으로 보낸 주영공사 하야시 다다스林董 전보, 「日本外務省記錄」, 外務省外交資料館, MT–5–2–18–33, 『日露戰役關係各國與論啓發ノ爲ノ末松,金子兩男爵歐米派遣一件』; Sternberg to Von Bülow, May 4, 1904, *Die Grosse Politik der Europäischen Kabinette, 1871–1914*, Deutsche Auswartigen Amt, Berlin, 1927, 19. Band, vol. I, pp.113–114 and Von Bülow to Wilhelm II, August 31, 1904, *ibid.*, vol. II, pp.535–536.

50 Roosevelt to Cecil Arthur Spring Rice, March 19 and June 13, 1904, *Roosevelt Letters*, vol. IV, pp.760 · 829–832.

51 Roosevelt to Spring Rice, December 27, 1904, *ibid.*, pp.1087–1088; Roosevelt to Hay, January 28, 1905, *ibid.*, p.1112; Roosevelt to George von Lengerke Meyer, Feb-

ruary 6, 1905, *ibid.*, p.1116.

52 Taft to Elihu Root, July 29, 1905, Theodore Roosevelt Papers, Library of Congress, Washington, Microfilm, Reel 57 and William H. Taft Papers, Library of Congress, Washington, Microfilm, Reel 52.

53 Roosevelt to Taft, July 31, 1905, *Roosevelt Letters*, vol. Ⅳ, p.1293.

54 Tyler Dennett, "President Roosevelt's Secret Pact with Japan," in *Current History*, vol. XXI, October 1924, pp.15-21.

55 가쓰라 · 태프트협정에 대해서는 졸고, 「'桂 · タフト協定'に關する一考察—韓國との關係を中心に」, 『朝鮮史硏究會論文集』 제28집, 1991; 졸저, 『セオドア · ルーズベルトと韓國』, 未來社, 1992의 제4장 참조.

56 Root to Edwin V. Morgan, November 24, 1905, *Diplomatic Instructions of the Department of State, Korea, Microfilm*, National Archives, Washington, 1946, No. 77, Reel 109.

57 이승만의 활동에 대해서는 "Koreans See the President," in *The New York Times*, August 5, 1905; 헐버트Homer B. Hulbert의 활동에 대해서는 Hulbert, "American Policy in the Cases of Korea and Belgium," in *ibid.*, March 5, 1916 참조.

58 1907년 10월 1일자 사이온지 긴모치西園寺公望 · 태프트William H. Taft 회담 개요, 『日外文』 제40권 제3책, 555~556쪽.

59 다카히라 · 루트협정 전문은 『年表竝文書』 上, 312~313쪽 참조.

60 미일신사협정 전문은 위의 책, 284~305쪽 참조.

61 United States Department of State, Division of Historical Policy Research, *United States Policy Regarding Korea, Part I, 1834-1941*, U.S. Department of State, 1947, in *United States Policy Regarding Korea, 1834-1950*, Hallym University Press, Chunchon, Korea, 1987, pp.28-30.

62 일본의 한국병합까지의 조선(한국)과 미국의 관계에 대한 최근의 연구로는 Jong-Suk Chay, *Diplomacy of Asymmetry—Korean-American Relations to 1910*, University of Hawaii Press, Honolulu, 1990; 졸저, 위의 책이 있다.

63 Memorandum by Ransford S. Miller, June 23, 1910, 895. 00/475, *Internal Affairs, Korea, 1910-29, Microfilm*, No. 426, R 1.

64 1910년 8월 23일자 우치다 앞으로 보낸 고무라 전보, 『日外文』 제43권 제1책, 689~690쪽.

65 1910년 8월 24일자 우치다 앞으로 보낸 고무라 전보, 위의 책, 694~695쪽.

66 Uchida to Huntington Wilson, August 24, 1910, *Foreign Relations of the United States, 1910*, Government Printing Office, Washington, 1915, pp.681-683(이하 *FRUS*로 표기).

67 1910년 8월 25일자 고무라 앞으로 보낸 우치다 전보, 『日外文』 제43권 제1책, 698쪽.

68 선언의 전문은 『年表竝文書』 上, 341~342쪽 참조.

69 Huntington Wilson to Uchida, September 17, 1910, *FRUS*, 1910, p.683. 또한 주서울 미국총영사 사몬스Thomas Sammons가 한국병합에 대해, 도쿄에서 온 주일 영국대사 맥도널드Claude Mcdonald가 한국병합 후의 영사재판권과 관세문제에 대해 알아보기 위해 차례로 고마쓰 미도리와 회담했는데, 고마쓰가 그들의 주장을 물리친 경위에 대해서는 小松綠, 『明治史實外交秘話』, 中外商業新報社, 1927, 482~494쪽 참조.

70 Huntington Wilson to O'Brien, September 18, 1910, *FRUS, 1911*, pp.320-321.

71 1910년 9월 20일자 고무라 앞으로 보낸 오브라이언 공문, 『日外文』 제43권 제1책, 708~711쪽.

72 Komura to O'Brien, October 6, 1910; 위의 책, 711~714쪽.

73 Huntington Wilson to von Wedel, September 15, 1910, 895. 00/509a, *Internal Affairs, Korea, 1910-29, Microfilm*, No. 426, R 1. 1897년 6월부터 1906년 6월까지 9년간 도쿄 주일공사관에서 근무했던 헌팅턴 윌슨Huntington Wilson이 이 기간 동안 일본에 대한 불쾌감을 더하고, 귀국 후에 반일친중反日親中적 색채를 강화한 국무성 극동부를 거쳐, 태프트 정권에서 대중국 달러외교 담당자가 되어 일본과 마찰을 증대시킨 경과에 대해서는 北岡伸一, 「國務省極東部の成立—ドル外交の背景」, 『年報・近代日本研究・11 協調政策の限界—日米關係史・一九〇五~一九六〇年』, 山川出版社, 1989, 1~38쪽 참조.

74 Adee to Reid, November 4, 1910, 895. 00/516, *ibid.*

75 Reid to Philander C. Knox(미국 국무장관), November 7, 1910, 895. 00/518, *ibid.*

76 German Foreign Office to American Embassy in Berlin, November 30, 1910, 895. 00/530, *ibid.*

77 O'Brien to Knox, January 25, 1911, *FRUS, 1911*, p.331.

78 O'Brien to Knox, February 7, 1911, *ibid.*, pp.332-333.

79 United States Department of State, Division of Historical Policy Research, *op. cit.*, pp.33-34; Huntington Wilson to Arthur J. Brown, March 27, 1912, 895. 00/549, *Internal Affairs, Korea, 1910-29, Microfilm*, No. 426, R 2. 미일통상항해조약 전문은 『年表竝文書』 上, 342~343쪽 참조.

80 宮嶋博史, 앞의 책, 1991, 487~488쪽.

81 宮嶋博史, 위의 책, 488~493쪽.

82 1912년 3월 4일자 외상 우치다 앞으로 보낸 데라우치 공문・4월 5일자 우치다 앞으로 보낸 데라우치 공문・6월 13일자 데라우치 앞으로 보낸 우치다 공문・6월 20일자 우치다 앞으로 보낸 데라우치 공문, 『日外文』 제45권 제1책, 439~443쪽.

83 1912년 8월 28일자 주일 영국・미국・독일・프랑스・러시아・이탈리아 대사와 벨기에공사 앞으로 보낸 우치다 공문, 위의 책, 443~444쪽.

84 1912년 10월 3일자 데라우치 앞으로 보낸 우치다 공문·10월 14일자 우치다 앞으로 보낸 데라우치 공문, 『日外文』 제45권 제1책, 445~449쪽.

85 1912년 10월 29일자 주일 영국·독일·러시아·이탈리아 대사와 미국 대리 대사, 벨기에 대리 공사 앞으로 보낸 우치다 공문, 위의 책, 450~451쪽.

86 Blanchard to Uchida, November 1, 1912; 위의 책, 452쪽.

87 1913년 2월 19일자 외상 가토 다카아키 앞으로 보낸 데라우치 전보,『日外文』 다이쇼 2년 제1책, 297쪽. 이때 조선총독부는 영대차지권永代借地權을 소유권으로 변경했는데, 이를 원하지 않는 외국인에 대해서는 기득권을 승인해주고 토지세 대신 차지료借地料를 징수하는 한편, 가옥에 대한 가옥세 부과와 토지가옥에 대한 소득세 같은 국세와 지방세 부과 방침을 밝혔다. 시드모어는 이에 대해 찬성을 표했지만, 독일총영사 쿠르거Friedrich Kruger는 일본에서 외국인이 가지고 있는 과세면제의 특권을 조선에 거주하는 외국인이 잃는 것은 부당한 조치라며 반대했다. 그 배경에는 1894년 조약개정 때에 여러 국가가 영대차지권을 소유권으로 변경하는 것을 희망했지만 일본 여론이 외국인의 토지소유를 위험시했기 때문에 영대차지권을 존속시킨 결과, 안세이5개국조약安政5個國條約 이래의 저렴한 차지료 이외에는 일절 부과하지 않는다는 규정이 조약에 추가된 사실이 작용했다. 한편 크루거에 대한 고마쓰 미도리의 반박을 들은 영국총영사 찰머스A. M. Chalmers는 과세에서 외국인과 일본인·조선인의 평등주의를 주장했다(小松綠, 앞의 책, 1927, 494~499쪽).

88 1913년 4월 1일자 외무차관 마쓰이 게이타로松井慶太郎 앞으로 보낸 조선총독부 정무총감 야마가타 이사부로山縣伊三郎 전보, 『日外文』 다이쇼 2년 제1책, 301~302쪽. 찰머스가 내외인 평등주의를 주장한 결과 외국인은 희망하는 대로 영대차지권을 소유권으로 변경하면 내국인과 평등하게 토지세를 부담하고, 영대차지권을 존속시키면 그 차지료의 정액이 (조선인 포함) '일본 신민'이 부담하는 토지세보다 적을 때는 그 차액을 증납增納하고 많을 때에는 그 차액을 정부로부터 돌려받으며, 가옥에 대해서는 일본 신민과 동률의 가옥세를 납부하기로 합의했다(小松綠, 위의 책, 500~502쪽).

89 1913년 5월 9일자 외상 마키노 노부아키牧野伸顯 앞으로 보낸 데라우치 공문, 『日外文』 다이쇼 2년 제1책, 302~311쪽. 조인 전 크루거가 본국정부의 승인을 거치지 않았으므로 정식으로 기명조인하지 말고 여기에 동의한다고만 기입하자고 주장했지만, 미국부영사 네빌Edwin L. Neville이 반박하여 결국에는 정식 조인되었다(小松綠, 위의 책, 503~505쪽).

90 Blanchard to William J. Bryan, April 25, 1913, *FRUS, 1914*, pp.434-436; J. B. Moore(미국 국무장관 대리) to Blanchard, July 13, 1913, *ibid.*, pp.436-437; George W, Guthrie(주일 미국대사) to Bryan, March 26 and 27, 1914, *ibid.*, pp.437-439; Miller to Bryan, April 1, 1914, *ibid.*, p.439; 『朝鮮總督府官報』 1914년 4월 1일, 「告示」; 宮嶋博史, 앞의 책, 1991, 494~500쪽.

91 김원모, 『한미수교 백년사』, 한국방송사업단, 1982, 127~136쪽; 『한·미외교관계 100년사』, 철학과현실사, 2002, 156~167쪽.

92 최봉윤, 『미국 속의 한국인』, 종로서적, 1983, 71쪽. 유길준에 대한 비교사상사적 관점에

서 분석한 본격적인 연구로 金鳳珍, 『東アジア'開明'知識人の思惟空間』, 九州大學出版會, 2004가 있다.

93 김도태, 『서재필박사 자서전』, 을유문화사, 1972, 106～174쪽.

94 김도태, 위의 책, 175～193쪽.

95 김도태, 위의 책, 194～252쪽.

96 Robert T. Oliver, *Syngman Rhee—The Man behind the Myth*, Robert Hall Limited, London, 1955, pp.48-68; 유영익, 『이승만의 삶과 꿈』, 중앙일보사, 1996, 30～36쪽; Chong-Sik Lee, *Syngman Rhee—The Prison Years of a Young Radical*, Yonsei University Press, Seoul, 2001, pp.1-111.

97 Oliver, *op. cit.*, p.76; 유영익, 위의 책, 38쪽; Chong-Sik Lee, *ibid.*, pp.113-127.

98 주요한 편저, 앞의 책, 1963, 34쪽.

99 孫寶基, 「鄭翰景」·朴永錫, 「宇醒朴容萬」, 『獨立運動家列傳—再發掘韓國獨立運動史』 IV, 한국일보사, 1989, 115～116·192쪽; 민병용, 『미주이민 100년』, 한국일보사, 1986, 39쪽; 방선주, 『재미한인의 독립운동』, 한림대학교출판부, 1989, 12～13쪽.

100 이정식, 『김규식의 생애』, 신구문화사, 1974, 17～32쪽; 우사연구회 편, 『우사김규식 생애와 사상 ① 항일독립투쟁과 좌우합작』, 한울, 2000, 23～37쪽.

101 최봉윤, 앞의 책, 1983, 72～75쪽.

102 최봉윤, 위의 책, 91～92쪽; 이광규, 『재미한국인—총체적 접근』, 일조각, 1989, 23～24쪽.

103 최봉윤, 위의 책, 75～76쪽.

104 최봉윤, 위의 책, 93～99쪽.

105 Warren Y. Kim, *Koreans in America*, Po Chin Chai Printing Co. Ltd., Seoul, 1971, pp.22-23.

106 최봉윤, 위의 책, 103～109쪽.

107 Oliver, *ibid.*, p.84; 유영익, 위의 책, 38～40쪽.

108 "Korean Envoy to the Peace Conference," in *The Pacific Commercial Advertiser*, July 17, 1905.

109 주 57 참조. 청원서의 전문은 Frederick A. McKenzie, *The Tragedy of Korea*, E. P. Dutton & Co., New York, 1908 (Reprinted by Yonsei University Press, Seoul, 1969), pp.311-312 참조.

110 Oliver, *ibid.*, pp.88-90; 유영익, 위의 책, 40～44쪽. 이승만과 윤병구가 루스벨트에게 청원한 상세한 내용은 졸저, 앞의 책, 1992, 제5장 참조.

111 Andrew C. Nahm, "Durham White Stevens and the Japanese Annexation of Korea," in Nahm, ed., *The United States and Korea—American-Korean Relations, 1866-1976*, The Center for Korean Studies, Western Michigan University, Kalamazoo,

1979, pp.112-118.

112 제1차 한일협약의 전문은 『年表竝文書』 上, 231쪽 참조.

113 1904년 12월 28일자 고무라 앞으로 보낸 주한공사 하야시 곤스케林權助 공문, 『日外文』 제37권 제1책, 378~381쪽; Nahm, *ibid.*, pp.118-127.

114 Nahm, *ibid.*, pp.127-128.

115 Nahm, *ibid.*, p.128.

116 1908년 3월 23일자 외상 하야시 다다스林董 앞으로 보낸 주샌프란시스코총영사 고이케 조조小池張造 전보, 『日外文』 제41권 제1책, 818쪽; Warren Y. Kim, *op. cit.*, pp.81-83.

117 1908년 3월 26일자 하야시 앞으로 보낸 고이케 전보, 위의 책, 820쪽.

118 1908년 3월 28일자 고이케 앞으로 보낸 하야시 전보, 위의 책, 823쪽.

119 1908년 3월 28일자 주미대사 다카히라 고고로高平小五郞 앞으로 보낸 하야시 전보, 위의 책.

120 1908년 4월 9일자 · 18일자 하야시 앞으로 보낸 다카히라 전보, 위의 책, 832 · 834~836쪽.

121 Warren Y. Kim, *op. cit.*, pp. 3-84.

122 1908년 4월 3일자 하야시 앞으로 보낸 통감부 서기관 고다마 히데오兒玉秀雄 공문 · 4월 9일자 하야시 앞으로 보낸 부통감 소네 아라스케曾禰荒助 공문, 『日外文』 제41권 제1책, 830~831쪽.

123 1908년 8월 12일자 겸임외상 데라우치 앞으로 보낸 고이케 공문 · 12월 11일자 고무라 앞으로 보낸 주샌프란시스코총영사관 사무 대리 다카하시 세이이치高橋淸一 공문, 위의 책, 836~838쪽; 12월 22일자 고무라 앞으로 보낸 주블라디보스토크영사 노무라 모토노부野村基信 전보, 위의 책, 841쪽.

124 1908년 12월 31일자 및 1909년 1월 2일자 고무라 앞으로 보낸 다카하시 공문 · 전보, 위의 책, 841~844쪽; Warren Y. Kim, *ibid.*, p.84.

125 Committee on Foreign Affairs of the Korean National Association to Taft, August 4, 1910, 895. 00/477, *Internal Affairs, Korea, 1910-29, Microfilm*, No. 426, R 1.

126 『朝鮮の保護及び併合』, 363~364쪽.

127 The Korean National Association of Hawaii to Taft, August 24, 1910, 895. 00/484, *Internal Affairs, Korea, 1910-29, Microfilm*, No. 426, R 1.

128 Warren Y. Kim, *ibid.*, pp.85-86.

129 Warren Y. Kim, *ibid.*, pp.50-51.

130 Warren Y. Kim, *ibid.*, pp.51-52.

131 Warren Y. Kim, *ibid.*, pp.52-55.

132 Warren Y. Kim, *ibid.*, pp.55-56; "Fears Tokio's ire on Race Riot in South," in *San*

Francisco Examiner, June 27, 1913; "Japs the Yellow Men," "May Order Investigation," "Koreans Not Japanese—Mayor of Hemet is sorry," and "Paid to File Protest-Japan Protects Koreans," in *The Los Angeles Times*, June 27, 1913; "Direction of Bryan," in *ibid.*, June 28, 1913; "To Sift Hemet Affairs," in *The New York Times*, June 28, 1913; "Acts on Korean Expulsion," in *ibid.*, June 29, 1913; 『東京朝日新聞』1913년 6월 29일 제2면, 「朝鮮人放逐事件—新なる排日暴擧」·「國務省の憂慮—日本政府に說明」·7월 1일 제2면, 「米國の鮮人迫害—排日派の陰謀か」.

133 주요한 편저, 앞의 책, 1963, 140～146쪽.

134 Warren Y. Kim, *op. cit.*, pp.86-88; 박영석, 「한인소년병학교 연구—헤스팅스 한인소년병학교를 중심으로」, 『한국독립운동사연구』 제1집, 독립기념관 한국독립운동사연구소, 1987, 79～90쪽.

135 Oliver, *op. cit.*, pp.93-114. 이승만은 또한 1910년 9월 1일, 하버드대학을 비롯한 많은 대학에는 외국인 학생과의 친교를 위한 코즈모폴리턴 클럽The Cosmopolitan Club이 있다며, 프린스턴대학에도 이것을 두자고 윌슨에게 제안했다〔Syngman Rhee(이승만) to Wilson, July 1, 1910, Arthur Link, ed., *The Papers of Woodrow Wilson* vol. 20, Princeton University Press, New Jersey, 1975, p.556〕.

136 Oliver, *ibid.*, pp.121-125; 유영익, 앞의 책, 1996, 102～122쪽.

137 E. T. Williams to Robert Lansing, June 26, 1915, 895.00/567, *Internal Affairs, Korea, 1910-29, Microfilm*, No. 426, R 1.

138 The Secretary of the Interior to Lansing, August 10, 1915, 895. 00/560, *ibid.*

139 Oliver, *ibid.*, pp.126-130; 유영익, 위의 책, 126～132쪽; 방선주, 앞의 책, 1989, 78～105쪽.

제2장 백오인사건과 독립운동

1 小森德治, 『明石元二郎』 上卷, 台灣日日新報社, 1928, 452～453쪽.

2 윤경로, 『105인사건과 신민회연구』, 일지사, 1990, 268～275쪽.

3 國友尙謙, 「不逞事件ニ依ッテ觀タル朝鮮人」(1913?), 『百五人事件資料集』 제3권, 高麗書林, 1986, 7·45～61쪽.

4 國友尙謙, 위의 글, 18～19쪽; 姜在彦, 『朝鮮の開化思想』, 岩波書店, 1980, 432～434쪽; 『朝鮮近代の變革運動』, 明石書店, 1999, 266～267쪽.

5 姜在彦, 『朝鮮の開化思想』, 434～435쪽; 『朝鮮近代の變革運動』, 267～268쪽; 國友尙謙, 위의 글; 有馬義隆 編, 『朝鮮總督暗殺陰謀事件』, 福音館, 1913; 『百五人事件資料集』 제4권, 高麗書林, 1986 등 당시 발행된 사건에 관한 자료집은 모두 '李載允' 이라고 기록하고

있는데, 강재언姜在彦은 『朝鮮の開化思想』과 『朝鮮近代の變革運動』에서 '李範允' 이라고 기록하고 있다. 이는 명백한 오기로 생각된다(윤경로, 앞의 책, 1990, 20~21쪽). 또한 이재윤은 아는 사람인 불평분자를 사건의 주요 인물의 한 사람으로 여겨진 유동열柳東說이 고용한 김선행金善行으로 추정할 수 있는 진술을 하고 있다(「李載允 京城覆審法院第三回公判始末書」, 「尹致昊外 104人謀殺未遂事件」 제67권, 國史編纂委員會 編, 『韓民族獨立運動史資料集』 (1), 1987, 54쪽; 윤경로, 앞의 책, 1990, 21쪽).

6 小森德治, 앞의 책, 1928, 476~477쪽.

7 國友尙謙, 위의 글, 19~26쪽.

8 鶴本幸子, 「所謂'寺內總督暗殺未遂事件'について」, 『朝鮮史硏究會論文集』 제10집, 朝鮮史硏究會, 1973, 8 · 12쪽.

9 이들 122인은 尹致昊, 梁起鐸, 安泰國, 李昇薰, 林蚩正, 柳東說, 玉觀彬, 張膺震, 車利錫, 羅一鳳, 邊麟瑞, 崔叡恒, 梁濬明, 鮮于爀, 金一濬, 郭泰鍾, 崔德潤, 李溶華, 林冏燁, 崔聖柱, 洪成麟, 吳熙源, 李基唐, 宋子賢, 李德煥, 李春燮, 金東元, 金斗和, 尹聖運, 鄭益魯, 安慶祿, 申尙昊, 申孝範, 張時郁, 洪成益, 車均卨, 李龍爀, 姜奎燦, 梁甸伯, 李鳳朝, 魯孝郁, 金晶煥, 魯晶瓘, 安濬, 朱賢則, 金益謙, 李昌錫, 李泰達, 崔周材, 金燦五, 趙德燦, 李明龍, 任道明, 白夢奎, 李根宅, 吳學洙, 池尙周, 金時漸, 鄭元範, 劉學濂, 張寬善, 金昌鍵, 白用錫, 吳大泳, 王成彬, 金應祚, 尹愿三, 徐基澧, 安世桓, 鄭周鉉, 梁濬熙, 孫廷郁, 鄭德燕, 李東華, 李正熂, 金賢軾, 車熙善, 李廷淳, 羅奉奎, 白日鎭, 洪規旻, 車永俊, 吉鎭亨, 趙永濟, 姜鳳羽, 白南俊, 吳宅儀, 片康烈, 羅昇奎, 安聖濟, 金善行, 金溶燁, 崔濟奎, 崔聖民, 李載允, 李枝元, 朴尙薰, 林秉行, 朴贊亨, 李秉濟, 金鳳洙, 金龍五, 羅義涉, 金應鳳, 安光浩, 李昌植, 金龍燦, 李圭葉, 李順九, 金仁道, 崔瑞燦, 金成奉, 金泰軒, 白夢良, 李在熙, 金龍善, 金順道, 李在潤, 卓昌浩, 李俊英, 金玉鉉, 鮮于燻이다(鶴本幸子, 위의 글, 12쪽). 이들 122인 가운데 뒤에 사건에 관해 회상했던 인물로는 鮮于燻, 『民族의 受難 百五人事件眞相』, 獨立精神普及會, 1954가 있다.

10 姜在彦, 『朝鮮の開化思想』, 438쪽; 『朝鮮近代の變革運動』, 271쪽.

11 『재팬 크로니클*Japan Chronicle*』 특파원 · 윤경로 옮김, 『105인사건 공판 참관기—The Korean Conspiracy Trial, 1912』, 한국기독교역사연구소, 2001, 18~309 · 401~533쪽. 현직 중의원 의원이면서 105인사건에서 조선인 피고의 변호를 맡은 우자와 후사아키鵜澤總明는, 이후 귀족원 의원을 거쳐 일본 패전 뒤에 열린 극동국제군사재판(도쿄재판)의 변호인이 되었고, 1934년부터 83세로 사망하는 1955년까지 메이지대학 총장을 지냈다. 우자와와 105인사건과 조선의 관계에 대해서는 石川正俊, 『鵜澤總明』, 技報堂, 1956, 107~114쪽 참조.

12 石川正俊, 위의 책, 311~397쪽; 『每日申報』 1912년 9월 29일 제2면, 「陰謀事件의 判決宣言」. 덧붙이면 징역 7년을 선고받은 자는 주 9에서 거론한 122인 가운데 옥관빈에서 송자현까지의 18인, 징역 6년을 선고받은 자는 송덕환에서 백용석까지의 39인, 징역 5년을 선고받은 자는 오대영에서 안광호까지의 42인 그리고 무죄를 선고받은 자는 이창식에서 선우훈까지의 17인이다.

13 鶴本幸子, 위의 글, 15쪽.

14 「寺內朝鮮總督謀殺未遂被告事件」(1913?), 『百五人事件資料集』 제1권, 高麗書林, 1986, 5~149쪽; 『每日申報』 1913년 3월 21일 제2면, 「陰謀事件判決言渡」.

15 위의 글, 151~247쪽.

16 우강양기탁선생전집편찬위원회 편, 『우강양기탁전집』 제3권(공판기록), 동방미디어, 2002, 491~512쪽.

17 「寺內朝鮮總督謀殺未遂被告事件」, 249~318쪽; 우강양기탁선생전집편찬위원회 편, 위의 책 제4권, 715~843쪽; 『每日申報』 1913년 5월 25일 제2면, 「陰謀事件判決」.

18 우강양기탁선생전집편찬위원회 편, 위의 책 제3권, 610~748쪽.

19 우강양기탁선생전집편찬위원회 편, 위의 책 제4권, 847~884쪽.

20 우강양기탁선생전집편찬위원회 편, 위의 책 제3권, 749~897쪽.

21 우강양기탁선생전집편찬위원회 편, 위의 책 제4권 887~1022쪽; 「寺內朝鮮總督謀殺未遂被告事件」, 319~400쪽.

22 『朝鮮總督府官報』 1915년 2월 16일, 「訓示(2월 13일)」.

23 1915년 2월 15일자 내무대신 오무라 가네타케大浦兼武 앞으로 보낸 데라우치 마사타케寺內正毅 전보·2월 16일자 외무대신 가토 다카아키加藤高明 앞으로 보낸 데라우치 전보·같은 날 수상 오쿠마 시게노부大隈重信 앞으로 보낸 데라우치 편지·같은 날 가토 앞으로 보낸 데라우치 편지, 金正明 編, 『朝鮮獨立運動』 I, 原書房, 1967, 273~276쪽; 『每日申報』 1915년 2월 16일자 제1면, 「陰謀事件受刑者時報」.

24 윤경로, 앞의 책, 1990, 172쪽.

25 梁賢惠, 『尹致昊と金教臣その親日と抗日の論理』, 新教出版社, 1996, 69~76쪽.

26 윤경로, 위의 책, 172~177쪽.

27 예를 들어 「朝鮮陰謀事件と拷問の事實—被告等の口供」, 有馬義隆 編, 앞의 책, 1913, 18~42 · 112~123쪽.

28 위의 글, 3~4쪽; 姜在彦, 『朝鮮の開化思想』, 439~440쪽; 『朝鮮近代の變革運動』, 272쪽.

29 1912년 1월 8일 접수 고마쓰 미도리小松綠 앞으로 보낸 에이비슨Oliver R. Avison 편지, 外務省 編, 『日外文』 제45권 제1책, 455~458쪽.

30 「寺內朝鮮總督及米國宣教師間會談摘要」 1912년 1월 23일, 위의 책, 458~461쪽; 『年表竝文書』 上, 363~367쪽; 外務省調查部 編, 『日米外交史』, 1939(クレス出版에서 1992년에 복각), 128~132쪽. 그러나 데라우치 마사타케의 일기에는 선교사들과 면담 약속이 있다는 것만 기록되어 있다(山本四郎 編, 『寺內正毅日記—一九〇〇~一九一八』, 京都女子大學, 1980, 527쪽).

31 Arthur J. Brown, *The Mastery of the Far East*, Charles Scribner's Sons, New York, 1919, pp.109-207.

32 Brown to Hanihara, February 16 and 17, 1912 in Presbyterian Church in the U.S.A.,

Board of Foreign Missions, *Korea, Conspiracy Case, Japanese Colonial Government, 1912*, Microfilm, Presbyterian Historical Society, Philadelphia, 1972(이하 *Korea, Conspiracy Case*, Microfilm으로 표기); 1912년 2월 20일자 외상 우치다 야스야內田康哉 앞으로 보낸 재미 임시 대리 대사 하니하라 마사나오埴原正直 공문, 『日外文』 제45권 제1책, 463~466쪽. 또한 브라운Arthur J. Brown은 하니하라와 회견할 때, 미국의 언론(특히 『뉴욕 헤럴드*New York Herald*』의 보도)에 대해서는 자신도 고심하고 있다는 뜻을 전했다(2월 22일자 우치다 앞으로 보낸 하니하라 공문, 「日本外務省記錄」, 外務省外交史料館 MT-4-3-2-9, 『朝鮮ニ於ケル基督教徒中ヨリ刺客及陰謀者續出一件』 1).

33 "Statement to the Press," February 16, 1912, *ibid.*

34 "American Held in Corea as Plotter against Japanese," in *New York Herald*, February 22, 1912. 또한 이 잡지는 그 전후에도 예를 들면, "Cruelties in Corea Stir Churchmen," in *ibid.*, February 13, 1912; "Japan to act on Corean Cruelties," in *ibid.*, February 16, 1912; "Missionaries in Corea Warned of Coming Peril," in *ibid.* February 19, 1912; "Missionary Circles Stirred by Charges in Oriental Press," in *ibid.*, March 21, 1912 등으로 사건에 대해 몇 차례나 상세하게 보도했고 일본도 그 동향에 세심한 주의를 기울이고 있었음을 알 수 있다. 한편 브라운은 이 잡지의 기사와 장로교 교회와는 아무런 관계가 없다는 것을 일본 측에도 전했다(1912년 2월 20일자 우치다 앞으로 보낸 하니하라 공문, 『日外文』 제45권 제1책, 465쪽; 2월 21일자 우치다 앞으로 보낸 하니하라 전보, 위의 책, 466~467쪽; 2월 22일자 우치다 앞으로 보낸 주뉴욕총영사 대리 오타 다메키치太田爲吉 전보, 위의 책, 467쪽; 2월 26일자 주미대사 진다 스테미珍田捨己 앞으로 보낸 우치다 전보, 위의 책, 468~469쪽; 2월 29일자 우치다 앞으로 보낸 오타 공문, 위의 책, 469~470쪽).

35 "The Statement," February 23, 1912, *Korea, Conspiracy Case*, Microfilm.

36 1912년 6월 5일자 우치다 앞으로 보낸 진다 공문, 『日外文』 제45권 제1책, 475~477쪽.

37 1912년 6월 6일자 우치다 앞으로 보낸 진다 전보, 위의 책, 477~479쪽.

38 1912년 6월 7일자 우치다 앞으로 보낸 주뉴욕총영사 대리 누마노 야스타로沼野安太郎 전보 · 6월 8일자 진다 앞으로 보낸 우치다 전보 및 우치다 앞으로 보낸 진다 전보 · 같은 날 우치다 앞으로 보낸 진다 공문 · 6월 10일자 우치다 앞으로 보낸 데라우치 공문 · 6월 13일자 우치다 앞으로 보낸 진다 전보 · 6월 14일자 우치다 앞으로 보낸 누마노 전보, 위의 책, 479~489쪽. 또한 사건에 대한 보도와 논설을 살펴보면, "Japan Shuts Corean Mission School," in *The Sun*, February 23, 1912; "Japan Explains Actions in the Corean Trouble," in *The New York Sun*, February 28, 1912; "Astounding Persecutions Reported from Korea," in *The Continent*, February 22, 1912; "Gag Law of Japan Upset by Herald Disclosures," in *New York Herald*, March 20, 1912; "Charges Japan with Persecution," in *ibid.*, April 30, 1912; "Torture of Christians Not Disproved by Japan, Mission Board Declared," in *ibid.*, June 6, 1912; "Atrocities in Corea," in *ibid.*, June 7, 1912; "Torture by Japanese, Presbyterians Assert," in *The New York Sun*, June 6, 1912; "Japanese Torture Korean Christians," in *The New York Times*, June

6, 1912. "Tells of Terauchi Plot," in *The New York Tribune*, June 13, 1912; "Japan' s Policy in Korea," and "The Persecutions in Korea," in *The Continent*, June 13, 1912, pp.822 · 824 · 842–843; "Christianity' s Fiery Trial in Korea," in *ibid.*, June 27, 1912, pp.896–899; "Korean Tortures Proved, Says Kimm," in *The New York Times*, July 24, 1912; "Korean Missionaries Safe," in *ibid.*, July 28, 1912.

39 菊池武德 編, 『伯爵珍田捨己傳—明治 · 大正 · 昭和外交史料』, 共盟閣, 1938, 167～169쪽.

40 1912년 6월 21일자 우치다 앞으로 보낸 진다 전보, 『日外文』 제45권 제1책, 490쪽; 6월 29일자 우치다 앞으로 보낸 진다 전보 및 공문, 위의 책, 491～494쪽; 7월 19일자 우치다 앞으로 보낸 진다 전보, 위의 책, 498～499쪽; 7월 30일자 우치다 앞으로 보낸 진다 공문, 위의 책, 508～514쪽. 헌트William B. Hunt에 대해서는 Robert Boneetto, *Guide to the Manuscript Collections of the Prebyterian Church, U.S.* Greenwood Press, Westport, Connecticut, 1990; 『朝鮮在留歐美人調査錄 1907年～1942年』, 永信아카데미韓國學硏究所, 1981, 142쪽 참조.

41 Representatives of Mission Boards in Washington, "The Korean Situation," July 29, 1912, *Korea, Conspiracy Case*, Microfilm; 1912년 8월 1일자 우치다 앞으로 보낸 진다 공문, 『日外文』 제45권 제1책, 519쪽.

42 1912년 7월 31일자 우치다 앞으로 보낸 진다 공문, 위의 책, 517～519쪽.

43 1912년 8월 12일자 우치다 앞으로 보낸 진다 공문, 위의 책, 523～531쪽.

44 1912년 8월 12일자 우치다 앞으로 보낸 진다 공문, 위의 책, 521～523쪽.

45 1912년 7월 22일자 우치다 앞으로 보낸 고마쓰 편지, 『寺內正毅關係文書』, 國立國會圖書館憲政資料室 제11책, 129–8, 282～289쪽(이하 『寺內文書』로 표기). 해리스Bishop M. C. Harris는 또한 조선을 출발해 시모노세키에 도착한 1912년 3월, 조선의 기독교 신자들은 전부 '총독부 시설'을 칭송하고 있고, 30～50년 후에 조선인은 일본의 충량한 국민이 될 것이라는 등의 감상을 흘렸다(『每日申報』 1912년 3월 20일 제2면, 「하리스博士曰」).

46 1912년 7월 10일자 우치다 앞으로 보낸 고마쓰 편지, 위의 책, 129–6, 267～276쪽; 8월 9일자, 우치다 앞으로 보낸 고마쓰 편지, 위의 책, 129–9, 290～296쪽; 8월 25일자 데라우치 앞으로 보낸 고마쓰 편지, 위의 책, 129–10, 297～306쪽.

47 "Bishop Harris and the Christians in Korea," in *The Japan Advertiser*, February 12, 1912; "Christian Persecution Canard," and "Christianity in Korea," in *The Japan Times*, February 18, 1912; "Defends Arrests of Korean Christians," in *The Japan Advertiser*, February 20, 1912; "American Arrested in Korean Plot," in *ibid.*, February 22, 1912; "Christian Persecutions," in *The Japan Times*, February 22, 1912; "The Korean Plot," in *The Japan Advertiser*, February 23, 1912; "Arrest of American Missionary Denied," in *ibid.*, February 24, 1912; "Seoul Y.M.C.A. Secretary States View on Korean Plot," in *ibid.*, February 25, 1912; "The Treatment of Christians in Korea," in *ibid.*, March 3, 1912; "Christian Converts of Chosen," in *The Japan Times*, March 27, 1912. 『재팬 크로니클*Japan Chronicle*』에 대해서는 『105인사건 공판 참관기

—The Korean Conspiracy Trial, 1912』를 참조. 데라우치 마사타케는 이러한 비판적인 보도 분위기에 대해 일본정부의 주의를 촉구하는 동시에 조선 내의 선교사와 통신원에 대해 응분의 조치를 취할 뜻을 전했다(1912년 2월 20일자 우치다 앞으로 보낸 데라우치 전보, 「日本外務省記錄」 MT-4-3-2-9, 『朝鮮ニ於ケル基督教徒中ヨリ刺客及陰謀者續出一件』 1).

48 1912년 6월 29일자 우치다 앞으로 보낸 데라우치 공문, 『日外文』 제45권 제1책, 494~495쪽.

49 1912년 8월 19일자 우치다 앞으로 보낸 누마노 공문, 위의 책, 533~535쪽.

50 1912년 8월 23일자 우치다 앞으로 보낸 누마노 전보 · 8월 28일자 우치다 앞으로 보낸 누마노 전보, 위의 책, 535~538쪽.

51 Brown, *The Korean Conspiracy Case*, Northfield Press, Massachusetts, November, 1912. 이 소책자를 입수한 주뉴욕총영사 대리 누마노 야스타로는 내용에 "편견으로 인한 곡해"가 있고 "용어와 구절이 때때로 불온하다"고 기록한 감상을 일본에 보냈다(1912년 12월 11일자 우치다 앞으로 보낸 누마노 공문, 위의 책, 548~549쪽).

52 Brown, *The Korean Conspiracy Case—Supplementary Statement*-(April 1, 1913), in *Korea, conspiracy Case*, Microfilm.

53 H. Loomis to Brown, November 5, 1913, *ibid.*

54 Gale, "Count Terauchi, Governor of Chosen," in *The New York Independent*, February 29, 1912 and *The Christian Question in Korea*, March 2, 1912.

55 Kennan to R. D. Townsend, November 19 and 23, George Kennan Papers, Library of Congress, Washington. D. C., Container 125.

56 Kennan, "Is Japan Persecuting Christians in Korea?" in *The Outlook*, December 14, 1912, pp.804-810. 『아웃룩*Outlook*』이 케넌의 글을 싣기 한 달 전인 1912년 11월 뉴욕에서 브라운 등이 중심이 되어 사건에 대한 회의를 개최했다. 이 회의에서 현재의 사태는 방치할 수 없다는 것 등을 결의한 기사를 『아웃룩』이 싣자, 이에 대해 누마노 야스타로는 주의해야 한다는 뜻을 일본정부에 보고했다(1912년 11월 15일자 우치다 앞으로 보낸 누마노 공문, 『日外文』 제45권 제1책, 544~548쪽).

57 1911년 12월 14일자 우치다 앞으로 보낸 누마노 공문, 위의 책, 549-563쪽.

58 Y. Numano to Kennan, December 26 and 31, 1912, Kennan Papers, Container 3.

59 I. Yamagata to Kennan, February 25, 1913, *ibid.*, 야마가타 이소오山縣五十雄는 같은 해 9월에도 이제까지의 일본과 조선에 대한 자세에 감사하는 내용의 편지를 케넌George Kennan에게 보냈다(Yamagata to Kennan, September 23, 1913, *ibid.*).

60 Moffet to Kennan, February 12, 1913, *ibid.*

61 Kennan to Moffet, March 7, 1913, *ibid.*

62 Sharrocks to Komatsu, December 16, 1911, *Korea, Conspiracy Case*, Microfilm.

63 "Severance Hospital," March 18, 1912, *op. cit*.

64 Robert E. Speer to the Members of the Board, July 12, 1912, *ibid*.

65 Union Theological Seminary Methodist to the Missionary Secretaries, June 25, 1912, *ibid*.

66 J. G. Dunlop, *General Akashi and the Charge of Torture*, January 15, 1913, *ibid*.

67 케넌이 특히 한국(조선)문제와 관련하여 러일전쟁기에서 1910년대까지의 미 · 일관계에 어떤 영향을 끼쳤는지와 그의 친일반한(조)적 논조가 어떠했는지 등에 대해서는 졸고, 「ジョージ・ケナンと日米關係―韓國問題との關連において」 (1) · (2), 『上智大學』 제40 · 41호, 1995~1996 참조.

68 Norman C. Whittemore to Brown, January 6, 1912, *Korea, Conspiracy Case*, Microfilm. 시드모어George H. Scidmore의 이러한 발언이 이유가 되었는지, 이 시기 일본 통치하의 조선에 대해 주서울 미국총영사(관)과 국무성 사이의 외교 왕복문서를 수록한 *Internal Affairs, Korea, 1910-29, Microcopies*, No. 426, R 1-9에는 사건에 대한 보고와 훈령 등의 외교문서는 전혀 수록되어 있지 않다.

69 Brown to Miller, Feburary 19, 1912, *Korea, Conspiracy Case*, Microfilm.

70 1912년 12월 10일자 데라우치 앞으로 보낸 가네코 겐타로金子堅太郎 편지, 『寺內文書』 제9책, 100-4, 151~154쪽.

71 1913년 1월 16일자 데라우치 앞으로 보낸 고토 신페이後藤新平 편지, 위의 책 제4책, 27-24, 170~179쪽.

72 「朝鮮陰謀事件」, 『福音新報』 제898호, 1912년 9월 12일; 井上良民, 「朝鮮の陰謀事件―我國基督者の覺悟如何? 在日宣教師の態度如何?」, 『基督教世界』 제1513호, 1912년 9월 12일; 「朝鮮に於ける陰謀事件」, 위의 책, 제1515호, 1912년 9월 26일, 「〈教勢〉 朝鮮陰謀事件」, 『福音新報』 제926호, 1913년 2월 27일; 小川圭治 · 池明觀 編, 『日韓キリスト教關係史資料 1876-1922』, 新教出版社, 1984, 437~439 · 442~447쪽.

73 1912년 12월 18일자 데라우치 앞으로 보낸 누마노 공문, 『日外文』 제45권 제1책, 565~566쪽.

74 1913년 1월 11일자 외무차관 구라치 데쓰키치倉知鐵吉 앞으로 보낸 야마가타 이사부로山縣伊三郎 공문, 『日外文』 다이쇼 2년 제1책, 348~349쪽.

75 1913년 1월 21일자 외상 가토 다카아키 앞으로 보낸 누마노 공문, 위의 책, 349~350쪽.

76 1913년 8월 13일자 외상 마키노 노부아키牧野伸顯 앞으로 보낸 데라우치 공문, 위의 책, 352~357쪽.

77 이에 케넌은 사건은 이것으로 마무리되었고, 6인은 재판 중에 자신들의 자백은 고문에 의한 것이라고 진술했으나 고문의 증거가 없고, 데라우치 마사타케를 포함한 일본정부는 기독교에 동정적이며, "일본 당국이 조선인의 적이 아니라는 사실은 불온한 어조로 일본 당국을 공격해온 미국인 선교사들도 알고 있다. 때문에 그들조차도 우리의 좋은 친구다"라

는 『서울 프레스*Seoul Press*』의 기사는 정확하다고 믿는다는 내용을 익명으로 『아웃룩』에 기고했다("End of the Korean Conspiracy Case," in *the Outlook*, September 22, 1913, pp.597-598).

78 1914년 6월 2일자 주영대사 이노우에 가쓰노스케井上勝之助, 진다, 주뉴욕총영사 이지마 가메타로飯島龜太郞, 주샌프란시스코총영사 대리 누마노 앞으로 보낸 가토 공문, 『日外文』 다이쇼 3년 제1책, 外務省, 1965, 722쪽.

79 1914년 9월 28일자 가토 외무대신과 주일 미국대사와의 회담요령, 위의 책, 722~723쪽.

80 1915년 1월 11일자 에기 다스쿠江木翼 앞으로 보낸 데라우치 편지, 山本四郎 編, 『寺內正毅關係文書 首相以前』, 京都女子大學, 1984, 116~117쪽.

81 1915년 1월 27일자 데라우치 앞으로 보낸 오쿠마 시게노부 편지, 위의 책, 117쪽.

82 1915년 2월 15일자 데라우치 앞으로 보낸 가토 전보, 『日外文』 다이쇼 4년 제1책, 外務省, 1966, 352쪽.

83 1915년 2월 16일자 가토 앞으로 보낸 데라우치 전보, 위의 책, 352~353쪽.

84 1915년 2월 17일자 진다 앞으로 보낸 가토 전보, 위의 책, 353~354쪽.

85 1915년 3월 31일자 가토 앞으로 보낸 진다 공문, 위의 책, 357~359쪽.

86 Korea Mission, "Minutes," February 15, 1915, Chinda to Brown, February 20, 1915, Brown to Chinda, March 2, 1915 and Komatsu to Brown, April 12, 1915, *Korea, Conspiracy Case*, Microfilm; "Amnesty For Koreans," in *The New York Times*, February 16, 1915; 小檜山ルイ, 「在日長老派宣教師書簡に見る日本ミッションと朝鮮ミッションの關係—韓國併合, 一〇五人事件前後を中心に」, 『東京女子大學比較文化研究所紀要』 제64권, 2003, 1~22쪽은 재일 미국인 장로교 선교사 대부분이 사건과 관련해서 일본을 옹호하는 입장을 취했고, 그들과 조선에 거주하던 미국인 장로교 선교사가 일종의 대립관계에 있었다는 사실 등을 설명하고 있다. 그러나 이 논문은 사건의 경과와 사건에 대한 조선 거주 미국인 장로교 선교사와 미국 내 장로교단의 대응 그리고 일본과 미국 간의 외교관계에 미친 영향 같은 핵심적인 문제를 깊게 검토했다고는 할 수 없다.

87 유영익, 『이승만의 삶과 꿈』, 중앙일보사, 1996, 46~100쪽; Oliver, *Syngman Rhee—The Man behind the Myth*, pp.97-121.

88 박현환 편, 『속편 도산안창호』(삼협문화사, 1954), 도산안창호선생전집편찬위원회 편, 『도산안창호전집』 제11권, 도산안창호선생기념사업회, 2000, 190~213쪽; 전염택 편, 『도산안창호선생』(대한기독교계명교회, 1967), 위의 책, 418~430쪽; 도산안창호선생기념사업회 편(이광수), 『도산안창호』(도산안창호선생기념사업회, 1947), 위의 책 제12권, 86~153쪽; 주요한 편저, 『안도산전서』, 삼중당, 1963, 105~186쪽; 이명화, 『도산안창호의 독립운동과 통일노선』, 경인문화사, 2002, 43~47·475~482쪽.

89 姜德相, 『呂運亨評傳 1 朝鮮三·一獨立運動』, 新幹社, 2002, 55~76쪽.

90 이정식, 『김규식의 생애』, 신구문화사, 1974, 39~43쪽; 우사연구회 편, 『우사김규식 생애와 사상 ① 항일독립투쟁과 좌우합작』, 한울, 2000, 39~47쪽.

91 반병률, 『성재 이동휘 일대기—조국광복만을 위해 살다 간 민족의 거인』, 범우사, 1998, 66~121쪽.

92 金九, 『白凡日誌 金九自敍傳』, 金信, 1947, 100~120쪽; 梶村秀樹 譯注, 『白凡日誌—金九自敍傳』, 平凡社, 1973, 172~197쪽. 안악사건에 대해서는 姜在彦, 『朝鮮の開化思想』, 427~432쪽; 『朝鮮近代の變革運動』, 261~266쪽.

제3장 민족자결주의 제창과 논쟁

1 Arthur S. Link, *Woodrow Wilson—A Brief Biography*, The World Publishing Company, Cleveland and New York, 1963, pp.40-67; アーサー・S・リンク 著, 草間秀三郎 譯, 『ウッドロー・ウィルソン傳』, 南窓社, 1977, 36~64쪽.

2 有賀貞, 「ウィルソン政權とアメリカの參戰」, 『世界講座 世界歷史』 24, 岩波書店, 1970, 261~263쪽.

3 Link, *ibid.*, pp.86-89; アーサー・S・リンク 著, 草間秀三郎 譯, 위의 책, 85~87쪽.

4 루스벨트의 주장에 대해서는 Roosevelt, "The World War—Its Tragedies and its Lessons," in *The Outlook*, September 23, 1914; *America and the World War*, Charles Scribner' s Sons, New York, 1915 참조.

5 有賀貞, 위의 글, 269~271쪽.

6 有賀貞, 위의 글, 271~272쪽.

7 義井博, 『カイザーの世界政策と第一次世界大戰』, 清水書院, 1984, 133~136쪽.

8 義井博, 위의 책, 138~140쪽.

9 Arno J. Mayer, *Wilson vs. Lenin—Political Origins of the New Diplomacy 1917-1918*, Meridian Books, The World Publishing Company, Cleveland and New York, 1964, pp.14-22; A・J・メノア 著, 齊藤孝・木畑洋一 譯, 『ウィルソン對レーニン』 I, 岩波書店, 1983, 20~29쪽; 齊藤孝, 『戰間期國際政治史』, 岩波書店, 1978, 9~10쪽; 『年表竝文書』 上, 431~432쪽.

10 T. E. Lawrence, *Seven Pillars of Wisdom*, Del Publishing Co., New York, 1962, pp.102-104.

11 Memorandum, December 22, 1917, Inquiry Document No. 887, *FRUS, 1919, The Paris Peace Conference*, vol. I, p.45.

12 Mayer, *ibid.*, pp.61-97; A・J・メノア 著, 齊藤孝・木畑洋一 譯, 위의 책, 101~162쪽.

13 Mayer, *ibid.*, pp.245-266; A・J・メノア 著, 齊藤孝・木畑洋一 譯, 위의 책 II, 3~38쪽.

14 Mayer, *ibid.*, pp.293-312; A・J・メノア 著, 齊藤孝・木畑洋一 譯, 위의 책, 38~114쪽.

15 Mayer, *op. cit.*, pp.267-290; A·J·メノア 著, 齊藤孝·木畑洋一 譯, 앞의 책, 1983, 39~80쪽.

16 David Lloyd George, *War Memoirs of David Lloyd George*, Little, Brown, and Company, Boston, 1936, vol.V, pp.39-41·63-73.

17 進藤榮一,『現代アメリカ外交序說』, 創文社, 1974, 179~280쪽.

18 Ray Stannard Baker and William E. Dodd, eds., *The Public Papers of Woodrow Wilson*, 6 vol., Harper & Brothers, New York, 1924-1927, vol. 4, p.187.

19 進藤榮一, 위의 책, 280~281쪽; 이보형,「3·1운동에 있어서의 민족자결주의의 도입과 이해」, 동아일보사 편,『3·1운동50주년기념논집』, 동아일보사, 1969, 175~176쪽.

20 Baker and Dodd, eds., *op. cit.*, pp.407-414.

21 Baker and Dodd, eds., *ibid.*, p.411.

22 Baker and Dodd, eds., *ibid.*, vol. 5, pp.6-16.

23 Baker and Dodd, eds., *ibid.*, pp.49-51.

24 Mayer, *ibid.*, pp.245-266; A·J·メノア 著, 齊藤孝·木畑洋一 譯, 위의 책 II, 3~38쪽.

25 有賀貞, 앞의 글, 1970, 283쪽.

26 Mayer, *ibid.*, pp.338-339; A·J·メノア 著, 齊藤孝·木畑洋一 譯, 위의 책, 156~157쪽. 각서 전문은 Memorandum, December 22, 1917, Inquiry Document No. 887, *FRUS, 1919, The Paris Peace Conference*, vol. I, pp.41-53 참조.

27 Mayer, *ibid.*, pp.352-353; A·J·メノア 著, 위의 책 II, 177~178쪽.

28 Baker and Dodd, eds., *ibid.*, vol. 5, pp.155-162.

29 이러한 해석을 하는 연구가 매우 많기 때문에 여기에서는 대표적인 것만을 열거한다. 예를 들면 Frank P. Baldwin Jr., "The March First Movement—Korean Challenge and Japanese Response," Ph. D. Dissertation, Columbia University, New York, 1969, pp.18-19; 朴慶植,『朝鮮三·一獨立運動』, 平凡社, 1976, 18·60쪽; 국사편찬위원회 편,『한국독립운동사』2, 1966, 124쪽 등이 있다.

30 Baldwin, *ibid.*, p.19.

31 Albert Shaw, ed., *President Wilson's State Papers and Addresses*, George H. Doran Company, New York, 1918, pp.472-477.

32 Baker and Dodd, eds., *ibid.*, vol. 5, p.233.

33 Baldwin, *ibid.*, pp.20-21.

34 齋藤眞 編,『アメリカ政治外交史教材—英文資料選』, 東京大學出版會, 1972, 22~23쪽.

35 朝鮮總督府,『米國ニ於ケル朝鮮獨立運動ニ關スル調査報告書』, 1921, 9쪽.

36 草間秀三郎,『ウィルソンの國際社會政策構想—多角的國際協力の礎石』, 名古屋大學出版會, 1990, 69~71쪽.

37 草間秀三郎, 앞의 책, 1990, 71～72쪽.

38 草間秀三郎, 위의 책, 72～77쪽.

39 草間秀三郎, 위의 책, 78～80쪽; Wilson to Lansing, September 2, 1918, *FRUS, The Lansing Papers*, vol. II , p.144.

40 Lawrence E. Gelfand, *The Inquiry*, Yale University, New Haven, Connecticut, 1963, p.262.

41 Mezes to Lansing, November 9, 1917, *FRUS, The Paris Peace Conference, 1919*, vol. I, pp.14–15.

42 "Report on the Inquiry—Its Scope and Method," March 20, 1918, Inquiry Document No. 889, *ibid.*, pp.55–72.

43 Lippmann to Mezes and Miller, April 17, 1918, Inquiry Document No. 890, *ibid.*, pp.72–76.

44 Beer, "The Colonial Question," Inquiry No. 50, *Inquiry Documents, 1917–1919, Microfilm*, National Archives, Washington, 1980, M1107, Reel 5.

45 Gelfand, *ibid.*, pp.262–263.

46 Abbott, "Social Unrest in Japan—With Special Reference to Imperialism," November 25, 1918, Inquiry Document No. 4, *Inquiry Documents, 1917–1919, Microfilm*, M1107, Reel 1.

47 Hornbeck, "Report on the Expansion of Japan from 1874 to 1915," Inquiry Document No. 834, *ibid.*, Reel 39.

48 "The Relation of Russia toward Japan especially with Regard to Corea," July 16, 1918, Inquiry Document No. 323, *ibid.*, Reel 18.

49 "The Case for Japan in Manchuria," Inquiry Document No. 351, *ibid.*, Reel 19.

50 Lansing, *War Memoirs of Robert Lansing*, The Bobbs–Merill Company, Indianapolis, 1935, p.295.

51 Gelfand, *ibid.*, p.175.

52 Gelfand, *ibid.*, p.272.

53 義井博, 앞의 책, 1984, 143～148쪽; 齊藤孝, 앞의 책, 1978, 19～20·50～51쪽.

54 House to Lansing, October 29, 1918, *FRUS, 1918, Supplement 1*, pp.405–413.

55 Wilson to House, October 30, 1918, *ibid.*, p.421.

56 House to Lansing, October 30, 1918, *ibid.*, pp.421–423. 제1차 세계대전 시기 유럽의 모든 국가, 특히 프랑스가 민족자결주의를 어떻게 받아들이고 어떤 대응을 했는가에 대해서는 唐渡晃弘, 『國民主權と民族自決』, 木鐸社, 2003이 상세히 다루고 있다. 다만 이 책은 민족자결주의가 타 지역(특히 아시아)에 어떠한 영향을 주었는지에 대해서는 전혀 다루고

있지 않다.

57 1918년 10월 29일자로 외상 우치다 야스야內田康哉 앞으로 보낸 진다 스테미珍田捨己 전보, 「日本外務省記錄」 MT-2-3-1-13, 『巴里平和會議及條約協定 最高軍事會議』 1.

58 1918년 11월 10일자 우치다 앞으로 보낸 이시이 기쿠지로石井菊次郎 전보, 위의 책.

59 1918년 11월 11일자 우치다 앞으로 보낸 진다 전보, 위의 책.

60 進藤榮一, 앞의 책, 1974, 396~410쪽.

61 Lansing to the Swiss Minister, Sulzer, November 5, 1918, *FRUS, 1918, Supplement 1*, pp.468-469.

62 Baker, *Woodrow Wilson and World Settlement*, Doubleday, Page and Company, New York, 1922, vol. I, pp.1-8. Baldwin, *op. cit.*, pp.21-23.

63 Baker, *ibid.*, pp.14-15.

64 George Creel, *The War, the World and Wilson*, Harper & Brothers, New York, 1920, pp.162-163.

65 "Memorandum on Subjects in the President Statement of War Aims on January 8, 1918," January 10, 1918, Robert Lansing Papers, Library of Congress, Washington, Microfilm, Reel 1.

66 "Memorandum on the Principle which should Govern the Congress of Paris," November 18, 1918, *ibid.*

67 "Certain Phrases of the President Contain the Seeds of Trouble," December 20, 1918, *ibid.*

68 "Self-Determination and the Danger," December 30, 1918, *ibid.*

69 더욱이 우치다 야스야는 2월 11일 조선인 사이에서 사이온지 긴모치西園寺公望 암살계획 소문이 떠도니 경계하라는 훈령을 마쓰이 게이시로松井慶四郞에게 보냈다(1919년 2월 11일자 마쓰이 앞으로 보낸 우치다 공문, 「日本外務省記錄」 MT-4-3-2-2-1-5, 『不逞團關係雜件 鮮人ノ部 在歐米』 3).

70 Baker, *Woodrow Wilson and World Settlement*, vol. Ⅲ, p.102.

71 Baker, *ibid.*, pp.111-116.

72 Baker, *ibid.*, pp.130-143.

73 Baker, *ibid.*, pp.152-162.

74 Baker, *ibid.*, p.119.

75 Baker, *ibid.*, vol. I, pp.261-262.

76 Baker, *ibid.*, vol. Ⅲ, pp.144-151.

77 Baker, *ibid.*, pp.166.

78 Baker, *op.cit.*, pp.170-171.

79 Henry Cabot Lodge, *The Senate and the League of Nations*, Charles Scribner's Sons, New York, 1925, pp.172-175.

80 Baker, *Woodrow Wilson and World Settlement*, vol.Ⅲ, pp.176·181·184; 『日外文』— 巴里講和會議經過概要, 1971, 448～452·591～605쪽; 草間秀三郎, 앞의 책, 1990, 142쪽.

제4장 민족자결주의의 수용과 대응

1 池井優, 『增補 日本外交史概說』, 慶應通信, 1982, 109～110쪽.

2 牛丸潤亮, 「最近間島事情」은 간도에 살고 있던 조선인 인구를 다음과 같이 기록했다.

1907	71,000
1908	89,000
1909	98,000
1910	109,500
1911	126,000
1916	203,426
1918	253,961
1921	307,806

그러나 조선총독부는 간도의 조선인 인구가 조사 결과보다 5～6배는 더 있다고 생각해, 1920년 무렵 만주에 100만～150만 명이 있다고 추정했다(姜德相, 「海外における朝鮮獨立運動の發展」, 『東洋文化硏究所紀要』 제51책, 東京大學東洋文化硏究所, 1970, 27～32쪽).

3 『年表竝文書』 上, 324～325쪽.

4 『年表竝文書』 上, 406～407쪽; 姜德相, 「海外における朝鮮獨立運動の發展」, 32～33쪽.

5 예를 들어 吉林東南路觀察使公署 포고 제9호는 결사집회 금지와 조선인 사립학교 폐지를 명했다(姜德相, 위의 글, 33쪽). 또 간도에 살고 있는 조선인에 대한 최근 연구로는 李盛煥, 『近代東アジアの政治力學—間島をめぐる日中朝關係の史的展開』, 錦正社, 1991이 있다.

6 姜德相, 위의 글, 35～42쪽.

7 姜德相, 「青年時代の呂運亨」, 『三千里』 37, 三千里社, 1984, 152～165쪽; 『呂運亨評傳 1 朝鮮三·一獨立運動』, 新幹社, 2002, 17～54쪽.

8 姜德相, 「上海時代の呂運亨」, 『三千里』 38, 三千里社, 1984, 131～137쪽; 『呂運亨評傳 1 朝鮮三·一獨立運動』, 55～86쪽; 「呂運亨調書」 (2), 1929년 8월 1일, 金俊燁·金昌順 編, 『韓國共産主義運動史』, 資料編 Ⅰ, 高麗大學校亞細亞問題硏究所, 1980, 292쪽.

9 姜德相, 「上海時代の呂運亨」, 137～140쪽; 『呂運亨評傳 1 朝鮮三·一獨立運動』, 87～107쪽; 「呂運亨調書」 (2).

10 「呂運亨調書」(2), 293쪽; 여운홍, 『몽양여운형』, 청하각, 1967, 24~25쪽; 신용하, 『한국근대민족운동사연구』, 일조각, 1988, 169~170쪽.

11 「呂運亨調書」(2), 293쪽; 신용하, 위의 책, 171~173쪽. 또 「呂運亨調書」(3), 1930년 6월 2일, 418쪽에 따르면 신한청년당이 공식적으로 조직된 것은 11월이다.

12 여운홍, 위의 책, 25쪽.

13 크레인Charles R. Crane은 조선 체재 중 몇몇 파티에 참석하고 환대를 받으며 조선의 미와 장대함 그리고 조선인에게 깊은 감명을 받는 한편, "……나는 조선에서 일본인이 이 세련된 사람들의 혼을 파괴하기 위해 가차 없이 온갖 짓을 하는 것에 대해 많은 이야기를 들었다……"라는 감상을 말했다(Memoirs of Charles R. Crane, pp.211-212, Crane Papers, Columbia University, New York, Box 3).

14 Thomas Sammons(주상해 미국총영사) to Lansing, November 30, 1918, 032. C85, Department of State Decimal File, 1910-29, National Archives, Washington, Record Group 59, Box 0307.

15 "Hon. Charles R. Crane's Visit to Shanghai," in *Millard's Review*, November 30, 1918.

16 Speech by Charles Crane, November 28, 1918, 763. 72119/3978, *Records of the Department of State Relating to World War I and Its Termination, 1914-29, Microfilm*, National Archives, Washington, No. 367, Reel 395(이하, *WWI and Its Termination, 1914-29, Microfilm*, No. 367, R 395로 표기).

17 「呂運亨調書」(2), 1929년 8월 5일, 320~321쪽; 여운홍, 위의 책, 25~26쪽. 그렇지만 Memoirs of Charles R. Crane, p.219, Crane Papers, Box 3에서는 이러한 경과에 대해서는 전혀 언급하지 않았다.

18 이정식, 『김규식의 생애』, 신구문화사, 1974, 39~53·227~228쪽; 우사연구회 편, 『우사 김규식의 생애와 사상 ① 항일독립투쟁과 좌우합작』, 한울, 2000, 32~47쪽.

19 독립청원서 전문은 金正明 編, 『朝鮮獨立運動』 II, 原書房, 1967, 88~91쪽 참조. 단 왜 이 청원서에 대한 일본 관헌의 보고가 1920년 1월 15일로 되어 있는지는 알 수 없다.

20 Thomas F. Millard, *Democracy and the Eastern Question*, The Century Co., New York, 1919, pp.37-38.

21 여운홍, 앞의 책, 1967, 27쪽.

22 여운홍, 위의 책, 27쪽; 李庭植, 위의 책, 54쪽; 우사연구회 편, 위의 책, 48~52쪽.

23 이정식, 위의 책, 55~56쪽; 우사연구회 편, 위의 책, 52~55쪽.

24 신용하, 위의 책, 186~195쪽; 姜德相, 「上海時代の呂運亨」, 145~146쪽; 『呂運亨評傳 1 朝鮮三·一獨立運動』, 107~127쪽.

25 노재연, 『재미한인사략』 상, Los Angeles, 1951, 79쪽; 1918년 1월 10일자 외상 모토노 이치로本野一郎 앞으로 보낸 주블라디보스토크총영사 기쿠치 요시로菊池義郎 공문, 「日

本外務省記錄」, 外務省外交史料館, MT-4-3-2-2-1-2, 『不逞團關係雜件 朝鮮人ノ部 在西比利亞』 6. 그러나 이 회의에 대해 미국의 신문이 보도한 흔적은 없다.

26 朝鮮總督府, 『米國ニ於ケル朝鮮獨立運動ニ關スル調査報告書』, 1921, 100쪽.

27 『新韓民報』 1918년 11월 28일, 「號外」; 방선주, 『재미한인의 독립운동』, 한림대학교출판부, 1989, 208~209쪽.

28 『新韓民報』 1918년 12월 5일, 「號外」; 1918년 12월 12일자 우치다 야스야內田康哉 앞으로 보낸 주호놀룰루 총영사 모로이 로쿠로諸井六郎 공문 · 12월 13일, 우치다 앞으로 보낸 주뉴욕총영사 야다 조노스케矢田長之助 공문, 「日本外務省記錄」 MT-4-3-2-2-1-5, 『不逞團關係雜件 鮮人ノ部 在歐米』 3.

29 The Representatives of the Korean National Association, Syngman Rhee, Chan-Ho Min and Henry Chung to Wilson, November 25, 1918, Woodrow Wilson Papers, Library of Congress, Washington, Microfilm, Reel 387.

30 방선주, 위의 책, 321쪽.

31 The New Korean Association to Lansing, December 2, 1918, 895. 00/1, *General Records of the American Commission to Negotiate Peace, 1918-1931*, *Microfilm*, National Archives, Washington, 1970, No. 820, Reel 563(이하 *American Commission to Negotiate Peace, 1918-1931*, *Microfilm*, No. 820, R 563으로 표기). 이 일에 대해서 뉴욕의 야다 조노스케는 청원서의 내용을 일본정부에 보고하고 주의를 환기시켰다(1918년 12월 6 · 10일자 우치다 앞으로 보낸 야다 공문, 「日本外務省記錄」 MT-4-3-2-2-1-5, 『不逞團關係雜件 鮮人ノ部 在歐米』 3). 이 청원서는 파리의 미국대표단의 일원이었던 그루Joseph Grew(나중에 1932년부터 1941년까지 주일 미국대사를 지냄)에게 왔고 그루는 청원서를 받았다고 회답했다.

32 1918년 12월 17일자 우치다 앞으로 보낸 이시이 기쿠지로石井菊次郎 전보, 위의 책.

33 1918년 12월 13일자 우치다 앞으로 보낸 야다 전보, 위의 책. 또한 아오야마학원青山學院에 얼마 동안 재학한 뒤 미국으로 건너가 김헌식金憲植과 동거하고 있던 전무술全武述이 12월 12일 야다를 방문하여 일본의 밀정이 되겠다고 제의했고 야다는 이후 전무술에게서 정보를 얻었다(1919년 12월 12일자 우치다 앞으로 보낸 야다 공문, 위의 책). 또 몬태나주에서 미국 최초 여성 국회의원으로 선출된 랭킹Jeannette Rankin은 1917년 대독 선전포고에 대한 의회 의결안에 반대표를 던졌을 뿐만 아니라, 1941년 12월 일본군의 하와이 진주만 공격 후 미국정부의 요청을 받아 의회에 제출된 대일 선전포고 결의안에도 유일하게 반대표를 던졌다. 랭킹에 대해서는 大藏雄之助, 『一票の反對—ジャネット・ランキンの生涯』, 麗澤大學出版會, 2004 참조.

34 "Small Nations Congress Indorses President's Stand," in *New York Herald*, December 16, 1918 and "Small Nations, After Row, are Sure-fire Democrats," in *New York World*, December 16, 1918.

35 姜德相 編, 『現代史資料25 朝鮮』 1, みすず書房, 1966, 445쪽. 호놀룰루의 모로이 로쿠로는 이승만과 박용만의 대립이 금전문제를 둘러싸고 점점 깊어지고 있는 듯하다고 보고했

다(1919년 1월 20일자 우치다 앞으로 보낸 모로이 공문, 「日本外務省記錄」 MT-4-3-2-2-1-5, 『不逞團關係雜件 鮮人ノ部 在歐米』 3).

36 "Koreans Agitate for Independence," in *The Japan Advertiser*, December 15, 1918.

37 "Small Nations Ask to be Recognized," in *ibid.*, December 18, 1918.

38 『大阪朝日新聞』 1918년 12월 18일 제1면, 「民族自決を認めよ—小國隷屬國民聯盟の決議」.

39 국사편찬위원회 편, 『한국독립운동사』 2, 1966, 124~125쪽.

40 田榮澤, 「東京留學生의 獨立運動」, 『新天地』 1946년 3월호, 97쪽.

41 姜德相, 『朝鮮獨立運動の群像』, 青木書店, 1984, 134~140쪽.

42 姜德相 編, 『現代史資料26 朝鮮』 2, みすず書房, 1967, 11쪽.

43 姜德相, 위의 책, 16쪽.

44 玄相允, 「三一運動의 回想」, 『新天地』, 1946년 3월호, 26~27쪽.

45 『大阪朝日新聞』 1919년 1월 6일 제3면, 「米國を視察して—中島玉吉博士談」.

46 "Missionaries Back Korean Movement," in *The Japan Advertiser*, January 17, 1919.

47 Curtis to Lansing, January 10, 1919, 763. 72119/3716, *WWI and Its Termination, 1914-29, Microfilm*, No. 367, R 393.

48 "American Missionaries in Chosen," in *The Seoul Press*, January 17, 1919.

49 Curtis to Lansing, January 17, 1919, 763. 72119/4014, *WWI and Its Termination, 1914-29, Microfilm*, No. 367, R 395.

50 Sill to American Residents in Korea, May 11, 1897, *FRUS, 1919*, vol. II, p.459

51 Bergholz to the Secretaries of the American Mission Stations in Korea, January 24, 1919, *ibid.*, pp.458-459.

52 Bergholz to Lansing, January 29, 1919, *ibid.*, p.458.

53 Haruki Wada, "Koreans in the Soviet Far East, 1917-1937," in Dae-Sook Suh, ed., *Koreans in the Soviet Union*, University of Hawaii Press, 1987, pp.25-26; 原暉之, 「極東ロシアにおける朝鮮獨立運動と日本」, 『三千里』 17, 1979, 48쪽.

54 Wada, *ibid.*, pp.27-28.

55 Wada, *ibid.*, pp.28-31.

56 原暉之, 위의 글, 48~49쪽; 「シベリア在住朝鮮人情況」은 시베리아에 살고 있는 조선인 인구를 다음과 같이 기록했다.

1906	34,399
1907	45,914
1908	45,497
1909	51,554
1910	50,965
1914	54,278
1915	64,308
1916	48,043
1917	76,324
1924	111,648

그러나 조선총독부는 만주에 살고 있는 조선인의 경우와 마찬가지로 시베리아의 조선인 인구도 조사 결과보다 5~6배 정도 더 많다고 생각해, 1920년 무렵 시베리아지역에 약 50만 명이 살고 있다고 추계했다(姜德相, 「海外における朝鮮獨立運動の發展」, 27~32쪽).

57 劉孝鍾, 「極東ロシアにおける朝鮮民族運動」, 『朝鮮史研究會論文集』 22, 1985, 137~141쪽.

58 和田春樹, 「日露逃亡犯罪人引渡條約付屬秘密宣言書」, 『社會科學研究』 274, 東京大學社會科學研究所, 1976, 105쪽.

59 劉孝鍾, 위의 글, 147~150쪽.

60 Teruyuki Hara, "The Korean Movement in the Russian Maritime Province, 1905-1922," in Dae-Sook Suh, ed., *op. cit.*, pp.4-5.

61 Hara, *ibid.*, p.6.

62 Hara, *ibid.*, pp.8-10; 原暉之, 앞의 글, 1979, 49쪽.

63 姜德相, 「啓蒙運動のリーダー・李東輝」, 『朝鮮獨立運動の群像』, 25~37쪽; 반병률, 『성재 이동휘 일대기—조국광복만을 위해 살다 간 민족의 거인』, 범우사, 1998, 31~37쪽.

64 姜德相, 위의 글, 37~39쪽; 原暉之, 「ロシア革命, シベリア戰爭と朝鮮獨立運動」, 菊地昌典 編, 『ロシア革命論』, 田畑書店, 1977, 201~204쪽; 반병률, 위의 책, 137~152쪽.

65 Teruyuki Hara, *ibid.*, pp.10-11; 姜德相, 「海外における朝鮮獨立運動の發展」, 39~40쪽.

66 姜德相, 위의 글, 40~41쪽.

67 1919년 9월 10일자 군사령관 오이 시게모토大井成元 앞으로 보낸 사무관 시노다 지사쿠篠田治策 보고, 「浦潮方面に於ける排日鮮人に關する件」, 金正明 編, 『朝鮮獨立運動』 III, 原書房, 1967, 443쪽; 原暉之, 『シベリア出兵』, 筑摩書房, 1988, 483~484쪽.

68 篠田治策, 「浦潮新韓村視察ニ關スル報告」, 1919년 3월 5일; 「舊陸海軍記錄」, 防衛廳防衛研究所圖書館, T8-4, 『西密受大日記』 제87호.

69 1918년 12월 7일자 우치다 앞으로 보낸 기쿠치 공문, 「日本外務省記錄」, MT-4-3-2-2-1-2, 『不逞團關係雜件 朝鮮人ノ部 在西比利亞』 7.

70 1919년 1월 7일자 우치다 앞으로 보낸 기쿠치 공문, 앞의 책.

71 1919년 1월 17일자 우치다 앞으로 보낸 기쿠치 공문, 위의 책.

72 「呂運亨調書」(2), 1929년 8월 5일, 322쪽; 여운홍, 앞의 책, 1967, 35～37쪽; 姜德相, 「上海時代の呂運亨」, 147쪽; 『呂運亨評傳1 朝鮮三·一獨立運動』, 133～134쪽.

73 陸軍省軍事課, 「朝鮮總督府官吏上京ノ件」, 1919년 1월 24일; 「舊陸海軍記錄」 T8-2, 『西受大日記』 제15호; 原暉之, 『シベリア出兵』, 484～485쪽.

74 篠田治策, 위의 보고.

75 姜德相, 『呂運亨評傳1 朝鮮三·一獨立運動』, 130～133쪽.

76 姜德相 編, 『現代史資料26 朝鮮』 2, 82쪽.

77 國會圖書館 編, 『韓國民族運動資料 (三·一運動)』 3, 1979, 107～108쪽.

78 『每日申報』 1916년 5월 31일 제1면, 「米大統領의 講和意見」.

79 『每日申報』 1918년 1월 11일 제2면, 「米大統領의 要求條件」.

80 이보형, 「3·1운동에 있어서의 민족자결주의의 도입과 이해」, 동아일보사 편, 『3·1운동50주년기념논집』, 동아일보사, 1969, 182쪽.

81 『每日申報』 1918년 10월 24일 제2면, 「所謂十四個條」.

82 『每日申報』 1918년 11월 5·6일 제1면, 「講和의 基礎條件」.

83 이보형, 위의 글, 184～185쪽.

84 「朝鮮總督府記錄」 제2756호, 『大正八年騷擾事件雜報』(국사편찬위원회 소장).

85 姜德相 編, 『現代史資料25 朝鮮』 1, 68쪽.

86 姜德相 編, 위의 책, 65～66쪽.

87 姜德相 編, 위의 책, 66쪽.

88 권동진 검사 신문조서, 1919년 3월 10일, 市川正明 編, 『三·一獨立運動』 1, 原書房, 1983, 124쪽.

89 이승훈 지방법원 예심 신문조서, 1919년 4월 21일, 市川正明 編, 위의 책, 288쪽; 박희도 지방법원 예심 신문조서, 1919년 4월 23일, 위의 책, 298쪽.

90 한용운 지방법원 예심 신문조서, 1919년 5월 8일, 市川正明 編, 위의 책, 388～389쪽.

91 최린 지방법원 예심 신문조서, 1919년 4월 7일, 市川正明 編, 위의 책, 216쪽; 권동진 지방법원 예심 신문조서, 1919년 4월 8일, 위의 책, 228쪽.

92 손병희 지방법원 예심 신문조서, 1919년 4월 10일, 市川正明 編, 위의 책, 201～202쪽.

93 오세창 지방법원 예심 신문조서, 1919년 4월 9일, 市川正明 編, 위의 책, 240쪽.

94 신용하, 『한국민족독립운동사연구』, 을유문화사, 1985, 292～313쪽.

95 예를 들어 김산·님 웨일즈Nym Wales 著, 松井いを子 譯, 『アリランの歌』, 岩波書店, 1987, 71~76쪽에서는 김산이 다니던 중학교의 교사가 3월 1일 14개조 중 민족자결주의에 대해 김산을 포함한 학생들에게 설명하고 운동에 참가할 것을 호소하는 모습이 묘사되어 있다. 또 잡지 발간을 위해 1919년 2월 중국에 갔다가 3월 1일 관광객으로 서울에 들렀다가 3월 7일에 도쿄에 도착했던 오스왈드Earnest M. Oswalt는 3월 1일의 서울 모습을 기록했는데 그중에 다음과 같은 내용이 있다. "서울에서 아내와 함께 토요일(3월 1일)에 궁궐 구경을 나갔다가 조선인들이 내 차 주위에 모여들어 '윌슨 만세' 라고 외치는 것을 목격했다. 나는 안내인에게 도대체 무슨 일이 일어났는지를 물었는데, 그는 윌슨 대통령이 조선의 독립을 확보하는 데 성공했다는 이야기가 서울에 전해져서 여기 모인 사람들이 내가 미국인인 줄 알고 함께 축하를 하고 싶어 한다고 말했다"("American Witness of Seoul Rioting," in *The Japan Advertiser*, March 9, 1919).

제5장 삼일운동의 발발

1 1910년 8월 17일자 고무라 주타로小村壽太郎 앞으로 보낸 데라우치 마사타케寺內正毅 전보, 『日外文』 제43권 제1책, 678~679쪽.

2 本田節子, 『朝鮮王朝最後の皇太子妃』, 文藝春秋, 1988, 65~86쪽; 李方子, 『流れのままに』, 啓佑社, 1984, 29~33쪽.

3 李方子, 위의 책, 33~43쪽.

4 李方子, 위의 책, 45~47쪽; 『官報』 1919년 1월 23일, 「宮廷錄事」.

5 德富蘇峰 編, 『素空山縣公傳』, 山縣公爵傳記編纂會, 1929, 325~327쪽.

6 Bergholz to Lansing, January 22, 1919, 895. 0011/1, *Internal Affairs, Korea, 1910-29, Microfilm*, No. 426, R 3.

7 Polk to Bergholz, January 28, 1919, *ibid.*

8 Bergholz to Hasegawa, January 30, 1919, 895. 0011/2, *ibid.*

9 Hisamizu to Bergholz, February 3, 1919, *ibid.*

10 李方子, 위의 책, 47쪽; 本田節子, 위의 책, 92쪽.

11 『官報』 호외 1919년 1월 27일, 「辭令」.

12 德富蘇峰 編, 위의 책, 328쪽.

13 姜德相 編, 『現代史資料25 朝鮮』 1, みすず書房, 1966, 81~85쪽.

14 박은식, 『한국독립운동지혈사』, 서울신문사출판국, 1946, 60~61쪽; 朴殷植 著, 姜德相 譯注, 『朝鮮獨立運動の血史』 1, 平凡社, 1972, 133~134쪽.

15 李方子, 위의 책, 60쪽.

16 權藤四郎介, 『李王宮秘史』, 朝鮮新聞社, 1926, 163～167·197～201쪽.

17 姜德相 編, 『現代史資料25 朝鮮』 1, xx-xxi(해설)쪽.

18 姜德相 編, 위의 책, xxi(해설)쪽.

19 손병희 검사 신문조서, 1919년 3월 7일, 市川正明 編, 『三·一獨立運動』 1, 原書房, 1983, 119쪽; 권동진 검사 신문조서, 3월 10일, 위의 책, 125쪽; 오세창 검사 신문조서, 3월 10일, 위의 책, 127쪽; 이승훈 검사 신문조서, 3월 6일, 위의 책, 148쪽; 박희도 검사 신문조서, 3월 9일, 위의 책, 157쪽; 이갑성 검사 신문조서, 3월 8일, 위의 책, 177쪽.

20 나용환 검사 신문조서, 1919년 3월 1일, 위의 책, 64쪽.

21 손병희 검사 신문조서, 1919년 3월 7일, 위의 책, 118쪽.

22 최린 검사 신문조서, 1919년 3월 5일, 위의 책, 122쪽.

23 오세창 검사 신문조서, 19191년 3월 10일, 위의 책, 127쪽.

24 朝鮮憲兵隊司令部 編, 『朝鮮騷擾事件狀況』, 1919, 1～2쪽.

25 朝鮮憲兵隊司令部 編, 위의 책, 3～29쪽.

26 姜德相 編, 『現代史資料26 朝鮮』 2, みすず書房, 1967, 20쪽.

27 姜德相 編, 위의 책, 18·20～21쪽.

28 田榮澤, 「東京留學生의 獨立運動」, 『新天地』, 1946년 3월호, 98쪽; 金正明 編, 『朝鮮獨立運動』 I, 原書房, 1967, 300쪽.

29 姜德相 編, 『現代史資料26 朝鮮』 2, 21쪽.

30 田榮澤, 위의 책, 98쪽.

31 金道泰, 「己未年의 國際情勢와 獨立運動의 顚末」, 『新天地』 1946년 3월호, 15쪽. 김도태는 송계백의 귀국 시기를 "1918년 12월 어느 날"이라 했지만 이는 착각이다.

32 姜德相 編, 『現代史資料26 朝鮮』 2, 21쪽.

33 위와 같음; 田榮澤, 위의 책, 99쪽.

34 姜德相 編, 『現代史資料26 朝鮮』 2, 24～26쪽.

35 姜德相 編, 위의 책, 21～22쪽; 전영택, 위의 책, 99쪽; 金正明 編, 『朝鮮獨立運動』 I, 300쪽.

36 金正明 編, 위의 책.

37 1919년 2월 10일자 마쓰이 세이시로松井慶四郎 앞으로 보낸 우치다 야스야內田康哉 전보, 姜德相 編, 『現代史資料26 朝鮮』 2, 26～27쪽.

38 朝鮮憲兵隊司令部 編, 앞의 책, 1919, 1쪽.

39 姜德相, 『朝鮮獨立運動の群像』, 青木書店, 1984, 152～156쪽.

40 Benjamin B. Weems, *Reform, Rebellion and the Heavenly Way*, The University of Arizona Press, Tuscon, 1964, pp.61-64; 의암손병희선생기념사업회 편, 『의암손병희선

생전기』, 1967, 197～214쪽.

41 Weems, *ibid.*, pp.64–68.

42 권동진 검사 신문조서, 1919년 3월 10일, 市川正明 編, 앞의 책, 1983, 124쪽.

43 손병희 검사 신문조서, 1919년 3월 7일, 위의 책, 116쪽.

44 崔麟 著, 加藤隆 編, 黃明水 譯, 「自敍傳(略歷)」, 『明治大學史紀要』 제4호, 1984, 122～124쪽.

45 崔麟 著, 加藤隆 編, 黃明水 譯, 위의 글, 123쪽.

46 의암손병희선생기념사업회 편, 위의 책, 326쪽.

47 崔麟, 「自敍傳」, 124쪽.

48 의암손병희선생기념사업회 편, 위의 책, 328～330쪽.

49 박희도 검사 신문조서, 1919년 3월 9일, 市川正明 編, 위의 책, 154～155쪽.

50 이승훈 진술청취서, 위의 책, 149～150쪽.

51 길선주 지방법원 예심 신문조서, 1919년 4월 26일, 위의 책, 328쪽.

52 최남선 지방법원 예심 신문조서, 1919년 5월 19일, 위의 책 3, 86～89쪽; 이승훈 지방법원 예심 신문조서, 1919년 4월 21일, 위의 책 1, 290～291쪽.

53 崔麟, 위의 글, 125쪽.

54 위와 같음.

55 三·一獨立宣言文署名者事件管轄決定書, 1920년 3월 12일, 市川正明 編, 『三·一獨立運動』 2, 18～19쪽.

56 崔麟, 위의 글, 125～126쪽.

57 위와 같음.

58 이승훈 지방법원 예심 신문조서, 1919년 4월 21일, 市川正明 編, 『三·一獨立運動』 1, 292쪽.

59 崔麟, 위의 글, 126～127쪽.

60 三·一獨立宣言文署名者事件管轄決定書, 1920년 3월 12일, 市川正明 編, 『三·一獨立運動』 2, 19～20쪽.

61 崔麟, 위의 글, 127쪽.

62 崔麟, 위의 글; 한용운 지방법원 예심 신문조서, 1919년 5월 8일 · 백용성 지방법원 예심 신문조서, 5월 6일, 市川正明 編, 『三·一獨立運動』 1, 388～392·396～397쪽.

63 崔麟, 위의 글, 127쪽.

64 豫審終結決定書(金炯璣等學生團), 獨立運動史編纂委員會 編, 『獨立運動史資料集』 제5권, 1972, 69쪽.

65 豫審終結決定書(金炯璣等學生團), 獨立運動史編纂委員會 編, 위의 책, 69～70쪽.

66 崔麟, 앞의 글, 128쪽.

67 豫審終結決定書(金炯璣等學生團), 獨立運動史編纂委員會 編, 위의 책, 20쪽; 의암손병희선생기념사업회 편, 앞의 책, 1967, 349~350쪽.

68 三·一獨立宣言文署名者事件管轄決定書, 1920년 3월 12일, 市川正明 編, 『三·一獨立運動』 2, 21쪽.

69 위와 같음.

70 崔麟, 위의 글, 129~130쪽.

71 이종일 지방법원 예심 신문조서, 1919년 4월 16일, 市川正明 編, 『三·一獨立運動』 1, 257쪽.

72 三·一獨立宣言文署名者事件管轄決定書, 1920년 3월 12일, 위의 책 2, 22~24쪽.

73 三·一獨立宣言文署名者事件管轄決定書, 1920년 3월 12일, 위의 책 2, 25쪽.

74 의암손병희선생기념사업회 편, 위의 책, 352쪽; 崔麟, 위의 글, 132쪽.

75 의암손병희선생기념사업회 편, 위의 책, 353쪽; 崔麟, 위의 글, 132쪽.

76 의암손병희선생기념사업회 편, 위의 책, 354~358쪽; 崔麟, 위의 글, 133쪽.

77 의암손병희선생기념사업회 편, 위의 책, 358~359쪽; 崔麟, 위의 글, 133~134쪽.

78 山邊健太郎, 「三·一運動について」, アジア·アフリカ國際關係研究會 編, 『朝鮮·中國の民族獨立運動と國際環境』, 嚴南堂書店, 1967, 119쪽.

79 山邊健太郎, 「三·一運動の現代的意義(上)」, 『思想』 1955년 6월호, 岩波書店, 76쪽.

80 姜德相, 「三·一運動における'民族代表'と朝鮮人民」, 『思想』 1969년 3월호, 53쪽.

81 朝鮮民主主義人民共和國科學院歷史研究所 編, 在日本朝鮮人科學者協會社會科學部門歷史部會 譯, 『朝鮮近代革命運動史』, 新日本出版社, 1964, 196쪽.

82 朴慶植, 『朝鮮三·一獨立運動』, 平凡社, 1976, 82~87쪽.

83 梶村秀樹, 『朝鮮史の枠組と思想』, 研文出版, 1982, 135쪽.

84 康成銀, 「三·一運動における'民族代表'の活動に關する一考察」, 『朝鮮學報』 130호, 天理大學, 1989, 85~106쪽.

85 의암손병희선생기념사업회 편, 앞의 책, 1967, 359~360쪽; 朝鮮總督府, 『朝鮮の獨立思想及運動』, 1924, 71쪽.

86 애국동지원호회, 『한국독립운동사』, 1956, 100쪽.

87 姜德相 編, 『現代史資料25 朝鮮』 1, 281~283쪽.

88 姜德相, 『朝鮮獨立運動の群像』, 153~156쪽.

89 朝鮮總督府, 앞의 책, 1924, 70~71쪽.

90 朝鮮總督府, 위의 책, 72쪽.

제6장 독립을 향한 외교활동

1 姜德相 編, 『現代史資料25 朝鮮』 1, みすず書房, 1966, 443쪽.

2 1918년 12월 24일자 우치다 야스야內田康哉 앞으로 보낸 야다 조노스케矢田長之助 전보, 「日本外務省記錄」 MT-2-3-1-11, 『巴里平和會義 雜件』 1.

3 1918년 12월 20일자 우치다 앞으로 보낸 마쓰이 게이시로松田慶四郎 전보, 「日本外務省記錄」 MT-4-3-2-2-1-5, 『不逞團關係雜件 鮮人ノ部 在歐米』 3.

4 姜德相 編, 『現代史資料25 朝鮮』 1, 443~444쪽.

5 姜德相 編, 위의 책, 444~445쪽.

6 김원용, 『재미한인 오십년사』, Reedley, California, 1959, 358~359쪽; 주요한 편저, 『안도산전서』, 삼중당, 1963, 188~189쪽.

7 김원용, 위의 책, 359쪽; 주요한 편저, 위의 책, 189쪽.

8 양영석, 「위임통치청원(1919)에 관한 고찰—그 비판과 반론」, 『한국학보』 제49집, 1987, 105~106쪽.

9 방선주, 『재미한인의 독립운동』, 한림대학교출판부, 1989, 217쪽.

10 Syngman Rhee & Henry Chung(정한경) to Wilson and to the Peace Conference, February 25, 1919, 763. 72119/4188, *WWI and Its Termination, 1914-29, Microfilm*, No. 367, R 347.

11 Diary, February 28, 1919, Frank L, Polk Papers, Yale University, New Haven, Connecticut, Box 19.

12 Polk to American Commission to Negotiate Peace, March 1, 1919, 183. 4/9, *American Commission to Negotiate Peace, 1918-1931, Microfilm*, No. 820, R 175.

13 The American Commission to Negotiate Peace to Polk, March 3, 1919, *ibid.*

14 "Clearance Denied Korean Delegates," in *Washington Post*, March 8, 1919; "Korean Peace Envoy Held in Washington," in *New York American*, March 8, 1919.

15 Rhee to Tumulty, March 3, 1919, 763. 72119/4188, *WWI and Its Termination, 1914-29, Microfilm*, No. 367, R 397.

16 Rhee to Tumulty, March 4, 1919, 763. 72119/4187, *ibid.*

17 Rhee to Polk, March 7, 1919, 763. 72119/4069, *ibid.*, R 395.

18 Rhee to Tumulty, March 15, 1919, 763. 72119/4220, *ibid.*, R 398.

19 Adee to Rhee, March 24, 1919, *ibid.*

20 Rhee to Polk, March 7, 1919, 763. 72119/4069, *ibid.*, R 395.

21 1919년 3월 14일자 우치다 앞으로 보낸 오타 다메키치太田爲吉 전보, 「日本外務省記錄」

MT-4-3-2-2-1-5, 『不逞團關係雜件 鮮人ノ部 在歐米』 3.

22 Memorandum by Ransford S. Miller, March 14, 1919, 763. 72119/4187, *WWI and Its Termination, 1914-29, Microfilm*, No. 367, R 397.

23 "Koreans Ask Wilson's Aid For Freedom," in *New York American*, March 17, 1919; "Koreans Petition Wilson," in *The New York Times*, March 17, 1919.

24 1919년 3월 19일자 우치다 앞으로 보낸 이시이 기쿠지로石井菊次郎 전보, 「日本外務省記錄」 MT-4-3-2-2-1-5, 『不逞團關係雜件 鮮人ノ部 在歐米』 3.

25 국회도서관 편, 『대한민국임시정부의정원문서』, 1974, 40쪽.

26 양영석, 앞의 글, 1987, 110~114쪽.

27 『獨立新聞』 1921년 3월 26일 제3면, 「大統領談—소위 委任統治說은 其出處가 如何한가」.

28 朝鮮總督府警務局, 『在外不逞鮮人ノ近情』, 1921년 9월, 76~78쪽(Japanese Ministry of Foreign Affairs, Archives in the Japanese Ministry of Foreign Affairs, Tokyo, Japan, Microfilmed for the Library of Congress, Washington, 1951-1954, *Special Studies* 141에 수록).

29 Henry Chung, "Korea Today—A Korean View of Japan's Colonial Policies," in *Asia*, Asia Publishing Company, New York, May, 1919, p.467.

30 방선주, 앞의 책, 1989, 217쪽.

31 Warren I. Kim, *Koreans in America*, Po chin Chai Printing Co. Ltd., Seoul, 1971, pp.118-120.

32 민족운동총서편찬위원회 편, 『정치외교투쟁』, 민족운동총서 제3집, 1980, 38~40쪽; 이현희, 『3·1독립운동과 임시정부의 법통성』, 동방도서, 1987, 56~57쪽; 홍순옥, 「한성·상해·노령임시정부의 통합과정」, 동아일보사 편, 『3·1운동50주년기념논집』, 동아일보사, 1969, 899~900쪽; 姜德相 編, 『現代史資料25 朝鮮』 1, 452쪽; 金正明 編, 『朝鮮獨立運動』 II, 原書房, 1967, 17쪽.

33 姜德相 編, 『現代史資料25 朝鮮』 1, 453~455쪽; 金正明 編, 『朝鮮獨立運動』 II, 17~20쪽. 버그홀츠Leo A. Bergholz도 한성정부의 성립과 각원 명부, 약법 등을 본국에 보고했다(Bergholz to Lansing, May 2, 1919, 895. 01/3, *Internal Affairs, Korea, 1910-29, Microfilm*, No. 426, R 4).

34 國會圖書館 編, 『韓國民族運動資料(三·一運動)』 3, 1979, 108쪽.

35 姜德相 編, 『現代史資料26 朝鮮』 2, みすず書房, 1967, 42~45쪽. 이 조선독립선언서는 대한국민의회가 주블라디보스토크 미국총영사 콜드웰John K. Caldwell에게 전달했고 콜드웰은 다시 미국정부에 전달했다(Caldwell to Lansing, March 17, 1919, 895. 00/606, *Internal Affairs, Korea, 1910-29, Microfilm*, No. 426, R 2.

36 姜德相 編, 『現代史資料26 朝鮮』 2, 45~47쪽; 민족운동총서편찬위원회 편, 위의 책, 53~56쪽.

37 上海日本總領事館在警察部第二課, 『朝鮮民族運動年鑑』, 1932, 2쪽.

38 홍순호, 「독립운동과 한불관계 1900년에서 1945년까지」, 『한국독립운동과 열강관계』, 한국정치외교사학회논총 제2집, 평민사, 1985, 262~264쪽.

39 上海日本總領事館在警察部第二課, 『朝鮮民族運動年鑑』, 3~5쪽; 姜德相 編, 『現代史資料 26 朝鮮』 2, 170쪽. 또 주상해총영사 아리요시 아키라有吉明는 조선공화국의 임시헌법으로서 임시헌장에 대해 보고했는데(7조로만 되어 있다) 그중 제1조는 "조선공화국은 미국정부를 모방하여 민주정부를 채용한다" 라고 되어 있다(1919년 4월 12일자 우치다 앞으로 보낸 아리요시 전보, 「日本外務省記錄」 MT-4-3-2-2-1-13, 『不逞團關係雜件 鮮人ノ部 上海假政府』).

40 여운홍, 『몽양여운형』, 청하각, 1967, 40~41쪽.

41 위의 책, 41~43쪽.

42 『朝鮮民族運動年鑑』, 5~6쪽.

43 佐佐木春隆, 『朝鮮戰爭前史としての韓國獨立運動の硏究』, 國書刊行會, 1985, 227쪽.

44 『朝鮮民族運動年鑑』, 7쪽.

45 金正明 編, 『朝鮮獨立運動』 II, 37쪽.

46 金正明 編, 위의 책, 40쪽.

47 이현희, 앞의 책, 1987, 63쪽.

48 『대한민국임시정부의정원문서』, 49쪽; 『朝鮮民族運動年鑑』, 15쪽.

49 주요한 편저, 앞의 책, 1963, 210~211쪽.

50 『대한민국임시정부의정원문서』, 53~54쪽; 『朝鮮民族運動年鑑』, 15쪽.

51 주요한 편저, 위의 책, 214쪽.

52 『대한민국임시정부의정원문서』, 4~9 · 57~67쪽; 『朝鮮民族運動年鑑』, 25~31쪽.

53 『朝鮮民族運動年鑑』, 31~35쪽; 주요한 편저, 위의 책, 211~217쪽; 홍순옥, 앞의 글, 1969, 902~906쪽.

54 『朝鮮民族運動年鑑』, 20쪽; 주요한 편저, 위의 책, 201~202쪽.

55 『朝鮮民族運動年鑑』, 17쪽.

56 주요한 편저, 위의 책, 208쪽.

57 대한민국임시정부에 대해서는 姜德相, 『呂運亨評傳1 朝鮮三 · 一獨立運動』, 新幹社, 2002, 155~187쪽 참조.

58 "Korea Issues Declaration of Independence—Envoys to Press Claim at Paris," in *San Francisco Chronicle*, March 10, 1919.

59 "Koreans Assert Independence—Domination of Korea By Japan Proclaimed at an End on March 1," in *The Pacific Commercial Advertiser*, March 10, 1919.

60 "Koreans Declare For Independence," in *The New York Times*, March 13, 1919; "Korean Declares Her Independence," in *Washington Post*, March 10, 1919.

61 "Koreans still Fighting Japanese," in *The New York Times*, March 15, 1919; "Korean Riots Spread," in *ibid.*, March 17, 1919.

62 주요한 편저, 앞의 책, 1963, 192～193쪽; 김원용, 앞의 책, 1959, 363～364쪽.

63 주요한 편저, 위의 책, 193～195쪽; 김원용, 위의 책, 364～367쪽.

64 주요한 편저, 위의 책, 195쪽; 김원용, 위의 책, 368쪽; 1919년 4월 16일자 우치다 앞으로 보낸 주호놀룰루총영사 모로이 로쿠로諸井六郎 전보, 「日本外務省記錄」 MT-4-3-2-2-1-5, 『不逞團關係雜件 鮮人ノ部 在歐米』 3.

65 노재연, 『재미한인사략』 상, Los Angeles, 1951, 89쪽.

66 『新韓民報』 1919년 2월 20일, 「徐載弼博士의 便紙」 · 3월 13일, 「徐博士의 英文雜誌經營」; 방선주, 「3 · 1운동과 재미한인」, 국사편찬위원회 편, 『한민족독립운동사』 3, 1988, 501～502쪽.

67 "Korean Nation Notified of Proposed Congress," in *Philadelphia Inquirer*, April 1, 1919.

68 "Koreans to Meet Here in Conference," in *ibid.*, April 14, 1919.

69 *First Korean Congress*, 범한서적, 서울, 1986, p.7.

70 *ibid.*, pp.7-40. 익명을 요구한 건에 관해서는 현지 신문도 보도했다("Youthful Korean Patriot Risks Life," in *Philadelphia Inquirer*, April 15, 1919).

71 *First Korean Congress*, pp.41-67.

72 *ibid.*, pp.67-93.

73 "A Korean Declaration of Independence," in *Philadelphia Inquirer*, April 18, 1919.

74 1919년 4월 19일자 우치다 앞으로 보낸 이시이 전보, 「日本外務省記錄」 MT-4-3-2-2-1-5, 『不逞團關係雜件 鮮人ノ部 在歐米』 3.

75 김원용, 위의 책, 374쪽; Philip Jaisohn(서재필) to Lansing, July 30, 1919, 895. 00/647, *Internal Affairs, Korea, 1910-29, Microfilm*, No. 426, R 3.

76 1919년 3월호부터 5월호까지는 잡지명이 각각 달랐다. 3월호는 *Freedom and Peace with Korea under Japan?*이었고, 4월호는 *A Persistent Problem of the Far East(What Shall become of Korea?)*였고, 5월호는 *Young Korea*로 되어 있다.

77 김원용, 위의 책, 375～376쪽; 朝鮮總督府警務局, 『米國及布哇地方ニ於ケル不逞鮮人ノ狀況』, 1921, 19～22쪽(Japanese Ministry of Foreign Affairs, Archives in the Japanese Ministry of Foreign Affairs, Microfilmed for the Library of Congress, Washington, *Special Studies*에 수록).

78 김원용, 위의 책, 376쪽; 朝鮮總督府警務局, 『米國ニ於ケル朝鮮獨立運動ニ關スル調査報告

書』, 1921, 104~105쪽.

79 Rhee to Polk, June 14, 1919, 895. 01/4, Rhee to Wilson, June 14, 1919, 895. 01/5, Rhee to Wilson, June 16, 1919, 895. 01/7 and Rhee to Wilson & Polk, June 27, 1919, 895. 01/9, *Internal Affairs, Korea, 1910-29, Microfilm*, No. 426, R 4.

80 Rhee to the Emperor of Japan, June 18, 1919, *ibid.*

81 상해의 안창호는 1919년 8월 25일 임시정부와 한성정부는 대통령제를 취하고 있지 않기 때문에 이승만은 대통령이 아니며 따라서 대통령을 칭하는 것을 그만두라고 이승만에게 통고했다. 이에 대해 이승만은 다음 날, 자신은 지금껏 대통령 명의로 각국에 편지를 보냈기 때문에 이제 와서 대통령이 아니라고 할 수는 없다고 안창호에게 회답했다(주요한 편저, 앞의 책, 1963, 218~219쪽).

82 『米國及布哇地方ニ於ケル不逞鮮人ノ狀況』, 11~18쪽.

83 Earl K. Paik to Wilson, April 7, 1919, 895. 01/2, *Internal Affairs, Korea, 1910-29, Microfilm*, No. 426, R 4.

84 Lee Chong Kwan to Daniels, August 22, 1919 and Daniels to Lee, date unknown, Josephus Daniels Papers, Library of Congress, Washington, Container 355; 『米國及布哇地方ニ於ケル不逞鮮人ノ狀況』, 28쪽.

85 1919년 3월 6일자 우치다 앞으로 보낸 아리요시 전보, 「日本外務省記錄」 MT-4-3-2-2-1-7, 『不逞團關係雜件 鮮人ノ部 在上海地方』 1.

86 Reinsch to Lansing, February 16, 1919, 895. 00/581, *Internal Affairs, Korea, 1910-29, Microfilm*, No. 426, R 2.

87 Sammons to Reinsch and Reinsch to Lansing, December 20, 1918, 763. 72119/3466, *WWI and Its Termination, 1914-29, Microfilm*, No. 367, R 392.

88 Sammons to Reinsch and Reinsch to Lansing, February 19, 1919, 895. 00/582, *Internal Affairs, Korea, 1910-29, Microfilm*, No. 426, R 2.

89 이정식, 『김규식의 생애』, 신구문화사, 1974, 59쪽; 우사연구회 편, 『우사김규식 생애와 사상 ① 항일독립투쟁과 좌우합작』, 한울, 2000, 55~56쪽; 홍순호, 앞의 글, 1985, 266쪽.

90 大韓民國巴黎通信局 編, 「歐州의 우리 事業」, 『新東亞』, 東亞日報社, 1967년 8월호, 516~517쪽; 홍순호, 위의 글.

91 "A Memorandum Presenting the Claims of the Korean People for Liberation by J. Kiusic S. Kim," Wilson Papers, Microfilm, Reel 399.

92 Kiusic S. Kim(김규식) to the International Peace Conference, April 5, 1919, *ibid.*

93 『日外文』一巴里講和會議經過概要, 199~208·343·453~463·606~612·772~776쪽.

94 細谷千博, 「牧野伸顯とヴェルサイユ會議—'一等國' 日本の登場」, 『日本外交の座標』, 中央公論社, 1978, 4~17쪽; 池井優, 「パリ平和會義と人種差別撤廢問題」, 『國際政治』 23,

1963, 44～58쪽; 牧野伸顯,『回顧錄』下, 中央公論社, 1978, 195～210쪽.

95 Current Intelligence Division, American Section, *Weekly Review*, March 30, 1919, Henry White Papers, Library of Congress, Washington, Container 41.

96 "Imperial Japan is rapidly throwing off all disguises," in *New York American*, April 1, 1919.

97 Thomas F. Millard, "Japan, 'race equality' and the League of Nations," April 6, 1919, Lansing Papers, Container 42.

98 Kim to Williams, April 10, 1919, 895. 00/11, *American Commission to Negotiate Peace, 1918-1931, Microfilm*, No. 820, R 563.

99 Polk to the American Commissioners, March 22, 1919, Link, ed., *The Papers of Woodrow Wilson*, Princeton University Press, Princeton, New Jersey, 1987, vol. 56, p.187.

100 American Commission to Negotiate Peace, "Confidential Bulletins," No. 103, 184. 611/110, *American Commission to Negotiate Peace, 1918-1931, Microfilm*, No. 820, R 285.

101 The Statement by Hornbeck with a comment by Williams, March 25, 1919 and Grew to Hornbeck, March 28, 1919, 895. 00/8, *ibid.*, R 563 and Stanley K. Hornbeck Papers, Stanford University, Stanford, California, Box 329.

102 1919년 4월 24일자 우치다 앞으로 보낸 마쓰이 전보,「日本外務省記錄」MT-4-3-2-2-1-5,『不逞團關係雜件 鮮人ノ部 在歐米』3.

103 Korean Delegation, "The Claim of the Korean People and Nation—Petition" and "Memorandum," April, 1919, Tasker H. Bliss Papers, Library of Congress, Washington, Container 312.

104 Kim to House, May 13, 1919, Edward M. House Papers, Yale University, New Haven, Connecticut, Box 66.

105 Frazier to Kim, May 14 and June 4, 1919, *ibid.*

106 Stephen Bonsal, *Suitors and Suppliants—The Little Nations at Versailles*, Prentice-Hall, Inc., New York, 1946, pp.222-226. 본살은 김규식과의 접촉 시기를 2월로 보고 김규식이 파리를 떠난 시기를 3월로 보지만 이것은 사실과 다르다.

107 Kim to Lansing, May 13, 1919, 895. 00/17 and May 14, 1919, FW895. 00/17, *American Commission to Negotiate Peace, 1918-1931*, *Microfilm*, No. 820, R 563.

108 Kirk to Hornbeck, May 27, 1919, *ibid.*

109 Kirk to Close, May 31, 1919, 895. 00/19, *ibid.*

110 Hornbeck to Kirk, May 27, 1919, *ibid.*

111 Close to Kirk, June 4, 1919, 895. 00/22, *ibid.*

112 Kim to Bliss, May 13, 1919, Bliss Papers, Container 312.

113 Kim to White, May 13, 1919, White Papers, Container 52.

114 Kim to Williams, May 13, 1919, 895. 00/22, *American Commission to Negotiate Peace, 1918-1931, Microfilm*, No. 820, R 563.

115 Williams to Kim, May 14, 1919, 895. 00/16, *ibid.* Aide and Secretary of White to Kim, May 17, 1919, White Papers, Container 52.

116 Kim to Clemenceau, May 12, 1919, 895. 00/17, *American Commission to Negotiate Peace, 1918-1931, Microfilm*, No. 820, R 563.

117 Kim to Lloyd George, May 12, 1919, *ibid.*

118 Kim to Wilson, May 12, 1919, Wilson Papers, Microfilm, Reel 405.

119 Grew to Kim, May 14, 1919, 895. 00/17A, *American Commission to Negotiate Peace, 1918-1931, Microfilm*, No. 820, R 563.

120 1919년 5월 30일자 우치다 앞으로 보낸 마쓰이 전보, 「日本外務省記錄」 MT-2-3-1-11, 『巴里平和會義雜件』 1.

121 1919년 5월 27일자 마쓰이 앞으로 보낸 우치다 전보, 위의 책.

122 1919년 6월 3일자 마쓰이 앞으로 보낸 우치다 전보, 위의 책.

123 주 120과 같음.

124 1919년 6월 5일자 마쓰이 앞으로 보낸 우치다 전보, 「日本外務省記錄」 MT-2-3-1-11, 『巴里平和會義雜件』 1.

125 Kim to Wilson, June 11, 1919, Wilson Papers, Microfilm, Reel 411.

126 Kim to Hornbeck, June 14, 1919, White Papers, Container 52.

127 Kim to Hornbeck, May 13, 1919, Hornbeck Papers, Box 329.

128 Hornbeck to American Commissioner, June 25, 1919, White Papers, Container 52.

129 大韓民國巴黎通信局 編, 앞의 글, 1967, 517쪽; 홍순호, 앞의 글, 1985, 268쪽.

130 『獨立新聞』 1919년 10월 28일 제1면, 「萬國社會黨大會에서 韓國獨立承認」.

131 大韓民國巴黎通信局 編, 위의 글, 517~518쪽; 이정식, 앞의 책, 1974, 64쪽.

132 Kim to Lansing, August 28, 1919, 895. 00/655, *Internal Affairs, Korea, 1910-29, Microfilm*, No. 426, R 3.

133 Thistlechwaite to Lansing, September 6, 1919, 895. 00/656, *ibid.*

134 W. H. Lyuh to Lansing, September 17, 1919, 895. 00/657, *ibid.*

135 김규식의 파리에서의 활동에 대해서는 姜德相, 『呂運亨評傳 1 朝鮮三·一獨立運動』, 134~139쪽 참조.

136 姜德相 編, 『現代史資料26 朝鮮』 2, 87~93쪽; 原暉之, 『シベリア出兵』, 筑摩書房, 1988,

485～486쪽; Caldwell to Lansing, March 18, 1919, 895. 00/575, *ibid.*, R 2.

137 姜德相 編, 위의 책, 98쪽.

138 原暉之, 위의 책, 486～487쪽.

139 姜德相 編,『現代史資料27 朝鮮』3, みすず書房, 1970, 171～172쪽; 姜德相,『朝鮮獨立運動の群像』青木書店, 1984, 40쪽.

140 Dae-Sook Suh, *The Korean Communist Movement 1918～1948*, Princeton University Press, Princeton, New Jersey, 1967, pp.8～10; 徐大肅 著, 金進 譯,『朝鮮共産主義運動史—1918～1948』, コリア評論社, 1970, 7쪽; 姜德相,『朝鮮獨立運動の群像』; Pak Chin-Sun, "The Socialist Movement in Korea," in Suh, ed., *Documents of Korean Nationalism 1918-1948*, Princeton University Press, Princeton, New Jersey, 1970, pp.44-52 · 506.

141 Suh, *ibid.*; 徐大肅, 위의 책; Pak Chin-Sun, *ibid.*, p.506.

142『大阪朝日新聞』1919년 3월 28일 제7면,「米國の飛行機が朝鮮總督府に爆弾を」; 姜德相 編,『現代史資料26 朝鮮』2, 103～104 · 122～123쪽.

143 姜德相 編,『現代史資料26 朝鮮』2, 124쪽.

144 "Interview with the Korean Protestant Prelate, Kieumen Keem, and Hyr Dong Sick," June 16, 1919 in *Historical File of the American Expeditionary Forces in Siberia, 1918-20, Microfilm*, National Archives, Washington, 1973, No. M917, Reel 6.

145 "Intelligence Summary," No. 205, June 19, 1919, *ibid.*

146 姜德相 編,『現代史資料26 朝鮮』2, 209～210쪽.

147 姜德相 編, 위의 책, 218쪽.

148 小島晋治,「三 · 一運動と五 · 四運動」,『朝鮮史研究會論文集』17, 1980, 116～117쪽.

149 小島晋治, 위의 글, 118쪽.

150 박은식,『한국독립운동지혈사』, 서울신문사출판국, 1946, 151～157쪽; 朴殷植 著, 姜德相 譯注,『朝鮮獨立運動の血史』1, 平凡社, 1972, 285～296쪽.

151 小島晋治, 위의 글, 119～122쪽.

152 金正明 編,『朝鮮獨立運動』II, 38～41쪽.

153「騷擾事件ニ關スル民政彙報」1919년 5월 10일,「日本外務省記錄」MT-4-3-2-2-1-4,『不逞團關係雜件 鮮人ノ部 在內地』6.

154 "Society Calls on World to Aid Korea to Regain Independence," in *New York Evening Post*, July 12, 1919.

155 1919년 7월 14일자 우치다 앞으로 보낸 데부치 가쓰지出淵勝次 공문,「日本外務省記錄」MT-4-3-2-2-1-5,『不逞團關係雜件 鮮人ノ部 在歐米』4.

156 Sammons to Reinsch, March 21, 1919, 895. 00/604–605, Reinsch to Lansing, March 21, 1919, 895.00/602, Reinsch to Lansing, April 22, 1919, 895. 00/626 and Reinsch to Lansing, May 11, 1919, 895. 00/634, *Internal Affairs, Korea, 1910–29, Microfilm*, No. 426, R 2–3.

157 Sammons to Lansing, April 30, 1919, 895. 00/632, *ibid.*, R 3.

158 Sammons to Lansing, May 15, 1919 and Sammons to Lansing, May 15, 1919, 895. 00/637, *ibid.*

159 Sammons to Lansing, June 17, 1919 and Sammons to Lansing, June 17, 1919, 895. 00/645, *ibid.*

160 3·1운동과 5·4운동의 관계와 3·1운동에 대한 중국의 반응에 대해서는 姜德相, 『呂運亨評傳1 朝鮮三·一運動』, 189~219쪽 참조.

제7장 삼일운동과 미국의 반응

1 Baldwin, "Missionaries and March First Movement—Can Moral Men be Neutral?" in Andrew C. Nahm, ed., *Korea under Japanese Colonial Rule*, Western Michigan University, Kalamazoo, 1973, p.195.

2 A Unidentified Female Missionary to her Relatives in the United State, March 10, 1919 and Congressman J. A. Elston to Lansing, May 7, 1919, 895. 00/617, *Internal Affairs, Korea, 1910–29, Microfilm*, No. 426, R 2.

3 M. D. Myers to E. H. Myers, April 20, 1919 and E. H. Myers to Lansing, April 24, 1919, 895. 00/609, *ibid.*

4 Scofild, "What Happened on Samil Day, March 1, 1919," in In Hah Jung, ed., *The Feel of Korea*, Hollym Corporation, Seoul, 1966, pp.277–279.

5 C. F. Bernheisel, *Forty One Year in Korea*, Unpublished Manuscript, pp.74–86 quoted in Baldwin, "Missionaries and March First Movement," pp.195–196; L. E. Monroe to Lorretta Parkinson, April 15, 1919, 895. 00/611, *ibid.*

6 Morris to Lansing, March 8, 1919, 895. 00/587, *Internal Affairs, Korea, 1910–29*, Microfilm, No.426, R 2.

7 Morris to Lansing, March 21, 1919, 895. 00/586, *ibid.*

8 "No Foreigners Implicated in Korean Uprising," in *Seoul Press*, March 14, 1919.

9 Reiner to Reinsch, March 10, 1919, Davis to Reinsch, March 17, 1919 and Reinsch to Lansing, March 21, 1919, 895. 00/602, *Internal Affairs, Korea, 1910–29, Microfilm*, No. 426, R 2 and Board of Foreign Missions, Presbyterian Church in the U.S.A., *Ko-*

rea, March 1st Independence Movement, 1919, Selected Correspondence, Reports and Miscellaneous Papers, The Presbyterian Historical Society, Philadelphia, 1972, Microfilm(이하 PCUSA, *March 1st Independence Movement*, Microfilm으로 표기).

10 Affidavit of John Thomas Regarding His Treatment by Japanese Press and Bergholz to Lansing, March 22, 1919, 895. 00/607, *Internal Affairs, Korea, 1910-29, Microfilm*, No. 426, R 2. 토머스John Thomas는 자신에게 가해진 폭행과 연행이 부당하다고 경찰서장에게 항의했다. 경찰서장은 사과하고 구금을 풀었지만 서류에 대한 서명을 토머스에게 요청했다. 그러나 그는 서명을 거부한 채 강계에서 대전으로 향했다. 그 후 주일 영국대사 그린Conyngham Greene이 외무차관 시데하라 기주로幣原喜重郎에게, 로이즈William M. Royds가 야마가타 이사부로山縣伊三郎에게 각각 선처를 요청했다. 상세한 것은 Dae-Yeol Ku, *Korea Under Colonialism—The March First Movement and Angro-Japanese Relations*, The Royal Asiatic Society, Korea Branch, Seoul, 1985, pp.181-189 참조.

11 Bruen to Morris, March 18, 1919, 895. 00/623, *Internal Affairs, Korea, 1910-29, Microfilm*, No. 426, R 2.

12 Bergholz to Hisamizu, March 18, 1919, Hisamizu to Bergholz, March 25, 1919 and Bergholz to Morris, March 27, 1919, *ibid.*

13 Holdcroft to Bergholz, March 31, 1919, 895. 00/613, *ibid.*

14 Memorandum of an Interview between Curtis and Imamura, April 1, 1919, *ibid.*

15 Hisamizu to Bergholz, April 2, 1919, *ibid.*

16 Bergholz to Morris, April 4, 1919, *ibid.*

17 Bergholz to Lansing, April 8, 1919, 895. 00/614, *ibid.*

18 An Interview of Giles with I. Yamagata, March 25, 1919 and Bergholz to Lansing, March 31, 1919, 895. 00/601, *ibid.*

19 『東京朝日新聞』 1919년 4월 13일 제2면, 「朝鮮騷動の原因及先後—山縣政務總監車中談」. 모리스Roland S. Morris는 그날로 이 일을 본국에 보고했다. 그는 전날인 4월 12일 러일전쟁 시기에 미국에서 선전활동을 한 적이 있는 가네코 겐타로金子堅太郎와 회견했을 때, 하라 다카시原敬가 어떤 미국인 선교사가 가지고 있는 서류에서 조선독립선언서의 영어판이 발견된 사실에 크게 당황했고, 일본인 학자는 조선독립선언서의 한국어판은 영어판을 번역한 것이라고 확신했고, 한 미국인 선교사가 조선인을 위해 작성한 것이라는 의심도 하고 있다는 사실을 들었다. 그는 이 일도 함께 보고했다.

20 1919년 4월 5일자 우치다 야스야內田康哉 앞으로 보낸 하세가와 요시미치長谷川好道 전보, 姜德相 編, 『現代史資料25 朝鮮』 1, みすず書房, 1966, 257쪽; Norman C. Whittemore to Holdcroft and Erdman, April 6, *1919,* PCUSA*, March 1st Independence Movement,* Microfilm. 전자의 전보에서는 조선인 체포자가 6명이라 되어 있는데 실제는 5명이다. 또 모리Eli M. Mowry는 3·1운동 발발 직후인 3월 7일 3·1운동은 일본의 통치

에 반발해 일어났지만 평화적이었으며, 그럼에도 불구하고 일본의 대응은 잔혹했다는 것 등을 적은 편지를 중국을 경유해서 본국의 친구에게 보냈다(Mowry to His Friends, March 7, 1919, *ibid.*).

21 Bernheisel to Bergholz, April 8, 1919, 895. 00/628, *Internal Affairs, Korea, 1910–29, Microfilm*, No. 426, R 3.

22 Bergholz to Morris, April 11, 1919, *ibid.*

23 Report on the Trial of Mowry by Moffet, April 15, 1919, 895. 00/623, *ibid.*, Whittemore to Lansing, April 14, 1919 and Morris to Lansing, April 16, 1919, PCUSA, *March 1st Independence Movement,* Microfilm. 본국에서 이러한 소식을 들은 브라운Arthur J. Brown은 본국에 있는 모리의 친척과 친구 들에게 모리의 무죄를 확신하는 내용의 편지를 보냈다(Brown to the Relatives and Friends of Mowry, April 15, 1919, *ibid.*).

24 Bergholz to Morris, April 17, 1919, 895. 00/623, *Internal Affairs, Korea, 1910–29, Microfilm*, No. 426, R 3.

25 1919년 4월 21일자 고가 렌조古賀廉造 앞으로 보낸 하세가와 전보, 姜德相 編,『現代史資料25 朝鮮』1, 269쪽; Brown to the Relatives and Friends of Mowry, April 22, *1919,* PCUSA, *March 1st Independence Movement*, Microfilm.

26 1919년 5월 2일자 우치다 앞으로 보낸 하세가와 보고,「日本外務省記錄」MT-4-3-2-2-1-4,『不逞團關係雜件 朝鮮人ノ部 在內地』7; Brown to Benjamin W. Arnold, June 6, 1919, *ibid.*

27 1919년 8월 18일자 고가 앞으로 보낸 하세가와 전보, 위의 책.

28 1919년 12월 6일자 고가 앞으로 보낸 사이토 마코토齋藤實 전보, 姜德相 編,『現代史資料27 朝鮮』3, みすず書房, 1970, 587쪽.

29 "American Missionary is Arrested in Korea," in *The New York Times*, April 11, 1919; "Japanese Arrest Americans in Korea," in *ibid.*, April 14, 1919; "Asks Sentence of Mowry," in *ibid.*, April 20, 1919; "Admits Aiding Koreans," in *ibid.*, April 21, 1919; "Mowry is Sentenced," in *ibid.*, April 22, 1919; "Mowry Sentence Appeal," in *ibid.*, May 19, 1919; "Missionary Trial End," in *ibid.*, August 25, 1919; "New Trial For Rev. Mowry," in *ibid.*, August 29, 1919; "Jail or Fine for Mowry," in *ibid.*, December 8, 1919.

30 "U.S. Act in Korea," in *Washington Post*, April 15, 1919; "Japanese Hold U.S. Missionary in Korea Plot," in *San Francisco Chronicle*, April 11, 1919.

31 "Facts Asked on Our Korean Missionary," in *New York American*, July 18, 1919.

32 이 사진은 Henry Chung, *The Case of Korea*, Fleming H. Revell Company, New York, 1921, p.185 참조.

33 Morris to Lansing, April 11, 1919, 895. 00/594, *Internal Affairs, Korea*, 1910–29, *Microcopies*, No. 426, R 2.

34 1919년 4월(날짜 알 수 없음)자 고가 앞으로 보낸 하세가와 전보, 姜德相 編, 『現代史資料25 朝鮮』 1, 263쪽.

35 『東京朝日新聞』 1919년 3월 8일 제5면, 「米人の看護婦檄文を撒布して廻る」.

36 Stories of Wondered Koreans in Severance Hospital (1) and (2) interviewed by Rev. F. G. Vesey, March 29 and April 1–5, 1919, PCUSA, *March 1st Independence Movement,* Microfilm. 이 문장의 일본어 번역은 姜德相 編, 『現代史資料26 朝鮮』 2, みすず書房, 1967, 365～369쪽 참조.

37 주 34와 같음.

38 Report of O. R. Avison, April 11, 1919, 895. 00/628, *Internal Affairs, Korea, 1910–29, Microfilm*, No. 426, R 3.

39 Morris to Lansing, April 11, 1919, 895. 00/595, *ibid.*, R 2.

40 Memorandum of Interview between Curtis and Kojima, April 11, 1919, 895. 00/624, *ibid.*

41 Bergholz to Morris, April 12, 1919, 895. 00/628, *Internal Affairs, Korea, 1910–29, Microfilm*, No. 426, R 3.

42 Bergholz to Lansing, April 14, 1919, 895. 00/624, *ibid.*, R 2.

43 Bergholz to Lansing, April 17, 1919, 895. 00/622, *ibid.*; Bergholz to Morris, April 17, 1919, 895. 00/628, *ibid.*, R 3.

44 「騷擾事件ニ關スル民情彙報(第1報)」 1919년 4월 16일, 騷密 제125호, 姜德相 編, 『現代史資料25 朝鮮』 1, 387쪽.

45 위의 책, 387～388쪽.

46 Polk to Morris, April 12, 1919, 895. 00/595, *Internal Affairs, Korea, 1910–29, Microfilm*, No. 426, R 2. 또 보스턴에서 발행되고 있던 『크리스천 사이언스 모니터*The Christian Science Moniter*』지는 4월 19일 워싱턴에서 온 특별전보로 국무성의 한 당국자가 미국정부는 조선에서의 폭동에 대해 몇 주 전에 영국이 어쩔 수 없이 진압한 이집트에서의 소동과 마찬가지 태도로 임할 작정이라고 밝혔다고 보도했다. 나아가 미국정부는 필리핀에서의 반란은 미국이 해결할 문제며 어떠한 외부의 개입에 대해서도 격렬하게 분개하는 것과 마찬가지로 조선통치를 일본의 국내문제로 다루고 있으며, 반란 진압 시에 일본정부가 취한 수단에 관해서 미국에 전해진 정보 대부분은 도저히 신뢰할 수 없다고 밝혔다. 또한 일본이 반란 진압 시에 유례없는 잔혹함을 보였다는 보고는 국무성에 들어오지 않았고, 미국 내에 전해진 잔혹함에 대한 충격적인 고발 대부분은 (대한민국임시정부의 본거지인) 상해에서 만들어졌다. 이러한 잘못된 정보 대부분은 미국 내의 반일감정을 자극하기 위해 유포되었고, 국무성은 미국과 일본 간 불화의 원인을 만들어내는 경향에 반대하며 기존의 (미국과 일본 간의 의견) 차이에 대해서도 그것을 확대하려는 경향이 인지된다고 말했다고 보도했는데, 이 '국무성의 한 당국자'란 포크Frank L. Polk일 가능성이 높다 ("Korean Problem for Japan Alone," in *The Christian Science Moniter*, April 19,

1919).

47 「獨立運動ニ關スル件(第34報)」 1919년 4월 1일, 高제9722호, 姜德相 編, 『現代史資料25 朝鮮』 1, 342쪽.

48 1919년 4월 2일자 야마가타 이사부로·고가 앞으로 보낸 고지마 소지로兒島摠次郞 보고, 姜德相 編, 『現代史資料26 朝鮮』 2, 313~316쪽.

49 1919년 4월 16일자 다나카 기이치田中義一 앞으로 보낸 우쓰노미야 다로宇都宮太郞 전보, 姜德相 編, 『現代史資料25 朝鮮』 1, 207쪽.

50 1919년 4월 17일 및 18일자 고가 앞으로 보낸 하세가와 전보, 위의 책, 267~269쪽.

51 1919년 4월 22일자 하라 앞으로 보낸 하세가와 전보, 姜德相 編, 『現代史資料26 朝鮮』 2, 316~317쪽.

52 木原悅子, 『萬歲事件を知っていますか』, 平凡社, 1989, 42~44쪽.

53 Report of H. H. Underwood, April 16, 1919, 895. 00/625, *Internal Affairs, Korea, 1910-29, Microfilm*, No. 426, R 3. 그들이 몰래 촬영한 사진 일부는 예컨대 朴殷植 著, 姜德相 譯注, 『朝鮮獨立運動の血史』 1, 平凡社, 1972, 213쪽에서도 볼 수 있다. 또 스코필드 Frank W. Scofield는 일행이 제암리를 방문한 이튿날 4월 17일 수촌리를 방문해 전면적으로 파괴된 실태를 상세히 조사했다("Report of the Su-chon Atrocities investigate by Dr. Frank W. Scofield," PCUSA, *March 1st Independence Movement*, Microfilm).

54 Curtis to Bergholz, April 21, 1919, 895. 00/625, *Internal Affairs, Korea, 1910-29, Microfilm*, No. 426, R 3.

55 Bergholz to Lansing, April 23, 1919, *ibid.*

56 로이즈William M. Royds의 조사 및 영국의 태도에 대해서는 Ku, *op. cit.*, pp.112-116 · 142-143 · 150 · 160 · 189 · 191 참조.

57 주 48, 50과 같음.

58 Bergholz to Lansing, May 12, 1919, 895. 00/642, *Internal Affairs, Korea, 1910-29, Microfilm*, No. 426, R 3.

59 姜德相 編, 『現代史資料26 朝鮮』 2, 318~319쪽.

60 "Say Japanese Troops Massacred Koreans," in *The New York Times*, April 24, 1919; "Korean Massacre laid to Japanese," in *New York American*, April 24, 1919.

61 朝鮮總督府, 「騷擾ノ影響」 1919년 4월 20일, 「日本外務省記錄」 MT-4-3-2-2-1-4, 『不逞團關係雜件 朝鮮人ノ部 在內地』 5.

62 Baldwin, "Missionaries and March First Movement," pp.198-200. 재판까지 회부되지는 않았지만 3월 4일 평양에서 일본인 경관에게 쫓기던 조선인 여성들이 미국인 선교사 로버트S. L. Roberts와 드윙E. W. Thwing이 있는 곳으로 가는 것을 본 일본인 경관이 두 사람을 체포하여 주재소에 연행한 일이 있었다(Thwing, "Arrest of two American Missionaries," PCUSA, *March 1st Independence Movement*, Microfilm).

63 Baldwin, *op. cit.*, p.200; *The Present Movement for Korean Independence*, 1919, p.47; enclosed in Bergholz to Lansing, May 11, 1919, 895. 00/639, *Internal Affairs, Korea, 1910-29, Microfilm*, No. 426, R 3.

64 Baldwin, *ibid.*, pp.200-201.

65 "The Korean Revolt," in *Peking Leader*, March 16, 1919 and "A General Review of the Independence Movement in Chosen," in *ibid.*, March 21 and 22, 1919; enclosed in Reinsch to Lansing, March 21, 1919, 895. 00/602, *Internal Affairs, Korea, 1910-29, Microfilm*, No. 426, R 2; "Missionaries in Korea Tell of Soldier's Cruelty," in *China Press*, March 19, 1919; enclosed in Sammons to Lansing, March 19, 1919, 895. 00/603, *ibid.*

66 "Tells of Japanese Cruelty to Koreans—American Missionaries Say There is a Reign of Terror Throughout the Country," in *The New York Times*, March 18, 1919; "Missionaries Charges Cruelty in Korea," in *ibid.*, March 19, 1919.

67 "Interview with Mr. Usami and Mr. Ueda," March 9, 1919, PCUSA, *March 1st Independence Movement*, Microfilm.

68 "Report of First Session of Unofficial Conference, Chosen Hotel, March 22nd, 1919," and "Report of Second Session Unofficial Conference, Chosen Hotel, March 24th(원문은 14th라 되어 있지만 이는 명백한 오류다), 1919, *ibid.*; 國分三亥, 「獨立運動ニ關シ意思ノ疏通ヲ圖ル爲催サレタル外國人宣教師トノ會合ノ顚末」, 姜德相 編, 『現代史資料26 朝鮮』 2, 425~430쪽.

69 Keijo Nippo to Mr. Moffet, Reiner, Moore and Baird, April 24, 1919, *ibid.*

70 "Report on Trip to Japan," *ibid.*; 『原敬日記』 제8권, 乾元社, 1950, 1919년 5월 15 · 16일, 216 · 219쪽(이하 『原敬日記』 8로 표기).

71 近藤釼一 編, 『萬歲騷擾事件(三 · 一運動)』 (1), 友邦協會, 1964; 「キリスト教關係者の見た騷擾地の事態」, 45~76쪽.

72 R. K. Schwab (Rep. of the First Church of the Evangelical Association) to Wilson, April 16, 1919, 895. 00/-, the Faculty and Student Body of Dubugue College and Seminary, Iowa to Wilson, April 22, 895. 00/-, the Student and Faculty of Berea College, Kentucky to Wilson, May 13, 1919, 895. 00/-, Fourth Presbyterian Church, Chicago to Lansing, May 22, 1919, 895. 00/-, the First Methodist Episcopal Church of Evanston, Illinois to Lansing, June 2, 1919, 895. 00/-, Brooklyn Presbyterian Church of Oakland to Lansing, August 24, 1919, 895. 00/-, the Intermountain Christian Workers Institute, Westminster College, Salt Lake City, Utah to Wilson, August 26, 1919, 895. 00/-, the Oriental Missionary Society, Los Angeles to Lansing, April 28, 1919, 895. 00/615, the M. E. Church of Elburn, Illinois to Lansing, May 12, 1919, 895. 00/618, the Federation of Episcopal Church of the Redeemer, Hyde Park, Chicago to Lansing, May 14, 1919, 895. 00/620, and the Christian Herald, N. Y. to

Lansing, May 16, 1919, 895. 00/621, *Internal Affairs, Korea, 1910-29*, *Microfilm*, No. 426, R 2; John F. Geuss to Brown, April 5, 1919 and "A Statement of Present Conditions in Korea sent to President Wilson and the American Government by an American Missionary who has seen them," April 18, 1919, PCUSA, *March 1st Independence Movement*, Microfilm.

73 암스트롱A. E. Armstrong은 그동안의 경과와 조선에서의 조사 등을 적은 보고서를 4월 5일자로 작성했다(Amstrong, "Note on the Korean Uprising for Independence," April 5, 1919, PCUSA, *ibid*.).

74 The Commission on Relations with the Orient of the Federal Council of the Churches of Christ in America, *The Korean Situation*, New York City, 1919, p.5.

75 그 결과 동양관계위원회는 조선에서의 상황을 12개 항목으로 정리하여 사태의 선처를 요구하는 성명을 냈다("A Statement on the Korean Situation by the Commission on Relations with the Orient of the Federal Council of the Churches of Christ in America," date unknown, PCUSA, *March 1st Independence Movement*, Microfilm).

76 1919년 4월 19일자 우치다 앞으로 보낸 야다 조노스케矢田長之助 보고, 姜德相 編, 『現代史資料26 朝鮮』 2, 441~442쪽.

77 1919년 5월 7일자 하라 앞으로 보낸 뉴욕 재류 일본인 유지 전보, 姜德相 編, 위의 책, 443쪽.

78 1919년 5월 15일자 야다 앞으로 보낸 우치다 공문, 姜德相 編, 위의 책, 442~443쪽; *The Korean Situation*, p.4.

79 Gulick to Yada, May 29, 1919, 895. 00/633, *Internal Affairs, Korea, 1910-29*, *Microfilm*, No. 426, R 3.

80 1919년 6월 8일 및 28일자 우치다 앞으로 보낸 이시이 기쿠지로石井菊次郎 전보, 「日本外務省記錄」 MT-1-5-3-14, 『韓國ニ於ケル統監政治及同國併合後帝國ノ統治策ニ對スル論評關係雜纂』.

81 Baldwin, "Missionaries and March First Movement," p.205.

82 예를 들어 Newell Martin, *Japan's Attempt to Exterminate Korean Christian*, Milford, Connecticut, 1919, pp.3-6 참조.

83 *The Korean Situation*, pp.3-4.

84 *ibid*., p.3; Brown to the Relatives and Friends of the Chosen Missionaries, July 28, 1919, PCUSA, *March 1st Independence Movement*, Microfilm.

85 또 동양관계위원회는 『The Korean Situation』 출판 직전까지 이 책이 미국 내에서 미칠 영향 등에 대해 의논했다(Jasper T. Moses to Robert E. Speer and Speer to the Members of the Board, July 14, 1919, PCUSA, *March 1st Independence Movement*, Microfilm).

86 *The Korean Situation*, p.6.

87 *The Korean Situation*, pp.6-7; Gulick to Members of Commission on Relations with the Orient, Au-gust 15, 1919, *ibid.*

88 "Report on Situation in Korea," July 17, 1919, in *Congressional Record, 66th Congress, 1st Session*, Government Printing Office, Washington, 1919, vol. LVIII, Part 3, pp.2697-2717. 일본어 번역은 姜德相 編,『現代史資料26 朝鮮』, 2, 342~425쪽 참조.

89 T. Sekiya to George Gleason, August 9, 1919, PCUSA, *March 1st Independence Movement*, Microfilm.

90 Avision to Brown, August 15, 1919, *ibid.*

91 "Says Korea Needs Japan," in *The New York Times*, March 20, 1919.

92 "Korea's Appeal," in *ibid.*, March 21, 1919 and "Korea's Independence," in *ibid.*, March 23, 1919.

93 그렇지만 스미스Frank H. Smith는 1919년 10월, 3·1운동에서 보인 일본의 대응을 변호하고 이에 대해 이해를 바란다는 내용의 편지를 걸리크Sidney L. Gulick 등에게 보냈다 (Smith to J. R. Joy, October 5, 1919 and Smith to Gulick, October 15, 1919, PCUSA, *March 1st Independence Movement*, Microfilm).

94 Frank H. Smith,『朝鮮問題の側面觀』·『朝鮮問題の眞相』, *Seoul Press*, 1920 참조.

95 草間秀三郎,『ウィルソンの國際社會政策構想—多角的國際協力の礎石』, 名古屋大學出版會, 1990, 136~139쪽.

96 Henry Cabot Lodge, *The Senate and the League of Nation*, Charles Scribner's Sons, New York, 1925, pp.172-175.

97 Ray Stannard Baker and William E. Dodd, eds., *The Public Papers of Woodrow Wilson*, Harper & Brothers, New York, 1924-1927, vol. 5, pp.574-579; 草間秀三郎, 위의 책, 142~143쪽.

98 "Affairs in Korea," June 30, 1919, *Congressional Record, 66th Congress, 1st Session*, vol. LVIII, Part 2, p.2050. 주미 일본 대리 대사 데부치 가쓰지出淵勝次는 7월 3일 이 건에 대해 국무차관 대리 롱Breckenridge Long에게 질문했는데, 롱은 국무성은 스펜서의 요청에 응할 예정이 없다고 답했다("Memorandum of Conversation between Long and Debuchi," July 3, 1919, 895. 00/-, *Internal Affairs, Korea, 1910-29, Microfilm*, No. 426, R 2).

99 "Speech of Pointexter at Rochester, N.Y., July 4, 1919," *Congressional Record*, 66th *Congress, 1st Session*, vol. LVIII, Part 3, p.2591.

100 Norris to Lodge, July 9, 1919, Henry Cabot Lodge Papers, Massachusetts Historical Society, Boston, Box 51A.

101 "Present Treaty," July 15, 1919, *Congressional Record, 66th Congress, 1st Session*, vol. LVIII, Part 3, pp.2694-2695.

102 "The Procedure at the Peace Conference," *op. cit.*, pp.2597–2600; "Horrors in Korea Charged to Japan," in *The New York Times*, July 13, 1919.

103 "Report on Situation in Korea," July 17, 1919, *Congressional Record, 66th Congress, 1st Session*, vol. LVIII, Part 3, pp.2697–2717.

104 *ibid.*, pp.2735–2736.

105 "Affairs in Korea," August 18, 1919, *ibid.*, Part 4, pp.3924–3926. 또 헐버트Homer B. Hulbert가 루스벨트와 루트Elihu Root에게 한 공작과 이에 대한 루스벨트와 루트의 대응에 대해서는 졸저, 「'桂・タフト協定'に關する一考察—韓國との關係を中心に」, 『朝鮮史硏究會論文集』 제28집, 1991, 제6장 참조.

106 "The Korean Question," September 19, 1919, *ibid.*, Part 6, pp.5595–5608.

107 "Government of Korea," (S. Res. 200), October 1, 1919, *ibid.*, Part 7, p.6172.

108 "Injustice to Korea," and "Conclusion," October 9, 1919, *ibid.*, pp.6611–6614.

109 "Conclusion," *ibid.*, p.6618.

110 Speech by Norris, October 13, 1919, *ibid.*, pp.6812–6826.

111 Resolution by Mason (H. Res. 359), October 24, 1919, *Congressional Record, 66th Congress, 1st Session*, vol. LVIII, Part 7, p.7416.

112 草間秀三郞, 앞의 책, 1990, 144쪽.

113 Frank P. Baldwin Jr., "The March First Movement—Korean Challenge and Japanese Response," Ph. D. Dissertation, Columbia University, New York, 1969, p.153. 또 조선문제에 대한 노리스George W. Norris 자신의 회상은 Norris, *Fighting Liberal*, The Macmillan Company, 1945 (Reprinted by Collier Books, New York, 1961), pp.215–216 참조.

114 Baldwin, *ibid.*, p.154.

115 국제연맹규약 제23조에 대해서는 田畑茂二郞・高林秀雄 대표편집, 『基本條約・資料集』 제4판, 有信堂高文社, 1984, 20쪽 참조. 채택된 모든 제안에 대해서는 International Labour Organization, *International Labour Conventions and Recommendation 1919–1981*, International Labour Office, Geneva, 1982, pp.65–66・248–251・691–692・701–702・713–714・741–743 참조.

116 *Congressional Record, 66th Congress, 2nd Session*, vol. LIX, Part 5, pp.4499–4522.

117 E. S. Bisbee, "Korea Appeals to Wilson for Freedom," in *The New York Times*, January 26, 1919.

118 "Egypt and Korea," in *ibid.*, March 20, 1919.

119 "Peace League as Lever for Free Philippines," in *ibid.*, April 13, 1919.

120 "Korea," in *The New York Times*, April 24, 1919.

121 Geoge T. Ladd, "Causes of the Korean Uprising," in *ibid.*, May 11, 1919.

122 Syngman Rhee, "Korea Against Japan," in *op. cit.*, May 18, 1919; Henry Chung, "Korean Independence," in *ibid.*, May 21, 1919.

123 Ladd, "The Korean Revolt," in *ibid.*, May 25, 1919.

124 Rhee and Chung, "Far Eastern Question," in *ibid.*, June 1, 1919.

125 "Korea Ploclaims Independence," in *ibid.*, June 15, 1919.

126 "Korea Self-Determining," in *San Francisco Chronicle*, April 1, 1919.

127 "Riots in Korea," in *ibid.*, April 16, 1919.

128 "Korea and Japan," in *ibid.*, April 18, 1919.

129 青柳南冥, 『朝鮮獨立騷擾史論』, 朝鮮硏究會, 1921, 328~330쪽; 釋尾東邦, 『朝鮮倂合史』, 朝鮮及滿州社, 1926, 898~900쪽.

130 노재연, 『재미한인사략』 상, Los Angeles, 1951, 159~160쪽.

131 "How about Korean Democracy Being Made Safe in the World?" in *New York American*, March 20, 1919.

132 "Imperial Japan is Rapidly Throwing off all disguises," in *ibid.*, April 1, 1919.

133 "Our Government Should Talk Very Plainly to Both Mexico and Japan," in *ibid.*, April 2, 1919.

134 "Constant Preparedness Is America's Only Guarantee Against Japanese Danger," in *ibid.*, May 7, 1919.

135 "Shall We have Three Belgiums Where There Was But One?" in *ibid.*, May 13, 1919.

136 "What Do You Good Church People Think of the Kind Japanese Now?" in *New York American*, July 21, 1919.

137 "Japan's Big Naval Programme Is a Warning to This Nation," in *ibid.*, November 19, 1919.

138 Ferdinand Lundberg, *Imperial Hearst—A Social Biography*, Equinox Cooperative Press, New York, 1936 (Reprinted by Arno & New York Times, 1970), pp.93 · 223-225 · 239; W. A. Swanberg, *Citizen Hearst—A Biography of William Randorf Hearst*, Charles Scribner's Sons, New York, 1961, pp.296-297.

139 朝鮮總督府, 『米國ニ於ケル朝鮮獨立運動ニ關スル調査報告書』, 1921, 68~78쪽.

140 Chung, "Korea Today," *Asia*, The American Asiatic Association, New York, May 1919; William Elliot Griffis, "Japan's Debt to Korea," *ibid.*, August 1919; Marjorie Barstow and Sydney Greensbie, "Korea Asserts Herself," *ibid.*, September 1919. 또 3 · 1운동을 중심으로 한 조선독립에 대한 미국 언론계의 논조에 대한 연구로는 유병용, 「3 · 1운동과 한국독립문제에 대한 미국언론의 반향」, 『김철준박사화갑기념사학논총』, 지식산업사, 1983이 있다.

1 姜德相 編, 『現代史資料25 朝鮮』 1, みすず書房, 1966, 284~286쪽.

2 姜德相 編, 위의 책, 285~287쪽.

3 姜德相 編, 위의 책, 287쪽.

4 姜德相 編, 위의 책, 288쪽; 『東京朝日新聞』 1919년 3월 4일 제5면, 「李太王殿下の國葬―拜觀者五十萬人」; 『大阪朝日新聞』 같은 날 제7면, 「御埋棺を終る」·「日本式眞榊の森嚴に打たる」; Bergholz to Lansing, March 13, 1919, 895. 00/584, *Internal Affairs, Korea, 1910–29, Microcopies*, No. 426, R 2.

5 姜德相 編, 『現代史資料25 朝鮮』 1, 288~291쪽.

6 姜德相 編, 위의 책, 291쪽; 朝鮮總督府, 『朝鮮の獨立思想及運動』, 1924, 74~75쪽.

7 姜德相 編, 위의 책, 289 · 293쪽.

8 姜德相 編, 위의 책, 295쪽.

9 姜德相 編, 위의 책, 297쪽.

10 姜德相 編, 위의 책, 299~300 · 302 · 310~312 · 315 · 343 · 359쪽; 朝鮮總督府, 위의 책, 79~80쪽; "Story," and "How the Korean Shops were Reopened," extracted from *Seoul Press*, April 2, 1919, Intelligence *Division Naval Attache Reports 1886–1939*, National Archives, Washington, C-10-i, 11470C, Record Group 38, Box 573(이하 *IDNAR 1886–1939*, C-10-i, 11470C, RG38, Box 573으로 표기) and 2592-1, *Correspondence of the Military Intelligence Division Relating to General, Political, Economic and Military Conditions in Japan, 1918–1941, Microfilm,* National Archives, Washington, 1983, M1216, Reel 15(이하 *Correspondence of the Military Intelligence Division Relating to Japan, 1918–1941, Microfilm*, M1216, R 15로 표기); "Methods Employed to make the Koreans Reopen their Stores and Resume Business," date unknown, PCUSA, *March 1st Independence Movement*, Microfilm.

11 姜德相 編, Bergholz to Lansing, March 13, 1919, 895. 00/589, *Internal Affairs, Korea, 1910–29, Microfilm*, No. 426, R 2.

12 姜德相 編, 『現代史資料25 朝鮮』 1, 323쪽.

13 姜德相 編, 위의 책, 326쪽.

14 姜德相 編, 위의 책, 328쪽.

15 姜德相 編, 위의 책, 330쪽.

16 姜德相 編, 위의 책, 331~332쪽.

17 姜德相 編, 위의 책, 333쪽.

18 1919년 3월 28일자 야마나시 한조山梨半造 앞으로 보낸 조선총독부 부무관(이름 알 수 없

음) 보고, 위의 책, 153쪽; 朝鮮總督府, 앞의 책, 1924, 79쪽; John F. Geuss to Brown, April 5, 1919, PCUSA, *March 1st Independence Movement*, Microfilm.

19 姜德相 編, 『現代史資料25 朝鮮』 1, 336 · 340~341쪽; "Petition By Viscount Kim Yoon-Sik and Yi Yong-Sik," *IDNAR 1886-1939, op. cit.* 주일 미국대사관 부무관 볼드윈Karl F. Baldwin 중령은 5월에 일어난 운동에 대한 보고 중에서 청원서의 영어 번역문을 워싱턴의 육군정보부에 보냈다(Baldwin to the Director of Military Intelligence, May 14, 1919, 2063-180, *Correspondence of the Military Intelligence Division Relating to Japan, 1918-1941, Microfilm*, M1216, R 1).

20 姜德相 編, 『現代史資料25 朝鮮』 1, 352~353쪽.

21 姜德相 編, 위의 책, 365쪽.

22 姜德相 編, 위의 책, 375쪽.

23 姜德相 編, 위의 책, 380쪽.

24 姜德相 編, 위의 책, 382쪽.

25 姜德相 編, 위의 책, 384쪽.

26 1919년 3월 12일자 야마나시 앞으로 보낸 고지마 소지로兒島摠次郎 전보, 姜德相 編, 위의 책, 123~124쪽; "Suppression of Korean Newspapers in Korea," March 27, 1919, 1766-1004-14 (Record #2511), *Military Intelligence Division Correspondence, 1917-41*, National Archives, Washington, Record Group 165, Box 539.

27 이보형, 「3 · 1운동에 있어서의 민족자결주의의 도입과 이해」, 동아일보사 편, 『3 · 1운동50주년기념논집』, 동아일보사, 1969, 185쪽.

28 1919년 4월 21일자 우치다 야스야內田康哉 앞으로 보낸 하세가와 요시미치長谷川好道 전보, 「日本外務省記錄」 MT-4-3-2-2-1-4, 『不逞團關係雜件 朝鮮人ノ部 在內地』 5.

29 『騷擾と學校』, 朝鮮總督府學務局, 1921, 5~13쪽. 학생과 운동과의 관계에 대한 미국의 인식으로는 'Relation of Students to the Movement' in "The Present Movement for Korean Independence in its Relation to the Missionary Work of the Presbyterian Church(U.S.A)—A Private Report Prepared for the Board of Foreign Missions By the Executive Committee of the Chosen Mission," April 22, 1919, PCUSA, *March 1st Independence Movement*, Microfilm 참조.

30 姜德相 編, 『現代史資料25 朝鮮』 1, 388쪽.

31 朝鮮總督府, 위의 책, 95쪽.

32 朝鮮總督府, 위의 책, 95~96쪽.

33 朝鮮總督府, 「自大正八年三月一日 至四月三〇日 騷擾事件經過概覽表」 1919년 5월 10일, 金正明 編, 『朝鮮獨立運動』 I, 原書房, 1966, 752~754쪽.

34 김진봉, 「3 · 1운동과 민중」, 동아일보사 편, 『3 · 1운동50주년기념논집』, 동아일보사 편, 1969, 362~365쪽.

35 姜德相 編, 『現代史資料25 朝鮮』 1, 285・290~292・294~298쪽.

36 姜德相 編, 위의 책, 347쪽.

37 姜德相 編, 위의 책, 300~301쪽.

38 姜德相 編, 위의 책, 344쪽.

39 『朝鮮騷擾經過概要』, 陸軍省, 1919, 6~7・11~12쪽.

40 姜德相 編, 『現代史資料25 朝鮮』 1, 285~286쪽.

41 姜德相 編, 위의 책, 287쪽.

42 姜德相 編, 위의 책, 292쪽.

43 姜德相 編, 위의 책, 296쪽. 이상의 경과에서 조선인 가운데 5,000명 이상의 사상자가 나왔다고 워싱턴의 육군정보부에 보고되었다〔"Political Conditions—Korea," March 14, 1919, 1766-1004-9 (Record #2443), *Military Intelligence Division Correspondence, 1917-41*, Record Group 165, Box 539〕.

44 姜德相 編, 『現代史資料25 朝鮮』 1, 298쪽. 그 후에도 평양에서의 운동 진압은 표면적인데 그쳤고 충돌이 산발적으로 일어나고 있다는 내용이 워싱턴의 육군정보부에 보고되었다(Letter from Pyengyang, June 29, 1919, 2592-1, *Correspondence of the Military Intelligence Division Relating to Japan, 1918-41, Microfilm*, M1216, R 15). 모펫Samuel A. Moffet과 평양에 머물고 있던 미국인 선교사들도 평양의 상황은 진정되지 않았다고 본국과 주서울 미국총영사관에 보고했다(Moffet to Brown, March 5, 1919, Moffet to Bergholz, April 7 and 17, 1919 and Sadie N. Welbon to His Friends, March 20, 1919 and "Report of Pyengyang Station for the Year, 1918-19," date unknown, PCUSA, *March 1st Independence Movement*, Microfilm; "Statements of Foreign Eye Witnesses to the Treatment Accorded Korean During the Disturbance," enclosed in Bergholz to Lansing, April 17, 1919, 895. 00/622, *Internal Affairs, Korea, 1910-29, Microfilm*, No. 426, R 2.

45 姜德相 編, 『現代史資料25 朝鮮』 1, 286쪽.

46 朝鮮憲兵隊司令部, 『大正八年朝鮮騷擾事件狀況』, 極東硏究所出版會, 1969, 117~120쪽. 안주에서의 운동 전개와 진압상황에 대한 미국 측의 관찰로는 "Instances from Native Sources Regarding the Treatment Accorded Korean During the Disturbance," enclosed in Bergholz to Lansing, April 17, 1919, 895. 00/622, *Internal Affairs, Korea, 1910-29, Microfilm*, No. 426, R 2 참조.

47 姜德相 編, 『現代史資料25 朝鮮』 1, 288・294쪽.

48 姜德相 編, 위의 책, 292・294쪽.

49 姜德相 編, 위의 책, 290・292쪽.

50 姜德相 編, 위의 책, 286쪽.

51 姜德相 編,『現代史資料25 朝鮮』1, 290 · 292 · 300 · 311쪽; Henry W. Lampe to Whom It May Concern, March 5, 1919 and Miss Blavehe I. Stevens to Brown, March 11, 1919, PCUSA, *March 1st Independence Movement*, Microfilm. 이후 선천에서는 5월이 되어서도 시위운동과 이에 대한 진압, 조선인 피해자 속출 등의 내용을 담은 편지가 미국에 보내졌다(Letter from Syen Chun, May 25, 1919, PCUSA, *ibid*.).

52 姜德相 編,『現代史資料25 朝鮮』1, 287~288 · 290~294쪽.

53 姜德相 編, 위의 책, 343 · 346쪽.

54 朝鮮憲兵隊司令部,『大正八年朝鮮騷擾事件狀況』, 121~124쪽. 강계에서의 시위운동에 대해서는 C. S. Hoffman to Brown, April 4, 1919, PCUSA, *March 1st Independence Movement*, Microfilm 참조.

55 姜德相 編,『現代史資料25 朝鮮』1, 302쪽.

56 姜德相 編, 위의 책, 307쪽; "Political Conditions—Korea," March 14, 1919, 1766-1004-16 (Record #2501), *Military Intelligence Division Correspondence, 1917-41*, Record Group 165, Box 539.

57 姜德相 編,『現代史資料25 朝鮮』1, 309 · 320쪽.

58 姜德相 編, 위의 책, 351 · 366쪽.

59 姜德相 編, 위의 책, 384쪽.

60 朝鮮憲兵隊司令部,『大正八年朝鮮騷擾事件狀況』, 107쪽.

61 姜德相 編,『現代史資料25 朝鮮』1, 327쪽.

62 朝鮮憲兵隊司令部,『大正八年朝鮮騷擾事件狀況』, 103~114쪽.

63 姜德相 編,『現代史資料25 朝鮮』1, 297 · 305쪽.

64 朝鮮憲兵隊司令部,『大正八年朝鮮騷擾事件狀況』, 85~87쪽.

65 姜德相 編,『現代史資料25 朝鮮』1, 345 · 348쪽.

66 姜德相,「三 · 一運動の精華 · 柳寬順」,『朝鮮獨立運動の群像』, 靑木書店, 1984, 159~186쪽.

67 姜德相 編,『現代史資料25 朝鮮』1, 473~474쪽.

68 박은식,『한국독립운동지혈사』, 서울신문사출판국, 1946, 77~96쪽; 朴殷植 著, 姜德相 譯注,『朝鮮獨立運動の血史』1, 平凡社, 1972, 169~183쪽; 朴慶植,『朝鮮三 · 一獨立運動』, 平凡社, 1984, 105쪽.

69 姜德相 編,『現代史資料25 朝鮮』1, 260쪽. 원산과 함경남도의 또 다른 중심지인 함흥에서의 운동상황에 대해서는 "Statement by Rev. D. M. McRae of Events in Hamheung, Korea," March 20, 1919 and Norman C.Whittemore to Brown, August 5, 1919, PCUSA, *March 1st Independence Movement*, Microfilm; "Statements of Foreign Eye Witnesses to the Treatment Accorded Korean During the Disturbances," enclosed in Bergholz to Lansing, April 17, 1919, 895. 00/622, *Internal Affairs, Korea, 1910-29*,

Microfilm, No. 426, R 2 참조.

70 1919년 4월 12일자 척식국 장관 고가 렌조古賀廉造 앞으로 보낸 하세가와 전보, 姜德相 編, 『現代史資料25 朝鮮』 1, 266쪽.

71 1919년 4월 30일자 고가 앞으로 보낸 하세가와 전보, 姜德相 編, 위의 책, 273쪽.

72 Morris to Lansing, April 28, 1919, 895. 00/610, *Internal Affairs, Korea, 1910-29, Microfilm*, No. 426, R 2.

73 Bergholz to Lansing, May 9, 1919, 895. 00/629, *ibid.*, R 3.

74 1919년 4월 11일자 다나카 앞으로 보낸 하세가와 전보, 姜德相 編, 『現代史資料25 朝鮮』 1, 201~202쪽.

75 1919년 5월 2일자 우쓰노미야 다로宇都宮太郎 훈시, 姜德相 編, 『現代史資料26 朝鮮』 2, みすず書房, 1967, 307~308쪽.

76 姜德相 編, 『現代史資料25 朝鮮』 1, 176~177쪽.

77 姜德相 編, 위의 책, 390 · 393 · 406~407 · 417 · 431 · 437쪽.

78 姜德相 編, 위의 책, 422쪽.

79 姜德相 編, 위의 책, 407 · 415 · 429 · 430쪽.

80 姜德相 編, 위의 책, 394쪽.

81 姜德相 編, 위의 책, 389 · 409 · 427 · 431쪽.

82 姜德相 編, 위의 책, 389쪽.

83 姜德相 編, 위의 책, 418쪽.

84 姜德相 編, 위의 책, 393 · 409 · 416~417 · 423 · 425쪽.

85 姜德相 編, 위의 책, 434쪽.

86 姜德相 編, 위의 책, 402 · 410~411쪽.

87 姜德相 編, 위의 책, 399 · 420~421 · 439~440쪽.

88 姜德相 編, 위의 책, 467~468쪽.

89 姜德相 編, 위의 책, 458~467쪽.

90 姜德相 編, 위의 책, 605~607쪽.

91 姜德相 編, 위의 책, 475~477쪽.

92 姜德相 編, 위의 책, 226~227 · 245~246쪽.

93 姜德相 編, 위의 책, 477~479쪽.

94 金正明 編, 앞의 책 1分册, 1966, 35쪽.

95 1919년 7월 26일자 데라우치 마사타케寺內正毅 앞으로 보낸 앞 조선군 참모장 오노 도요

시大野豊四 전보, 金正明 編, 위의 책.

96 「鮮內民心一般の趨向に就て」, 金正明 編, 위의 책, 42~49쪽. 또 3·1운동의 전개와 일본의 진압실태에 대한 선행연구로는 朴慶植, 앞의 책, 1976, 100~200쪽; 原口由夫, 「三·一運動彈壓事例の研究—警務局日次報告の批判的檢討を中心にして」, 朝鮮史研究會 編, 『朝鮮史研究會論文集』 제23집, 綠蔭書房, 1986, 215~243쪽 참조.

제9장 삼일운동과 일본의 대응

1 釋尾東邦, 『朝鮮倂合史』, 朝鮮及滿州社, 1926, 876~877쪽.

2 1919년 3월 1일자 다나카 기이치田中義一 앞으로 보낸 우쓰노미야 다로宇都宮太郞 전보, 姜德相 編, 『現代史資料25 朝鮮』 1, みすず書房, 1966, 87쪽.

3 『原敬日記』 8, 1919년 3월 2일, 169쪽.

4 姜德相 編, 『現代史資料25 朝鮮』 1, 89~93쪽.

5 1919년 3월 5일자 다나카 앞으로 보낸 고지마 소지로兒島摠次郞 전보, 위의 책, 94쪽.

6 『朝鮮總督府官報』 1919년 3월 5일, 「諭告」.

7 1919년 3월 10일자 다나카 앞으로 보낸 우쓰노미야 전보, 姜德相 編, 『現代史資料25 朝鮮』 1, 100쪽.

8 1919년 3월 8일자 고지마 앞으로 보낸 야마나시 한조山梨半造 전보·3월 9일자 야마나시 앞으로 보낸 고지마 전보, 위의 책, 87·103쪽.

9 1919년 3월 11일자 하세가와 요시미치長谷川好道 앞으로 보낸 하라 다카시原敬전보, 위의 책, 105쪽; 『原敬日記』 8, 1919년 3월 11일, 175쪽.

10 1919년 3월 11일자 다나카 앞으로 보낸 하세가와 전보, 姜德相 編, 『現代史資料25 朝鮮』 1, 105~106쪽.

11 1919년 3월 12일자 다나카 앞으로 보낸 우쓰노미야 전보, 姜德相 編, 위의 책, 107쪽.

12 『原敬日記』 8, 1919년 3월 29일, 186쪽.

13 『東京朝日新聞』 1919년 4월 13일 제2면, 「朝鮮騷擾の原因及善後—山縣政務總監車中談」.

14 『東京朝日新聞』 1919년 4월 17일 제5면, 「長谷川朝鮮總督暴動に就て語る」.

15 『原敬日記』 8, 1919년 4월 2일, 189쪽.

16 위의 책, 1919년 4월 4일, 191쪽.

17 姜德相 編, 『現代史資料25 朝鮮』 1, 172·264쪽.

18 姜德相 編, 위의 책, 260~261쪽; 『原敬日記』 8, 1919년 4월 8일, 192쪽.

19 『原敬日記』 8, 1919년 4월 9일, 193쪽.

20 『朝鮮總督府官報』 1919년 4월 10일, 「諭告」.

21 위의 책 1919년 4월 15일, 「制令」.

22 1918년 12월 30일자 데라우치 마사타케寺內正毅 앞으로 보낸 우사미 가쓰오宇佐美勝夫 편지, 『寺內文書』 제26책, 342-16, 407~411쪽.

23 1919년 3월 3일자 데라우치 앞으로 보낸 오키도 무네시게大城戶宗重 편지, 위의 책 제16책, 221-7, 290~295쪽; 1919년 3월 7일자 데라우치 앞으로 보낸 고다마 히데오兒玉秀雄 편지, 위의 책 제11책, 123-17, 90~92쪽. 이 두 편지에는 모두 하세가와 요시미치의 보고가 동봉되어 있으며 특히 후자는 운동의 주요 원인을 윌슨의 민족자결주의로 보았다.

24 1919년 3월 12일자 다나카 앞으로 보낸 데라우치 편지, 『田中義一關係文書』, 國立國會圖書館憲政資料室, 제33책, 478~483쪽(이하 『田中文書』로 표기).

25 1919년 4월 12일자 하세가와 앞으로 보낸 데라우치 의견서(데라우치와 이완용 간의 왕복 편지 동봉), 『寺內文書』 제31책, 410-1, 278~296쪽; 1919년 4월 11일자 박중양 諭書, 위의 책, 381-3, 35~39쪽.

26 「第四十一回帝國議會衆議院議事速記錄」 제25호, 『官報』 호외, 1919년 3월 19일, 410·412~413·415·417~419쪽. 또 제41회 제국의회 중의원은 얼마 뒤인 3월 24일과 25일 이틀 동안 위원회를 열고 조선과 타이완의 산미증식·농업정책과 관련된 건의안에 대해 논의했지만 3·1운동의 발발·전개에 대해서는 전혀 언급하지 않았다(『帝國議會衆議院委員會議錄』 22, 臨川書店, 1983, 507~519쪽).

27 伊藤正德 編, 『加藤高明』 下卷, 加藤伯傳記編纂委員會, 1929, 307쪽.

28 伊藤正德 編, 위의 책, 307~308쪽.

29 『東京朝日新聞』 1919년 4월 18일 제3면, 「朝鮮暴動眞相—守屋氏視察談」.

30 『原敬日記』 8, 1919년 4월 23일, 200쪽.

31 위의 책, 1919년 6월 12일, 243쪽.

32 『재팬 클로니클*Japan Chronicle*』은 5월 1일자 사설에서 헌정회가 3·1운동을 예측하지 못했다고 비난했지만, 그것을 누가 예측할 수 있었겠냐고 지적했다. 또한 이것이 일본정치의 전형이라는 것과 일본인들은 조선인들의 복지와 잔혹한 통치방식에 대한 그들의 분노에 관심을 가지는 대신에 정적 공격도구로 이용하려 했다는 점 등을 지적했다.

33 1919년 4월14일 하세가와 앞으로 보낸 하라 전보·하세가와 앞으로 보낸 우치다 야스야內田康哉 전보·야마가타 이사부로山縣伊三郞 앞으로 보낸 우치다 전보, 姜德相 編, 『現代史資料25 朝鮮』 1, 265~266쪽; 芳澤謙吉, 『外交六十年』, 中央公論社, 1990, 61~62쪽.

34 芳澤謙吉, 위의 책, 62~63쪽; Dae-Yeol Ku, *Korea Under Colonialism—The March First Movement and Angro-Japanese Relations*, The Royal Asiatic Society, Korea Branch, Seoul, 1985, pp.187-188.

35 芳澤謙吉, 위의 책, 63~65쪽; 1919년 4월 28일자 우치다 앞으로 보낸 요시자와 겐키치芳澤謙吉 전보, 姜德相 編, 『現代史資料25 朝鮮』 1, 273쪽.

36 『原敬日記』 8, 1919년 5월 2일, 205쪽.

37 위의 책, 1918년 10월 13일, 55쪽.

38 위의 책, 1918년 11월 23일, 93~94쪽.

39 위의 책, 1918년 12월 17일, 113쪽.

40 위의 책, 1919년 1월 15일, 139쪽.

41 위의 책, 1919년 5월 3·6일, 206·208쪽.

42 위의 책, 1919년 3월 2일, 169쪽.

43 위의 책, 1919년 5월 18일, 222~223쪽.

44 『東京朝日新聞』 1919년 5월 25일 제7면, 「今後の朝鮮には丸腰の總督」.

45 『原敬日記』 8, 1919년 5월 20일, 224쪽.

46 위의 책, 1919년 5월 23일, 228쪽.

47 위의 책, 1919년 5월 25일, 230쪽.

48 야마가타 아리토모山縣有朋 앞으로 보낸 다나카 편지(일시 불명), 『山縣有朋關係文書』, 國立國會圖書館憲政資料室, 제29책, 93~102쪽.

49 『原敬日記』 8, 1919년 6월 10일, 240~241쪽.

50 田中義一 傳記刊行會, 『田中義一傳記』 下卷, 1960, 165쪽.

51 『原敬日記』 8, 1919년 6월 13일, 243~244쪽.

52 위의 책, 1919년 6월 19일, 250~251·255쪽.

53 1919년 6월 27일자 데라우치 앞으로 보낸 고다마 편지, 『寺內文書』 제11책, 123-22, 116~119쪽.

54 1919년 6월 29일자 데라우치 앞으로 보낸 오키도 편지, 위의 책 제16책, 221-8, 296~302쪽.

55 財團法人齋藤子爵紀念會 編, 『子爵齋藤實傳』(전 4권, 1941~1942) 제2권, 351~352쪽(이하 『子爵齋藤實傳』 2로 표기).

56 『子爵齋藤實傳』 2, 352~353쪽.

57 『子爵齋藤實傳』 2, 353쪽; 『原敬日記』 8, 1919년 6월 27일, 260쪽.

58 『子爵齋藤實傳』 2, 364쪽; 『原敬日記』 8, 1919년 6월 27일, 260쪽.

59 『原敬日記』 8, 1919년 6월 27일, 260쪽; 『朝鮮統治秘話』, 帝國地方行政學會, 1937, 4~5쪽; 水野鍊太郎, 「朝鮮政務總監就任の顚末」, 尙友俱樂部·西尾林太郎 編, 『水野鍊太郎回想錄·關係文書』, 山川出版社, 1999, 116쪽.

60 『原敬日記』 8, 1919년 7월 5일, 264쪽.

61 『朝鮮統治秘話』, 5쪽. 미즈노 렌타로水野鍊太郞는 이미 6월 27일 하라 다카시와의 회견에서 사이토 마코토齋藤實의 인물 됨됨이는 인정하지만 무관총독하에서 예상되는 여러 가지 곤란을 생각하면 사이토가 총독 지위를 수락하는 것을 바라지 않는다고 말했다(水野鍊太郞, 위의 글, 116～118쪽).

62 『朝鮮統治秘話』, 5～11쪽. 『原敬日記』 8, 1919년 7월 19일, 274쪽; 水野鍊太郞, 위의 글, 118～122쪽. 미즈노 렌타로는 이 글에서 하라 다카시와 의견을 주고받은 날짜를 8월 6일이라고 했지만 날짜에 관해서는 불명확한 점이 보인다.

63 그 전문은 姜德相 編, 『現代史資料25 朝鮮』 1, 481～500쪽 참조.

64 『東京朝日新聞』 1919년 7월 9일 제5면, 「お待遠だらうが一週間待て―意味の深い言葉を漏しつ長谷川總督昨夜歸る」.

65 『原敬日記』 8, 1919년 7월 10일, 267쪽.

66 1919년 7월 9일자 데라우치 앞으로 보낸 오키도 편지, 『寺內文書』 제16책, 221-9, 303～309쪽.

67 1919년 7월 12일자 데라우치 앞으로 보낸 고다마 편지, 위의 책 제11책, 123-24, 124～128쪽.

68 1919년 4월 11일자 고토 신페이後藤新平 앞으로 보낸 이토 미요지伊東巳代治 편지, 『伊東巳代治關係文書』, 國立國會圖書館憲政資料室, 제10책, 111, 2쪽; 5월 19일자 고토 앞으로 보낸 이토 편지, 위의 책 111, 6쪽; 6월 3일자 고토 앞으로 보낸 이토 편지, 위의 책 111, 7쪽; 7월 25일자 고토 앞으로 보낸 이토 편지, 위의 책 111, 7쪽.

69 「樞密院會議筆記」 1919년 5월 14일, 國立公文書館, 『樞密院會議議事錄』 21, 東京大學出判會, 1985, 127～129 · 217쪽.

70 「朝鮮總督府官制中改正ノ件」, 위의 책, 245～251쪽.

71 『原敬日記』 8, 1919년 7월 19일, 273쪽; 7월 31일, 281～282쪽; 8월 2일, 286쪽; 8월 5일, 289쪽.

72 이때 타이완총독부와 관동청關東廳관제 개정안도 승인되었고, 조선관계에서는 조선총독부 경찰서관제 폐지, 조선총독 · 타이완총독 등이 발하는 명령 위반에 대한 벌칙 등도 승인되었다(「樞密院會議筆記」 1919년 8월 8일, 『樞密院會議議事錄』 21, 252～274쪽). 「朝鮮總督府官制中改正ノ件」은 일단 7월 10일 추밀원 회의에서 천황의 지시로 반려되었다(위의 책, 245～251쪽).

73 사령辭令은 「任 朝鮮總督辭令」 1919년 8월12일, 原敬, 『齋藤實關係文書』〔(마이크로필름, 水澤市立齋藤實記念館 소장, 릴5 참조(이하 『齋藤文書(水澤)』로 표기)〕.

74 『原敬日記』 8, 1919년 8월 12일, 294쪽; 『子爵齋藤實傳』 2, 363～364쪽. 또한 7월 7일 야마가타 아리토모는 사이토 마코토는 예비역이기 때문에 조선총독부관제 개정 때에는 주의하라는 내용의 편지를 다나카 기이치에게 보냈다. 이 건에 관한 야마가타 아리토모의 영향력은 부정할 수 없다(1919년 7월 7일자 다나카 앞으로 보낸 야마가타 아리토모 편지,

『田中文書』 제36책, 106～110쪽).

75 『官報』 1919년 8월 20일, 「詔書」.

76 위의 책 , 「勅令」 제386호.

77 위의 책, 「勅令」 제387·389호.

78 『子爵齋藤實傳』 2, 368～369쪽.

79 『原敬日記』 8, 1919년 8월 17·18일, 300～302쪽.

80 『子爵齋藤實傳』 2, 372쪽.

81 그 후 사이토 마코토가 사령을 받은 다음 날인 8월 13일에는 도쿄의 조선총독부 출장원 사무소에서 하세가와 요시미치와 사이토 마코토 간에 사무인계가 이루어졌다(위의 책, 363쪽).

82 德富蘇峰 編, 『素空山縣公傳』, 山縣公爵傳記編纂會, 1929, 351～354쪽. 그리고 오키도 무네시게는 8월 15일 조선총독·정무총감의 교체와 조선통치책에 대해 비판한 편지를 데라우치 마사타케에게 보냈다(1919년 8월 15일 데라우치 앞으로 보낸 오키도 편지, 『寺內文書』 제36책, 221-10, 310～315쪽).

83 출발에 앞서 미즈노 렌타로는 내무성 시절의 동료며 이때 귀족원 의원이었던 나가타 히데지로永田秀次郎와 도쿄제국대학 법과대학 명예교수로 추밀원 고문관이기도 했던 민법학자 호즈미 노부시게穗積陳重로부터, 고생이 많을지 모른다고 위로하면서 동시에 격려하는 내용의 편지를 받았다〔1919년 8월 10일자 미즈노 앞으로 보낸 나가타 편지, 『水野錬太郎關係文書』, 國立國會圖書館憲政資料室, 분류번호 23; 같은 날 미즈노 앞으로 보낸 호즈미 편지, 위의 책, 분류번호 7(이하 『水野文書』로 표기. 또 『水野錬太郎回想錄·關係文書』, 378～380·391쪽에도 각각 수록)〕. 이제까지의 경위에 대해서는 姜德相, 『呂運亨評傳1 朝鮮三·一獨立運動』, 新幹社, 2002의 제6장 「武斷から文化政治へ, 組合教會の懷柔工作」 중의 제1절 「長谷川總督から齋藤總督へ」, 221～232쪽 참조.

84 자세한 것은 姜東鎭, 『日本言論界と朝鮮—1910～1945』, 法政大學出版局, 1984, 82～161쪽 참조.

85 『東京朝日新聞』 1919년 3월 3일 제5면, 「不穩な檄文配布」; 3월 4일 제5면, 「鮮人ノ運動」.

86 『東京朝日新聞』 1919년 3월 7일 제5면, 「朝鮮各地の暴動」.

87 『東京朝日新聞』 1919년 3월 13일 제3면, 「朝鮮騷擾の善後」.

88 『東京朝日新聞』과 『大阪每日新聞』 1919년 3월 4일 제1면, 「日鮮の融和」; 姜東鎭, 위의 책, 171～173쪽.

89 『東京朝日新聞』 1919년 4월 5일 제3면, 「植民地統治の革新」.

90 『東京朝日新聞』 1919년 4월 16일 제3면, 「朝鮮の統治—鎭定後の方針」.

91 『東京朝日新聞』 1919년 6월 21～30일 제3면, 「文官か武官か—朝鮮統治の方針」(9회).

92 『東京朝日新聞』 1919년 8월 7일 제3면, 「新朝鮮總督(軍閥妥協は不可)」.

93 『東京朝日新聞』 1919년 8월 13일 제3면, 「總督と現役大將」.

94 『東京朝日新聞』 1919년 7월 28일 제2면, 「華府(워싱턴)黑人騷動」; 8월 5일 제2면, 「華府武裝狀態」·「軍隊華府警戒」; 8월 5일 제5면, 「白黑人大闘爭—其責白人に在り」; 8월 7일 제2면, 「華府騷動熄まず」.

95 『東京朝日新聞』 1919년 8월 5일 제2면, 「市俄高(시카고)白黑人闘爭」; 8월 6일 제2면, 「人種暴動の原因」·「白黑人騷動續く」; 8월 7일 제2면, 「白黑人大激戰—二十萬人市俄高街頭に」·「黑人反抗激烈」·「市俄高の死傷」; 같은 날 제5면, 「幾百年虐げられた黑人が怨みの一念 修羅場と化した市俄高の市街戰—人種差別の鐵壁を設けて飽くまで彼らを抑壓せんとする米國人 文學博士村川堅固氏談」; 8월 8일 제2면, 「市俄高市街戰」·「小戰闘絶たず」; 8월 9일 제2면, 「米人の非人道振—黑人殺戮の殘酷さ」; 8월 10일 제2면, 「市俄高爭闘熄まず」.

96 『東京朝日新聞』 1919년 9월 3일 제2면, 「又復黑白衝突」; 9월 4일 제2면, 「又も白黑爭闘」.

97 『東京朝日新聞』 1919년 9월 19일 제2면, 「紐育(뉴욕)にも黑白騷動」.

98 『東京朝日新聞』 1919년 8월 7일 제2면, 「人種暴動原因」.

99 『東京朝日新聞』 1919년 8월 5일 제2면, 「暴動善後付かず—夕刊ポスト紙の嘲笑」.

100 姜東鎭, 위의 책, 204~205쪽.

101 吉野作造, 「満韓を視察して」, 『吉野作造選集』 9, 岩波書店, 1995, 3~48쪽.

102 吉野作造, 「朝鮮統治策」, 위의 책, 50~51쪽.

103 吉野作造, 「朝鮮暴動善後策」·「對外的良心の發揮」, 위의 책, 52~66쪽.

104 松尾尊兊, 「吉野作造と在日朝鮮人學生」, 原弘二郎先生古稀記念會, 『原弘二郎先生古稀記念 東西文化史論叢』 1973, 458~460쪽.

105 松尾尊兊, 위의 책; 吉野作造, 「朝鮮統治の改革に關する最少限度の要求」, 『吉野作造選集』 9, 岩波書店, 1995, 69~104쪽.

106 吉野作造, 「水原虐殺事件」, 위의 책, 67~68쪽.

107 吉野作造, 「支羅・朝鮮の排日と我國民の反省」, 위의 책, 105~113쪽.

108 吉野作造, 「新總督及び新政務總監を迎ふ」, 위의 책, 114~116쪽.

109 朴慶植, 『朝鮮三・一獨立運動』, 平凡社, 1976, 266쪽.

110 松尾尊兊, 「解說」, 吉野作造 著, 松尾尊兊 編, 『中國・朝鮮論』, 平凡社, 1970, 364~370, 379~380쪽; 松尾尊兊, 「(解說)吉野作造の朝鮮論」, 『吉野作造選集』 9, 岩波書店, 1995, 403~404쪽. 요시노 사쿠조吉野作造는 파리강화회의에서 인종평등안이 제출되고 일본 국내에서도 이에 호응하여 인종차별철폐운동이 전개되고 있는 이때에, 조선통치에서의 차별대우와 인종차별철폐운동 사이에는 모순이 있으므로 조선인의 대우에서 차별의 초월과 정의의 수립이 필요하다고 『중앙공론中央公論』 1919년 3월호에서 논했다(吉野作造, 「人種的差別撤廢運動者に與ふ」, 『吉野作造選集』 6, 岩波書店, 1995, 26~31쪽). 요시노는

또 『중앙공론』 1919년 9월호에서 조선통치에서 주된 목표는 향상이 아니라 정의의 실현이라고 했다(吉野作造, 「朝鮮統治に於ける'向上'と'正義'」, 『吉野作造選集』 9, 岩波書店, 1995, 117쪽). 요시노의 이러한 자세를 '민주주의론의 대외적 적용'으로 평가한 것이 三谷太一郎, 『新版 大正デモクラシー論 吉野作造の時代』, 東京大學出版會, 1995, 161~162쪽이다.

111 『吉野作造選集』 14, 「일기 2」(다이쇼 4~14), 1919년 2월 9·12일, 3월 5·11·19일, 4월 28일, 6월 3·19·25·26일, 7월 18일, 8월 1·10·18·24일, 9월 3일, 岩波書店, 1996, 181~182·185~186·188·195·201·205~206·210·212·214~218쪽.

112 『東洋經濟新報』 1919년 3월 15일호, 「朝鮮各地騷亂」.

113 石橋湛山, 「鮮人暴動に對する理解」, 松尾尊兊 編, 『石橋湛山評論集』, 岩波書店, 1991, 86~90쪽.

114 朴慶植, 위의 책, 268~270쪽; 高崎宗司, 『'妄言'の原型—日本人の朝鮮觀』, 木犀社, 1990, 75~76쪽.

115 高崎宗司, 위의 책, 100~103쪽.

116 柳宗悅, 「朝鮮人を想う」, 柳宗悅 著·高崎宗司 編, 『朝鮮を想う』, 筑摩書房, 1984, 3~9쪽.

117 高崎宗司, 위의 책, 73~75쪽. 야나기 무네요시柳宗悅의 전기傳記로는 鶴見俊輔, 『柳宗悅』, 平凡社, 1976이 있다. 또 야나기에 대한 본격적인 연구서로는 中見眞理, 『柳宗悅 時代と思想』, 東京大學出版會, 2003이 있다.

118 朴慶植, 위의 책, 260~261쪽; 高崎宗司, 위의 책, 70~72쪽; 나카노 세이고中野正剛는 1916년에 무단적 동화정책을 배제해야 한다며 『내가 본 만주와 조선我が觀たる滿鮮』을 간행하는 한편, 이해 9월에 『동방시론東方時論』을 창간했는데 이 잡지에 요시노 사쿠조가 때때로 기고했다(松尾尊兊, 위의 글, 1970, 365쪽).

119 高崎宗司, 위의 책, 76~77쪽.

120 그간의 경위는 初瀨龍平, 『傳統的右翼 內田良平の硏究』, 九州大學出版會, 1980, 95~124쪽을 보면 자세히 나와 있다.

121 『朝鮮統治問題』, 黑龍會本部, 1920, 14~25쪽; 初瀨龍平, 위의 책, 227쪽.

122 姜德相 編, 『現代史資料26 朝鮮』 2, みすず書房, 1967, 618~624쪽.

123 「朝鮮の暴動に就て」, 『亞細亞時論』 1919년 4월호; 「朝鮮統治に就て 米國宣敎師の誣妄を駁し且つ當局の猛斷を促かす」, 위의 책, 1919년 5월호; 公平を希望する一外人, 「余が觀たる朝鮮統治」, 위의 책, 1919년 7월호; 「朝鮮統治の改革」, 위의 책, 1919년 9월호; 內田良平文書硏究會 編·解題, 『黑龍會關係資料集』 7, 153·181~184·227~228·245쪽.

124 高崎宗司, 위의 책, 51~56쪽.

125 加藤房藏, 『朝鮮騷擾の眞相』, 京城日報社, 1920; 高崎宗司, 위의 책, 56~57쪽.

126 田中萃一郎, 「國際聯盟と民族主義」, 『外交時報』 제339호, 1918.

127 松田知之,「國際聯盟と民族主義の調和」, 위의 책, 제342호, 1919.

128 山本美越乃,「民族自決主義と植民地問題」 위의 책, 제343호, 1919.

129「誤解されたる民族自決主義—重大となれる朝鮮問題」, 위의 책, 제381호, 1920.

제10장 문화정치와 사이토 마코토

1 『子爵齋藤實傳』 2, 372~375쪽.

2 위의 책, 375~376쪽. 대장대신을 지냈고 귀족원 의원이었던 사카타니 요시로阪谷芳郎는 9월 1일 자신과 절친한 사이토 마코토齋藤實의 부임에 따라 조선통치가 바뀌므로 이해를 바란다는 편지를 어느 미국인 선교사에게 보냈다(Sakatani to Gilbert Bowles, September 1, 1919, *Korea, March 1st Independence Movement, 1919*, Microfilm).

3 『子爵齋藤實傳』 2, 380~381쪽; 姜德相 編, 『現代史資料25 朝鮮』 1, みすず書房, 1966, 510쪽. 미즈노 렌타로水野鍊太郎가 폭탄을 두려워해서 귀빈실 쪽으로 달아났다는 소문이 사람들 사이에 나돌았는데 미즈노는 그 소문을 필사적으로 부정했고 모리야 에이후守屋榮夫도 미즈노는 사건 당시에 태연한 태도를 취했다고 증언했다(『朝鮮統治秘話』, 帝國地方行政學會, 1937, 53~55쪽). 그렇지만 미즈노는 1919년 이후 조선에서 겪은 체험에 몹시 공포심을 품은 듯하다. 미즈노는 1922년 6월까지 정무총감을 맡은 뒤 귀국해서 1922년에 성립한 가토 도모사부로加藤友三郎 내각의 내무대신에 취임했다. 조선에서의 체험은 가토가 이듬해 8월 병사하여 내각의 총사퇴가 가까웠을 무렵 간토대지진이 발생하자 역시 1919년부터 1922년까지 조선총독부 경무국장으로 근무한 뒤 귀국해서 경시총감을 맡고 있던 아카이케 아쓰시赤池濃와 함께 계엄령 도입을 단행하게 했다. 이것이 6,000명 이상이 넘는 조선인 살해로 이어졌다(姜德相, 『關東大震災』, 中央公論社, 1975 참조).

4 姜德相 編, 『現代史資料25 朝鮮』 1, 538~541쪽.

5 姜德相 編, 위의 책, 502~509쪽.

6 『東京朝日新聞』 1919년 9월 3일 제5면, 「二嫌疑者の訊問」.

7 姜德相 編, 『現代史資料25 朝鮮』 1, 538~541쪽.

8 姜德相, 「風雲の老闘士 · 姜宇奎」, 『朝鮮獨立運動の群像』, 青木書店, 1984, 189~198쪽.

9 姜德相, 위의 글, 198~220쪽.

10 『子爵齋藤實傳』 2, 382쪽.

11 『東京朝日新聞』 1919년 9월 4일 제2면, 「朝鮮施政更新」; 『朝鮮總督府官報』 1919년 9월 4일, 「訓示」.

12 姜德相 編, 『現代史資料25 朝鮮』 1, 519 · 524~526 · 528쪽. 조선인에게 둘러싸여 있는 꼴이었던 조선에 머물던 일본인들은 사건은 일부 조선인에 의한 것이 아니고, 일시동인주의는 조선 내 일본인에게 불안을 주고 있으며, 불령한 조선인들이 많이 있는 상해와 간도

방면의 단속이 중요하다는 것 등을 주장했다.

13 姜德相 編, 『現代史資料25 朝鮮』 1, 516쪽.

14 『尹致昊日記』 7, 國史編纂委員會, 1987, 1919년 9월 2·3일, 371~372쪽.

15 姜德相 編, 위의 책, 517쪽.

16 姜德相 編, 위의 책, 516~517쪽.

17 姜德相 編, 위의 책, 517·519쪽.

18 姜德相 編, 위의 책, 519~521·524~528쪽.

19 姜德相 編, 위의 책, 516~521·524~528쪽.

20 Bergholz to Lansing, September 2, 1919 and Department of State to Carter Harrison, September 3, 1919, 895. 00/651, *Internal Affairs, Korea, 1910-29*, *Microfilm*, No. 426, R 3.

21 Bergholz to Lansing, September 8, 1919, 895. 00/659, *ibid.*

22 "Koreans Hurl Bomb at New Governor," in *The New York Times*, September 4, 1919; "Troops Rule Seoul After Bomb Attack," in *ibid.*, September 13, 1919; "Bomb Thrown at Korean Governor," in *Washington Post*, September 4, 1919.

23 "Koreans Throw Bomb at Ruler—Twenty Killed," in *Pacific Commercial Advertiser*, September 4, 1919.

24 "Hurl Bomb at Korean Governor," in *New York American*, September 4, 1919.

25 小森德治, 『明石元二郞』 下, 台灣日日新報社, 1928, 9~10쪽(연표); 黑田甲子郞 編, 『元帥寺內伯爵傳』, 元帥寺內伯爵傳記編纂所, 1920, 957~961쪽; 田保橋潔, 『朝鮮統治史論稿』, 成進文化社, 1972, 180~181쪽. 사이토 마코토의 부인 하루코春子는 조선 부임부터 폭살 미수사건이 발생하고 그 후 조선에서 사이토와 관련해서 일어난 여러 가지 사건에도 불구하고 사이토가 살아난 행운을 기뻐했다(齋藤春子, 「朝鮮赴任の思い出」, 1919년 8월, 『齋藤文書(水澤)』, 릴5; 1919년 9월 10일자 사이토 앞으로 보낸 하루코 편지, 위의 책, 릴92; 『岩手日報』 1962년 5월 25일, 「風雲に耐えて—女の歷史 齋藤春子さんの巻」 ③, 위의 책, 릴34).

26 近藤釰一 編, 『萬歲騷擾事件(三·一運動)』 (2), 友邦協會, 1964, 9~10쪽; 齋藤齋, 「諭告」, 『齋藤實關係文書』, 國立國會圖書館 憲政資料室 보관, 문서번호 430〔구번호. 신번호는 69-4, 마이크로필름, 릴71. 이하 『齋藤文書』 430(69-4, 릴71)으로 표기〕.

27 『朝鮮總督府官報』 1910년 9월 30일, 「勅令」.

28 齋藤齋, 「朝鮮施政ノ改善」, 1920, 4~6·22~23쪽(『齋藤文書』 471, 71-12, 릴73). 사이토 마코토는 이틀 전인 9월 13일 일시동인주의에 근거하여 각종 개혁을 행하니 협력을 바란다는 훈시를 중추원 고문들에게 내렸다(「朝鮮總督訓示—中秋院顧問以下に對し」, 『齋藤文書』 429, 69-3, 릴71).

29 齋藤齋,「朝鮮施政ノ改善」, 3~4쪽;『子爵齋藤實傳』 2, 539~540쪽; Bergholz to Lansing, October 27, 1919, 895. 00/667, *Internal Affairs, Korea, 1910-29, Microfilm*, No. 426, R 3.

30 齋藤齋,「朝鮮施政ノ改善」, 3쪽;『子爵齋藤實傳』 2, 534쪽.

31 齋藤齋, 위의 글, 1쪽;『子爵齋藤實傳』 2, 534~535쪽.

32 齋藤齋, 위의 글, 6~7쪽;『子爵齋藤實傳』 2, 517~518쪽; Frank P. Baldwin Jr., "March First Movement—Korean Challenge and Japanese Response," Ph.D. Dissertation, Columbia University, New York, 1969, p.201.

33 齋藤齋, 위의 글, 4~6쪽;『子爵齋藤實傳』 2, 549~550쪽.

34 齋藤齋, 위의 글, 8~9쪽.

35 齋藤齋, 위의 글, 7~8쪽;『子爵齋藤實傳』 2, 518~519쪽.

36 齋藤齋, 위의 글, 9~10쪽.

37 齋藤齋, 위의 글, 10~11쪽.

38 齋藤齋, 위의 글, 11~12쪽;『子爵齋藤實傳』 2, 563~564쪽.

39 齋藤齋, 위의 글, 18~19쪽;『子爵齋藤實傳』 2, 562~565쪽.

40 齋藤齋, 위의 글, 17쪽;『子爵齋藤實傳』 2, 535~536쪽; Baldwin, *ibid.*, pp.204-205.

41 齋藤齋, 위의 글, 13~14쪽;『子爵齋藤實傳』 2, 519쪽.

42 齋藤齋, 위의 글, 22~23쪽;『子爵齋藤實傳』 2, 544~545쪽.

43 『子爵齋藤實傳』 2, 540~541쪽.

44 齋藤齋, 위의 글, 20쪽.

45 齋藤齋, 위의 글, 24~25쪽.

46 齋藤齋, 위의 글, 12~13쪽.

47 齋藤齋, 위의 글, 21~22쪽.

48 齋藤齋, 위의 글, 15~16쪽.

49 齋藤齋, 위의 글, 19~20쪽;『子爵齋藤實傳』 2, 543~544쪽.

50 『子爵齋藤實傳』 2, 544쪽.

51 사이토 마코토는 뒷날 자신이 정리한 시정방침 연설원고 중에서 민심 안정과 독립운동 방지를 위해 각종 정책 실행에 착수해서 성과를 거두었다고 적었다(齋藤齋,「施政方針演說原稿(자필)」,『齋藤文書(水澤)』, 릴5).

52 『子爵齋藤實傳』 2, 465~466쪽.

53 『子爵齋藤實傳』 2, 453~454쪽.

54 姜德相 編, 『現代史資料25 朝鮮』 1, 512～513 · 532～533 · 536～538쪽.

55 『子爵齋藤實傳』 2, 429 · 464～465 · 467쪽.

56 齋藤齋, 「朝鮮施政ノ改善」, 1～2쪽.

57 千葉了, 『朝鮮獨立運動秘話』, 帝國地方行政學會, 1925, 29～30쪽.

58 齋藤齋, 「朝鮮陸軍兵力增加ヲ要スル件」, 『齋藤文書』 714(イ)～(ハ)(목록에는 (1)～(3)으로도 표시), 93-1, 릴93; 『原敬日記』 8, 1919년 12월 9일, 425쪽.

59 *The Korean Situation*, New York City, 1919, pp.52 · 125.

60 姜德相 編, 『現代史資料25 朝鮮』 1, 499쪽.

61 近藤釼一 編, 『萬歲騷擾事件(三 · 一運動)』 (3), 友邦協會, 1964, 26～28쪽.

62 近藤釼一 編, 위의 책, 191～192쪽.

63 「ウェルチ博士ノ意見書」, 『齋藤文書』 935, 104-10, 릴104; 『子爵齋藤實傳』 2, 523～524쪽.

64 『子爵齋藤實傳』 2, 524～525쪽.

65 『官報』 1919년 4월 9일, 「制令」; Miller to Bainbridge Colby(미국 국무장관), April 6, 1920, 895. 13/Oug, *Internal Affairs, Korea, 1910-29, Microfilm*, No. 426, R 5; 齋藤齋, 「朝鮮施政ノ改善」, 14～15쪽.

66 『子爵齋藤實傳』 2, 522～523쪽.

67 『子爵齋藤實傳』 2, 582～583쪽.

68 『子爵齋藤實傳』 2, 584～585쪽.

69 『原敬日記』 8, 1919년 10월 26일, 366쪽.

70 『朝鮮統治秘話』, 165～168쪽.

71 그렇지만 이토 미요지伊東巳代治는 1919년 10월 미즈노 렌타로 앞으로 보낸 편지에서 조선귀족의 작위 사퇴문제, 이왕가의 처우문제 같은 어려운 문제가 산적해 있다며 미즈노의 노고를 위로했다(1919년 10월 6일자 미즈노 앞으로 보낸 이토 편지, 『水野文書』, 분류번호 14). 미즈노는 제2차 세계대전 종전 후 조선에서는 일본에서와 같은 의옥疑獄사건은 별로 없었지만 정당에 관련된 자들이 이권을 찾아다니는 데에 시달렸다고 했다. 그럼에도 불구하고 자신의 노력도 있어서 조선에서 언론 자유 존중, 민중정치 도입 등이 이루어졌다고 회상문에서 자찬했다(水野錬太郎, 「懷舊錄」, 1946～1948, 위의 책, 분류번호 50; 『水野錬太郎回想錄・關係文書』, 山川出版社, 1999, 26～27・51～52쪽).

72 野村吉三郞, 「巴里講和會議一班」, 『朝鮮彙報』, 1919년 11월호, 71～78쪽.

73 『每日申報』 1919년 9월 21일 제1면, 「謬傳된 朝鮮問題—野村海軍大佐談」.

74 『每日申報』 1919년 9월 8 · 9일 제1면, 「딱터—, 헐버트 君에게 與홈—딱터—工藤武城」.

75 『每日申報』 1919년 9월 9일 제1면, 「朝鮮總督을 信賴호노라」; 10월 21일 제1면, 「速히 迷夢으로브터 覺호라」.

76 『每日申報』 1919년 11월 30일 제1면, 「新政에 對훈 官民의 覺醒을 望홈—平北淸原 安正虎」.

77 『每日申報』 1919년 12월 13~19일 제1면, 「吾人의 觀ᄒ는바 獨立運動—平壤 鮮于鏑」 (1)~(5).

78 『每日申報』 1919년 11월 29일~12월 7일 제1면, 「朝鮮統治論—代議士法學博士 小川鄕太郎」 (1)~(9).

79 姜德相 編, 『現代史資料25 朝鮮』 1, 500쪽.

80 『原敬日記』 8, 1919년 8월 29일, 310쪽; Baldwin, "Missionaries and March First Movement—Can Moral Men be Neutral?" in Andrew C. Nahm, ed., *Korea under Japanese Colonial Rule*, Western Michigan University, Kalamazoo, 1973, pp.207-208 · 219.

81 近藤釼一 編, 앞의 책 (3), 1964, 166쪽.

82 Elizabeth A. McCully, "Notes from the Federal Council," in *The Korea Mission Field* (The Federal Council of Evangelical Missions in Korea), November, 1919, p.234.

83 近藤釼一 編, 위의 책, 11~28쪽.

84 The Commission on Relations with the Orient of the Federal Council of the Churches of Christ in America, *Korean Situation*, Number 2, New York, 1920, pp.15-17.

85 『子爵齋藤實傳』 2, 562~569쪽.

86 *Korean Situation*, Number 2, p.10; Baldwin, "Missionaries and the March First Movement," pp.208-210.

87 『子爵齋藤實傳』 2, 432쪽; Bergholz to Lansing, October 27, 1919, 895. 00/667, *Internal Affairs, Korea, 1910-29, Microfilm*, No. 426, R 3.

88 Bergholz to Lansing, September 23, 1919, 895. 01/13, *ibid.*, R 4.

89 『子爵齋藤實傳』 2, 568쪽.

90 『官報』 1919년 12월 6일, 「彙報」.

91 『子爵齋藤實傳』 2, 568~569쪽.

92 Miller to Morris, December 26, 1919 and Morris to Long, December 31, 1919, 895. 00/673, *Internal Affairs, Korea, 1910-29, Microfilm*, No. 426, R 3.

93 Wilbur I. Carr to Miller, December 26, 1919, 895. 00/667, *ibid.*

94 "Demonstrations in Korea," in *Washington Post*, September 11, 1919.

95 그렇지만 조선에 머물던 미국인 선교사 중에서는 문화정치 도입 후에도 조선의 정정政情은 여전히 불안한 점이 있고, 일본의 통치방식에는 실질적인 변화가 없다는 내용을 미국 본국에 보고하는 자도 있었다("Unrest in Korea," September 30, 1919, Avison to Gulick, January 22, 1920 and Floyd S. Hamilton to Friends, February 20, 1920, *Korea, March 1st Independence Movement, 1919*, Microfilm).

제11장 삼일운동 이후의 독립운동

1 1919년 10월 6일, 「地方民情彙報」, 姜德相 編, 『現代史資料25 朝鮮』 1, みすず書房, 1966, 536~537쪽. 또 국민회의 취지와 규칙 초안에 대해서는 1919년 10월 11일, 「地方民情彙報」, 위의 책, 544~546쪽 참조.

2 1919년 10월 20일, 「不逞鮮人集會ニ關スル件」, 위의 책, 551~552쪽.

3 1919년 10월 24일, 「不逞鮮人ノ鮮人官吏ニ對スル辭職勸告」, 위의 책, 557~558쪽.

4 1919년 11월 7일, 「地方民政彙報」, 위의 책, 572~573쪽.

5 1919년 11월 18일, 「民政彙報」, 위의 책, 579~580쪽.

6 1919년 11월 28일, 「耶蘇敎徒及假政府員ノ國際聯盟會議ニ對スル運動計劃ノ件」, 위의 책, 591~592쪽.

7 1919년 12월 9일, 「秘密結社大韓國民會及大韓獨立青年團檢擧ニ關スル件」, 위의 책, 610~614쪽.

8 1919년 12월 12일, 「孫貞道ノ不穩文書發見ニ關スル件」, 위의 책, 624~628쪽.

9 1919년 12월 26일, 「不穩文書發見ニ關スル件」, 위의 책, 641~642쪽.

10 Bergholz to Lansing, October 27, 1919, 895. 00/667, *Internal Affairs, Korea, 1910-29, Microfilm*, No. 426, R 3.

11 Bergholz to Lansing, November 14, 1919, 895. 00/669, *ibid.*

12 姜德相, 『呂運亨評傳 1 朝鮮三·一獨立運動』, 新幹社, 2002, 233~262쪽.

13 姜德相, 위의 책, 262~269쪽.

14 姜德相, 위의 책, 277~295쪽.

15 姜德相, 위의 책, 300~304쪽.

16 姜德相, 위의 책, 304~308쪽.

17 姜德相, 위의 책, 313~316쪽.

18 姜德相, 위의 책, 316~317쪽. 이와 관련하여 『原敬日記』 8, 1919년 11월 24일, 397~398쪽에는 여운형의 방문에 대해서는 전혀 기록되어 있지 않은 반면에, 「呂運亨調書」 (1), 1929년 7월 24일, 金俊燁·金昌順 編, 『韓國共産主義運動史』 資料集 I, 高麗大學校亞細亞問題硏究所, 1980, 266쪽에서는 여운형이 "하라 수상과 한번原首相ト一回" 회견했다고 진술했다.

19 姜德相, 위의 책, 318~320쪽.

20 『東京朝日新聞』 1919년 11월 28일 제9면, 「朝鮮獨立運動の主唱者呂運享氏入京す 當局と會見してその眞相を述べる爲め 該運動は世界の潮流だといふ」; 姜德相, 위의 책, 323~335쪽.

21 『東京朝日新聞』 1919년 11월 28일 제10면, 「陰謀でも亂暴でもない」; 『大阪每日新聞』 11월 29일 제15면, 「上海假政府の朝鮮獨立の密使 密かに來日した外務次官呂運亨 熱心に要求の精神を說く」.

22 姜德相, 위의 책, 336～337쪽.

23 姜德相, 위의 책, 336～340쪽. 또 이 무렵의 요시노 사쿠조吉野作造 일기를 수록한 『吉野作造選集』 14(岩波書店, 1996)에는 1919년 11월 13일과 12월 24일 사이가 공백으로 되어 있는 데 반해, 「呂運亨調書」 (1)(1929년 7월 24일, 金俊燁 · 金昌順 編, 위의 책, 266쪽)에서 여운형은 "요시노 박사와 수차례吉野博士トハ數回" 만났다고 진술했다.

24 姜德相, 위의 책, 341～342쪽; 여운홍, 『몽양여운형』, 청하각, 1967, 59～60쪽.

25 姜德相, 위의 책, 361～376쪽; 여운홍, 위의 책, 60～63쪽; 『每日申報』 1919년 12월 3일 제2면, 「治安을 紊ᄒᆞᄂᆞᆫ 輩에게는 一步도 假借치 아니ᄒᆞ리라 呂運亨 朝鮮通過에 就ᄒᆞ야＝赤池警務局長談」. 여운형은 일본에 머물 때 도쿄에 있는 이은李垠에게 은밀히 만나자고 청해 이은의 승낙을 얻었지만, 일본 당국의 개입으로 실현하지 못했다(李方子, 『歲月よ王朝よ 最後の朝鮮王妃自傳』, 三省堂, 1987, 64～66쪽).

26 『原敬日記』 8, 1919년 12월 1일, 410쪽.

27 위의 책, 1919년 12월 4일, 414쪽; 『每日申報』 1919년 12월 4일 제2면, 「水野總監激怒 中央政府某局態度에 對ᄒᆞ야 原因은 呂運亨問題」 · 12월 6일 제2면, 「呂運亨問題落着」에서 일본정부의 어느 부서와 인물 때문에 문제가 발생했다고 했는데 척식국과 그 장관인 고가 렌조古賀廉造를 시사하는 것이라 여겨진다.

28 姜德相, 위의 책, 377～409쪽. 하라 다카시原敬는 이 문제로 귀족원이 시끄럽던 1920년 1월 말 귀족원 대신실에 귀족원 각파 교섭위원을 불러 이 문제에 대한 정쟁 중지를 요청했다. 중의원과 달리 해산이나 총선거가 없는 귀족원에서의 분규에 신경을 쓰고 있었음을 엿볼 수 있다(『原敬日記』 8, 1920년 1월 30 · 31일, 472～473쪽).

29 吉野作造, 「いわゆる呂運亨事件について」, 『中央公論』, 1920년 1월호; 吉野作造 著 · 松尾尊兊 編, 『中國 · 朝鮮論』, 平凡社, 1970, 249～253쪽; 『吉野作造選集』 9, 岩波書店, 1995, 119～122쪽.

30 1919년 11월 24일, 「李堈公事件」, 姜德相 編, 『現代史資料25 朝鮮』 1, 586～591쪽; 『每日申報』 1919년 11월 27일 제3면, 「李堈公事件」; 박은식, 『한국독립운동지혈사』, 서울신문사출판국, 1946, 74～175쪽; 朴殷植 著 · 姜德相 譯注, 『朝鮮獨立運動の血史』 2, 平凡社, 1972, 19～24쪽. 주서울 미국총영사관은 주일 미국대사관을 통해 사건 발생 제1보를 본국에 보고한 뒤, 이보다 상세한 내용을 본국에 직접 보고했다. 뒤에 한 보고에서는 이강李堈의 신병이 구속된 장소가 안동安東이 아니라 압록강을 사이에 끼고 그 건너편에 있는 조선의 신의주였다고 되어 있다(Morris to Lansing, November 13, 1919, 895. 00/666 and Bergholz to Lansing, November 15, 1919, 895. 00/667, *Internal Affairs, Korea, 1910–29, Microfilm*, No. 426, R 3). 또 이 사건은 사건이 발생한 1919년 11월 일본에서도 보도되어 일본 당국은 이에 대한 대응을 해야 했다(『東京朝日新聞』 1919년 11월 28일 제9면, 「朝鮮獨立運動の首領に擁立された李堈公」). 이 사건에 대한 이강 자신의 진술은 「李堈調

書」, 1919년 12월 22일, 國史編纂委員會 編, 『韓民族獨立運動史資料集5 大同團事件 1』, 1988, 738~745쪽 참조.

31 『原敬日記』 8, 1919년 12월 9일, 422~424쪽; 『每日申報』 1919년 12월 8일 제2면, 「李堈公事件 御軫念 元老의게 下問」·12월 17일 제3면, 「李堈公은 內地로」.

32 박은식, 위의 책, 75쪽; 朴殷植 著, 姜德相 譯注, 위의 책, 23쪽. 또 이 사건에 대해서는 신복룡, 『대동단실기』, 도서출판 선인, 2003, 115~154·199~276쪽; 최기창·신복룡, 『애국지사최익현』, 도서출판 선인, 2003, 105~235쪽 참조.

33 Miller to Morris, December 26, 1919 and Morris to Breckinridge Long, December 31, 1919, 895. 00/673, *Internal Affairs, Korea, 1910–29, Microfilm*, No. 426, R 3.

34 Hamilton to his Friends, February 15, 1920, *Korea, March 1st Independence Movement*, Microfilm.

35 Miller to Bainbridge Colby, March 6, 1920, 895. 00/676 and Morris to Miller, March 18, 1920, 895. 00/677, *Internal Affairs, Korea, 1910–29, Microfilm*, No. 42, R 3. 그러나 아펜젤러Henry G. Appenzeller는 나중에 이 학당의 교장으로 복직했다.

36 Miller to Colby, May 5, 1920, 895. 00/681, *ibid.*

37 Alvey A. Adee to Miller, April 12, 1920, 895. 00/687a, *ibid.*

38 1920년 1월 13일, 「馬賊襲來被害ニ關スル件」」, 姜德相 編, 『現代史資料27 朝鮮』 3, 405~406쪽.

39 1920년 1월 27일, 「對岸不逞鮮人ノ金品强奪」, 姜德相 編, 위의 책, 411쪽.

40 1920년 3월 19일, 「對岸不逞鮮人ノ來襲」, 姜德相 編, 위의 책, 420쪽.

41 1920년 3월 19일, 「不逞鮮人侵入兇行ノ件」, 姜德相 編, 위의 책; 1920년 3월 20일, 「對岸不逞鮮人ノ來襲」, 姜德相 編, 위의 책, 422쪽; 1920년 3월 27일, 「不逞鮮人侵入ノ件」, 姜德相 編, 위의 책, 426쪽; 1920년 3월 30일, 「不逞鮮人ノ行動ニ關スル件」, 姜德相 編, 위의 책, 427쪽; 1920년 4월 1일, 「不逞鮮人侵入ノ件」, 姜德相 編, 위의 책.

42 이에 대해서는 예를 들어 朴桓, 『滿州韓人民族運動史硏究』, 일조각, 1991, 7~153쪽 참조.

43 1920년 3월 26일자 사이토 마코토齋藤實 앞으로 보낸 미즈노 렌타로水野錬太郎 전보, 姜德相 編, 『現代史資料27 朝鮮』 3, 593쪽; 1920년 4월 7일자 고가 앞으로 보낸 사이토 전보, 姜德相 編, 위의 책, 595쪽.

44 1920년 3월 19일자 참모총장 우에하라 유사쿠上原勇作 앞으로 보낸 조선군 사령관 우쓰노미야 다로宇都宮太郎 전보·3월 20일자 다나카 기이치田中義一 앞으로 보낸 우쓰노미야 전보, 「咸北の獨立軍」, 『獨立新聞』 1920년 4월 20일; 4월 31일자 다나카 앞으로 보낸 우쓰노미야 공문, 姜德相 編, 위의 책, 577~588·612·618쪽.

45 1920년 6월 14일자 다나카 앞으로 보낸 우쓰노미야 전보, 「獨立軍勝利」, 『獨立新聞』 1920년 6월 22일; 1920년 7월 21일자 사이토 앞으로 보낸 주간도총영사 대리 사카이 요사키치堺與三吉 공문, 姜德相 編, 위의 책, 584·613~614·630~642쪽.

46 홍범도와 봉오동전투에 대해서는 姜德相, 『朝鮮獨立運動の群像』, 青木書店, 1984, 79~102쪽 참조.

47 姜德相 編, 『現代史資料28 朝鮮』 4, みすず書房, 1972, 61~64쪽.

48 姜德相 編, 위의 책, 116~122쪽.

49 姜德相 編, 위의 책, 123~137쪽; 『每日申報』 1920년 9월 16일 제3면, 「過激派朝鮮人大部隊가 琿春日本人을 襲擊」; 『東亞日報』 1920년 9월 18일 제3면, 「琿春再次不安」·9월 19일 제3면, 「琿春에 警戒嚴重」.

50 姜德相 編, 『現代史資料28 朝鮮』 4, 138~183쪽; 『每日申報』 1920년 10월 4일 제3면, 「暴虐殘忍호 馬賊團의 所爲 烈火猛焰中에 陷호 琿春」; Edward Bell(주일 임시 대리 대사) to Colby, October 8, 1920, 793. 94/1102 in *Records of the Department of State Relating to Political Relations between China and other States, 1910–29, Microfilm*, National Archives, Washington, 1960, No. 341, Roll 29(이하 *Political Relations between China and other States, 1910–29, Microfilm*, No 341, R 29로 표기).

51 『年表竝文書』 上, 516쪽(문서).

52 위의 책, 517~518쪽(문서); Bell to Colby, October 14 and 15, 1920, 793. 94/1104-1105, *Political Relations between China and other States, 1910–29, Microfilm*, No. 341, R 29. 주미 일본대사관이 국무성에 간도출병에 대한 각서를 보냈는데, 그 내용은 일본정부는 간도에서의 혼란 상황을 진압하기 위해 북경정권과 봉천·길림의 지방 당국에 공동 대처할 것을 부탁했으나 중국 당국은 이 제의를 거부하고 일방적으로 원정군을 조직했고 그 결과 사태가 개선되기는커녕 더 악화되었다. 그러한 가운데 혼춘사건이 일어났기 때문에 일본은 간도출병을 단행했다는 것이었다(Colby to American Embassy in Tokyo, October 26, 1920, 793. 94/1104-1110, *ibid*.).

53 姜德相 編, 『現代史資料28 朝鮮』 4, 188~669쪽. A. B. Ruddock to Colby, October 18, 1920, 793. 94/1132, *ibid.;* Bell to Colby, November 17, 1920, 793. 94/1119, *ibid.* 간도에 머물던 미국인들이 주일 미국대사관에 간도출병에 대해 상세하게 기록한 편지를 여러 통 보냈다. 편지에는 대부분이 기독교 신자인 간도에 살고 있는 무저항 조선인 농민에 대해 일본군이 놀랄 만한 갖가지 야만적 행위(대량학살, 가옥이나 교회, 학교, 수확물의 소각 등)를 했다고 적혀 있었다. 이는 본국에 보고되었다(Bell to Colby, November 18, 1920, 793. 94/1121, *ibid*.).

54 『每日申報』 1920년 10월 22일 제3면, 「國境方面情勢險惡」; 10월 31일 제3면, 「過激派勢力은 到處險惡」·「形言키 難호 慘狀」·「洪範圖의 露營地를 暗夜에 突擊」. 김좌진과 청산리전투에 대해서는 姜德相, 앞의 책, 1984, 104~130쪽 참조. 또 혼춘사건, 간도출병, 청산리전투에 이르는 과정에 대해서는 박은식, 앞의 책, 1946, 204~226쪽; 朴殷植 著, 姜德相 譯注, 앞의 책, 1972, 77~118쪽; 姜德相, 「海外における朝鮮獨立運動の發展」, 『東洋文化研究所紀要』 51, 東京大學東洋文化研究所, 1970, 59~79쪽; 『呂運亨評傳2 上海臨時政府』, 新幹社, 2005, 260~301쪽; 井上學, 「日本帝國主義と間島問題」, 『朝鮮史研究會論文集』 제10집, 1973, 64~69쪽; 東尾和子, 「琿春事件と間島出兵」, 『朝鮮史研究會論文

集』 제14집, 1977, 59~85쪽; Dae-Yeol Ku, *Korea Under Colonialism—The March First Movement and Angro-Japanese Relations*, The Royal Asiatic Society, Korea Branch, Seoul, 1985, pp.267-291 참조.

55 Bell to Colby, December 1, 1920, 793. 94/1126, *Political Relations between china and other States, 1910-29, Microfilm*, No. 341, R 29.

56 Bell to Colby, December 2, 1920, 793. 94/1127, *ibid.*; 1920년 11월 30일자 우치다 야스야內田康哉 앞으로 보낸 주간도총영사 대리 사카이 전보, 「日本外務省記錄」 MT-5-3-2-156-3, 『琿春ニ於ケル朝鮮人暴動一件 水町大佐ノステートメントノ部』.

57 『東京朝日新聞』 1920년 12월 3일 제4면, 「對宣敎師疏通 間島我軍の辨明」; 『大阪朝日新聞』 같은 날 제1면, 「討伐軍の行動と其辨明 間島に於ける」; "Japanese Warn British Missionary," in *The New York Times*, December 4, 1920.

58 Bell to Colby, December 7, 1920, 793. 94/1133, *Political Relations between China and other States, 1910-29*, No. 341, R 29.

59 外務省發表, 「水町大佐ノ'ステートメント'ニ關シ」 1920년 12월, 「日本外務省記錄」 MT-5-3-2-156-3, 『琿春ニ於ケル朝鮮人暴動一件 水町大佐ノステートメントノ部』.

60 『東京朝日新聞』 1920년 12월 12일 제2면, 「外務當局談」; 『東京日日新聞』 같은 날 제2면, 「水町大佐の通告 外務當局談」; "Japan Disavow Letter," in *The New York Times*, December 10, 1920.

61 Bell to Colby and Adee to the American Embassy in London, December 12 and 18, 1920, 793. 94/1134, *Political Relations between China and other States, 1910-29*, No. 341, R 29.

62 "Nippon Denies Statement by Col. Mizumchi," in *San Francisco Chronicle*, December 16, 1920; 1920년 12월 16일자 우치다 앞으로 보낸 주샌프란시스코총영사 오타 다메키치太田爲吉 공문, 「日本外務省記錄」 MT-5-3-2-156-3, 『琿春ニ於ケル朝鮮人暴動一件 水町大佐ノステートメントノ部』.

63 『東京日日新聞』 1920년 12월 11일 제3면, 「間島燒拂眞相 列國の誤解を釋くこととなつた」.

64 그 후 미즈마치 다케조水町竹三는 귀경 도중 12월 24일 시모노세키에서 갖가지 반일활동을 하고 있다며 간도의 선교사를 비난하는 한편, 자신들이 간도에서 그들과의 관계 개선을 위해 노력하고 있기 때문에 지금은 일본에 대한 반감이 없어진 듯하다고 말했다(『東京朝日新聞』 1920년 12월 27일 제2면, 「水町大佐語る 間島宣敎師問題」). 이 사실은 주일 미국대사관이 미즈마치를 동행 취재했던 우드Junius B. Wood의 수많은 일본의 정치 인터 기고문과 함께 국무성에 보고했다(Bell to Colby, January 7, 1921, 793. 94/1165, *Political Relations between China and other States, 1910-29*, No. 341, R 29).

65 Stuart J. Fuller(주천진 미국총영사) to Colby, November 13 and December 2, 1920, 793. 94/1137 and 1150, Ruddock to Colby, November 18 and December 4, 1920, 793. 94/1151, 1152 and 1157, Bell to Colby, December 22, 1920, 793. 94/1156 and

Charles R. Crane to Colby, December 23, 1920, 793. 94/1164, *ibid.*

66 A. W. Pontius to Colby, November 29, 1920, 793. 94/1143, *ibid.*

67 Foote to A. Oltmans, October 30, November 2 and 4, Martin, "The Morabawie Massacre," date unknown, T. D. Mansfield, "Statement," date unknown, Miller to Bell, November 24, 1920 and Bell to Colby, December 3, 1920, 793. 94/1146, *ibid.*

68 "Questions and Answers in the House of Commons," December 21, 1920 and Davis to Colby, January 19, 1921, 793. 94/1163, *ibid.*

69 『東京朝日新聞』 1920년 12월 3일 제4면, 「關東支軍不遜」; 『東京日日新聞』 같은 날 제2면, 「支那謝罪支兵妨害事件」; 『東京朝日新聞』 같은 날 제2면, 「間島交涉未決」; 『東京日日新聞』 같은 날 제2면, 「間島駐兵決議 清津府民大會」·「邦軍殘虐捏造」; 『東京日日新聞』 12월 7일 제3면, 「間島派遣軍引揚 今月中旬迄に朝鮮國境へ」; 『東京朝日新聞』 12월 10일 제2면, 「琿春事件交涉 警察權の要求を主とす」; 『東京日日新聞』 같은 날 제3면, 「朝鮮の現狀如何 唯心配な事許り 齋藤總督の談」; 12월 11일 제2면, 「背信書類發見 支那官憲の八百長討伐」·「琿春鮮人決議」; 『東京朝日新聞』 12월 18일 제2면, 「琿春交涉讓步 駐兵の代りに警察」; 12월 19일 제2면, 「レニンと不逞鮮人軍事同盟運動暴露」·「間島鮮人歸順」; 12월 21일, 「間島撤兵—二大隊殘置 陸軍省公表」.

70 『東京朝日新聞』 1920년 12월 5일 제2면, 「米宣教師詰問」.

71 『東京朝日新聞』 1920년 12월 10일 제3면, 「間島鮮人問答 ウッド氏と陶道尹」.

72 姜德相 編, 『現代史資料28 朝鮮』 4, 670~753쪽; 박은식, 앞의 책, 1946, 227~229쪽; 朴殷植 著, 姜德相 譯注, 앞의 책, 1972, 118~124쪽; "Japanese Ordered over Korean Line," in *The New York Times*, October 10, 1920; "Korean Rebels in Arms," in *ibid.*, November 5, 1920; "Saved by Chinese Troops," in *ibid.*, December 19, 1920; "Japanese Troops to Stay," in *ibid.*, December 20, 1920; "Koreans Charge Cruelty," in *ibid.*, December 24, 1920; "Japanese Police Watch Americans," in *ibid.*, January 28, 1921.

73 1920년 11월 5일자 육군차관 야마나시 한조山梨半造 앞으로 보낸 조선군 참모장 오노 도요시大野豊四 전보·12월 23일자 우치다 앞으로 보낸 국자가 분관주임 가와나미 쇼이치川南省一 전보·1921년 2월 3일자 외무차관 시게미쓰 마모루重光葵 앞으로 보낸 조선총독부 경무국장 마루야마 쓰루키치丸山鶴吉 공문, 「日本外務省記錄」 MT-5-3-2-156-5, 『琿春ニ於ケル朝鮮人暴動一件 外國ノ態度 與論ノ部』.

제12장 미국의원단의 동아시아 방문

1 上海日本總領事館在警察部第二課, 『朝鮮民族運動年鑑』, 1932, 84쪽; 주요한 편저, 『안도산전서』, 삼중당, 1963, 291·737·745·748쪽.

2 『東亞日報』 1920년 7월 9일 제2면, 「米議員東洋視察」.

3 木村昌人, 『澁澤榮一』, 中央公論社, 1991, 129쪽; 『東京朝日新聞』 1920년 4월 25일 제9면, 「米賓を迎ふる東京驛に親善第一握手」.

4 Reports of meetings of April 26 · 27 · 28 · 29 · 30 and May 1, 1920 enclosed in Roland S. Morris to Bainbridge Colly, May 10, 1920, 711. 94/333, *Records of the Department of State Relating to Political Relations between the United States and Japan, 1910–29 Microfilm*, National Archives, Washington, 1963, No. 423, Roll 2.

5 Morris to Colby, April 9, 1920, 711. 94/322, *ibid.*

6 『朝鮮民族運動年鑑』, 85쪽.

7 주요한 편저, 위의 책, 291~292 · 765~766쪽. 1920년 8월 8일자 우치다 야스야内田康哉 앞으로 보낸 주상해총영사 야마자키 게이이치山崎馨一 전보, 「日本外務省記錄」 MT-4-3-2-2-1-5, 『不逞團關係雜件 朝鮮人ノ部 在歐米』 4.

8 "The Great Yangtze River," and "The City of Shanghai," December 23, 1920, *Congressional Record, 66th Congress, 3rd Session*, Government Printing Office, Washington, 1921, vol. LX, Part 1, pp.707–709.

9 上海日本總領事館在警察部第二課, 『朝鮮民族運動年鑑』, 85~86쪽.

10 1920년 8월 8일자 우치다 앞으로 보낸 야마자키 공문, 「日本外務省記錄」 MT-4-3-2-2-1-7, 『不逞團關係雜件 鮮人ノ部 在上海地方』 3; 8월 10일자 우치다 앞으로 보낸 사이토 마코토齋藤實 전보, 「日本外務省記錄」 MT-4-3-2-2-1-5, 『不逞團關係雜件 朝鮮人ノ部 在歐米』 4.

11 "A Great Day in Hangchow," and "Nanking and the Ming Tomb," in December 23, 1920, *Congressional Record, ibid.*, pp.709–711.

12 "The Sacred Mountain of Tai-shan," "Enthusiastic Reception of at Tsinanfu, Capital of the Province of Shantung," and "A Week in Peking, the Ancient Capital of China," in *ibid.*, pp.711–713. 일행을 따라 대한민국임시정부 사람들도 상해에서 남경과 북경으로 향하고 있다는 사실이 일본정부에 보고되었다(1920년 8월 14일자 우치다 앞으로 보낸 야마자키 전보, 「日本外務省記錄」 MT-4-3-2-2-1-3, 『不逞團關係雜件 朝鮮人ノ部 在滿州』 20).

13 "The Great Wall of China," "Sightseeing in Peking," " 'The Temple of Heaven'," "The Temple of Confucius," "The Llama Temple," "The Summer Temple," "Twenty-seven Years' Work," and "The Forbidden City," in *ibid.*, pp.713–716.

14 上海日本總領事館在警察部第二課, 『朝鮮民族運動年鑑』, 86–87쪽; 주요한 편저, 위의 책, 292~295 · 768~771쪽; "Koreans Present Pleas–Tell Senator Harris and Representative Porter of Their Grievances," in *The New York Times*, August 23, 1920. 재중 일본공사관은 미국의원단 일행 내부에서 조선인은 무책임하고 자치능력이 없다는 취지의 이야기가 나오고 있다는 사실을 보고했다(1920년 8월 17일자 우치다 앞으로 보낸 주중공

사 오바타 유키치小幡西吉 전보, 「日本外務省記錄」 MT-4-3-2-2-1-4, 『不逞團關係雜件 朝鮮人ノ部 在內地』 11).

15 "Departure From Peking," "Eleven Busy Hours in Tientsin," "A Sunday at the Seashore," and "A Day in Mukden, Manchuria," in December 23, 1920, *Congressional Record*, *ibid.*, pp.716–718.

16 1920년 8월 15일자 우치다 앞으로 보낸 주봉천총영사 아카쓰카 쇼스케赤塚正助 전보, 「日本外務省記錄」 MT-4-3-2-2-1-5, 『不逞團關係雜件 朝鮮人ノ部 在歐米』 4. 미국에서도 일·미관계에 불화를 일으키기 위해 조선인이 일행을 습격하려는 계획이 있다고 도쿄발로 보도되었다. 그러나 이에 대해 김규식은 습격계획은 일본이 근거 없이 날조한 것이라며 반박했는데, 조선인은 현재 외부로부터 동정과 정신적 지원을 얻으려 하고 있기 때문에 일행에 대한 청원서 제출만을 계획하고 있다고 했다("Charge New Korean Plot–Japanese Report a Conspiracy to Kidnap American Congressman," and "Denies Korean Plot," in *The New York Times*, August 19 and 21, 1920.

17 1920년 8월 15일자 우치다 앞으로 보낸 아카쓰카 전보·8월 16일자 우치다 앞으로 보낸 사이토 전보, 위의 책.

18 1920년 8월 18일자 우치다 앞으로 보낸 사이토 공문, 위의 책.

19 "The Trip through South Manchuria and Korea," in December 23, 1920, *Congressional Record*, *op. cit.*, p.719.

20 1920년 8월 16일자 우치다 앞으로 보낸 오바타 전보, 「日本外務省記錄」 MT-4-3-2-2-1-5, 『不逞團關係雜件 朝鮮人ノ部 在歐米』 4.

21 1920년 8월 18일자 우치다 앞으로 보낸 오바타 전보, 위의 책; "Refuse Korean Invitation—American Congressional Party Will Attend Only Two Functions," in *The New York Times*, August 24, 1920.

22 1920년 8월 24일자 우치다 앞으로 보낸 아카쓰카 전보, 「日本外務省記錄」 MT-4-3-2-2-1-3, 『不逞團關係雜件 朝鮮人ノ部 在滿州』 20.

23 『東亞日報』 1920년 8월 4일 제2면, 「極東에 基督敎共和國—安着한 米國議員團의 宣言」; 8월 8일 제2면, 「上海에 來한 米議員」; 8월 10일 제2면, 「米國議員團動靜」; 8월 16일 제3면, 「朝鮮을 訪問할 米國議員의 面影」; 『每日新報』 8월 25일, 「米國議員團奉天着」·「歡喜滿面흔 米議員團萬歲聲裡出發」.

24 『東亞日報』 1920년 8월 17일 제3면, 「米國議員團의 來訪에 際하야 朝鮮人의 第二次 獨立運動」; 8월 22일 제3면, 「米議員의 來訪을 期하야 某種의 計劃發覺乎」; 8월 24일 제3면, 「擧事하기 三日前, 發覺逮捕된 光復團軍營特派決死隊 米國議員團入京當日에 爆發할 大計劃」; 『每日新報』 8월 17일 제3면, 「米國議員團의 入城을 機會로 ᄒᆞ야 排日朝鮮人의 大秘密計劃—冒險團은 米議員團을 殺害ᄒᆞ고 日米開戰을 起케ᄒᆞ야 獨立計劃의 目的을 達코러 大大的 暗中飛躍」.

25 『東亞日報』 1920년 8월 24일 제3면, 「今日에는 非常警戒」; 8월 25일 제3면, 「警官의 示威

와 警戒」; 『每日申報』 8월 25일 제3면, 「警備隊의 出動」.

26 『東亞日報』 1920년 8월 25일 제3면, 「京城市街全部撤市」.

27 『東亞日報』 1920년 8월 22일 제2면, 「美議員과 朝鮮代表 京城朝鮮人쌘의 歡迎會에 招請」; 8월 24일 제3면, 「朝鮮人側의 歡迎計劃」; 『每日申報』 1920년 8월 21일 제3면, 「米議員團着期와 歡迎會」.

28 『東亞日報』 1920년 8월 24일 제1면, 「米國議員團을 歡迎하노라」 · "Welcome to the Congressional Party"; 『每日申報』 8월 20일 제1면, 「米人의 半島來遊」; 8월 24일 제1면, "Welcome to American Congressional Visitors".

29 "The Trip through South Manchuria and Korea," December 23, 1920, *Congressional Record*, *ibid.*, p.718; 『東亞日報』 1920년 8월 25일 제3면, 「苦待하는 朝鮮國境」 · 「平壤도 無事通過」.

30 *ibid.*, p.719; 『東亞日報』 1920년 8월 26일 제3면, 「京義沿線에도 萬歲」.

31 1920년 8월 25일자 조선총독부 경무총장 아카이케 아쓰시赤池濃 앞으로 보낸 조선군 사령관 오바 지로大庭二郎 전보, 「日本外務省記錄」 MT-4-3-2-2-1-4, 『不逞團關係雜件 朝鮮人ノ部 在內地』 11. 이 전보에서는 의주에서 그러한 일이 있었다고 보고했는데, 이것은 신의주와 착각한 것으로 생각된다.

32 『東亞日報』 1920년 8월 24일 제3면, 「米國議員團長 '스몰' 氏 朝鮮民族에게 親愛의 情을 東亞日報를 通하야 傳達」.

33 그러한 일을 초래하는 일행에 관한 보도가 있었던 탓인지 당국은 『동아일보』 기자가 일행과 동행하는 것을 도중에 금지시켰다(『東亞日報』 1920년 8월 25일 제3면, 「我社記者은 拒絶」).

34 『東亞日報』 1920년 8월 26일 제2면, 「米國議員團長 스몰氏談」.

35 『每日申報』 1920년 8월 26일 제3면, 「朝鮮同胞에게 寄ᄒᆞᆫ 衷心의 希望과 通情」 · 「貴朝鮮人이 願ᄒᆞᄂᆞᆫ 獨立問題ᄂᆞᆫ 朝鮮과 日本에셔 論議ᄒᆞ기 不可能」 · 「米國議員團이 朝鮮同胞에게 忠心으로 寄ᄒᆞᄂᆞᆫ 書의 譯文」.

36 『每日申報』, 「京城府內到處에 獨立萬歲」 · 「險惡한 京城市中」.

37 "Visit of American Congressional Party to Seoul" by an American Young Men's Christian Association Secretary at Seoul, p.1 in A.B. Ruddock to Bainbridge Colby, September 9, 1920, Stanley K. Hornbeck Papers, Stanford University, Stanford, California, Box 329.

38 1920년 8월 25일자 우치다 앞으로 보낸 사이토 전보, 「日本外務省記錄」 MT-4-3-2-2-1-5, 『不逞團關係雜件 朝鮮人ノ部 在歐米』 4.

39 1920년 8월 24일자 우치다 앞으로 보낸 사이토 전보, 위의 책; 같은 날 하라 다카시原敬 · 척식국 장관 고가 렌조古賀廉造 앞으로 보낸 사이토 전보, 「日本外務省記錄」, MT-4-3-2-2-1-4, 『不逞團關係雜件 朝鮮人ノ部 在內地』 11.

40 『東亞日報』 1920년 8월 26일 제3면, 「自由의 客은 警戒中에 무사히 예정한 죠선호텔로」·「二十四日夜米議員團을 迎한 後 京城의 萬歲騷擾眞相」; "Visit of American Congressional Party of Seoul," pp.2–4.

41 "The Trip through South Manchuria and Korea," December 23, 1920, *Congressional Record, op. cit.*, pp.719–720; 『東亞日報』 1920년 8월 26일 제2면, 「米議員團動靜」·「米議員團總督訪問」·「總督米議員招待」.

42 『東亞日報』 1920년 8월 26일 제3면, 「二十五日에도 京城은 亦是撤市」.

43 "The Trip through South Manchuria and Korea," December 23, 1920, *Congressional Record, ibid.*, p.720. 조선총독부 측의 해석은 일행이 자발적으로 환영회 참석을 거절한 것으로 되어 있다(1920년 8월 25일자 우치다 · 고가 앞으로 보낸 사이토 전보, 「日本外務省記錄」 MT–4–3–2–2–1–5, 『不逞團關係雜件 朝鮮人ノ部 在歐米』 4 · MT–4–3–2–2–1–4, 『不逞團關係雜件 朝鮮人ノ部 在內地』 11).

44 "The Trip through South Manchuria and Korea," *ibid.;* "Visit of American Congressional Party to Seoul," p.4.

45 "The Trip through South Manchuria and Korea," *ibid.*

46 *Ibid.*

47 *Ibid.;* "Visit of American Congress Party to Seoul," p.4.

48 *Ibid.*; "Visit of American Congress Party to Seoul," pp.4–5.

49 *Ibid.*; "Visit of American Congress Party to Seoul," p.5.

50 *Ibid.*; "Visit of American Congress Party to Seoul," pp.5–7.

51 『東亞日報』 1920년 8월 26일 제3면, 「難言의 失望, 意外의 歡迎—絶望·沈默中에 突然히 米議員出現 熱烈한 歡呼裏에 個人의 資格으로 交驩」·「意外에 一人의 議員」·「正義人道로 奮鬪」·「群衆는 何故抑留」; 『每日申報』 8월 27일 제3면, 「'허—쓰민' 氏의 秋霜갓혼 質問」.

52 1920년 8월 25일자 우치다 · 고가 앞으로 보낸 사이토 전보(주 43과 같음).

53 위와 같음; 『東亞日報』 1920년 8월 26일 제3면, 「米議員團南下」; 8월 27일 제2면, 「米國議員團退京」; "The Trip through South Manchuria and Korea," *Congressional Record, op. cit.*

54 "Crossing the Tsushima Straits," *ibid.*; 『東亞日報』 1920년 8월 27일 제3면, 「米議員一行 釜山을 發하야」.

55 1920년 8월 27일자 아카이케 앞으로 보낸 오바 전보, 「日本外務省記錄」 MT–4–3–2–2–1–4, 『不逞團關係雜件 朝鮮人ノ部 在內地』 11.

56 『東亞日報』 1920년 8월 26일 제1면, 「正義와 人道를 爲하야 亞細亞를 解放하라 米國議員團의게」.

57 『東亞日報』 1920년 8월 27일 제3면, 「東亞日報를 介하야 朝鮮青年에게 謝意傳達」.

58 『東亞日報』 1920년 8월 28~30일 제1면, 「米國來賓의 傳하는 말 헐스민 씨의 演說 스몰 씨의 傳言」.

59 『東京朝日新聞』 1920년 8월 26일 제5면, 「今夕下關に米賓の歡迎宴—今朝釜山を出帆す」; "At Shimonoseki and on the Inland Sea of Japan," *Congressional Record, ibid.*

60 『東京朝日新聞』 1920년 8월 18일 제5면, 「米議員の來鮮を機會に獨立陰謀—爆彈を投じて日米國交に禍せん計畫 悉く未然に防ぐ」; 8월 24일 제5면, 「陰謀團檢擧さる—殘虐なる其計畫」; 8월 26일 제3면, 「京上の米議員團」; 8월 27일 제3면, 「米議員團渡日」.

61 『東京朝日新聞』 1920년 8월 27일 제5면, 「婦人達 日本へ着いて安堵した笑顏」; 『東亞日報』 8월 28일 제3면, 「米議員團은 宮島로」; 8월 29일 제3면, 「宮島의 米議員團」; "At Simonoseki and the Inland Sea of Japan," and "A Day on the Sacred Island of Miyajima," *Congressional Record, ibid.*, pp.720-721.

62 『東京朝日新聞』 1920년 8월 29일 제5면, 「米國議員團 京都着—驛前の盛觀 一行の歡喜」; 8월 30일 제5면, 「米議員團の保津川下り—日米國旗で飾られた遊覽船」; 8월 31일 제5면, 「米議員團 奈良見物」; 『東亞日報』 1920년 8월 30일 제3면, 「米議員團京都着」; "In Kobe and Kyoto, the Ancient Capital of Japan," "Shooting the Hodzu Rapids," "A Visit Nara," "The Imperial Palace," and "A Local Kyoto Feature," *ibid.*, pp.721-723.

63 『東亞日報』 1920년 8월 30일 제3면, 「川村警保局長의 渡來는 某種重大協議?」.

64 『東亞日報』 1920년 8월 31일 제3면, 「極히 沈默하고 多情한 歡迎裏에 米宣教師團入京」; 『每日申報』 1920년 8월 31일 제3면, 「世界日曜學校參列者 米宣教師團入城 三十日朝南大門驛着」·「靑年會館의 歡迎會」·「米國視察團歡迎會에 一大講演會開催 三十一日靑年會館에서」.

65 『東亞日報』 1920년 9월 1일 제3면, 「貞洞第一教會의 米宣教師歡迎會」.

66 『東亞日報』 1920년 9월 1일 제3면, 「米議員團着東과 横浜市의 大警戒」.

67 『東京朝日新聞』 1920년 9월 3일 제5면, 「日の丸を胸にして米議員團入京」; 『每日新報』 1920년 9월 4일, 「米國議員團一行 無事東京着」; "A Day's Railway Ride in Interior Japan," and "Official Interchanges of Courtesies," *Congressional Record, op. cit.*, pp.723-724.

68 『東京朝日新聞』 1920년 9월 3일 제5면, 「悸然させた車內の鮮人學生」.

69 『東京朝日新聞』 1920년 9월 3일 제5면, 「自動車上の米國議員に肉薄—不穩の旗を翻せる鮮人四名を日比谷署に檢擧」.

70 『東亞日報』 1920년 9월 3일 제3면, 「米國議員의 東京到着에 際하야 一大運動計劃의 發覺」; 『每日新報』 1920년 9월 3일 제3면, 「米議員團이 到着흔際 山下橋에서 軍號一聲—朝鮮人學生五名留置」·「米議員團의 所經沿道에서 赤旗를 들고 排日意思」·「排日朝鮮人 警官과 格鬪」; 『朝鮮民族運動年鑑』, 87~88쪽. 이러한 상황을 보도한 『동아일보』는 같은 날 같은 지면에 조선인 앞으로 보낸 스몰J. H. Small의 영문 편지 사본과 조선어 번역문 그리고 열차로 서울을 통과하는 라인쉬Paul S. Reinsch의 모습을 찍은 사진을 게재했다(『東

亞日報』 1920년 9월 3일 제3면, 「朝鮮人士에게—米國議員團長의 書簡」·「京城을 通過한 米國政界의 彗星」).

71 『東京朝日新聞』 1920년 9월 4일 제5면, 「秘藏の歡迎辭樣樣に 日米議員の握手」; 9월 7일 제5면, 「米賓歡待の煙花と踊」; 9월 8일 제5면, 「亞米利加馴染の招待で ハメを外した米賓連」; "We Meet Marquis Okuma," "A Day and Night at Nikko," "Garden Party at an Arsenal Park," "sight-seeing in Tokyo," "American College Alumni Garden Party," "The Pan-Pacific Union," "The Y.M.C.A. in the Orient," "A Big Commercial Organization Gives A Japanese Theatrical Entertainment and Dinner," "Japan's State Department Gives A Luncheon," " 'The California Question'," "A Visit to Kamakura," *Congressional Record*, *op. cit.*, pp.724-728.

72 "We Sail for Home," *ibid.*, p.728.

73 "Koreans Hail Congress Party—Japanese Hear Rumor of Plot," in *The New York Times*, August 26, 1920; "Continue Korean Tour-Congressmen Carry Out Program Despite Reports of Plot," in *ibid.*, August 27, 1920; "Clash in Seoul Over Congressman—Police Stop an Impromptu Meeting That was Addressed by Hersman," in *ibid.*, August 28, 1920; "Okuma says Japan Asks a Free Hand—Her Work in China and Korea Compared to America's in Hawaii and Philippines," in *ibid.*, September 6, 1920.

74 "Californian Sees Koreans Kicked, Beaten—Congressional Party Home from Orient Brings Details of Outrages Against Patriots," in *San Francisco Examiner*, October 3, 1920. 일행이 조선에 도착한 8월 24일, 『호놀룰루 애드버타이저*Honolulu Advertiser*』는 사설에서 일본이 말하고 있는 조선인이 일행에 위해危害를 가하려고 기도하고 있다는 것은 거짓말로, 일행도 일본이 말하는 것을 그대로 믿을 정도로 물정에 어둡지는 않다고 보도했다. 또한 현지의 일본 공관도 이러한 보도를 도쿄에 보고했다(1920년 8월 27일자 우치다 앞으로 보낸 주호놀룰루총영사 야다 조노스케矢田長之助 전보, 「日本外務省記錄」 MT-4-3-2-2-1-5, 『不逞團關係雜件 朝鮮人ノ部 在歐米』 4).

75 『東京朝日新聞』 1920년 9월 7일 제5면, 「鮮內事情の報道自由—之も川村氏斡旋の結果」.

76 1920년 9월 20일자 우치다 앞으로 보낸 사이토 공문, 「日本外務省記錄」 MT-4-3-2-2-1-5, 『不逞團關係雜件 朝鮮人ノ部 在歐米』 4.

77 이 시기 미국의원단의 동아시아(조선) 방문과 조선독립운동에 관한 연구로는 박영석, 「미국의원단 내한」, 『한미수교 100년사』, 국제역사학회의 한국위원회, 1982, 260～271쪽; 姜德相, 『呂運亨評傳2 上海臨時政府』, 新幹社, 2005, 제11장, 「アメリカ議員團を迎えて」, 157～199쪽 등이 있다.

제13장 워싱턴회의와 독립운동

1 Robert K. Murray, *The Harding Era—Warren G. Harding and His Administration*, University of Minnesota Press, Minneapolis, 1969, pp.1-128.

2 Philip Jaisohn to President-Elect Warren G. Harding, November 22, 1920 in Jaisohn, *My Days in Korea*, Yonsei University Press, Seoul, 1999, pp.209-220.

3 上海日本總領事館在警察部第二課, 『朝鮮民族運動年鑑』, 1932, 125~126쪽.

4 유영익, 『이승만의 삶과 꿈』, 중앙일보사, 1996, 150~156쪽.

5 Jaisohn to George B. Christian, May 11, 1921 and Christian to Jaisohn, May 12, 1921 in Warren G. Harding Papers, Ohio Historical Society, Columbus, Ohio, Microfilm, Roll 198.

6 Dolph to Hughes, May 23, 1921 and Spencer to Hughes, May 23, 1921, 895. 00/693, *Internal Affair, Korea, 1910-29 Microfilm*, No. 426, R 3.

7 Henry Chung to Christian, June 28, 1921, Harding Papers, *ibid.*

8 유영익, 위의 책, 154~156쪽.

9 Soon Hyun (현순) to Hughes, May 11, 1921, 895. 00/690, *Internal Affairs, Korea, 1910-29, Microfilm*, No. 426, R 3.

10 Dolph to Hughes, May 17, 1921, 895. 01B11/1 and Jaisohn to Hughes, May 17, 1921, 895, 01B11/2, *ibid.*, R 4.

11 Hughes to Christian, May 16, 1921, 895. 00/691, *ibid.*, R 4.

12 Hughes to Christian, July 2, 1921 and Christian to Chung, July 2, 1921, Harding Papers, *ibid.*

13 Murray, *ibid.*, pp.142-148; 『年表竝文書』 上, 252쪽(연표).

14 『原敬日記』 9, 1921년 7월 12·18·19·22·31일, 8월 23일, 368~369·372~373·377~378·385~386·401쪽; 內田康哉傳記編纂委員會·鹿島平和硏究所 編, 『內田康哉』, 鹿島硏究所出版會, 1969, 248~259쪽; Roger Dingman, *Power in the Pacific—The Origins of Naval Arms Limitation, 1914-1922*, The University of Chicago Press, Chicago and London, 1976, pp.180-195.

15 유영익, 위의 책, 156~244쪽.

16 "Say Koreans Ask Liberty," in *The New York Times*, August 8, 1921. "Korean Will Press Claims," in *ibid.*, August 29, 1921.

17 Rhee to Kopogo, August 19, 1921 in the Institute for Modern Korean Studies, ed., *The Syngman Rhee Telegram*, Joong-Ang Ilbo and The Institute for Modern Korean Studies, Yonsei University Press, Seoul, 2000, vol. IV, p.161.

18 「太平洋會議에 對한 事實 概論」, 연세대학교 국제학대학원 부설현대한국학연구소 · 우남이승만문서편찬위원회 편, 『(이화장 소장) 우남이승만문서 동문편』 제8권, 중앙일보사 · 현대한국학연구소, 1998, 363~372쪽.

19 「太平洋會議 外交委員會 幹事會 組織」·「太平洋會議의 對한 外交委員會規則」·「通告文」, 위의 책, 375~381쪽.

20 「列强會議 韓人準備委員會 傳單」·「宣言書」, 위의 책, 384~385 · 387~389쪽.

21 Jaisohn to Harding, September 24, 1921, Christian to Hughes, September 26, 1921 and Hughes to Christian, October 5, 1921, 500A4/201, St. Dec, File 10-29, National Archives, Washington, Record Group 59, Box 5244.

22 An Appeal from the Korean Mission to the Washington Conference, October 1, 1921 in Jaisohn, *op. cit.*, pp.221-226 and "Korea's Appeal to the Conference on Limitation of Armament," December 21, 1921, *Senate, 67th Congress, 2nd Session*, Government Printing Office, Washington, 1922, Document No. 109, pp.8-11.

23 『東京朝日新聞』 1921년 8월 12일 제1면, 「太平洋會議を期して又復朝鮮獨立運動」; 8월 20일 제2면, 「鮮人自立の宣傳」; 8월 24일 제1면, 「朝鮮假政府 華府會議へ代表」; 8월 31일 제1면, 「朝鮮獨立宣傳」·「鮮支人提案決議」; 9월 5일 제1면, 「米國では朝鮮を問題にしては居らぬ」; 10월 3일 제1면, 「朝鮮の獨立なぞ問題に非ずと米当局一笑に付す」; 10월 12일 제1면, 「鮮人の請願書 米國議員に獨立運動」.

24 1921년 5월 18일자 우치다 야스야內田康哉 앞으로 보낸 주뉴욕총영사 구마자키 교熊崎恭 공문 · 6월 16일자 우치다 앞으로 보낸 주상해총영사 야마자키 가오루山崎馨 공문 · 6월 19일자 우치다 앞으로 보낸 주샌프란시스코총영사 야다 조노스케矢田長之助 전보 · 7월 2일자 우치다 앞으로 보낸 야다 공문, 「日本外務省記錄」 MT-4-3-2-2-1-13, 『不逞團關係雜件 鮮人ノ部 上海假政府』 3; 1921년 8월 18일자 우치다 앞으로 보낸 야다 전보 · 8월 31일자 우치다 앞으로 보낸 주미대사 시데하라 기주로幣原喜重郞 전보 · 外務省亞細亞局第三課, 「太平洋會議ト不逞鮮人ノ運動」 1(1921년 9월 말 조사), 위의 책, MT-4-3-2-2-1-15, 『不逞團關係雜件 朝鮮人ノ部 鮮人ト太平洋會議』 1.

25 1921년 10월 13일자 시데하라 앞으로 보낸 우치다 전보 · 10월 20일자 우치다 앞으로 보낸 시데하라 전보, 위의 책, 『不逞團關係雜件 朝鮮人ノ部 鮮人ト太平洋會議』 1.

26 "Arraigns Japanese Rule," in *The New York Times*, June 13, 1921; "Japan and Korea," in *The New York Times Book Review and Magazine*, vol. Ⅲ, June 26, 1921.

27 『東亞日報』 1921년 5월 9일 제3면, 「米國務卿에 懇請說」; 8월 13일 제3면, 「華盛頓會議에 運動」; 8월 18일 제2면, 「朝鮮問題와 米新聞」.

28 『每日新報』 1921년 8월 22일 제1면, 「太平洋會議와 朝鮮問題」.

29 김상태 편역, 『윤치호일기 1916~1943』, 역사비평사, 2001, 1921년 8월 11일, 232쪽. 1920년대 이후의 윤치호의 사상적 측면에 관해서는 梁賢惠, 『尹致昊と金教臣 その親日と抗日の論理』, 新教出版社, 1996, 81~97쪽; 森山茂德, 「日本の朝鮮支配と朝鮮民族主義—

1920年代の '朝鮮自治論'を中心として」; 北岡伸一・御廚貴 編, 『戰爭・復興・發展』, 東京大學出版會, 2000, 29~31쪽 참조.

30 『年表竝文書』 上, 253쪽(연표)・529~530쪽(문서); 外務省歐米局第三課, 「華盛頓會議京經過 第二部 太平洋及極東ニ關スル問題」, 『日本外交文書』, ワシントン會議極東問題, 外務省, 1976, 14쪽

31 "Japanese Premier Stabbed to Death by Korean Fanatics," in *The New York Times*, November 5, 1921.

32 『年表竝文書』 上, 529~530・534~540쪽(문서); 『年表竝文書』 下, 1~21・23~24쪽(문서); "Armament Conference Treaties," February 3, 1921, *Senate, 67th Congress, 2nd Session*, Government Printing Office, Washington, 1922, Document No. 124, pp.5-44. Murray, *op. cit.*, pp.196-214; Dingman, *op. cit.*, pp.150-158; Betty Grad, *Charles Evans Hughes and the Illusions of Innocence—A Study in American Diplomacy*, University of Illinois Press, Urbana and London, 1966, pp.269-303; 服部隆龍二, 「ワシントン會議と極東問題—1921~1922」, 『史學雜誌』 제108편 제2호; 服部隆 龍二, 『東アジア國際環境の變動と日本外交 1918~1931』, 有斐閣, 2001, 제2장 「ワシントン體制の成立と'國際變動の第二波'—高橋, 加藤, 山本內閣期(1921년 11월~1924년 1월)」의 1절 「ワシントン會議と極東問題」, 89~112쪽.

33 齊藤孝, 『戰間期國際政治史』, 岩波書店, 1978, 97~98쪽. 워싱턴체제론에 관해서는 服部隆龍二, 위의 책, 서론 「戰間期東アジアにおける'四つの國際變動'」 중 1절 「'戰間前期'東アジア國際政治の全體像」, 2절 「ワシントン体制下の東アジア國際政治」, 6~12쪽; 小池聖一, 「'ワシントン體制'理解の變遷—戰後日本近現代史の史學史的一考察」, 『中央史學』 제21호, 1998, 41~71쪽이 있다.

34 Young Korean Independence Party Representative to Hughes, November 7, 1921, 310 Korea in *Records of the Conference on the Limitation of Armament, 1921-1922*, National Archives, Washington, Record Group 43, No.76, Box 244(이하 *RCLA, 1921-22*, RG 43, No. 76, B244로 표기).

35 「中韓協會 特別幹事部 公牒」・「中韓協會 宣言書」・「快郵代電」・「致各社團 通電」・「特電」・「致米國政府及華府會議 各國代表電」・「致華府會議 中國代表電」, 『(이화장 소장) 우남이승만문서 동문편』 제8권, 404~417쪽. 그리고 우치다 야스야는 시데하라 기주로에게 중한협회의 동향에 주의하라는 훈령을 내렸다(1921년 11월 23일자 시데하라 앞으로 보낸 우치다 전보, 「日本外務省記錄」 MT-4-3-2-2-1-15, 『不逞團關係雜件 朝鮮人ノ部 鮮人ト太平洋會議』 2).

36 Hamilton & Howell to Hughes, November 29, 1921, 310 Korea/4 in *RCLA, 1921-22*, RG 43, No. 76, B244.

37 Korea' s Appeal to the Arms to Hughes, December 1, 1921 in Jaisohn, *op. cit.*, pp.226-232 and "Korea's Appeal to the Conference," pp.3-7. 후자의 문서에 관해 회의의 일본대표단이 본국에 보고했다(1922년 12월 25일자 우치다 앞으로 보낸 워싱턴회의

전권 전보, 「日本外務省記錄」 MT-4-3-2-2-1-15, 『不逞團關係雜件 朝鮮人ノ部 鮮人ト太平洋會議』 2).

38 Sino-Korean General Association to Hughes and Members of Pacific Conference, December 4, 1921, 310 Korea/1 in *RCLA, 1921-22*, RG 43, No. 76, B244.

39 Resolutions by the Missionary Society of the Gunton—Temple Presbyterian Church, Washington, D.C., December 14, 1921 and Warden Nick Wilson to Stanley, December 16, 1921, 310 Korea/3 in *ibid*.

40 Chung to Secretary General of Conference on Limitation of Armament, January 2, 1922, 310 Korea/5 in *ibid*. 「한국 인민이 태평양회의에 부치는 글」은 『(이화장 소장) 우남이승만문서 동문편』 제8권, 390~403쪽에도 실려 있다.

41 The Undersigned Citizens of the United States to Hughes, January 15, 1922, 310 Korea/6-7 and Chung to Secretary General of Conference on Limitation of Armament, January 26, 1922, 310 Korea/8 in *ibid*.

42 Jaisohn to Harding and Christian, January 27, 1922, 500A4/356, St. Dec. File 10-29, Record Group 59, Box 5244.

43 外務省亞細亞局第三課, 「太平洋會議ト在外鮮人ノ運動」 제1-4; 「日本外務省記錄」 MT-4-3-2-2-1-15, 『不逞團關係雜件 朝鮮人ノ部 鮮人ト太平洋會議』 1~2.

44 "Say Japanese Wish to Quit Shantung," in *The New York Times*, November 26, 1921. 그리고 다가와 다이키치로田川大吉郎와 우에하라 에쓰지로植原悅二郎에 대해서는 松尾尊兊, 『民本主義と帝國主義』, みすず書房, 1998 참조.

45 "Korean Demand Hearing-Warn Conference Against an 'Asiatic Alsace-Lorraine'," in *The New York Times*, December 12, 1921 and "Koreans Publish Appeal to Conference—Ask Independence as Guarantee of Peace," in *ibid*., January 2, 1922.

46 『東亞日報』 1921년 11월 16일 제1면, 「華府會議에 對하야 朝鮮民衆에게 告하노라」.

47 『東亞日報』 1921년 12월 31일 제3면, 「華府會議와 朝鮮獨立運動」.

48 『每日申報』 1921년 12월 18일 제2면, 「華府會議와 朝鮮」 (1); 8월 20일 제2면, 「華會와 在滿鮮人」; 1922년 1월 5일 제2면, 「獨立運動不願」.

49 「華府會議ニ對スル在京鮮人ノ感想ノ件」 1922년 2월 2일, 「日本外務省記錄」 MT-4-3-2-2-1-15, 『不逞團關係雜件 朝鮮人ノ部 鮮人ト太平洋會議』 3.

50 워싱턴회의에서의 이승만의 여러 활동을 다룬 흥미로운 기록으로는 "Syngman Rhee," in Cyrus Arthur Player, *Arms—and the Men*, The Evening News Association, Detroit, Michigan, 1922, pp.111-114가 있다.

51 워싱턴회의에 대한 조선 독립운동가들의 활동에 관한 선행연구로는 방선주, 「1921-22년의 워싱턴회의와 재미한인의 독립청원운동」, 국사편찬위원회 편찬 · 발행, 『한민족독립운동사』 6, 1989, 195~222쪽 참조.

52 「太平洋會議彙報」 1922년 1월 27일, 「日本外務省記錄」 MT-4-3-2-2-1-15, 『不逞團關係雜件 朝鮮人ノ部 鮮人ト太平洋會議』 3.

53 『東亞日報』 1922년 2월 6～13일 · 15～17일 제1면, 「記者大會에서 華盛頓會議에」 (1)～(11).

54 1922년 2월 22일자 우치다 앞으로 보낸 주장춘영사 야마자키 헤이키치山崎平吉 공문, 「日本外務省記錄」 MT-4-3-2-2-1-3, 『不逞團關係雜件 朝鮮人ノ部 在滿州ノ部』 3.

55 "Korea Loses Hope of Gaining Liberty," in *Washington Post*, March 23, 1922.

56 예를 들면 『新韓民報』 1922년 2월 9일 제1면, 「이번 회의는?」; 2월 16일 제1면, 「와싱톤 회의의 결과」; Charles S. Thomas, "Korea is Right," in *Korea Review*, March 1922, pp.8-9 참조.

57 1922년 2월 14일자 우치다 앞으로 보낸 주시카고영사 구와지마 가즈에桑島主計 공문, 「日本外務省記錄」 MT-1-5-3-15-2, 『朝鮮人ニ對スル施政關係雜件 輿論ノ部』.

58 Thomas to J. W. Gawett, March 1, 1922, 310 Korea/9 in *RCLA, 1921-22*, RG 43, No. 76, B244.

제14장 극동노동자대회와 독립운동

1 村田陽一 編譯, 『資料集 · コミンテルンと日本』 제1권, 大月書店, 1968, 512쪽; 鈴木茂三郎, 『ある社會主義者の半生』, 文藝春秋社, 1958, 108～117쪽; 岸本英太郎 · 渡邊春男 · 小山弘健, 『片山潛』 제2부, 未來社, 1960, 111～115쪽; 渡邊春男, 『片山潛と共に』, 和光社, 1955, 33～35쪽; 『日本マルクス主義運動の黎明』, 青木書店, 1957, 76～78쪽.

2 村田陽一 編譯, 위의 책, 18～20쪽; いいだもも 編譯, 『民族 · 植民地問題と共産主義 コミンテルン全資料 · 解題』, 社會評論社, 1980, 58～60쪽; 山邊健太郎 編, 『現代史資料14 社會主義運動』 1, みすず書房, 1964, 2～3쪽.

3 村田陽一 編譯, 위의 책, 19쪽; 山邊健太郎 編, 위의 책, 3쪽.

4 村田陽一 編譯, 위의 책, 21쪽. 제3회 대회와 조선문제에 대해서는 水野直樹, 「コミンテルンと朝鮮—各大會の朝鮮代表の檢討を中心に」, 朝鮮民族運動史研究會 編, 『朝鮮民族運動史』 제1호, 青丘文庫, 1984, 84～87쪽 참조.

5 いいだもも 編譯, 위의 책, 22～52쪽.

6 E. H. Carr, *The Bolshevik Revolution 1917-1923*, The Macmillan Press Ltd., London, 1953, vol. 3, p.256; E. H. カー 著, 宇高基輔 譯, 『ボリシェビキ革命』 제3권, みすず書房, 1971, 195쪽; 水野直樹, 위의 글, 77～83쪽.

7 村田陽一 編譯, 위의 책, 11쪽; いいだもも 編譯, 위의 책, 341～348쪽.

8 村田陽一 編譯, 위의 책, 11～14쪽; いいだもも 編譯, 위의 책, 349～353쪽.

9 荒畑寒村, 『寒村自傳』 下卷, 岩波書店, 1975, 21쪽.

10 岸本英太郎·渡邊春男·小山弘健, 『片山潛』 제2부, 207~211쪽; 渡邊春男, 위의 책, 1957, 131~132·148~152쪽.

11 上海日本總領事館在警察部第二課, 『朝鮮民族運動年鑑』, 1932, 150쪽을 보면 사망 272명, 익사 31명, 행방불명 250여 명, 포로 917명으로 기록되어 있다. 한편 「朝鮮治安狀況(國外)」(朝鮮總督府警務局, 1922)과 金正柱, 『朝鮮統治資料』 제7권(韓國史料硏究所, 1971, 37쪽)에서는 사망 37명, 부상 4명, 도망 50여 명, 포로 900여 명으로 기록되어 있어 같은 일본의 관헌자료에도 포로 이외의 숫자에서 상당한 의문점이 보인다. 자세한 것은 임경석, 『한국 사회주의의 기원』, 역사비평사, 2003 가운데 제9장 「두 개의 창당대회」·제10장 「자유시의 비극」·제11장 「두 공산당의 혁명이론과 정책」, 349~461쪽; 姜德相, 『呂運亨評傳 2 上海臨時政府』, 新幹社, 2005, 405~417쪽 참조.

12 임경석, 「극동민족대회와 조선대표단」, 『역사와현실』 1999년 6월호, 3~5쪽 ; 『한국 사회주의의 기원』 중 제12장 「모스크바 외교전」, 462~494쪽.

13 1921년 11월 7일 「7. 재상해 고려공산당 등의 대표 파견의 건」·11월 11일 「9. 상해의 공산당원의 동향 등에 관한 건」, 金正明, 『朝鮮獨立運動』 V, 原書房, 1967, 283~286쪽.

14 德田球一, 「わが思い出」, 『德田球一全集』 제5권, 五月書房, 1986, 270~271쪽.

15 渡邊春男, 앞의 책, 1957, 153~154쪽; 앞의 책, 1955, 73쪽; Carr, *op. cit.*, pp.526-527; 앞의 책, 393쪽;山極晃, 「極東民族大會について」 (1), 『横浜市立大學論叢』 제17권, 人文科學系列 制二·三合併號, 1965, 22쪽. 또한 임경석은 『한국 사회주의의 기원』, 505쪽에서 개최 시기 변경 이유에 대해 "……12월에 들어서도 대회 준비가 아직 끝나지 않았다. 결국 각국 대표자들이 예정 기일을 훨씬 초과한 뒤에 이르쿠츠크에 집결했다는 사정이야말로 대회의 개최 일시가 연기된 가장 주요한 이유였다" 라고 했다. 또한 같은 책, 517쪽에서 개최 장소 변경 사정에 대하여 "……12월 3일, ……모스크바의 집행위원장인 슈미아츠키 Boris Shumiatskii는 대회 개최일을 빨리 통지해달라고 요청했다. ……회원들은 모스크바에 12월 하순에 왔다.……이르쿠츠크 개최 일정을 취소하고 모스크바에서 대회를 열어 모두 모스크바로 왔다는 것이다……" 라고 했다.

16 Xenia Joukoff Eudin and Robert C. North, *Soviet Russia and the East 1920-1927—A Document Survey*, Stanford University Press, 1957, p.145. 이 책에서는 예비회의에 참가한 조선대표의 수를 39명이라고 했다.

17 가타야마센片山潛이 열차로 모스크바역에 도착했을 때 스탈린, 트로츠키, 지노비에프 Grigorii E. Zinoviev를 비롯한 볼셰비키 정권과 코민테른을 대표하는 고관들이 마중 나왔다(岸本英太郎·渡邊春男·小山弘健, 『片山潛』 제2부, 223~225쪽; 渡邊春男, 앞의 책, 1955, 102~104쪽; 앞의 책, 1957, 154~157쪽).

18 鈴木茂三郎, 앞의 책, 1958, 119~123쪽.

19 渡邊春男, 위의 책, 1957, 58쪽.

20 渡邊春男, 위의 책 1957. 이 여정이 꽤 가혹했던 것에 대해서는 呂運亨, 「모스크바의 印象

—나의 回想記 第四編」, 『中央』 1936년 6월호; 몽양여운형선생전집발간위원회 편, 『몽양 여운형전집』 1, 한울, 1991, 70~72쪽; 이정식, 『김규식의 생애』, 신구문화사, 1974, 82쪽; 우사연구회 편, 『우사김규식 생애와 사상 ① 항일독립투쟁과 좌우합작』, 한울, 2000, 79~80쪽 참조.

21 반병률, 『성재 이동휘 일대기—조국광복만을 위해 살다 간 민족의 거인』, 범우사, 1998, 339~346쪽; 姜德相, 앞의 책, 2005, 431~445쪽.

22 임경석, 앞의 글, 1999, 18쪽; 앞의 책, 2003, 518쪽.

23 임경석, 위의 글, 12~14쪽; 위의 책, 507~511쪽.

24 대회에 대한 일본의 선행연구로는, 山邊春男, 「日本近代史研究における資料批判—'極東民族大會の思い出'に關連して」, 『思想』 1959년 10월호, 岩波書店(이것은 대회에 참가한 당사자의 회상인 와타나베 하루오渡邊春男의 「極東民族大會の思い出—アジアの獨立勤勞者の黎明」, 『思想』 1957년 1월호에 대한 비판으로 나왔다. 이에 대한 반론으로 渡邊春男·小山弘健, 「ふたたび極東民族大會について—山邊健太郎の批評に答える」, 『思想』 1959년 12월호가 나왔다). 이 밖에 山極晃, 「極東民族大會について」 (1), 辻野功, 「極東勤勞者大會について—日本問題を中心にして」, 『キリスト教社會問題研究』 제13호, 同志社大學人文科學研究所, 1968; 山極晃,「極東民族大會と中國」, 『國際法外交雜誌』 제68권 제2호, 國際法學會, 1969 등이 있다. 또한 川端正久, 『コミンテルンと日本』, 法律文化社, 1982도 제4장이 「極東民族大會」로 되어 있는데 주로 일본문제와 일본대표단에 대해 다뤘다.

25 渡邊春男, 위의 책, 161쪽.

26 渡邊春男, 위의 책, 161~165쪽; 여운홍, 『몽양여운형』, 청하각, 1967, 66~67쪽; 李萬珪, 『呂運亨鬪爭史』, 民主文化社, 1946(몽양여운형선생전집발간위원회 편, 『몽양여운형전집』 2, 한울, 1993에 수록), 284~285쪽.

27 李萬珪, 위의 책, 285쪽.

28 The Communist International, *The First Congress of the Toilers of the Far East*, Petrograd, 1922, pp.1-6; コミンテルン 編, 高屋定國·辻野功 譯, 『極東民族大會』, 合同出版, 1970, 23~27쪽; 村田陽一 編譯, 앞의 책, 1968, 36~37쪽.

29 *ibid.*, pp.6-7; コミンテルン 編, 高屋定國·辻野功 譯, 위의 책, 27~28쪽.

30 *ibid.*, pp.7-8; コミンテルン 編, 高屋定國·辻野功 譯, 위의 책, 29~30쪽; 村田陽一 編譯, 위의 책, 37~38쪽.

31 *ibid.*, pp.9-11; コミンテルン 編, 高屋定國·辻野功 譯, 위의 책, 30~34쪽; 村田陽一 編譯, 위의 책, 38쪽.

32 コミンテルン 編, 高屋定國·辻野功 譯, 위의 책, 323쪽; 山極晃, 「極東民族大會について」 (1), 38~42쪽; 村田陽一 編譯, 위의 책, 515쪽. 이 점에 관해서 岩村登志夫, 「極東勤勞者大會開會式發言者の謎—記錄と記憶」, 『思想』 1979년 6월호는 '가토加藤와 요오즈=동일 인물인 가토 요오즈' 등 여러 가지를 추리한 결과, '요오즈=요시다 하지메吉田一' 설

을 제기했다. 가와바타 마사히사川端正久도 앞의 책, 1982, 267~268쪽에서 요오즈가 요시다라고 추측하고 있다. 또한 와타나베 하루오는 파리강화회의에서 전승국이 획득물을 분배하고 거기에 윌슨이 제창한 민족자결의 미명이 덮어 씌워지자, 조선인들은 이러한 위선적 풍조에 현혹되어 상해의 대한민국임시정부를 두고 영국과 미국 등에 의존함으로써 독립을 달성하려 했지만, 그것은 일본 대신 새로운 타국의 식민지가 되는 것과 같다고 주장했다. 또한 조선인들은 언어와 풍속을 함께하는 민족(조선 민족?) 가운데에서도, 그것들을 달리하는 지배국의 민족(일본 민족?) 중에서 적과 아군을 분별할 필요가 있고, 식민지 민족의 해방은 지배국의 프롤레타리아 해방과 연결되어 있다고 말했다. 이에 대해 조선대표 가운데 한 사람이 일본과 조선의 공동전선 결성에 대해 구체적인 방침을 물었지만 자신은 "그러한 문제는 다른 기회에 신중하게 논의되어야 한다"고 대답한 뒤 성대한 박수를 받으며 연단에서 내려왔다는 것 등을 회상했다. 그러나 대회 의사록에는 이러한 기록이 없다(渡邊春男, 위의 책, 1957, 167~170쪽).

33 The Communist International, *op. cit.*, pp.11-13; コミンテルン 편, 高屋定國·辻野功 譯, 앞의 책, 1970, 34~37쪽; いいだもも 編譯, 앞의 책, 1980, 365~367쪽.

34 「呂運亨 調書」(1), 1929년 7월 18일; 金俊燁·金昌順 編, 『韓國共産主義運動史』 資料集 I, 高麗大學校亞細亞問題硏究所, 1980, 246쪽.

35 임경석, 앞의 글, 1999, 1쪽; 앞의 책, 2003, 523~524·534쪽. 또한 대회를 취재한 저널리스트 에번스Ernesyine Evans의 기고문인 "Looking East from Moscow" (in *Asia*, December 1922, p.976)에는 미국 버지니아주의 로어노크대학 출신으로 파리강화회의에도 참석했으며 명확하게 김규식이라고 알려진 김씨(Kim See)가 조선대표단의 의장이었다고 기록되어 있다.

36 The Communist International, *ibid.*, pp.13-19; コミンテルン 編, 高屋定國·辻野功 譯, 위의 책, 37~44쪽.

37 渡邊春男, 앞의 책, 1955, 115쪽; 위의 책, 1957, 170~171쪽; コミンテルン 編, 高屋定國·辻野功 譯, 위의 책, 19~20쪽.

38 The Communist International, *ibid.*, pp.21-39; コミンテルン 編, 高屋定國·辻野功 譯, 위의 책, 157~168쪽; 임경석, 위의 책, 534~535쪽.

39 The Communist International, *ibid.*, pp.62-98; コミンテルン 編, 高屋定國·辻野功 譯, 위의 책, 99~142쪽; いいだもも 編譯, 위의 책, 318~403쪽.

40 姜德相, 앞의 책, 2005, 467쪽.

41 The Communist International, *ibid.*, pp.111-121; コミンテルン 編, 高屋定國·辻野功 譯, 위의 책, 157~168쪽; 임경석, 위의 책, 534~535쪽.

42 The Communist International, *ibid.*, p.139; コミンテルン 編, 高屋定國·辻野功 譯, 위의 책, 189쪽; 山邊健太郎 編, 앞의 책, 1964, 13쪽.

43 The Communist International, *ibid.*, pp.146-147; コミンテルン 編, 高屋定國·辻野功 譯, 위의 책, 199~200쪽.

44 The Communist International, *op. cit.*, p.149; コミンテルン 編, 高屋定國·辻野功 譯, 앞의 책, 1970, 202～203쪽; 임경석, 앞의 책, 2003, 530쪽.

45 The Communist International, *ibid.*, pp.167-169; コミンテルン 編, 高屋定國·辻野功 譯, 위의 책, 226～228쪽; いいだもも 編譯, 앞의 책, 1980, 416～428쪽.

46 The Communist International, *ibid.*, pp.175-181; コミンテルン 編, 高屋定國·辻野功 譯, 위의 책, 237～245쪽; 임경석, 위의 책, 530·533쪽.

47 The Communist International, *ibid.*, pp.187-191; コミンテルン 編, 高屋定國·辻野功 譯, 위의 책, 252～258쪽.

48 The Communist International, *ibid.*, pp.206-207; コミンテルン 編, 高屋定國·辻野功 譯, 위의 책, 277～279쪽.

49 The Communist International, *ibid.*, pp.208-215; コミンテルン 編, 高屋定國·辻野功 譯, 위의 책, 279～288쪽; いいだもも 編譯, 위의 책, 428～433쪽.

50 The Communist International, *ibid.*, pp.224-226; コミンテルン 編, 高屋定國·辻野功 譯, 위의 책, 299～301쪽.

51 The Communist International, *ibid.*, pp.231-235; コミンテルン 編, 高屋定國·辻野功 譯, 위의 책, 309～314쪽; いいだもも 編譯, 위의 책, 434～436쪽.

52 Evans, *op. cit.*, pp.976·1011.

53 여운홍, 앞의 책, 1967, 67～69쪽; 몽양여운형선생전집발간위원회 편, 『몽양여운형전집』 2, 한울, 1993, 285～287쪽.

54 이정식, 앞의 책, 1974, 91쪽; 우사연구회 편, 앞의 책, 2000, 88쪽.

55 Kim Kyu-Sik, "The Asiatic Revolutionary Movement and Imperialism," in *The Communist Review*, The Communist Party of Great Britain, London, vol. 3, No. 3, July, 1922, pp.137-147; 우사연구회 편, 위의 책, 80～85쪽.

56 「朝鮮治安狀況(國外)」, 朝鮮總督府警務局, 1922; 金正柱, 『朝鮮統治資料』 제7권, 168～169쪽; 姜德相, 앞의 책, 2005, 473～474쪽.

결론—조선독립을 둘러싼 국제관계

1 徐大肅 著, 金進 譯, 『朝鮮共産主義運動史—1918-1948』, コリア評論社, 56～57쪽; Suh, *The Korean Communist Movement 1918-1948,* pp.55-56.

2 Frank P. Baldwin Jr., "The March First Movement—Korean Challenge and Japanese Response," Ph. D. Dissertation, Columbia University, New York, 1969, p.220.

3 Baldwin, "Missionaries and the March First Movement—Can Moral Men be Neu-

tral?" in Andrew C. Nahm, ed., *Korea Under Japanese Colonial Rule*, Western Michigan University, Kalamazoo, 1973, pp.199 · 210.

4 Frederick A. Mckenzie, *Korea's Fight for Freedom,* Fleming H. Revell Company, New York, 1920 (Reprinted by Yonsei University Press, 1969), p.319.

참고문헌

1. 미간행 자료

〔사문서〕

Charles E. Hughes Papers, Library of Congress, Washington.

Charles R. Crane Papers, Butler Library, Columbia University, New York.

David Hunter Miller Papers, Library of Congress, Washington.

Edward M. House Papers, Sterling Memorial Library, Yale University, New Haven, Connecticut.

Frank L. Polk Papers, Sterling Memorial Library, Yale University, New Haven, Connecticut.

George Kennan Papers, Library of Congress, Washington.

Henry C. Lodge Papers, Massachusetts Historical Society, Boston.

Henry White Papers, Library of Congress, Washington.

James T. Shotwell Papers, Butler Library, Columbia University, New York.

Joseph P. Tumulty Papers, Library of Congress, Washington.

Josephus Daniels Papers, Library of Congress, Washington.

Newton D. Baker Papers, Library of Congress, Washington.

Presbyterian Church in the U.S.A., Board of Foreign Missions, *Korea, Conspiracy Case, Japanese Colonial Government, 1912*, Microfilm, Presbyterian Historical Society, Philadelphia, Pennsylvania, 1972.

————————————————, *Korea, March 1st Independence Movement, 1919*, Microfilm, Presbyterian Historical Society, Philadelphia, Pennsylvania, 1972.

Ray Stannard Baker Papers, Library of Congress, Washington.

Robert Lansing Papers, Library of Congress, Washington.

Roland S. Morris Papers, Library of Congress, Washington.

Stanley K. Hornbeck Papers, Hoover Institute, Stanford University, Stanford, California.
Stephen Bonsal Papers, Library of Congress, Washington.
Tasker H. Bliss Papers, Library of Congress, Washington.
Warren G. Harding Papers, Ohio Historical Society, Columbus, Ohio.
William J. Bryan Papers, Library of Congress, Washington.
Woodrow Wilson Papers, Library of Congress, Washington.

『明石元二郎關係文書』, 國立國會圖書館 憲政資料室.
『寺內正毅關係文書』, 國立國會圖書館 憲政資料室.
『山縣有朋關係文書』, 國立國會圖書館 憲政資料室.
『水野錬太郎關係文書』, 國立國會圖書館 憲政資料室.
『伊東巳代治關係文書』, 國立國會圖書館 憲政資料室.
『齋藤實關係文書』, 國立國會圖書館 憲政資料室.
『齋藤實關係文書』 마이크로필름, 水澤市立齋藤實記念館.
『田中義一關係文書』, 國立國會圖書館 憲政資料室.

〔공문서〕

Headquarters, American Expeditionary Forces in Siberia, *Historical Files of the American Expeditionary Forces in Siberia, 1918–1920, Microfilm*, National Archives, Washington, 1973, No. M917, Roll 6.
Japanese Ministry of Foreign Affairs, *Archives in the Japanese Ministry of Foreign Affairs, Tokyo, Japan, Microfilm*, Library of Congress, Washington, 1954, Special Studies 8 · 141–143 · 205–206, Reel 4 · 45 · 129.
The Inquiry, *Inquiry Documents, 1917–19, Microfilm*, National Archives, Washington, 1980, No. M1107, Roll 1 · 5 · 18 · 19 · 39.
United States Department of Navy, *Intelligence Division Naval Attache Reports 1886–1939*, National Archives, Washington, Record Group 38.
United States Departments of State, Department of State Decimal File, 1910–29, National Archives, Washington, Record Group 59.
——————————, *General Records of the American Commission to Negotiate Peace, 1918–31, Microfilm*, National Archives, Washington, 1970, No. M820, Roll 175 · 197 · 285 · 559 · 560 · 563.
——————————, *Records of the Conference on the Limitation of Armament, 1921–1922*, National Archives, Washington, Record Group 43.
——————————, *Records of the Department of State Relating to Internal Affairs of Korea, 1910–29, Microfilm*, National Archives, Washington, 1962, No. M426, Roll 1–9.
——————————, *Records of the Department of State Relating to Political Relations between China and other States, 1910–29, Microfilm*, National Archives, Washington, 1960, No. M341, Roll 29.

United States Departments of State, *Records of the Department of State Relating to Political Relations between the United States and Japan, 1910–29, Microfilm*, National Archives, Washington, 1963, No. M423, Roll 2·3.

——————————, *Records of the Department of State Relating to World War I and Its Termination, 1914–29, Microfilm*, National Archives, Washington, 1962, No. M367, Roll 392·393·395·397–399.

United States Department of War, *Correspondence of the Military Intelligence Division Relating to General, Political, Economic and Military Conditions In Japan, 1918–41, Microfilm*, National Archives, Washington, 1983, No. M1216, Roll 1·3·15.

——————————, *Military Intelligence Division Correspondence, 1917–41*, National Archives, Washington, Record Group 165.

「舊陸海軍記錄」,『密大日記』T8–1.

「舊陸海軍記錄」,『西密受大日記』T8–4.

「舊陸海軍記錄」,『西受大日記』T8–2·12(이상 防衛廳防衛硏究所圖書館 소장).

「日本外務省記錄」MT–1–1–3–3–1,『帝國諸外國外交關係雜纂 日米間』.

「日本外務省記錄」MT–1–5–3–14,『韓國ニ於ケル統監政治及同國併合後帝國ノ統治策ニ對スル論評關係雜纂』.

「日本外務省記錄」MT–1–5–3–15,『朝鮮人ニ對スル施政關係雜件』.

「日本外務省記錄」MT–2–3–1–1–1,『列國ノ態度及政況(巴里平和會議) 米國』.

「日本外務省記錄」MT–2–3–1–1–4,『列國ノ態度及政況(巴里平和會議) 帝國』.

「日本外務省記錄」MT–2–3–1–3,『巴里平和會議及條約 山東問題』.

「日本外務省記錄」MT–2–3–1–7,『巴里平和會議及條約「ウィルソン」大統領演說平和原則摘要』.

「日本外務省記錄」MT–2–3–1–11,『巴里平和會議 雜件』.

「日本外務省記錄」MT–2–3–1–13,『巴里平和會議及條約協定 最高軍事會議』.

「日本外務省記錄」MT–2–3–1–37,『巴里平和會議及條約 陳述書』.

「日本外務省記錄」MT–2–3–1–148,『巴里平和會議及條約 本邦人陳述書』.

「日本外務省記錄」MT–4–3–2–2–1–1,『不逞團關係雜件 朝鮮人ノ部 新聞雜誌』.

「日本外務省記錄」MT–4–3–2–2–1–2,『不逞團關係雜件 朝鮮人ノ部 在西比利亞』.

「日本外務省記錄」MT–4–3–2–2–1–3,『不逞團關係雜件 朝鮮人ノ部 在滿州』.

「日本外務省記錄」MT–4–3–2–2–1–4,『不逞團關係雜件 朝鮮人ノ部 在內地』.

「日本外務省記錄」MT–4–3–2–2–1–5,『不逞團關係雜件 朝鮮人ノ部 在歐米』.

「日本外務省記錄」MT–4–3–2–2–1–6,『不逞團關係雜件 朝鮮人ノ部 在支那各地』.

「日本外務省記錄」MT–4–3–2–2–1–7,『不逞團關係雜件 朝鮮人ノ部 在上海地方』.

「日本外務省記錄」MT–4–3–2–2–1–9,『不逞團關係雜件 朝鮮人ノ部 鮮人と宗教』.

「日本外務省記錄」MT–4–3–2–2–1–10,『不逞團關係雜件 朝鮮人ノ部 支那側態度』.

「日本外務省記錄」MT–4–3–2–2–1–12,『不逞團關係雜件 朝鮮人ノ部 外評』.

「日本外務省記錄」MT–4–3–2–2–1–13,『不逞團關係雜件 朝鮮人ノ部 上海仮政府』.

「日本外務省記錄」MT–4–3–2–2–1–15,『不逞團關係雜件 朝鮮人ノ部 鮮人と太平洋會議』.

「日本外務省記錄」MT–4–3–2–9,『朝鮮ニ於ケル基督敎徒ヨリ刺客及陰謀者續出一件』.

「日本外務省記錄」 MT-5-3-2-156, 『琿春ニ於ケル朝鮮人暴動一件』(이상 外務省外交資料館 소장).

「朝鮮總督府記錄」 제2756호, 『大正八年騷擾事件雜報』, 국사편찬위원회 소장.

2. 간행 자료

〔사문서〕

Arthur S. Link, ed., *The Papers of Woodrow Wilson*, Princeton University Press, Princeton, New Jersey, vol. 20·32·33·44·47·56·59·61.

Charles Seymour, ed., *The Intimate Papers of Colonel House*, 4 vol., Ernest Benn Limited, London, 1926, vol. 3.

Ray Stannard Baker and William E. Dodd, eds., *The Public Papers of Woodrow Wilson*, 6 vol., Harper & Brothers, New York, 1924-27, vol. 4-5.

The Institute for Modern Korean Studies, ed., *The Syngman Rhee Telegram*, Joong Ang Ilbo and the Institute for Modern Korean Studies, Yonsei University, Seoul, 2000, vol. I-IV.

The Review of Reviews, ed., *President Wilson's State Papers and Addresses*, George H. Doran Company, New York, 1918.

山本四郎 編, 『寺内正毅關係文書 首相以前』, 京都女子大學, 1984.

尙友俱樂部 · 西尾林太郞 編, 『水野錬太郞回想錄 · 關係文書』, 山川出版社, 1999.

도산안창호선생전집편찬위원회 편, 『도산안창호전집』 제1~14권, 도산안창호선생기념사업회, 2000.

백범김구선생전집편찬위원회 편, 『백범김구전집』 제1~12권, 대한매일신보사, 1999.

연세대학교 국제학대학원 부설현대한국학연구소 · 우남이승만문서편찬위원회 편, 『(이화장 소장) 우남이승만문서 동문편』 제1~18권, 중앙일보사 · 현대한국학연구소, 1998.

우강양기탁선생전집편찬위원회 편, 『우강양기탁전집』 제1~4권, 동방미디어, 2002.

윤병석 편, 『성재이동휘전서』 상 · 하권, 독립기념관 독립운동사연구소, 1998.

〔공문서〕

United States Congress, *Congressional Record, 66th Congress, 1st Session, 1919*, Government Printing Office, Washington, 1919, vol. LVIII Part 2-4·6·7.

——————, *Congressional Record, 66th Congress, 2nd Session, 1920*, Government Printing Office, Washington, 1920, vol. LIX, Part 5.

——————, *Congressional Record, 66th Congress, 3rd Session, 1920*, Government Printing Office, Washington, 1921, vol. LX, Part 1.

United States Department of State, Division of Historical Policy Research, Foreign Policy

Studies Branch, *United States Policy Regarding Korea, 1834–1950*, Institute of Asian Culture Studies, Hallym University, Chunchon, Korea, 1987.

United States Department of State, *Foreign Relations of the United States, 1911*, Government Printing Office, Washington, 1918.

——————————, *Foreign Relations of the United States, 1912*, Government Printing Office, Washington, 1919.

——————————, *Foreign Relations of the United States, 1914*, Government Printing Office, Washington, 1922.

——————————, *Foreign Relations of the United States, 1915*, Government Printing Office, Washington, 1924.

——————————, *Foreign Relations of the United States, 1918, Supplement 1, The World* War, Government Printing Office, Washington, 1933, vol. I.

——————————, *Foreign Relations of the United States, 1919*, Government Printing Office, Washington, 1934, vol. II.

——————————, *Foreign Relations of the United States, 1919, The Paris Peace Conference*, Government Printing Office, Washington, 1942, vol. I·V.

姜德相 編,『現代史資料25～28 朝鮮』1～4, みすず書房, 1966～1972.

姜在彦・北博昭 解說,『百五人事件資料集』第１～4卷, 高麗書林, 1986.

國立公文書館,『樞密院會議議事錄』21, 東京大學出版會, 1989.

近藤釰一 編,『萬歲騷擾事件(三・一運動)』(1)～(3), 嚴南堂書店, 1964.

金正明 編,『朝鮮獨立運動』第Ｉ～Ｖ卷, 原書房, 1967.

————,『朝鮮駐箚軍歷史』, 嚴南堂書店, 1967.

金正柱 編,『朝鮮統治資料』第6～7卷, 韓國史料硏究所, 1971.

山邊健太郎 編,『現代史資料14 社會主義運動』, みすず書房, 1964.

上海日本總領事舘在警察部第二課,『朝鮮民族運動年鑑』, 1932.

市川正明 編,『三・一獨立運動』全4卷, 原書房, 1983～1984.

外務省 編,『日本外交年表竝主要文書』上卷, 日本國際連合協會, 1955.

————,『日本外交文書』第41卷 第1册·第43卷 第1册·第45卷 第1册, 大正2年 第1册·大正3年 第1册·大正4年 第1册, 巴里講和會議經過概要, 大正8年 第1册·大正8年 第3册 上·下卷, ワシントン會議極東問題(日本國際連合協會).

外務省調査部 編纂,『日米外交史』, 1939(クレス出版에서 1992년에 복각).

朝鮮總督府 編,『施政二十五年史』, 1935.

——————,『施政三十年史』, 1940.

——————,『朝鮮の保護及び併合』, 1917.

朝鮮總督府警務局 編,『米國ニ於ケル朝鮮獨立運動ニ關スル調査報告書』, 1921.

朝鮮總督府官房庶務部調査課 編,『朝鮮の獨立思想及運動』, 1924.

朝鮮總督府法務局 編,『朝鮮獨立思想運動の變遷』, 1924.

朝鮮憲兵隊司令部,『大正八年朝鮮騷擾事件狀況』, 極東硏究所出版社, 1969.

朝鮮憲兵隊司令部 編,『朝鮮三・一獨立騷擾事件—概況・思想及運動』, 嚴南堂書店, 1969.

국사편찬위원회 편, 『한국민족운동사료(3 · 1운동)』 其1～3, 1977～1979.
국회도서관 편, 『대한민국임시정부의정원문서』, 1974.
『재팬 크로니클*Japan Chronicle*』 특파원, 윤경로 역, 『105인사건 공판 참관기—The Korean Conspiracy Trial, 1912』, 한국기독교역사연구소, 2001.

〔일기 · 자서전 · 회상록〕

David Hunter Miller, *My Diary at the Conference of Paris*, Appeal Printing Company, New York, 1924, vol. I · XVII.
David Lloyd George, *War Memoirs of David Lloyd George*, Little, Brown and Company, Boston, 1936, vol. V.
Edward M. House and Charles Seymour, eds., *What Really Happened at Paris*, Charles Scribner's Sons, New York, 1921.
George W. Norris, *Fighting Liberal—The Autobiography of George W. Norris*, The Macmillan Company, New York, 1945 (Reprinted by the Crowell-Collier Publishing Company, New York, 1961).
Henry Cabot Lodge, *The Senate and the League of Nations*, Charles Scriber's Sons, New York, 1925.
Herbert Hoover, *The Ordeal of Woodrow Wilson*, McGrew-Hill Book Company, Inc., New York, 1958.
James Shotwell, *At the Paris Peace Conference*, The Macmillan Company, New York, 1937.
Joseph P. Tumulty, *Woodrow Wilson As I Know Him*, Garden City Publishing Co., Inc., Garden City, New York, 1921.
Louise Yim, *My Forty Year Fight for Korea*, Chung-Ang University Press, Seoul, Korea, 1951.
Pater Hyun, *Man Sei—The Making of a Korean American*, University of Hawaii press, Honolulu, 1986.
Philip Jaisohn, *My Days in Korea and other Essays*, Yonsei University Press, Seoul, 1999.
Ray Stannard Baker, *The Versailles Treaty and After*, George H. Doran Company, New York, 1924.
————————, *What Wilson did at Paris*, Doubleday, Page & Company, New York, 1919.
Robert Lansing, *The Peace Negotiations—A Personal Narrative*, Houghton Miffin Company, Cambridge, 1921.
————————, *War Memoirs of Robert Lansing*, The Bobbs-Merrill Company, Indianapolis, 1935.
Stephen Bonsal, *Suitors and Suppliants—The Little Nations at Versailles*, Prentice-Hall, Inc., New York, 1946.
T. E. Lawrence, *Seven Pillars of Wisdom*, Del Publishing Co., New York, 1962.

權藤四郎介,『李王宮秘史』, 朝鮮新聞社, 1926.
德田球一,『德田球一全集』 第5巻, 五月書房, 1986.
牧野伸顯,『回顧錄』 下, 中央公論社, 1978.
芳澤謙吉,『外交六十年』, 中央公論社, 1990.
山本四郎 編,『寺内正毅日記—1900～1918』, 京都女子大學, 1980.
小松綠,『明治史實外交秘話』, 中外商業新報社, 1927.
原敬,『原敬日記』 第8～9巻, 乾元社, 1950.
李方子,『流れのままに』, 啓佑社, 1984.
帝國地方行政學會 編,『朝鮮統治秘話』, 1937.
朝鮮新聞社 編,『朝鮮統治の回顧と批判』, 1936.
千葉了,『朝鮮獨立運動秘話』, 帝國地方行政學會, 1926.
崔麟(加藤隆 編, 黃明水 譯),「自敍傳(略歷)」,『明治大學史紀要』 第4號, 1984.
丸山鶴吉,『在鮮四年有余半』, 松山房, 1924.

김상태 편,『윤치호일기 1916～1943』, 역사비평사, 2001.
선우훈,『민족의 수난 백오인사건 진상』, 독립정신보급회, 1954.
조병옥,『나의 회고록』, 민교사, 1959.

〔전기〕
Ferdinand Lundburg, *Imperial Hearst—A Social Biography*, Exuinox Cooperative Press, New York, 1936 (Reprinted by Arno & New York Times, 1970).
Ray Stannard Baker, *Woodrow Wilson and World Settlement*, Peter Smith, Gloucester, Massachusetts, 1922, vol. I–III.
Richard C. Allen, *Korea's Syngman Rhee*, Charles E. Tuttle Company, Tokyo, 1960.
Richard Lowitt, *George W. Norris—The Persistence of A Progressive, 1913–1933*, University of Illinois Press, Urbana, 1971.
Robert Oliver, *Syngman Rhee—The Man Behind the Myth*, Dodd, Mead & Company, New York, 1954.
W. A. Swanberg, *Citizen Hearst—A Biography of William Randorf Hearst*, Charles Scribner's Sons, New York, 1961.

菊地武德 編,『伯爵珍田捨己傳—明治・大正・昭和外交史料』, 共盟閣, 1938.
德富蘇峰 編,『素空山縣公傳』, 山縣公爵傳記編纂會, 1929.
渡邊春男,『片山潜と共に』, 和光社, 1955.
山本四郎,『原敬—政黨政治のあけぼの』, 清水書院, 1984.
小森德治,『明石元二郎』 上・下巻 , 台灣日日新報社, 1928.
本田節子,『朝鮮王朝最後の皇太子妃』, 文藝春秋, 1988.
アーサー・S・リンク 著, 草間秀三郎 譯,『ウッドロー・ウィルソン傳』, 南窓社, 1977.
岸本英太郎・渡邊春男・小山弘健,『片山潛』 第2部, 未來社, 1960.
梁賢惠,『尹致昊と金教信 その親日と抗一の論理』, 新教出版社, 1996.

伊藤正德 編,『加藤高明』 下卷, 加藤伯傳記編纂委員會, 1929.
財團法人齋藤子爵記念會 編,『子爵齋藤實傳』 第2·4卷(1941～1942).
田中義一傳記刊行會 編,『田中義一傳記』 下卷, 1960.
初瀨龍平,『傳統的右翼 內田良平の硏究』, 九州大學出版會, 1980.
黑田甲子郞 編,『元帥寺內伯爵傳』, 元帥寺內伯爵傳編纂所, 1920.

고정휴,『이승만과 한국독립운동』, 연세대학교출판부, 2004.
김도태,『서재필박사 자서전』, 을유문화사, 1972.
김을한,『좌옹윤치호전』, 을유문화사, 1978.
도산기념사업회 편,『도산안창호』, 태극서관, 1947.
마포삼열박사전기편찬위원회 편,『마포삼열 박사 전기*Dr. Samuel A. Moffet—A Biography*』, 대한예수교장로회 총회교육부, 1973.
몽양여운형선생전집발간위원회 편,『몽양여운형전집』 1～3, 한울, 1991～1997.
반병률,『성재이동휘 일대기—조국광복만을 위해 살다 간 민족의 거인』, 범우사, 1998.
Allen Degray Clark 저,『에이비슨 전기—한국 근대 의학의 개척자*Avison of Korea—The Life of Oliver R. Avison, M. D.*』, 연세대학교출판부, 1979.
여운홍,『몽양여운형』, 청하각, 1967.
옥파기념사업회,『옥파이종일선생 논설집』 제3권, 교회사, 1984.
우사연구회 편,『우사김규식 생애와 사상 ① 항일독립투쟁과 좌우합작』, 한울, 2000.
유영익,『이승만의 삶과 꿈』, 중앙일보사, 1996.
유영익 편,『이승만 연구—독립운동과 대한민국 건국』, 연세대학교출판부, 2000.
의암손병희선생기념사업회 편,『의암손병희선생 전기』, 1967.
이정식,『김규식의 생애』, 신구문화사, 1974.
——,『서재필—미국망명시절』, 정음사, 1984.
주요한 편저,『안도산전집』, 삼중당, 1963.

〔저서·연구서〕

A. Morgan Young, *Japan in Recent Times, 1912-1926*, William Morrow & Company, New York, 1929 (Reprinted by Greenwood Press, Publishers, Westport, Connecticut, 1973).
Andrew C. Nahm, ed., *Korea under Japanese Colonial Rule*, The Center For Korean Studies, Western Michigan University, 1973.
Arthur J. Brown, *Korean Conspiracy Case*, Northfield Press, Massachusetts, 1912.
——————, *The Mastery of the Far East*, Charles Scribner' s Sons, New York, 1919.
Arthur S. Link, *Wilson the Diplomat*, Johns Hopkins Press, Baltimore, 1957.
——————, ed., *Woodrow Wilson and a Revolutionary World, 1913-1921*, University of North Carolina Press, 1982.
Arthur Walworth, *Wilson and His Peacemaker*, W. W. Norton & Company, New York, 1986.
Benjamin B. Weems, *Reform, Rebellion and the Heavenly Way*, The University of Ari-

zona Press, Tucson, 1964.

Chong-Sik Lee, *The Politics of Korean Nationalism*, University of California Press, 1963.

C. I. Eugene Kim, Doretha E. Mortimore, eds., *Korea's Response to Japan—The Colonial Period 1910-1945*, The Center for Korean Studies, Western Michigan University, 1975.

C. W. Kendall, *The Truth about Korea*, The Korean National Association, San Francisco, 1919.

Dae-Sook Suh, ed., *Koreans in the Soviet Union*, University of Hawaii Press, Honolulu, 1987.

Dae-Yeol Ku, *Korea under Colonialism—The March First Movement and Angro-Japanese Relations*, The Royal Asiatic Society Korea Branch, Seoul, 1985.

E. H. Carr, *The Bolshevik Revolution 1917-1923*, vol.1-3, The Macmillan Press Ltd., London, 1953.

Frederick A. Mckenzie, *Korea's Fight for Freedom*, Fleming H. Revell Company, New York, 1920 (Reprinted by Yonsei University Press, Seoul, 1969).

Gregory Henderson, *Korea—The Politics of the Vortex*, Harvard University Press, Cambridge, Massachusetts, 1968.

Harold Hak-Won Sunoo, *Korea—A Political History in Modern Times*, Kunkuk University Press, Seoul, 1970.

Harold S. Hong, Won Yong Ji and Chung Choon Kim, eds., *Korea Struggle for Christ*, Christian Literature Society of Korea, Seoul, 1966.

Harry A. Rhodes, *History of the Korea Mission—Presbyterian Church U.S.A. 1884-1934*, The Chosen Mission Presbyterian Church U.S.A., Seoul 1934.

H. B. Drake, *Korea of the Japanese*, John Lane the Bodley Head Limited, London, 1930.

Henry Chung, *The Case of Korea*, Fleming H. Revell Company, New York, 1921.

Hugh Hueng-Wo Cynn (신흥우), *The Rebirth of Korea*, Central Board of Missions and Society for Promoting Christian Knowledge, London, 1920.

In-Hah Jung, ed., *The Feel of Korea*, Hollym Cooperation, Seoul, 1966.

James E. Fisher, *Democracy and Mission Education in Korea*, Columbia University, New York, 1928.

Kiyoshi Nakarai, *Relations between the Government and Christianity in Chosen*, Government-General of Chosen, 1921.

Korean Congress, *First Korean Congress, held in the Little Theatre, Philadelphia, 1919*, 범한서적, 1986.

Lawrence E. Gelfand, *The Inquiry*, Yale University Press, New Haven, Connecticut, 1963.

N. Gordon Levin Jr., *Woodrow Wilson and World Politics*, Oxford University Press, 1968.

Pearl S. Buck, *The Living Reed*, The John Day Company, New York, 1919.

Roy Watson Curry, *Woodrow Wilson and Far Eastern Policy, 1913-1921*, Bookman Associates, New York, 1957.

Russell H. Fifield, *Woodrow Wilson and the Far East*, Archon Books, Hamden, CT, 1965.

Samuel Hugh Moffet, *The Christian of Korea*, Friendship Press, New York, 1962.

Seoul Press, ed., *Administrative Reforms in Korea*, 1919.

————, *The Korean "Independence" Agitation*, 1919.

The Commission on Relations with the Orient of the Federal Council of the Churches of Christ in America, *The Korean Situation—Authentic Accounts of Recent Events by Eye Witnesses*, New York, 1919.

————, *The Korean Situation*, Number 2, New York, 1920.

The Committee on Public Information, *Complete Record of the Chairman of the Committee on Public Information—1917: 1918: 1919*, Government Printing Office, Washington, 1920.

The Communist International, *The First Congress of the Toilers of the Far East*, Petrogrard, 1922.

Thomas A. Bailey, *Woodrow Wilson and the Great Betrayal*, The Macmillan Company, New York, 1945.

Thomas F. Millard, *Democracy and the Eastern Question*, The Century Co., New York, 1919.

————, *Conflict of Policies in Asia*, The Century Co., New York, 1924.

Warren Y. Kim, *Koreans in America*, Po Chin Chai Printing Co. Ltd., Seoul, 1982.

W. G. Beasley, *Japanese Imperialism 1894-1945*, Oxford University Press, 1987.

William K. Klingaman, *The Year Our World Began—1919*, Harper & Row Publishers, New York, 1989.

Xenia Joukoff Eudin and Robert C. North, *Soviet Russia and the East 1920-1927—A Document Survey*, Stanford University Press, 1957.

姜德相, 『朝鮮獨立運動の群像』, 青木書店, 1984.

——, 『呂運亨評傳 1 三・一獨立運動』, 新幹社, 2002.

——, 『呂運亨評傳 2 上海臨時政府』, 新幹社, 2005.

姜東鎭, 『日本言論界と朝鮮 一九一〇——九四五』, 法政大學出版會, 1984.

姜在彦, 『朝鮮の開化思想』, 岩波書店, 1980.

——, 『朝鮮近代の變革運動』, 赤石書店, 1996.

高崎宗司, 『'妄言' の原形—日本人の朝鮮觀』, 本犀社, 1990.

菊池昌典 編, 『ロシア革命論』, 田畑書店, 1977.

宮嶋博士, 『朝鮮土地調査事業史の硏究』, 汲古書院, 1991.

宮地正人, 『日露戰後政治史の硏究』, 東京大學出版會, 1973.

旗田巍 編, 『朝鮮近代史と日本』, 大和書房, 1987.

吉野作造, 『吉野作造選集』 6・9・14, 岩波書店, 1995.

吉野作造 著, 松尾尊兌 編, 『中國・朝鮮論』, 平凡社, 1970.

金圭昇,『日本の朝鮮侵略と法制史』, 社會評論社, 1991.
金鳳珍,『東アジア'開明'知識人の思惟空間』, 九州大學出版會, 2004.
金靜美,『中國東北部における抗日朝鮮・中國民衆史序說』, 現代企畫室, 1992.
金熙一 著, 翻譯委員會 譯,『アメリカの朝鮮侵略史』, 雄山閣出版, 1972.
ニム・ウエールズ, キム・サン 著, 松井いを子 譯,『アリランの歌』, 岩波書店, 1987.
唐渡晃弘,『國民主權と民族自決』, 木鐸社, 2003.
渡邊春男,『日本マルクス主義の黎明』, 青木書店, 1957.
鈴木敬夫,『朝鮮植民地統治法の研究―治安法下の皇民化教育』, 北海道大學圖書刊行會, 1989.
木原悦子,『萬歲事件を知っていますか』, 平凡社, 1989.
木村健二,『在朝日本人の社會史』, 未來社, 1989.
朴慶植,『朝鮮三・一獨立運動』, 平凡社, 1976.
朴殷植 著, 姜德相 譯注,『朝鮮獨立運動の血史』1～2, 平凡社, 1972.
服部龍二,『東アジア國際環境の變動と日本外交 1918～1931』, 有斐閣, 2001.
山邊健太郎,『日本統治下の朝鮮』, 岩波書店, 1971.
三谷太一郎,『日本政黨政治の形成』, 東京大學出版會, 1967.
―――――,『新版 大正デモクラシー論 吉野作造の時代』, 東京大學出版會, 1995.
森川哲郎,『朝鮮獨立運動暗殺史』, 三一書房, 1976.
細谷千博,『日本外交の座標』, 中央公論社, 1979.
―――――,『シベリア出兵の史的研究』, 有斐閣, 1995.
細谷千博・本間長世 編,『日米關係史』, 有斐閣, 1982.
細井肇,『鮮滿の經營―朝鮮問題の根本解決』, 自由討究社, 1921.
徐大肅 著, 金進 譯,『朝鮮共産主義運動史』, コリア評論社, 1970.
釋尾東邦,『朝鮮併合史』, 朝鮮及滿州社, 1926.
小笠原亮一ほか 著,『三・一獨立運動と提岩里事件』, 日本基督教團出版局, 1989.
小川圭治・池明觀 編,『日韓キリスト教關係史資料 1876-1922』, 新教出版社, 1984.
松尾尊兊,『大正デモクラシー』, 岩波書店, 1974.
―――――,『民本主義と帝國主義』, みすず書房, 1998.
――――― 編,『石橋湛山評論集』, 岩波書店, 1991.
A・J・メイア 著, 齊藤孝・木畑洋一 譯,『ウィルソン對レーニン』I・II, 岩波書店, 1983.
英修道・入江啓四郎 監修,『朝鮮・中國の民族運動と國際環境』, 嚴南堂書店, 1967.
友邦協會 編,『齊藤總督の文化統治』, 1970.
原暉之,『シベリア出兵―革命と干涉 1917～1922』, 筑摩書房, 1989.
柳東植,『韓國のキリスト教』, 東京大學出版會, 1987.
柳宗悅 著, 高崎宗司 編,『朝鮮を想う』, 筑摩書房, 1984.
尹健次,『朝鮮近代教育の思想と運動』, 東京大學出版會, 1982.
義井博,『カイザーの世界政策と第一次世界大戰』, 清水書院, 1984.
いいだもも 編譯,『民族・植民地問題と共産主義 コミンテルン全資料・解題』, 社會評論社, 1980.
林忠行,『中歐の分裂と統合』, 中央公論社, 1993.
田保橋潔,『朝鮮統治史論稿』, 成進文化社, 1972.

齊藤孝,『戰間期國際政治史』, 岩波書店, 1978.
朝鮮民主主義人民共和國科學院歷史硏究所 編, 在日本朝鮮人科學者協會 社會科學部門歷史部會 譯,『朝鮮近代革命運動史』, 新日本出版社, 1964.
佐佐木春隆,『韓國獨立運動の硏究』, 國書刊行會, 1985.
進藤榮一,『現代アメリカ外交序說』, 創文社, 1974.
川端正久,『コミンテルンと日本』, 法律文化社, 1982.
川島眞,『中國近代外交の形成』, 名古屋大學出版會, 2004.
青柳南冥,『朝鮮獨立騷擾史論』, 朝鮮硏究會, 1921.
草間秀三郞,『ウィルソンの國際社會政策構想』, 名古屋大學出版會, 1990.
村田陽一 編譯,『資料集・コミンテルンと日本』第1卷, 大月書店, 1968.
コミンテルン 編, 高屋定國・辻野功 譯,『極東勤勞者大會』, 合同出版, 1970.
坪江汕二,『改訂增補 朝鮮民族獨立運動秘史』, 嚴南堂書店, 1966.
フランク・スミス,『朝鮮問題の眞相』, ソウルプレス社, 1920.
──────,『朝鮮問題の側面觀』, ソウルプレス社, 1920.
黑瀨郁二,『東洋拓殖會社—日本帝國主義とアジア太平洋』, 日本經濟評論社, 2003.

계림학인 편,『삼일운동과 대한민국임시정부』, 국민출판사, 1946.
국사편찬위원회 편,『한국독립운동사』1~3, 1965~1967.
──────,『한민족독립운동사』3·6, 1988~1989.
국제역사학회의 한국위원회 편,『한미수교 백년사』, 1982.
김성식,『일제하 한국학생독립운동사』, 정음사, 1974.
김승학 편저,『한국독립사』, 독립문화사, 1965.
김원모,『한미수교 백년사』, 한국방송사업단, 1982.
──,『한·미외교관계 100년사』, 철학과 현실사, 2002.
김원용,『재미한인 오십년사』, Reedley, California, 1959.
김준엽·김창순 공편,『한국공산주의운동사』자료편 I, 고려대학교아시아문제연구소, 1979.
노재연,『재미한인사략』상, Los Angeles, 1951.
동아일보사 편,『3·1운동50주년기념논집』, 1969.
──────,『3·1운동70주년기념심포지엄 3·1운동과 민족통일』, 1989.
민경배,『한국의 기독교』, 세종대왕기념사업회, 1974.
민족운동총서편찬위원회 편,『3·1운동』, 민족문화협회, 1980.
──────,『정치외교투쟁』, 민족문화협회, 1980.
방선주,『재미한인의 독립운동』, 한림대학교출판부, 1989.
배호길 편,『3·1운동실기』, 동서문화사, 1953.
3·1정신선양회 편,『3·1운동사』, 3·1정신선양회 경상북도본부, 1955.
신용하,『한국민족독립운동사연구』, 을유문화사, 1985.
──,『한국근대민족운동사연구』, 일조각, 1988.
애국동지원호회,『한국독립운동사』, 1956.
윤경로,『105인사건과 신민회연구』, 일지사, 1990.
이광규,『재미한국인—총체적 접근』, 일조각, 1989.

이선근, 『한국독립운동사』, 상문원, 1956.
이용락, 『3·1운동실록』, 3·1동지회, 1969.
이현희, 『3·1독립운동과 임시정부의 법통성』, 동방도서, 1987.
임경석, 『한국사회주의의 기원』, 역사비평사, 2003.
장도빈, 『3·1운동 운동사』, 국사원, 1960.
정세현, 『항일학생민족운동사연구』, 일지사, 1975.
조선과학자동맹 편, 『조선과학자동맹기념논집 조선해방과 3·1운동』, 청년출판사, 1946.
조선출판협의회 편, 『조선병합 십년사』, 1922.
최봉윤, 『미국 속의 한국인』, 종로서적, 1983.
최영희·김성식·김윤환·정요섭 저, 『일제하의 민족운동사』, 현음사, 1982.
한국역사연구회 역사문제연구소 편, 『한겨레신문사 후원 3·1운동70주년기념논문집—3·1민족해방운동연구』, 청년사, 1989.
한국일보사 편, 『독립운동가열전—재발굴한국독립운동사』 IV, 1989.
한국정치외교사학회 편, 『한국독립운동과 열강관계』, 평민사, 1985.
————————, 『한불외교사 : 1886~1986』, 평민사, 1987.
해외교포문제연구소 편, 『미주한인 칠십년사』, 1973.
흥사단사편찬위원회 편, 『흥사단 오십년사』, 대성문화사, 1964.

〔연구논문〕

Eui Whan Kim, "The Korean Church under Japanese Occupation with Special Reference to the Resistance Movement with in Presbyterianism," Ph. D. Dissertation, Temple University, 1966.
Frank P. Baldwin Jr., "The March First Movement—Korean Challenge and Japanese Response," Ph. D. Dissertation, Columbia University, 1969.
————————, "A Second Look at Some Historical Sources," 『제1회 한국학국제학술회의논문집』, 한국정신문화연구원, 1979.
George Thompson Brown, "A History of the Korea Mission, Presbyterian Church, U.S. from 1892 to 1962" (Ph. D. Dissertation Union Theological Seminary, Richmond, Virginia, 1963).
Gil Sop Song, "American Protestant Missionary Perceptions of the Korean Independence Movement of 1919 and Its Effects upon the Churches of Korea," Ph. D. Dissertation, Boston University, 1975.
Kim Kyu-Sik, "The Asiatic Revolutionary Movement and Imperialism," in *The Communist Review*, The Communist Party of Great Britain, London, vol. 3, No. 3 (July 1922).
Seung Kyung Ko, "The March First Movement—A Study on the Rise of Korean Nationalism under the Japanese Colonialism," in *Koreana Quarterly*, vol. XIV, No. 1-2, 1972.

姜德相, 「三・一運動における'民族代表'と朝鮮人民」, 『思想』 1969年 3月號, 岩波書店.
——, 「日本の朝鮮支配と三・一獨立運動」, 『岩波講座 世界歷史』 25, 岩波書店, 1970.

――――,「海外における朝鮮獨立運動の發展」,『東洋文化硏究所紀要』第51冊, 東京大學東洋文化硏究所, 1970.
姜成銀,「三・一運動における'民族代表'の活動に關する一考察」,『朝鮮學報』130號, 天理大學, 1989.
高原秀介,「ウィルソン外交と日本」,『創文』463號, 創文社, 2004年 4月.
宮田節子,「3・1運動の實態とその現代的意義」,『歷史評論』1963年 9月號, 民主主義科學者會議.
渡邊春男,「極東民族大會の思い出―アジアの獨立勤勞者運動の黎明」,『思想』1957年 1月號, 岩波書店.
渡邊春男・小山弘健,「ふたたび極東民族大會について―山邊健太郎氏の批評に答える」,『思想』1959年 12月號, 岩波書店.
渡邊學,「朝鮮における'書堂'の展開過程」,『教育學硏究』第23卷 4號, 日本教育學會, 1956.
――――,「三・一運動の思想史的位相」,『思想』1969年 3月號, 岩波書店.
東尾和子,「琿春事件と間島出兵」,『朝鮮史硏究會論文集』14, 1977.
梶村秀樹・姜德相,「日帝下朝鮮の法律制度について」, 仁井田陞博士追悼記念論文集編集委員會 編,『日本法とアジア』3, 勁草書房, 1970.
山極晃,「極東民族大會について」(1),『橫浜市立大學論叢』第17卷, 人文科學系列 第2・3合併號, 1965.
――――,「極東民族大會と中國」,『國際法外交雜誌』第68卷 第2號, 國際法學會, 1969.
山邊健太郎,「三・一運動の現代的意義」(上)・(下),『思想』1955年 6・7月號, 岩波書店.
――――――,「日本近代史硏究における資料批判―'極東民族大會の思い出'に關連して」,『思想』1959年 11月號, 岩波書店.
森山茂德,「日本の朝鮮統治政策(1910~1945年)の政治史的硏究」,『法政理論』第23卷 3・4號, 新潟大學法學會, 1991.
――――――,「現地新聞と總督政治―『京城日報』について」, 川村湊 編,『近代日本と植民地』7, 岩波書店, 1993.
――――――,「日本の朝鮮支配と朝鮮民族主義―一九二〇年代の'朝鮮自治論'を中心として」, 北岡伸一・御廚貴 編,『戰爭・復興・發展』, 東京大學出版會, 2000.
西崎文子,「アメリカ'國際主義'の系譜―ウィルソン外交の遺産」,『思想』2003年 1月號, 岩波書店.
小島晋治,「三・一運動と五・四運動」,『朝鮮史硏究會論文集』17, 1980.
松尾尊兊,「吉野作造と朝鮮―三・一運動期を中心に」,『人文學報』XXV, 京都大學人文科學硏究所, 1968.
――――――,「吉野作造と在日朝鮮人學生」,『原弘二郎先生古稀記念東西文化史論叢』, 1973.
辻野功,「極東勤勞者大會について―日本問題を中心にして」,『キリスト教社會問題硏究』第13號, 同志社大學人文科學硏究所, 1968.
岩村登志夫,「極東勤勞者大會開會式發言者の謎―記錄と記憶」,『思想』1979年 6月號, 岩波書店.
原口由夫,「三・一運動彈壓事例の硏究」,『朝鮮史硏究會論文集』23, 1986.
原暉之,「極東ロシアにおける朝鮮獨立運動と日本」,『三千里』17, 1979.
有賀貞,「ウィルソン政權とアメリカの參戰」,『岩波講座 世界歷史』24, 岩波書店, 1970.

劉孝鍾,「極東ロシアにおける朝鮮民族運動」,『朝鮮史研究會論文集』22, 1985.
李聖根,「三・一獨立運動が中國の五・四運動におよぼした影響」,『韓』3-9, 韓國研究院, 1974.
田中美智子,「三・一運動と日本人—日本國內の新聞報道をめぐって」,『朝鮮史研究會論文集』21, 1984.
糟谷憲一,「朝鮮總督府の文化政治」, 若林正丈 編,『近代日本と植民地』2, 岩波書店, 1991.
中西寬,「20世紀國際關係の始点としてのパリ講和會議」(1)・(2),『法學論叢』128卷 2號, 129卷 2號, 京都大學法學會, 1990～1991.
池井優,「パリ平和會議と人種差別撤廢問題」,『國際政治』23, 日本國際政治學會, 1963.
鶴本幸子,「所謂'寺內總督暗殺未遂事件'について」,『朝鮮史研究會論文集』10, 1973.
和田春樹,「日露逃亡犯罪人引渡條約付屬秘密宣言書」,『社會科學研究』274, 東京大學社會科學研究所, 1976.

김용덕,「3・1운동과 국제환경」,『유홍렬박사화갑기념논총』, 서울대학교출판부, 1971.
──,「한국인의 미국관(1880～1918)」,『중앙사론』 제1집, 중앙대학교 사학연구회, 1972.
박영석,「한인소년병학교 연구—헤스팅스 한인소년병학교를 중심으로」,『한국독립운동사연구』 제1집, 독립기념관 한국독립운동사연구소, 1987.
백종기,「3・1운동에 대한 일제의 무력탄압과 세계중요제국의 여론」,『대동문화연구』 제19집, 성균관대학교 대동문화연구원, 1985.
신재홍,「대한민국임시정부의 외교활동—구미외교를 중심으로」,『사학연구』 제22집, 한국사학연구회, 1973.
──,「대한민국임시정부외교사연구」,『사학연구』 제29집, 한국사학연구회, 1979.
안병직,「3・1운동에 참가한 사회계층과 그 사상」,『역사학보』 제41집, 역사학회, 1969.
양영석,「위임통치청원(1919)에 대한 고찰—그 비판과 반론」,『한국학보』 49집, 1987.
유병용,「3・1운동과 한국독립문제에 대한 미국언론의 반향」,『김철준박사화갑기념사학논총』, 지식산업사, 1983.
유수현,「3・1운동의 성격과 해외의 반향—해외신문논조를 중심으로」,『부산대학교개교25주년기념논문집』, 1971.
이상하,「3・1운동에 관한 분석적 연구—외국의 반응을 중심으로」,『영진공업전문대학교논문집』 제3집, 1981.
이현희,「대한민국임시정부의 외교정책연구—歐美蘇와의 외교정책을 중심으로」,『한국사학』 7, 한국정신문화연구원, 1986.
임경석,「극동민족대회와 조선대표단」,『역사와 현실』 1999년 6월호, 역사비평사.
주진오,「미국제국주의의 조선침략과 친미파」,『역사비평』 제3집, 역사문제연구소, 1988.

3. 정기간행물

〔정부간행물〕

『官報』.

『帝國議會衆議院議事速記錄』.
『朝鮮總督府官報』.
『統監府官報』.

〔신문〕
Christian Science Monitor (Boston).
Japan Advertiser (Tokyo).
Japan Chronicle (Tokyo).
New York American.
North China Herald (Shanghai).
Pacific Commercial Advertiser (Honolulu).
Philadelphia Inquirer.
San Francisco Chronicle.
Seoul Press.
The New York Times.
Washington Post.

『大阪每日新聞』.
『大阪朝日新聞』.
『獨立新聞』(상해).
『東京日日新聞』.
『東京朝日新聞』.
『每日申報』.
『新韓民報』.

〔잡지〕
Asia (Asia Publishing Company, New York).
Korea Mission Field (The Federal Council of Evangelical Missions in Korea).
Korea Review (The Korean Information Bureau, Philadelphia).
Millard Review (Shanghai).
Outlook (New York).

『基督教思想』.
『民主主義』(조선과학자동맹).
『思想界』.
『新東亞』(동아일보사).
『新天地』(서울신문사).
『外交時報』.
『朝鮮彙報』.

옮긴이 후기

이 책은 나가타 아키후미長田彰文의 『일본의 조선통치와 국제관계—조선독립운동과 미국 1910-1922日本の朝鮮統治と國際關係—朝鮮獨立運動とアメリカ 1910-1922』(平凡社, 2005)을 번역한 것이다.

아시아 · 태평양 지역의 국제정치사를 전공한 저자는 이미 『시어도어 루스벨트와 한국—한국 보호국화와 미국セオドア・ルーズベルトと韓國—韓國保護國化と米國』(未來社, 1992)에서 조미수호통상조약부터 일본의 한국 보호국화에 이르는 시기를 대상으로 한국 · 미국 · 일본 간의 국제관계를 탁월하게 분석한 바 있다. 이 책은 그 후속편으로 한국병합에서 워싱턴회의와 극동노동자대회까지 이르는 시기 동안 전개된 한국의 독립운동을 제1차 세계대전을 전후한 국제관계와 3 · 1운동을 중심으로 분석했다. 저자는 특히 국제정치사의 관점에서 이 시기에 전개된 식민지조선 · 일본 · 미국 간의 국제관계를 한국의 독립운동과 미국의 대응이라는 두 축을 중심으로 실증적으로 검증하는 데 주력했다.

이 책의 행간行間에서 저자는 다음과 같은 질문을 집요하게 던진다. 미국은 왜 일본의 가혹한 조선통치를 용인했는가? 일본은 어떻게 조선에 대한 식민통치를 국제적으로 정당화했는가? 한국의 독립운동은 왜 이데올로기적으로 분열했는가? 요컨대 저자는 한국독립운동의 분열을 낳은 국제정치의 각축전을 기술하면서 한반도에 역사적 비극을 초래한 국제정치의 냉엄한 현실에 대해 국제정치사가로서 설명할 책임을 다하고 있다. 저자의 이런 노력을 통해 한국 독자들은 "지옥으로 가는 길은 선의로 포장되어 있다"는 말을 실감할 수 있을 것이다.

저자는 이미 알려진 사료를 철저히 검토하여 재구성하는 한편, 그동안 연구자들에게 소개되지 않았던 미국에 있는 수많은 개인문서와 공문서까지도 일일이 찾아서 이용했다. 예컨대 윌슨 정권의 정책지도부가 '14개조'를 만드는 것부터 시작해서 그것을 조선을 비롯한 아시아지역의 식민지문제와 양립시키기 위한 해결책으로서 위임통치안을 수용하는 단계에 이르는 과정을 한국의 독립운동가들이 보인 움직임을 축으로 기술한 부분이나, 조선을 비롯한 동아시아를 시찰한 미국의원단의 상세한 여행 기록을 찾아서 3·1운동과 파리강화회의에서 좌절한 한국 독립운동가들의 미국에 대한 공작을 생생하게 재구성한 부분을 보면 앞서 말한 저자의 성실한 연구자세를 엿볼 수 있다. 특히 윌슨의 민족자결주의에 대한 정곡을 찌르는 해석은 한국 근대사 연구에 크게 기여할 것이다. 저자는 일본어판 후기에서 "후세의 사람들이 어떤 문제에 대해 알고 싶을 때 반드시 참조할 만한 책을 쓰는 것이 연구자라고 생각한다"라고 밝힌 뒤에 "이 책이 그런 책이 될지는 독자의 판단에 맡길 수밖에 없다"라고 말했다. 외람되지만 저자의 바람대로 한국의 연구자들은 물론 일반 독자들도 꼭 읽고 '참조'할 책이 될 거라고 믿어 의심치 않는다.

이 책에 인용된 한국 측 사료는 원문을 찾아 실었고, 미국 측 사료는 원문과 저자의 일본어 번역을 일일이 대조하여 중역을 피하기 위해 노력했다. 일본어 사료 역시 원문과 저자의 글을 확인하며 번역했다. 또 한국 독자들을 위해 너무 긴 문단이나 구로 연속되는 문장은 옮긴이 나름대로 끊고 풀며 윤문했고, 장과 절의 제목들도 다시 손질했다.

생각보다 오랜 시간이 걸린 번역작업 때문에 마감에 쫓겨 허둥대던 본인을 도와준 남상구, 강희영, 박정애 세 학형에게 고마움을 전한다. 끝으로 지루하게 이어진 작업을 참을성 있게 기다려준 일조각의 김시연 대표와 조성진 편집장께 감사드린다.

2008년 7월

박환무

찾아보기

바

사

아

사

차

카

타

파

하

일본의 조선통치와 국제관계

조선독립운동과 미국 1910~1922

1판 1쇄 펴낸날 2008년 7월 15일

지은이 | 나가타 아키후미
옮긴이 | 박환무
펴낸이 | 김시연

펴낸곳 | (주)일조각
등록 | 1953년 9월 3일 제300-1953-1호(구 : 제1-298호)
주소 | 110-062 서울시 종로구 신문로 2가 1-335
전화 | 734-3545 / 733-8811(편집부)
733-5430 / 733-5431(영업부)
팩스 | 735-9994(편집부) / 738-5857(영업부)
이메일 | ilchokak@hanmail.net
홈페이지 | www.ilchokak.co.kr

ISBN 978-89-337-0540-7 93910

값 30,000원

* 이 도서의 국립중앙도서관 출판시도서목록(CIP)은 e-CIP 홈페이지 (http://www.nl.go.kr/cip.php)에서 이용하실 수 있습니다. (CIP제어번호 : CIP2008001997)